U0915540

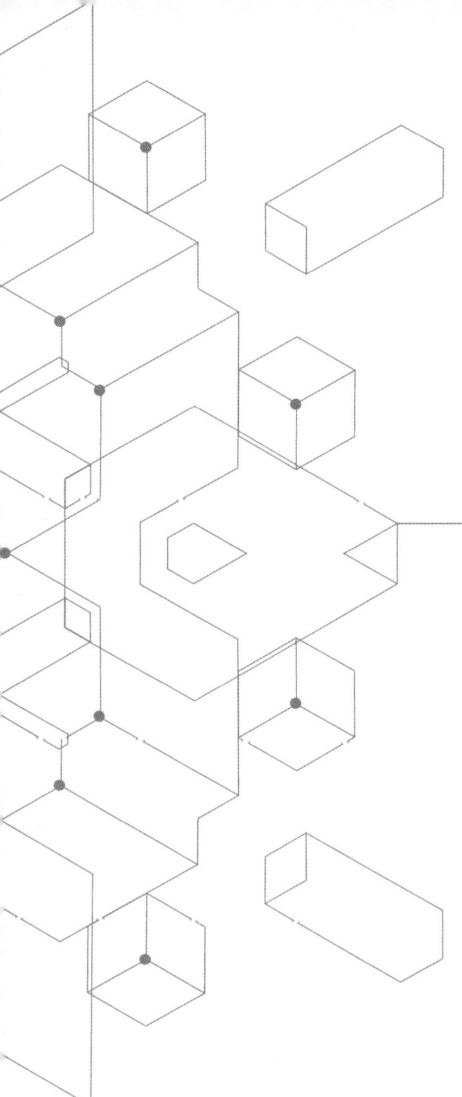

福建省优秀出版项目
福建省社科规划基金重大项目
（项目批准号：FJ2017YHQZ052）研究成果

新时代权力监督制度
体系构建研究

吕志奎　著

厦门大学出版社
XIAMEN UNIVERSITY PRESS
国家一级出版社
全国百佳图书出版单位

图书在版编目（CIP）数据

新时代权力监督制度体系构建研究 / 吕志奎著. --
厦门 ：厦门大学出版社，2023.8
ISBN 978-7-5615-8998-4

Ⅰ. ①新… Ⅱ. ①吕… Ⅲ. ①国家权力机关-监督-
研究-中国 Ⅳ. ①D630.9

中国版本图书馆CIP数据核字(2023)第097432号

出 版 人 郑文礼
责任编辑 高 健
美术编辑 李夏凌
技术编辑 朱 楷

出版发行 厦门大学出版社
社 址 厦门市软件园二期望海路 39 号
邮政编码 361008
总 机 0592-2181111 0592-2181406(传真)
营销中心 0592-2184458 0592-2181365
网 址 http://www.xmupress.com
邮 箱 xmup@xmupress.com
印 刷 厦门市金凯龙包装科技有限公司

开本 720 mm×1 000 mm 1/16
印张 12.75
插页 1
字数 234 千字
版次 2023 年 8 月第 1 版
印次 2023 年 8 月第 1 次印刷
定价 69.00 元

本书如有印装质量问题请直接寄承印厂调换

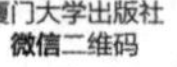

前 言

向往美好生活是人类生存和发展的永恒主题。国家治理的核心职能就是为满足人民日益增长的美好生活需要提供公共治理制度框架，以国家善治保障人民美好生活权利。“谁来治理?”“怎样治理?”“治理效能怎么样?”这是现代国家治理的三个基本问题。前两个基本问题是有关国家权力配置结构与权力运行制度的问题：谁、什么时候、怎样行使权力？这些问题一直是政治学与公共管理学研究的基础理论和前沿。国家只有具备了最优良的制度体系，才能有最优良的治理，在治理最为优良的国家，人民群众才有获致幸福美好生活的最大希望。

我国国家治理体系和治理能力是中国特色社会主义制度及其执行能力的集中体现。中国共产党在国家治理体系中居于核心领导地位，即以执政权和领导权统领国家治理的立法权、行政权、监察权、审判权、检察权，创造了中国式现代化新道路，创造了人类政治文明新形态。党的十九届六中全会审议通过了《中共中央关于党的百年奋斗重大成就和历史经验的决议》，从五个维度总结了中国共产党百年奋斗的历史意义：第一，人民维度的历史意义——从根本上改变了中国人民的前途命运；第二，民族维度的历史意义——开辟了实现中华民族伟大复兴的正确道路；第三，理论维度的历史意义——展示了马克思主义的强大生命力；第四，世界维度的历史意义——深刻影响了世界历史进程；第五，政党维度的历史意义——锻造了走在时代前列的中国共产党。百年大党中国共产党为什么能够成功善治国家、带领人民创造“两大奇迹”？根本答案在于中国共产党始终坚持以人民为中心，把廉政制度建设贯穿领导中国革命、建设、改革的全过程，百年大党治理的历史呈现了不断推进廉政制度建设的发展轨迹，铸造出强大的廉洁政治系统，抵抗各种“政治灰尘"和"政治微生物"侵蚀我们同志的思想和我们党的肌体①。

《资治通鉴》有曰,"经国序民,正其制度"。好的治理,离不开好的制度。制度是定国安邦的根本。制度优势是一个国家的最大优势。在坚持和完善中国特色社会主义制度、推进国家治理体系和治理能力现代化的历史进程中,国家治理制度建设的战略地位更加重要和突出。正义是社会制度的首要价值。国家治理以创造正义之善为核心公共价值,保障和促进人民过上幸福生活。把国家制度优势更好转化为国家治理效能的关键,就是为公共权力制定和执行公共政策构建系统完备、科学规范、运行有效的监督制度,防范化解廉政风险,改善公共政策决策质量和效率,提升制度执行力,提高治理腐败效能。因此,国家要实现最优良的治理目标,首要问题就是致力于建构或设计一套更加科学合理的治理制度框架,核心是公共权力结构与运行制度框架,解决好权力如何正确行使的问题。监督是国家治理的内在要素,是权力正确运行的根本保证。权力监督制度是国家治理体系的重要组成部分。推进国家治理体系和治理能力现代化,必须强化对公权力的有效制约和监督,以监督制度建设保障党中央重大决策部署在各地贯彻落实,保障各项政策的执行力,以强化制度执行力保障国家治理高效能。

党的十八大以来,中国共产党在已有基础上继续前进,不断实现理论和实践上的创新突破,成功推进和拓展了中国式现代化。中国式现代化,是中国共产党领导的社会主义现代化,不但有各国现代化的共同特征,更有基于自己国情的中国特色。党的二十大报告指出:"全面建设社会主义现代化国家、全面推进中华民族伟大复兴,关键在党。我们党作为世界上最大的马克思主义执政党,要始终赢得人民拥护、巩固长期执政地位,必须时刻保持解决大党独有难题的清醒和坚定。"中国治理本质上指中国共产党领导人民治国理政,有效治理国家和社会。"过去一百年,中国共产党向人民、向历史交出了一份优异的答卷。现在,中国共产党团结带领中国人民又踏上了实现第二

① 1945年4月,毛泽东在中共七大上作的政治报告《论联合政府》中指出:"流水不腐,户枢不蠹",是说它们在不停的运动中抵抗了微生物或其他生物的侵蚀。对于我们,经常地检讨工作,在检讨中推广民主作风,不惧怕批评和自我批评,践行"知无不言,言无不尽","言者无罪,闻者足戒","有则改之,无则加勉"这些对中国人民有益的格言,正是抵抗各种"政治灰尘"和"政治微生物"侵蚀我们同志的思想和我们党的肌体的唯一有效的方法。参阅《毛泽东选集》(第三卷),人民出版社1991年版,第1096页。

个百年奋斗目标新的赶考之路。”①坚持和完善中国特色社会主义制度、推进国家治理体系和治理能力现代化，需要构建一整套与当代中国国情政情相适应的国家治理制度体系，推动国家治理制度更加成熟、更加定型，把国家治理制度优势更好转化为国家治理效能，实现高效能治理。中国最大的国情政情就是中国共产党的领导。什么是中国特色？这就是中国特色。中国共产党是国家治理体系的最高政治领导力量，执政党对资源的支配权力很大。各级领导干部手中的权力是党执政权的一部分，必须始终坚持权为民所用。作为马克思主义执政党，中国共产党始终坚持人民至上的政治立场，以“为人民谋幸福、为民族谋复兴”为治国理政的初心和使命。

礼义廉耻，国之四维。四维不张，国将不国。廉是“国之大者”。腐败是我们党执政面临的最大威胁，因为腐败侵蚀党的执政根基，破坏执政能力和治理质量。1949 年 3 月 23 日，毛泽东等率领中共中央机关和人民解放军总部离开西柏坡，向北平进发。临行前，他意味深长地说：“今天是进京的日子，进京赶考去”，“我们决不当李自成，我们都希望考个好成绩”。作为当今世界第一大政党，中国共产党要在中国实现长期执政、治国理政，必须破解兴衰治乱的历史性命题，敢于跳出“历史周期率”。我们党历史这么长、规模这么大、执政这么久，如何跳出治乱兴衰的历史周期率？毛泽东同志在延安的窑洞里给出了第一个答案，那就是“只有让人民来监督政府，政府才不敢松懈”。经过百年奋斗特别是党的十八大以来新的实践，我们党又给出了第二个答案，那就是自我革命。②

回顾百年党史，从苏区时期出台党史上第一个反腐败法令，到延安整风运动巩固全党团结统一，从新中国成立之初果断处理腐败分子刘青山、张子善，到深化党和领导制度改革，从出台“八项规定”反“四风”，到不断完善党和国家监督体系，中国共产党人敢于以自我革命的政治勇气，同一切弱化党的先进性和纯洁性的腐败现象作斗争，从而确保中国共产党不变质、不变色、不变味。新中国成立以来，特别是改革开放以来，国家治理系统处于一场深刻而重大的变革转型之中。中国共产党把对权力运行的制约监督制度落实到国家治理各领域各方面各环节，探索出一条长期执政条件下解决自身问题、跳出“历史周期率”的制度化建设道路。搞好制度“供给侧结构性改革”，加强

① 习近平：《在庆祝中国共产党成立 100 周年大会上的讲话》，《求是》2021 年第 14 期。

② 习近平：《以史为鉴、开创未来 埋头苦干、勇毅前行》，《求是》2022 年第 1 期。

党的长期执政能力建设、先进性和纯洁性建设，加强对权力运行的制约和监督，把权力关进制度笼子，把制度执行和监督贯穿区域治理、部门治理、行业治理、基层治理、单位治理的全过程，确保党的领导贯彻落实到治国理政各领域各环节，是新时代“坚持和完善中国特色社会主义制度、推进国家治理体系和治理能力现代化”的一项重大课题。

全面从严治党探索出依靠党的自我革命跳出历史周期率的成功路径。权力监督体系是党的自我革命制度规范体系的重要组成部分。党的二十大报告指出：“健全党统一领导、全面覆盖、权威高效的监督体系，完善权力监督制约机制，以党内监督为主导，促进各类监督贯通协调，让权力在阳光下运行。”党内监督是中国特色社会主义国家治理体系的重要组成部分。国家治理体系是在党领导下管理国家的制度体系，包括经济、政治、文化、社会、生态文明和党的建设等各领域体制机制、法律法规安排，也就是一整套紧密相连、相互协调的国家制度。① 只要深入观察和分析我国国家治理体系及其功能，便会发现，党的领导体现在国家治理各领域各方面各环节。国家治理体系中的权力运行制度化、规范化、程序化水平，对于国家治理能力和治理质量具有重要影响。党内监督作为一种治理制度被嵌入到治国理政各方面各领域，通过对权力进行制约和监督，对腐败进行揭露。党内监督围绕公权力运行各个环节，形成督察督导、发现问题、纠正偏差、精准问责的运作制度，通过发挥监督检查、揭示和诊断廉政风险、预防腐败和纠错等功能，提升国家治理系统的廉政风险防控能力。“绝对的权力导致绝对的腐败”早已成为国家治理领域的政治铁律。我们党全面领导、长期执政面对的最大挑战就是权力容易受到“围猎”，干部容易受到腐蚀。中国共产党要领导人民有效治理国家和社会，统揽“四个伟大”，有效抵御“四种危险”，经受住“四大考验”，就必须有效预防和治理公权力运行中的廉政风险，不断提高政治判断力、政治领悟力、政治执行力，确保干部清正、政府清廉、政治清明。

统筹发展和安全，增强忧患意识，做到居安思危，是我们党治国理政的一个重大原则。如何在长期执政条件下有效监督权力，这是我们党治国理政面临的历史性课题。自我监督是世界性难题，是国家治理的“哥德巴赫猜想”。干部掌握着方方面面的权力，是党的理论和路线方针政策的具体执行者，如果干部队伍素质不高、作风不正，那党的建设是不可能搞好的。我们的党员、

---

① 习近平：《切实把思想统一到党的十八届三中全会精神上来》（2013 年 11 月 12 日），《求是》2014 年第 1 期。

干部队伍庞大，管理起来难度很大，但又必须管好，管不好就会出乱子。我们国家要出问题主要出在共产党内，我们党要出问题主要出在干部身上。[①] 中国共产党在中国特色社会主义国家治理体系中的独特地位，决定了必须强化对党员领导干部行使公权力的制约和监督，确保权力更好为人民服务。没有监督的权力必然导致腐败，这是一条铁律。[②] 反腐倡廉的核心是制约和监督权力，确保党和人民赋予的权力始终用来为人民谋幸福。

中国共产党为什么能？能就能在中国共产党拥有敢于自我革命的勇气、底气和志气，强化政治监督、政治整合，不断提升党的政治领导力、思想引领力、群众组织力和社会号召力，跳出治乱兴衰的“历史周期率”。为了加强对权力运行的制约和监督，中国共产党构建包括党内监督、国家机关监督、民主监督、司法监督、审计监督、群众监督、舆论监督等在内的系统性、整体性、协同性的监督制度体系。党内监督在国家治理体系中的监督功能具有全面性。其他监督形式大都依据国家法律法规在特定范围内发挥特定监督职能。比如，人大常委会依照法定程序和内容对本级人民政府、人民法院和人民检察院的工作实施监督。除了行使公权力的国家机关，还有许多承担某种公共服务、具有一定公共属性的其他组织，如各种人民团体、事业单位、国有企业等，同样存在消极腐败的风险。在这些领域，党内监督发挥着十分重要的作用。党的执政地位决定了党内监督在党和国家各种监督形式中是最基本、第一位的。[③] 党内监督作为国家治理的监测和纠错机制深度融入国家治理体系，形成了党内监督主导的多元整合型监督体制。

如何靠制度更有效地防治腐败，仍然是我们面临的一个重大课题。[④] 新中国成立以来我国经济社会发展创造的世所罕见的伟大奇迹，靠的就是中国特色社会主义制度和国家治理体系的显著优势。党领导人民有效治理国家和社会，执政的中国共产党在党和国家监督体制结构中贯彻党的集中统一领导制度，坚持领导权统领监督权，监督权保障领导权，进而在国家治理体系中

① 习近平：《在党的群众路线教育实践活动总结大会上的讲话》(2014 年 10 月 8 日)，《人民日报》2014 年 10 月 9 日第 2 版。

② 中共中央纪律检查委员会、中共中央文献研究室：《习近平关于党风廉政建设和反腐败斗争论述摘编》，中国方正出版社、中央文献出版社 2015 年版，第 124 页。

③ 中共中央宣传部：《习近平新时代中国特色社会主义思想三十讲》，学习出版社 2018 年版，第 322 页。

④ 中共中央纪律检查委员会、中共中央文献研究室：《习近平关于党风廉政建设和反腐败斗争论述摘编》，中国方正出版社、中央文献出版社 2015 年版，第 124 页。

建构起党内监督主导的权力制约监督体制结构。党的十八大以来,党中央将党内监督置于推进国家治理体系和治理能力现代化的战略高度,用战略思维、创新思维、辩证思维、法治思维、专业思维、历史思维和底线思维坚定不移全面从严管党治党,一体推进纪律监督、监察监督、派驻监督、巡视监督、巡察监督协调衔接,一体推进党的纪律检查体制改革、国家监察体制改革和纪检监察机构改革,一体推进不敢腐、不能腐、不想腐体制机制建设,一体推进党内法规制度建设、党内政治生态建设和党内政治文化建设。党的十八大以来,构建以党内监督为主导,包括各种监督形式在内的中国特色社会主义监督制度体系,形成了发现问题、纠正偏差、惩治腐败的监督制度安排,以更加系统完备、科学规范、运行有效的党内监督制度体系保障党中央重大决策部署在地方的有效执行,推动中国特色监督制度优势更好转化为治理效能,探索出了公权力自我监督的"中国方案",为人类增强执政党在长期执政条件下自我净化、自我完善、自我革新、自我提高能力贡献了中国智慧。

事在四方,要在中央。在中国特色社会主义国家治理体系中,党是最高政治领导力量,通过自上而下、上下互动的方式,鼓励多元主体参与国家治理,有效协调政府、市场与社会各主体之间的关系,实现国家善治。强大政党对广大群众具有政治领导力、思想引领力、群众组织力、社会号召力,并通过制度化的组织和动员机制把人民群众维系在自己的周围,不断巩固和增强国家治理的合法性基础。我们讲过很多现代化,包括农业现代化、工业现代化、科技现代化、国防现代化等,国家治理体系和治理能力现代化是第一次讲。强化党内监督是中国共产党自身建设和国家治理现代化成功转型必须破解的重大课题,是全面深化改革、坚持和完善中国特色社会主义制度、推进国家治理体系和治理能力现代化的重要内容。①

综观改革开放史,从提出"党和国家领导制度的改革"任务并全面推进,到提出要"形成一整套更加成熟更加定型的制度",再到提出"构建系统完备、科学规范、运行有效的制度体系"、"完善和发展中国特色社会主义制度、推进国家治理体系和治理能力现代化",搞好"制度供给侧结构性改革",直到党的十九届四中全会提出"坚持和完善中国特色社会主义制度、推进国家治理体系和治理能力现代化"的总体目标,我们党对我国国家治理制度建设的规律性认识不断深化。"中国制度"催生出来的"中国之治"创造了人类历史上的

---

① 中共中央文献研究室:《习近平关于全面深化改革论述摘编》,中央文献出版社2014年版,第26页。

两大奇迹——经济快速发展和社会长期稳定。创造这两大奇迹的关键在于坚持党的领导、从严管党治党的制度优势,以强大制度优势全面提升国家治理的整体效能。统筹中华民族伟大复兴战略全局和世界百年未有之大变局,办好发展和安全两件大事,开辟“中国之治”新境界,必须坚持我们的制度底线,坚定“四个自信”,以正治邦,守正创新,完善国家治理制度体系,构建全覆盖的制度执行监督机制,提升制度建设质量、制度执行力和制度权威,把国家制度优势转化为治理效能,在全面建设社会主义现代化国家新征程中实现国家治理效能得到新提升。

党的二十大报告将“坚持制度治党、依规治党”作为“完善党的自我革命制度规范体系”的一项重要举措,明确提出“坚持制度治党、依规治党,以党章为根本,以民主集中制为核心,完善党内法规制度体系,增强党内法规权威性和执行力,形成坚持真理、修正错误,发现问题、纠正偏差的机制”。党内监督制度作为党的自我革命制度规范体系的基本构成要素深度嵌入到中国特色国家治理各方面各领域,为把我国制度优势更好转化为国家治理效能提供制度保障。新时代强化党内监督已经形成了一个相对独立且系统完整的理论体系、实践体系和话语体系,形成改革开放以来最丰富、最全面、最系统的强化党内监督制度体系建设的思想内涵和改革方法论,成为习近平新时代中国特色社会主义思想的重要内容,构成了中国式现代化理论体系的重要组成部分。改革开放以来特别是党的十八大以来中国共产党党内监督在制度体系、组织结构、治理机制和运作流程等方面,已经建构出一整套具有主体性、原创性的“中国特色纪检监察学”知识体系、话语体系,需要从学理上进行系统挖掘和科学阐释,进而逐步完善中国特色纪检监察学学科体系、学术体系和话语体系。这是新时代加快构建中国特色哲学社会科学学科体系、学术体系和话语体系,建构中国自主的政治学知识体系的重要任务。

加快构建中国特色哲学社会科学,归根结底是建构中国自主的知识体系。新时代建构中国式现代化的自主知识体系,一个重要方面就是科学概括和总结提炼中国共产党健全全面从严治党体系实践中的标识性概念,深刻把握和理解全面从严治党话语背后所折射的中国式现代化的国家治理制度体系构建逻辑。本书从国家治理理论和实践两个层面揭示中国共产党党内监督制度创新的趋势性变化和阶段性特征,力图从推进国家治理体系和治理能力现代化角度对党内监督制度创新和发展方向做出新的理论阐释,进而在实践与理论基础上探索面向中国式现代化的国家治理权力监督制度体系构建路径。

就学术价值来说，本书研究权力监督制度体系构建不是停留在一般的实践描述和宏大叙事上，而是综合运用现代国家治理基础理论，对执政党自我监督的治理模式进行总结和概括，揭示中国共产党党内监督制度体系建构的内在机理和政治逻辑，对党内监督制度体系构建背后揭示出的国家治理逻辑进行学理阐释和理论分析，力图从学理上阐释清楚执政党自我监督与国家善治的内在关联，为建构执政党自身治理的中国理论和中国话语提供学理支撑。本书以党内监督制度体系构建为主要话题，从国家治理理论与实践两个层面理解中国共产党健全全面从严治党体系的实践经验和路径选择，有助于总结新时代国家治理体系历史性变革的基本经验，进而为高效能的国家治理体系和治理能力促进全面推进中国式现代化提供更有力的理论支撑和知识贡献。

目　录
Contents

第一章　用监督制度破解历史周期率

中国共产党为什么能经历百余年、执政 70 多年而不断发展壮大，成为世界最大的执政党，不仅深刻改变了中国，也深刻影响了世界？一百多年来，中国共产党人始终牢记“中国共产党是什么、要干什么这个根本问题”，善于学习进步，勇于自我革命，敢于攻坚克难，破解兴衰治乱的历史性课题，在深刻把握历史发展规律、注重总结和运用党的历史经验、始终掌握历史主动和担当历史使命中跳出“历史周期率”。实现党的全面领导、长期执政，最大挑战就是对权力的有效监督。党的二十大报告指出：“健全党统一领导、全面覆盖、权威高效的监督体系，完善权力监督制约机制，以党内监督为主导，促进各类监督贯通协调，让权力在阳光下运行。”监督是国家治理的内在要素，强化权力监督制约是全面从严治党、发展全过程人民民主、提升国家治理效能的重要途径。党内监督制度通过发挥监督检查、揭示和诊断廉政风险、预防腐败和纠错等功能，促进廉洁政治建设，推动制度优势更好转化为治理效能。

第一节　回答长期执政的廉政之问

一、执政党自我监督的政治逻辑：廉政才能稳定

人类与腐败斗争是一项重大的历史性课题。反腐败斗争是现代国家廉政建设的一项具有紧迫性、长期性、严峻性和复杂性的治理战略。腐败滋生之时，就是践踏公平之日，行使国家权力必须受制于公平原则，其核心就是不论金钱、种族、宗教还是性别，要一直不偏不倚。[①] 正如自然界的腐败导致物

① ［瑞典］博·罗斯坦：《政府质量：执政能力与腐败、社会信任和不平等》，蒋小虎译，新华出版社 2012 年版，第 17 页。

质的损坏、消灭一样，政治腐败严重地侵蚀一个国家政权的肌体，最终损害并使其丧失原有功能，直至土崩瓦解。腐败在本质上是公权力的异化、变质和滥用，权力行使到哪里，就必然要求监督及时跟进到哪里。权力缺乏有效监督是腐败滋生和蔓延的重要原因。反对腐败最本质、最核心的问题就是如何规范公权力的运行，处理好权力与利益之间的关系。[①] 改善国家治理结构，实现国家善治，必须反腐败，加强廉政治理体系和治理能力建设，实现公权力的正常健康运作。

自我监督是世界性难题，是国家治理的"哥德巴赫猜想"。[②] 一个政党、一个国家的发展，都要经历"其作始也简，其将毕也必巨"的过程，也始终面临着"其兴也勃焉，其亡也忽焉"的考验。从世界范围看，近30年来，一些长期执政的大党、老党先后丧失执政地位，其原因固然是多方面的，但重要的一条就是在执政党自我监督和权力约束上出了问题，损害执政合法性。苏共拥有20万党员时夺取了政权，拥有200万党员时打败了希特勒，而拥有近2000万党员时却失去了政权。[③] 自1922年到1991年，苏联在人类历史上存在了整整70年。这对后世是一个沉痛的历史教训。西方国家通行的反对党、多党制、轮流执政、"三权分立"等制度设计，本身就表明资产阶级政党自身缺乏抗腐防腐能力，无力进行有效的自我监督。

从我国历史看，秦朝、北宋、元朝都曾经不可一世，但很快就日薄西山。就是那些存在时间较长的朝代，后期也都是朝政腐败、社会动荡、民怨沸腾、反抗不断，很多都是苟延残喘、奄奄一息。这说明，一个政权建立起来后，要保持兴旺发达、长治久安是很不容易的。如果不自省、不警惕、不努力，再强大的政权也会走到穷途末路。[④] 习近平指出，"我们要把中国特色社会主义建设好、建设成，需要一个很长的历史时期。在这个漫长历史进程中，确保中国共产党不垮、中国社会主义制度不倒，是一个极难极大的风险挑战"。[⑤] 治国必先治党，党兴才能国强。全面从严治党，必须构建权力运行监督与制约制度体系，把权力关进制度的笼子里。

孟德斯鸠在《论法的精神》中这样形容权力的扩张性和腐蚀性："一切有

---

① 徐颖：《善于用法治思维和法治方式反对腐败》，《光明日报》2019年5月9日第6版。

② 本刊编辑部：《深化国家监察体制改革的科学指引》，《求是》2019年第5期。

③ 习近平：《推进党的建设新的伟大工程要一以贯之》，《求是》2019年第19期。

④ 习近平：《坚持和发展中国特色社会主义要一以贯之》，《求是》2022年第18期。

⑤ 习近平：《坚持和发展中国特色社会主义要一以贯之》，《求是》2022年第18期。

权力的人都容易走向滥用权力，这是一条千古不变的经验。有权力的人直到把这种权力用到极限方可为止”。[①] 英国学者阿克顿勋爵指出：“权力倾向于腐败，绝对的权力导致绝对的腐败。”[②]邓小平强调“共产党要接受监督”：“我们党是执政的党，威信很高。我们大量的干部居于领导地位。在中国来说，谁有资格犯大错误？就是中国共产党。犯了错误影响也最大。因此，我们党应该特别警惕。”[③]习近平强调：“没有监督的权力必然导致腐败，这是一条铁律。”[④]党风廉政建设和反腐败斗争是中国共产党长期执政、治国理政必须抓好的重大政治任务。礼义廉耻，国之四维。四维不张，国将不国。廉是“国之大者”。

中国共产党是中国特色社会主义国家治理体系的最高政治领导力量，执政党对资源的支配权力很大。在国家治理结构层面，党是最高政治领导力量，人大是权力机关，政府是行政机构，监委是国家监察机构，法院和检察院是司法审判和监督机构。党作为国家治理结构体系中的最高政治领导力量，首先必须坚持党的全面领导制度，这是国家治理的关键和根本。牢记初心使命，始终保持执政党的先进性和纯洁性，确保权力正确行使，实现干部清正、政府清廉、政治清明，是中国共产党领导人民有效治理国家和社会必须认真破解的战略性课题。腐败是我们党面临的最大威胁。治国必先治党，治党务必从严。坚持全面从严治党，必须强化党和国家监督体系，加强对权力运行的制约和监督，把权力关进制度的笼子。监督是权力正确运行的保证，是国家制度和治理体系有效运转的重要支撑，在管党治党、治国理政中居于基础性、保障性地位。[⑤] 党内监督是国家治理体系高效运行的最基本和最重要的保障。现在我们不断完善党内监督体系，目的都是形成科学管用的防错纠错机制，不断增强党自我净化、自我完善、自我革新、自我提高能力。[⑥]

---

① [法]孟德斯鸠：《论法的精神》，孙立坚等译，陕西人民出版社 2001 年版，第 183 页。

② [英]阿克顿：《自由与权力》，侯健、范亚峰译，商务印书馆 2001 年版，第 342 页。

③ 邓小平：《共产党要接受监督》，《邓小平文选》（第一卷），人民出版社 1994 年版，第 270 页。

④ 中共中央纪律检查委员会、中共中央文献研究室：《习近平关于党风廉政建设和反腐败斗争论述摘编》，中国方正出版社、中央文献出版社 2015 年版，第 124 页。

⑤ 赵乐际：《坚持和完善党和国家监督体系　为全面建成小康社会提供坚强保障——在中国共产党第十九届中央纪律检查委员会第四次全体会议上的工作报告（2020 年 1 月 13 日）》，《人民日报》2020 年 2 月 25 日第 3 版。

⑥ 《习近平谈治国理政》（第二卷），外文出版社 2017 年版，第 185 页。

马克思主义政党夺取政权不容易，巩固政权更不容易；只要马克思主义执政党不出问题，社会主义国家就出不了大问题，我们就能够跳出“其兴也勃焉，其亡也忽焉”的“历史周期率”。① 全面从严治党，最终是要探索党在长期执政条件下实现自我净化、自我完善、自我革新、自我提高的有效途径，健全党和国家监督制度体系。中国共产党从成立之日起就高度重视权力监督问题。在中央苏区、延安时期，我们党探索了一套对苏维埃政府、边区政府和革命根据地人民政权组织及其工作人员的监督办法。新中国成立后，我们对加强公共权力监督进行了不懈探索。党的十八大之后，我们党在加强对国家机器的监督、切实把公权力关进制度的笼子方面做了大量探索和努力，目的就是要确保人民赋予的权力始终用来为人民谋幸福。② 党内监督就是通过对各级领导干部手中的权力进行制度化制约与监督，保证权力在正确轨道上运行，确保公开用权、公正用权、依法用权、廉洁用权。

党内监督是中国特色国家治理体系的重要组成部分。党的执政地位决定了党内监督在党和国家各种监督形式中是最基本、第一位的。③ 党的十九大报告指出：“构建党统一指挥、全面覆盖、权威高效的监督体系，把党内监督同国家机关监督、民主监督、司法监督、群众监督、舆论监督贯通起来，增强监督合力。”党的十九大通过的《中国共产党章程（修正案）》规定：“强化全面从严治党主体责任和监督责任，加强对党的领导机关和党员领导干部特别是主要领导干部的监督，不断完善党内监督体系。”《中国共产党党内监督条例》第九条规定：“建立健全党中央统一领导，党委（党组）全面监督，纪律检查机关专责监督，党的工作部门职能监督，党的基层组织日常监督，党员民主监督的党内监督体系。”第三十七条规定：“各级党委应当支持和保证同级人大、政府、监察机关、司法机关等对国家机关及公职人员依法进行监督，人民政协依章程进行民主监督，审计机关依法进行审计监督。”第三十九条规定：“各级党组织和党的领导干部应当认真对待、自觉接受社会监督，利用互联网技术和信息化手段，推动党务公开、拓宽监督渠道，虚心接受群众批评。新闻媒体应当坚持党性和人民性相统一，坚持正确导向，加强舆论监督，对典型案例进行剖析，发挥警示作用。”

---

① 习近平：《推进党的建设新的伟大工程要一以贯之》，《求是》2019 年第 19 期。

② 习近平：《在新的起点上深化国家监察体制改革》，《求是》2019 年第 5 期。

③ 中共中央宣传部：《习近平新时代中国特色社会主义思想三十讲》，学习出版社 2018 年版，第 322 页。

二、从“进京赶考”到跳出“历史周期率”

《吕氏春秋》有曰：“故贤主于安思危，于达思穷，于得思丧。”毛泽东在延安时期曾经指出：“我们不怕说出自己的毛病，我们一定要改正自己的毛病。我们要加强党内教育来清除这些毛病，我们还要经过和党外人士实行民主合作来清除这些毛病。这样的内外夹攻，才能把我们的毛病治好，才能把国事真正办好起来。”①中国共产党作为马克思主义政党在中国长期执政，能否实现有效的自我监督、正确行使人民赋予的权力，是一个关系到社会主义事业前途命运的重大课题。执政党对资源的支配权力很大，应该有一个权力清单，什么权能用，什么权不能用，什么是公权，什么是私权，要分开，不能公权私用。② 坚定不移地全面从严管党治党，最终是要探索出一条党长期执政条件下实现自我监督的有效路径。“江山就是人民，人民就是江山，打江山、守江山，守的是人民的心。”③只有让人民来监督政府，政府才不敢松懈；只有人人起来负责，才不会人亡政息。早在延安时期，毛泽东同志就提出跳出“历史周期率”的课题，党的八大规定任何党员和党的组织都必须受到自上而下的和自下而上的监督，现在我们不断完善党内监督体系，目的都是形成科学管用的防错纠错机制，不断增强党自我净化、自我完善、自我革新、自我提高能力。④

我们要用历史映照现实、远观未来，从党的百年奋斗历史中看清楚过去我们为什么能够成功、弄明白未来我们怎样才能继续成功。1945 年 7 月 4 日，毛泽东在延安杨家岭住处的窑洞里，与黄炎培(时任国民党政府国民参政员等职)进行了关于“历史周期率”的谈话，成为党史国史上著名的“延安窑洞对话”。七十多年过去了，两位政治家的“延安窑洞对话”言犹在耳、振聋发聩。这次对话至今仍是对中国共产党治国理政很好的鞭策和警醒。党的十八大以来，习近平总书记多次谈到“历史周期率”，提出要加强党的自我监督，着力解决好“其兴也勃焉，其亡也忽焉”的历史性课题。《关于新形势下党内

---

① 《毛泽东选集》(第三卷)，人民出版社 1991 年版，第 810 页。

② 中共中央纪律检查委员会、中共中央文献研究室：《习近平关于党风廉政建设和反腐败斗争论述摘编》，中国方正出版社、中央文献出版社 2015 年版，第 129 页。

③ 习近平：《在庆祝中国共产党成立 100 周年大会上的讲话》，《求是》2021 年第 14 期。

④ 《习近平谈治国理政》(第二卷)，外文出版社 2017 年版，第 185 页。

政治生活的若干准则》指出："监督是权力正确运行的根本保证，是加强和规范党内政治生活的重要举措。"党内监督能够广泛深入监督党组织和党员、干部的各种活动，对维护党的先进性和纯洁性具有十分重要的意义。[①] 作为党的十八大以来中国共产党治国理政的重要理论和实践创新，强化党内监督抓住了管党治党的根本性、方向性、全局性问题，体现了中国共产党在推进全面从严治党、破解"历史周期率"方面取得的历史性成就。

中国共产党通过实际行动回答"窑洞之问"，诠释了中国共产党在长期执政条件下强化自我监督的有效途径，以不断强化党内权力运行和监督制度建设倒逼管党治党能力不断增强，坚决消除特权思想和腐败行为，最大限度预防公共权力滥用。这个百年大党，始终坚守初心使命，始终秉持强烈的"赶考"意识，坚持"时代是出卷人，我们是答卷人，人民是阅卷人"的政治定位，保持刀刃向内的勇气担当，一次次拿起手术刀革除自己的病灶，一次次在浴火锻造中实现凤凰涅槃。特别是党的十八大以来，为破解"历史周期率"，探索一条权力监督的有效路径，以习近平同志为核心的党中央立足中国国情和实际，把中华民族深远悠久的自省传统进行创造性转化和创新性发展，形成了一套自我革命的内生机制。[②] 把党内监督同国家机关监督、民主监督、司法监督、群众监督、舆论监督等协调起来，形成监督合力，把监督的制度优势充分发挥出来，深刻回答了构建什么样的党内监督体系、如何构建党内监督体系的重大理论和实践问题，实现了管党治党伟业取得历史性成就、发生历史性变革。

监督是治理的重要方面，是权力正确运行的根本保证。[③] 中国共产党的领导作为国家治理方式是人类历史上前所未有的善治模式，是中国各项事业取得胜利的根本保证。[④] 如何在长期执政条件下有效监督权力，是我们党治国理政面临的历史性课题，必须不断破解权力监督难题。我们治国理政的根本，就是中国共产党领导和社会主义制度，我们思想上必须十分明确，推进国

---

① 沈国明：《确保权力更好为人民服务》，《人民日报》2019 年 1 月 29 日第 9 版。

② 《纵横正有凌云笔》，《人民日报》2019 年 3 月 3 日第 1 版。

③ 《敢于监督 善于监督 为党中央重大战略推进实施提供有力保障》，《人民日报》2019 年 10 月 20 日第 1 版。

④ 鄢一龙等：《大道之行：中国共产党与中国社会主义》，中国人民大学出版社 2015 年版，第 17 页。

家治理体系和治理能力现代化，绝不是西方化、资本主义化。[①] 党的十九大报告提出党的建设总要求“以加强党的长期执政能力建设、先进性和纯洁性建设为主线”。永远保持党的先进性和纯洁性的根本途径是强化自我监督，不断提高自我净化、自我完善、自我革新、自我提高能力，有效化解党长期执政、治国理政的重大挑战和风险。党的十九届六中全会审议通过党的第三个历史决议，将“坚持自我革命”列为党百年奋斗的十条历史经验之一。

三、面向国家治理现代化坚持和完善中国特色监督制度

反腐败没有选择，必须知难而进。权力寻租和腐败严重侵蚀国家治理肌体和政治生态健康，损害国家善治和执政质量，危害政权安全和社会稳定。加强对权力的制约和监督，预防权力滥用和腐败是国家治理现代化转型绕不过的一道坎。换句话说，权力监督制度建设是任何一个执政党实现国家治理成功转型的关键。党的十八大以来，中国共产党从推进国家治理现代化、防范化解重大风险的战略高度看待廉洁政治建设和治理腐败问题，抓住“关键少数”，强化对“一把手”的权力监督监察，推进权力监督制度化、规范化、程序化建设，一体推进不敢腐、不能腐、不想腐，以制度治党、制度治权新成效推进国家治理体系和治理能力现代化。

坚持和完善中国特色社会主义制度、推进国家治理体系和治理能力现代化，是全党的一项重大战略任务。[②] 推进国家治理体系和治理能力现代化，是实现社会主义现代化的应有之义。[③] 党的十八届三中全会首次提出“国家治理体系和治理能力现代化”这个重大命题，将“完善和发展中国特色社会主义制度，推进国家治理体系和治理能力现代化”作为全面深化改革的总目标。推进国家治理体系和治理能力现代化，就是要适应时代变化，既改革不适应实践发展要求的体制机制、法律法规，又不断构建新的体制机制、法律法规，使各方面制度更加科学、更加完善，实现党、国家、社会各项事务治理制度化、

① 中共中央文献研究室：《习近平关于社会主义政治建设论述摘编》，中央文献出版社 2017 年版，第 8 页。

② 《中共中央关于坚持和完善中国特色社会主义制度、推进国家治理体系和治理能力现代化若干重大问题的决定》，《人民日报》2019 年 11 月 6 日第 1 版。

③ 习近平：《切实把思想统一到党的十八届三中全会精神上来》，《求是》2014 年第 1 期。

规范化、程序化。要更加注重治理能力建设，增强按制度办事、依法办事意识，善于运用制度和法律治理国家，把各方面制度优势转化为管理国家的效能，提高党科学执政、民主执政、依法执政水平。①

实现国家治理体系和治理能力现代化是全面建设社会主义现代化强国的重要任务。党的十九届四中全会审议通过了《中共中央关于坚持和完善中国特色社会主义制度、推进国家治理体系和治理能力现代化若干重大问题的决定》，全面系统规划了新时代中国特色国家治理现代化"三步走"的总体战略目标："到我们党成立一百年时，在各方面制度更加成熟更加定型上取得明显成效；到二〇三五年，各方面制度更加完善，基本实现国家治理体系和治理能力现代化；到新中国成立一百年时，全面实现国家治理体系和治理能力现代化，使中国特色社会主义制度更加巩固、优越性充分展现。"②以一次中央全会专门研究"坚持和完善中国特色社会主义制度、推进国家治理体系和治理能力现代化"，在我们党的历史上还是第一次。这个目标的提出，标志着一个百年大党走过辉煌历程，显示出面向未来的战略目光和历史担当，也昭示着历史对我们党的新要求、新期待。③

国家治理体系和治理能力现代化的内涵是什么？如何推进国家治理体系和治理能力现代化？国家治理体系和治理能力是一个国家制度和制度执行能力的集中体现。国家治理体系是在党领导下管理国家的制度体系，包括经济、政治、文化、社会、生态文明和党的建设等各领域体制机制、法律法规安排，也就是一整套紧密相连、相互协调的国家制度。④ 国家治理体系和治理能力现代化的关键之一在于国家政权的最高政治领导力量——党的治理体系和治理能力现代化。而党的治理体系和治理能力现代化的衡量标准是党的权力运行制度化和规范化，强化党内监督，形成科学有效的权力运行制约和监督体系，把权力关进制度的笼子，让权力在阳光下运行。《中共中央关于坚持和完善中国特色社会主义制度、推进国家治理体系和治理能力现代化若干

① 习近平：《切实把思想统一到党的十八届三中全会精神上来》，《求是》2014 年第 1 期。

② 《中共中央关于坚持和完善中国特色社会主义制度、推进国家治理体系和治理能力现代化若干重大问题的决定》，《人民日报》2019 年 11 月 6 日第 1 版。

③ 关铭闻：《面向梦想，脚踏征程——推进国家治理体系和治理能力现代化进行时》，《光明日报》2019 年 11 月 7 日第 1 版。

④ 习近平：《切实把思想统一到党的十八届三中全会精神上来》，《求是》2014 年第 1 期。

重大问题的决定》单列第十四部分——“坚持和完善党和国家监督体系，强化对权力运行的制约和监督”，提出“健全党和国家监督制度”，“完善权力配置和运行制约机制”，“构建一体推进不敢腐、不能腐、不想腐体制机制”。强化党内监督是推进国家治理现代化的一项重要任务。

党内监督本质上是执政党自身的治理理念与实践，将其置于国家治理视野中思考，有助于深刻理解和把握党内监督的战略价值。处于现代化之中的国家治理体系和治理能力，其稳定性和有效性取决于其执政党的力量。中国正处于现代化转型期，国家治理体系和治理能力的现代化构建是成功实现这种转型的关键。[①] 独特的文化传统、独特的历史命运、独特的基本国情，注定了中国必然要走适合自己特点的国家治理现代化转型之路。以提高中国共产党执政能力为重点的国家治理现代化，构成新时代坚持和完善中国特色社会主义制度、推进国家治理体系和治理能力现代化的核心主轴。

党的领导是中国特色社会主义国家治理体系的核心和根本。对我们这样一个拥有 9804.1 万名党员、在一个 14 亿多人口大国长期执政的党，管党治党一刻不能松懈。增强忧患意识，做到居安思危，是治国理政必须始终坚持的一个重大原则。党面临的风险和挑战是长期的、复杂的、严峻的，全面从严治党任重而道远，强化对党的干部的监督须臾不可松懈。[②] 全面从严治党，构建党内政治新生态，不仅是实现党内优良治理的重要手段，也是推进国家治理体系和治理能力现代化，并形成社会“善治”的前提条件和根本保证。[③] 党的十八大以来，中国共产党把构建党内监督制度体系放在坚持和完善中国特色社会主义制度、推进国家治理体系和治理能力现代化的战略系统中进行顶层设计和系统规划，丰富和推动了党内监督理论、实践和制度的创新发展。

全面从严治党，首先必须解决党内监督的制度短板问题。作为强化党内监督制度的顶层设计，《中国共产党党内监督条例》构建了强大的党内监督体系，标志着制度治党进入新阶段。制度的生命力和权威在于有效执行。不能将国家制度和国家治理等同起来，并非国家制度健全了，国家治理水平就能自然而然地提高。只有不断提高国家治理能力，才能充分发挥制度效能，彰

---

① 吕志奎：《国家治理体系构建的基本框架》，《学习时报》2014 年 4 月 21 日第 A6 版。

② 肖培：《健全党和国家监督体系》，《人民日报》2018 年 1 月 16 日第 7 版。

③ 赵中源：《党推进国家治理现代化的理路》，《中国社会科学报》2019 年 11 月 1 日第 4 版。

显制度优越性。[①] 监督作为国家治理的内在要素和重要功能，就是通过实施有效的监督功能、预防功能和纠错功能，确保公权力系统正常运作。因此，坚持和完善中国特色社会主义制度、推进国家治理体系和治理能力现代化，就不能不回答如何保障公权力正常化、规范化、制度化运作问题，这就需要构建系统完备、科学规范、运行有效的党内监督制度体系，加强对党中央重大决策部署和制度执行情况的监督检查，纠正影响国家治理体系和治理能力现代化的偏差行为，防范和化解国家治理面临的廉政风险。

党内监督本质上是执政党自身的治理革命，将其置于国家治理视野下，有助于更深刻地理解和把握党内监督的内涵与意义，揭示党内监督制度创新与国家治理现代化的内在逻辑。党的十八大以来，以习近平同志为核心的党中央洞悉国家治理大势，把握国家治理规律，将党的建设语境下的党内监督，置于推进国家治理体系和治理能力现代化的重要高度，明确指出“增强党自我净化能力，根本靠强化党的自我监督和群众监督”，通过党的治理体制机制改革和制度创新，强化党内监督制度化建设，积极探索党长期执政条件下强化党内监督的有效途径，推动党内监督制度化、规范化、程序化，为新时代强化党内监督提供了根本遵循。

党的十九大报告提出“构建党统一指挥、全面覆盖、权威高效的监督体系，把党内监督同国家机关监督、民主监督、司法监督、群众监督、舆论监督贯通起来，增强监督合力”。党的十九大全面总结党内监督的实践、理论和制度创新成果，进一步完善了纪检机关双重领导体制、全面派驻机制的内容，进一步明确纪检机关的职责定位：监督执纪问责；将党的各级纪律检查委员会是党内监督专责机关，协助党的委员会推进全面从严治党，职责是监督、执纪、问责等内容写进党章相关条款，以党内最高法规的形式固定下来，为推动全面从严治党向纵深发展奠定坚实的制度基础。党的十九大以来，在党中央坚强领导下，中央纪委国家监委着眼于构建党统一指挥、全面覆盖、权威高效的监督体系，一体推进党的纪律检查体制、国家监察体制和纪检监察机构改革，推动制度优势转化为治理效能，不断提高反腐败工作法治化规范化水平，为全面从严治党和反腐败斗争向纵深发展提供有力保证。

---

① 丰子义：《辩证把握“制”与“治”》，《人民日报》2020 年 2 月 24 日第 9 版。

第二节　执政党自我监督的制度探索

新中国成立后，我们党领导全国人民有效治理国家和社会，探索适合我国国情的社会主义建设道路，坚持和完善“中国之治”制度体系，大力提升国家治理体系和治理能力现代化水平，其中就包括积极推进党和国家监督制度建设。新中国成立后，我们党坚持走中国特色的执政党自我监督之路，对加强权力制约和监督制度建设进行了不懈探索。改革开放后，我们党带领人民积极推进党和国家领导制度改革，建立和完善与发展社会主义市场经济相适应的党和国家监督体系。党的十八大以来，党和国家监督制度建设纳入新时代坚持和完善中国特色社会主义制度、推进国家治理体系和治理能力现代化的战略框架之中，中国共产党领导的国家治理系统累积形成并积极构建了一整套反腐倡廉、惩治腐败的制度体系，运用这些制度体系，保障公权力正确行使。

一、制度创建：新中国成立初期的管党治党制度建设，抵抗各种“政治灰尘”和“政治微生物”侵蚀党的健康肌体

一个政党、一个国家的发展，都要经历“其作始也简，其将毕也必巨”的过程，也始终面临着“其兴也勃焉，其亡也忽焉”的考验。[①] 中国共产党从成立之日起就高度重视权力监督问题。在中央苏区、延安时期，中国共产党探索了一套对苏维埃政府、边区政府和革命根据地人民政权组织及其工作人员的监督办法。从 1935 年到 1948 年，延安是中共中央所在地，是中国人民革命解放斗争的总后方。毛泽东和党中央从这里东渡黄河，走到西柏坡，走进北京城。在延安，毛泽东深化对四个重要问题的理解：第一，如何有效治理中共控制下的革命根据地，这是中国共产党局部执政与新中国成立前的治国理政伟大试验。第二，如何最有效地提升共产党的政治整合能力，动员群众，激发和保持群众参与革命和政权建设的政治活力，只有“把群众力量组织起来”，中国共产党才可能“无敌于天下”。第三，如何整顿党内作风，包括整顿学风、党风和文风，为中国革命取得胜利创造条件。第四，如何顺利完成从局部执政向全国执政转变的政策和策略的历史性转型。中共七大成功实施了党的建设伟

---

① 宣言：《人间正道是沧桑》，《人民日报》2019 年 9 月 27 日第 1 版。

大工程，确立了党的思想路线、政治路线、组织路线，开辟了马克思主义中国化的历史先河。

1949 年 10 月 1 日，中华人民共和国宣告成立，国家制度建设成为中国共产党治国理政的首要议题。首先，必须构建社会主义中国的国家治理体系，首要任务就是构建好执政党自身的有效治理体系，以实现对新中国成立后的国家与社会的有效治理。其次，打江山容易，守江山难。毫无疑问，面对进城以来各级党政干部的全面腐败，毛泽东推行管党治党的政治运动，以“三反”运动的方式正风反腐，有效遏制了共产党逐渐国民党化的发展趋势。1949 年 11 月，中共中央作出成立中央及各级党的纪律检查委员会的决定，成立了由朱德任书记的中央纪律检查委员会。到 1950 年年底，全国大部分地方党组织都建立了纪委，各级纪委隶属同级党委领导。为惩治贪污腐败，1951 年 12 月 1 日中共中央发出《关于实行精兵简政、增产节约、反对贪污、反对浪费和反对官僚主义的决定》，开展“三反”运动式反腐，层层分配打“虎”任务。一些典型的贪污案件被揭发出来，公之于众，很快在全国形成高潮。其中，包括从严查办刘青山和张子善的案件。

为进一步加强党的纪律建设，保证党的团结统一，1955 年 3 月，中国共产党全国代表会议通过《关于成立党的中央和地方监察委员会的决议》，决定成立党的中央和地方监察委员会，代替各级党的纪律检查委员会，选举产生以董必武为书记的中央监察委员会，代替中央纪律检查委员会。《关于成立党的中央和地方监察委员会的决议》规定，党的中央和地方各级监察委员会的任务是经常监察和处理党员违反党章、党纪和国家法律、法令的案件。1956 年 9 月党的八大党章规定，“中央监察委员会由党的中央委员会全体会议选举。地方监察委员会由本级党的委员会全体会议选举，并且经过上一级党的委员会的批准。……各级监察委员会在各级党的委员会领导下进行工作。”这实际上提高了党的监察委员会的机构设置和权力配置的政治规格，还规定上级监委有权检查下级监委的工作，并有权审查批准和改变下级监委对案件所作的决定，下级监委应向上级监委报告工作，这实际上就是党内监督机构“双重领导”，即既受上级监察机关领导，也同时受本级党委领导的工作模式。这表明中国共产党已开始探索党内监督机构实行“双重领导”体制。

1962 年 9 月，党的八届十中全会通过的《关于加强党的监察机关的决定》重申对党员首先是干部的监督，对监察工作作出了一些新的具体规定，明确指出：加强中央和地方各级监察委员会，规定各级监察委员会委员的名额。中央监察委员会可以派出监察组常驻国务院所属各部门，各省、自治区、直辖市党的监察委员会在必要的时候，可以派出监察组和监察员驻省、自治区、直辖市人民委员会所属的各部门进行工作。至此，中国共产党党内监督制度及其机构的基本框架已经初步构建起来。

“文化大革命”爆发后，党内的监察机构受到冲击，党的纪检机构停止工作，纪检监察工作遭到全面破坏。党的九大通过的《中国共产党章程》更是将有关党内监督的条款一律取消。同年7月，中央又以精简机构名义撤销了党的监察委员会，监察干部被下放到“五七”干校劳动，以致党内监督陷于停顿状态。直到“文革”结束后，党的监督机构才得以恢复。党的十一大党章规定“党的中央委员会，地方县和县以上、军队团和团以上各级党的委员会，都设立纪律检查委员会”。

二、制度重建：改革开放以来党内监督领导体制改革，积极应对“四大考验”

党的十一届三中全会作出把党和国家工作重点转移到社会主义现代化建设上来，实行改革开放这一关乎党、国家、民族命运的历史性决策，同时决定“加强党的领导机构和成立中央纪律检查委员会”，作为“保障党的政治路线的贯彻执行的一个重要措施”，“纪律检查委员会的根本任务，就是维护党规党法，切实搞好党风”。党的十一届三中全会通过的公报指出：“根据党的历史的经验教训，全会决定健全党的民主集中制，健全党规党法，严肃党纪。……全体党员和党的干部，人人遵守党的纪律，是恢复党和国家正常政治生活的起码要求。党的各级领导干部必须带头严守党纪。”党的十一届三中全会选举陈云为中央纪律检查委员会第一书记。1979年1月，中央纪委召开第一次全体会议，讨论通过了《中共中央纪律检查委员会关于工作任务、职权范围、机构设置的规定》，对中央纪律检查委员会的工作作出了全面部署。从此，党的纪检监督体制得到重建并释放治理效能。

邓小平曾经指出，“建立一个什么样的党的问题，这不仅是我们这一代的问题，也是下一代、再下一代的问题。一个国家的革命，核心问题是党。有了一个好党才能引导革命走向胜利。革命胜利后，搞社会主义也要靠一个好党，否则胜利就靠不住。”①邓小平还指出：“在中国来说，谁有资格犯大错误？

---

① 邓小平：《建设一个成熟的有战斗力的党》，《邓小平文选》（第一卷），人民出版社1994年版，第348页。

就是中国共产党。犯了错误影响也最大。因此,我们党应该特别警惕。宪法上规定了党的领导,党要领导得好,就要不断地克服主观主义、官僚主义、宗派主义,就要受监督,就要扩大党和国家的民主生活。如果我们不受监督,不注意扩大党和国家的民主生活,就一定要脱离群众,犯大错误。"①

实行改革开放,发展市场经济,中国共产党面临长期执政、改革开放、市场经济、外部环境等"四大考验",面临精神懈怠、能力不足、脱离群众、消极腐败等"四大危险"。党的十一届三中全会决定将全党工作重点转移到社会主义现代化建设上来,要保持良好的党内政治生活,以充分调动党的中央组织、地方组织和基层组织以及全体党员的积极性,团结全党和全国人民实现现代化建设的伟大任务。1980 年 8 月,邓小平同志在中共中央政治局扩大会议上的讲话《党和国家领导制度的改革》中指出:"官僚主义现象是我们党和国家政治生活中广泛存在的一个大问题。它的主要表现和危害是:高高在上,滥用权力,脱离实际,脱离群众,好摆门面,好说空话,思想僵化,墨守陈规,机构臃肿,人浮于事,办事拖拉,不讲效率,不负责任,不守信用,公文旅行,互相推诿,以至官气十足,动辄训人,打击报复,压制民主,欺上瞒下,专横跋扈,徇私行贿,贪赃枉法,等等。"②我们不坚决反对形式主义、官僚主义,就会脱离人民群众。我们不仅要从思想上作风上坚决反对形式主义、官僚主义,而且要从制度上坚决反对形式主义、官僚主义,扫除形式主义、官僚主义滋生蔓延的土壤。③

强化党内监督制度建设,必须坚决反对官僚主义,制约和监督权力运行。1980 年党的十一届五中全会通过的《关于党内政治生活的若干准则》,对实现政治上、思想上、组织上、作风上的拨乱反正和全党工作中心的转移,促进党内的团结统一、保证改革开放和社会主义现代化建设顺利进行,发挥了十分重要的作用。④《关于党内政治生活的若干准则》也为今天我们加强和规范党内政治生活、加强党内监督确立了基本制度规范。为了加强新时期党的制度建设,党的十二大通过修订党章,确立现行党章的基本制度框架,标志着党的治理制度化建设进入新阶段。党的十二大通过的党章确定了纪委"双重领

---

① 邓小平:《共产党要接受监督》,《邓小平文选》(第一卷),人民出版社 1994 年版,第 270 页。

② 邓小平:《党和国家领导制度的改革》,《邓小平文选》(第二卷),人民出版社 1994 年版,第 327 页。

③ 习近平:《推进党的建设新的伟大工程要一以贯之》,《求是》2019 年第 19 期。

④ 习近平:《关于〈关于新形势下党内政治生活的若干准则〉和〈中国共产党党内监督条例〉的说明》,《求是》2016 年第 22 期。

导”体制，即“党的中央纪律检查委员会在党的中央委员会领导下进行工作。党的地方各级纪律检查委员会在同级党的委员会和上级纪律检查委员会的双重领导下进行工作”，并逐步扩大纪委的职权，纪委承担保护、惩处、监督、教育“四项职能”，强化党内专门监督机构的权威和地位。党的十二大通过的党章还规定中央纪委第一书记必须从中央政治局中产生，以此提高纪委在国家治理体系中的政治地位。同时第一次对派驻监督作出规定。根据历史的经验和教训，新党章强调从中央到基层的各级组织都必须严格遵守民主集中制和集体领导的原则，明确规定“禁止任何形式的个人崇拜”。新党章对改善党的中央组织、地方组织和基层组织的治理体制，对加强党的各级纪律检查机关制度建设，都作了许多新的规定。

党的十四大报告强调，要坚持党要管党和从严治党，加强和改进党的建设。党的十四大通过的党章修正案首次将“从严治党”写入总纲。1993 年 1 月，中央纪委、监察部合署办公。这是我国纪检体制的重大改革。合署后的中央纪委履行党的纪律检查和政府行政监察两种职能，对党中央负责；监察部按照宪法规定，仍属于国务院组成部门系列，接受国务院领导。地方各级监察机关与党的纪委合署后，实行由所在政府和上级纪律检查机关双重领导体制。1996 年 3 月，《中共中央纪委关于建立巡视制度的试行办法》出台，同年中央纪委第一次派出巡视组。1998 年 11 月，中共中央、国务院印发《关于实行党风廉政建设责任制的规定》，提出了“党委统一领导、党政齐抓共管、纪委组织协调、部门各负其责、依靠群众的支持和参与”的反腐败体制机制，同时强调“实行党风廉政建设责任制，要坚持从严治党、从严治政；立足教育，着眼防范；集体领导与个人分工负责相结合；谁主管，谁负责；一级抓一级，层层抓落实”。《关于实行党风廉政建设责任制的规定》在促进党风廉政建设和党内监督制度建设、提升管党治党能力方面发挥了重要作用。1999 年 1 月，江泽民同志在十五届中央纪委第三次全会上首次指出“各级党委要坚持‘党要管党’、‘从严治党’”的方针。2000 年 1 月，江泽民同志在十五届中央纪委第四次全会上发表重要讲话，向全党提出了“治国必先治党，治党务必从严”的理念。

双重领导体制下的纪检工作依然难以保证纪律检查与党内监督的独立性，同体监督以及监督难、难监督等问题依然普遍存在，所以它为实际领导权的分配留下了很大的弹性空间。① 中纪委从 2000 年开始在原有的双重领导

① 欧阳庆芳：《国家治理视野下的纪检监察研究》，华中师范大学出版社 2016 年版，第 100 页。

体制基础上增加了“以中央纪委、监察部领导为主”的制度前提，而且派驻纪检组的领导干部的任命也由中央纪委、监察部主要负责。党的十五届六中全会通过的《中共中央关于加强和改进党的作风建设的决定》提出了“纪委监察机关对派出机构实行统一管理”的制度设计。

党的十六大报告提出构建决策权、执行权、监督权相互协调、相互制约的治理制度安排：“从决策和执行等环节加强对权力的监督，保证把人民赋予的权力真正用来为人民谋利益。”党的十六大报告还强调“一定要坚持党要管党、从严治党的方针，进一步解决提高党的领导水平和执政水平、提高拒腐防变和抵御风险能力这两大历史性课题”。党的十六大通过的党章首次把“坚持党要管党、从严治党”写入党章总纲。在党内监督机构管理体制上，党的十六大通过的党章修正案虽然规定地方纪委仍由同级党委和上级纪委双重领导，但不再强调以同级党委领导为主。2003 年 12 月颁布的《中国共产党党内监督条例（试行）》，正式将党的各级纪检委员会确定为党内监督的专门机关，并明确各级领导班子主要负责人为党内监督的重点对象，第一次将巡视制度作为党内法规制度。2009 年 7 月，党中央颁布《中国共产党巡视工作条例（试行）》，对巡视工作的指导思想、基本原则、机构设置、工作程序、人员管理、纪律与责任等作出制度规定。

三、制度重塑：新时代坚持并完善党和国家监督制度体系，不断增强党的“四力”

2012 年 12 月 4 日，中共中央政治局会议审议通过中央政治局关于改进工作作风、密切联系群众的八项规定。随着中央八项规定等一系列制度的出台，全面从严治党在全党展开。全面从严治党是新时代中国共产党实施的一项创造性治理战略。我们党只有在领导改革开放和社会主义现代化建设伟大社会革命的同时，坚定不移推进党的伟大自我革命，敢于清除一切侵蚀党的健康肌体的病毒，使党不断自我净化、自我完善、自我革新、自我提高，不断增强党的政治领导力、思想引领力、群众组织力、社会号召力，才能确保党始终保持同人民群众的血肉联系。① 党的十八大以来，我们党更加注重制度管

① 习近平：《在庆祝改革开放 40 周年大会上的讲话》（2018 年 12 月 18 日），《人民日报》2018 年 12 月 19 日第 2 版。

党治党，搞好制度“供给侧结构性改革”①，着力构建发现问题、纠正偏差、持续改进的制度化常态化监督体系，成功探索了党长期执政条件下实现自我净化、自我完善、自我革新、自我提高的有效途径。

党内监督是全面从严治党的重要抓手和制度支撑。“全面”就要管全党、治全党，覆盖党的建设各个领域、各个方面、各个部门，重点是抓住“关键少数”，构建权力运行的制约和监督制度体系。“从严”就要真管真严、敢管敢严、长管长严，强化制度执行监督制度。“治”就是从党中央到基层党支部都要肩负起主体责任，构建执政能力建设系统治理制度体系。制度治党是新时代中国共产党治国理政的鲜明特征。党的十八大以来，党内监督制度建设注重不断增强系统性、整体性、协同性，实现“四个”一体推进。一体推进纪律监督、监察监督、派驻监督、巡视监督、巡察监督协调衔接，一体推进党的纪律检查体制改革、国家监察体制改革和纪检监察机构改革，一体推进不敢腐、不能腐、不想腐体制机制建设，一体推进党内法规制度建设、党内政治生态建设和党内政治文化建设，形成了以党内监督为主导、包括各种监督形式在内的中国特色社会主义监督制度，构建了发现问题、纠正偏差、惩治腐败的国家治理制度安排，为实现国家善治探索出了公权力监督的中国方案。

构建系统完备、科学规范、运行高效的党内监督制度体系是坚持和完善中国特色社会主义制度、推进国家治理体系和治理能力现代化的重要组成部分。党的十八届三中全会提出“强化权力运行制约和监督体系”，强调“坚持用制度管权管事管人，让人民监督权力，让权力在阳光下运行，是把权力关进制度笼子的根本之策”。2016 年 10 月，党的十八届六中全会审议通过了《关于新形势下党内政治生活的若干准则》和《中国共产党党内监督条例》，开启了党内监督制度建设的新征程。《中国共产党党内监督条例》对监督主体的主要职责及监督主体间关系作出制度规定，推进党内监督制度化、规范化、程序化，强调完善权力运行制约和监督机制，构建有权必有责、用权必担责、滥权必追责的制度安排。

权力清单制度是现代国家治理的一种重要的监督制度安排。《关于新形势下党内政治生活的若干准则》提出“实行权力清单制度，公开权力运行过程

---

①　2019 年 7 月 9 日，习近平总书记在中央和国家机关党的建设工作会议上的讲话指出：“要搞好制度‘供给侧结构性改革’，空白缺位的抓紧建立，不全面的尽快完善，成熟经验及时推广。”参阅习近平：《在中央和国家机关党的建设工作会议上的讲话》(2019 年 7 月 9 日)，《求是》2019 年第 21 期。

和结果，健全不当用权问责机制，把权力关进制度笼子，让权力在阳光下运行”。《中共中央关于全面深化改革若干重大问题的决定》提出：“推行地方各级政府及其工作部门权力清单制度，依法公开权力运行流程。”《中共中央关于全面推进依法治国若干重大问题的决定》提出：“推行政府权力清单制度，坚决消除权力设租寻租空间。”2015 年 3 月，中共中央办公厅、国务院办公厅印发《关于推行地方各级政府工作部门权力清单制度的指导意见》，要求地方省、市县级政府部门限期公布相关权力清单，将地方各级政府工作部门行使的各项行政职权及其依据、行使主体、运行流程、对应的责任等，以清单形式明确列示出来，向社会公布，接受社会监督。实行权力清单制度，构建权力规范运行的治理结构，坚持职权法定原则，划定政府与市场、企业、社会的权责边界。2016 年 2 月，中共中央办公厅、国务院办公厅印发《关于全面推进政务公开工作的意见》，提出“全面推行权力清单、责任清单、负面清单公开工作，建立健全清单动态调整公开机制”。“以权力清单明确政府能做什么，‘法无授权不可为’；以责任清单明确政府该怎么管市场，‘法定职责必须为’；以负面清单明确对企业的约束有哪些，‘法无禁止即可为’。通过建立‘三个清单’，依法管好‘看得见的手’，用好‘看不见的手’，挡住‘寻租的黑手’。”①

党的十九届四中全会通过的《中共中央关于坚持和完善中国特色社会主义制度、推进国家治理体系和治理能力现代化若干重大问题的决定》构筑的根本制度、基本制度、重要制度涵盖从治党到治国的各个领域，突出了中国共产党的全面领导、集中领导和统一领导，并将其明确为根本制度体系，且作为中国特色社会主义制度体系的首要内容。将“坚持和完善党和国家监督体系，强化对权力运行的制约和监督”专列一章作出重大制度安排，强调“以党内监督为主导，推动各类监督有机贯通、相互协调”，提出“推进纪律监督、监察监督、派驻监督、巡视监督统筹衔接，健全人大监督、民主监督、行政监督、司法监督、群众监督、舆论监督制度，发挥审计监督、统计监督职能作用”。

新时代中国共产党党内监督具有“党中央统一领导、重视制度化治理、维护权威自觉性、多元主体监督网”的特色。党的十八大以来，党内监督更加注重顶层设计、战略规划、制度治党，注重体制改革和制度创新，创造出党内监督的新模式或新制度，构建纪律监督、派驻监督、巡视监督、巡察监督、监察监

---

① 李克强：《简政放权 放管结合 优化服务 深化行政体制改革 切实转变政府职能——在全国推进简政放权放管结合职能转变工作电视电话会议上的讲话》，《光明日报》2015 年 5 月 15 日第 2 版。

督五位一体的党内监督制度体系，形成党内监督、国家监察、民主监督、舆论监督、群众监督的强大合力，构建全覆盖、无死角的监督网络，推动管党治党“由软到硬”，干部管理“由松到紧”，政治生态“由乱到治”，探索出党长期执政条件下依靠制度创新、强化党内监督、有效遏制腐败的途径和方略。党的十八大至2021年7月，立案审查调查省部级以上领导干部近400人，厅局级干部2万多人，一大批“害群之马”被清除出党。①

以党内监督为主导的中国特色社会主义监督制度是中国土壤上的伟大政治创造，丰富了人类政治制度文明模式。以党内监督为主导的多层整合型监督体制对于强化对权力运行的制约和监督、确保权力正确行使、预防和治理腐败等具有重要意义。制度更加成熟更加定型是一个动态过程，治理能力现代化也是一个动态过程，不可能一蹴而就，也不可能一劳永逸。② 1949年以来，中国共产党领导人民治国理政所取得的历史性成就向世人证明，治理一个国家，推动一个国家实现治理体系和治理能力现代化，并非只能按照西方的制度模式，各国完全可以走出自己的道路来。中国特色社会主义国家治理的监督制度模式拓展了当今世界执政党自我监督的新路径，为人类探索建设更好政治制度贡献了中国智慧和中国方案。

第三节　权力监督制约与国家善治

一、自我监督制度为国家善治打造廉洁治理系统

执政就是执掌国家政权，执政过程也是权力运行的过程。党长期执政体制在实践运作过程中具体化为党的全面领导制度、党政体制、授权治理体制。因此，积极破解执政党自我监督难题成为世界性难题。那么由此就提出国家治理的重要问题是，在党长期执政和全面领导的政治前提之下，我们应该如何选择并构建权力制约和监督制度？完善权力监督体制机制，既是上层建筑适应经济基础的必然要求，又为经济社会发展提供体制保障和发展动力。党

① 《而今迈步从头越——中国共产党成立100周年庆典启示》，《人民日报》2021年7月15日第1版。

② 习近平：《坚持和完善中国特色社会主义制度推进国家治理体系和治理能力现代化》，《求是》2020年第1期。

的十八届四中全会审议通过的《中共中央关于全面推进依法治国若干重大问题的决定》第一次在党的决定中提出"公权力"概念，要求"必须以规范和约束公权力为重点，加大监督力度，做到有权必有责、用权受监督、违法必追究"。作为在中国长期执政的中国共产党能否实现党的自我净化、自我完善、自我革新、自我提高，关乎党和国家前途命运，关乎国家能否长治久安，关乎人民能否过上幸福生活。

改革开放以来，我们党高度重视权力监督体制的理论创新、实践创新和制度创新，将权力监督体制机制改革贯穿于国家治理体系和治理能力现代化各方面，在全面从严治党、转变政府职能、深化政治体制改革、创新行政管理方式、推进决策科学化民主化、加强依法行政、健全行政管理体制机制、实行权力清单管理制度等方面取得明显成效。党内监督是保障国家治理体系健康、有序、高效运转的重要制度。强化党内监督，是新时代推进国家治理体系和治理能力现代化的重要任务。党的十八届六中全会通过的《关于新形势下党内政治生活的若干准则》指出："坚持授权者要负责监督，发现问题要及时处置。强化上级组织对下级组织特别是主要领导干部行使权力的监督，防止权力失控和滥用。"强化权力制约监督，必须把厉行法治作为治本之策，围绕授权、用权、制权等环节，完善及时发现问题的防范机制、精准纠正偏差的矫正机制、强化责任担当的问责机制，把制度的笼子扎紧扎密。①

二、党内监督主导的多层整合型监督体制结构

新中国成立以来，中国共产党从理论创新、制度建设、机构设置和机制设计等四个层面开展权力制约与监督治理能力体系建设，构建了包括党内监督、国家机关监督、民主监督、司法监督、审计监督、群众监督、舆论监督等在内的监督体系，确保权力更好为人民服务，探索出了一条中国式的公权力监督途径。党的执政地位决定了党内监督在党和国家各种监督形式中是最基本、第一位的。② 强化党内监督是马克思主义政党的一贯要求，是我们党的优良传统和政治优势。党内监督是党的建设的重要内容，也是全面从严治党的

---

① 肖培：《强化对权力运行的制约和监督》，《人民日报》2019年12月16日第9版。

② 中共中央宣传部：《习近平新时代中国特色社会主义思想三十讲》，学习出版社2018年版，第322页。

重要保障。①

《中共中央关于坚持和完善中国特色社会主义制度、推进国家治理体系和治理能力现代化若干重大问题的决定》对“形成决策科学、执行坚决、监督有力的权力运行机制”作出部署，明确提出：“以党内监督为主导，推动各类监督有机贯通、相互协调。”增强党的自我净化能力，根本方向是实现党的自我监督和人民群众监督相结合，以党内监督带动和促进其他监督，建立更加科学、更加严密、更加有效的中国特色监督体系。② 党内监督作为国家治理的监测和纠错机制深度融入国家治理体系，形成了党内监督主导的多层整合型监督体制结构。党内监督主导的多层整合型监督体制结构，源自中国共产党对国家和社会的全面领导权。在当代中国，国家治理的有效运作实际上依赖于执政党权威和核心领导力对国家治理进程的有效融入与主导，依赖于党政体制结构和功能机制由此获得的运转灵活性和制度弹性。③ 按照党领导人民有效治理国家和社会，执政的中国共产党在党和国家监督体制结构中贯彻党的集中统一领导制度，坚持领导权统领监督权，监督权保障领导权，进而在国家治理体系中建构起以党内监督为主导的权力制约监督制度结构。

党内监督在国家治理体系中的监督功能具有全面性。其他监督形式大都依据国家法律法规在特定范围内发挥特定监督职能。比如，人大常委会依照法定程序和内容对本级人民政府、人民法院和人民检察院的工作实施监督。民主监督主要指人民政协和民主党派的监督。司法监督是党和国家监督体系的刚性支撑，肩负着惩治腐败犯罪、保障公共权力正当运行的法定职责。舆论监督在党风廉政建设和反腐败斗争中发挥着不可或缺的作用。从本质上讲，舆论监督是人民群众行使监督权利的一种直接方式，国家机关和国家工作人员都应当自觉接受群众监督和舆论监督，并创造条件、拓宽渠道，切实保障人民群众的知情权、参与权、表达权、监督权。在信息时代，互联网日益成为人民群众传递信息、参与社会事务的重要渠道，应高度重视运用和规范网络监督。

① 习近平：《关于〈关于新形势下党内政治生活的若干准则〉和〈中国共产党党内监督条例〉的说明》，《人民日报》2016 年 11 月 3 日第 2 版。

② 肖培：《健全党和国家监督体系》，《人民日报》2018 年 1 月 16 日第 7 版。

③ 王浦劬、汤彬：《当代中国治理的党政结构与功能机制分析》，《中国社会科学》2019 年第 9 期。

第四节　新时代权力监督制度构建逻辑

党的十八大以来，党中央围绕全面从严治党这条主线，把党内监督置于推进国家治理体系和治理能力现代化的总体布局进行顶层设计和战略规划，坚持战略思维、创新思维、辩证思维、法治思维、历史思维和底线思维，围绕权力和责任对应，重构党内监督的制度体系和组织体系。新时代中国共产党党内监督制度建设更加注重加强党内监督的顶层设计，更加注重推进党内监督理论、实践与制度的创新，更加注重深化对管党治党规律的科学认识，推动党内监督制度化、规范化、程序化，以构建系统完备、科学规范、运行有效的党内监督制度体系保障党中央重大决策部署在地方的有效执行，深刻回答了为什么构建权力监督制度体系、构建什么样的权力监督制度体系以及怎样构建权力监督制度体系的重大理论和实践问题。

一、坚持党内监督和人民群众监督相结合

党内监督在党和国家各种监督形式中是最根本的、第一位的，但如果不同有关国家机关监督、民主党派监督、群众监督、舆论监督等结合起来，就不能形成监督合力。[①] 强化党内监督，必须坚持、完善、落实民主集中制，把民主基础上的集中和集中指导下的民主有机结合起来，把上级对下级、同级之间以及下级对上级的监督充分调动起来，确保党内监督落到实处、见到实效。[②]党的十九大报告指出："增强党自我净化能力，根本靠强化党的自我监督和群众监督。要加强对权力运行的制约和监督，让人民监督权力，让权力在阳光下运行，把权力关进制度的笼子。强化自上而下的组织监督，改进自下而上的民主监督，发挥同级相互监督作用，加强对党员领导干部的日常管理监督。"党的十八大以来，党中央着眼于全面从严治党的战略布局，把强化党内监督当作管党治党的重要抓手，通过发挥人民群众的监督作用来不断强化党内监督，形成监督合力。

民心是最大的政治，是中国共产党治国理政的最大底气。中国共产党根

---

① 《习近平谈治国理政》(第二卷)，外文出版社 2017 年版，第 187 页。

② 习近平：《在第十八届中央纪律检查委员会第六次全体会议上的讲话》(2016 年 1 月 12 日)，《人民日报》2016 年 5 月 3 日第 2 版。

基在人民、血脉在人民、力量在人民。人民群众中蕴藏着治国理政、管党治党的智慧和力量，从严治党必须依靠人民。[①] 党的十八大以来，党中央出台的一系列关于强化党内监督的重要文件、重大举措无不蕴含着党内监督与人民群众监督相结合的政治智慧和生动实践。从最初中央出台《关于改进工作作风、密切联系群众的八项规定》提出的要“向群众学习、向实践学习，多同群众座谈，多同干部谈心，多商量讨论”，到党的十八届六中全会制定的《关于新形势下党内政治生活的若干准则》提出的“新形势下加强和规范党内政治生活，必须以党章为根本遵循，坚持党的政治路线、思想路线、组织路线、群众路线”和《中国共产党党内监督条例》提出的“坚持党内监督和人民群众监督相结合”，再到党的十九大报告提出的“增强党自我净化能力，根本靠强化党的自我监督和群众监督”，党中央及时出台和修订的一系列重要的党内法规和路线、方针、政策，都蕴含着人民群众监督的思想和要求。从党的群众路线教育实践活动提出的“开门搞活动，请群众参与，让群众评判，受群众监督”到“三严三实”专题教育“领导干部践行‘三严三实’，靠自身努力，也靠党和人民监督”，再到在全党开展“不忘初心、牢记使命”主题教育，无不体现着我们党对人民群众监督的高度重视与信赖。

纪检监察机关是党内监督和国家监察的专责机关，肩负着党和人民的重托，承担着庄严神圣的使命。党的十八大以来，各级纪律检查机关充分运用新媒体新技术，设立曝光平台、手机随手拍和微信一键通，建立健全集信件、电话、网络、短信、微信“五位一体”的综合举报平台，引导和动员广大人民群众进行监督，织密群众监督网。中纪委在其门户网站开设“举报监督专区”，开通手机“随手拍”一键举报，为人民群众的监督提供了极大便利。党的十九大以来，以习近平同志为核心的党中央一以贯之、坚定不移推进强化党内监督，党内政治生态展现新气象，反腐败斗争取得压倒性胜利，强化党内监督取得重大成果。2019 年 1 月 13 日，中国共产党第十九届中央纪律检查委员会第三次全体会议公报指出：“始终坚持以人民为中心的政治立场，着力解决群众反映强烈、损害群众利益的突出问题，不断厚植党执政的政治基础和群众基础。”[②]

---

① 习近平：《在党的群众路线教育实践活动总结大会上的讲话》（2014 年 10 月 8 日），《人民日报》2014 年 10 月 9 日第 2 版。

② 《中国共产党第十九届中央纪律检查委员会第三次全体会议公报》，《人民日报》2019 年 1 月 14 日第 1 版。

二、坚持依规治党和以德治党、依法治国有机结合

百年来，中国共产党勇于推动自我革命，高度重视依规治党、制度治党，全面推进党内法规制度体系建设，为全面从严治党提供了坚实制度保障。从严管党治党，必须有坚强的制度作保证，实现党的治理制度化。全面从严治党，要坚持思想建党和制度治党紧密结合，全方位扎紧制度笼子，更多用制度治党、管权、治吏。[①] 把权力关进制度的笼子里，重构权力运行逻辑。要大力加强反腐倡廉教育和廉政文化建设，坚持依法治国和以德治国相结合。[②] 法是他律，德是自律，自律和他律结合才能达到最佳效果。[③] 党和国家的治理体系包括两个方面：依规治党，依据党章党规党纪管党治党建设党；依法治国，依据宪法法律法规治国理政。[④] 截至2021年7月1日，全党现行有效党内法规共3615部。其中，党中央制定的中央党内法规211部，中央纪律检查委员会以及党中央工作机关制定的部委党内法规163部，省、自治区、直辖市党委制定的地方党内法规3241部。[⑤] 崇尚党章，依规治党和以德治党、依法治国有机结合，思想建党与制度治党同向发力、相互促进，完善党内法规制度体系，做好党内监督体系顶层设计，是党的十八大以来管党治党兴党的重要经验，标志着我们党对执政党建设规律的认识进入新境界。

党的十八大以来，以习近平同志为核心的党中央针对党内监督存在的薄弱环节，强化制度建设，推进标本兼治，推动解决党内监督制度不健全、覆盖不到位、责任不明晰、执行不力等问题，围绕权力、责任、担当设计严管厚爱结合、激励约束并重的干部管理制度，以公正的制度导向教育引导党员领导干部正确对待和处理好公与私、义与利、廉与腐、俭与奢、苦与乐、亲与清的关系。党的十八大以来，党中央先后颁布了《中国共产党廉洁自律准则》《关于新形势下党内政治生活的若干准则》《中国共产党党内监督条例》等党规党

---

① 中共中央宣传部：《习近平总书记系列重要讲话读本》，学习出版社、人民出版社2014年版，第116页。

② 《习近平谈治国理政》（第一卷），外文出版社2014年版，第391页。

③ 中共中央纪律检查委员会、中共中央文献研究室：《习近平关于党风廉政建设和反腐败斗争论述摘编》，中国方正出版社、中央文献出版社2015年版，第140页。

④ 《十八届中央纪律检查委员会向中国共产党第十九次全国代表大会的工作报告》，《人民日报》2017年10月30日第1版。

⑤ 《中国共产党党内法规体系》（2021年7月），《人民日报》2021年8月4日第1版。

纪，与党的十九大修订的党章等制度规定一起构成了党内监督的完整制度体系。习近平同志指出："坚持用制度管权管事管人，抓紧形成不想腐、不能腐、不敢腐的有效机制，让人民监督权力，让权力在阳光下运行，把权力关进制度的笼子里。"①依规治党，从中央领导做起，坚持以上率下，坚决反对特权思想和特权现象。出台《关于改进工作作风、密切联系群众的中央八项规定》，为新一届中央领导集体定规矩。党的十八届六中全会修订的《中国共产党党内监督条例》调整和优化了党内监督的价值理念、制度设计、机构设置以及一系列运行机制，"健全党中央统一领导，党委（党组）全面监督，纪律检查机关专责监督，党的工作部门职能监督，党的基层组织日常监督，党员民主监督的党内监督体系"。

推进国家治理体系和治理能力现代化，必须坚持依法治国，为党和国家事业发展提供根本性、全局性、长期性的制度保障。② 党章是最根本的党内法规，全党必须一体严格遵行。《中共中央关于全面推进依法治国若干重大问题的决定》将"形成完善的党内法规体系"列为中国特色社会主义法治体系的重要组成部分，提出"党内法规既是管党治党的重要依据，也是建设社会主义法治国家的有力保障"。要善于用法治思维和法治方式反对腐败，加强反腐败国家立法，加强反腐倡廉党内法规制度建设，让法律制度刚性运行。③《中共中央关于全面推进依法治国若干重大问题的决定》指出："注重党内法规同国家法律的衔接和协调，提高党内法规执行力，运用党内法规把党要管党、从严治党落到实处，促进党员、干部带头遵守国家法律法规。"党的十八届六中全会审议通过了《关于新形势下党内政治生活的若干准则》和《中国共产党党内监督条例》两个法规性文件，是以习近平同志为核心的党中央推进全面从严治党、强化党内监督的重大举措。两个政治文件形成了党内监督新的制度安排，顺应了新时代对严肃党内政治生活、加强党内监督的新要求。《中国共产党党内监督条例》和《中国共产党问责条例》把习近平关于"制度治党"的论述落到实处，为强化党内监督提供了利器。

2016 年修订的《中国共产党党内监督条例》，围绕权力、责任、担当设计制

① 中共中央纪律检查委员会、中共中央文献研究室：《习近平关于党风廉政建设和反腐败斗争论述摘编》，中国方正出版社、中央文献出版社 2015 年版，第 130 页。

② 中共中央纪律检查委员会、中共中央文献研究室：《习近平关于党风廉政建设和反腐败斗争论述摘编》，中国方正出版社、中央文献出版社 2015 年版，第 132 页。

③ 中共中央纪律检查委员会、中共中央文献研究室：《习近平关于党风廉政建设和反腐败斗争论述摘编》，中国方正出版社、中央文献出版社 2015 年版，第 121 页。

度,对中央委员会、中央政治局、中央政治局常务委员会及其成员的监督职责作出规定,加强自上而下的组织监督,发挥同级相互监督作用,强化党委(党组)及其工作部门、纪委(纪检组)的监督责任,推动党内监督同民主党派监督、群众监督、舆论监督等结合,完善监督体系。《中国共产党问责条例》围绕党的事业和党的建设领导责任,综合运用检查、通报、诫勉、组织处理、纪律处分等方式,追究主体责任、监督责任和领导责任。各省区市党委和纪委、中央部委党组(党委)和纪检组建立健全约谈函询、述责述廉等制度,制定落实“两个责任”细则和问责条例实施办法,形成一级抓一级、层层传导压力的局面。2016 年 1 月开始实施的《中国共产党廉洁自律准则》和 2018 年 10 月修订实施的《中国共产党纪律处分条例》,明确了党员追求的高标准和管党治党的戒尺。抓作风建设要返璞归真、固本培元,在加强党性修养的同时,弘扬中华优秀传统文化。①

反腐倡廉是一个复杂的系统工程,需要多管齐下、综合施策,但从思想道德抓起具有基础性作用。纪律和规矩是道德的保障,崇德向善必须与遵规守纪相辅而行。② 依规治党与以德治党,一个侧重外约,一个侧重内省,二者有机结合,实现他律与自律优势互补,体现守底线与高标准相结合。孟德斯鸠认为,“当品德丧失时,野心便占据了易于接受它的人们的心灵,并且贪婪地占据几乎所有人的心灵”。③ 以德治党体现在重视思想道德建设和理想信念教育。习近平同志高度重视反腐倡廉教育、廉政文化建设和为政者的道德建设。思想纯洁是马克思主义政党保持纯洁性的根本,道德高尚是领导干部做到清正廉洁的基础。④ 干部廉洁自律的关键在于守住底线。只要能守住做人、处事、用权、交友的底线,就能守住党和人民交给的政治责任,守住自己的政治生命线,守住正确的人生价值观。⑤

习近平同志曾经指出,对于我们党的领导干部来说,为官之道,有四要:

---

① 习近平:《在第十八届中央纪律检查委员会第六次全体会议上的讲话》(2016 年 1 月 12 日),《人民日报》2016 年 5 月 3 日第 2 版。

② 《十八届中央纪律检查委员会向中国共产党第十九次全国代表大会的工作报告》,《人民日报》2017 年 10 月 30 日第 1 版。

③ [法]孟德斯鸠:《论法的精神》,孙立坚等译,陕西人民出版社 2001 年版,第 28 页。

④ 中共中央纪律检查委员会、中共中央文献研究室:《习近平关于党风廉政建设和反腐败斗争论述摘编》,中国方正出版社、中央文献出版社 2015 年版,第 141 页。

⑤ 中共中央纪律检查委员会、中共中央文献研究室:《习近平关于党风廉政建设和反腐败斗争论述摘编》,中国方正出版社、中央文献出版社 2015 年版,第 139 页。

一是为官之本在于为官一场、造福一方；二是为官之理在于讲奉献；三是为官之德在于清廉；四是为官之义在于明法。[①] 理想信念就是共产党人精神上的“钙”，没有理想信念，理想信念不坚定，精神上就会“缺钙”，就会得“软骨病”。[②] 党的十九大报告提出：“要把坚定理想信念作为党的思想建设的首要任务，教育引导全党牢记党的宗旨，挺起共产党人的精神脊梁，解决好世界观、人生观、价值观这个‘总开关’问题，自觉做共产主义远大理想和中国特色社会主义共同理想的坚定信仰者和忠实实践者。”作风问题本质上是党性问题。抓作风建设，就要返璞归真、固本培元，重点突出坚定理想信念、践行根本宗旨、加强道德修养。[③]《中国共产党党内监督条例》第八条规定：党的领导干部应当强化自我约束，经常对照党章检查自己的言行，自觉遵守党内政治生活准则、廉洁自律准则，加强党性修养，陶冶道德情操，永葆共产党人政治本色。

三、把党内监督同国家监察统一起来

党的十九大报告指出：“深化国家监察体制改革，将试点工作在全国推开，组建国家、省、市、县监察委员会，同党的纪律检查机关合署办公，实现对所有行使公权力的公职人员监察全覆盖。”要把党内监督同国家监察、群众监督结合起来，同法律监督、民主监督、审计监督、司法监督、舆论监督等协调起来，形成监督合力，推进国家治理体系和治理能力现代化。[④] 党的十八大以来，党中央把党内监督同国家监察统一起来，构建党统一指挥、全面覆盖、权威高效的监督体系。党的十八届六中全会修订的《中国共产党党内监督条例》第三十七条规定：“各级党委应当支持和保证同级人大、政府、监察机关、司法机关等对国家机关及公职人员依法进行监督。”深化国家监察体制改革的初心，就是要把增强对公权力和公职人员的监督全覆盖、有效性作为着力点，推进公权力运行法治化，消除权力监督的真空地带，压缩权力行使的任性

---

① 习近平：《摆脱贫困》，福建人民出版社1992年版，第36～40页。

② 中共中央纪律检查委员会、中共中央文献研究室：《习近平关于党风廉政建设和反腐败斗争论述摘编》，中国方正出版社、中央文献出版社2015年版，第137页。

③ 中共中央纪律检查委员会、中共中央文献研究室：《习近平关于党风廉政建设和反腐败斗争论述摘编》，中国方正出版社、中央文献出版社2015年版，第144页。

④ 《习近平谈治国理政》（第二卷），外文出版社2017年版，第169页。

空间,建立完善的监督管理机制、有效的权力制约机制、严肃的责任追究机制。①

2016 年 11 月,中共中央办公厅印发《关于在北京市、山西省、浙江省开展国家监察体制改革试点方案》,部署在 3 省市设立各级监察委员会,从体制机制、制度建设上先行先试、探索实践,为在全国推开积累经验。中央成立深化监察体制改革试点工作领导小组,对试点工作进行指导、协调和服务。试点地区完成省、市、县三级监察委员会组建工作,整合行政监察、预防腐败和检察机关查处贪污贿赂、失职渎职及预防职务犯罪等工作力量,实现人员转隶融合、机构职能和工作流程优化,探索纪律检查委员会和监察委员会合署办公条件下执纪监督与执纪审查、依法调查部门分设,同司法机关既有机衔接又相互制衡的工作机制。②

党的十九大报告指出:“制定国家监察法,依法赋予监察委员会职责权限和调查手段,用留置取代‘两规’措施。”2018 年春,十三届全国人大一次会议通过的《中华人民共和国监察法》,实现了党内监督与国家监察有机统一,推进了国家治理体系和治理能力现代化。把党内监督与国家监察统一起来,使党内监督和国家监察相互配套、相互促进,体现了民主集中制原则,体现了党内监督与国家监督有机结合、依规治党与依法治国有机统一。党既要加强对自身的监督,又要强化对国家机器的监督,把自我监督同人民群众的监督结合起来,把党内监督同国家监察统一起来,推进国家治理体系和治理能力现代化,不断增强自我净化、自我完善、自我革新、自我提高能力,探索出一条党在长期执政条件下强化自我监督的有效途径。③

四、落实管党治党主体责任和监督责任

责任追究是全面从严治党的重要利器。没有问责,压力就传导不下去。坚持行使权力和担当责任相统一,真正把落实管党治党政治责任作为最根本的政治担当,必须紧紧咬住“责任”二字,抓住“问责”这个要害,把责任和问责

① 习近平:《在新的起点上深化国家监察体制改革》,《求是》2019 年第 5 期。

② 《十八届中央纪律检查委员会向中国共产党第十九次全国代表大会的工作报告》,《人民日报》2017 年 10 月 30 日第 1 版。

③ 《十八届中央纪律检查委员会向中国共产党第十九次全国代表大会的工作报告》,《人民日报》2017 年 10 月 30 日第 1 版。

制度化、规范化、常态化。管党治党责任是最根本的政治责任。不明确责任，不落实责任，不追究责任，全面从严治党是做不到的。全面从严治党，必须从根本上解决主体责任缺失、监督责任缺位、管党治党宽松软的问题，把强化党内监督作为党的建设的重要基础性工程，使监督的制度优势充分释放出来。[①]党的十八大以来，党内监督制度建设更加注重强化党风廉政建设责任制，以强有力的问责压实管党治党的主体责任和监督责任。这向全党传递一个强烈而明确的信号——各级党委（党组）必须切实担负起全面从严治党主体责任，书记是第一责任人，纪委（纪检组）也要担负起专门监督责任，体现了权责对应。2016 年党的十八届六中全会修订的《中国共产党党内监督条例》将“两种责任”制度化。一方面，推动党委与纪委形成监督合力，合力种好党风廉政建设“责任田”；另一方面，扭转过去纪委“单打独斗”局面，解决同级监督难题，保证各级纪委监督权的相对独立性和权威性。

习近平同志在十八届中央纪委三次全会上强调：“为什么要强调党委负主体责任？是因为党委能否落实好主体责任直接关系党风廉政建设成效。……各级纪委要履行好监督责任，既协助党委加强党风建设和组织协调反腐败工作，又督促检查相关部门落实惩治和预防腐败工作任务，经常进行检查监督，严肃查处腐败问题。”[②]习近平同志还强调：“有权就有责，权责要对等。无论是党委还是纪委或其他相关职能部门，都要对承担的党风廉政建设责任进行签字背书，做到守土有责。出了问题，就要追究责任。”[③]

构建党内监督“两种责任”制度，为进一步强化和落实党风廉政建设责任制，更好实施监督问责提供更加清晰的制度安排。贯彻落实党风廉政建设责任制，党委负主体责任，纪委负监督责任，形成了党内监督责任状。主体责任和监督责任是党章赋予的重要职责，是深入推进党风廉政建设和强化党内监督的重要抓手。一旦党委、纪委失守党风廉政建设和反腐败斗争中的“责任田”，责任追究在所难免。《中国共产党问责条例》提出综合运用检查、通报、改组、诫勉、组织调整或者组织处理、纪律处分等方式，追究主体责任、监督责任和领导责任。各省区市党委和纪委、中央部委党组（党委）和纪检组建立健

① 习近平：《关于〈关于新形势下党内政治生活的若干准则〉和〈中国共产党党内监督条例〉的说明》，《人民日报》2016 年 11 月 3 日第 2 版。

② 中共中央纪律检查委员会、中共中央文献研究室：《习近平关于党风廉政建设和反腐败斗争论述摘编》，中国方正出版社、中央文献出版社 2015 年版，第 60～62 页。

③ 中共中央纪律检查委员会、中共中央文献研究室：《习近平关于党风廉政建设和反腐败斗争论述摘编》，中国方正出版社、中央文献出版社 2015 年版，第 62 页。

全约谈函询、述责述廉等制度,制定落实"两个责任"细则和问责条例实施办法,形成一级抓一级、层层传导压力的局面。[①]《中国共产党问责条例》实施以来,党中央对"两个责任"落实不到位的一些地方和部门的党委(党组)书记、纪委书记(纪检组组长)进行了严肃问责。

《中国共产党问责条例》第十六条规定:"实行终身问责,对失职失责性质恶劣、后果严重的,不论其责任人是否调离转岗、提拔或者退休,都应当严肃问责。"2016年9月7日,中央纪委通报河南省委查处的中共新乡市委和市纪委原主要负责人履行主体责任、监督责任不力等一批问题,释放了有责必问、执纪必严的强烈信号。据悉,2014年4月至2015年1月,河南省纪委立案查处了新乡市委原常委、市政府原常务副市长贾全明,新乡市委原常委、市委政法委原书记、市公安局原局长孟钢,新乡市政府原副市长崔学勇等3名厅级领导干部。这3起案件涉案金额特别巨大,社会影响特别恶劣,且违纪违法行为主要发生在李庆贵担任新乡市委书记期间。河南新乡市委原书记李庆贵因落实党风廉政建设主体责任不到位被给予党内严重警告处分,被免去其领导职务;新乡市纪委被通报批评,并被责令作出检查,市纪委原书记王炳奇被免去职务,被诫勉谈话并责令作出深刻检查,另行安排工作。这是一起因全面从严治党主体责任落实不力而受到严肃问责的典型案例。

五、提升纪委监督权的相对独立性和权威性

党的各级纪律检查委员会是党内监督的专责机关,履行监督执纪问责职责。各级纪委要履行好监督责任,既协助党委加强党风建设和组织协调反腐败工作,又督促检查相关部门落实惩治和预防腐败工作任务,经常进行检查监督,严肃查处腐败问题。[②] 要增强权力制约和监督效果,必须保证各级纪委监督权的相对独立性和权威性。[③]

党的十八届三中全会提出,推动党的纪律检查工作双重领导体制具体化、程序化、制度化,强化上级纪委对下级纪委的领导。查办腐败案件以上级

---

① 《十八届中央纪律检查委员会向中国共产党第十九次全国代表大会的工作报告》,《人民日报》2017年10月30日第1版。

② 中共中央纪律检查委员会、中共中央文献研究室:《习近平关于党风廉政建设和反腐败斗争论述摘编》,中国方正出版社、中央文献出版社2015年版,第61~62页。

③ 中共中央纪律检查委员会、中共中央文献研究室:《习近平关于党风廉政建设和反腐败斗争论述摘编》,中国方正出版社、中央文献出版社2015年版,第59页。

纪委领导为主，线索处置和案件查办在向同级党委报告的同时必须向上级纪委报告。各级纪委书记、副书记的提名和考察以上级纪委会同组织部门为主。这既坚持了党对反腐败工作的领导，坚持了党管干部原则，又保证了纪委监督权的行使，有利于加强反腐败工作力度。这种体制机制改革不但是党和人民对各级纪委的信任，更是纪委沉甸甸的政治责任。各级纪委要坚持党委统一领导，更好发挥党内监督专门机关作用。[①] 党的十八大以来，党中央深化纪检体制改革，以强化监督执纪问责为导向，创新监督体制机制，推进巡视监督和派驻监督全覆盖。纪委派驻监督要对党和国家机关全覆盖，巡视监督要对地方、部门、企事业单位全覆盖。[②]

强化党内监督，首先要把中央和国家机关管好。[③]《中共中央关于全面深化改革若干重大问题的决定》要求“全面落实中央纪委向中央一级党和国家机关派驻纪检机构，实行统一名称、统一管理。派驻机构对派出机关负责，履行监督职责”。这是党中央依据党章规定，从形势判断和目标任务出发作出的重大决策，是全面从严治党、强化党内监督的重要举措。实现全面派驻就是要使党内监督不留死角、没有空白。派驻监督是中央纪委纪检职能的重要组成部分，派驻机构的主业是党风廉政建设和反腐败斗争，首要职责是监督执纪问责。过去，中央纪委没有向党的工作部门派出纪检组，也没有向人大、政协机关派驻，监督留了不少空白，有的空白恰恰是要害部门。党要管党、从严治党要从中央一级党和国家机关做起，不允许“灯下黑”。派驻机构监督是党和国家监督体系的重要内容，实行单独派驻和综合派驻相结合，实现对中央一级党和国家机关全面派驻。各派驻机构强化监督执纪问责，“派”的权威和“驻”的优势明显增强。[④] 推进派驻监督体制改革，实行派驻机构全覆盖，就是要发挥“派”的权威与“驻”的优势，打通派驻监督的“最后一公里”，切实改变派驻监督不力的状况。派驻监督创新了纪委履行监督执纪问责职责的组

---

① 中共中央纪律检查委员会、中共中央文献研究室：《习近平关于党风廉政建设和反腐败斗争论述摘编》，中国方正出版社、中央文献出版社 2015 年版，第 60 页。

② 中共中央纪律检查委员会、中共中央文献研究室：《习近平关于党风廉政建设和反腐败斗争论述摘编》，中国方正出版社、中央文献出版社 2015 年版，第 128 页。

③ 习近平：《在第十八届中央纪律检查委员会第六次全体会议上的讲话》（2016 年 1 月 12 日），《人民日报》2016 年 5 月 3 日第 2 版。

④ 习近平：《在第十八届中央纪律检查委员会第六次全体会议上的讲话》（2016 年 1 月 12 日），《人民日报》2016 年 5 月 3 日第 2 版。

织制度安排。[①] 其中,“派”的权威体现在派驻纪检组对驻在单位的监督不是同级监督,更不是下级监督,而是代表上级党委纪委对驻在单位实施监督;“驻”的优势体现在派驻纪检组通过每天接触、参与驻在单位的相关活动,加强日常监督,及时发现、纠正、查处驻在单位的问题。派驻干部要牢记使命、坚持原则,做到忠诚、干净、担当。对党风廉政问题该发现没有发现就是失职,发现问题匿情不报、不处理就是渎职。

信任不能代替监督。从查处的腐败案件看,权力不论大小,只要不受制约和监督,都可能被滥用。[②] 强化党内监督,首先需要建设忠诚、干净、担当的纪检监察队伍,必然要解决好“谁来监督纪委”问题,防止“灯下黑”。《中国共产党党内监督条例》第三十四条规定:“加强对纪律检查机关的监督。发现纪律检查机关及其工作人员有违反纪律问题的,必须严肃处理。各级纪律检查机关必须加强自身建设,健全内控机制,自觉接受党内监督、社会监督、群众监督,确保权力受到严格约束。”中央纪委制定实施监督执纪工作规则,强化自我约束。制定《中国共产党纪律检查机关监督执纪工作规则(试行)》,把纪委的权力关进制度笼子,回应党内关切和群众期盼。在纪检监察系统开展会员卡清退活动,通报曝光违反中央八项规定精神的纪检监察干部。排查清理干部职工及配偶经商办企业、干部配偶子女移居国(境)外等情况,开展干部档案专项审核和个人有关事项报告抽查核实。制作播出《打铁还需自身硬》等专题片,印发违纪违法干部忏悔录。严明审查纪律,开展“一案双查”,坚决清理门户,对执纪违纪的坚决查处、失职失责的严肃问责、不适合从事纪检监察工作的坚决调离。

六、惩治危害党和国家政治安全的腐败行为

我们党作为马克思主义政党,旗帜鲜明讲政治是突出的特点和优势。全面从严治党,必须注重政治上的要求,必须严明政治纪律,特别是各级领导干部要时刻绷紧政治纪律这根弦,坚持党的领导不动摇,贯彻党的路线方针政

---

① 杨国章:《理清深化派驻监督的三个关系》,《中国纪检监察报》2017 年 1 月 11 日第 8 版。

② 中共中央纪律检查委员会、中共中央文献研究室:《习近平关于党风廉政建设和反腐败斗争论述摘编》,中国方正出版社、中央文献出版社 2015 年版,第 128 页。

策不含糊，始终做政治上的明白人。[①] 干部在政治上出问题，对党的危害不亚于腐败问题，有的甚至比腐败问题更严重。[②] 党内上下关系、人际关系、工作氛围都要突出团结和谐、纯洁健康、弘扬正气，不允许搞团团伙伙、帮帮派派，不允许搞利益集团、进行利益交换。[③] 权力寻租，体制外和体制内挂钩，形成利益集团，挑战党的领导。[④] 政治腐败和经济腐败相互交织形成利益集团，严重危害党和国家政治安全。[⑤]

党的十九大报告指出："保证全党服从中央，坚持党中央权威和集中统一领导，是党的政治建设的首要任务。全党要坚定执行党的政治路线，严格遵守政治纪律和政治规矩，在政治立场、政治方向、政治原则、政治道路上同党中央保持高度一致。"政治腐败和经济腐败相互交织，是威胁党和国家政治安全的大问题，不仅恶化政治生态，更会严重损害党心民心。每一个领导干部都要认识到，始终做政治上的明白人而非糊涂人，必须严守党的政治纪律和政治规矩，强化组织意识和组织纪律。维护中央权威，贯彻落实党的理论和路线方针政策，就是政治纪律，是绝对不能违反的。没有敬畏之心，最后是要栽大跟头的。所有干部都要在党组织里忠实履行自己的职责，这是规矩。[⑥]

党的规矩总的包括：其一，党章是全党必须遵循的总章程，也是总规矩。其二，党的纪律是刚性约束，政治纪律更是全党在政治方向、政治立场、政治言论、政治行动方面必须遵守的刚性约束。其三，国家法律是党员、干部必须遵守的规矩，法律是党领导人民制定的，全党必须模范执行。其四，党在长期实践中形成的优良传统和工作惯例，[⑦]经过实践检验，约定俗成、行之有效，需要全党长期坚持并自觉遵循。新时代党要统揽"四个伟大"的更高要求，面临

---

① 习近平：《在第十八届中央纪律检查委员会第六次全体会议上的讲话》(2016 年 1 月 12 日)，《人民日报》2016 年 5 月 3 日第 2 版。

② 中共中央纪律检查委员会、中共中央文献研究室：《习近平关于党风廉政建设和反腐败斗争论述摘编》，中国方正出版社、中央文献出版社 2015 年版，第 51 页。

③ 中共中央纪律检查委员会、中共中央文献研究室：《习近平关于党风廉政建设和反腐败斗争论述摘编》，中国方正出版社、中央文献出版社 2015 年版，第 47 页。

④ 中共中央纪律检查委员会、中共中央文献研究室：《习近平关于党风廉政建设和反腐败斗争论述摘编》，中国方正出版社、中央文献出版社 2015 年版，第 101 页。

⑤ 《十八届中央纪律检查委员会向中国共产党第十九次全国代表大会的工作报告》，《人民日报》2017 年 10 月 30 日第 1 版。

⑥ 中共中央纪律检查委员会、中共中央文献研究室：《习近平关于党风廉政建设和反腐败斗争论述摘编》，中国方正出版社、中央文献出版社 2015 年版，第 36 页。

⑦ 《习近平谈治国理政》(第二卷)，外文出版社 2017 年版，第 151 页。

“四大危险”和“四大考验”的尖锐挑战，比任何时候都需要党员领导干部提高政治站位和政治觉悟，严明政治纪律和政治规矩，严肃党内政治生活，提高政治能力。

七、坚持行贿受贿一起查

党的十九大报告指出，反腐败“要坚持无禁区、全覆盖、零容忍，坚持重遏制、强高压、长震慑，坚持受贿行贿一起查，坚决防止党内形成利益集团”。坚持行贿受贿一起查，体现了惩治腐败与有效预防腐败、惩治需求方与惩治供给方相结合。既遏制受贿，又遏制行贿的论断应成为新时代党风廉政建设和反腐败斗争的重要方针。2019 年 1 月 13 日，中国共产党第十九届中央纪律检查委员会第三次全体会议公报指出：“紧盯重大工程、重点领域、关键岗位，强化对权力集中、资金密集、资源富集部门和行业的监督，加大金融领域反腐力度，依法查处贪污贿赂、滥用职权、玩忽职守、徇私舞弊等职务违法和职务犯罪，坚决防范利益集团拉拢腐蚀领导干部，推动构建亲清新型政商关系。”①

习近平同志提出“按照‘亲’、‘清’原则，打造新型政商关系”。② 在权力缺乏有效监督制约、不健康的政商关系之下，行贿与受贿是一对“孪生兄弟”，并且过得都很滋润。很多经济领域的违法犯罪行为，都与企业的行贿和官员的受贿有关。反腐败，必须既反受贿，又反行贿。要同时遏制受贿和行贿，则必须坚持“政”“商”两手着力。从“政”(政治权力资源供给方)入手，遏制受贿，从“商”(经济利益资源需求方)入手，遏制行贿。通过“政”“商”两手，既严厉打击权力腐败，又注重营造权力运作的清净环境，改善和优化党内政治生态。

坚持行贿受贿一起查，不仅体现在从政商利益输送入手惩治经济腐败，还体现在从违规选人用人入手惩治吏治腐败。习近平同志指出：“吏治腐败是最大的腐败，用人腐败必然导致用权腐败。花钱跑官买官，一定在当权后用权力把钱千方百计捞回来。从严治党，必先从严治吏，要抓住管权治吏的要害，严肃查处用人腐败。”③习近平同志还指出：“现在还有一个现象，干部异

① 《中国共产党第十九届中央纪律检查委员会第三次全体会议公报》，《人民日报》2019 年 1 月 14 日第 1 版。

② 中共中央宣传部：《习近平总书记系列重要讲话读本》，学习出版社、人民出版社 2016 年版，第 175 页。

③ 中共中央纪律检查委员会、中共中央文献研究室：《习近平关于党风廉政建设和反腐败斗争论述摘编》，中国方正出版社、中央文献出版社 2015 年版，第 102 页。

地提拔，把自己的乡亲、亲属、利益链都带过去，所以反腐要全国联动、全国一盘棋。”①“所有领导干部都必须把反腐倡廉当作政治必修课来认真对待，决不能把权力变成牟取个人或少数人私利的工具，永葆共产党人政治本色。”②坚持行贿受贿一起查，增强反腐败震慑效应，有助于切断权力腐败链条中需求方与供给方之间的违纪违法交易，确保各级领导干部规范用权，预防权力被滥用。

八、坚持抓“关键少数”和管“绝大多数”相统一

强化党内监督是中国共产党治国理政的一项创造性治理实践活动，以建设廉洁政治，促进干部清正、政府清廉、政治清明。对党员、干部来说，思想上的滑坡是最严重的病变，“总开关”没拧紧，不能正确处理公私关系，缺乏正确的是非观、义利观、权力观、事业观，各种出轨越界、跑冒滴漏就在所难免了。③反腐倡廉的核心是制约和监督权力。④ 党的十九大报告强调“抓住‘关键少数’，坚持‘三严三实’，坚持民主集中制，严肃党内政治生活，严明党的纪律，强化党内监督”。《中国共产党党内监督条例》第六条规定：党内监督的重点对象是党的领导机关和领导干部特别是主要领导干部。2021 年 3 月 27 日出台的《中共中央关于加强对“一把手”和领导班子监督的意见》指出：“‘一把手’被赋予重要权力，担负着管党治党重要政治责任，必须以强有力的监督促使其做到位高不擅权，权重不谋私。”

要加强对一把手的监督，认真执行民主集中制，健全施政行为公开制度，保证领导干部做到位高不擅权、权重不谋私。⑤ 一把手是“关键少数”中的“关键少数”，强化对一把手的监督，抓住了党内监督要害。从多年查处案件情况看，一把手违纪违法易产生催化、连锁反应，甚至造成区域性、系统性、塌方式

---

① 中共中央纪律检查委员会、中共中央文献研究室：《习近平关于党风廉政建设和反腐败斗争论述摘编》，中国方正出版社、中央文献出版社 2015 年版，第 116～117 页。

② 中共中央纪律检查委员会、中共中央文献研究室：《习近平关于党风廉政建设和反腐败斗争论述摘编》，中国方正出版社、中央文献出版社 2015 年版，第 139 页。

③ 习近平：《在党的群众路线教育实践活动总结大会上的讲话》（2014 年 10 月 8 日），《人民日报》2014 年 10 月 9 日第 2 版。

④ 中共中央纪律检查委员会、中共中央文献研究室：《习近平关于党风廉政建设和反腐败斗争论述摘编》，中国方正出版社、中央文献出版社 2015 年版，第 124 页。

⑤ 中共中央纪律检查委员会、中共中央文献研究室：《习近平关于党风廉政建设和反腐败斗争论述摘编》，中国方正出版社、中央文献出版社 2015 年版，第 122 页。

腐败。《中国共产党党内监督条例》第七条规定：党内监督必须把纪律挺在前面，运用监督执纪“四种形态”，经常开展批评和自我批评、约谈函询，让“红红脸、出出汗”成为常态；党纪轻处分、组织调整成为违纪处理的大多数；党纪重处分、重大职务调整的成为少数；严重违纪涉嫌违法立案审查的成为极少数。2015—2017 年，全国纪检监察机关实践“四种形态”，用严明的纪律管全党治全党，共处理 204.8 万人次。其中，运用第一种形态批评教育、谈话函询 95.5 万人次，占 46.6%；运用第二种形态纪律轻处分、组织调整 81.8 万人次，占 39.9%；运用第三种形态纪律重处分、重大职务调整 15.6 万人次，占 7.6%，有力维护了纪律的严肃性；运用第四种形态严重违纪涉嫌违法立案审查 11.9 万人次，占 5.8%，被开除党籍、移送司法机关的真正成为极少数。①

各级党组织和领导干部要切实履行执纪职责，拒绝说情风、关系网、利益链，采取管用的措施提高组织管理的有效性，使违纪问题能及时发现、及时查处。这样既有利于防微杜渐，也有利于教育和挽救干部。② 党的十八大以来，党内监督注重紧盯“关键少数”特别是一把手，突出政治态度和政治方向，整体把握地区、部门、单位政治生活状况，通过监督执纪问责，树立鲜明政治导向。坚持纪严于法、纪在法前，实现纪法分开，全面加强纪律建设，实现由“惩治极少数”向“管住大多数”拓展。将党纪处分条例等党内法规纳入党委（党组）理论学习中心组学习内容和党校课程，印发严重违纪违法中管干部忏悔录，剖析典型案例，发挥警示教育作用。立足教育挽救，突出执纪审查的政治性。发挥思想政治工作优势，把学习党章作为审查谈话第一课，让审查对象重读入党誓词，重温入党志愿书，用理想信念教育转化，唤醒激情燃烧岁月的记忆，使其认识错误，写出反思材料，真心向党忏悔。③ 2012 年党的十八大至 2017 年党的十九大召开前，经党中央批准立案审查的省军级以上党员干部及其他中管干部 440 人。其中，十八届中央委员、候补委员 43 人，中央纪委委员 9 人。全国纪检监察机关共接受信访举报 1218.6 万件（次），处置问题线索 267.4 万件，立案 154.5 万件，处分 153.7 万人，其中厅局级干部 8900 余人，

---

① 《十八届中央纪律检查委员会向中国共产党第十九次全国代表大会的工作报告》，《人民日报》2017 年 10 月 30 日第 1 版。

② 中共中央纪律检查委员会、中共中央文献研究室：《习近平关于党风廉政建设和反腐败斗争论述摘编》，中国方正出版社、中央文献出版社 2015 年版，第 49 页。

③ 《十八届中央纪律检查委员会向中国共产党第十九次全国代表大会的工作报告》，《人民日报》2017 年 10 月 30 日第 1 版。

县处级干部 6.3 万人，涉嫌犯罪被移送司法机关处理 5.8 万人。[①]

把“抓住‘关键少数’”与“管住大多数”相结合，既加强对领导干部特别是“一把手”的监督管理，又教育引导广大党员干部牢固树立正确的世界观、人生观、价值观、权力观和事业观。要加强警示教育，让广大党员、干部受警醒、明底线、知敬畏，主动在思想上划出红线、在行为上明确界限，真正敬法畏纪、遵规守矩。[②] 党的十八大以来，党中央把全面从严治党融入全党宣传工作格局，加强宣传引导和舆论监督，充分发挥中央新闻媒体的重要作用，营造浓厚舆论氛围。制作播出《永远在路上》《巡视利剑》系列电视专题片，扩大中央纪委网报刊综合传播力。中央纪委常委，省区市、中央部门党委（党组）书记、纪委书记（纪检组组长）在线访谈交流，带动各级纪委网站建设新型舆论阵地。[③]

从 2013 年到 2014 年，我们党以为民、务实、清廉为主要内容，聚焦作风建设，开展党的群众路线教育实践活动，着力解决形式主义、官僚主义、享乐主义和奢靡之风这“四风”问题，取得了重大成果。2015 年，在县处级以上领导干部中开展以“严以修身、严以用权、严以律己，谋事要实、创业要实、做人要实”为主要内容的“三严三实”专题教育。通过专题教育，对县处级以上领导干部在思想、作风、党性上进行了又一次集中“补钙”和“加油”，推动了政治生态改善。[④] 2016 年，党中央决定在全体党员中开展“学党章党规、学系列讲话，做合格党员”学习教育，进一步解决党员队伍在思想、组织、作风、纪律等方面存在的问题，推动全面从严治党向基层延伸。2017 年 3 月，党中央要求推进“两学一做”学习教育常态化制度化。党的十九大报告提出“以县处级以上领导干部为重点，在全党开展‘不忘初心、牢记使命’主题教育，用党的创新理论武装头脑”。2021 年 2 月，在建党百年这一伟大时刻即将到来之际，中共中央在全党开展党史学习教育，要求做到学史明理、学史增信、学史崇德、学史力行，引导干部群众把党的历史学习好、总结好、传承好、发扬好。这种通过党员干部个体学习过程和党的廉政文化的组织传播过程，使广大党员干部

---

① 《十八届中央纪律检查委员会向中国共产党第十九次全国代表大会的工作报告》，《人民日报》2017 年 10 月 30 日第 1 版。

② 中共中央纪律检查委员会、中共中央文献研究室：《习近平关于党风廉政建设和反腐败斗争论述摘编》，中国方正出版社、中央文献出版社 2015 年版，第 148 页。

③ 《十八届中央纪律检查委员会向中国共产党第十九次全国代表大会的工作报告》，《人民日报》2017 年 10 月 30 日第 1 版。

④ 中共中央宣传部：《习近平总书记系列重要讲话读本》，学习出版社、人民出版社 2016 年版，第 115 页。

获得新时代廉洁从政的理念、规矩和信仰的方式,体现我们党不断增强自我净化、自我完善、自我革新、自我提高的能力。这种学习和传播越是广、越是深,越有助于创造良好的廉政文化环境,改善党内政治生态。

九、坚持严管和厚爱结合

政治路线确定之后,干部就是决定的因素,必须善于识别干部、必须善于使用干部、必须善于爱护干部。1938 年 10 月,毛泽东在中国共产党第六届中央委员会扩大的第六次全体会议上的政治报告中指出:必须善于爱护干部。爱护干部的办法是:第一,指导他们。这就是让他们放手工作,使他们敢于负责;同时,又适时地给以指示,使他们能在党的政治路线下发挥其创造性。第二,提高他们。这就是给以学习的机会,教育他们,使他们在理论上、在工作能力上提高一步。第三,检查他们的工作,帮助他们总结经验,发扬成绩,纠正错误。有委托而无检查,及至犯了严重的错误,方才加以注意,不是爱护干部的办法。第四,对于犯错误的干部,一般地应采取说服的方法,帮助他们改正错误。只有对犯了严重错误而又不接受指导的人们,才应当采取斗争的方法。在这里,耐心是必要的,轻易地给人们戴上"机会主义"的大帽子,轻易地采用"开展斗争"的方法,是不对的。第五,照顾他们的困难。干部有疾病、生活、家庭等项困难问题者,必须在可能限度内用心给以照顾。[①] 毛泽东提出爱护好干部的方法,是对历史上我们党干部管理经验教训的深刻总结,坚持辩证思维,既强调对干部的工作指导、严格要求和教育帮助,又强调对干部生活和家庭的关心厚爱和照顾。

真正实现社会和谐稳定、国家长治久安,还是要靠制度,靠我们在国家治理上的高超能力,靠高素质干部队伍。[②] 培养造就一大批忠诚干净担当的高素质专业化干部队伍,是坚持和完善中国特色社会主义制度、推进国家治理体系和治理能力现代化的一项重要任务。党的十九大报告指出:"坚持严管和厚爱结合、激励和约束并重,完善干部考核评价机制,建立激励机制和容错纠错机制,旗帜鲜明为那些敢于担当、踏实做事、不谋私利的干部撑腰鼓劲。"

---

① 毛泽东:《中国共产党在民族战争中的地位》,《毛泽东选集》(第二卷),人民出版社 1991 年版,第 527~528 页。

② 中共中央文献研究室:《习近平关于全面深化改革论述摘编》,中央文献出版社 2014 年版,第 24 页。

习近平指出："各级党组织必须明白，加强党风廉政建设，加强对干部的监督，是对干部的爱护。放弃了这方面责任，就是对党和人民、对干部的极大不负责任。"①组织上培养干部不容易，要管理好、监督好，让他们始终有如履薄冰、如临深渊的警觉。对干部经常开展同志式的谈心谈话，既指出缺点不足，又给予鞭策鼓励，这是个好传统，要注意保持和发扬。②"好干部是选出来的，更是管出来的。严管就是厚爱，是对干部真正负责。要坚持从严教育、从严管理、从严监督，把从严管理干部贯彻落实到干部队伍建设全过程。同时，要用科学办法进行管理，切实管到位、管到点子上。干部管理是一门科学，要敢抓善管、精准施策，体现组织的力度；也是一门艺术，要撑腰鼓劲、关爱宽容，体现组织的温度。"③干部一旦在廉政方面出了问题，党组织多年的培养和本人以前的一切努力就毁于一旦。

《中国共产党党内监督条例》第三条规定：党内监督没有禁区、没有例外。信任不能代替监督。各级党组织应当把信任激励同严格监督结合起来，促使党的领导干部做到有权必有责、有责要担当，用权受监督、失责必追究。把严格监督管理和信任激励有机结合起来，体现了党内监督的辩证思维。党的十八大以来，针对干部管理监督中的薄弱环节，党中央及时完善领导干部报告个人有关事项、加强"裸官"管理等规定，推动干部监督管理制度建设与时俱进。

习近平同志在2016年省部级主要领导干部贯彻党的十八届五中全会精神专题研讨班上的重要讲话中提出"坚持'三个区分开来'的要求"，即要把干部在推进改革中因缺乏经验、先行先试出现的失误和错误，同明知故犯的违纪违法行为区分开来；把上级尚无明确限制的探索性试验中的失误和错误，同上级明令禁止后依然我行我素的违纪违法行为区分开来；把为推动发展的无意过失，同为谋取私利的违纪违法行为区分开来。④"三个区分开来"为把党内监督落到实处提供了保障，是我们管党治党应该遵循的一个基本准则。这"三个区分开来"对一些干部在全面从严治党过程中遇到的疑问给出了总

---

① 中共中央纪律检查委员会、中共中央文献研究室：《习近平关于党风廉政建设和反腐败斗争论述摘编》，中国方正出版社、中央文献出版社2015年版，第56页。

② 中共中央纪律检查委员会、中共中央文献研究室：《习近平关于党风廉政建设和反腐败斗争论述摘编》，中国方正出版社、中央文献出版社2015年版，第124～125页。

③ 习近平：《努力造就一支忠诚干净担当的高素质干部队伍》，《求是》2019年第2期。

④ 中共中央宣传部：《习近平总书记系列重要讲话读本》，学习出版社、人民出版社2016年版，第126页。

的回答,最大限度调动广大干部的积极性、主动性、创造性。2018年5月中共中央办公厅印发的《关于进一步激励广大干部新时代新担当新作为的意见》强调全面落实习近平总书记关于“三个区分开来”的重要要求,明确提出“坚持严格管理和关心信任相统一,政治上激励、工作上支持、待遇上保障、心理上关怀,增强干部的荣誉感、归属感、获得感”。

十、建立巡视巡察上下联动的监督网

古人讲,郡县治,天下安。在我们党的组织结构和国家政权结构中,县一级处在承上启下的关键环节,是发展经济、保障民生、维护稳定、促进国家长治久安的重要基础。① 探索市县巡察,构建巡视巡察上下联动的监督网络,是以习近平同志为核心的党中央着眼加大整治群众身边腐败问题力度、推进全面从严治党向基层延伸、打通强化党内监督“最后一公里”作出的重大决策。党的十九大报告指出:“在市县党委建立巡察制度,加大整治群众身边腐败问题力度。深化政治巡视,坚持发现问题、形成震慑不动摇,建立巡视巡察上下联动的监督网。”巡视是党章赋予的重要职责,是全面从严治党的重要手段,是加强党内监督的重要形式。习近平同志指出:“巡视作为党内监督的战略性制度安排,不是权宜之计,要用好巡视这把反腐‘利剑’。”②中央巡视组是中央直接派的,要当好“钦差大臣”,善于发现问题,发挥震慑力。要增强对党负责的政治意识、发现问题的责任意识、敢于提出问题的党性意识,切实加强对党组织领导班子及其成员特别是主要负责人的监督。无论是谁,都在巡视监督的范围之内。③

2012年党的十八大至2017年党的十九大召开前,以习近平同志为核心的党中央高度重视巡视震慑作用、遏制作用,拓展巡视监督内容和形式,加强对省区市、中央单位巡视工作的领导,深入推进省区市巡视工作,层层传导压力,层层落实责任,建立省区市党委书记有关巡视工作讲话向中央巡视工作领导小组报备等制度。各省区市党委完成巡视全覆盖任务,巩固和深化专项

---

① 《习近平谈治国理政》(第二卷),外文出版社2017年版,第140页。

② 中共中央纪律检查委员会、中共中央文献研究室:《习近平关于党风廉政建设和反腐败斗争论述摘编》,中国方正出版社、中央文献出版社2015年版,第113～114页。

③ 中共中央纪律检查委员会、中共中央文献研究室:《习近平关于党风廉政建设和反腐败斗争论述摘编》,中国方正出版社、中央文献出版社2015年版,第107页。

巡视，加强“回头看”，全部开展市县巡察，中央单位探索开展巡视工作，对中央企业实现全面巡视，形成巡视巡察上下联动的格局。实行巡视组组长、巡视对象、巡视组与巡视对象关系“三个不固定”，带着问题进驻，下沉一级了解。常规巡视和专项巡视相结合，突出专的特点，紧盯重点人、重点事、重点问题，机动灵活、精准发现。开展政治常识测试，抽查党员档案和领导干部个人有关事项报告，核查党费收缴情况，把握巡视对象的行业特点和历史文化，见微知著、由表及里，发挥政治“显微镜”和“探照灯”作用。中央巡视组受理信访159万件，与干部群众谈话5.3万人次。①

党中央两次修订《中国共产党巡视工作条例》，制定中央巡视工作五年规划、市县党委建立巡察制度的意见、被巡视党组织配合中央巡视组开展巡视工作的规定，并善加运用巡视成果，在党的历史上首次实现一届任期内巡视全覆盖。中央纪委审查的案件中，超过60%的线索来自巡视。巡视的力度和效果不断增强，利剑作用彰显。②《中国共产党党内监督条例》对建立巡察制度作出原则性规定：“省、自治区、直辖市党委应当推动党的市（地、州、盟）和县（市、区、旗）委员会建立巡察制度，使从严治党向基层延伸。”2017年7月1日新修改的《中国共产党巡视工作条例》要求“党的市（地、州、盟）和县（市、区、旗）委员会建立巡察制度，设立巡察机构，对所管理的党组织进行巡察监督”，同时规定“开展巡视巡察工作的党组织承担巡视巡察工作的主体责任”。目前，31个省（自治区、直辖市）和新疆生产建设兵团均部署开展巡察工作，15个副省级城市全部建立巡察制度，336个市（地、州、盟）、2483个县（市、区、旗）开展巡察工作。截至2017年5月底，共巡察党组织14.4万个，其中乡镇党委2.3万个，占全国总数的57.9%，村居党支部8.2万个，占全国总数的12%，巡察监督利剑作用初显成效。

---

① 《十八届中央纪律检查委员会向中国共产党第十九次全国代表大会的工作报告》，《人民日报》2017年10月30日第1版。

② 《十八届中央纪律检查委员会向中国共产党第十九次全国代表大会的工作报告》，《人民日报》2017年10月30日第1版。

第二章 理解权力监督的理论视角

权力是理解政治的关键，政治活动通常就是围绕权力的创设、获得、运用和监督而展开的。而权力在运行中也存在着异化的可能，面临着失去制约和约束的陷阱。因此，对权力进行制约和监督就成为现代国家治理体系构建与民主政治制度设计的重要议题。“权力运用能否得到有效制约和监督”是评价国家政治制度是不是民主、有效的一个重要指标。① 国家权力监督体系是权力监督的多元主体依靠科学完善的监督制度，形成互相配合的完整体系，依法对国家权力的运行进行监督，以保证国家权力规范运行，有效控制权力腐败的综合系统。② 目前，权力监督研究领域包括政党政治、官僚政治、制度构建、良法善治、人民民主和自我革命等六种理论视角。

第一节 政党政治视角

政党是现代国家治理体系和政策制定过程中最活跃、最有能量的政治主体。政党的基本目的就是取得政权、维持政权，通过行使政权来实现自己的纲领，维护一定阶级或集团的利益。为此，政党会为取得政权和维持政权作不懈的努力；在没有取得政权的情况下，它也会竭尽全力影响或介入政治过程。③ 执政党的主要特征是执掌国家政权，通过自己的政治理念和科学的执政纲领等来引领社会的发展，为社会的正常运行提供政治保障。④ 亨廷顿认为：“处于现代化之中的政治体系，其稳定取决于其政党的力量，而政党强大

① 《习近平在中央人大工作会议上发表重要讲话强调 坚持和完善人民代表大会制度 不断发展全过程人民民主》，《人民日报》2021 年 10 月 15 日第 1 版。

② 任建明、王璞：《党和国家监督体系：对象、目标及其实现路径》，《学术界》2021 年第 7 期。

③ 王沪宁：《比较政治分析》，上海人民出版社 1987 年版，第 111 页。

④ 王邦佐等：《执政党与社会整合：中国共产党与新中国社会整合实例分析》，上海人民出版社 2007 年版，第 20 页。

与否又要视其制度化群众支持的情况，其力量正好反映了这种支持的规模及制度化的程度。那些在实际上已经达到或者可以被认为达到政治高度稳定的处于现代化之中的国家，至少拥有一个强大的政党。"①

无产阶级政党是先进生产力和生产关系的代表，在建设新社会、领导社会革命的进程中，必须形成统一的步伐、一致的行动，掌握对各种社会力量、社会资源、社会活动的领导权。2021年8月，中共中央宣传部发布《中国共产党的历史使命与行动价值》，全面介绍中国共产党的百年奋斗历程，深刻阐释党的治国理政理念、实践和成就。从"坚持党内民主""勇于修正错误""保持肌体健康""注重学习总结"四个方面深刻揭示了中国共产党始终保持旺盛生机和活力的奥秘。"作为马克思主义政党，中国共产党摆脱了以往一切政治力量追求自身特殊利益的局限，一经诞生就把为中国人民谋幸福、为中华民族谋复兴确立为自己的初心使命。"②中国共产党始终代表最广大人民根本利益，与人民休戚与共、生死相依，没有任何自己特殊的利益，从来不代表任何利益集团、任何权势团体、任何特权阶层的利益。③ 一百年来，中国共产党弘扬伟大建党精神，在长期奋斗中构建起中国共产党人的精神谱系，锤炼出鲜明的政治品格。④ 坚持真理、坚守理想，践行初心、担当使命，不怕牺牲、英勇斗争，对党忠诚、不负人民的伟大建党精神，既是中国共产党的精神之源，也是中国共产党在长期执政条件下能够成功应对"四大考验"并战胜"四大危险"的精神力量。

中国共产党长期执政、治国理政的力量既来自精神文化系统支撑，也来自组织制度系统保障。共产党国家在建立政治秩序方面相对成功，在很大程度上就是由于它们自觉地把建立政治组织一事摆在优先地位。⑤ 中国共产党构建了党的中央组织、地方组织、基层组织上下贯通、集中统一、执行有力的

---

① ［美］塞缪尔·P.亨廷顿：《变化社会中的政治秩序》，王冠华等译，生活·读书·新知三联书店1989年版，第377页。

② 中共中央宣传部：《中国共产党的历史使命与行动价值》，《人民日报》2021年8月27日第1版。

③ 习近平：《在庆祝中国共产党成立100周年大会上的讲话》（2021年7月1日），《人民日报》2021年7月2日第2版。

④ 习近平：《在庆祝中国共产党成立100周年大会上的讲话》（2021年7月1日），《人民日报》2021年7月2日第2版。

⑤ ［美］塞缪尔·P.亨廷顿：《变化社会中的政治秩序》，王冠华等译，生活·读书·新知三联书店1989年版，第369页。

严密组织体系。在国家制度和国家治理体系中，党是决定整个系统运行的“命门”，是最高政治领导力量。① 因此，党的领导权的监督问题是中国共产党长期执政必须破解的一大战略性课题。中国共产党长期执政，面临的最大挑战就是对权力的有效监督，为跳出“历史周期率”，必须构建党统一指挥、全面覆盖、权威高效的权力监督制度体系，把权力关进制度的笼子里，以监督制度优势保障国家治理高效能，推进国家治理体系和治理能力现代化。党和国家监督体系是党在长期执政条件下实现自我净化、自我完善、自我革新、自我提高的重要制度保障。已有文献对权力监督与党的建设的研究主要集中在以下三个方面：

一是论述全面从严治党何以在权力监督中占据核心地位。党的执政地位决定了党内监督是各项监督制度中第一位的，解决党自身存在的问题，根本要靠强化自我监督，党内监督缺失必然造成其他监督的失效，只有深化推进全面从严治党，才能不断防范并解决党内存在的突出矛盾和问题。②

二是讨论制度治党在权力监督中的重要作用。从严治党离不开党的制度建设，制度建设是从严治党的根本保障，刚性的制度约束能确保权力在制度的笼子运行，使党的领导干部不敢滥用权力，并使党在治国理政的实践中建立稳定健康的秩序以确保党的长期执政。③ 同级相互监督和外部监督两个关键制度上的创新和突破，是破解执政党权力监督难题的根本所在。④

三是探讨构建党内监督机制的相关问题。要以党章为根本遵循、建立健全党内政治生活制度体系，实现思想建党与制度治党、弘扬信仰与制约权力、信任激励与严格监督、党内监督与外部监督的有机结合。⑤ 有学者提出坚持“应设即设、设则有效”的原则，实现党内不同法规责任规定之间的衔接性、协调性和统一性，实现党内监督法规制度体系科学化与规范化。⑥

---

① 《万山磅礴有主峰——关于坚持和加强党的全面领导》，《人民日报》2021 年 9 月 24 日第 5 版。

② 王浦劬：《深化推进全面从严治党 创新中国特色治党机制》，《学习月刊》2017 年第 3 期。

③ 胡键：《制度治党是全面从严治党的根本》，《探索》2017 年第 2 期。

④ 何增科、任建明：《论破解党内权力监督难题的关键制度突破》，《河南社会科学》2017 年第 1 期。

⑤ 王浦劬：《深化推进全面从严治党 创新中国特色治党机制》，《学习月刊》2017 年第 3 期。

⑥ 庄德水：《党内法规责任规定的适用性分析》，《理论探索》2021 年第 4 期。

第二节　官僚政治视角

国家的本质特征，是和人民大众分离的公共权力。恩格斯认为，官吏既然掌握着公共权力和征税权，他们就作为社会机关而驾于社会之上。[①] 随着经济社会发展，政府职能日益扩大并复杂化，公共权力也就日益增强。恩格斯还强调，掌握着公共权力的官吏“作为日益同社会脱离的权力的代表，一定要用特别的法律来取得尊敬，由于这种法律，他们就享有特殊神圣和不可侵犯的地位了。文明国家的一个最微不足道的警察，都拥有比氏族社会的全部机关加上一起还要大的‘权威’”。[②] 只要有人群存在，只要人群中存在着公共权力，只要社会形成了利益的分化，社会就得注重建立制度和规范来保证公共权力的正常运作，防止公共权力的非正常运作，即用它来达到私人目的。[③] 公共权力蕴含着两种可能性：第一，为在社会上扬善避恶提供有效手段；第二，为人们追逐私利提供条件。

《管子・牧民》有曰：“礼、义、廉、耻，国之四维；四维不张，国乃灭亡。”“礼”是指上下有节，“义”指合宜恰当的行事标准。有义，就不会妄自求进；有礼，就不会超越节度。“廉”是指廉洁清正，有廉，就不会掩饰恶行；“耻”是指知耻之心，有耻，就不会同流合污。官僚主义严重破坏廉洁政治，影响社会主义制度优势的充分发挥和现代化建设的顺利进行。人民民主政治否定和拒绝官僚政治。1948 年 9 月，毛泽东在中央政治局会议上指出：“我们是人民民主专政，各级政府都要加上‘人民’二字，各种政权机关都要加上‘人民’二字，如法院叫人民法院，军队叫人民解放军，以示和蒋介石政权不同。”[④]1980 年 8 月，邓小平在中共中央政治局扩大会议上作题为《党和国家领导制度的改革》的重要讲话，明确指出：“官僚主义现象是我们党和国家政治生活中广泛存在的一个大问题。它的主要表现和危害是：高高在上，滥用权力，脱离实际，脱离群众，好摆门面，好说空话，思想僵化，墨守陈规，机构臃肿，人浮于事，办事拖拉，不讲效率，不负责任，不守信用，公文旅行，互相推诿，以至官气十足，动

---

① 恩格斯：《家庭、私有制和国家的起源》，人民出版社 1972 年版，第 168 页。

② 恩格斯：《家庭、私有制和国家的起源》，人民出版社 1972 年版，第 169 页。

③ 王沪宁：《反腐败——中国的实验》，三环出版社 1990 年版。

④ 《毛泽东文集》（第五卷），人民出版社 1996 年版，第 135～136 页。

辄训人，打击报复，压制民主，欺上瞒下，专横跋扈，徇私行贿，贪赃枉法，等等。”[①]因此，必须从根本上解决滋生官僚主义的制度问题。如果不坚决改革现行制度中的弊端，过去出现过的一些严重问题今后就有可能重新出现。只有对这些弊端进行有计划、有步骤而又坚决彻底的改革，人民才会信任我们的领导，才会信任党和社会主义，我们的事业才有无限的希望。[②]

官僚主义在本质上是没有把权力用来为人民服务或者说是没有把权力用在钻研如何高效率地为人民服务。为官之德在于清正廉洁，坚持原则，坚守底线，慎用权力，廉洁自律。对于我们党的领导干部来说，为官之道有四要[③]：一是为官之本在于为官一场，造福一方。造福一方就是造福于人民，符合我们党的为人民服务的根本宗旨。二是为官之理在于讲奉献，做到先天下之忧而忧，后天下之乐而乐。这是由党的性质和宗旨决定的。三是为官之德在于清廉。为官一场最起码应留个清名。四是为官之义在于明法。这里讲的义，不是指江湖义气，而是指维护公正，伸张正义。无明法不足以正纪纲，无纪纲就不能护公正、张道义。法度明，不畏权贵，执法严明，那里的正气就上升，事情就好办。

孟德斯鸠认为，不过一切有权力的人都容易走向滥用权力，这是一条千古不变的经验。有权力的人直到把权力用到极限方可休止。[④] 官吏行使公共权力出现异化或非规范运作就构成腐败。腐败是指国家官员为了谋取个人私利而违反公认准则的行为。[⑤] 换句话说，公共权力的非规范非公共运作是腐败行为的核心，腐败乃是缺乏有效的政治制度和权力监督制度体系的一个体现。韦伯认为，政治是争取分享权力或影响权力分配的努力行为，这或是发生在国家之间，或是发生在一国之内的团体之间。[⑥] 那些积极从事政治以追求权力的人，他们或者是为了以此作为达到某些目的或自私自利的手段，或者仅仅是“为权力而追求权力”，即享受权力带来的名望感。[⑦] 国家通过构建一套行政官僚体系，来维持对国家和社会的有效治理。行政官僚外在地代

---

① 《邓小平文选》(第二卷)，人民出版社1994年版，第327页。

② 《邓小平文选》(第二卷)，人民出版社1994年版，第333页。

③ 习近平：《摆脱贫困》，福建人民出版社1992年版，第36～40页。

④ [法]孟德斯鸠：《论法的精神》，孙立坚等译，陕西人民出版社2001年版，第183页。

⑤ [美]塞缪尔·P.亨廷顿：《变化社会中的政治秩序》，王冠华等译，生活·读书·新知三联书店1989年版，第54页。

⑥ [德]马克斯·韦伯：《学术与政治》，冯克利译，商务印书馆2018年版，第45页。

⑦ [德]马克斯·韦伯：《学术与政治》，冯克利译，商务印书馆2018年版，第45页。

表国家权力的掌握者和行使者。在专制政治出现的瞬间，就必然会使政治权力把握在官僚手中，也就必然会伴随而带来官僚政治。① 一旦官僚政治在社会方面有了存在依据，它在技术上的官僚作风，就会更加厉害；反之，如果官僚不可能把政府权力全部掌握在自己手中，并按照自己的利益而摆布，则属于事务的技术的官场流弊，自然是可能逐渐设法纠正的。②

对于处于现代化之中的社会来说，所谓“建立国家”，部分地意味着创建有效的官僚机构，更重要的还是建立一个能够调整参与政治的有效政党体系。③ 亨廷顿认为，在一个国家里要肃清腐败，就要使这些官员的行为大体向政治道德和制度准则看齐。④ 官僚政治是一种特权政治。在此官僚政治下，“政府权力全把握于官僚手中，官僚有权侵夺普通公民的自由”，官僚把政府措施看作自己图谋利益的勾当。⑤ 在特权政治下的政治权力，不是被运用来表达人民的意志，图谋人民的利益，反而是在“国家的”或“国民的”名义下被运用来管制人民、奴役人民，以达成权势者自私自利的目的。这种政治形态的存在前提包括：第一，前资本社会的或封建的体制，还在国民社会经济生活中广泛地发生支配的作用；第二，一般人民还大体被束缚、被限制在愚昧无知的状态中，因此，他们像是“天生的”役于人者，同时也像是“本能地”把统治者看为“超人”；第三，那种无知人民存在的落后社会还很少与较进步的社会发生经济的、文化的接触和交往，因为，为官僚政治所托命的绝对主义和专制主义正同紧密封闭在棺材里面的木乃伊一样，一经与外界新鲜空气接触，马上就要开始腐烂。上述三个前提，是密切关联的，只要其中之一项有了改变，其余两项就要跟着受到或深或浅的影响。无论从中国国内的人民政治动态讲，还是就世界各国特别是各落后国家的人民政治动态讲，都表明一个新的人民的时代已在加速形成与成长中。人民的时代绝不能容许任何特权性的任何名色的官僚政治的存在。⑥

中国共产党在长期执政、治国理政的伟大实践中积极探索民主政治新

---

① 王亚南：《中国官僚政治研究》，中国社会科学出版社 2005 年版，第 5 页。

② 王亚南：《中国官僚政治研究》，中国社会科学出版社 2005 年版，第 2 页。

③ [美]塞缪尔·P.亨廷顿：《变化社会中的政治秩序》，王冠华等译，生活·读书·新知三联书店 1989 年版，第 370 页。

④ [美]塞缪尔·P.亨廷顿：《变化社会中的政治秩序》，王冠华等译，生活·读书·新知三联书店 1989 年版，第 58 页。

⑤ 王亚南：《中国官僚政治研究》，中国社会科学出版社 2005 年版，第 2 页。

⑥ 王亚南：《中国官僚政治研究》，中国社会科学出版社 2005 年版，第 174～176 页。

路，让人民起来监督政府，构建了党领导下的人民政治形态，提出了“发展全过程人民民主”①的重大理念，从而能够跳出“历史周期率”。人民政治形态超越了传统官僚政治，人民政治的属性包括三个基本问题：第一，人民政府掌握和行使国家权力的立场问题，就是站在人民大众的立场；第二，人民政府官员的行政态度问题，必须把权力用来为人民提供均等化、公平化公共服务；第三，人民政府的工作对象问题，国家权力必须用来为人民提供公共服务、有效解决公共问题、维护公共利益和创造公共价值。推动官僚政治形态向人民政治形态转化，必须强化权力运行的制约与监督制度建设，确保权力正确行使。从对事物的支配来看，要防止滥用权力，就必须以权力制约权力。② 必须通过构建系统完备、科学规范、运行有效的权力监督制度体系，解决国家权力“为什么人服务”的问题，把人民群众的力量有效组织起来，解决国家权力如何去服务人民的问题。

第三节　制度构建视角

党的十八届三中全会创造性地提出“国家治理体系和治理能力现代化”这一重大命题，将“完善和发展中国特色社会主义制度，推进国家治理体系和治理能力现代化”作为全面深化改革的总目标。国家治理体系是党领导下管理国家的制度体系。国家治理体系和治理能力是一个国家的制度和制度执行能力的集中体现，两者相辅相成，单靠哪一个治理国家都不行。推进国家治理体系和治理能力现代化，就是要适应时代变化，既改革不适应实践发展要求的体制机制、法律法规，又不断构建新的体制机制、法律法规，使各方面制度更加科学、更加完善，实现党、国家、社会各项事务治理制度化、规范化、

---

① 2019年11月，习近平总书记在上海虹桥街道考察全国人大常委会法工委基层立法联系点时就深刻指出：“我们走的是一条中国特色社会主义政治发展道路，人民民主是一种全过程的民主。”2021年7月1日，习近平总书记在庆祝中国共产党成立100周年大会上的重要讲话中强调“发展全过程人民民主”。这是对我国社会主义民主的新概括、新论断、新要求。2021年10月13日，习近平总书记在中央人大工作会议上指出：“我国全过程人民民主实现了过程民主和成果民主、程序民主和实质民主、直接民主和间接民主、人民民主和国家意志相统一，是全链条、全方位、全覆盖的民主，是最广泛、最真实、最管用的社会主义民主。”

② ［法］孟德斯鸠：《论法的精神》，孙立坚等译，陕西人民出版社2001年版，第183页。

程序化。①

亨廷顿认为，国家现代化进程面临三大挑战："现代化对一个分散的、组织薄弱的和封建的传统体制的第一个挑战，典型的是集中必要的权力以造成传统的社会和经济的变革。接着的第二个问题是在该体制中扩大权力，以吸收新近动员起来的参政团体，从而创立一个现代体制。这是当今世界现代化中国家面临的首要挑战。在此后一阶段，该体制就面临参政团体进一步要求分散权力并在各团体与机构之间确立相互制约的制度。"②中国式现代化新道路具有独特的政情国情，任何对当代中国政治经济社会问题的研究，必须将中国共产党视为中国特色治理体系的政治领导力量和独特的组织化治理制度。这是理解中国特色国家治理体系结构与运作逻辑的关键所在。在中国通向国家现代化转型发展中，中国共产党始终是掌握和运用政治权力的中枢与核心，党通过制定纲领性治理战略、运用政治领导的方式来实现对整个国家治理现代化的集中统一领导。中国国家治理的总体格局是中国共产党作为领导核心总揽全局、统筹各方，其实际运行是一个领导核心，多方参与，各司其职，本质上是中国共产党领导人民科学、民主、依法和有效地治国理政。③

党和国家监督体系是国家治理体系的重要组成部分。完善党和国家监督体系是坚持和完善中国特色社会主义制度、推进国家治理体系和治理能力现代化的重要任务。从国家治理视角研究权力监督问题主要围绕三方面展开：

一是权力监督与国家治理现代化关系的研究。随着中国现代化进程的不断深入，建设强有力的国家、受约束的国家和负责任的国家作为国家治理现代化的目标，对政治监督体制的现代转型提出了越来越高的要求。④ 国家治理体系现代化的过程本质上是现代国家理性构建的过程，而构建科学有效的权力结构和运行机制是这一过程的核心。⑤ 以权力结构和权力过程为研究

① 中共中央文献研究室：《习近平关于全面深化改革论述摘编》，中央文献出版社2014年版，第25页。

② ［美］塞缪尔·P.亨廷顿：《变化社会中的政治秩序》，王冠华等译，生活·读书·新知三联书店1989年版，第132页。

③ 王浦劬：《理解国家治理须防止两种倾向》，《光明日报》2014年10月16日第7版。

④ 何增科：《中国政治监督40年来的变迁、成绩与问题》，《中国人民大学学报》2018年第4期。

⑤ 陈国权、皇甫鑫：《功能性分权与中国特色国家治理体系》，《社会学研究》2021年第4期。

视角，则认为中国的功能性分权体系存在着较强的协调与监督功能，而制约功能相对较弱，因此提升功能性分权的合理性与有效性、建立健全符合国情的权力制约与协调体系是推进国家治理现代化的重要方式。①

二是权力监督与国家监察体制改革的研究。2018 年 3 月，《中华人民共和国监察法》正式颁布，确立了人民代表大会制度下监察权和行政权、审判权、检察权“四位一体”的宪制模式。新的监察体制发挥了党对反腐败实施集中统一领导、公权力监督全覆盖、标本兼治的治理效能，构建起不敢腐、不能腐、不想腐的腐败治理制度体系。② 以“党政关系”为切入视角认为监察体制改革一方面让国家政权机关拥有专门的监督组织，另一方面通过“合署办公”的方式坚持党对监委会的领导，既触及了改革的核心问题，又提升了党的领导权威。③ 监察体制改革形成的人大对“一府一委两院”监督的新型国家权力结构切实推进了对公权力监督的全覆盖，持续彰显了中国特色权力监督的制度优势。④ 纪检监察体制改革的总体目标是通过完善纪检体制，使纪委能够更好地履行党内监督和执行党纪两大职责，更加完善的纪检体制应具备独立、权威、专业、廉洁与责任五大要素，并从领导体制、资源配置、监督制约、人事管理、激励和问责机制等方面分析深化改革的路径。⑤ 随着国家监察体制改革的深入，监督机构独立性和权威性不断提升，解决监督机构的自我监督问题就变得更加急迫，即对“监督者监督”⑥成为公共权力监督的重要课题。

三是以权力监督推进国家治理现代化的思路研究。建设现代政治监督体制，是新时代中国现代化事业顺利推进的重要保证，可以考虑从实现内部监督与外部监督的均衡发展、建立权力监督的责任链、改造传统的监察监督

---

① 陈国权、皇甫鑫：《功能性分权体系的制约与协调机制——基于“结构—过程”的分析》，《浙江社会科学》2020 年第 1 期。

② 王建国、谷耿耿：《新时代监察改革深化的法治逻辑》，《河南师范大学学报》（哲学社会科学版）2020 年第 2 期。

③ 庄德水：《国家监察体制改革何以成为一项重大的政治改革》，《政府管理评论》2018 年第 1 期。

④ 刘畅：《权力结构视域下的国家监察体制改革与优化》，《行政论坛》2020 年第 5 期。

⑤ 任建明、薛彤彤：《纪检体制深化改革的目标、要素与制度实现》，《学习与实践》2019 年第 12 期。

⑥ 宋伟、过勇：《新时代党和国家监督体系：建构逻辑、运行机理与创新进路》，《东南学术》2020 年第 1 期；王建国、谷耿耿：《监察权独立行使的法治逻辑》，《宁夏社会科学》2020 年第 6 期；牛朝辉、任建明、胡光飞：《有效监督监委的经验借鉴与对策建议》，《国家行政学院学报》2018 年第 6 期。

模式等方面建立现代国家与现代政党治理结构的方式。① 以政府公共服务为研究视角寻找权力监督与国家治理现代化的结合点，则主张政府公共权力的实际运行过程是在每一项具体的公共服务中展开的，让具体的权力运行过程更加透明、公开、法治化，是保证权力受到监督和制约的关键。② 有学者以“领导干部报告个人有关事项”为案例，从释放改革势能、强化党委主责、修订制度文本、完善配套机制、运用科技手段等方面，提出增强权力监督严肃性、协同性、有效性以优化国家治理效能的路径。③

第四节　良法善治视角

法律是治国之重器，良法是善治之前提。法治体系是国家治理体系的骨干工程。④ 中国特色社会主义法治体系是制度之治最基本最稳定最可靠的保障。孟德斯鸠认为，一个政府在其漫长的统治进程中走向腐化就像走下坡路一样，在不经意中经受阵痛；如果要恢复其良好的政治，非付出巨大的努力不可。⑤ 所以，在民主政治下，为了让官员热爱平等与俭朴，就应该将其规定于法律之中，运用法律激励和约束官员的权力行使。法律制度的核心价值是追求正义，维护和保障社会秩序。罗尔斯认为，“一个法律体系是一系列强制性的公开规则。提出这些规则是为了调整理性人的行为并为社会合作提供某种框架。当这些规则是正义的时，它们就建立合法期望的基础。……如果一种法律秩序较完善地实行着法治的准则，那么这个法律秩序就比其他法律秩序更为正义。”⑥

《吕氏春秋》有曰：“廉，故不以贵富而忘其辱”，“流水不腐，户枢不蠹，动也”。权力腐败扰乱和破坏政治经济秩序，危及社会政治稳定。一个社会中

① 何增科：《中国政治监督 40 年来的变迁、成绩与问题》，《中国人民大学学报》2018 年第 4 期。

② 李辉：《权力监督与治理体系现代化建设：从“最多跑一次”改革看中国廉能政府建设》，《南京社会科学》2020 年第 2 期。

③ 贺海峰、过勇：《领导干部报告个人有关事项：中国逻辑、现实挑战及未来之路》，《中共中央党校(国家行政学院)学报》2021 年第 4 期。

④ 《习近平谈治国理政》(第二卷)，外文出版社 2017 年版，第 117 页。

⑤ [法]孟德斯鸠：《论法的精神》，孙立坚等译，陕西人民出版社 2001 年版，第 59 页。

⑥ [美]约翰·罗尔斯：《正义论》，何怀宏、何包钢、廖申白译，中国社会科学出版社 1988 年版，第 233～234 页。

存在着四种制约权力腐败的力量。一是政治体制。通过完整严格的政治程序、规范和过程来防范廉政风险和腐败现象。二是法律规范。通过系统法律条文约束公务人员的行为,并对违反法律规范的行为予以制裁和处罚。三是社会监督。通过整个社会有组织的监督系统消除和防范腐败现象。四是道德内约。法律是成文的道德,道德是内心的法律。《论语·为政》有曰:"为政以德,譬如北辰,居其所而众星共之。"强化道德内约,就是通过强化公务人员的道德修养和道德意识,通过公务人员的道德理想来促进他们的道德实践。当品德丧失时,野心便占据了易于接受它的人们的心灵,并且贪婪地占据几乎所有人的心灵。①

法治的核心内容是依法治权、依法治官。福山认为,国家能力、法治和负责制构成现代政治发展的三个基本要素。② 一个追求"善治"的国家,应该是一个既有强大的国家能力,也有负责任的政府和良好法治的国家。国家制度是集权的,让有关部门运用权力去执行法律,维护和平,提供必要的公共物品。法治与负责制限制国家权力,保证权力的运行是在受控和协商一致的前提之下。③ 法治是现代政治的基本价值、基本形态与基本要求。法律本身应该是最为纯洁无瑕的,它的制定应该是为了惩罚人的邪恶。④ 法治被理解为这样一组规则,即对社会中最强大政治参与者也具有约束力。⑤ 这意味着国家的权力结构、权力运行与权力监督都应当是依法运行的。⑥ 所有社会都需要通过法律来监管权力的运用,确保法律面前人人平等,不允许搞特权。只有这样,方能预防政治衰退和国家治理能力软化以及由此引发的政治危机问题。

控制国家权力、防止国家权力滥用无疑是法治最根本的要义之一,法治建立的关键在于形成一个有效的权力控制体系。⑦ 有学者认为,权力法治是

---

① [法]孟德斯鸠:《论法的精神》,孙立坚等译,陕西人民出版社2001年版,第28页。

② [美]弗朗西斯·福山:《政治秩序与政治衰败——从工业革命到民主全球化》,毛俊杰译,广西师范大学出版社2015年版,第20页。

③ [美]弗朗西斯·福山:《政治秩序与政治衰败——从工业革命到民主全球化》,毛俊杰译,广西师范大学出版社2015年版,第20页。

④ [法]孟德斯鸠:《论法的精神》,孙立坚等译,陕西人民出版社2001年版,第681页。

⑤ [美]弗朗西斯·福山:《政治秩序与政治衰败——从工业革命到民主全球化》,毛俊杰译,广西师范大学出版社2015年版,第8页。

⑥ 赵勇、汪仲启:《权力运行制约和监督体系建设》,经济科学出版社2020年版。

⑦ 陈国权、周鲁耀:《制约与监督:两种不同的权力逻辑》,《浙江大学学报》(人文社会科学版)2013年第6期。

实现国家廉政的根本路径，是国家廉政治理体系的制度基础和法理依据，并提出了在廉洁和效率的双重目标下通过良法治理、多元治理以及分类治理实现廉政治理现代化的途径。[①] 功能性分权视角主张构建决策权、执行权、监督权既相互制约又相互监督的权力结构和运行机制，以解决我国公共权力的分工问题。[②] 也有学者以法律监督为视角，对监察体制改革与《监察法》进行论述。有学者认为对监察法学的研究仍有较大的拓展领域，如合署办公如何与党规国法衔接、《监察法》的配套立法以及与其他法律衔接的问题。而理解法律监督的内涵则需要从问题意识、基本定位、逻辑边界和根本保证四个层面进行把握。[③]

法治问责视角则发现基层政府在权责分立的结构安排下无法有效抵御外部系统性风险，还为内部非系统性风险的产生提供可能，使行政人员采取措施规避责任。在中国特色国家治理权力结构相对集中的体制下，追求组织扩权与避责并举的"统合式治理"应运而生，但以绩效为导向的统合式治理在"集中力量办大事"的同时也暴露出我国横向问责的不健全和纵向问责的局限性，要在既有制度安排之下，通过法治化的方式对权力加以约束，以突破统合式治理模式下的权力制约监督困境。[④] 面向"第二个百年奋斗目标"和全面建设社会主义现代化国家新征程，需要纵深推进权力监督体系与治理体系精准对接，在党和国家监督体制机制层面科学谋划、精准发力，进行重大改革与制度创新，推进权力监督治理制度化、规范化、程序化、法治化。

第五节　人民民主视角

2022 年 10 月 27 日，党的二十大胜利闭幕后不到一周，习近平总书记带领新当选的二十届中共中央政治局常委来到延安，瞻仰革命纪念地。在延安革命纪念馆，习近平总书记在"延安时期的十个没有"展板前久久驻足。1940 年 2 月，毛泽东在《团结一切抗日力量，反对反共顽固派》中指出："陕甘宁边区

---

① 陈国权、陈永杰：《基于权力法治的廉政治理体系研究》，《经济社会体制比较》2015 年第 5 期。

② 陈国权、皇甫鑫：《功能性分权：中国特色的权力分立体系》，《江海学刊》2020 年第 4 期。

③ 秦前红、石泽华：《新时代法律监督理念：逻辑展开与内涵阐释》，《国家检察官学院学报》2019 年第 6 期。

④ 倪星、王锐：《权责分立与基层避责：一种理论解释》，《中国社会科学》2018 年第 5 期。

是全国最进步的地方，这里是民主的抗日根据地。这里一没有贪官污吏，二没有土豪劣绅，三没有赌博，四没有娼妓，五没有小老婆，六没有叫化子，七没有结党营私之徒，八没有萎靡不振之气，九没有人吃磨擦饭，十没有人发国难财。”①习近平指出：“当年毛泽东同志等老一辈革命家在延安，住窑洞、吃粗粮、穿布衣，用‘延安作风’打败了‘西安作风’。全党同志要把老一辈革命家和共产党人留下的光荣传统和优良作风传承好发扬好，勇于推进党的自我革命，坚定不移推进全面从严治党，始终保持党的先进性和纯洁性，确保党始终成为中国特色社会主义事业的坚强领导核心。”②中国共产党在延安时期养成的民主作风为人民民主政治制度建设奠定了坚实基础。

“权力运用能否得到有效制约和监督”是评价一个国家政治制度是不是民主、有效的一个重要标准。③ 一个国家民主不民主，要看权力运行规则和程序是否民主，更要看权力是否真正受到人民监督和制约。④ 1945 年 7 月 4 日，毛泽东与黄炎培关于“历史周期率”的谈话，成为党史国史上著名的“延安窑洞对话”。黄炎培熟谙历史，又有丰富阅历。他在延安亲身感受到了与重庆截然不同的清新气象。同时，黄炎培心中又有一团疑虑——中国的历史有一种可怕的周期率，一种使人堕落、使物变质、使时间逆转的无形的支配力。他坦诚地说：一部历史，或政怠宦成，或人亡政息，或求荣取辱，总之没有跳出这个历史周期率。……国民党初起时，不也是一个万众瞩目的革命政党嘛！共产党会不会重蹈前人的覆辙？希望贵党能够找出一条新路，跳出这个历史周期率的支配。他坦然回答说：我们共产党已经找到了新路，能够跳出这个“历史周期率”。这条新路，就是民主。只有让人民来监督政府，政府才不敢松懈；只有人人起来负责，才不会人亡政息。⑤

民主是全人类的共同价值。发展全过程人民民主是中国式现代化的本质要求之一。党的二十大报告指出：“全过程人民民主是社会主义民主政治

① 《毛泽东选集》(第二卷)，人民出版社 1991 年版，第 718 页。

② 《习近平在瞻仰延安革命纪念地时强调弘扬伟大建党精神和延安精神为实现党的二十大提出的目标任务而团结奋斗》，《人民日报》2022 年 10 月 28 日第 1 版。

③ 习近平：《在中央人大工作会议上的讲话(2021 年 10 月 13 日)》，《求是》2022 年第 5 期。

④ 习近平：《在中央人大工作会议上的讲话(2021 年 10 月 13 日)》，《求是》2022 年第 5 期。

⑤ 薛鑫良：《“历史周期率”与“延安窑洞对话”》，《学习时报》2016 年 8 月 15 日第 12 版。

的本质属性，是最广泛、最真实、最管用的民主。”中国共产党提出和发展全过程人民民主，把人民民主的价值理念不断转化为国家治理的制度安排和的民主化治理实践，人民享有广泛民主权利，人民民主参与持续扩大，为中国式现代化凝聚了共识和力量，也为加强公权力监督贡献了中国智慧。党的十九届六中全会通过的《中共中央关于党的百年奋斗重大成就和历史经验的决议》将“坚持人民至上”列为中国共产党百年奋斗的十条宝贵的历史经验之一。在中国，中国共产党领导人民建立的国家称为“中华人民共和国”，各级政府称为“人民政府”，党缔造的军队称为“人民解放军”，党的干部称为“人民公仆”，党中央的机关报称为“人民日报”，中央银行称为“人民银行”……“人民”二字深深融入党的血脉，成为中国共产党人薪火相传、永不磨灭的精神基因。① 从土地革命时期的“工农共和国”和工农兵政府、抗战时期的抗日民主政权和“陕甘宁边区政府”到解放战争时期的“人民共和国”和人民民主专政，再到新中国成立后创建中华人民共和国中央人民政府，中国共产党带领中国人民进行了政权建设和人民政府制度的艰辛探索，形成了适应中国国情政情的人民政府制度体系。

自从1949年10月1日中华人民共和国成立，70多年来，在中国共产党领导下，中国国家制度和治理体系最伟大的转变就是我们的国号中有史以来第一次有了“人民”二字，我们的各级政府前面都加“人民”二字，以凸显与旧政府的本质区别。“人民”二字不是为了装饰点缀，它是中国共产党的初心使命、根本宗旨、群众路线在国家政权制度建设中的重要体现，它的重要意义在于同样有史以来第一次表明我国各级政府的权力来源——人民，在以“全心全意为人民服务”这一根本宗旨基础上创建一个新型的政府制度形态——人民政府。

从已经出版的毛泽东著作中寻找“人民政府”一词，最早见于《和美国记者斯诺的谈话》一文，这是1936年7月15日毛泽东在回答美国记者斯诺提出的关于“苏维埃政府是否承认北京政府和南京政府缔结的对外条约”问题时指出“如果有一个中国人民政府而苏维埃是其一部分的话，我们将力主根据这些国家战时的表现来制订政策”。② 人民政府制度的问题基本上是一个为人民服务的问题和一个如何为人民服务的问题。毛泽东在《为人民服务》一文中这样指出：“我们这个队伍完全是为着解放人民的，是彻底地为人民的利

① 《中国共产党的历史使命与行动价值》，《人民日报》2021年8月27日第1版。

② 《毛泽东文集》（第一卷），人民出版社1993年版，第392页。

益工作的……我们是为人民服务的。”①为什么人服务的问题解决了，接着的问题就是如何去服务。② 1948 年 9 月，毛泽东在中央政治局会议上指出：“我们是人民民主专政，各级政府都要加上‘人民’二字，各种政权机关都要加上‘人民’二字，如法院叫人民法院，军队叫人民解放军，以示和蒋介石政权不同。”③

1949 年成立的中央人民政府，是由中国人民政治协商会议第一届全体代表根据《中国人民政治协商会议共同纲领》和《中央人民政府组织法》选举产生的。中央人民政府由五个部分组成：一是中央人民政府委员会，作为国家最高政府机关；二是政务院，作为国家最高行政机关；三是最高人民法院，作为国家最高审判机关；四是最高检察署，作为国家最高检察机关；五是人民军事委员会，作为国家最高军事统率机关。从 1949 年到 1954 年，中国共产党成功地迅速地建立了中国有史以来最强大的、典型的以民主集中制为基础的中央人民政府体制和地方人民政府体制。

人民代表大会制度是实现我国全过程人民民主的重要制度载体。人民代表大会制度的重要原则和制度设计的基本要求，就是任何国家机关及其工作人员的权力都要受到监督和制约。④ 1954 年，第一届全国人民代表大会颁布了新中国第一部《宪法》，通过《全国人民代表大会组织法》《国务院组织法》《地方各级人民代表大会和地方各级人民政府组织法》等重要法律。《宪法》第 2 条第 2 款规定：“全国人民代表大会、地方各级人民代表大会和其他国家机关，一律实行民主集中制。”根据这部《宪法》，中央人民政府的组织机构和权力关系发生了很大变化。全国人民代表大会是最高国家权力机关，是行使国家立法权的唯一机关。第 47 条规定：“中华人民共和国国务院，即中央人民政府，是最高国家权力机关的执行机关，是最高国家行政机关。”⑤地方各级人民委员会，即地方各级人民政府，是地方各级人民代表大会的执行机关，是地方各级国家行政机关。全国人大及其常委会有权监督国务院、最高人民法院和最高人民检察院的工作；撤销国务院同《宪法》以及其他法律与法令相抵触

① 《毛泽东选集》(第三卷)，人民出版社 1991 年版，第 1004 页。

② 《毛泽东选集》(第三卷)，人民出版社 1991 年版，第 859 页。

③ 《毛泽东文集》(第五卷)，人民出版社 1996 年版，第 135～136 页。

④ 习近平：《在中央人大工作会议上的讲话(2021 年 10 月 13 日)》，《求是》2022 年第 5 期。

⑤ 1982 年颁布的宪法继续沿用这一表述。

的决议和命令。同时,《宪法》《国务院组织法》《地方各级人民代表大会和地方各级人民政府组织法》还对各级人民政府的职权、组成以及行政程序等作出明确的制度规定。2018 年修订后的《宪法》第 3 条规定:“国家行政机关、监察机关、审判机关、检察机关都由人民代表大会产生,对它负责,受它监督。”

在党和国家的法律和政策文本话语中,人民政府指国家行政机关,在坚持党的全面领导下,行使行政权。各级人民政府是国家行政机关,是国家治理体系的重要组成部分,是我们党治国理政的重要保障。人民政府制度有三层内涵:第一,人民通过民意机关,即人民代表大会选举和产生政府,人民性是中国特色政府制度与治理体系的本质属性,“为人民服务”是人民政府的天职和价值;第二,能够真正代表民意的政府,人民有一切机会影响政府的公共政策制定与执行;第三,按照民主集中制原则,人民政府是行政权力的集中化行使的政府,实行行政首长负责制。人民政府是我国国家制度和国家治理体系始终坚持以人民为中心的发展思想在国家行政制度上的集中体现。人民政府是理解中国特色政府治理原理的一个标识性概念。人民政府是国家治理体系的重要组成部分,是实现党的全面领导的重要制度安排,是实现“全过程人民民主”的重要制度设计,是把国家制度优势转化治理效能的重要渠道。

第六节　自我革命视角

打铁必须自身硬。[①] 领导干部自身硬首先要自身廉。[②] 廉洁奉公,是中国共产党人的光荣传统和优良作风,是我们党能够始终赢得人民拥护、立于不败之地的重要原因。习近平在《摆脱贫困》一书中指出,“共产党人要承担起廉政建设的历史使命,任重而道远。我们必须过好‘两关’。第一关是自我关。……第二关是‘人情关’。”“以上这两关,不是要不要过,而是非过不可。当然,过两关只不过是打下了基础。我们还必须动手从根本上铲除腐败现象赖以生存的温床。什么是温床呢?滥用权力,这就是一个温床。”“我们共产党人的权力无论大小,都是人民给的,也只能受命于人民,为人民谋利益。人民把权力交给了我们,我们在使用权力的时候就要让人民放心。怎么样才能让人民放心呢?一个很重要的措施是建章立制。建立一整套系统、全面的制

① 《习近平谈治国理政》(第三卷),外文出版社 2020 年版,第 47 页。

② 《坚持团结奋斗 贯彻落实好党的二十大重大决策部署》,《人民日报》2022 年 12 月 28 日第 1 版。

度以制约和监督权力的使用，这是杜绝腐败的根本性措施。”[①]

越是长期执政，越不能丢掉马克思主义政党的本色，越不能忘记党的初心使命，越不能丧失自我革命精神。[②] 如何跳出历史周期率？中国共产党始终在思索、一直在探索。毛泽东同志在延安的窑洞里给出了第一个答案，这就是“让人民来监督政府”；经过百余年奋斗特别是党的十八大以来新的实践，中国共产党又给出了第二个答案，这就是自我革命。自我革命就是补钙壮骨、排毒杀菌、壮士断腕、去腐生肌，不断清除侵蚀党的健康肌体的病毒，不断提高自身免疫力，防止人亡政息。[③]

全面从严治党是新时代党的自我革命的伟大实践。全面从严治党探索出依靠党的自我革命跳出历史周期率的成功路径。党的十八大以来，我们党坚持制度治党、依规治党，坚持和加强维护党中央权威和集中统一领导的制度机制，形成落实中央八项规定精神常态化机制，完善全面从严治党责任制度，完善党和国家监督体系，形成了一整套党自我净化、自我完善、自我革新、自我提高的制度规范体系，以伟大自我革命引领伟大社会革命。勇于自我革命是我们党最鲜明的品格，也是我们党最大的优势。

反腐败是最彻底的自我革命。中国共产党加强对反腐败工作的集中统一领导，构建起党全面领导的反腐败工作格局，构建不敢腐、不能腐、不想腐一体推进的体制机制，反腐败斗争取得压倒性胜利并全面巩固。党中央坚持有腐必反、有贪必肃，建立党中央集中统一领导、各级党委统筹指挥、纪委监委组织协调、职能部门高效协同、人民群众参与支持的反腐败工作体制机制，形成发现一起、查处一起，动态清除、常态惩治的运行机制，创新查办重大案件制度机制，创造性运用“四种形态”政策策略；在查办案件全过程谋划推进以案促改、以案促治，推动深化改革、完善制度，强化正向引导和警示教育，不断铲除腐败滋生土壤，成功走出一条依靠制度优势、法治优势反腐败之路。[④]

勇于自我革命和接受人民监督是内在一致的，都源于党的初心使命。一百余年来，党外靠发展人民民主、接受人民监督，内靠全面从严治党、推进自

---

① 习近平：《摆脱贫困》，福建人民出版社 1992 年版，第 28～29 页。

② 任平：《“窑洞之问”的“第二个答案”——论全面从严治党、推进自我革命》，《人民日报》2022 年 6 月 29 日第 5 版。

③ 习近平：《全面从严治党探索出依靠党的自我革命跳出历史周期率的成功路径》，《求是》2023 年第 3 期。

④ 杨晓渡：《完善党的自我革命制度规范体系》，《人民日报》2022 年 11 月 11 日第 6 版。

我革命，勇于坚持真理、修正错误，勇于刀刃向内、刮骨疗毒，保证了党长盛不衰、不断发展壮大。[①] 新时代中国共产党坚持构建自我净化、自我完善、自我革新、自我提高的制度规范体系，为推进伟大自我革命提供制度保障，实现了党的自我革命理论创新、实践创新、制度创新成果的高度统一，形成了中国共产党之治、中国之治的独特优势，实现了把我国制度优势更好转化为国家治理效能。

赶考永远在路上，全面从严治党永远在路上，党的自我革命永远在路上，必须时刻保持解决大党独有难题的清醒和坚定。党的二十大报告把"完善党的自我革命制度规范体系"作为"坚定不移全面从严治党，深入推进新时代党的建设新的伟大工程"的重要任务，提出"形成坚持真理、修正错误、发现问题、纠正偏差的机制。健全党统一领导、全面覆盖、权威高效的监督体系，完善权力监督制约机制"。公生明，廉生威。为官之德在于清廉。[②] 反腐败，讲廉政，中国共产党别无选择。廉，重在自觉，贵在持久，难在彻底。[③] 必须依靠强化党的自我监督和人民监督推进党的自我革命，构建以党内监督为主导、各类监督贯通协调的机制，强化对权力运行的制约和监督，把监督制度优势更好转化为治理效能。[④]

---

① 习近平：《全面从严治党探索出依靠党的自我革命跳出历史周期率的成功路径》，《求是》2023 年第 3 期。

② 习近平：《摆脱贫困》，福建人民出版社 1992 年版，第 39 页。

③ 《坚持团结奋斗　贯彻落实好党的二十大重大决策部署》，《人民日报》2022 年 12 月 28 日第 1 版。

④ 习近平：《全面从严治党探索出依靠党的自我革命跳出历史周期率的成功路径》，《求是》2023 年第 3 期。

第三章　构建系统性的纪律监督制度

政党作为政治组织，一般都有严格的组织纪律制度。组织纪律制度是中国共产党管党治党的重要制度安排。纪律制度和纪律监督在国家治理体系中的地位和作用越来越重要。我们这样一个大国、这样一个大党，必须有坚强有力的领导核心，保证中央政令畅通。民主集中制是我们党的根本组织制度。坚持民主集中制是强化党内监督的核心。党的纪律检查机关是党内监督的专责机关，在国家治理体系中发挥重要功能和作用。纪委的职责是监督执纪问责，根本职责使命是维护党中央权威和党的团结统一。纪检监察体制改革是健全党和国家监督体系、推进国家治理体系和治理能力现代化的重要内容。党的十八大以来，党中央高度重视党的纪律检查领导体制改革，把纪律挺在前面，全面推进纪律监督制度化、规范化、科学化，为推进全面从严治党向纵深发展、提升中国共产党治国理政能力提供重要的组织纪律制度保证。

第一节　纪检监督领导体制变迁

一、党的纪律检查体制的历史沿革

党的纪律检查体制是中国特色社会主义制度和国家治理体系的重要组成部分。中国共产党为何选择和构建这套独特的监督体制呢？制度变迁是理解历史变迁的关键。只有深刻把握这一点，方能更科学地思考和理解党的纪律检查体制的变革逻辑。全面、客观、系统理解党的纪律检查体制，有必要从历史视角出发，深入分析党的纪律检查体制历史变迁的动力因素。

新中国成立后，中国共产党自身建设面临新的考验，从革命党向执政党转型。在进入繁华城市、执掌全国政权的历史条件下，党如何继续保持同人民群众的血肉联系，继续保持谦虚、谨慎、不骄不躁和艰苦奋斗的优良作风，成为要由实践作出回答的重大历史性课题。适应社会主义国家建设的需要，党的治理体系和治理能力面临历史性重构。1949 年 11 月，中共中央作出成立中央及各级党的纪律检查委员会的决定，成立了由朱德任书记的中央纪律检查委员会（简称“中纪委”）。中纪委在中央政治局领导之下进行工作，是党中央维护党纪的工作机构，各级纪委隶属同级党委领导。到 1950 年年底，全国大部分地方党组织都建立了纪委。在随后开展的“三反”运动中，一些典型的贪污案件被揭发出来，公之于众，很快在全国形成高潮。其中，查办刘青山和张子善的案件，有效地震慑了党内腐败分子，维护了经济秩序，为国民经济的恢复和发展，为社会主义改造的有序推进创造了有利条件。这些案件的查办，纪委发挥了重要作用。

1955 年 3 月，为进一步加强党的纪律建设，保证党的团结统一，党的全国代表会议决定成立中央和地方各级监察委员会，选举产生以董必武为书记的中央监察委员会，代替中央纪律检查委员会，重点加强对党员特别是对党的高级干部的监督，坚决遏制各种违法乱纪现象的重复发生。1956 年 9 月八大党章规定：“中央监察委员会由党的中央委员会全体会议选举。地方监察委员会由本级党的委员会全体会议选举，并且经过上一级党的委员会的批准。”其任务是“经常检查和处理党员违反党的章程、党的纪律、共产主义道德和国家法律、法令的案件；决定和取消对于党员的处分；受理党员的控诉和申诉”，“各级监察委员会在各级党的委员会领导下进行工作”。党的八大以后，各级监察委员会建立健全起来。“文化大革命”开始后，党的纪检机构停止工作，纪检监察工作遭到全面破坏。九大党章和十大党章取消了关于党的纪律和监察机关的条款。“文化大革命”结束后，十一大党章规定“党的中央委员会，地方县和县以上、军队团和团以上各级党的委员会，都设立纪律检查委员会”。

党的十一届三中全会后，党的各级纪律检查委员会逐步建立和健全起来，纪检监察工作步入正轨。1978 年 12 月，党的十一届三中全会决定恢复设立中央纪律检查委员会，选举陈云为第一书记。中央纪委和有关部门开展了全国范围内大规模的平反冤假错案工作。1979 年 1 月，中央纪委召开第一次全会，通过《中共中央纪律检查委员会关于工作任务、职权范围、机构设置的规定》，规定“中央纪律检查委员会，在党中央领导下进行工作”。[①] 1980 年 2 月，中共中央批转《中共中央纪律检查委员会关于改变省、市、自治区及以下各级党委纪委领导关系的请示报告》，中央同意“将省、市、自治区以下各级党

① 中共中央党史研究室：《中华人民共和国大事记（下）（1949 年 10 月—2009 年 9 月）》，《人民日报》2009 年 10 月 4 日第 2 版。

的纪律检查委员会的领导关系，由受同级党委领导改为受同级党委和上级纪委双重领导，而以同级党委领导为主”①。党的纪检领导体制由此从单一同级党委领导体制向以同级党委领导为主的双重领导体制过渡。作出这种制度安排，有利于加强上级纪委对下级纪委的领导，有利于纪检机关工作的开展，有利于全党的纪律整顿工作顺利开展。

为避免单一同级党委领导体制产生的不良后果，党的十二大通过党章确定了：“党的中央纪律检查委员会在党的中央委员会领导下进行工作。党的地方各级纪律检查委员会在同级党的委员会和上级纪律检查委员会的双重领导下进行工作。”②但是，双重领导体制并未对同级党委、纪检系统纵向领导两者之间的权力划分进行合适的界定，在真正实施过程中容易产生“领导体制难以改变”的情况，未能真正展现双重领导体制的制度优势，仍然面临同级监督难的困扰。党的十四大以后，党的纪律检查机关和政府行政监察机关实行合署办公。这是我国纪检体制的重大改革，更好地发挥了党的纪律检查和行政监察的整体协同治理效能。中纪委从 2000 年开始在原有的双重领导机制基础上增加了“以中央纪委、监察部领导为主”的制度前提。在 2003 年十六届中央纪委二次全会之后，中央纪委、监察部派出机构的纪检领导体制出现了重大变革，即中央纪委、监察部的直接领导体制代替了原有的中央纪委、监察部与所派驻机构的双重领导体制，由此开始了纪委派出机构纵向垂直领导体制的改革探索。

二、新时代纪律检查体制改革的顶层设计

改革开放以来，纪检工作领导体制随着实践的需要不断地调整、改革、完善，经历了由同级党委领导，到同级党委和上级纪检机关双重领导、以同级党委领导为主，再到同级党委和上级纪检机关双重领导的体制变化。中国特色社会主义进入新时代，我国社会主要矛盾发生深刻变化，治国理政的任务更加艰巨，对党的纪律检查体制机制提出了新的要求，必须适应新时代发展要求，全面深化纪律检查体制改革，优化党的纪律检查组织机构设置和职能配

---

① 陈金龙：《关于落实“两个责任”进一步加强党风廉政建设的思考》，http://yaqf.gov.cn/Item/Show.asp? m=1&d=8592，访问日期：2019 年 12 月 8 日。

② 中国共产党章程汇编编写组：《中国共产党章程汇编（一大—十八大）》，中共中央党校出版社 2013 年版，第 113 页。

置，打造优化协同高效的纪律检查组织体系。党的纪律检查领导体制改革是探索对公权力制约和监督的重大课题，通过推进党的纪律检查工作双重领导体制，强化上级纪委对下级纪委的领导，最大限度将反腐倡廉真正落到实处，实现各级纪委有效履行党内监督专责机关的监督、执纪、问责职能。

《中共中央关于全面深化改革若干重大问题的决定》对纪检监察体制改革进行了顶层设计，明确提出“推动党的纪律检查工作双重领导体制具体化、程序化、制度化，强化上级纪委对下级纪委的领导”。加强上级纪委对下级纪委的领导，既坚持了党对反腐败工作的有力领导，又提升了权力制约和监督效果，是自我监督的一项有效制度设计。2014 年 6 月 30 日中央政治局审议通过《党的纪律检查体制改革实施方案》，对纪检监察体制改革的指导思想、目标要求、主要任务、方法措施和时间进度等内容进行细致的决策和部署，规划出改革的路线图。党的十九届三中全会通过的《中共中央关于深化党和国家机构改革的决定》就全面深化党和国家机构改革作出顶层设计和战略规划，强调“深化党和国家机构改革是推进国家治理体系和治理能力现代化的一场深刻变革”，明确提出“深化党的纪律检查体制改革，推进纪检工作双重领导体制具体化、程序化、制度化，强化上级纪委对下级纪委的领导”。

从本质上看，纪检监察体制改革是党组织内部治理结构的调整和优化，是中国共产党自我净化、自我完善、自我革新、自我提高的现实路径，体现了政党转型和政党适应性改革的历史逻辑和高度自觉。① 推动党的纪律检查工作双重领导体制改革，强化上级纪委对下级纪委的领导，其要义有两点：第一，理顺双重领导体制下的上级纪委和下级纪委之间以及同级纪委与同级党委之间的权责关系。既要坚持下级纪委受上级纪委和同级党委的双重领导，又要做到领导权限的具体化、工作程序的规范化和工作制度的系统化。第二，强化上级纪委对下级纪委的领导。这有助于构成以“下级纪委”为中心的权力牵制网络，即下级纪委在对同级党委监督时，由于上级纪委的领导和指导作用，有助于减小同级党委对同级纪委的权力控制，降低“同级纪委无力监督同级党委”现象发生的可能性，保障各级纪委更好地履行职责。

纪委经历了由同级党委领导，到同级党委和上级纪委双重领导、以同级党委领导为主，再到“在双重领导体制下，强化上级纪委对下级纪委的领导”的历史变迁。本书分析纪检领导体制改革在干部任免权和案件查办权两个方面的改革进展，核心内容围绕“两个为主”进行：“查办腐败案件以上级纪委

---

① 李婉秋：《推进纪检监察体制改革》，《中国社会科学报》2019 年 4 月 3 日第 7 版。

领导为主,线索处置和案件查办在向同级党委报告的同时必须向上级纪委报告”,“各级纪委书记、副书记的提名和考察以上级纪委会同组织部门为主”。40 多年来,从恢复重建到纪委和政府监察部门合署办公,再到纪委与人大选举产生的监察委员会合署办公,纪检监察机关的组织结构在变,但主动强化自我约束、规范监督执纪权力、确保打铁必须自身硬的要求始终不变,自身建设的力度、尺度始终没有放松过。①

三、强化上级纪委对下级纪委的领导

党的十八大以来,党的纪律检查工作领导体制改革进入了一个新阶段,具体体现为增强和保障纪律检查机关的独立性和权威性,强调上级纪委对下级纪委的领导。《中共中央关于全面深化改革若干重大问题的决定》明确提出“推动党的纪律检查工作双重领导体制具体化、程序化、制度化,强化上级纪委对下级纪委的领导”,健全反腐败领导体制,明确要求下级纪委在查办案件时须向上级纪委报告工作,变“地方同级党委领导为主”为“上级纪委领导为主”。② 纪检干部选拔和任命的主要决定权也由同级党委转移至上级纪委。

党的十九大通过的《中国共产党章程(修正案)》规定:“党的中央纪律检查委员会在党的中央委员会领导下进行工作。党的地方各级纪律检查委员会和基层纪律检查委员会在同级党的委员会和上级纪律检查委员会双重领导下进行工作。上级党的纪律检查委员会加强对下级纪律检查委员会的领导。”这次党章修正案强调“上级党的纪律检查委员会加强对下级纪律检查委员会的领导”,明确党中央对于强化纪检系统垂直领导体制的总体改革方向。党的纪律检查工作领导体制的演化过程可从以下层面进行理解:党的纪律检查工作领导体制改革的发展方向应当可以概括为纪律检查专门机构随着党中央对组织和党员监督力度的加大,其在党内的政治地位、独立性、专业化程度和权威性随之增加,逐渐强化上级纪委对下级纪委的领导。2019 年 1 月 13 日,中国共产党第十九届中央纪律检查委员会第三次全体会议公报指出:“创新纪检监察体制机制,切实把制度优势转化为治理效能。强化上级纪委对下

① 王雁飞:《深入把握纪检监察体制改革的变与不变》,《人民日报》2019 年 1 月 29 日第 9 版。

② 习近平:《关于〈中共中央关于全面深化改革若干重大问题的决定〉的说明》,《人民日报》2013 年 11 月 16 日第 1 版。

级纪委的领导，建立健全查办腐败案件以上级纪委领导为主的工作机制。”①

四、纪委监督办案独立性和权威性的保障制度

（一）上级纪委为主的办案制度和双向报告制度

纪律检查机关是政治机关，这就决定了纪律检查机关和干部必须把对党忠诚作为工作的首要政治原则、队伍的首要政治本色、干部的首要政治品质。2019年1月13日，中国共产党第十九届中央纪律检查委员会第三次全体会议公报指出：“始终铭记打铁必须自身硬的重要要求，以改革创新精神加强纪检监察机关自身建设，当好党和人民的忠诚卫士。”

纪委作为专司纪律检查工作的责任主体，必须具备不可或缺的核心能力，即办案能力。查办案件工作是纪委的分内之责、立身之本。双重领导体制下的纪委在地方层次上身处双重权力关系网络中，而实践中基于权力距离与实际情况，同级党委的影响力往往大于上级纪委，这就使得纪委实际上依然难以有效监督同级党委，导致对同级党委监督处于“真空”状态。《中共中央关于全面深化改革若干重大问题的决定》明确提出“查办腐败案件以上级纪委领导为主，线索处置和案件查办在向同级党委报告的同时必须向上级纪委报告”。在查办案件的过程中实施“双向报告”制度，意味着查办案件时，可以减少同级党委对同级纪委工作的过度干预，有利于从体制上解决“压案不报”和“瞒案不查”等诸多问题。

2014年6月30日，中共中央政治局召开会议，审议通过了《党的纪律检查体制改革实施方案》。为了更好地落实查办案件以上级纪委领导为主的要求，该方案提出支持和促进下级纪委依纪依法查办案件，明确提出了三项改革任务：一是研究线索处置和案件查办在向同级党委报告的同时必须向上级纪委报告的具体办法，明确报告范围、报告形式和处置机制；二是建立健全责任追究制度，对有案不查、瞒案不报、徇私包庇的，严肃问责；三是建立案例指导制度，防止执纪不统一和处理畸轻畸重。换言之，就是要规范办案权、减少自由裁量权，既防止下级党委对纪委办案的非正常干扰，又有利于防止纪委系统内“灯下黑”，确保查办案件工作始终“在轨”运行，为坚决遏制腐败滋生蔓延开辟主战场、打好主动仗。同时还提出“建立健全下级纪委向上级纪委

① 《中国共产党第十九届中央纪律检查委员会第三次全体会议公报》，《人民日报》2019年1月14日第1版。

报告工作制度”[①]，明确提出“五项制度”，即定期报告制度、专题报告制度、即时报告制度、约谈制度、处置反馈制度。这些制度覆盖了纪委工作面和主要业务链，进一步强调了上级纪委对下级纪委的纵向领导。这些制度一旦形成闭环，将使各级地方纪委视线“上移”、责任“上挂”，有助于走出“不敢监督、不能监督、不易监督”的怪圈。

（二）查办腐败案件体制机制改革试点

为扎实稳妥推进“查办腐败案件以上级纪委领导为主，线索处置和案件查办在向同级党委报告的同时必须向上级纪委报告”这项改革，从 2014 年 4 月份开始，中央纪委制定试点工作实施意见，选择河北、浙江、河南、广东、陕西 5 个省和国务院国资委、商务部、海关总署 3 个部委进行试点。[②] 经过不断探索实践，在规范报告人员范围、报告时间、上报形式、处置回应、责任追究等方面积累了经验。

一方面，规范线索处置。纪律检查机关对所掌握的反映领导干部问题线索做到底数清楚、处置规范，是按改革要求做好线索处置报告的基础。党的十八大以来，中纪委开展对反映中管干部问题线索的“大起底”，研究提出线索的五类处置方式（拟立案、初核、暂存、留存、了结）和相应处置标准。各试点单位根据中纪委要求，在对线索处置进行报告时，对线索处置方式进行了调整，取消“留存”类，增加了“谈话函询”类，即拟立案、初核、谈话函询、暂存、了结。[③] 其目的是落实查办腐败案件时“抓早抓小”的要求，对线索中反映的带有苗头性、倾向性、一般性的问题及时通过谈话函询方式进行处置，加强诫勉谈话，把问题解决在萌芽状态和初始阶段。

另一方面，加大查办案件工作力度。《中国共产党党内监督条例》第 26 条规定“纪委发现同级党委主要领导干部的问题，可以直接向上级纪委报告；下级纪委至少每半年向上级纪委报告 1 次工作，每年向上级纪委进行述职”。[④] 通过强化上级纪委对下级纪委的领导，党的各级纪律检查机关在查办案件工作中增强自觉性、避免盲目性，增强规范性、避免随意性，增加责任感、克服不作为，切实解决“不让查案、不想查案、不敢查案、不会查案和不规范查案”的问题。这种制度设计有利于党的纪律检查机关发挥党内监督专责机关的作

---

① 《党的纪律检查体制改革实施方案》，《人民日报》2014 年 6 月 30 日第 1 版。

② 《查办腐败案件体制机制改革试点工作综述》，《人民日报》2014 年 8 月 29 日第 2 版。

③ 《查办腐败案件体制机制改革试点工作综述》，《人民日报》2014 年 8 月 29 日第 2 版。

④ 《中国共产党党内监督条例》，《人民日报》2016 年 10 月 27 日第 1 版。

用，推动全面从严治党和反腐败斗争向纵深发展。

五、强化各级纪检干部任免的垂直管理制度

（一）确立提名和考察以上级纪委会同组织部门为主

改革开放以来，纪委实行了双重领导体制，但由于实际工作中纪律检查机关的干部任用、经费开支等人权、财权均掌握在同级党委、政府手中，使其对同级党组织及其成员的监督工作难以开展。这造成纪律检查机关缺乏执纪监督的独立性和权威性，工作容易受到同级党委权力的干扰和地方保护主义的阻挠，无法履行对同级党委及其成员的监督特别是对同级党委"一把手"的有效监督。党的十八届三中全会通过的《中共中央关于全面深化改革若干重大问题的决定》指出"各级纪委书记、副书记的提名和考察以上级纪委会同组织部门为主"[①]。这一制度设计明确了上级纪委在下级纪委领导班子选配上的领导权、管理权和决策权。

（二）三个"提名考察办法"上提人事权

2015 年 1 月 30 日，中央全面深化改革领导小组第九次会议审议通过了《省（自治区、直辖市）纪委书记、副书记提名考察办法（试行）》《中央纪委派驻纪检组组长、副组长提名考察办法（试行）》《中管企业纪委书记、副书记提名考察办法（试行）》等文件。三个"提名考察办法"落实党章的规定和十八届三中全会决定的精神，意在强化双重领导体制打破了被监督者领导监督者的单一体系。从加强反腐败体制机制创新和制度保障角度出发，以人事权上提为主，强化上级纪委对下级纪委的领导权以及提名权，推动建立各级纪委书记、副书记提名和考察以上级纪委会同组织部门为主的程序，明确上级纪委在提名考察工作中的职责权限，具体明确了省（自治区、直辖市）纪委书记、副书记，中央纪委派驻纪检组组长、副组长，中管企业纪委书记、副书记的提名条件、干部来源、提名考察程序：

在提名条件上，强调纪委书记、副书记人选要敢于监督、善于监督，注重从履行管党治党主体责任、监督责任中表现突出的优秀干部里选拔。在干部来源上，要求拓宽选人视野和渠道，可以从纪检系统内和纪检系统外提名，纪委书记人选一般应当交流任职。中央纪委要会同中央组织部等有关方面，掌

① 《中共中央关于全面深化改革若干重大问题的决定》，《人民日报》2013 年 11 月 12 日第 1 版。

握纪委书记、副书记的备用人选，为提名提供人员储备。

在提名考察程序上，提出省（自治区、直辖市）纪委书记、中央纪委派驻纪检组组长、中央管理领导班子的企业纪委书记，由中央纪委会同中央组织部提名、考察；中央管理主要负责人的企业纪委书记，由中央纪委会同中央组织部、国务院国资委党委提名、考察；省（自治区、直辖市）纪委副书记由中央纪委会同中央组织部提名、考察；中央纪委派驻纪检组副组长由中央纪委提名、考察；中央管理领导班子的企业纪委副书记，由中央纪委听取企业党委、纪委意见后提名、考察；中央管理主要负责人的企业纪委副书记，由国务院国资委纪委听取企业党委、纪委意见后提名、考察，并向中央纪委组织部报备。

纪检干部队伍能不能适应形势的需要，能不能不折不扣完成好任务，直接关系到党风廉政建设和反腐败斗争的成效。纪委书记、副书记作为纪检队伍的"顶梁柱"，是"关键少数"。对纪检领导干部的提名考察不是权力，而是责任，是干部选拔任用的"关键环节"。三个《提名考察办法》抓住了"关键少数"，又紧扣"关键环节"，通过明确选任标准、规范工作程序、强化领导责任、固化制度成果，率先破解改革难题，用好的方法选对的人，进一步加强了党对反腐败工作的领导，体现了党管干部原则，让纪委监督权的相对独立性和权威性真正落到实处，落到监督执纪问责的实效上，落到持续形成反腐败高压态势的震慑中。为进一步推进党风廉政建设和反腐败斗争提供了组织和制度保障，有利于加强党对反腐败工作的领导，有利于增强纪委监督权的相对独立性和权威性。同时，从纪检系统内和系统外选拔信念坚定、敢于担当、德才兼备的优秀人才，有助于提高纪检工作队伍的专业性。

党的十八大以来，以习近平同志为核心的党中央决定强化上级纪委对下级纪委的领导，始终坚持以"查办腐败案件以上级纪委领导为主，线索处置和案件查办在向同级党委报告的同时必须向上级纪委报告""各级纪委书记、副书记的提名和考察以上级纪委会同组织部门为主"①为核心内容，以"推动双重领导体制具体化、程序化、制度化"为基本路径，推进党的纪律检查领导体制现代化。党的十九大通过的《中国共产党章程（修正案）》第 45 条第 1 款增写了"上级党的纪律检查委员会加强对下级纪律检查委员会的领导"②的内容，把纪委双重领导体制具体化、程序化、制度化要求在党章相关条款中予以

① 《中共中央关于全面深化改革若干重大问题的决定》，《人民日报》2013 年 11 月 12 日第 1 版。

② 《中国共产党章程》，《人民日报》2017 年 10 月 24 日第 1 版。

明确，如第 47 条中提到"上级纪律检查委员会有权检查下级纪律检查委员会的工作，并且有权批准和改变下级纪律检查委员会对于案件所作的决定。如果所要改变的该下级纪律检查委员会的决定，已经得到它的同级党的委员会的批准，这种改变必须经过它的上一级党的委员会批准"①。从党章层面强调上级纪委对下级纪委的领导，将双重领导体制具体化、程序化、制度化，强化自上而下的监督，能够保证反腐败斗争的有效性，克服同级监督存在的一些弊端，为纪委履职提供有力保障。

深化纪检监察体制改革是推进国家治理体系和治理能力现代化的重要内容。《中共中央关于深化党和国家机构改革的决定》提出："深化党的纪律检查体制改革，推进纪检工作双重领导体制具体化、程序化、制度化，强化上级纪委对下级纪委的领导。"②党的十九届四中全会再次提出："深化纪检监察体制改革，加强上级纪委监委对下级纪委监委的领导，推进纪检监察工作规范化、法治化。"这是在深刻总结历史经验的基础上，对党的十八届三中全会以来纪律检查体制改革工作的再部署、再深化，目的在于进一步增强党内监督实效，健全和加强全面从严治党的体制机制，体现党的十八大以来纪律检查体制改革实践、理论和制度创新的重要成果，从体制机制上进一步保障纪委履行党章规定的监督执纪问责职责。

第二节　党的纪律监督制度体系建设

一、党的纪律制度建设的顶层设计

任何组织的健康成长和有序运行，都需要一整套组织纪律和规章制度作为基本保障。组织纪律制度是组织的基本构成要素。党的纪律是党的各级组织和全体党员必须遵守的行为规则。纪律建设是党的建设的重要内容，是党内法规制度建设的核心内容。加强纪律建设是全面从严治党的治本之策。把权力关进制度的笼子，首先要扎牢党规党纪的笼子，把党规党纪的权威性、

① 《中国共产党章程》，《人民日报》2017 年 10 月 24 日第 1 版。

② 《中共中央关于深化党和国家机构改革的决定》，《人民日报》2018 年 8 月 28 日第 1 版。

严肃性树起来，不断提高管党治党制度化水平。[①] 作为一项基础性工程，首先做到规矩立起来、纪律严起来，全面从严管党治党才能严起来、强起来。

中国共产党是马克思列宁主义同中国工人运动相结合的产物，自成立之日起就遵照无产阶级政党的建党原则，坚持用严格的纪律立党。我们党从小到大、由弱变强，发展成为今天的世界第一大党，离不开统一思想、统一行动、统一步调的严明纪律，靠的就是纪律建党、纪律立党、纪律强党、纪律兴党。我们党是靠革命理想和铁的纪律组织起来的马克思主义政党，纪律严明是党的光荣传统和独特优势。[②] 中国共产党从建党之初就高度重视党的纪律建设。1927 年，党的五大决定成立党的中央监察委员会，专门负责党的纪律检查工作。土地革命时期，我们党把支部建在连上，加强党对军队的领导，制定"三大纪律八项注意"。从延安时期开始，我们党的纪律规矩逐步丰富成熟，党中央制定和实行了一系列纪律规矩。[③] 党的十一届三中全会作出把党和国家工作重点转移到社会主义现代化建设上来，实行改革开放这一关乎党、国家、民族命运的历史性决策，同时决定"加强党的领导机构和成立中央纪律检查委员会"，作为"保障党的政治路线的贯彻执行的一个重要措施"。[④]

党的十八大以来，针对一个时期党的纪律监督中存在宽松软等问题，党中央明确提出了把纪律和规矩挺在前面、坚持纪严于法的重要要求，坚持依规治党、制度治党，强化日常管理监督，加强廉政风险防范、预警和综合治理。2012 年 12 月 4 日，中央政治局审议通过关于改进工作作风、密切联系群众的八项规定，即中央八项规定。党的十八届三中全会明确提出："紧紧围绕提高科学执政、民主执政、依法执政水平深化党的建设制度改革，加强民主集中制建设，完善党的领导体制和执政方式，保持党的先进性和纯洁性，为改革开放和社会主义现代化建设提供坚强政治保证。"

党的十八大提出了"五位一体"党建总体布局，即"思想建设、组织建设、作风建设、反腐倡廉建设、制度建设"。2015 年 10 月《中国共产党纪律处分条

---

① 王岐山：《坚持高标准 守住底线 推进全面从严治党制度创新》，《新华文摘》2016 年第 2 期。

② 中共中央纪律检查委员会、中共中央文献研究室：《习近平关于党风廉政建设和反腐败斗争论述摘编》，中国方正出版社、中央文献出版社 2015 年版，第 30 页。

③ 谢春涛：《中国共产党为什么"能"》，《人民日报》2019 年 5 月 8 日第 9 版。

④ 赵乐际：《忠实履行党章和宪法赋予的职责 努力实现新时代纪检监察工作高质量发展——在中国共产党第十九届中央纪律检查委员会第三次全体会议上的工作报告》（2019 年 1 月 11 日），《人民日报》2019 年 2 月 21 日第 4 版。

例》第二次修订①，首次把党章对纪律的相关要求具体化为政治纪律、组织纪律、廉洁纪律、群众纪律、工作纪律和生活纪律等六大纪律，规定了新时期规范党员行为的基本类别。这次修订，最突出的特点是突出“纪在法前、纪严于法”，把纪律和规矩挺在前面，反映了我们党对管党治党规律认识的进一步深化。2016 年，中共中央办公厅印发了《关于在全体党员中开展“学党章党规、学系列讲话，做合格党员”学习教育方案》，要求各地区各部门各单位党委（党组）要充分认识开展“两学一做”学习教育对于推动全面从严治党向基层延伸、保持发展党的先进性和纯洁性的重大意义，着力解决党员队伍在思想、组织、作风、纪律等方面存在的问题。

党的十九大报告提出党的建设总要求“以加强党的长期执政能力建设、先进性和纯洁性建设为主线”。党的十九大提出了新时代党的建设总布局，即“全面推进党的政治建设、思想建设、组织建设、作风建设、纪律建设，把制度建设贯穿其中，深入推进反腐败斗争”。新的党的建设总布局的提出，体现了党的建设理论的与时俱进，反映了中国特色社会主义新时代对党的建设提出的新要求，是新时代党的建设理论的重大创新，更是新时代推进国家治理体系和治理能力现代化的重大制度创新。党的十九大报告第一次把“纪律建设”纳入党的建设总体布局，并将其写入新修正的党章，强调“重点强化政治纪律和组织纪律，带动廉洁纪律、群众纪律、工作纪律、生活纪律严起来”，进一步凸显了党的纪律建设的极端重要性，形成了更加科学更加成熟更加完善的党建总体布局，推动党的建设理论实现创新发展，对全面从严治党、提升党的战斗力和执政能力具有重大意义。党的十九大通过的《中国共产党章程（修正案）》总结吸收了党的十八大以来党的纪律建设的理论、实践、制度创新成果，顺应新时代全面从严管党治党的新要求，对党的纪律建设内容进行了调整和充实。在“党的纪律”一章原第三十八条第一款之前增写一款，明确党的纪律主要包括政治纪律、组织纪律、廉洁纪律、群众纪律、工作纪律、生活纪律。将原第三十八条第一、二款合并充实后作为第四十条第二款，表述为：坚持惩前毖后、治病救人，执纪必严、违纪必究，抓早抓小、防微杜渐，按照错误性质和情节轻重，给以批评教育直至纪律处分。运用监督执纪“四种形态”，

① 1997 年 2 月，第一部《中国共产党纪律处分条例（试行）》正式颁布。这是当时把党的纪律规定得最为具体、最为系统、最为完整的党内规章制度。这部条例主要解决了量纪标准问题，标志着党的纪律建设进入规范化和科学化阶段。2003 年 12 月 31 日，在“试行”的基础上，中央颁布了新的《中国共产党纪律处分条例》，这是第一次修订。

让“红红脸、出出汗”成为常态，党纪处分、组织调整成为管党治党的重要手段，严重违纪、严重触犯刑律的党员必须开除党籍。

2018 年 8 月，党中央颁布最新修订的《中国共产党纪律处分条例》。这是第三次修订，修订后共 11 章 142 条，在体例布局上依然保持 6 类纪律处分，有助于牢牢把握监督基本职责，综合运用听取汇报、个别谈话、检查抽查、列席民主生活会等形式，强化近距离、常态化、全天候的监督。修订后的《中国共产党纪律处分条例》将党章和新形势下党内政治生活若干准则等党内法规要求具体化，突出政治纪律，划出纪律红线，提高纪律建设的政治性、时代性、针对性。① 新修订的《中国共产党纪律处分条例》是在遵循党章和党内准则的总体原则下，以《关于新形势下党内政治生活的若干准则》为依据，规范中国共产党党组织和党员行为的基础性法规，是党章和党内法规的细化、具体化。这是新时代中国共产党党内法规制度建设的又一重大制度成果，实现了党内法规制度建设的与时俱进，为推动全面从严治党向纵深发展提供坚强的制度保障。

严明党的纪律，首要的就是严明政治纪律。党的纪律是多方面的，但政治纪律是最重要、最根本、最关键的纪律，遵守党的政治纪律是遵守党的全部纪律的重要基础。政治纪律是各级党组织和全体党员在政治方向、政治立场、政治言论、政治行为方面必须遵守的规矩，是维护党的团结统一的根本保证。② 政治纪律是党最重要、最根本、最关键的纪律，是净化政治生态的重要保证。正是因为政治纪律这根弦松了，才让地方政府在中央三令五申的情况下，依然敷衍了事，在落实上不认真、不彻底，在执行上打折扣、搞变通；正是因为政治规矩这个意识淡薄了，部分领导干部才表态多、行动少、空喊口号，甚至与不法者沆瀣一气，成为违法违规行为的保护伞。③

严明政治纪律的关键，是严守政治规矩。2015 年 1 月 13 日，在十八届中央纪委第五次全会上，中共中央总书记习近平讲话中的一个词引发外界关注:“政治规矩”。他提出，要“严明政治纪律和政治规矩”，“把守纪律、讲规矩摆在更加重要的位置”。具体说来，党的规矩包括四个方面:第一，党章是全

---

① 赵乐际:《忠实履行党章和宪法赋予的职责 努力实现新时代纪检监察工作高质量发展——在中国共产党第十九届中央纪律检查委员会第三次全体会议上的工作报告》(2019 年 1 月 11 日)，《人民日报》2019 年 2 月 21 日第 4 版。

② 中共中央纪律检查委员会、中共中央文献研究室:《习近平关于党风廉政建设和反腐败斗争论述摘编》，中国方正出版社、中央文献出版社 2015 年版，第 30～31 页。

③ 陈凌:《绷紧政治纪律这根弦》，《人民日报》2019 年 1 月 14 日第 1 版。

党必须遵循的总章程，也是总规矩；第二，党的纪律是刚性约束，政治纪律更是全党在政治方向、政治立场、政治言论、政治行动方面必须遵守的刚性约束；第三，国家法律是党员、干部必须遵守的规矩；第四，党在长期实践中形成的优良传统和工作惯例。① 党的十九大报告指出："坚决维护党中央权威和集中统一领导，严明党的政治纪律和政治规矩，层层落实管党治党政治责任。"《中国共产党纪律处分条例》第六章对"对违反政治纪律行为的处分"作出严格的制度设计，包括：在重大原则问题上不同党中央保持一致且有实际言论、行为或者造成不良后果的；公开发表坚持资产阶级自由化立场、反对四项基本原则、反对党的改革开放决策、妄议党中央大政方针、破坏党的集中统一、丑化党和国家形象的言论等。2019 年春出台的《中共中央关于加强党的政治建设的意见》强调"严明党的政治纪律和政治规矩"，为加强党的政治建设、严明政治纪律和政治规矩提供了根本遵循。党的十八大以来，党中央修订和制定一系列重要党内法规。这些党内法规都蕴含着严明的纪律规矩，为确保我们党始终成为中国特色社会主义事业的坚强领导核心提供了制度保障。②

二、增强党的纪律制度执行力

制度的生命力在于有效执行。习近平指出："要增强制度执行力，制度执行到人到事，做到用制度管权管事管人。制定制度要广泛听取党员、干部意见，从而增加对制度的认同。要坚持制度面前人人平等、执行制度没有例外，不留'暗门'、不开'天窗'，坚决维护制度的严肃性和权威性，坚决纠正有令不行、有禁不止的行为，使制度成为硬约束而不是橡皮筋。"③执行党的纪律不能有任何含糊，不能让党纪党规成为"纸老虎""稻草人"，造成"破窗效应"。凡是违反党章和党的纪律特别是政治纪律、组织纪律、财经纪律的行为，都不能放过，更不能放纵。④ 党的十九大报告指出："加强纪律教育，强化纪律执行，让党员、干部知敬畏、存戒惧、守底线，习惯在受监督和约束的环境中工作生

① 中共中央宣传部：《习近平总书记系列重要讲话读本》，学习出版社、人民出版社 2016 年版，第 119 页。

② 谢春涛：《中国共产党为什么"能"》，《人民日报》2019 年 5 月 8 日第 9 版。

③ 习近平：《在党的群众路线教育实践活动总结大会上的讲话》(2014 年 10 月 8 日)，《人民日报》2014 年 10 月 9 日第 2 版。

④ 中共中央纪律检查委员会、中共中央文献研究室：《习近平关于党风廉政建设和反腐败斗争论述摘编》，中国方正出版社、中央文献出版社 2015 年版，第 44 页。

活。”《中国共产党纪律处分条例》第七条规定:“党组织和党员违反党章和其他党内法规,违反国家法律法规,违反党和国家政策,违反社会主义道德,危害党、国家和人民利益的行为,依照规定应当给予纪律处理或者处分的,都必须受到追究。”

加强党组织的纪律制度建设,需要创造一个良好的廉政文化环境,构建党纪党规学习和传播制度,教育党员领导干部获得廉洁从政观念、规矩和信仰。党的各级组织要积极探索纪律教育经常化、制度化的途径,多做提提领子、扯扯袖子的工作,使党员、干部真正懂得,党的纪律是全党必须遵守的行为准则,严格遵守和坚决维护纪律是做合格党员、干部的基本条件。① 在“两学一做”学习教育常态化制度化中不断增强纪律执行力。2016 年 2 月,中共中央办公厅印发了《关于在全体党员中开展“学党章党规、学系列讲话,做合格党员”学习教育方案》。开展“两学一做”学习教育,是面向全体党员深化党内教育的重要实践,是推动党内教育从“关键少数”向广大党员拓展、从集中性教育向经常性教育延伸的重要举措。2017 年 3 月,中共中央办公厅印发《关于推进“两学一做”学习教育常态化制度化的意见》,要求各级党组织要把推进“两学一做”学习教育常态化制度化作为坚持思想建党、组织建党、制度治党紧密结合的有力抓手,作为不断加强党的思想政治建设的有效途径,作为全面从严治党的战略性、基础性工程。党的十九大以来,纪律检查机关把整治形式主义、官僚主义作为正风肃纪、反对“四风”的首要任务、长期任务,重点治理“不担当、不作为、慢作为、乱作为、假作为”等形式主义、官僚主义问题,着力构建纠治“四风”长效机制,探索建设正风肃纪大数据监督平台,及时发现处置问题线索。

第三节　把纪检监督权关进制度笼子

纪检监察机关不是天然的保险箱,监察权是把双刃剑,也要关进制度的笼子。随着国家监察体制改革的深入推进,纪委监委监督范围扩大了、权限丰富了,“谁来监督纪委监委”的问题社会关注度更高了。纪委监委如何强化自我监督?2018 年 3 月 28 日,全国两会闭幕一周后,中央全面深化改革委员会第一次会议审议《关于深化纪检监察体制改革和中央纪委国家监委机构改

① 习近平:《在党的群众路线教育实践活动总结大会上的讲话》(2014 年 10 月 8 日),《人民日报》2014 年 10 月 9 日第 2 版。

革情况的报告》，中央纪委国家监委机关内设机构改革进入公众视野。中央纪委国家监委机关内设机构改革中，将原有的12个纪检监察室，调整为11个监督检查室、5个审查调查室，并明确监督检查室主要承担日常监督、问题线索分析研判处置以及谈话函询等职责。通过权力分解和内部制衡，调整优化内设机构设置、职能权限配置和人员编制配备。中央纪委国家监委不断强化自我监督，自觉接受外部监督，坚决清扫门户，在行使权力上慎之又慎，在自我约束上严之又严，确保纪检监察工作始终在规范化、法治化轨道上运行。①

一、纪检机关内部建立相互制约的工作机制

"打铁必须自身硬。"党的纪律检查机关和国家监察机关是党和国家自我监督的专责机关，正人先正己。纪检监察机关不是"保险箱"，要加强内部监督。习近平总书记在十九届中央纪委三次全会上强调："要带头加强机关党的政治建设，健全内控机制，经常打扫庭院，清除害群之马，建设忠诚干净担当的纪检监察铁军。广大纪检监察干部要经得起磨砺、顶得住压力、打得了硬仗。"②《中国共产党党内监督条例》第三十四条规定："加强对纪律检查机关的监督。发现纪律检查机关及其工作人员有违反纪律问题的，必须严肃处理。各级纪律检查机关必须加强自身建设，健全内控机制，自觉接受党内监督、社会监督、群众监督，确保权力受到严格约束。"建立健全纪检机关行使权力相互协调、相互制约、监督控制的内控机制，是纪检机关加强自我监督的重要途径。从源头上预防纪检机关的监督执纪问责权力被滥用，必须强化纪检机关权力运行的制约和监督，强化纪检机关权力运行的风险评估与风险治理，必须严格规范行使监督者的监督权，真正把纪检机关的监督执纪问责权力关进制度笼子里。

党的十八大以来，各级纪检监察机关以刀刃向内的勇气，用铁的纪律锻造纪检监察干部队伍。注重建立健全相互制约的内部运行机制，纪检监察机构改革有序推进。各级纪检监察机关实行监督检查与审查调查职能分离、部

---

① 《深化纪检监察体制改革 健全党和国家监督体系——党的十九大以来全面从严治党成果巡礼之二》，《中国纪检监察报》2019年1月5日第1版。

② 《习近平在十九届中央纪委三次全会上发表重要讲话强调 取得全面从严治党更大战略性成果 巩固发展反腐败斗争压倒性胜利》，《人民日报》2019年1月12日第1版。

门分设，通过权力分解和内部制衡，调整优化内设机构设置、职能权限配置和人员编制配备，防止执纪监督部门权力过于集中。同时，通过“前后台”分设，将力量向监督倾斜，切实履行好监督首要职责，补齐监督这块短板、实现标本兼治。[①] 2019 年 1 月 1 日开始实行的《中国共产党纪律检查机关监督执纪工作规则》的一个重要特点是突出了各级党委对纪委监委工作的领导、管理和监督，明确规定，“党委应当定期听取、审议同级纪律检查委员会和监察委员会的工作报告，加强对纪委监委工作的领导、管理和监督”。《中国共产党纪律检查机关监督执纪工作规则》在监督检查、线索处置、谈话函询、初步核实、审查调查、审理等各章中，都规定了重要事项向党委请示报告的具体报批程序，以更好地落实党委主体责任，加强党对反腐败工作的统一领导。《中国共产党纪律检查机关监督执纪工作规则》上升为中央党内法规，是党中央在新的历史条件下，给中央纪委和各级纪检机关定制度、立规矩，体现了党对纪律检查工作统一领导，是构建党统一指挥、全面覆盖、权威高效监督体系的重要举措，是深化党的纪律检查和国家监察体制改革的迫切需要，也是总结纪检监察机关自身建设经验，解决突出问题的现实要求。[②]

党的纪律检查机关和国家监察机关是党和国家自我监督的专责机关，纪委的职责是监督执纪问责，监委的职责是监督调查处置，纪委监委第一位的职责都是监督，纪检监察体制改革很重要的一条，就是紧紧围绕监督这个基本职责、第一职责，把监督挺在前面，抓早抓小、防微杜渐，加强对公权力的监督，使干部不犯错误、少犯错误。《中国共产党纪律检查机关监督执纪工作规则》进一步厘清权责界限、明确工作程序、完善内控机制，确保各级纪检监察机关把依规依纪依法要求落实到监督执纪问责和监督调查处置的全过程、各环节。《中国共产党纪律检查机关监督执纪工作规则》第十一条规定：纪检监察机关应当建立监督检查、审查调查、案件监督管理、案件审理相互协调、相互制约的工作机制。市地级以上纪委监委实行监督检查和审查调查部门分设，监督检查部门主要负责联系地区和部门、单位的日常监督检查和对涉嫌一般违纪问题线索处置，审查调查部门主要负责对涉嫌严重违纪或者职务违法、职务犯罪问题线索进行初步核实和立案审查调查；案件监督管理部门负

① 《让党和国家监督体系更健全——党的十九大以来全面从严治党成果巡礼之二》，《人民日报》2019 年 1 月 8 日第 1 版。

② 《解读〈中国共产党纪律检查机关监督执纪工作规则〉》，《人民日报》2019 年 1 月 8 日第 4 版。

责对监督检查、审查调查工作全过程进行监督管理，案件审理部门负责对需要给予党纪政务处分的案件审核把关。《中国共产党纪律检查机关监督执纪工作规则》还具体在管辖范围、监督检查、线索处置、审查调查、审理、请示、报告、措施使用等各个环节，建立统一决策、一体运行的执纪执法工作机制，扣紧纪委监督执纪和监委监察执法的链条，体现促进执纪执法贯通、有效衔接司法的要求，实现执纪与执法同向发力、精准发力，把制度优势转化为治理效能。

二、纪检机关健全行使权力全程内控机制

在党中央坚强领导下，中央纪委国家监委将党的纪律检查体制改革、国家监察体制改革和中央纪委国家监委机关内设机构改革统筹谋划、一体推进，不断推动改革向纵深发展。党的十九大后，纪检监察机关不断加强内部管理监督，实行监督检查、审查调查部门分设、职能分离，开展“一案双查”，严肃查处纪检监察干部违规违纪违法问题。中央纪委国家监委机关内设机构改革中，将原有的 12 个纪检监察室，调整为 11 个监督检查室、5 个审查调查室，并明确监督检查室主要承担日常监督、问题线索分析研判处置以及谈话函询等职责。通过监督检查、审查调查部门分设、职能分离，实现权力分解和内部制衡，调整优化内设机构设置、职能权限配置和人员编制配备。这既防止执纪监督部门权力过于集中，又实现了力量向监督倾斜，切实履行好监督第一职责，补齐监督这块短板。

如何不断健全纪检监察机关内控机制、规范工作流程，避免权力被滥用？《中国共产党纪律检查机关监督执纪工作规则》吸收党的十八大以来深化纪检监察体制改革的理论、实践、制度创新成果，重点在健全纪检机关行使权力内控机制、优化监督执纪问责流程上，针对实践中反映的突出问题和权力运行中的廉政风险点作出制度规范，体现了风险治理、综合治理、系统管控。《中国共产党纪律检查机关监督执纪工作规则》第六十条规定：纪检监察机关应当严格依照党内法规和国家法律，在行使权力上慎之又慎，在自我约束上严之又严，强化自我监督，健全内控机制，自觉接受党内监督、社会监督、群众监督，确保权力受到严格约束，坚决防止“灯下黑”。

《中国共产党纪律检查机关监督执纪工作规则》注重强化纪检监察机关内部权力运行的监督制约，是纪检监察机关强化自我监督的制度利器。《中国共产党纪律检查机关监督执纪工作规则》总结纪检监察机关自身建设经

验，专设监督管理一章，从多个方面作出细化规定，明确提出纪检机关建立系统的内控机制，包括严格干部准入制度、思想政治建设制度、干部队伍作风建设制度、纪检监察干部打听案情报告登记制度、严格执行回避制度、严格执行保密制度、纪检监察机关开展谈话全程可控制度、健全安全责任制和违规违纪违法问责制度。《中国共产党纪律检查机关监督执纪工作规则》第六十一条规定：纪检监察机关应当严格干部准入制度，严把政治安全关，纪检监察干部必须忠诚坚定、担当尽责、遵纪守法、清正廉洁，具备履行职责的基本条件。第六十四条规定：对纪检监察干部打听案情、过问案件、说情干预的，受请托人应当向审查调查组组长和监督检查、审查调查部门主要负责人报告并登记备案。2018 年 11 月至 12 月，中央纪委国家监委在委机关组织开展系列警示教育活动。各级纪检监察机关通过召开警示教育会、编印典型案例汇编、印发违纪违法案件通报等形式，用身边人身边事加强对纪检监察干部的警示教育，提高纪检监察干部自身免疫力。①

---

① 《刀刃向内 锻造铁军——党的十九大以来全面从严治党成果巡礼之四》，《人民日报》2019 年 1 月 10 日第 1 版。

第四章　构建全覆盖的监察监督制度

2018 年 3 月，十三届全国人大一次会议审议通过《中华人民共和国监察法》，国家、省、市、县四级监察委员会全部完成组建。国家监察机关依法行使的监察权，是一种全新的、独立的国家权力。深化国家监察体制改革，是事关全局的重大政治制度设计，是健全党和国家监督体系的重要制度创新，是推进国家治理体系和治理能力现代化的战略举措，是近年来我国政治体制改革取得的重大突破之一。国家监察体制改革旨在构建具有中国特色的集中统一、权威高效的反腐败体制机制，整合反腐败资源力量，在监察对象上实现对所有行使公权力的公职人员全覆盖。这一重大改革系统性重构了国家治理的权力结构和组织制度框架。

第一节　从人民监察、行政监察到国家监察

我国现行宪法确立了三种监督机关：一是作为“国家权力机关”的人民代表大会；二是作为“国家法律监督机关”的检察机关；三是作为“国家监察机关”的监察委员会。新中国成立以来，党和国家围绕权力监督和制约对监察制度建设进行了不懈探索。从 1949 年在政务院设立人民监察委员会，到 1954 年在国务院设立监察部，再到 1986 年恢复设立监察部、1993 年监察部与中央纪委合署办公、1995 年成立最高人民检察院反贪污贿赂总局等，都探索积累了丰富的党和国家自我监督的实践经验。[①] 新中国成立以来，我国的监察制度发展经历了三个阶段。

一、人民监察委员会制度(1949—1959 年)

根据 1949 年 9 月 27 日中国人民政治协商会议第一届全体会议通过的

① 《深化国家监察体制改革的科学指引》，《求是》2019 年第 5 期。

《中华人民共和国中央人民政府组织法》所规定,成立人民监察委员会,对全国各级国家机关和各类工作人员及其行为进行监察。直至1954年9月,国务院发布《关于设立、调整中央和地方国家机关及有关事项的通知》,成立了中华人民共和国监察部,人民监察委员会即告结束。

(一)人民监察委员会的职权

按照《中华人民共和国中央人民政府组织法》第十八条的规定,人民监察委员会负责监察政府机关及其政府公务人员是否履行其职责。1949年中华人民共和国成立至1954年《宪法》颁布实施期间,中央人民政府设立中央人民政府人民监察委员会专门行使行政监察权。地方层面的大行政区(或军政委员会)人民政府、省(市、专署)人民政府、县人民政府均设置专门监察机关,形成行政监察体系。人民监察委员会的职权具体包括:案件受理权、案件调查权、纠举惩戒权、审计监督权、工作建议权、案件公布权和发布命令权。[①] 对人民监察委员会的管理遵循领导和指导相结合的原则,各级人民监察委员会既受该级人民政府的直接领导,也受到上级监察委员会的指导。截至1953年年底,全国共建立3586个行政监察机关,其中省(市)以上监委有51个,专署(市)监委和监察处253个,县(市)监委共1775个。[②] 同时,为加强行政监察机关与广大人民群众的联系,《各级人民政府人民监察机关设置人民监察通讯员通则》规定,各级人民监察机关必须在政府机关和其所属企业及事业单位、人民团体、城市街道和农村中设置人民监察通讯员。

1954年《宪法》基本上沿用《中国人民政治协商会议共同纲领》的制度安排,国务院组织法设立监察部作为专门行政监察机构。监察部在组织架构、职权范围和监察程序上与人民监察委员会相比有一定区别,主要是监察对象和范围扩展至国家行政机关及其国营和合作企业,监察工作重点由违法失职行为转向行政决议执行情况、国家资财使用情况和对公民控诉案件的处理。1955年11月2日,国务院常务会议批准发布《监察部组织简则》,规定监察部为了维护国家纪律,贯彻政策法令,保护国家财产,对国务院各部门、地方各级国家行政机关,国营企业、公私合营企业,合作社实施监督。

(二)人民监察委员会的特点

新中国成立初期采纳以人民监察委员会为主的监察体制是由我国行政制度传统和现实国情所共同决定的,其特点表现为:第一,监察机构相对独

---

① 林代昭:《中国监察制度》,中华书局1988年版,第321～322页。

② 林代昭:《中国监察制度》,中华书局1988年版,第317页。

立。监察权兼具行政性和独立性的双重属性，监察机构从属于人民政府但独立于其他行政部门，行政监察是行政机关的自我约束和监督机制的重要组成部分，不同于人民代表大会所具有的一般法律监督权。第二，以人民检察院的监督作为补充。人民检察院通过行使广义的监察权，形成对行政执法机构及其人员的监察补充。第三，通过党的纪律检查机关加强对党员和党员领导干部的监督。新中国成立初期以行政监察为主、人民检察院和党的纪律检查机关为补充的监察体制是适合于中国国情的制度选择。自 1959 年开始，新中国成立初期的制度设计受到非正常化政治活动的影响，包括国家监察制度在内的政治和法律制度遭到严重的破坏。①

二、行政监察体制（改革开放至 2018 年）

改革开放以来，我国监察体制进入深化与改革阶段，主要表现为设立专职行政监察机构和党的纪检机关与监察机构合署办公。

（一）恢复设立监察部

我国于 1982 年颁布的《宪法》恢复了行政监察机关的设置，并决定在国务院之下设立审计机构，逐步实现审计与监察相分离。在改革开放和发展社会主义商品经济的条件下，保持政府廉洁、消除腐败现象的问题逐渐突出，必须加强行政监察工作。1986 年，全国人大常委会审议通过《关于设立中华人民共和国监察部的决定》，恢复并确立国家行政监察体制，加强国家监察工作。1987 年 8 月，国务院发布《关于在县以上地方各级人民政府设立行政监察机关的通知》，对行政监察机关的领导体制、监察对象和职权等作出了明确规定。

1990 年国务院颁布了《中华人民共和国行政监察条例》，1997 年全国人大常委会审议通过《中华人民共和国行政监察法》，规定行政监察机关独立行使监察权。为保障行政监察机关的独立性，首先，明确了行政监察的对象是国家行政机关公务员以及国家行政机关任命的其他人员。其次，厘清了行政监察的范围，包括违反法律、法规和行政纪律的行为，执法、廉政和效能情况，遵守和执行法律、法规、人民政府的决定和命令的情况等。再次，规定了行政监察的领导体制为双重领导，县级以上各级人民政府监察机关对本级人民政府和上一级监察机关负责，监察业务以上级监察机关领导为主。最后，说明

① 秦前红：《困境、改革与出路：从“三驾马车”到国家监察——我国监察体系的宪制思考》，《中国法律评论》2017 年第 1 期。

了履行行政监察职能的权限包括：调查和查阅相关材料，责令被监察机关及其人员停止违法、违纪行为，责令违法违纪人员在指定的时间和地点作出解释和说明，建议停止违法违纪人员的职务；有权提请人民法院作出保全措施或者冻结存款；有权依法作出对被监察对象的停职、辞职等处分的监察建议。

（二）中纪委与监察部合署办公体制

1993 年依据当时形势党中央作出决策，中央纪委和监察部合署办公，把分散的反腐败力量集合起来，实行“一套工作机构、两个机关名称”，联合履行党的纪律检查和政府行政监察两项职能，实现纪检监察一体化，由中央纪委行使党的纪律检查和行政监察两项职能，中央纪委对党中央全面负责。纪检、监察一体化是符合我国国情政情的重大制度安排，通过将执纪和执法贯通起来，汇聚反腐败的强大合力，从而扩大监察范围，既能实现对公职人员的全面监察，又能重点强化对一把手、“关键少数”的监督，工作力量更集中，资源配置更合理，大力提升反腐败实效。纪检和监察机关运用“两规”和“两指”措施，大力查办案件，取得了明显的反腐败效果。20 多年过去了，实践、历史都充分证明，党中央要求合署办公的决策是英明的、正确的，反腐败九龙治水不行，必须把拳头攥起来。深化国家监察体制改革，根本目的就是要加强党对反腐败斗争的集中统一领导，把党执纪与国家执法有机贯通起来，把过去分散的行政监察、预防腐败以及检察机关的反贪、反渎力量整合起来，攥成拳头。

三、国家监察体制改革从试点探索到顶层设计(2016 年以来)

改革开放以来，纪检、监察、检察机关都在党风廉政建设和反腐败斗争中发挥了重要作用，但同时也存在反腐败力量分散、职能交叉重叠、监察范围过窄、纪法衔接不畅等问题，没有形成合力。党的十八大以来，以习近平同志为核心的党中央着眼于党风廉政建设和反腐败工作的新议题，不断深入推进党的纪律检查体制改革和国家监察体制改革，实现对公职人员监督全覆盖。党内监督全覆盖，必然要求实现对所有行使公权力的公职人员全面监督。在我国，80％的公务员、95％以上的领导干部是共产党员，党内监督和国家监察具有高度内在一致性。① 这种把二者有机结合起来的监督制度具有鲜明的中国特色。2018 年 3 月，第十三届全国人民代表大会第一次会议审议通过《中华

① 肖培：《健全党和国家监督体系》，《人民日报》2018 年 1 月 16 日第 1 版。

人民共和国宪法修正案》和《中华人民共和国监察法》，正式设立中华人民共和国国家监察委员会，作为最高监察机关。对《中华人民共和国宪法》第三章“国家机构”设置重新作出制度安排，将行使国家监察职能的专责机关纳入国家机构体系。

推进国家监察体制改革，把分散的反腐败力量整合起来，成立监察委员会作为专门的反腐败工作机构，与党的纪律检查机关合署办公，在党的直接领导下，对行使公权力的党员干部、公职人员进行监督，对违纪者进行查处，对涉嫌违法犯罪者进行调查处置，这是坚持党管干部原则、加强党的领导的重要体现，是完善坚持党的全面领导体制机制的重要举措。① 监察委员会就是反腐败工作机构，监察法就是反腐败国家立法。监察委员会与党的纪律检查机关合署办公，代表党和国家行使监督权和监察权，履行纪检、监察两项职责，加强对所有行使公权力的公职人员的监督，从而在我们党和国家形成巡视、派驻、监察“三个全覆盖”的统一的权力监督格局，形成发现问题、纠正偏差、惩治腐败的有效机制，为实现党和国家长治久安走出了一条中国特色监察道路。

（一）国家监察体制改革背景：解决公权力监督全覆盖难题

当前反腐败斗争形势依然严峻复杂，与党风廉政建设和反腐败斗争的要求相比，我国的监察体制机制存在着明显不适应的问题。一是监察范围过窄。国家监察体制改革之前，党内监督已经实现全覆盖，而依照行政监察法的规定，行政监察对象主要是行政机关及其工作人员，还没有做到对所有行使公权力的公职人员全覆盖。二是反腐败力量分散。国家监察体制改革之前，党的纪律检查机关依照党章党规对党员的违纪行为进行审查，行政监察机关依照行政监察法对行政机关工作人员的违法违纪行为进行监察，检察机关依照刑事诉讼法对国家工作人员职务犯罪行为进行查处，反腐败职能既分别行使，又交叉重叠，没有形成合力。同时，检察机关对职务犯罪案件既行使侦查权，又行使批捕、起诉等权力，缺乏有效监督机制。三是体现专责和集中统一不够。制定监察法，明确监察委员会的性质、地位，明确“各级监察委员会是行使国家监察职能的专责机关”，从而与党章关于“党的各级纪律检查委员会是党内监督专责机关”相呼应，通过国家立法把党对反腐败工作集中统一领导的体制机制固定下来，构建党统一指挥、全面覆盖、权威高效的监督体

① 《深化国家监察体制改革的科学指引》，《求是》2019 年第 5 期。

系，把制度优势转化为治理效能。[①]

监察权的相对分散，一方面有利于加强监察权的内部制衡，另一方面产生了监察资源配置效率不足、不同监察机构间衔接不强等问题，从而制约监察系统内部的协调运转。不同监察机构之间在职能分配和执行协调等方面存在反腐体系的重合化、机构职能的非统筹化、制度建构的非契合化[②]等问题，构成了我国监察体制的内部矛盾。对公权力的监督覆盖不完全制约了监察机关自身规范权力行使、预防职务腐败的功能发挥，系统性国家监察体制的重大变革可以说是应时而生。深化国家监察体制改革的初心，就是要把增强对公权力和公职人员的监督全覆盖、有效性作为着力点，推进公权力运行法治化，消除权力监督的真空地带，压缩权力行使的任性空间，建立完善的监督管理机制、有效的权力制约机制、严肃的责任追究机制。[③]

(二)国家监察体制改革过程：从局部试点到全面推广

深化国家监察体制改革，组建党统一领导的反腐败工作机构即监察委员会，就是将行政监察部门、预防腐败机构和检察机关查处贪污贿赂、失职渎职以及预防职务犯罪等部门的工作力量整合起来，把反腐败资源集中起来，把执纪和执法贯通起来，形成新体制的整体治理合力。新时期党和国家监察体制的改革过程基本依照试点城市开展改革试验、总结经验全面展开、制定法律保证实施三个阶段展开。

1. 国家监察体制改革试点

2016 年 10 月 24 日，党的十八届六中全会通过《中国共产党党内监督条例》，明确提出“各级党委应当支持和保证同级人大、政府、监察机关、司法机关等对国家机关及公职人员依法进行监督”，首次将监察机关置于与人大、政府以及司法部门平行地位，国家监察体制改革初露端倪。2016 年 11 月 9 日，中共中央办公厅印发《关于在北京市、山西省、浙江省开展国家监察体制改革试点方案》(以下简称“《试点方案》”)，部署在 3 省市设立各级监察委员会，从体制机制、制度建设上先行先试、探索实践，为在全国推开积累经验，特别强

① 第十二届全国人大常委会副委员长李建国：《关于〈中华人民共和国监察法草案〉的说明》，《人民日报》2018 年 3 月 14 日第 5 版。

② 马怀德：《〈国家监察法〉的立法思路与立法重点》，《环球法律评论》2017 年第 39 期。

③ 《习近平在中共中央政治局第十一次集体学习时强调 持续深化国家监察体制改革 推进反腐败工作法治化规范化》，《人民日报》2018 年 12 月 15 日第 1 版。

调“国家监察体制改革是事关全局的重大政治改革，是国家监察体制的顶层设计”[①]，需要审慎进行。《试点方案》公布了党中央关于在北京市、山西省以及浙江省开展改革试点的决定，将通过在各试点城市设立各级监察委员会，构建国家监察体制、设置国家监察体制运行机制、制定国家监察制度等方式，率先于全国进行国家监察体制改革，意在为全面推进国家监察体制改革提供具有参考意义的实践经验。

根据《试点方案》内容，深化国家监察体制改革的目标是“建立党统一领导下的国家反腐败工作机构”。同时，根据《试点方案》，这一目标的具体内涵是：“实施组织和制度创新，整合反腐败资源力量，扩大监察范围，丰富监察手段，实现对行使公权力的公职人员监察全面覆盖，建立集中统一、权威高效的监察体系，履行反腐败职责，深入推进党风廉政建设和反腐败斗争，构建不敢腐、不能腐、不想腐的有效机制。”[②]根据党中央决策部署，2016 年 12 月，十二届全国人大常委会第二十五次会议通过《全国人民代表大会常务委员会关于在北京市、山西省、浙江省开展国家监察体制改革试点工作的决定》，详细制定改革方案，首先，将在各试点城市整合不同部门的反腐职能，分别设立国家监察委员会，行使监察职权。其次，各级国家监察委员会要按照管理权限，针对不同情形采用不同处置措施，对所有行使公权力的公职人员实现监察；调整或者暂时停止适用《中华人民共和国行政监察法》以及其他法律法条中关于监察工作的相关规定，并将其他法律中规定由行政监察机关行使的监察职责，交由监察委员会一并行使；中央要成立深化监察体制改革试点工作领导小组，主要对试点改革工作进行指导、协调和服务等计划和规划。

自中共中央办公厅印发《试点方案》以来，三个试点地区认真贯彻落实党中央的部署要求，稳妥审慎，大胆改革，勇于实践，顺利完成省市各级监察委组建及职能运行、机制建设等改革任务，为监察体制改革在全国推开积累了大量的创新经验。中共中央决定开展国家监察体制改革试点，其目标是通过建立监察委员会体制，整合反腐败资源力量，从而建立党统一领导下的国家反腐败工作机构。在此过程中，积累制度创新的经验，从而实现顶层设计与基层实践的更好结合。可见，国家监察体制改革试点工作的开展为监察体制

---

① 全国人大常委会：《关于在北京市、山西省、浙江省开展国家监察体制改革试点工作的决定》，《中国人大》2017 年第 1 期。

② 全国人大常委会：《关于在北京市、山西省、浙江省开展国家监察体制改革试点工作的决定》，《中国人大》2017 年第 1 期。

改革打头阵、创经验,为推进国家监察体制改革的全面覆盖积累制度创新经验。国家监察体制改革在政治上加强了党对国家反腐败工作的统一领导,在制度上构建了集中统一、权威高效的反腐败体系,在理论上开创了国家政体结构的新模式,体现了中国特色社会主义公权力监督的理论自信与制度自信。

2. 全面推开国家监察体制改革

由点到面的政策执行方式是中国共产党在长期执政过程中所发掘的,具有中国特色的政策经验,其不仅为全国性政策全面推广提供成功经验,还有利于发现政策执行过程中的不足之处,减少政策失败。经过一年多的实践,国家监察体制改革在实践中迈出了坚实步伐,积累了可复制可推广的经验。基于改革试点工作得出的经验,党的十九大报告明确指出要“健全党和国家监督体系要深化国家监察体制改革,将试点工作在全国推开,组建国家、省、市、县监察委员会,同党的纪律检查机关合署办公,实现对所有行使公权力的公职人员监察全覆盖。制定国家监察法,依法赋予监察委员会职责权限和调查手段,用留置取代‘两规’措施”,这就对国家监察体制改革的全面推广设计了一套系统性路线图。党的十九大闭幕后,中共中央办公厅印发《关于在全国各地推开国家监察体制改革试点方案》。

2017 年 11 月 4 日,第十二届全国人大常委会第三十次会议表决通过《全国人大常委会关于在全国各地推开国家监察体制改革试点工作的决定》,决定将国家监察体制改革从试点区域全面推广向全国。次日,新华社发布长篇综述《积极探索实践　形成宝贵经验　国家监察体制改革试点取得实效——国家监察体制改革试点工作综述》,系统全面阐释了国家监察体制改革试点工作的成功经验,为国家监察体制改革全面推行提供参考意见。2018 年 1 月 26 日,新疆维吾尔自治区第十三届人民代表大会第一次会议上,自治区党委常委、纪委书记罗东川全票当选自治区监察委员会主任,成为改革试点工作全面推开后产生的首个省级监察委员会。2018 年 2 月 25 日,广西壮族自治区崇左市大新县监察委员会正式挂牌成立,至此,31 个省、自治区、直辖市和新疆生产建设兵团各级监察委员会全部组建完成,标志着国家监察体制改革全面铺开第一步顺利完成。

3. 制定《中华人民共和国监察法》

为了深化国家监察体制改革,加强对所有行使公权力的公职人员的监督,实现国家监察全面覆盖,深入开展反腐败工作,推进国家治理体系和治理能力现代化,必须依据宪法,制定国家监察法。2017 年 4 月 11 日,全国人大常委会审议通过《全国人大常委会 2017 年立法计划》,提出要在 6 月将《行政监察法》修改为《国家监察法》;其后于 2017 年 6 月 23 日召开的第十二届全国人大常委会第二十八次会议正式对《中华人民共和国监察法(草案)》进行初次审议,并于 2017 年 11 月 7 日,全国人民代表大会官方网站中国人大首次对外公布《中华人民共和国监察法(草案)》,公开征求各界意见。

2018 年 3 月,十三届全国人大一次会议通过《中华人民共和国宪法修正案》和《中华人民共和国监察法》,选举产生国家监察委员会及其领导人员,形成了具有中国特色的国家监察体制。自此,中国国家治理体系从"一府两院"变为"一府一委两院",实现了对所有行使公权力的公职人员监察全覆盖。国家监察体制改革这一带有根本性、全局性的重大政治体制改革,被认为是党和国家自我监督的重大创新发展。① 国家监察体制改革是继巡视监督全覆盖之后,又一个把党内监督和群众监督结合起来,实现对所有行使公权力的公职人员监察全覆盖,体现依规治党与依法治国、党内监督与国家监督、党的纪律检查与国家监察有机统一的重大组织和制度创新,通过建立完善党和国家自我监督体系和制度,提升管党治党能力。

作为反腐败国家立法,《中华人民共和国监察法》的制定出台,使党的主张通过法定程序成为国家意志,对于构建集中统一、权威高效的中国特色国家监察体制、推进国家治理体系和治理能力现代化,具有重大而深远的影响,为反腐败工作开创新局面、夺取反腐败斗争压倒性胜利提供坚强法治保障。《中华人民共和国监察法》对国家监察机关及其职责、监察范围和管辖范围、监察权责、程序等进行了全面而细致的规定,为监察委员会职能的履行提供了法律保障。《中华人民共和国监察法》总则第一条明确指出:"为了深化国家监察体制改革,加强对所有行使公权力的公职人员的监督,实现国家监察全面覆盖,深入开展反腐败工作,推进国家治理体系和治理能力现代化,根据宪法,制定本法。"

监察机关的监察对象聚焦于行使公权力的公职人员,同时也明确了监察不能机械地理解为监察工作与监察对象所在单位的公权力就毫不相干。《中华人民共和国监察法》第三条规定:各级监察委员会是行使国家监察职能的专责机关,依照本法对所有行使公权力的公职人员进行监察,调查职务违法和职务犯罪,开展廉政建设和反腐败工作,维护宪法和法律的尊严。第四条规定:监察委员会依照法律规定独立行使监察权,不受行政机关、社会团体和个人的干涉。依据《中华人民共和国监察法》,监察委员会第一项职责就是

① 《纵横正有凌云笔》,《人民日报》2019 年 3 月 3 日第 1 版。

“对公职人员开展廉政教育，对其依法履职、秉公用权、廉洁从政从业以及道德操守情况进行监督检查”。监察委员会依法对所有行使公权力的公职人员进行监督，不仅包括党的机关、人大机关、行政机关、政协机关、审判机关、检察机关、民主党派和工商联机关的公务员，还包括国有企事业单位管理人员、群众自治组织管理人员等。改革之后，中央纪委国家监委和各级纪检监察机关始终保持惩治腐败高压态势，决心不变、力度不减、尺度不松，推动反腐败斗争不断向纵深发展。

第二节　国家监察权全域监督公权力

党的十九届三中全会通过的《中共中央关于深化党和国家机构改革的决定》把组建国家监察委员会列在深化党中央机构改革方案第一条，着眼点就是构建党统一领导、全面覆盖、权威高效的监督体系，形成以党内监督为主、其他监督相贯通的监察合力。深化国家监察体制改革，是推进国家治理体系和治理能力现代化的一项重要改革。国家监察体制是党和国家自我监督的创制之举，与原有的行政监察相比，国家监察委员会在监察职能、监察机构、监察对象、监察手段以及自我监督上都进行重大创新，从整体效果来看构建了全覆盖公权力的监察网络，实现了监察机构的独立化和权威化。

一、组建国家监察委员会

党的十九届三中全会通过的《深化党和国家机构改革方案》提出：“组建国家监察委员会，同中央纪律检查委员会合署办公，履行纪检、监察两项职责，实行一套工作机构、两个机关名称。……不再保留监察部、国家预防腐败局。”为加强党对反腐败工作的集中统一领导，实现党内监督和国家机关监督、党的纪律检查和国家监察有机统一，实现对所有行使公权力的公职人员监察全覆盖，将监察部、国家预防腐败局的职责，最高人民检察院查处贪污贿赂、失职渎职以及预防职务犯罪等反腐败相关职责整合，组建国家监察委员会，推进纪委监委的全面融合和战略性重塑，实现新时代党内监督能力整体性提升。十三届全国人大一次会议通过宪法修正案和监察法，产生中华人民共和国国家监察委员会及其领导人员，标志着中国特色国家监察体制已经形成。2018 年 3 月 23 日，中华人民共和国国家监察委员会在北京揭牌，举行新任国家监察委员会副主任、委员宪法宣誓仪式。

(一)监察委员会的机构设置

监察委员会机构即从中央到地方各级监察委员会机构的组织体系设置。自国家监察体制改革初露端倪,如何架构监察委员会组织结构以及合理配置监察职能便成为社会各界热议的话题。而在监察体制改革试点时期,中央尝试用实践对该问题进行解答,并经过试点经验总结,在监察法中对其进行了详细的机构设计。

根据《中华人民共和国监察法》规定,我国监察委员会机构设置以"条条"关系为主,"块块"关系为辅的形式作为主要结构。从宏观上来看,国家监察委员会是我国监察委员会最高级的监察机关,作为我国监察权行使的最高机构,对我国地方各级监察委员会在职能上进行全面领导。地方各级监察委员会包括省、自治区、直辖市、自治州、县、自治县、市、市辖区等分别设置监察委员会,各级监察委员会有权向同级国家机关、中国共产党机关、法律法规授权或委托管的公共事务的组织和单位、所辖行政区域以及国有企业等派驻监察专员或者直接设置监察机构。与原有监察体制相比,本次监察体制改革从中央到地方的监察机构进行了系统构建,将我国监察委员会从地方分级管理转变为中央垂直管理模式。从微观监察机关内部机构分析,在人员设置上,各级监察委员会分别由主任、副主任、监察委员组成,国家实行监察官制,按照监察官等级设置进行任免、晋升等人事活动。在纪检和监察合署办公的形势下,我国全面贯彻"执纪监督和执纪审查部门分设"的精神,将纪检和监察工作进行区分,避免在微观层次上党内监督和国家监督职能履行上的重叠冲突。

(二)国家监察委员会的职能配置

国家监察体制改革的重要任务,就是要把所有反腐败的职能、资源和力量整合在一起,构建集中统一的腐败组织机构。监察委员会与纪委合署办公后,原来纪委职能达不到的地方,或者无法实施的地方,现在可以通过监察委员会以国家机关的名义依法实施。这样既扩大了监察的覆盖面,为监察委员会办案提供了法律依据,也确保了纪委实施党内监督各项措施的合法性。①

根据《深化党和国家机构改革方案》,国家监察委员会的主要职责是,维护党的章程和其他党内法规,检查党的路线方针政策和决议执行情况,对党员领导干部行使权力进行监督,维护宪法法律,对公职人员依法履职、秉公用权、廉洁从政以及道德操守情况进行监督检查,对涉嫌职务违法和职务犯罪的行为进行调查并作出政务处分决定,对履行职责不力、失职失责的领导人

① 马怀德:《国家监察体制改革的主要任务和难点》,《新华文摘》2017年第5期。

员进行问责，负责组织协调党风廉政建设和反腐败宣传等。通过组建国家监察委员会，优化国家治理的权力结构，重构中国特色社会主义监督体系，将实现由监督“狭义政府”到监督“广义政府”的转变，国家监督体系更加科学完善；将打破监督力量交叉重叠、各自为战的困局，体现全面覆盖、全面监察的深化改革要求。修改宪法和制定监察法，迈出了健全党和国家监督体制、完善反腐败体制机制的关键一步，未来国家监察体制将在国家治理现代化进程中不断改革和发展。

二、公权力监督全覆盖

国家监察体制改革的目标内涵之一就是要突破“行政监察”的局限，扩大监察范围，变“行政监察”为“国家监察”，从而“实现对行使公权力的公职人员监察全面覆盖”。“全面覆盖”的含义是指包括立法机关、行政机关、司法机关、政协机关、民主党派机关以及国有企业事业单位、人民团体和群众团体中从事公务的人员。

国家监察体制改革之前，我国反腐败资源力量是分散的，监督对象与范围是局部覆盖的，纪委只能监督中共党员，监察部门只能监督行政机关及其公务员，检察机关内的反贪污贿赂、反渎职侵权部门虽然可以面向所有的国家机关及其公务员，但只能局限于监督职务犯罪行为而不能监督一般违法违纪行为。通过整合反腐败资源力量，建立监察委员会体制并与纪委合署办公后，将可以实现习近平总书记提出的形成全面覆盖国家机关及其公务员的国家监察体系，不仅可以监督公务人员的一般违法违纪行为，还可以监督其职务犯罪行为，真正实现了“全面覆盖”。监察委员会体制不仅可以实现对行使公权力的公职人员监察全面覆盖，而且可以大大提升监督效能。因为目前分散的反腐败体制，不仅增加了各个反腐败部门的信息共享、工作协调难度，而且会造成“重复工作”和资源消耗。最明显的是纪委对腐败人员立案审查后，必须经由检察机关反贪污贿赂或反渎职侵权部门再次侦查，才能依法移送起诉。因为纪委审查属于党内处理程序，不属于刑事诉讼程序，其审查所获得的材料不属于刑事诉讼法所规定的“证据”范畴，必须经由检察机关反贪污贿赂或反渎职侵权部门再次立案侦查，才能“转化”为“法定证据”，才能依法移送起诉。这样就造成了大量的重复工作和资源消耗。而建立监察委员会体制与纪委合署办公以后，就可以很好地解决前述信息共享、工作协调、重复工作和资源消耗等问题，大大提升反腐败工作效能和反腐败的权威。这也就是

《试点方案》所说的“实现对行使公权力的公职人员监察全面覆盖，建立集中统一、权威高效的监察体系”的本意。①

国家监察体制改革弥补了政治权力结构中行政监察权与政党权力中的党内监督权之间的衔接空白，将监察对象扩大为一切行使公权力的机关及其工作人员。根据《中华人民共和国监察法》第十五条，监察机关对下列公职人员和有关人员进行监察：一是中国共产党机关、人民代表大会及其常务委员会机关、人民政府、监察委员会、人民法院、人民检察院、中国人民政治协商会议各级委员会机关、民主党派机关和工商业联合会机关的公务员，以及参照《中华人民共和国公务员法》管理的人员；二是法律、法规授权或者受国家机关依法委托管理公共事务的组织中从事公务的人员；三是国有企业管理人员；四是公办的教育、科研、文化、医疗卫生、体育等单位中从事管理的人员；五是基层群众性自治组织中从事管理的人员；六是其他依法履行公职的人员。

三、监察程序制度化法治化

国家监察的一个重要原则，就是坚持标本兼治、综合治理，既要通过严厉惩治腐败，形成“不敢腐”的震慑，又要通过深化改革、健全法治，有效制约和监督权力，形成“不能腐”的体制机制。监察机关在具体的监督、调查过程中，能直观、清楚地发现监察对象所在单位廉政建设、权力监督方面存在的漏洞和薄弱环节。当监察机关发现这些问题时，既有权力又有义务向这些单位提出监察建议，推动整改问题、完善制度，这样才能以治标促进治本，发挥标本兼治的综合效应，实现国家监察全面覆盖的改革目标。

建立监察委员会，将检察机关的反贪污贿赂、反渎职侵权职能整合进来后，即意味着在先前行政监察手段的基础上，增加了公务人员职务犯罪刑事侦查权，从而可以使用刑事诉讼法所规定的一系列刑事侦查手段和强制措施，包括特定的重大职务犯罪案件中的技术侦查措施以及拘传、取保候审、监视居住、拘留、逮捕等限制人身自由的强制措施。尽管从法律角度而言，一般行政监察手段和刑事侦查手段并不是同时适用于具体个案，而是要根据案件类别来分别实施的，但从监察机关主体角度而言，显然是拓展了监察职能、丰富了监察手段，有助于提升监察效能。

---

① 全国人大常委会：《关于在北京市、山西省、浙江省开展国家监察体制改革试点工作的决定》，《中国人大》2017 年第 1 期。

党的十九大报告提出，要推进反腐国家立法，制定国家监察法，依法赋予监察委员会职责权限和调查手段，用留置取代“两规”与“双指”。[①] 在推进国家监察体制改革的进程中，《中华人民共和国监察法》明确了监察程序的法治化，监察委员会的成立及其与中央纪委合署办公则进一步体现了监察程序的制度化得以落实。正是在国家监察体制改革举措的不断推进下，监察手段不断丰富，使得监察程序制度化法治化得到更加强有力的保障，从而在新时代党内监督、反腐败工作中发挥积极有效的作用。通过党的纪律检查机关和国家监察机构合署办公的方式整合反腐败资源和力量，在办公设施和监察资源的合作、反腐信息共享、监察职能上的相互配合和党纪国法功能互补等方面具有不可比拟的优势。

国家监察体制改革后，监察机关依法履行的职责不是原来行政监察、预防腐败、反贪反渎职能的简单叠加，而是工作内容涉及违纪、违法、犯罪三个层面，要达到“1＋1＝3”的效果。[②] 根据先前《行政监察法》规定，行政监察的手段包括检查权、调查权、建议权和行政处分权，手段的种类和强制性都有限。例如，调查权中冻结涉嫌人员在银行或者其他金融机构的存款，必须提请人民法院采取措施，而不能自行依职权采取，还有不能采取人身强制措施。更为重要的一点是行政监察的范围限于行政违法，而不包括刑事违法，因为没有刑事侦查权。减少腐败存量、遏制腐败增量是调查工作的重要目标，不能只注重案件调查环节，而忽视通过调查发现的制度性、机制性问题。《中华人民共和国监察法》明确了对监察机关和监察人员的监督：各级监察委员会应当接受本级人民代表大会及其常务委员会的监督。我国国家监察委员会由全国人大产生，是我国监察权行使的专门性机构。各级监察委员会应当接受本级人民代表大会及其常务委员会的监督则明确了其内在包含对监察权的监督和约束，是监察权行使正当性的法律保障。

中央纪委国家监委坚持“先立后破、不立不破”，主动适应调查职务违法和职务犯罪新模式，把监委组建后迫切需要的制度、流程等先建立起来。起草制定《党组讨论和决定党员处分事项工作程序规定（试行）》《国家监察委员会与最高人民检察院办理职务犯罪案件工作衔接办法》《国家监察委员会管

① 习近平：《决胜全面建成小康社会 夺取新时代中国特色社会主义伟大胜利》，《人民日报》2017 年 10 月 18 日第 1 版。

② 《开启党和国家反腐败工作新篇章——深化国家监察体制改革一年扫描》，《人民日报》2019 年 3 月 1 日第 6 版。

辖规定(试行)》《公职人员政务处分暂行规定》等30余项法规制度,制定信访举报、线索处置、审查调查、案件审理等方面制度规范。制定《国家监察委员会管辖规定(试行)》,明确监察对象范围和管辖职务犯罪罪名。配合全国人大常委会修改《刑事诉讼法》,实施《国家监察委员会与最高人民检察院办理职务犯罪案件工作衔接办法》等制度规定,确保了执纪审查与依法调查、监察机关与审判机关、检察机关、执法部门工作衔接既规范有序又高效顺畅。[①]

第三节　重构国家监察治理体系

《中华人民共和国监察法》颁布实施以来,中央纪委国家监委一体推进党的纪律检查体制、国家监察体制和纪检监察机构改革,推动制度优势更好转化为治理效能,不断提高反腐败工作法治化规范化制度化水平,为全面从严治党和反腐败斗争向纵深发展提供制度基础保障。深化国家监察体制改革的突出成效是通过形成全面覆盖国家机关及其公务员的国家监察体制和健全国家监察组织架构,强化了对公职人员的日常监督,改变了过去对公权力监督乏力的状况。国家监察体制改革已经显示出多方面成效。一是有利于党对反腐败工作的集中统一领导;二是有利于对公权力监督的全覆盖;三是有利于坚持标本兼治、巩固扩大反腐败斗争成果。[②] 与原有的行政监察相比,国家监察体制改革在监察职能、监察机构、监察对象、监察手段以及自我监督上都进行了重大制度创新,从整体效果来看构建了全覆盖的公权力监察监督网络,重塑了国家治理体系和治理能力。

一、监察职能整体化:从各自为政到集中统一

构建集中统一的国家监察体系是国家监察体制改革的目标之一。推进国家监察体制改革是确立中国特色监察体系的创制之举,目的在于解决行政监察覆盖范围过窄、反腐败力量分散和体制机制不畅等突出问题。[③] 国家监察体制改革之前,反腐败监督体系存在相关职能部门权责切割、各自为政、推

---

① 《开启党和国家反腐败工作新篇章——深化国家监察体制改革一年扫描》,《人民日报》2019年3月1日第6版。

② 习近平:《在新的起点上深化国家监察体制改革》,《求是》2019年第5期。

③ 肖培:《健全党和国家监督体系》,《人民日报》2018年1月16日第7版。

诿扯皮等问题，带来碎片化监督问题。国家监察职能由行政监察机关、国家预防腐败局和检察院等分散行使，如国务院及各级政府下设行政监察机关行使行政监察权，主要对中央及各级政府各部门及其公务员以及对应下一级人民政府以及领导人员的执法、廉政以及效能情况进行监察，原国家预防腐败局承担国家预防腐败工作，包括制定反腐政策、监察和指导社会单位、团体等的反腐工作并负责进行反腐的国际合作等，而检察院下设监察机关则隶属于我国司法系统，主要行使司法检察权，负责对检察人员的工作进行监察。原有国家监察权力分散于不同职能部门情况下形成大量的行政成本重复、执法尺度不统一，监察范围重复或存在监察漏洞等问题，难以应对当前的反腐新形势。

国家监察体制改革通过重构监察体制、制定监察制度，实现对原有监察体制进行整合调整，实现反腐败工作的领导体系、组织体系、资源力量、政策措施的集中统一、整合优化，提升了国家反腐败监督体系的政治权威和整体效能。在监察体制重构上，经过实践试点并积累成功经验后，2018 年 3 月 11 日第十三届全国人民代表大会第一次通过《中华人民共和国监察法》，第七条规定："中华人民共和国国家监察委员会是最高监察机关。省、自治区、直辖市、自治州、县、自治县、市、市辖区设立监察委员会。"在地方各级设置地方监察委员会，集中以往分散监察部以及预防腐败局等部门的监察职能，合并、强化各部门反腐相关职能，全面负责监察工作。2018 年《国务院机构改革方案》将监察部以及原国家预防腐败局并入新成立的国家监察委员会，不再设监察部与国家预防腐败局，从组织结构上完成监察权行使机构的集中和整合。2018 年 3 月 11 日，第十三届全国人民代表大会第一次会议经表决同意废除《中华人民共和国行政监察法》，审议并通过《中华人民共和国监察法》，在法律文本上实现监察法规一体化。

深化国家监察体制改革，推动执纪执法贯通，有效衔接司法，提升反腐败法治化规范化水平。2018 年 4 月 1 日，中央纪委国家监委发布消息：贵州省委原常委、副省长王晓光涉嫌严重违纪违法，目前正接受纪律审查和监察调查。王晓光是国家监委成立后第一个落马的中管干部。在中央纪委国家监委的通报措辞中，"涉嫌严重违纪"变为"涉嫌严重违纪违法"，"接受组织调查"变为"接受纪律审查和监察调查"。字词之变背后，是国家反腐败体制机制的重大推进。监委成立前，纪检监察机关的调查结果不能作为证据直接用于司法审判，问题线索移交后，检察机关必须重新立案侦查、重新取证、重新制作笔录。改革之后，监委被赋予职务违法和职务犯罪案件调查权，纪委监委合署办公，执纪审查和执法调查可以同时启动、同步进行，调查结果可依法作为证据运用于司法审判，大大提升了反腐败工作效率。①

二、监察机构独立性：从双重领导到垂直领导

各级监察委员会是行使国家监察权的专责机关，其主要对行使公权力的公职人员进行监察，包括行政机关、司法机关等相关单位和人员。监察机构的独立性是保障监察权公正使用的关键。在原有监察体制下，国务院监察机关主管全国监察工作，县级及以上地方人民政府设置本级监察机关，负责本行政区域内监察工作，向同级人民政府以及上一级监察机关负责并汇报工作，实行同级政府与上级职能部门共同领导的双重领导结构，容易因监察机构隶属同级政府而产生对同级政府行政部门与人员行为监督困难，或因行政权的影响导致监察权行使受阻等情况。

《中华人民共和国监察法》第八条规定：国家监察委员会由全国人民代表大会产生，负责全国监察工作……国家监察委员会对全国人民代表大会及其常务委员会负责，并接受其监督。《中华人民共和国监察法》第九条规定：地方各级监察委员会由本级人民代表大会产生，负责本行政区域内的监察工作……地方各级监察委员会对本级人民代表大会及其常务委员会和上一级监察委员会负责，并接受其监督。与原监察机关的领导方式和工作方式截然不同，新成立的国家监察委员会及地方各级监察委员会由全国人民代表大会及地方各级人民代表大会产生，受其监督，对其负责，国家监察委员会具有与国家行政机关、人民法院、人民检察院相同的政治和法律地位。

为规范和确保正确行使国家监察权，《中华人民共和国监察法》对上下级监察委员会的权责关系进行了制度设计。第十条规定：国家监察委员会领导地方各级监察委员会的工作，上级监察委员会领导下级监察委员会的工作。国家监察委员会领导全国监察工作，地方各级监察委员会由上级监察机关领导，独立于政府机构，监督权由监察委员会独立行使，不受行政机关干预，成为区别于行政权、司法权和立法权的“第四种权力”——监察权，解决了双重领导模式的弊病，加强监察机构的监察力度，实现从双重领导向垂直领导的转化。

---

① 《踏上反腐败法治化规范化新征程——深化国家监察体制改革一年间》，《光明日报》2019 年 3 月 1 日第 3 版。

三、监察对象全覆盖:从监督行政权到监督公权力

国家监察体制改革有利于加强党对反腐败工作的集中统一领导,有利于实现对公权力监督的全覆盖,有利于坚持标本兼治、巩固扩大反腐败斗争成果。① 为实现监察范围全覆盖,在监察范围上,监察体制改革将监察对象从党员、(县级及以上)各级政府部门及公务员扩大至"所有使用公权力"的公职人员,将非中共党员国有企业管理人员、事业单位管理人员以及基层群众性自治组织的管理人员等使用公权力的人员均纳入国家监察范围。在监察组织结构上,不仅在横向上向同级承担相关公共事务的组织或单位以及国有企业、行政区域等派驻监察机构或监察专员,而且在纵向上,同时增加向乡镇一级派驻纪检监察组,授予部分监察权,推动国家监察向基层延伸,以此构建覆盖全面的监察网络。

改革之后,新增的监察对象很大一部分是基层公职人员,监察权向基层的延伸拓展,打通了监察监督"最后一公里",使群众身边的公职人员受到严密监督。例如,作为监察体制改革的首批试点地区,浙江探索在全省乡镇(街道)设立监察办公室,监察办公室履行对基层所有行使公权力人员的纪检监察职能。截至 2018 年 7 月底,全省 1389 个乡镇(街道)已全部完成监察办公室设置和人员任职工作,任命监察办公室主任 1360 人、副主任 1178 人、监察员 3986 人;北京市纪委监委指导全市 16 家区级监察委员会向街道派出监察组、向乡镇派出监察办公室,目前,所有乡镇(街道)均实现监察机构、人员、职能"三到位"。②

国家监察体制的改革是为了防止权力的扩张与异化而对国家权力结构的再造,形成新的权力制约监督格局。国家监察委员会的成立突破了"一府两院"的国家公权力结构体系,将分散在行政机关、检察机关内部的监察权力聚合成为与行政权、检察权、审判权并行的监察权,赋予其同等的由权力机关产生、对权力机关负责的独立监察地位,并在宪法中对监察权的行使予以规定和保证,从而弥补原行政监察体制下由于制度设计欠缺、监察权限不足、监察对象模糊等问题造成的对立法权、行政权、司法权的监督缺憾。2018 年《中

---

① 《习近平在中共中央政治局第十一次集体学习时强调 持续深化国家监察体制改革 推进反腐败工作法治化规范化》,《人民日报》2018 年 12 月 15 日第 1 版。

② 《打通监察全覆盖"最后一公里"》,《人民日报》2018 年 10 月 9 日第 17 版。

华人民共和国宪法修正案》中明确规定，中华人民共和国的一切权力属于人民，人民行使国家权力的机关是全国人民代表大会和地方各级人民代表大会。国家行政机关、监察机关、审判机关、检察机关都由人民代表大会产生，对它负责，受它监督。人大从监督"一府两院"转向监督"一府一委两院"。国家监察机关作为专门的反腐败机构，从政府的内设职能部门转变为与政府并行的国家机关，实现了从同体监督到异体监督的重大转变，获得经费独立与职权独立，保障了监察主体的机构独立性。国家监察委员会整合了分散在原监察部、国家预防腐败局、检察机关中的反贪污贿赂犯罪的职能，减少反贪污机构的数量和门类，降低协调各反贪污机构的复杂性，形成集中统一、权威高效的反腐败体制。

组建国家监察委员会，通过整合政府部门的行政监察机关和转隶检察机关反贪反渎以及预防职务犯罪部门的职能、机构和人员，整合反腐败力量资源，建立了集中统一、权威高效的国家反腐败治理体系。但监察机关只行使执法监督机关的监督、调查、处置权，而不行使司法权。监察权与行政权、检察权、审判权之间的分工、合作与制约是未来国家公权力体系中必须重视的问题。因此，国家监察体制改革应更进一步思考的问题是如何严格划分国家监察委员会和党的纪律检查机关、国家行政机关、司法机关的权力边界，做好相应权力的衔接协调工作。厘清国家监察权与司法权的关系，理顺监察委员会与行政机关、检察机关和审判机关在程序上的协调衔接机制，对于依法推进国家监察体制改革、提升权力配置的科学性和合法性具有重要意义。

四、监察手段合法化：从"两规"到"留置"

"两规"特指我国纪检监察机关查办案件时采用的一种特殊手段和组织措施，虽在新时期反腐过程中在监督党员领导干部、遏制腐败、反贪反腐过程中因其不受地方保护主义影响而成为实际反腐过程中运用率较高的调查措施，却因使用无法律依据、在使用过程中缺乏严格的程序规范而饱受诟病。为此，党的十九大报告提出，要推进反腐国家立法，制定国家监察法，依法赋予监察委员会职责权限和调查手段，用留置取代"两规"措施。

为解决监察手段合法性问题，新出炉的《中华人民共和国监察法》赋予国家监察委员会可配合使用包括谈话、讯问、查询、冻结、调取、查封、扣押、搜查、勘验、检查、鉴定、留置等 12 项调查措施，依法履行监督、调查和处置的职责。《监察法》将留置作为主要调查措施，对其适用对象、留置程序、留置时

长、异地留置、留置和司法审查对接等进行详细规定，以“留置”取代“两规”，增强调查过程的规范性和可操作性，解决了长期以来调查手段合法性问题。

监察权受权于人大，是一种公共权，更是一种强制力，因此，必须进行全面监督，“把监察权关进制度的笼子里”，避免监察权被滥用甚至寻租。在监察权的行使问责问题上，我国依旧延续“一把手负责制”的制度设计，在《监察法》第六十一条提出，在对调查工作结束或者发现立案依据不充分或者失实、案件处理出现重大错误，监察人员严重违法等行为，要追究负有责任的领导人员以及直接责任人员的责任，确保国家监察权运行过程的规范化、法治化。

五、监督主体受监督：从自我监督到多方监督

“灯下黑”问题是监察机关反腐过程中不断出现的问题。监察体制改革以前，我国监察机关主要以机构内部监督为主，双重领导体制下，除了受民主监督、社会监督以及舆论监督，对监察机关及其工作人员主要以上级监察机构、同级人民政府及监察人员自身的道德约束对其在业务工作和职能履行情况进行监督，实质上是一种自我监督的形式，监督效果极易受监察人员的教育水平以及道德水平变化影响，存在强烈的不确定性。“常在河边走，哪有不湿鞋”，在长期经济利益诱惑下，监察机构内部机构监守自盗，纪检人员自身违法乱纪等情况屡见不鲜。

打铁必须自身硬。构建高效统一的国家监察体系，首要问题是保证监察队伍自身公正廉洁，必须形成对监察机构及工作人员的全方位监督，实现内外监督结合、上下级监督联动的治理结构。《中华人民共和国监察法》第七章——对监察机关和监察人员的监督，详细规定监察监督主体以及监督内容和监督方式。总结而言，监察委员会受到五个方面监督。①

一是党委监督，监察委员会与党的纪律检查委员会合署办公，监察委员会由纪检委员会成员兼任，在同级党委领导下工作，受党委监督。二是人大监督，监察法指出，地方各级监察委员会由同级人大产生，向其负责，受其监督，“人民代表大会代表或者常务委员会组成人员可依照法律规定程序，就监察工作中有关问题提出询问或者质询”。三是内部监督，监察法规定，各级监察机关要在监察内部设立专门的监督机构等方式，加强对监察人员执行职务

---

① 陈淑君：《谁来监督检查委员会 防止出现“灯下黑”》，《中国纪检监察报》2018 年 6 月 5 日第 3 版。

和遵守法律情况的监督。四是司法监督，在监察委员会对监察权的使用过程中，司法监督主要对监察权使用的适当性和合理性进行监督，如在对监察机关移交检察机关审理的案件中，如果发现证据不足的，则可发回重新调查，对监察调查中出现重大过错的，将追究相关领导人员或直接责任人员责任等，形成司法权对行政权的监督。五是社会监督，《监察法》第五十四条明确规定"监察机关应当依法公开监察工作信息，接受民主监督、社会监督、舆论监督"；监察机关及其工作人员在使用不同调查措施时若存在违法行为，被调查人员及其亲属有权向该部门进行申诉等，体现人民群众对监察机关的监督。综合来看，上述五种监督方式共同构建了对监察职权全面监督，确保监察机关将始终在严格的监督体制下行使监督权。

监察权的纵向分化即基于监察职能对监察权力所进行的上下级合理配置，其内在包含对监察权的监督和约束，而问责则是对监察权本身的一种监督，是保障监察权行使正当性的法律保障。从纵向结构来看，依《中华人民共和国监察法》第16条规定，各级监察机关按照职能管辖区域内相关监察事项；第17条规定，上级监察机关可将其所辖监察事项指定给下一级管辖或指定给其他监察机关管辖。我国当前的监察权纵向权力配置以各监察委员会的职能为基础，上级监察委依照监察事项对下级监察委授予不同权力范围的监察权，实现对监察权的合理布局。

从监察权的纵向分权过程来看，我国国家监察委员会监察权行使必须受其产生机关全国人大及其常务委员会负责，受其监督，地方各级监察委员会受同级人大及其常务委员会负责，受其监督。同时，在我国现有垂直监察体制的结构背景下，上级监察委员会对下级监察委员会起职能业务领导的任务，对其职能履行情况进行监督，且依照规定监察机关内部必须设立专门的监督机构对监察委员会进行监督。因此，总体来看，我国监察权在纵向上受到了上级监察委员会、监察委员会内部监察机关、监察对象三方面监督，形成上下联动的监督结构。按照权责对等原则，若发现监察机关或监察人员渎职失职等问题，及时启动"问责"议程是建立和保证监察权权威性的重要一环。

2018年12月17日，国家监委在京召开第一届特约监察员聘请会议，优选聘请50名特约监察员。这50名特约监察员就是50个监督"探头"，是对纪检监察机关及其工作人员履行职责情况进行监督，提出加强和改进纪检监察工作的意见、建议。这充分彰显了监委作为监督者更要接受监督的理念，成为对“谁来监督监委”的一种现实回应。[①] 党的十九大以来，国家监察体制改革已经取得重要阶段性成果，党和国家监督体系得到进一步健全，为下一阶段充分发挥党和国家监督新体制的治理效能奠定了坚实基础。自国家监察体制改革启动至今，从中央到地方基本形成了全新的国家监察监督治理网络，监察委员会与纪律检查委员会合署办公，实现党对监察工作的全面领导，使依规治党和依法治国相互促进、相得益彰。随着国家监察体制改革深入推进，改革形成的制度优势正不断转化为治理效能，不断提高反腐败工作法治化规范化水平，为新时代推进全面从严治党向纵深发展提供重要制度保障。

① 《让党和国家监督体系更健全——党的十九大以来全面从严治党成果巡礼之二》,《人民日报》2019 年 1 月 8 日第 1 版。

第五章　构建近距离的派驻监督制度

派驻监督是中国特色社会主义监督体系的重要制度安排，是把党和国家监督制度优势更好转化为治理效能的重大制度设计。实现派驻监督全覆盖是党的十八大以来中国共产党党内监督的重大制度创新。党的十九届四中全会强调“完善派驻监督体制机制”。派驻监督是在党中央集中统一领导下，强化自上而下组织监督的重要形式，在党和国家监督体系中具有十分重要的作用。派驻监督本质上是政治监督，是上级纪委对下级党组织和领导干部的监督。深化派驻机构改革是维护党中央权威和集中统一领导的必然要求，是健全党和国家监督体系、推进国家治理体系和治理能力现代化的重要举措。本章对我国派驻监督制度的历史变迁进行梳理与回顾，分析全面派驻监督制度的内容与特征，最后对十八大以来全面派驻监督制度的逻辑与意义进行提炼与总结。

第一节　派驻监督体制从双重领导到垂直统管

派驻监督制度在我国有着深远的历史渊源。早在秦朝，秦始皇便对郡一级机构派驻监察御史，负责地方的监察工作，派驻监督制度便已初具雏形。明朝洪武年间，朱元璋为强化皇权，设立六科给事中作为独立的监察机构对吏、户、礼、兵、刑、工六部进行监察，实现了对中央机构的派驻监察。派驻监督成为中国共产党全面从严管党治党的重要制度安排。

一、从双重领导到统一管理(1978—2012 年)

1977 年 8 月，党的十一大《关于修改党的章程的报告》提出，要恢复党的纪律检查机关，规定各级纪委由同级党委选举产生。1978 年 12 月，党的十一

届三中全会决定，重新设立党的中央纪律检查委员会。[1] 1982年9月，党的十二大通过的《党章》规定："党的中央纪律检查委员会根据工作需要，可以向中央一级党和国家机关派驻党的纪律检查组或纪律检查员。纪律检查组组长或纪律检查员可以列席该机关党的领导组织的有关会议。他们的工作必须受到该机关党的领导组织的支持。"[2]这是党内根本大法第一次对派驻监督作出规定，也是纪检派驻机构内容首次写入党章，为加强纪检派驻机构工作提供了权威依据。1983年1月，中央纪委向对外经济贸易部等11个单位派驻纪检组，这是中央纪委恢复重建后派出的第一批纪检组。[3]

1993年2月，党中央、国务院批转《关于中央纪委、监察部机关合署办公和机构设置有关问题的请示》，决定："中央纪委、监察部合署，实行一套工作机构、两个机关名称的体制。合署后的中央纪委监察部履行党的纪律检查和政府行政监察两项职能，对党中央全面负责。"随后，按照驻在部门特点，纪检、监察双派驻机构合署办公，单派驻纪检、监察机构与驻在部门内设纪检或者监察机构合署办公。[4] 同年5月，中央纪委监察部下发《关于中央直属机关和中央国家机关纪检监察机构设置的意见》，明确了"派驻纪检监察机构实行中央纪委、监察部和所在部门党组、行政领导的双重领导，纪检监察业务以中央纪委、监察部领导为主"的领导体制。这是最早提出对派驻机构实行"双重领导、一个为主"的管理模式。[5]

2000年6月，中共中央办公厅印发《中共中央纪委监察部派驻纪检、监察机构职能配置、机构调整和编制配备方案》，根据《中共中央关于党中央部门机构改革的意见》精神，确定中央纪委、监察部派驻纪检、监察机构职能配置、机构调整和编制配备。2001年9月，党的十五届六中全会通过的《中共中央关于加强和改进党的作风建设的决定》提出："纪律检查机关对派出机构实行统一管理。"这是最早提出派驻统管模式的文件。2004年4月，中共中央办公厅、国务院办公厅转发《关于对中央纪委监察部派驻机构实行统一管理的实施意见》决定："改革领导体制，将派驻机构由中央纪委监察部和驻在部门双重领导改为由中央纪委监察部直接领导。"这一意见的出台规定了中央纪委

---

① 《中国共产党组织工作辞典》，党建读物出版社2009年版，第10页。

② 《中国共产党章程汇编》，中共中央党校出版社2006年版，第95页。

③ 《中央纪委派驻机构历史发展大事记》，《中国纪检监察》2015年第24期。

④ 《中央纪委派驻机构历史发展大事记》，《中国纪检监察》2015年第24期。

⑤ 钟稳：《纪检监察派驻机构管理改革：演化、困境、展望——写在派驻机构统一管理制度走过10年之际》，《求实》2014年第8期。

监察部全面实行对派驻机构的统一管理。全面实行统一管理后，派驻机构实行监督和查办案件工作直接受中央纪委监察部领导，重要情况和问题直接向中央纪委监察部请示报告。党的十七大报告强调："健全纪检监察派驻机构统一管理。"党的十八大之前，中央纪委监察部共对139家中的52家中央和国家机关设置了派驻机构，其中双派驻34家，单派驻18家。同时，向中央一级党的机关和人大、政协机关派驻纪检机构尚未破题。①

二、派驻全覆盖与统管制度化(党的十八大以来)

推进派驻监督全覆盖，是党中央从形势判断和目标任务出发作出的重大决策，是全面从严治党、强化党内监督的重要举措。党的十八大报告强调："健全纪检监察体制，完善派驻机构统一管理。"党的十八大以来，党中央对加强派驻机构领导管理体制作出顶层设计和制度规划，派驻监督制度建设进入快车道。党的十八届三中全会审议通过的《中共中央关于全面深化改革若干重大问题的决定》提出："全面落实中央纪委向中央一级党和国家机关派驻纪检机构，实行统一名称、统一管理。派驻机构对派出机关负责，履行监督职责。"这是党内监督制度的重大创新，体现了所有公共权力都必须受到严格制约和监督的管党治党思路。派驻机构，被称为纪检监察机关的监督探头。派驻全覆盖印证了制度治党、改革强党的加速度与落实度，成为全面深化改革的战略性举措和突破性进展。②

2014年6月30日，中央政治局会议审议通过的《党的纪律检查体制改革实施方案》提出："实现向中央一级党和国家机关派驻纪检机构全覆盖"，"强化派驻机构对驻在部门领导班子及其成员的监督"等。2014年12月31日，中共中央办公厅印发《关于加强中央纪委派驻机构建设的意见》，为派驻全覆盖确定了时间表和路线图，明确提出，中央纪委在中央一级党和国家机关设立派驻机构、实现全覆盖，并强化派驻机构对驻在部门领导班子及其成员的监督，对机构名称、责任权限、工作关系、管理保障、组织领导等作出了明确规定。该意见的出台为实现派驻监督全覆盖目标绘出了明确的路线图，吹响了党内监督体制配套改革的行军号，是顺应党风廉政建设和反腐败斗争新形

---

① 《派驻机构改革简要历程》，《中国纪检监察》2015年第11期。

② 《激发伟大自我革命新动能——党的十八届三中全会五周年述评之六》，《人民日报》2019年1月10日第4版。

势，进一步强化党内监督、深化党的纪律检查体制改革迈出的实质性一步。

2015年，经党中央批准，中央纪委在中共中央办公厅、中央组织部、中央宣传部、中央统战部、全国人大机关、国务院办公厅、全国政协机关等7家单位新设派驻纪检组。这是党的历史上首次向这些单位派驻党的纪律检查组，迈出实现派驻全覆盖的重要一步。[①] 2016年1月，经党中央同意，中共中央办公厅印发《关于全面落实中央纪委向中央一级党和国家机关派驻纪检机构的方案》，决定在中央纪委共设置47家派驻机构，其中，综合派驻27家、单独派驻20家，实现对139家中央一级党和国家机关派驻纪检机构全覆盖，并对领导体制、职能调整、主要职责、机构设置等作出明确规定。[②] 中央纪委对中央一级党和国家机关全面派驻纪检机构，是党的纪律检查体制改革、国家监察体制改革和纪检监察机构改革"三项改革"一体推进的重要任务。

2018年6月20日，中央纪委国家监委网站发布消息，中央纪委国家监委统一设立派驻机构，名称为中央纪律检查委员会国家监察委员会派驻纪检监察组，履行党的纪律检查和国家监察两项职责。2018年10月，中共中央办公厅印发《关于深化中央纪委国家监委派驻机构改革的意见》，对完善派驻工作领导体制和运行机制作出顶层设计和全面部署。第一，健全派驻机构的组织领导体制，全面加强对派驻机构的领导。中央纪委国家监委派驻机构是中央纪委国家监委的重要组成部分，由中央纪委国家监委直接领导、统一管理。要建立中央纪委常委会统一领导、中央纪委国家监委统一管理，中央纪委副书记（常委）、国家监委副主任（委员）分管，相关职能部门分工负责、协调配合的派驻工作领导体制，加强对派驻机构的指导、管理、服务和保障。第二，设定派驻机构的主要权责。派驻机构要推动驻在部门党组织担负起全面从严治党政治责任，建立定期会商、重要情况通报、线索联合排查、联合监督执纪等机制，为党组（党委）主体作用发挥提供有效载体，形成同向发力、协作互动的工作格局。派驻机构要紧紧围绕监督这个第一职责，加强对驻在部门党组织的监督，重点检查遵守党章党规党纪和宪法法律、贯彻落实党的路线方针政策和决议等情况，确保党中央政令畅通。赋予派驻机构监察权，派驻机构既要依照党章和其他党内法规履行监督执纪问责职责，又要依照宪法和监察法履行监督调查处置职责，对行使公权力的公职人员实行监察全覆盖。健全

---

① 《中央纪委派驻机构历史发展大事记》，《中国纪检监察》2015年第24期。

② 《中央批准中央纪委对中央一级党和国家机关派驻纪检机构全覆盖》，《人民日报》2016年1月6日第1版。

审查调查工作机制，加强问题线索集中统一管理，完善审查调查协调、案件审理协调、重大案件督办机制。分类施策推进中管企业、中管金融企业、党委书记和校长列入中央管理的高校纪检监察体制改革。派驻机构要坚守作为党的政治机构的机构定位，坚守政治监督的职能定位，加强政治建设，强化政治担当，加强能力建设，强化管理监督，建设忠诚干净担当的派驻机构干部队伍。

《关于深化中央纪委国家监委派驻机构改革的意见》进一步明确了派驻机构的职能定位，健全了派驻机构的领导体制和工作机制，赋予派驻机构监察权限，对所有行使公权力的公职人员实行监察全覆盖，提高了派驻全覆盖的质量，具有较强的针对性和实效性，有助于健全党和国家监督体系，推进国家治理体系和治理能力现代化。《关于深化中央纪委国家监委派驻机构改革的意见》出台后，中央纪委国家监委迅速行动、统筹谋划，把派驻机构改革摆在重要位置精心组织实施。2018 年 11 月中旬至 2019 年 1 月初，分类分领域召开党政机关、中管企业、中管金融企业和中管高校纪检监察体制改革推进会，进一步明确思路举措和工作要求。同时，制定中管企业、中管金融企业推进改革的实施意见，印发党政机关分工方案和中管高校任务清单，进一步明确了改革的路径和时间表、路线图。本轮改革中，国企、金融企业、高校纪检监察机构改革是推进派驻监督全覆盖的重点领域。中管企业设立企业纪检监察组或者监察专员办公室，由国家监委赋予监察权；15 家中管金融企业内设纪检机构陆续改设为中央纪委国家监委派驻纪检监察组，受中央纪委国家监委直接领导，中央纪委国家监委通过召开驻“一行两会”和 15 家中管金融企业纪检监察组负责同志碰头会等，加强日常联系与指导，增强派驻监督权威；中管高校纪委书记的提名、考察、任命，改由中央纪委国家监委会同主管部门党组进行，武汉大学、中山大学、兰州大学、西北农林科技大学、厦门大学等相继迎来由中央纪委国家监委同意任命的新任纪委书记。①

派驻监督作为中央纪委纪律检查职能的重要组成部分，其本质是党内监督。实现派驻机构全覆盖，有利于强化党的自我监督，使党内监督不留死角、没有空白，为全面从严治党提供有力支撑。对于党风廉政建设而言，全面派驻监督制度将“派”的权威和“驻”的优势相结合，将全面从严治党的压力有效传导至驻在部门，对驻在部门的领导班子和成员形成实质性监督。其所释放出的改革“红利”对于治理“塌方式”腐败、倒逼领导干部自觉担当管党治党主

① 《分类施策深化改革　提高派驻监督全覆盖质量》，《中国纪检监察报》2019 年 7 月 20 日第 1 版。

体责任都有重大意义。从政府间关系的角度出发,全面派驻监督制度亦有其自身独特的意义,主要体现为重构纪委对党和国家机关的外部监督关系,以及形成纵横联动的派驻监督网络这两个方面。

第一,重构纪委对党和国家机关的外部监督关系。虽然早在 2004 年《关于对中央纪委监察部派驻机构实行统一管理的实施意见》出台时,全面推行派驻统管便已被提上日程,但在随后实践中派驻统管的改革并不算彻底全面。主要问题存在于派驻机构与派出机关的关系不够紧密,与驻在部门的关系有待规范,"人、财、物"的统一管理需要进一步深化等方面。

党的十八大以前,在一些地方派驻纪检组组长的人事任免、考核权虽已收归纪委,但普通派驻干部的考核却仍由驻在单位负责,使得他们在各种方面都会不由自主地向驻在单位靠拢。① 加之派出纪委的领导、管理和服务不到位,以及驻在单位主体责任落实不力,派驻纪检组履行监督职责的实际效果就易大打折扣。这一时期的派驻纪检组由于缺乏独立性和权威性,虽名义上仍是纪委的延伸,但实际上却沦为了驻在部门的"内设机构",削弱了派驻监督的独立性和权威性。

党的十八大以来,明确了派驻机构与派出机关和驻在部门的工作关系、派出机关的领导方式等,并将中央纪委派驻纪检组的专项业务支出在预算中单列,为完善派驻机构统一管理提供了指导。为解决纪委服务不够和派出纪检组归属感不强的问题,中央纪委加强了对派驻机构的管理和联系,如定期听取汇报、约谈纪检组组长,让派驻机构干部参加中央纪委相关工作等。派驻机构在派出机关的直接领导下工作,有了问题线索、发现"四风"问题、线索处置和进行纪律审查,都要及时向派出机关报告,取得指导。② 派驻监督制度的创新使得派出机构的人事和财务实现独立,"派"的权威得以树立,摆脱了沦为驻在部门内部机构的尴尬状态,真正实现了纪委对党和国家机关的外部监督。

第二,形成纵横联动的派驻监督网络。深化派驻机构改革,加强中央纪委国家监委对派驻机构的领导,使派驻纪检监察组的职能更加优化、权责更加协同、监督更加有力、运行更加有效,有利于提高派驻监督全覆盖质量,把制度优势转化为治理效能。派驻监督制度的重大创新,不仅强化了上级纪委

---

① 白广磊:《派驻监督的本质是派出纪委的监督——派驻纪检组可不是内设机构》,《中国纪检监察》2015 年第 21 期。

② 梅丽红:《党的十八大以来派驻监督的改革创新》,《党政论坛》2017 年第 10 期。

对下级派驻纪检组的统一领导和管理，同时也实现了同级纪委对同级党和国家机关监督的强化，形成了纵横联动的派驻监督网络。

纵向上讲，派驻监督制度创新了监督的方式方法，将原本分散的监督职责聚焦在纪委派驻纪检组这一单一主体之上，实现了纪委对派驻纪检组的委托，双方形成了实际上的委托代理关系。同时，在这一关系中，派驻纪检组的存在使得原本由纪委直接对党和国家机关进行监督变为纪委通过派驻纪检组对党和国家机关实施监督，实现了监督管理层次的增加和监督管理幅度的减少，从而使得监督管理效率得以显著提高。可以认为，派驻监督制度通过强化上级纪委的领导和实施统一管理实现了纵向监督的强化。

横向上讲，派驻监督制度理顺了同级纪委与同级党和国家工作机关的关系。派驻纪检组是"常驻不走的巡视组"，是党内监督的"探头"。十八大以来派驻监督全覆盖的推行，有利于充分发挥派驻纪检组与驻在部门"在一个楼里办公、一口锅里吃饭"的优势，督促驻在部门落实管党治党主体责任，强化党的领导核心作用，改变了原本派出纪检组与驻在部门组成"命运共同体"的局面。可以认为，新时期以来派驻监督制度的创新，通过派驻机构对同级党和国家机关的监督实现了横向监督的强化。①

纵向与横向联动，最终构成全方位、无死角的派驻监督网络，继而实现对权力的无缝隙监督制约，打掉了先前官本位主义的生存空间，保障了派驻监督的权威性，使得党内监督落到实处，党的方针政策得以真正顺利贯彻执行。值得注意的是，党内监督工作中的委托代理关系虽有助于聚焦监督责任和提高监督效率，但同时也存在着委托代理失灵的风险。权力寻租、钱权交易等乱纪行为对党风廉政建设的腐蚀作用仍是不可小觑的问题。为避免这一现象出现，纪委、党委联同国家工作部门应当积极协作配合，营造派驻机构统一管理的思想氛围，着力打造派驻机构、驻在部门和上级派出机关三方新型关系，抓好改革衔接，加强配套制度和派驻人才队伍建设，派驻监督才能真正在全面从严治党、推进党风廉政建设和反腐败斗争中发挥"前哨"作用。②

---

① 《中央纪委派驻监督全覆盖》,《理论导报》2016 年第 1 期。

② 钟稳:《纪检监察派驻机构管理改革:演化、困境、展望——写在派驻机构统一管理制度走过 10 年之际》,《求实》2014 年第 8 期。

第二节　派驻监督全覆盖制度设计

派驻监督机构在我国权力监督体系中具有重要地位。相对于权力监督体系中的其他机构而言，对派驻监督机构的研究是学术研究中较为薄弱的领域。如何让派驻监督机构有效运转起来，使之在国家治理中体现监督制度优势，发挥更加强有力的作用是派驻监督制度的应有之义。这不仅是新时代背景下的现实问题，同时也是当前的理论难题。新时代全面派驻监督制度是对以往派驻监督制度经验的总结，对于应对新一轮反腐败斗争和党风廉政建设的挑战具有重要的作用。中央纪委国家监委统一设立派驻机构，名称为中央纪律检查委员会国家监察委员会派驻纪检监察组。全面派驻监督制度将进一步促进派驻纪检监察组职能更加优化、权责更加协同、监督更加有力、运行更加高效，推动派驻监督高质量发展，把制度优势更好转化为治理效能。

一、推动派驻监督机构全面覆盖

（一）从“可以派驻”到“全面派驻”

全面从严治党，必然要求派驻监督全覆盖，实现对中央一级党和国家机关的监督不留空白。党的十八大以来，党中央对加强派驻机构建设作出统一部署，进行了重大改革，派驻监督全覆盖的实践步伐大踏步地向前迈进，为推进全面从严治党提供了重要抓手。党的十九大通过的《中国共产党章程（修正案）》进一步完善了派驻监督制度，明确规定：党的中央和地方纪律检查委员会向同级党和国家机关全面派驻党的纪律检查组。纪律检查组组长参加驻在部门党的领导组织的有关会议。他们的工作必须受到该机关党的领导组织的支持。

党的十八届三中全会《中共中央关于全面深化改革若干重大问题的决定》明确提出，全面落实中央纪委向中央一级党和国家机关派驻纪检机构，实行统一名称、统一管理。派驻机构对派出机关负责，履行监督职责。[①] 2014年12月，中共中央办公厅印发《关于加强中央纪委派驻机构建设的意见》，明确通过新设、调整等方式，实现中央纪委向中央一级党和国家机关派驻监督

① 《中共中央关于全面深化改革若干重大问题的决定》，《人民日报》2013年11月16日第1版。

全覆盖。2015 年，中央纪委首次向中共中央办公厅、中央组织部、中央宣传部、中央统战部、全国人大机关、国务院办公厅、全国政协机关派驻机构。中央纪委向党的工作部门和人大常委会机关、政协机关派驻纪检组，在党的历史上尚属首次。新设 7 家派驻机构，是实现中央一级党和国家机关派驻机构全覆盖的重要一步。2015 年 11 月，中共中央办公厅印发《关于全面落实中央纪委向中央一级党和国家机关派驻纪检机构的方案》，明确中央纪委共设置 47 家派驻机构，其中综合派驻 27 家、单独派驻 20 家，实现对 139 家中央一级党和国家机关派驻纪检机构全覆盖。

2016 年 10 月 27 日，党的十八届六中全会新修订的《中国共产党党内监督条例》第二十八条规定：纪委派驻纪检组对派出机关负责，加强对被监督单位领导班子及其成员、其他领导干部的监督，发现问题应当及时向派出机关和被监督单位党组织报告，认真负责调查处置，对需要问责的提出建议。派出机关应当加强对派驻纪检组工作的领导，定期约谈被监督单位党组织主要负责人、派驻纪检组组长，督促其落实管党治党责任。派驻纪检组应当带着实际情况和具体问题，定期向派出机关汇报工作，至少每半年会同被监督单位党组织专题研究 1 次党风廉政建设和反腐败工作。对能发现的问题没有发现是失职，发现问题不报告、不处置是渎职，都必须严肃问责。从十二大党章的“党的中央纪律检查委员会根据工作需要，可以向中央一级党和国家机关派驻党的纪律检查组或纪律检查员”到十九大党章的“党的中央和地方纪律检查委员会向同级党和国家机关全面派驻党的纪律检查组”的变化，折射的是我们党管党治党理念的深化、实践的发展，意味着派驻监督不留死角、不留空白以党内根本大法的形式固定了下来。① 由此可见，全面派驻监督制度是新时代全面从严治党的必然要求，同时是加强党内监督，打通监督“最后一公里”的重要制度创新。

（二）全面派驻监督的内涵

派驻监督制度是设立在纪检监察机关内部，覆盖面广、数量大的重大制度安排。由党的十八届三中全会提出的“全面落实中央纪委向中央一级党和国家机关派驻纪检机构，实行统一名称、统一管理”可以知悉：全面派驻监督制度的内涵在横向维度上体现为这一制度填补了对中央一级党和国家机关派驻机构的空白，为派驻监督制度的高效运行打下坚实的基础；而从纵向维

① 李鹏：《党章修改背后的故事：从可以派驻到全面派驻》，《决策探索》（上半月）2018 年第 3 期。

度来看，全面派驻监督的内涵体现在中央向地方实现全面派驻以及各省区市实现省级纪委全面派驻，稳步推进市地一级纪委派驻全覆盖。因此，派驻监督的全覆盖能够从中央和地方两个层面以及横向和纵向两个维度使得派驻监督真正落实，发挥制度优势。

实现派驻监督对中央一级党和国家机关全覆盖，这不仅是外延的扩大，更是内涵的深化。[①] 派驻监督全覆盖，增强了“派”的权威和“驻”的优势，让监督就在身边，纪律就在眼前，强化对被监督单位领导班子及其成员的监督，提高发现和解决问题的能力。全面派驻监督机构是对以往派驻监督制度的创新，也是新时代党内监督制度的内在要求，体现了机构改革大背景下治党治国的制度创新与制度自信。

此外，党的十八届三中全会同时提出：“改进中央和省区市巡视制度，做到对地方、部门、企事业单位全覆盖。”而派驻监督的全面覆盖对此落实就在于使派驻监督机构成为“常驻不走的巡视组”，这就体现了要发挥派驻监督与巡视监督两个“全覆盖”的制度优势，即如果说巡视制度重在事后监督、非常规性抽查，派驻制度则重在事前监督、过程监督和日常监督。这两项制度相互补充、相互配合，纪检监察机关的工作必将产生质的飞跃，标本兼治的反腐败格局必将更快地形成。在此基础上，大刀阔斧地推进其他监督制度的改革和完善，逐步建立和完善中国特色权力监督体系，提升国家廉政建设能力，则可以全面推进党的建设，全面建成小康社会，使得中华民族伟大复兴的中国梦早日实现。

二、单独派驻与归口派驻结合

2014年中共中央办公厅出台的《关于加强中央纪委派驻机构建设的意见》，从总体要求、机构设置、监督职能、工作关系、管理保障、组织领导六个方面，提出了加强中央纪委派驻机构建设的总体思路和要求。《关于加强中央纪委派驻机构建设的意见》明确提出，中央纪委派驻机构将统一名称为“中央纪委派驻纪检组”，采取单独派驻、归口派驻两种形式，加强对有关部门和单位领导班子及其成员的监督，落实党风廉政建设“两个责任”。对系统规模大、直属单位多、监督对象多的部门，单独设置派驻机构；对业务相近、相关或

① 《充分发挥派驻监督职能——三论中央一级党和国家机关派驻监督全覆盖》，《中国纪检监察报》2016年1月8日第3版。

者系统规模小、监督对象少的部门，归口设置派驻机构。①

（一）单独派驻

中央和国家机关是党和国家治理体系的中枢，权力集中、地位重要。中央纪委对中央一级党和国家机关全面派驻纪检机构，是深化纪律检查体制改革的重要成果。全面派驻根植于党的十八大以来派驻工作改革实践土壤，采取归口派驻和单独派驻相结合的方式实现全覆盖。其中，单独派驻模式是对系统规模大、直属单位多、监督对象多的部门，单独设置派驻机构，也即一种点对点的派驻具体单位的重点派驻模式。由于人力、物力、财力等资源的制约以及出于因地制宜结合部门具体实际的考虑，在重点部门单独设立派驻机构。

党的十八大之前，派驻机构设置范围有限，在140多家中央一级党和国家机关中，仅有52家设置了派驻机构，覆盖面不到一半；设置形式也不统一、规范，有的是纪检、监察双派驻机构，有的是单独派驻纪检组或监察机构，且实行"点对点"派驻的单一模式。② 而单独派驻模式作为一种对重点单位"点对点"的派驻监督模式有其自身的模式优点。一方面，监督对象的规模等客观条件要求派出机关向驻在部门采取单独派驻的模式进行派驻；另一方面，单独派驻模式能够更加精准地发挥派驻监督的制度优势，派驻机构参与驻在部门各大会议和决策等，有利于全面地获取驻在部门的工作活动等信息，从而更加有效地履行派驻监督的职责。

（二）归口派驻

归口派驻也即综合派驻，体现了归口设置、垂直领导、统一管理的原则。归口派驻模式是对业务相近、相关或者系统规模小、监督对象少的部门，归口设置派驻机构。这一派驻形式改变了以往"一对一"的派驻监督模式，能够有效整合现有派驻机构的力量，体现了精简高效的组织原则。综合派驻纪检组在一家机关办公、管若干家的事，地位相对独立，有利于聚焦中心任务，强化监督执纪问责，增强派驻监督的相对独立性和权威性，充分发挥"派"的权威和"驻"的优势。

在具体实践中，派驻纪检监察组切实加强对归口监督单位机关纪委纪检工作的业务指导和监督检查。在具体实践中，要调动归口派驻模式的工作活力，派驻机构必须对驻在部门纪检工作进行深入的了解与认识，如此方能充

---

① 杨诗琪：《派得权威 驻得有为——关于加强中央纪委派驻机构建设的意见概览》，《中国纪检监察报》2014年12月12日第4版。

② 梅丽红：《党的十八大以来派驻监督的改革创新》，《党政论坛》2017年第10期。

分发挥派驻机构对驻在部门纪检工作业务指导和监督检查的作用。

（三）混合派驻模式

派驻监督制度的高效运行要求必须规范机构设置，同时这也是派驻机构有效履行职责的组织保证。在具体设置上，本着精简、高效的原则，尽可能少增加机构、编制，既注重力量调整优化，又尽量保持现有派驻机构稳定。因此采取单独派驻与归口派驻相结合的方式推进派驻机构建设是当前全面派驻监督在派驻形式上的创新实践，为探索建立集中统一、权威高效的派驻监督机制提供有效的组织保障。单独派驻与归口派驻遵循全面覆盖与分类监督的要求，是结合当前实际、优化派驻形式的表现，旨在为全面派驻监督工作提供形式上的最佳配置。

从地方派驻监督的实践来看，如在市级纪检监察机关，按照统一名称、统一管理和派驻机构全覆盖的总体要求，市纪委监委采取“单独派驻”和“归口派驻”相结合的方式，全面调整派驻机构设置，从而使全面监督覆盖制度高效运转。通过监督力量的调整交流，进一步充实“一线监督”力量，实现向市一级党政机关、群团组织、事业单位、市属国有企业等派驻机构全覆盖的目标。派驻机构专门履行监督职责，不再承担驻在部门领导班子履行主体责任相关日常工作，割断与驻在部门利益链条，确保监督执纪问责各项职责落到实处。

三、科学配置派驻机构的职责权限

依据党章规定，纪委向党和国家机关派驻纪检机构，是全面从严治党、强化党内监督的重要举措。派驻机构是纪委的重要组成部分，主业是党风廉政建设和反腐败斗争，首要职责是监督执纪问责。派驻监督本质上是上级纪委对下级党组织和领导干部的监督，不是同级监督，因此必须明确派驻机构与驻在部门是监督与被监督的关系。

（一）聚焦监督主业

派驻机构的职责主要包括：检查驻在部门领导班子及其成员遵守党内法规等情况，发现重要问题向中央纪委报告；经中央纪委批准，初步核实反映驻在部门领导班子及中管干部的问题线索；受理对驻在部门党组织和党员的检查、控告；对驻在部门各级领导班子履行管党治党主体责任不力、造成严重后果的提出问责建议。① 派驻机构与驻在部门是监督与被监督的关系，派驻监

① 《党内监督制度解析》，中国方正出版社 2017 年版，第 81 页。

督的本质是上级纪委对下级纪委党组织和党员领导干部的监督。但是在过去，一些派驻机构工作定位不准、职责不清，对参与驻在部门业务乐此不疲，造成纪检工作主业荒疏、副业繁荣的履职不力现象，乃至还有一些干部忘记自己是上级纪委派出的，同驻在部门一团和气，不敢担当、不想监督。只有职责越聚焦，工作才能越深入，越有成效。全面派驻监督制度要求派驻机构不再承担驻在部门领导班子履行主体责任相关的日常工作，派驻纪检组组长不再分管驻在部门其他业务工作，而是要把党章对纪委的职责定位真正在派驻机构体现出来。

要将派驻机构监督执纪问责的职责落到实处，就必须从问题线索抓起，把监督的触角延伸到前端，早发现、早报告、早处置。同时还要加强同中央巡视组、中央纪委纪检监察室、机关党工委和纪工委、驻在部门机关纪委等部门的联系，做到加强沟通，搞好衔接，从而真正形成监督合力。要处理好“树木”和“森林”的关系，运用好监督执纪“四种形态”，抓早抓小，防微杜渐，动辄则咎，以期真正使全面从严治党落到实处。同时，要推动“两个责任”——党委的主体责任和纪委的监督责任落到实处。中央纪委派驻机构肩负着重要职责，但不能代替驻在部门党组织的日常管理监督。各部门党组（党委）要把管党治党作为最根本的政治责任，始终把加强党的建设和纪律建设摆在突出位置，充分发挥领导核心作用。要积极支持派驻机构工作，自觉接受监督。只有主体责任和监督责任都落到实处，才能切实加强党的领导，确保党始终成为中国特色社会主义事业的坚强领导核心。

（二）实现精准监督

中央纪委派驻机构的主要任务，就是聚焦全面从严治党，紧盯驻在部门党组织是不是坚持了党的领导、切实发挥了党的领导核心作用。派驻机构要强化监督执纪问责，监督检查驻在部门党组织严格执行党章要求，坚持党的理想信念宗旨，贯彻落实党的路线方针政策，与党中央保持高度一致等情况，以严明的纪律确保中央政令畅通，坚决维护中央权威。要督促驻在部门党组（党委）切实履行管党治党主体责任，看看全面从严治党管没管，治没治。把纪律和规矩挺在前面，贯彻落实《中国共产党廉洁自律准则》和《中国共产党纪律处分条例》，始终把政治纪律和政治规矩摆在首要位置。要紧紧盯住驻在部门领导班子及中管干部和司局级干部这个“关键少数”，着力加强对驻在部门本级机关和直属单位的监督[①]，也即要坚持问题导向，从而落实全面派驻

① 《党内监督制度解析》，中国方正出版社 2017 年版。

精准监督的职责。

要使派驻机构的精准监督真正得以落实，各纪委监委就必须积极采取各项措施，逐步规范和强化派驻监督的针对性和有效性，着力打开派驻监督工作新局面。一方面是要坚持干部全方位、多层次教育培训原则，把派驻纪检监察干部纳入机关集中学习范畴，大力提升干部队伍综合能力和监督本领。另一方面则是聚焦职能定位，部门信息同步刷新。强化派驻机构"探头"和"哨兵"作用，从而与被监督单位纵深联系，通过听取汇报、个别座谈、深入基层走访等方式，及时了解被监督单位机构人员、职能职责、制度建设等情况，充分了解和把握各单位廉政风险防控点，力争做到针对性监督，精细化防控。

(三)落实执纪问责职能

监督的目的在于督促被监督对象切实履行自身的责任，肃清党内风气，为新时代党和国家的建设提供良好的环境。2018 年 1 月，中共中央政治局常委、中央纪委书记赵乐际在十九届中央纪委二次全会上指出，要坚持惩前毖后、治病救人方针，坚持严管和厚爱结合。[①] 全面从严治党永远在路上，不能让一个党员掉队，哪怕他曾经犯过错误。2018 年 5 月 20 日，中共中央办公厅印发了《关于进一步激励广大干部新时代新担当新作为的意见》，并发出通知，要求各地区各部门结合实际认真贯彻落实。深入贯彻习近平新时代中国特色社会主义思想和党的十九大精神，对建立激励机制和容错纠错机制，进一步激励广大干部新时代新担当新作为提出明确要求。[②] 将此落实在全面派驻监督制度之中，即落实派驻监督执纪问责同样需要建立激励机制和容错纠错机制，从而更好地发挥全面派驻监督制度的作用。

"强化监督有态度、执纪问责有力度、治病救人有温度"，中央纪委驻人社部纪检组坚持惩前毖后、治病救人，积极做好受处理党员干部后续教育工作，让曾经"跌倒"的党员干部重新站起来。2012 年 11 月—2018 年 5 月，驻人社部纪检组强化监督执纪问责，给予 21 名司局级干部和 21 名处级干部党纪处分，其中 3 人被开除党籍。除了被开除党籍的，如何让其他受处理的同志重新振作起来，鼓励他们继续更好地为党工作，成为摆在纪检组面前的一个重要

---

① 《以习近平新时代中国特色社会主义思想为指导 坚定不移落实党的十九大全面从严治党战略部署——在中国共产党第十九届中央纪律检查委员会第二次全体会议上的工作报告》(2018 年 1 月 11 日)，《人民日报》2018 年 2 月 13 日第 2 版。

② 《关于进一步激励广大干部新时代新担当新作为的意见》，《人民日报》2018 年 5 月 21 日第 1 版。

课题。对受处理党员干部开展后续教育工作，不能只是纪检组一家唱独角戏。只有主体责任、监督责任和受处分党员干部三方同向而行，形成合力，“治愈”的效果才能充分彰显。[①] 如此，全面派驻监督制度才能真正体现其应有之义，发挥其制度优势。

四、建立派驻机构统一管理制度

（一）从“双重领导”到“统一管理”

纪检监察派驻机构曾经实行双重领导体制，既接受纪律检查机关的领导，又接受驻在部门的领导。双重领导体制在特定的历史时期有其存在的必要性和合理性。但是，随着权力结构的变迁和反腐形势的日益严峻，双重领导体制的局限性愈来愈明显。因此，必须使派驻机构摆脱驻在部门的影响和束缚，更加独立、更加权威地开展工作。双重领导体制虽然规定了纪检监察机关在业务上具有指导地位，但派驻机构和驻在部门之间具有更为紧密的、千丝万缕的利益依赖关系，增强派驻机构独立性和权威性的制度预期无法实现，双重领导逐渐沦为以驻在部门党组领导为主，监督权力错位。在双重领导体制下，纪检监察人员即使接到或者发现了案件线索，也要向驻在部门的党组汇报，是否立案查处由所在党组共同决定，损害了纪检工作的独立性，甚至使监督主体受制于监督对象。此外，在双重领导体制下，派驻人员的考核等掌握在监督对象手中，缺乏独立性，从而很可能导致派驻人员不敢监督、不想监督。[②]

从派驻机构覆盖面的角度进行探讨，派驻机构统一管理后，认真履行监督协助职责，在开展所在部门党风廉政建设工作中发挥了重要作用，但纪检监察派驻机构统一管理远没有达到预期效果。从派驻范围上看，地方党政系统中有相当一部分党政机关和所在事业单位还没有实现派驻，对单派驻机构也没有全部实行统一管理。对一把手的监督仍然没有完全到位，查办案件是薄弱环节。很多案件是由其他案件带出来的，而不是派驻机构自身查出来的。为了改变这种局面，必须让派驻制度和巡视制度实现“全覆盖”。党的十九大回应了这一诉求，修改的新党章体现了派驻监督制度从“可以派驻”到

---

① 《中央纪委驻人社部纪检组积极开展受处理党员干部后续教育——让跌倒党员重新站起来》，《中国纪检监察报》2018 年 6 月 6 日。

② 陈宏彩：《地方纪检监察派驻机构制度创新研究》，中国社会科学出版社 2016 年版。

“全面派驻”的路径选择。

全面派驻监督的统一管理制度展现了体制改革和制度建设的相得益彰，从而使派驻机构在纪检监察机关中发挥应有作用，在中国特色权力监督体系中体现自身的地位和价值。统一管理制度要求建立纪委派出机关与派驻机构联系制度，加强对派驻机构的全面领导，特别是加强对工作急需的政治业务学习、纪律审查和监察调查工作的具体联系指导；建立派驻机构与乡镇纪委协作办案制度，充分挖掘派驻机构查办案件的潜力，全力保障各项工作健康有序开展，如此方能发挥派驻监督统一管理的制度优势。①

（二）顶层设计与基层探索相结合

派驻机构有许多天然的优势，可以及时发现存在的腐败苗头或线索，有效地预防、控制腐败案件的发生。但是，从反腐败斗争查出的案件来看，很多案件潜伏期非常长，派驻机构没有发挥自身应有的作用。因此，建立中国特色权力监督体系，从源头上预防腐败现象的发生，必须让派驻制度以及其他已经建立的制度充分运转起来，这就需要将派驻监督制度顶层设计纳入国家治理重大制度建设的议程当中，发挥顶层设计高屋建瓴的作用。另外，地方的实践对于全面派驻监督制度有效发挥作用有着重要的作用，地方的实践能够对制度设计提供经验借鉴。

结合当前的反腐形势来看，尽管在监督机构设置基本完备、职能配置齐全的情况下，仍然会产生严重的腐败现象，原因就在于，尽管已经建立了许多中国特色权力监督制度，但由于各种原因，这些制度并没有充分运转起来，制度绩效并没有达到预期。在反腐败斗争取得举世瞩目成就的基础上，以习近平同志为核心的党中央坚持标本兼治和从源头上治理腐败，将纪律检查体制改革纳入顶层设计。反腐败斗争和廉政建设的实践表明，必须注重体制改革和制度建设，从源头上遏制腐败现象的蔓延。

派驻机构承担着大多数纪检监察的任务，是从源头上预防腐败、注重过程管理和事前监督的重要制度安排，是廉政建设的“神经末梢”和“第一道防线”。必须使派驻机构充分运转起来，使派驻制度真正实现预期的制度绩效。派驻机构管理体制改革是整个纪检监察体制改革的重要组成部分，是推动党风廉政建设、从源头上预防腐败现象蔓延的新的增长点，直接影响中国特色权力监督制约机制的完善。顶层设计与基层探索在全面派驻监督制度的发展中均发挥着重要作用，并且推动派驻监督制度向纵深发展。

---

① 陈宏彩：《地方纪检监察派驻机构制度创新研究》，中国社会科学出版社 2016 年版。

（三）派驻机构的独立性和权威性

全面派驻监督有利于增强派驻监督制度的独立性和权威性。独立性和权威性是派驻机构高效运转的关键，是监督监察机构取得成效的重要前提。全面派驻监督制度体现了权力的对称性，派驻机构受派出部门的统一管理，改变原来派驻机构与驻在部门两者上下级之间领导与被领导的关系，赋予了监督者和被监督者平等的权利和地位，实现了权力对称，从体制安排的角度实现了结构性的突破，增强了派驻机构的独立性和权威性以及派驻监督的有效性。派驻监督机构的独立性与权威性的发挥是派驻监督制度高效运转的本质要求，同时也是体现新时代党内监督制度自信的内在要求。

派驻机构独立性和权威性的发挥能够保证中央政令畅通。在市场经济转型过程中，不仅市场主体趋利行为明显，政府部门也利用权力维护部门利益，甚至出现了权力部门化、部门利益化的怪圈。为了坚决维护习近平总书记党中央的核心、全党的核心地位，坚决维护党中央权威和集中统一领导，打破部门封锁和利益分割，派驻机构再也不能接受部门领导和代表部门利益，而必须接受纪检监察机关的指派和领导，贯彻上级党委和纪委的指示，严肃党的政治纪律，维护党的领导权威。推动派驻机构统一管理体制改革，可以将权力监督的关口前移，从事后监督向事前、事中监督转变，从结果监督向过程监督转变。只有将预防和惩处相结合，自律和他律相统一，才能构筑反腐倡廉的攻坚长城。

在新时代新形势下，权力的制约和监督比任何时候都重要且紧迫，加强党的领导和加强党的建设比任何时候都重要且紧迫，改革派驻机构管理体制，强化党的监督权威，是时代的选择，也是纪检监察机关的使命和职责。派驻机构管理体制改革是加强党内监督和反腐倡廉的重大举措。派驻机构在加强对驻在部门行政权力运行监督和制约方面具有不可替代的作用。先前派驻监督制度运行过程中存在一定的问题，如监督者与被监督者地位倒置、派驻机构与驻在部门之间权力的矛盾性，统一管理体制改革对调整权力结构、完善权力制约机制具有重要作用。

在当前新时代背景下，落实全面派驻监督制度需积极发挥派驻优势，延伸监督触角，切实履行监督执纪问责职责，不断提升派驻监督实效。纪委监委各派驻纪检监察组应积极适应新形势、新任务、新要求，不断加强全面派驻监督制度的针对性与精准性，切实提升派驻监督实效，从而打通监督的“最后一公里”。在发挥全面派驻监督制度优势的同时，还需结合巡视制度、巡查制度等党内监督制度，实现党内监督的网络交互，做到对党内监督的全覆盖。

第三节　近距离、全天候、常态化的监督制度

监督是纪检监察机关的首要职责。如何体现近距离、全天候、常态化的特点，提升监督实效，是派驻机构改革需要解决的重点课题。[①] 全面从严治党，靠全党、管全党、治全党，必然要求党内监督全覆盖。实现派驻全覆盖，就是要使党内监督不留死角、没有空白。深化派驻机构改革，实现派驻全覆盖，这体现了回归党章的必然要求，是党内监督不留死角、没有空白的关键举措，是以上率下落实全面从严治党要求的重要保证。作为新时代中国共产党党内监督的一项重大制度创新，派驻监督制度创新始终贯穿着“把权力关进制度的笼子里”这一逻辑主线，通过提升派驻监督的全面性、权威性和精确性，实现了对权力全方位的监督和制约。

一、实现派驻监督全覆盖

派驻监督制度的创新不仅体现在实现党的派驻监督对中央一级党和国家机关的全面覆盖，还体现在逐步实现党的派驻监督对各省区市的逐步覆盖。改革前，中央纪委监察部共在 50 多家中央和国家机关设置了派驻机构，且主要是向政府部门派驻，没有向党的工作部门派出纪检组，也没有向人大、政协机关派驻，监督留了不少空白，有的空白恰恰是要害部门。党的十八大以前，派驻监督机构设置范围相当有限。自党的十八大强调“全面落实中央纪委向中央一级党和国家机关派驻纪检机构”以来，派驻监督全覆盖驶入“快车道”。在中央层面，《关于全面落实中央纪委向中央一级党和国家机关派驻纪检机构的方案》明确要求中央纪委设置 47 家派驻机构，实现了对 139 家中央一级党和国家机关派驻纪检机构全面覆盖。[②] 至 2017 年，全覆盖后的派驻监督单位增加了 87 个，派驻机构减少了 5 家，贯彻了精简高效的改革原则。

在地方层面，自十八届中央纪委五次全会提出“省区市要加强派驻机构建设，逐步实现全面派驻”的要求以来，派驻机构建设全覆盖的序幕也在各省区市悄然拉开。2015 年 5 月，北京市率先在市级党和国家机关新设 7 家市纪

---

① 《分类施策深化改革　提高派驻监督全覆盖质量》，《中国纪检监察报》2019 年 7 月 20 日第 1 版。

② 《中央纪委派驻机构历史发展大事记》，《中国纪检监察》2015 年第 24 期。

委派驻机构，打响了省级派驻监督机构全覆盖的第一枪。此后，各省区市先后出台意见新设或调整省级机关派驻机构。[①] 截至 2017 年，全国绝大多数省区市完成了省一级派驻机构全覆盖任务。党的十八大以来，派驻机构实现了从部分覆盖到全面覆盖的跨越式发展。完善派驻监督制度，有利于通过权力主体监督范围的扩大进一步提升对权力监督制约的全面性。

二、增强派驻监督权威性

增强派驻监督的权威性始终是新时代派驻监督制度创新的出发点和落脚点。从工作的内容与性质上来看，派驻机构实质上是派出机关的延伸，派出机关与派驻机构的关系应当是较为紧密的领导关系而非较为松散的指导关系。党的十八大以前，派出机关与派驻机构的关系较为混乱，纪检组往往会从驻在部门的立场出发，甚至对存在的问题有意瞒报，造成"驻的制约和派的无力"这样一种与制度设计初衷相背离的局面。这种矛盾局面的出现，与派驻机构自身不敢担当，以及派出纪委对派驻机构领导、管理、服务不够，导致派驻机构缺乏权威性密切相关。

党的十八大以来，派驻监督制度不断完善，通过各种手段使得派驻机构与派出机关的联系更加紧密，以此提升派驻机构的监督权威性。中央纪委定期约谈纪检组组长，让派驻机构干部参加中央纪委机关相关工作，与派驻机构的联系比以往更加紧密。这样的制度安排使得纪检组能够在派出纪委的直接领导下工作，无论是发现问题还是进行处置，都需及时向派出纪委报告来获得指导。由于报告方式的多样性，允许向纪委分管领导当面汇报，允许向相关纪检监察室电话汇报，也允许正式报告，原本由于单一严格的汇报方式所产生的抗拒心理得以被消解，遵守制度安排的报告行为更易发生，更有助于实现纪委对派驻机构的直接领导。一方面，派驻机构有了反映问题线索、发现了"四风"问题、处置线索和进行纪律审查，都要及时向派出纪委报告，取得指导；另一方面，派出纪委也需加强对派驻机构工作的督促检查和指导协调，让派驻干部感到有领导、有依靠，不是"单打独斗"，而是"协同作战"，从而强化派驻监督的权威性。[②] 随着改革的深入，派驻机构得以站稳立场，紧

---

① 梅丽红：《党的十八大以来派驻监督的改革创新》，《党政论坛》2017 年第 10 期。

② 《发挥"派"的权威和"驻"的优势——四论中央纪委派驻监督全覆盖》，《人民日报》2016 年 1 月 9 日第 4 版。

紧依靠派出机关展开工作，充分发挥“派”的权威，通过提升派驻监督的权威性把管党治党的篱笆越扎越紧。

三、提高党内监督精确性

新时代派驻监督制度的创新提升了党内监督的精确性，不仅体现在监督对象精确性的提升，还体现在派驻监督机构工作内容精确性的提升。监督对象精确性的提升体现在，以往的党内监督往往是以区域为对象进行的，例如巡视制度和巡查制度，监督客体往往具有一定流动性。这样的制度安排利于监督主体部门人力资源的充分利用，但实际监督效果易受影响，同时不利于责任的聚焦。派驻监督制度的创新精确瞄准了监督客体，且以制度形式固定了监督主体（派驻机构）和监督客体（驻在部门）的责任关系，充分利用“在一个楼里办公、一口锅里吃饭”的优势，有效提升了监督的精准性，避免了巡视巡查制度中存在的“一来就警惕，一走就放松”的现象，实现了对权力的全方位、无缝隙监督。

监督内容精确性的提升体现在，党的十八大以前，派驻纪检组普遍存在工作定位不准、职责不清的状况。有的派驻机构直接且过多地参与、负责驻在部门业务工作，造成党风廉政建设和反腐败斗争的主业荒疏。[①] 作为“常驻不走的巡视组”，派驻监督制度的创新实现了党内监督的精确性的提升，明确了派驻纪检组的监督职责，提高了派驻纪检组的履职能力，在全面从严治党、推进党风廉政建设和反腐败斗争中发挥着“前哨”作用。派驻机构与驻在部门“在一个楼里办公、一口锅里吃饭”，跟干部天天有接触、时时打交道，这就是“驻”的优势。运用这个优势，督促驻在部门落实管党治党主体责任、强化党的领导核心作用，抓住“关键少数”，着力加强对驻在部门本级机关和直属单位的监督，就能体现全面从严治党的要求。[②]

中国共产党第十九届中央纪律检查委员会第三次全体会议公报指出：“分类施策推进派驻机构体制机制创新，提高派驻监督全覆盖质量。”[③]派驻监

---

① 《提升派驻监督工作的探索与思考》，《人民论坛》2017年第22期。

② 《发挥“派”的权威和“驻”的优势——四论中央纪委派驻监督全覆盖》，《人民日报》2016年1月9日第4版。

③ 《中国共产党第十九届中央纪律检查委员会第三次全体会议公报》，《人民日报》2019年1月14日第1版。

督是中国共产党开展党内监督的重要形式和载体，派驻机构是纪检监察队伍中的一支重要力量。派驻监督工作在探索中发展，在创新中完善，对进一步完善党的纪检监察体制、加强党内监督发挥了不可替代的重要作用。党的十八届三中全会对加强反腐败体制机制创新和制度保障进行了全面部署，对派驻机构统一管理工作提出了改革要求。回顾改革开放以来特别是党的十八大以来中国共产党派驻监督制度的发展历程，归纳全面派驻监督的内容特征，提炼派驻监督制度创新的逻辑主线，总结全面派驻监督制度的意义，对于我们进一步坚定党的建设制度改革方向、破解党内监督难题、理顺派驻监督体制机制具有重要的理论和现实意义。

第六章　构建战略性的巡视监督制度

巡视是具有中国特色、中国智慧的战略性监督制度。改革开放后，巡视监督制度作为反腐败的利剑被广泛运用，巡视监督制度逐渐形成了比较完整的规章制度和运作体系。2003 年，党中央把巡视作为党内监督十项制度之一。[①] 2007 年，又把巡视写入党章，进一步确立了巡视的重要地位。党的十八大以来，巡视监督制度不断创新发展，巡视监督如利剑出鞘，巡视制度化、权威性、威慑力和实效性进一步增强。巡视制度作为党内监督的战略性制度的地位和功能更为突出。党的十八届中央纪委执纪审查的案件中，超过 60% 的线索来自巡视，中央巡视这把利剑发挥了关键作用。

第一节　巡视监督制度历史沿革

一、改革开放以来巡视制度变迁

1996 年 3 月，《中共中央纪委关于建立巡视制度的试行办法》出台，同年中央纪委第一次派出巡视组。这一办法内容详细，可操作性强，紧密结合了改革开放以来我国政治、经济、文化、思想等领域的实际情况，及国际环境对我国意识形态的影响，是改革开放时期中国共产党开展党内监督和反腐败斗争的重要利器。1997 年，中央纪委出台《关于重申和建立党内监督五项制度的实施办法》，标志着巡视制度作为反腐败的重要措施走上历史舞台；2003 年 12 月颁布的《中国共产党党内监督条例（试行）》，第一次明确巡视制度作为党

① 2003 年 12 月出台的《中国共产党党内监督条例（试行）》提出党内监督制度包括集体领导和分工负责、重要情况通报和报告、述职述廉、民主生活会、信访处理、巡视、谈话和诫勉、舆论监督、询问和质询、罢免或撤换要求及处理。

内法规。[①] 2008 年，《中国共产党巡视工作条例》对于巡视制度规范化建设作出明确规定。

巡视监督制度是具有深厚历史渊源和历史经验积累的中国特色党内监督制度，是被中国共产党在革命战争的实践中检验过的、能有效处理中央与地方关系的重大制度安排。改革开放后，我国重新启用了搁置 30 余年的巡视监督制度，有其深刻的现实背景和意义，其中关键的一点就是“坚持和加强党的领导、维护党中央权威、正确处理中央与地方关系”。巡视监督制度是重构单一制国家结构下中央和地方关系的一种重要制度安排。我国作为统一的多民族国家，中央对地方的有效集权是保证国家长治久安和和平发展的必要政治前提。巡视监督制度通过中央巡视组对地方的巡视监督，一方面有利于加强中央的权力，传达中央的政策，另一方面也有利于对地方出现的不恰当行为提出评判和改进建议。可以说，巡视监督制度是强化中央和地方关系的一条重要纽带。

二、党的十八大以来巡视制度创新

党的十八大以来，巡视工作坚持党的自我监督和外部监督相结合、自上而下和自下而上相结合，形成强大战斗力和空前威慑力，成为十八届党中央加强党的自身建设的突出亮点。[②] 2013 年 4 月 25 日，习近平在中共中央政治局常委会会议上对巡视制度的重要意义作了高度概括：“巡视是党章赋予的重要职责，是加强党的建设的重要举措，是从严治党、维护党纪的重要手段，是加强党内监督的重要形式。”[③]2013 年 6 月，中共中央发布《关于进一步加强巡视工作的意见》《中央巡视工作规划（2013—2017 年）》，明确提出巡视工作的五年规划。同年 11 月，中共第十八届中央委员会第三次全体会议通过《中共中央关于全面深化改革若干重大问题的决定》，提出“巡视制度做到对地方、部门、企事业单位全覆盖”。[④] 2014 年 6 月，中央政治局审议通过《党的纪

---

① 《中国共产党章程》，人民出版社 2007 年版，第 15 页。

② 施克辉：《政治巡视助力破解“历史周期率”》，《求是》2017 年第 20 期。

③ 中共中央纪律检查委员会、中共中央文献研究室：《习近平关于党风廉政建设和反腐败斗争论述摘编》，中央文献出版社、中国方正出版社 2015 年版，第 107 页。

④ 《中共中央关于全面深化改革若干重大问题的决定》，《人民日报》2013 年 11 月 16 日第 1 版。

律检查体制改革实施方案》，进一步完善巡视监督制度体系。

自党的十六大正式开展巡视工作以来，巡视制度在探索中发展、在发展中不断创新完善，中央和省区市创造积累了很多有效经验和做法，也需要以制度形式固定下来。同时，影响和制约巡视深入开展的体制机制、队伍建设等方面问题也日益凸显，亟须通过修订条例加以解决。2015 年 8 月修订《中国共产党巡视工作条例》，明确巡视工作定位、机构人员安排、巡视范围内容、工作方式、工作程序、纪律和责任，更使政治巡视的战略定位越来越准，利剑越擦越亮。《中国共产党巡视工作条例》既是中国共产党健全党内监督体系、有效遏制权力腐败的一项制度创新，也是在新的历史时期全面从严治党、提升党的执政能力的一项重大战略工程。① 之后相继颁布实行《中国共产党廉洁自律准则》《关于新形势下党内政治生活的若干准则》《中国共产党党内监督条例》等一系列党内约束规则。从 2013 年 5 月第一轮巡视启动，十八届党中央 12 轮巡视共对 277 个党组织开展巡视，在党的历史上首次实现一届任期内巡视全覆盖，巡视利剑作用更加彰显。

党的十九大报告强调深化政治巡视，做到“巡视全覆盖”，形成上下联动的监督网。党的十九大通过党章修正案，明确要求一届任期内实现巡视全覆盖。从党中央制定《中国共产党纪律检查机关监督执纪工作规则(试行)》，严格规范党内监督工作，到 2017 年修订《中国共产党巡视工作条例》，巡视工作体制机制进一步健全和完善。2019 年 1 月 13 日，中国共产党第十九届中央纪律检查委员会第三次全体会议公报指出：“持续深化政治巡视，完善巡视巡察战略格局。统筹安排常规巡视、专项巡视、机动巡视，把巡视巡察与净化政治生态相结合，与整治群众反映强烈的问题相结合，与解决日常监督发现的突出问题相结合，增强监督实效。”2018 年 3 月，十三届全国人大一次会议审议通过的《中华人民共和国监察法》，对我国监察监督治理体系构建起统领和基础性作用，标志我国监察制度建设进入新时代。中共中央颁发《中央巡视工作规划(2018—2022 年)》，明确新一届巡视全覆盖工作的“路线图”和“任务书”。十九届党中央完成第一轮巡视，开展脱贫攻坚专项巡视，共巡视 27 个省区市、18 个中央部门、8 家中管企业和 2 家中管金融企业党组织，首次将 10 个副省级城市四套班子主要负责人纳入巡视范围。②

---

① 肖光文:《全面提高党内监督水平》,《光明日报》2016 年 12 月 21 日第 13 版。

② 《让党和国家监督体系更健全——党的十九大以来全面从严治党成果巡礼之二》,《人民日报》2019 年 1 月 8 日第 1 版。

新时代以来，我国巡视制度与时俱进，不断完善发展顶层设计，形成以党章为依据、《中国共产党巡视工作条例》为中心、其他相关条例准则等规定为重要组成的巡视制度体系。以制度规范的形式使巡视制度的具体内容得以固定，这样就使巡视工作更加规范化和透明化，使巡视准备、巡视过程和巡视结果的汇报、反馈和督办等工作在阳光下运行。2012 年党的十八大至 2017 年党的十九大召开前，中央巡视组已完成了 12 轮巡视工作，巡视范围几乎遍布全国各地，以前所未有的反腐力度，发挥了强大的震慑作用，充分显示党内巡视制度是一项行之有效的监督制度。

与十八大以前的党内巡视监督制度相比，十八大之后的党内巡视监督制度在联系中央和地方关系上具有更加显著的作用。新时代中国特色社会主义制度迈向了更高的阶段，全面建成小康社会、全面深化改革、全面依法治国、全面从严治党的战略布局是以习近平同志为核心的党中央治国理政战略思想的重要内容，党的巡视监督制度是地方贯彻落实党中央重大决策部署的重要保障制度。"四个全面"战略布局的顺利推进不仅需要中央加强制度的顶层设计和科学决策，更重要的是地方对相关政策的有效执行。党内巡视监督制度的创新，在对地方的巡视范围、力度、对象、方式等方面都有很大的改进，巡视监督制度发挥正风反腐的强大功能。总之，党的十八大以来党内巡视监督制度创新进一步加强了中央和地方的联系，同时强化了中央的影响力和凝聚力，确保中央政令畅通。

第二节　巡视监督制度顶层设计

巡视制度是党内监督的战略性制度安排。巡视工作是以上级党组织派出巡视组对下级党组织进行巡视监督的方法，实现了把民主集中制真正严格起来、执行下去的目的，保证了党中央的路线方针政策和重大决策部署得到不折不扣的贯彻执行，坚决维护习近平总书记党中央的核心、全党的核心地位，坚决维护党中央权威和集中统一领导。① 党的十八大以来，巡视监督制度取得重大创新。本节重点梳理党的十八大以来巡视监督制度创新的核心内容，包括巡视领导体制机制、巡视主体、巡视对象、巡视路径等四方面创新。

---

① 王峰、周明婷：《巡视工作：民主集中制创新实践的积极探索》，《中国社会科学报》2019 年 4 月 25 日第 5 版。

一、巡视监督的领导体制创新

新时代的巡视制度创新巡视领导体制与机制，确立政治巡视的地位与性质，建立完善领导责任机制，巡视内容聚焦重点问题，为充分发挥巡视监督作用奠定坚实基础。

（一）政治巡视地位突显

党的十八大以来，巡视在反腐工作中发挥强大的震慑力，是党中央高度重视巡视工作的结果，也得益于对巡视工作的准确定位。巡视被作为"党内监督利器"运用于党内反腐败斗争和严查政治纪律与政治规矩过程中。2017年修订后的《中国共产党巡视工作条例》要求"深化政治巡视"，指出"严肃党内政治生活，净化党内政治生态"，"巡视组对巡视对象执行党章和其他党内法规、遵守党的纪律等情况进行监督"。①《中国共产党党内监督条例》提出"巡视对党的纪律情况进行检查监督的功能"，明确政治巡视的地位与要求。

巡视制度是坚持全面从严治党的重要战略安排，是反腐败工作的关键途径与保障。强化党内监督是全面从严治党的必然选择，而巡视作为党内监督的战略性制度安排，政治巡视是其准确定位。政治巡视强调政治纪律和政治规矩，不是业务巡视。强调政治巡视的性质与地位是督促各级党组织坚持党的领导、维护党中央权威的重要保障。政治巡视要从政治上看问题，重点检查被巡视党组织和领导干部是否尊崇并维护党章权威、执行党的路线方针政策和决议，是否存在党的领导弱化、党的建设缺失、全面从严治党不力等问题，督促其担负管党治党责任，被巡视单位的党组织和领导干部要讲政治，不得逾越政治规矩、政治纪律。政治巡视的目的在于确保中央政令畅通、维护党的集中统一，不干预被巡视单位的正常工作，也不履行执纪审查的职责。中央巡视组向中央提交的巡视报告、谈话情况报告等巡视结果汇报都没有涉及对业务的汇报，而是集中反映被巡视党组织在坚持党的领导、加强党的建设、贯彻执行党的路线方针政策等方面的情况。

（二）领导责任体制建构

新时代巡视制度创新还体现在责任划分与领导体制创新。一方面，2017年修订后的《中国共产党巡视工作条例》明确责任主体、强化问责条款，为构

① 《中国共产党巡视工作条例(2017年7月1日修改)》,《光明日报》2017年7月15日第1版。

建巡视工作责任体系提供制度支撑。要求巡视工作落实“两个责任”，即党委的主体责任和纪委的监督责任；明确“三个责任人”，即党委书记是巡视工作主体责任的第一责任人、巡视工作领导小组组长是组织实施巡视工作的主要责任人、巡视组组长是落实巡视监督责任的第一责任人。

另一方面，2017 年修订后的《中国共产党巡视工作条例》还明确指出，“中央巡视工作领导小组应当加强对省、自治区、直辖市巡视工作的领导”，提出实行中央领导、分级负责制，在中央的统一领导下分级负责开展巡视工作，严格执行请示报告制度，确保领导机制落实到位。将中央巡视工作领导小组对省区市巡视工作由“指导”变为“领导”，是巡视领导体制的重大创新，为中央巡视工作领导小组督促省区市党委和巡视机构落实巡视工作主体责任和监督责任、执行中央关于巡视工作的决策部署、按照中央要求加强和改进巡视工作提供法规依据。建立中央对省区市巡视工作的领导体制有助于加强中央对地方巡视工作的调控，由中央向地方层层传导政治压力，强化中央对地方的控制，确保地方巡视工作方向正确、与中央步调一致。

（三）巡视内容聚焦重点

党风廉政建设和反腐败斗争是巡视工作的职责定位。党的十八大以来，党中央巡视监督紧扣“四个着力”，针对领导干部特别是党政一把手，着力发现他们在廉洁自律、执行八项规定、遵守政治纪律、选人用人等四方面存在的不正之风和腐败问题，加强对“两个责任”落实情况和执行组织纪律情况的检查，通过深入了解，发现问题，客观、准确、及时报告并提出切实建议，有关部门按照政策分类处置，形成强大震慑力，以遏制腐败蔓延势头。

巡视工作注重防微杜渐。十八大以来党中央先后作出中央八项规定、纠正“四风”的决定，对改进工作作风、密切联系群众提出精简会议、文件、出访活动、新闻报道、勤俭节约等具体要求，杜绝形式主义、官僚主义、享乐主义、奢靡之风，紧扣元旦、春节等节点，着眼于节礼年货，及时进行巡查、公布与处理。针对以往巡视工作中存在“上热下冷”的问题，巡视工作执行要充分发挥中央和地方两个积极性，这就要求制定促进地方主观能动性的激励机制和保证地方执行的监督机制。2015 年出台的《中国共产党巡视工作条例》将“实现巡视全覆盖、全国一盘棋”写入总则。[①] “全覆盖”成为刚性要求，要求各级党委和纪委监察机关要切实承担主体责任和监督责任，加强上级巡视机构对下级的领导和指导，把管党治党的责任层层落实，形成中央地方联动的巡视监

① 《中国共产党巡视工作条例》，《人民日报》2015 年 8 月 14 日第 2 版。

督网络，真正充分发挥巡视制度的作用，全面深化巡视工作，促进巡视工作向地方延伸，推动全面从严治党向纵深发展。2017 年修订后的《中国共产党巡视工作条例》提出："党的中央和省、自治区、直辖市委员会实行巡视制度，建立专职巡视机构，在一届任期内对所管理的地方、部门、企事业单位党组织全面巡视。"

二、巡视监督的组织制度创新

巡视主体是巡视监督制度的执行主体，对开展巡视工作具有重要影响。巡视主体的创新主要表现为组织体系、选拔组建机制、激励惩处机制三方面的创新。

(一)重构巡视组织体系

2017 年修订后的《中国共产党巡视工作条例》规定：党的中央和省、自治区、直辖市委员会实行巡视制度，建立专职巡视机构，在一届任期内对所管理的地方、部门、企事业单位党组织全面巡视；中央有关部委、中央国家机关部门党组(党委)可以实行巡视制度，设立巡视机构，对所管理的党组织进行巡视监督；开展巡视工作的党组织承担巡视工作的主体责任。

党的中央和省、自治区、直辖市委员会成立巡视工作领导小组，分别向党中央和省、自治区、直辖市党委负责并报告工作。巡视工作领导小组组长由同级党的纪律检查委员会书记担任，副组长一般由同级党委组织部部长担任。巡视工作领导小组组长为组织实施巡视工作的主要责任人。中央巡视工作领导小组应当加强对省、自治区、直辖市党委，中央有关部委，中央国家机关部门党组(党委)巡视工作的领导。巡视工作领导小组的职责包括：贯彻党的中央委员会和同级党的委员会有关决议、决定；研究提出巡视工作规划、年度计划和阶段任务安排；听取巡视工作汇报；研究巡视成果的运用，分类处置，提出相关意见和建议；向同级党组织报告巡视工作情况；对巡视组进行管理和监督；研究处理巡视工作中的其他重要事项。

巡视工作领导小组下设办公室，作为日常办事机构。中央巡视工作领导小组办公室设在中央纪律检查委员会。省、自治区、直辖市党委巡视工作领导小组办公室为党委工作部门，设在同级党的纪律检查委员会。巡视工作领导小组办公室的职责包括：向巡视工作领导小组报告工作情况，传达贯彻巡视工作领导小组的决策和部署；统筹、协调、指导巡视组开展工作；承担政策研究、制度建设等工作；对派出巡视组的党组织、巡视工作领导小组决定的事项进行督办;配合有关部门对巡视工作人员进行培训、考核、监督和管理;办理巡视工作领导小组交办的其他事项。党的中央和省、自治区、直辖市委员会设立巡视组,承担巡视任务。巡视组向巡视工作领导小组负责并报告工作。巡视组设组长、副组长、巡视专员和其他职位。巡视组实行组长负责制,副组长协助组长开展工作。巡视组组长根据每次巡视任务确定并授权。同时,建立中央巡视机构与中央纪委国家监委有关部门协作配合机制,加强与组织、审计、信访等部门协调协作。

(二)革新巡视干部选拔制度

巡视工作的落实与负责巡视的工作人员尤其是与负责人有重大关系,因此巡视工作人员要具备一定的条件。一是要有坚定的理想信念,与党中央保持高度一致,坚持原则、公正清廉。只有选择态度端正的巡视人员,才能做到公正。二是要具备熟练的业务操作能力。党内巡视工作时间紧、任务重,要求工作速度快、效率高,因此需要选拔所需专业技能人才,同时要熟悉党务工作和相关政策法律。三是巡视组需要与各部门联系,因此需要拥有良好的沟通协调能力。四是身体素质强。巡视工作密度高、强度大,需要有良好的身体素质、心理素质才能胜任。

党的十八大以前,中央巡视组组长一般一届任期 5 年。党的十八大以来,巡视组组长的任命选拔和监督管理模式发生重大变革创新,建立巡视组长库,一次一授权、一次一任命,做到“三个不固定”,即巡视组长不固定、巡视对象不固定、巡视组与巡视对象关系不固定。此外,巡视工作人员按照规定轮岗交流,严格实行任职回避、地域回避、公务回避,切断巡视主体与巡视对象可能存在的联系,防止“巡视不视”“视而不巡”“不巡不视”的渎职、包庇、纵容等现象,同时避免人情裹挟的情况。

(三)坚持激励约束并重

党的十八大以来,党中央通过召开巡视动员部署会的形式来激励巡视工作人员工作的积极性、主动性和创造性。巡视动员部署会级别高、针对性强,纪委书记、副书记出席动员部署会并发表讲话,针对具体的巡视对象,以问题为导向,对巡视组提要求、敲警钟。巡视工作强度大、压力大,需要调动巡视主体的主动积极性,有效的动员激励机制极为重要。巡视动员部署会能够激发巡视主体的政治责任感,也起到巡视宣传、震慑的作用。落实监督责任,巡视组对重大问题应该发现而没有发现就是失职,发现问题没有报告就是渎职。十八届中央纪委五次全会首次提出坚持“一案双查”,实行倒查惩罚机制，既要追究当事人责任，又要倒查追究相关领导责任，包括党委和纪委的责任。[①] 2017年修订后的《中国共产党巡视工作条例》明确规定，对领导巡视工作不力，发生严重问题的，依据有关规定追究相关责任人员责任。巡视工作人员应当严格遵守工作纪律，对失职、渎职、泄密、越权、以权谋私及其他违纪行为，轻则批评教育、组织处理或纪律处分，重则移送司法机关依法处理。[②]

三、巡视监督的对象全面覆盖

新时代以来，巡视对象不断扩展，明确要求巡视达到全覆盖的目标，使党内监督“不留死角，没有空白”。巡视的重点是领导班子和领导干部，特别是主要领导干部。从巡视结果反馈来看，无论是国家级领导还是省部级领导，不管是在职人员还是退休职工，均被列为巡视对象。实现巡视人员无禁区。一是省、自治区、直辖市“一府两院”和副省级城市“四大班子”巡视全覆盖。2015年修订的《中国共产党巡视工作条例》首次把“省、自治区、直辖市高级人民法院、人民检察院党组主要负责人，副省级城市党委和人大常委会、政府、政协党组主要负责人”列入巡视对象。[③] 二是中央党政机关巡视全覆盖。党的十八届三中全会指出“全面落实中央纪委向中央一级党和国家机关派驻纪检机构，实行统一名称、统一管理”。《中国共产党巡视工作条例》明确把“中央部委领导班子及其成员，中央国家机关部委、人民团体党组(党委)领导班子及其成员”列入巡视对象。[④] 三是中央管理的国有重要骨干企业、金融企业和事业单位党委(党组)列入巡视对象，实现企事业单位巡视全覆盖。国有企业是公有制经济的重要组成部分，是中国特色社会主义经济的基石。因此，坚持全面从严治党，国有企业必须纳入巡视范围。以十九届中央第一轮巡视进驻为例，中央15个巡视组进驻福建省(包括厦门市)、河南省、四川省等省、自治区、直辖市“一府两院”和副省级城市“四大班子”，中国通用技术集团公

---

① 《中国共产党第十八届中央纪律检查委员会第五次全体会议公报》，《人民日报》2015年1月14日第1版。

② 《中国共产党巡视工作条例(2017年7月1日修改)》，《光明日报》2017年7月15日第2版。

③ 《中国共产党巡视工作条例(2017年7月1日修改)》，《光明日报》2017年7月15日第2版。

④ 《中国共产党巡视工作条例(2017年7月1日修改)》，《光明日报》2017年7月15日第2版。

司、中国邮政集团公司等国企事业单位，文化和旅游部、商务部、海关总署等国家部委，实现巡视对象全覆盖。

四、巡视监督的程序方法创新

新时代以来，党内巡视监督路径不断完善发展，规范巡视程序，创新巡视方法，转变巡视策略，强化巡视成果转化运用，是巡视监督成效提升的重要保证。

（一）巡视程序规范化

党的十八大以来形成规范化的巡视工作程序，通过巡视准备、巡视了解、巡视报告、巡视反馈、巡视移交和巡视整改六个阶段搜集问题、反映问题、指出问题、解决问题、跟踪问题，每个阶段都有具体的工作规范。巡视开始前，巡视组向同级相关部门和单位了解被巡视党组织领导班子及其成员的情况，进驻后向被巡视党组织通报巡视任务，了解工作结束后形成巡视报告，并针对重大问题形成专题报告，巡视工作领导小组听取巡视情况汇报并研究结果运用，经派出巡视党组织同意后向被巡视党组织反馈情况，反馈意见后被巡视党组织于 2 个月内上报整改报告。巡视工作程序井然有序、规范严谨。

（二）巡视方法多样性

一是注重"回头看"，巩固巡视成果。从十八届中央第九轮巡视开始，每轮中央巡视安排对 4 个省区市开展"回头看"，对已巡视过的地区或单位杀个"回马枪"。十八届中央巡视共对 16 个省区市开展"回头看"，覆盖率已超过 50%，成效显著。"回头看"主要围绕政治的再巡视，突出"四个意识"、管党治党责任，重点关注政治纪律、政治忠诚、政治担当和政治生态等深层次问题，发挥政治导向作用；督促被巡视对象落实整改措施，解决巡视中发现的问题，并对不力行为进行惩处，起到再震慑的作用，保证巡视整改落到实处，提升巡视工作成效。巡视"回头看"实际上是再巡视，表明巡视不是"一阵风"，中央层层落实巡视成效的决心。通过巡视"回头看"，看被巡视单位是否同党中央保持高度一致，是否落实党中央决策部署，促进加强被巡视单位的政治意识、大局意识、核心意识、看齐意识，强化党中央对于地方的控制，为全面深化改革提供良好的政治环境。

二是常规巡视与非常规巡视相结合。党的十八大以来，巡视方法不断推陈出新。2013 年开展两轮常规巡视，2014 年首次推出专项巡视，2016 年首次开展巡视“回头看”[①],2017年开始探索机动式巡视,注重多种巡视方式相结合,创新巡视方法。十八届中央巡视开展常规巡视、专项巡视、“回头看”、机动式巡视。

常规巡视也称为例行巡视,按部署开展巡视工作,不针对特定问题和特定目标,对巡视对象进行“全面体检”。十八届中央12轮巡视共对41个地区和单位开展常规巡视,实现巡视全覆盖。专项巡视始于十八届中央第三轮巡视,指针对特定事项或问题开展的巡视,以问题为导向,具有机动灵活、专业高效、周期短、队伍小、成员精的特点。十八届中央巡视共对219个单位开展专项巡视,成效显著。机动式巡视在十八届中央第十二轮巡视首次出现,对中央网络安全和信息化领导小组办公室、国务院扶贫开发领导小组办公室、中国铁路总公司、中国船舶重工集团4个单位试点开展机动式巡视。机动式巡视就是闻风而动、出其不意,以“小队伍、短平快、游动哨”灵活出击,表现为巡视任务机动、时间机动、方式机动,哪里的问题反映强烈、问题突出,就到哪里巡视。三种巡视各有特征。

三是明察暗访相结合。以往巡视工作方式主要为听取汇报、述职述廉会、电话来访、座谈会、走访调研等,以“明察”为主要方式。十八大以来,《中国共产党巡视工作条例》明确提出“受理反映被巡视党组织领导班子及其成员和下一级党组织领导班子主要负责人问题的来信、来电、来访等;抽查核实领导干部报告个人有关事项的情况;……派出巡视组的党组织批准的其他方式”。巡视组到领导干部担任过一把手的地方“下沉一级”调查情况,抽查其个人有关事项情况,纪检监察机关派员全程参与巡视等。并且,加强与被巡视地区或单位党委书记、纪委书记沟通,了解当地情况,搞好个别谈话,同时从相关部门获取资料信息,扩展发现问题的渠道。《中国共产党巡视工作条例》还增加了“派出巡视组的党组织批准的其他方式”的授权条款,保留和拓宽发现问题的途径,为巡视组创新工作方式提供依据。此外,巡视组积极探索创新工作方法,比如中央巡视组推出短信举报;采用“授权条款谈话模式”,即2名巡视组工作人员同1名巡视点人员谈话,谈话时间15分钟至2个小时不等。

四是工作模式创新。2015年以来,中央巡视组主要采用“一拖二”的工作模式,即巡视组负责巡视同领域、同行业的两个地方、部委或央企等,同类同步安排、分批集中汇报,提高巡视效率。此外,工作模式处于不断发展变化

---

① 巡视“回头看”属于回访式专项巡视,是专项巡视的一种类型。

中。十八届中央巡视采用“板块轮动”方式，即将中央一级巡视对象分为地方、部门、央企、金融和事业五个板块，通过“板块轮动”逐步推进工作。十九届中央巡视打破这项惯例，首轮巡视的30个巡视对象既有中央部委、地方，也有中央企业，并且不以距离上次巡视的时间远近为标准，比起以往的巡视更加出其不意。

(三)巡视过程透明化

巡视策略也由过去的高度神秘转向公开透明。党的十八大以前，巡视工作往往奉行神秘低调、少说多做的原则，社会对其了解甚微。十八大以来，巡视工作转变策略，公开曝光、高调反腐，借助网络、电视、电台、报纸等现代传播媒体，权威发布案件信息，形成社会舆论，社会各界更容易了解巡视工作的进展、成效等，获得民众支持与好评，同时对腐败分子也造成一定的震慑作用。比如巡视组进驻时，向社会公开联系方式，接受群众信访，召开动员会充分宣传，结束时召开意见反馈会，反馈意见三个月之内被巡视单位上报整改报告，促进巡视工作公开透明化，接受广大人民群众的监督。

2013年9月，中共中央纪委监察部网站上线(现为中共中央纪律检查委员会和中华人民共和国国家监察委员会网站)，这是巡视工作信息公开、新闻发布、政策阐释、网络举报等方面的主要网络渠道。网站设有“审查调查”专栏披露违纪违规干部案件，“巡视巡察”专栏公开巡视巡察工作进展，“监督举报”专栏通报各地违规问题以及举报渠道。此外，巡视工作也受到媒体极大的关注，腐败官员的查处情况、审判情况等信息均称为社会关注热点，这对心存侥幸或者意志有所动摇的官员起到震慑作用，有助于塑造社会共同反腐的良好氛围。

(四)巡视成果效用化

巡视成果转化运用直接影响巡视工作能否发挥效用，因此强化巡视成果转化运用至关重要。党的十八大以来，党中央重视强化巡视成果的转化运用，力求发挥巡视监督的最大效用。

一是分类处置巡视结果。派出巡视组的党组对巡视发现的问题线索进行分类处置后，对于存在违纪和作风方面问题的领导干部移交纪律检查机关，纪检机关对于反映领导干部问题线索和“‘四风’问题”要优先研办，运动监督执纪“四种形态”分类处置；对于存在执行民主集中制、干部选拔等政治问题的干部移交有关组织部门。

二是在成果转化中强化责任制，落实各级党委的整改主体责任、纪委的监督责任和领导干部“一岗双责”，建立问题清单、责任清单、任务清单等机制,明确整改措施和时限,对落实责任不力的相关主体进行问责。同时将巡视结果作为干部考核评价、选拔任用的重要依据,从绩效评估、提拔晋升等层面强化巡视成果运用。

三是督促整改,做到件件有着落。巡视组要及时向被巡视党组织反馈巡视意见。被巡视党组织要做到认真落实整改,并于2个月内上报巡视工作领导小组办公室,被巡视党组织主要负责人为落实整改的第一负责人。派出巡视组的党组织完成分类处置后,相关纪检、组织部门收到问题或线索后,要求于3个月内向巡视工作领导小组反馈办理情况。巡视工作领导小组还应会同巡视组采取适当方式了解督促被巡视地区或单位落实整改工作的情况。此外,党中央积极改进巡视反馈方式,巡视组向被巡视党组织反馈巡视结果时,新增传达习近平总书记关于巡视工作的重要讲话精神,同时巡视结果在中纪委及监察委的网站上公开,要求被巡视地区或单位在媒体上公开整改承诺,接受社会监督等。由此多管齐下,实现“有贪必反、有腐必肃”,切实做到件件有着落,发挥巡视的治本作用。

一些地方积极创新巡视工作机制。浙江省委探索约谈制、报结制、交办制、通报制、问责制等系列工作制度,促进巡视问题整改与巡视成果运用。省委巡视结束后,浙江省委巡视工作领导小组组织召开巡视问题线索交班会,巡视组向省纪委案管室及部分被巡视单位派驻纪检组移交问题检索,构建巡视问题线索报账、转账、查账、销账的完整链条,建立健全问题线索交办机制。省委巡视办根据省巡视情况将问题线索分为建议进一步了解关注类、建议了解关注类、建议参考类三类分类移交,便于接收单位运用监督执纪“四种形态”给予不同处置。此外,浙江省委要求被巡视单位报结巡视反馈问题的整改情况,实行报结制;省委、省政府主要领导一对一约谈问题较突出的被巡视党组织主要负责人,落实问责制。

第三节　巡视锻造权力监督利剑

党的十八大以来,中央巡视工作一直在不断创新,巡视的工作人员、对象、内容、方式方法等都在与时俱进。可以说,创新是巡视工作的生命力所在,正因为中央巡视工作不断在坚持中深化、在深化中发展,巡视利剑才能越擦越亮,推动全面从严治党不断向纵深发展。[①] 党的十八届中央纪委执纪审

① 姜洁:《创新是巡视工作的生命力》,《人民日报》2018年10月26日第5版。

查的案件中,超过60%的线索来自巡视,中央巡视这把利剑发挥了关键作用。巡视监督的实践证明,巡视监督尊重党员主体地位,发挥同级相互监督和自下而上民主监督作用,实现了权力与责任、权利与义务的统一,彰显了中国特色社会主义民主监督的制度优势。① 新时代党风廉政建设和反腐败斗争形势依然严峻复杂,要持续发挥利剑作用,巡视工作就要不断创新。

一、推进巡视利剑制度化建设

新时代中国共产党党内监督的巡视制度注重制度化、程序化与规范化,增强巡视监督的公信力与持久力。政治权力是有组织的强制力量,同时也是一种制度化力量。强制力需要以制度来约束规范,这也是其获得合法性的基础。我国古代以刺史制度为核心的监察制度是一种较为有效的反腐败机制,但依附于人治,具有很大随意性,一旦缺乏权力制衡,很容易产生"寻租"行为,滋生新的腐败。党中央的巡视监督尽管是一种自上而下的监督方式,但具有制度规范其权力。党的十八大以前,相关巡视制度规定了巡视的性质、作用、工作机制等,具有一定程度的制度性、程序性与规范性。

党的十八大以来,党中央明确了"中央统一领导、分级负责"的巡视工作领导体制,以"四个意识"为政治标杆,以党章党规党纪为政治尺子,把维护党中央权威和集中统一领导作为根本政治任务,发挥巡视政治导向作用。② 相关巡视制度不断完善,形成较为全面细致的巡视制度体系,进一步明确巡视的职责定位、巡视范围对象、工作方式等,与时俱进,不断细化优化巡视制度。建立完善的巡视领导机制、组织机制、问责机制、考核机制等相关体制机制,持续深化政治巡视,完善巡视巡察战略格局。统筹安排常规巡视、专项巡视、机动巡视,把巡视巡察与净化政治生态相结合,与整治群众反映强烈的问题相结合,与解决日常监督发现的突出问题相结合,增强监督实效。③

---

① 王峰、周明婷:《巡视工作:民主集中制创新实践的积极探索》,《中国社会科学报》2019年4月25日第5版。

② 施克辉:《政治巡视助力破解"历史周期率"》,《求是》2017年第20期。

③ 《中国共产党第十九届中央纪律检查委员会第三次全体会议公报》,《人民日报》2019年1月14日第1版。

二、“双顶层”机制推动巡视过程

中国政策过程中的“双顶层”机制，指“顶层设计”和“顶层推动”在政策制定和执行中的并用。[①] 顶层设计的特点是自上而下，在现行政治体制下，重大的政策由中央制定，按照党政系统自上而下贯彻执行，“顶层”一旦推动会使整个政治系统起联动作用。顶层推动表现为中央通过地方的控制，借助单一制和非地方自治的体制，强力推行国家战略和中央政策。顶层设计发生在政策制定环节，顶层推动发生在政策执行环节。党中央深化巡视制度是“双顶层”机制的典型表现之一。

顶层设计层面，党中央先后出台《中央巡视工作规划(2013—2017 年)》《党的纪律检查体制改革方案》《中国共产党党内监督条例》《中央巡视工作规划(2018—2022 年)》等法规、规划等文件，两次修订《中国共产党巡视工作条例》，说明了党中央高度重视巡视制度的顶层设计。在中央加强顶层设计的影响下，各个层级的领导都注重顶层设计，地方党组织根据地方情况出台相应的巡视制度，甚至企事业单位也加强了应对巡视工作的具体制度、规定等。中央频繁进行巡视制度的顶层设计的同时强力推进了巡视工作的落实。

顶层推动中央政策借助权力结构和行政体制自上而下地推动。我国是中央集权的单一制国家，在科层制的影响下，党政系统形成地方服从中央、下级服从上级的关系。因此，“双顶层”机制成为我国有效的政策制定和执行方式。巡视制度是我国自上而下的党内监督。当党中央决定强力推动巡视制度，在我国政治体制特征的影响下，能够从上而下得到迅速贯彻。此外，巡视的目的是发现问题、形成震慑，进而推进全面从严治党，维护党中央权威，服从党中央统一领导，巡视本身就是党中央促进政策顶层推动的创新手段。党的十八大以来，党中央强调加强巡视的政治定位，严查党内存在的政治问题，更加突显巡视制度作为顶层推动强力手段的作用。因此，新时代巡视制度的创新体现我国“双顶层”机制的特征。

---

① 杨龙、蒋欣然:《中国政策过程中的“双顶层”机制》,《南开学报》(哲学社会科学版)2018 年第 1 期。

三、提升巡视的独立性与权威性

党的十八大以来，巡视工作的独立性和权威性不断提升。就独立性而言，党中央和省（自治区、直辖市）级党组织成立专门的巡视机构，获得中央直接授权，从而具有“高位优势”，为巡视机构相对独立开展工作创造了条件。中央巡视组实行组长负责制，组长一般是在离开一线岗位且年龄未满70周岁的省部级（正职）官员中选任，并挑选具有良好政治素质和业务能力的厅局级干部选任到巡视组中，权力和业务关系具有一定的独立性。此外，巡视制度通过“三个不固定”“一次一授权”等规定弱化巡视组与被巡视对象的关系，也保证了巡视工作的独立性。巡视监督的权威性体现为对领导干部特别是“一把手”的威慑力。党的十八大以来强调对领导干部特别是“一把手”的监督，切实做到对领导干部的问责，很大程度影响其任免与晋升。通过巡视工作，一批腐败分子相继被查处，地方查办大量涉及领导干部特别是“一把手”的大案要案，直接震慑了党内各级领导干部。因此，自上而下的巡视监督具有权威性和威慑力。

四、形成“四个导向”工作机制

机制体制方面，新时代巡视制度主要有责任导向、问题导向、过程导向、执行导向四大特征。一是责任导向。巡视制度强调对权力运行制约，有权必有责、权责要一致。因此，新时代的巡视制度明确“两个责任”，即党委党风廉政建设的主体责任和纪委的监督责任，党委（党组）书记是第一责任人，并提出不当用权问责机制，体现其责任导向。二是问题导向。新时代巡视制度明确政治巡视的地位，以“一个中心、六个纪律”为工作方针，聚焦主要矛盾。专项巡视与机动式巡视强调以问题为导向，有针对性地开展巡视。因此，新时代巡视制度以问题为导向出发。三是过程导向。不同于以往巡视以结果为导向，新时代的巡视制度强调公开透明、预防为主、惩治为用、标本兼治。“打老虎”不是根本目的，而是在过程中进行防腐，发现问题、形成震慑，使干部不敢腐、不能腐，从根本上净化党员干部队伍。四是执行导向。通过对巡视主体、巡视对象、巡视内容、工作机制等一系列全面细致的制度设计，提升新时代巡视制度的执行力，确保巡视制度的可行性、成效性。

五、构建巡视监督纵横协同网络

新时代巡视监督制度的创新强化了纵向层面的上下联动，推动了横向层面的部门机构协作，促进了体制内外的共同监督，有助于构建纵横协调的巡视监督网络，健全党内监督体系，推动全面从严治党向纵深发展。

（一）统筹中央地方自上而下纵向联动监督

党的十八大以来，党中央统筹协调中央、省（自治区、直辖市）和中央单位等的巡视工作，促进上下联动的巡视监督网络，形成“全国一盘棋”的局面。首先表现为中央巡视工作领导小组加强对省区市巡视工作的领导，其次是通过发挥中央巡视的示范效应，加强对省区市巡视工作情况检查、加强巡视制度向地方传动，确保压力层层传导、责任层层落实、工作层层到位，带动地方落实巡视制度，形成上下联动的巡视网络。保证地方贯彻落实巡视制度，做到上传下达、上下齐心，确保中央政令畅通。

（二）推动同级党组织与司法机关横向协同监督

强有力的巡视监督得益于其他监督制度以及相关部门的协同作用。首先，巡视制度是党内监督制度的一部分，也是我国反腐倡廉制度的重要组成部分。巡视制度与全面派驻、巡察制度、监察制度等共同构建起我国监督机制，形成相互联动、相互促进的监督网络。其次，党政机关部门之间的横向协作是巡视工作成效的保证。巡视组发现的问题只有根据分类处置移交至纪检、组织部等相关部门，部门之间形成有效横向协作，才能落实问责机制，强化巡视成果转化。党内监督发现干部涉及违法犯罪的问题，只有通过检察院、法院起诉审判才能将其绳之以法，形成党组织与检察院、法院的协作监督。各级监察委员会可对所有公职人员进行监督，大多数公职人员尤其是领导干部为中共党员，受巡视制度约束，党内监督与国家监察形成协作关系，共同推进监督工作。此外，自上而下的纵向联动有助于推进横向监督，政治压力层层传导推动部门内部开展自查，部门之间相互监督、相互协作，共同推动深化反腐工作及干部队伍建设。

党的十八大以来，巡视监督制度已成为全面从严治党、预防腐败的一把利剑。巡视监督制度以全新的状态出现，随着党中央对巡视监督制度的全力推动、不断创新和坚决落实，巡视监督制度创新取得明显的成效。一大批贪腐官员接连接受组织调查，受到党纪处分乃至法律惩处，彰显了党中央反腐败的决心，赢得了党心民心，凸显出巡视的巨大威力。

第七章　构建微权力的巡察监督制度

党的执政根基在基层，最突出的矛盾也在基层。推进国家治理体系和治理能力现代化，基础在基层，关键在基层。市县巡察是完善巡视战略格局、改善党的基层治理体系和治理能力的重要一环，在巡视巡察监督体系中处于基础性地位，具有党内监督“探头”作用。深入推进市县巡察，是新时代中国共产党治国理政的重大制度创新，是推动全面从严治党向基层延伸的重大举措。党的十九大报告指出：“在市县党委建立巡察制度，加大整治群众身边腐败问题力度。深化政治巡视，坚持发现问题、形成震慑不动摇，建立巡视巡察上下联动的监督网。”这是党中央推动巡视巡察上下联动纵深发展的重要举措，有利于压紧压实管党治党责任，打通全面从严治党的“最后一公里”。

第一节　巡察监督制度顶层设计

一、制度治党必然要求构建巡察监督制度

党的十八大以来，党内监督制度建设，不仅关注中央层面的党内监督，还关注对基层党组织的监督。基层党组织是党的“一线指挥部”，领导力发挥如何，直接关系党的路线方针政策的贯彻执行。要坚持“老虎”“苍蝇”一起打，既坚决查处领导干部违纪违法案件，又切实解决发生在群众身边的不正之风和腐败问题。[①] 当前从全国面上情况看，有三方面问题要高度重视、持续整治：一是扶贫领域的腐败问题，二是涉黑腐败问题，三是惠民政策落实中的腐

① 《更加科学有效地防治腐败，坚定不移把反腐倡廉建设引向深入》，《人民日报》2013 年 1 月 23 日第 1 版。

败问题，它们主要集中在教育医疗、住房养老、食品药品安全等民生领域。[①]要让人民群众的获得感、幸福感、安全感更有保障、更可持续，就必须贯彻以人民为中心的发展思想，把党的群众路线贯穿党内监督工作始终，推动党内监督向基层延伸、向纵深发展，保持整治群众身边腐败和作风问题的高压态势和精准有效。

建立市县党委巡察制度，是推动全面从严治党向基层延伸的现实需要。巡视工作本质上是政治监督，是对被巡视党组织进行政治体检，巡察工作就是巡视工作这一党内监督利器向基层的延伸和拓展。习近平总书记在2016年1月中央政治局常委会听取2015年中央第三轮巡视情况汇报时指出："要不断与时俱进，推动巡视向纵深发展，探索市县巡察，完善巡视工作网络格局。"[②]这是习近平总书记第一次在重要讲话中提到巡察，是党中央根据当前反腐形势与任务的需要提出的新方向和新战略。巡察制度属于中国共产党的基层治理制度。设计巡察制度的初心是为了弥补巡视制度的缺口。巡察制度，又称市县巡察制度，是中国共产党市县党委或纪委按照中央和上级党委党风廉政建设总体部署，结合各地实际，派出巡察工作小组，依照授予的权限和监督范围，在一定的时间内，按照规定的程序，采取灵活的方式方法，对下属地区、部门、单位党组织，特别是党政领导班子及其成员，进行巡回监督检查。巡察工作是一个发现、治理、再发现、再治理的过程，要发扬钉钉子精神，抓实抓长、久久为功，保持整治群众身边腐败和作风问题的高压态势且精准有效。[③]

党的十八届六中全会通过的《中国共产党党内监督条例》第十九条规定："省、自治区、直辖市党委应当推动党的市（地、州、盟）和县（市、区、旗）委员会建立巡察制度，使从严治党向基层延伸。"2017年7月1日新修订的《中国共产党巡视工作条例》规定："党的市（地、州、盟）和县（市、区、旗）委员会建立巡察制度，设立巡察机构，对所管理的党组织进行巡察监督。""开展巡视巡察工作的党组织承担巡视巡察工作的主体责任。"[④]市县巡察是完善巡视战略格局

---

① 《坚持以人民为中心 深入推进市县巡察》，《中国纪检监察报》2018年8月22日第1版。

② 张力：《构建向基层延伸的巡察网格》，《中国纪检监察报》2016年6月29日。

③ 《坚持以人民为中心 深入推进市县巡察》，《中国纪检监察报》2018年8月22日第1版。

④ 任仲文：《坚定不移深化政治巡视》，人民日报出版社2017年版。

的重要一环，在巡视巡察监督体系中处于基础性地位，具有党内监督“探头”作用。巡察制度在市地、县区两级全覆盖，有助于构建“横向全覆盖、纵向全链接”的巡视巡察一体化监督网络格局。

二、巡察监督制度助推基层治理现代化

建立市县党委巡察制度是党的十八大以来中国共产党党内监督的一项重大制度创新，是强化党内监督、完善巡视格局的需要，是落实全面从严治党向基层延伸要求的重要举措。① 建立巡察制度，是提升基层治理水平、促进基层治理体系和治理能力现代化的现实需要。推进国家治理体系和治理能力现代化，基础在基层。十八届党中央把建立市县巡察制度作为全面从严治党向基层延伸的重大创新举措，在党内监督条例和新修改的巡视工作条例中均对市县巡察制度作出明确规定。2017 年 8 月，中共中央办公厅印发《关于市县党委建立巡察制度的意见》。党的十九大报告明确指出，要建立巡视巡察上下联动的监督网，在市县党委建立巡察制度，加大整治群众身边腐败问题力度。②

党的十九大通过的《中国共产党章程》第二章第十四条规定："党的市(地、州、盟)和县(市、区、旗)委员会建立巡察制度。"这说明巡察制度作为全面从严治党向基层延伸的制度，上升至党的治理纲领层面。明确将市县巡察制度写入党章标志着党内巡察制度正式由试点探索上升为顶层设计，也标志着在未来，巡察制度将进一步常态化、制度化和规范化。《中央巡视工作规划(2018—2022 年)》要求市县党委在一届任期内实现巡察全覆盖。从稳妥起步到渐次推进，从试点探索到顶层设计和战略规划，巡察监督不断织密基层党内监督之网，打通全面从严治党的“最后一公里”。当前，我国形成了“省辖市巡察到县、延伸到乡，县(市、区)巡察到乡、延伸到村”的巡察网络，初步构建了巡视巡察上下联动的监督网络。

① 任仲文：《坚定不移深化政治巡视》，人民日报出版社 2017 年版，第 29 页。

② 习近平：《决胜全面建成小康社会 夺取新时代中国特色社会主义伟大胜利——在中国共产党第十九次全国代表大会上的讲话》，人民出版社 2017 年版，第 67 页。

第二节　巡察打通监督"最后一公里"

一、以优化监督体制推动党内监督向基层延伸

巡察监督，是市级、县级党委对下级地方委员会及部门、单位、机关党组织的一种监督方式。市级巡察触角可以延伸到乡镇街道，县级巡察则可以延伸到村和社区。相比于巡视制度，巡察监督增加了组织管理层次，打通对从中央到基层的各级党委的监管。开展巡察工作的党组织承担巡察工作的主体责任，通过成立巡察工作领导小组、派出临时巡察组的方式，实现了"党委对巡察工作领导小组问责、巡察工作领导小组对巡察组问责"的多层级问责机制，缩小了问责幅度、提高了问责效率、增大了问责力度。"打通党内监督最后一公里"的任务不仅艰难而且需要高效和协同，党中央对此采取了增层次、降幅度的"尖塔"型组织管理结构，能够加强上级党委对巡察工作的监督力度，能够在较短的时间内，集中政治力量，较好完成对基层党员干部的巡察工作。巡察工作还重视对巡察结果整改落实情况的"再巡察"，即"巡察回头看"。总体上看，通过"政治巡察""常规巡察""专项巡察""巡察回头看"，着力发现和推动解决被巡察对象存在的突出问题。

（一）政治巡察

政治巡察的重点聚焦基层党组织的建设情况，本质上是政治监督，是对被巡察党组织的"政治体检"，必须牢牢把握政治定位、提高政治站位。要发挥好巡察的政治"显微镜"和"探照灯"作用①，聚焦于党的领导、党的建设和全面从严治党，重点检查基层党组织和党员领导干部政治意识是强还是弱，是否坚决贯彻落实党的路线方针政策和党中央决策部署，党的建设是实还是虚，党组织核心、战斗堡垒作用是否有效发挥，全面从严治党是严还是宽，履行全面从严治党主体责任是否到位等，从政治上找准差距和不足。② 巡察工作必须重点深化政治巡察，始终把政治巡察贯穿巡察工作全过程，在政治高度上突出党的领导，在政治要求上抓住党的建设，在政治定位上聚焦全面从

---

① 中共中央办公厅:《关于市县建立巡察制度的意见》，2017 年 8 月 17 日。

② 孙明忠:《深化政治巡察应把握几个关键》，《中国纪检监察报》2017 年 12 月 6 日第 2 版。

严治党。

（二）常规巡察

常规巡察是根据全年的工作安排所进行的巡察，也就是例行巡察，巡察之前是没有重点目标和重点领域的，也没有得到重大举报的巡察。常规巡察具有范围广、时间长、领域多、巡察内容较为综合的特点。

（三）专项巡察

专项巡察是指巡察组坚持问题导向，针对“重点人、重点事、重点问题、巡察整改”开展的机动灵活监督。对巡察整改的再巡察，即巡察回头看环节十分重要。它能够在巡察后期，通过对整改情况的督察，形成持续震慑的一个重要环节。① 实现了对发现的问题要求列出清单、建立台账、限期整改，做到问题不查清不放手、不改到位不收兵。② 专项巡察较多用于精准脱贫工作中，着力解决群众反映强烈扶贫领域中的腐败和违纪问题，打通脱贫攻坚的“最后一公里”。③ 当前，扶贫巡察侧重于抓住“关键人”、管住“关键点”、问责“关键事”，着重对脱贫攻坚涉及的重要业务部门、重点岗位人员进行重点巡察。④ 着力发现基层干部贪污侵占、吃拿卡要、优亲厚友、截留挪用、失职渎职、作风不实等问题。⑤ 巡察采用查阅资料、实地查看、走访群众等多种方式，确保取得实效。⑥ 此外，专项巡察也被称为“点穴式”巡察，把发现问题、形成震慑作为方针，紧盯政策落实、资金使用、项目推进三个重点环节。

政治巡察是根本。巡察巡的是政治，而不是业务，必须牢牢把握政治巡察定位，提高政治站位。⑦ 常规巡察是基础，是落实“巡察体现从严治党的全面性、全覆盖”要求，管全党、治全党的重要方式，是面向党的基层组织，将巡察监督加快覆盖到党的建设各领域、各层级、各方面的有效手段。专项巡察

---

① 毛翔：《构建全方位监督格局》，《中国纪检监察报》2018 年 4 月 10 日第 1 版。

② 陈勇贵：《巡察表态发言竟“复制粘贴”》，《中国纪检监察报》2018 年 5 月 17 日第 5 版。

③ 叶水江：《福建三明：“县域交叉”巡察揪出隐形“四风”问题》，《中国纪检监察报》2018 年 4 月 3 日第 6 版。

④ 蒋中治：《四川船山 解剖“蝇腐”对症下药》，《中国纪检监察报》2018 年 4 月 26 日第 6 版。

⑤ 罗贤忠、黄志文：《谁动扶贫“奶酪” 从严查办不留情》，《中国纪检监察报》2018 年 5 月 16 日第 3 版。

⑥ 《四川仁寿：巡察找问题，治理补漏洞》，《中国纪检监察报》2018 年 4 月 21 日第 2 版。

⑦ 钟循：《巡察，打通党内监督“最后一公里”——党的十八大以来深化政治巡察回眸》，《中国纪检监察》2017 年第 13 期。

是对常规巡察的深入和补充，是对常规巡察的“精准化”和“点穴”。[①] “巡察回头看”是保障，“发现问题”只是过程，巡察监督制度的根本落脚点是“解决问题”。因此，必须严格落实“巡察回头看”，巡察被巡察主体关于巡察结果的整改情况。实现政治巡察、常规巡察与专项巡察的有机结合，既能实现巡察内容的无缝对接，又可以发挥各自优势，形成监督合力。

二、以织密巡察网络消除党内监督真空地带

过去，在对地方党委的党内监督中，主要监督对象为省级党委和市级党委及其对应的人大常委会、政府、政协党组的领导干部和人民法院、人民检察院党组的主要负责人，分别由中央巡视组和省委巡视组进行。而对市级党委以下的县级、乡级的党委及其他领导班子党组的监督形成了空白。市县两级巡察制度的建立则弥补了这个空白，由市级党委开展对县（市、区）党委和人大常委会、政府、政协党组领导班子及其成员和县（市、区）人民法院、人民检察院党组主要负责人进行巡察。县（市、区）党委巡察组主要对乡镇（街道）党委（党工委）领导班子及其成员进行巡察，完成了对领导机构的监督全覆盖。

巡察工作要求“精准识别”对象。总的来说，巡察对象以基层党组织领导班子及其成员特别是一把手为重点。[②] 具体而言，巡察对象涉及不同性质部门的基层党组织，主要包括政府部门、事业单位、国有企业和基层群众性自治组织。巡察内容无缝隙。巡察内容主要针对党的领导弱化，党的建设缺失，落实主体责任不到位，维护党的各项纪律不力，推进党风廉政建设和反腐败工作不坚决、不扎实以及领导小组要求巡察的其他问题。以政治巡察为重点，常规巡察与专项巡察相结合。现在，县级巡察要求延伸到村（居委会），把与群众利益密切相关的重要部门、乡（镇）村（居）的党组织作为巡察监督的重点对象，实现将监督视野覆盖到基层各级党组织。[③]

---

① 杨志：《巡察工作应正确把握四个关系》，《中国纪检监察报》2017 年 8 月 1 日第 2 版。

② 四川省委巡视工作领导小组办公室：《驱散巡察中的“人情雾霾”》，《中国纪检监察报》2018 年 5 月 10 日第 3 版。

③ 《深化政治巡察 夯实执政基础——对市县巡察工作把握政治巡察定位的几点思考》，《中国纪检监察》2016 年第 11 期。

三、以巡察机制多样化提升党内监督质量

(一)异地交叉巡察剑指基层熟人社会监督难问题

为了保证巡察监督质量,提升巡察工作效率,巡察组内部打破以县域为单位的常规结构,将抽调的县级巡察组人员“打散”“揉碎”,重新组合为由不同县域人员组成的新的交叉巡察组,对不涉及组内成员县域的县直部门开展“回避式”交叉巡察。① 实现巡察组与被巡察单位严格错开、让巡察组成员与被巡察单位严格回避。② 在巡察组交叉的同时,巡察主体责任不交叉。交叉巡察组既接受市委巡察工作领导小组领导,又接受被巡察单位所在县区党委的领导,双向负责并报告工作。被巡察县区党委把交叉巡察组当作自己的巡察组,授权任务,压实担子,推动发现问题。③ 在充分发挥“异地”优势的同时,倒逼当地党委落实巡察主体责任。④ 交叉巡察在地方的具体实践中又有一定的创新,例如,福建省厦门市创新开展机动式巡察,采取“提级巡察”的办法,将市委巡察的触角延伸到基层,“下沉一级”走村入户了解情况。⑤

(二)互联网+大数据+巡察提升监督精细化水平

以“互联网”和“大数据”为代表的新技术手段被广泛运用于新时代巡察工作中,能够发挥新技术在数据存储、交换、分析、监控等方面的优势,大大提高巡察效率。例如,针对许多涉农项目由于项目来源不一、管理多头的特点,河南濮阳市委巡察办从市财政局、审计局、各巡察组中,抽调本职业务熟练、计算机操作能力强的人员组成大数据分析组。同时,要求各巡察组、被巡察单位、财政等相关单位指定专人负责数据报送工作,畅通数据报送渠道,做到及时、准确。建立数据保密制度,所有数据均需经过专用加密存储设备报送,确保不泄密,保证数据安全性。数据采集重点关注三个方面:一是紧盯补贴金额较大的惠民项目;二是紧盯村干部、主管部门及其下属站所工作人员、科级干部三大群体;三是紧盯函询、网络舆情、信访举报中反映的重点事、重点

---

① 李玉长:《交叉巡察破除人情干扰》,《中国纪检监察报》2017 年 4 月 14 日第 2 版。

② 赵振宇:《江西新余:交叉巡察破解人情干扰》,《中国纪检监察》2016 年第 11 期。

③ 言卓:《瞄准靶心 双重反馈 交叉联动》,《中国纪检监察报》2017 年 12 月 5 日第 2 版。

④ 周根山:《破解“巡不深、察不透”难题》,《中国纪检监察报》2018 年 5 月 11 日第 1 版。

⑤ 田国垒:《擦亮巡视巡察利剑 着力发现问题》,《中国纪检监察报》2018 年 4 月 6 日第 2 版。

人、重点问题。

还有地方将“互联网＋大数据”思维运用于巡察工作之中。例如，重庆市黔江区利用微信平台及时收集民众信访举报的消息，强化微信公众号平台联动，安排专人定期收集巡察地区相关微信公众号平台与作风和反腐相关的留言，认真梳理排查扶贫领域相关问题线索。[①] 例如，四川省北川羌族自治县于2016年12月开始建设“互联网＋精准扶贫代理记账”监管平台，将全县23个乡镇、93个贫困村、343个村(社区)所有项目资金全部录入，以破解扶贫项目资金监管难题。村民用身份证号码在平台注册后，就可以用手机、电脑登录平台了解到扶贫资金政策，查询“拨付了哪些扶贫资金、金额多少、花到了哪儿”，一旦发现其中有“猫腻”，就可以在举报栏直接向县纪委监委举报。[②]

第三节　巡察与巡视上下联动监督网

一、巡察利剑对准基层微权力腐败

基层是国家治理体系的末端，基层党组织的权力运行状况直接关系到国家治理的有效性。习近平总书记强调：“要做深做实做细市县巡察和纪委监委日常监督，在实践中拓展整治群众身边腐败和作风问题工作，从具体人、具体事着手，将问题一个一个解决。”[③]建立巡察制度，是提升基层治理水平、促进基层治理体系和治理能力现代化的现实需要。[④] 市县巡察监督的一个特殊意义，就是通过巡察干部走村入户、听取意见，把党内监督送到群众家中、送到群众炕头，让群众真正感受到党的关怀就在身边、从严管党治党就在身边、正风反腐就在身边，监督基层微权力，治理基层微腐败，净化基层政治生态。

---

① 张涛：《重庆黔江 优先处置扶贫领域信访问题》，《中国纪检监察报》2018年4月18日第2版。

② 邝克勤：《四川北川“互联网＋”破解扶贫资金监管难题》，《中国纪检监察报》2018年4月15日第2版。

③ 《习近平在十九届中央纪委三次全会上发表重要讲话强调 取得全面从严治党更大战略性成果 巩固发展反腐败斗争压倒性胜利》，《人民日报》2019年1月12日第1版。

④ 中央巡视工作领导小组办公室：《认真贯彻市县党委巡察意见 以实际工作成效厚植党执政的政治基础》，《中国纪检监察报》2017年8月16日第1版。

2012年党的十八大至2017年党的十九大召开前，各地市县党委按照党中央统一要求，不断深化政治巡察，织密基层党内监督之网，畅通基层群众直接反映问题渠道，巡察组共受理来信、来电、来访38万余件次，与基层党员干部个别谈话121万余人次，发现并推动解决一大批发生在群众身边的突出问题，着力打通全面从严治党“最后一公里”。从巡察数量上看，经过持续的推进，31个省区市和新疆生产建设兵团均部署开展巡察工作，15个副省级城市全部建立巡察制度，336个市(地、州、盟)、2483个县(市、区、旗)开展巡察工作。截至2017年5月底，共巡察党组织14.4万个，其中乡镇党委2.3万个，占全国总数57.9％；村居党支部8.2万个，占全国总数12％，巡察监督利剑作用初显成效。①

建立巡察制度，是强化基层党的领导、提高基层党组织政治领导力、思想引领力、群众组织力、社会号召力的现实需要。可以看到，开展市县一级的巡察监督成果显著，精准打击了基层微腐败，把全面从严治党的压力和责任传递到“最后一公里”、传导到党组织神经末梢，让基层群众切身感受到全面从严治党实际成效，净化了基层的政治生态。

二、构建巡视巡察上下联动的监督网

(一)实现巡视巡察上下联动

过去，由中央和省一级开展的巡视，只能覆盖到市一级，着重打击危害国家社稷的“大老虎”，而市县以下的党内监督则是空白状态，一些腐败的基层干部，成了党内监督的盲区。相对于“远在天边”的老虎，群众对“近在眼前”嗡嗡乱飞的“蝇贪”感受更为真切。② 可以说，巡视制度的“独角戏”虽然实现了对高级官员的监督，但还缺乏对基层干部的监督。市县巡察监督工作的开展，有效地补齐了基层监督这一党内监督的最后一块短板，打通了党内监督的“最后一公里”，弥补了巡视监督指针对高级干部所造成的制度空白，实现了巡视巡察上下联动。从此无论是身居高位的中央官员，还是直面群众的基层干部，都要接受巡视巡察，都要接受党内的监督，通过巡视巡察上下联动，打通了监督层级、贯通了地气，充分发挥中国特色社会主义国家治理制度的巨大优势，党内监督实现全覆盖、无禁区、零容忍。

---

① 程威：《紧贴基层“巡” 盯住重点“察”》，《中国纪检监察报》2017年7月6日第2版。

② 习近平：《习近平谈治国理政》(第二卷)，外文出版社2017年版，第167页。

(二)巡察监督治理基层微腐败

党的十九大报告指出,在市县党委建立巡察制度,加大整治群众身边腐败问题力度。2019 年 1 月 13 日,中国共产党第十九届中央纪律检查委员会第三次全体会议公报指出:“持续整治群众身边腐败和作风问题,让人民群众有更多更直接更实在的获得感、幸福感、安全感。”基层的腐败干部虽然腐败金额不大,但是“微腐败”却更令老百姓有切肤之痛,他们“雁过拔毛”,挖空心思侵占资金;他们吃拿卡要,把好处都装进自己的腰包;他们高高在上,漠视群众疾苦;他们执法不公,成为黑恶势力的代言人。这些基层长期存在的“微腐败”现象如不加以遏制会造成“大祸害”,它损害的是老百姓的切身利益,啃食的是老百姓的获得感,挥霍的是基层群众对党的信任。① 党的执政根基在基层,最突出的矛盾也在基层。如果基层群众对党失去信任,那么党就岌岌可危。而深入开展市县两级巡察,就是重建群众对党的信任的重要举措,通过全面开展市县两级巡察,紧盯百姓身边的不正之风和腐败问题,不断增强人民群众的获得感,为我们党赢得民心。直面基层的市县巡察回应了最广大人民群众的呼声和期盼,老百姓最痛恨什么,巡察就推动解决什么。无论“小官大贪”,还是“雁过拔毛”、动扶贫“奶酪”,这些基层党员的“微腐败”巡察利剑都不放过,推动了全面从严治党在基层见到实效,厚植党执政的政治基础。

巡察监督是中国共产党在新时代推动全面从严治党向纵深发展的一项重大制度创新,有力推动了全面从严治党向基层延伸,补齐党内监督的最后一块短板。这项党内监督制度设计有助于净化基层政治生态,巩固党的执政基础,不断增强基层党组织的公共治理能力。在巡察工作中,由中央巡视组指导各省区市建立巡察制度、省区市党委指导市县巡察工作,各市县党委履行巡察工作主体责任,这样的制度设计,有利于巡察责任的履行到位。在市县党委成立巡察工作领导小组,组织多个巡察组对基层党组织进行巡察监督,有利于监督流程的通畅,提高了体制机制的运行效率。市县巡察制度的建立通过层层传导压力,把党内监督的责任落实到基层。总的来说,巡察监督全面推行弥补了基层党内监督的制度空白,打通了党内监督的“最后一公里”,实现了巡视巡察监督上下联动。

① 习近平:《习近平谈治国理政》(第二卷),外文出版社 2017 年版,第 167 页。

第八章　构建统一体的监督问责制度

权责对等原则是国家治理的重要原则。有权就有责，不尽责就问责。强化问责是倒逼和监督制度执行的有效手段。党的十八届三中全会通过的《中共中央关于全面深化改革若干重大问题的决定》第一次明确提出："落实党风廉政建设责任制，党委负主体责任，纪委负监督责任，制定实施切实可行的责任追究制度。"党委的主体责任和纪委的监督责任是一个统一体，相互促进、协同治理。党内监督"两个责任"制度，是新时代中国共产党党内监督制度的重大创新，有助于从根本上解决党委主体责任缺失、纪委监督责任缺位的问题，层层传导和压实党内监督责任，为新时代推进国家治理现代化提供责任制度保障。

第一节　"两个责任"协同监督

《中国共产党党内监督条例》第五条规定：党内监督的任务是确保党章党规党纪在全党有效执行，维护党的团结统一，重点解决党的领导弱化、党的建设缺失、全面从严治党不力，党的观念淡漠、组织涣散、纪律松弛，管党治党宽松软问题，保证党的组织充分履行职能、发挥核心作用，保证全体党员发挥先锋模范作用，保证党的领导干部忠诚干净担当。顺利完成党内监督的主要任务，必须建立健全党内监督的责任制度，确保权责对应、权责对等、权责一致。2021 年 3 月 27 日印发的《中共中央关于加强对"一把手"和领导班子监督的意见》指出："破解对'一把手'监督和同级监督难题，必须明确监督重点，压实监督责任，细化监督措施，健全制度机制。"党的十八大以来，以落实党委主体责任和纪委监督责任为突破口，执行多年的党风廉政建设责任制被注入新的动力和活力，成为"打虎拍蝇"取得重大进展的重要前提，也代表了新时代治理腐败的重大制度创新成果和实践发展方向。

一、党委负主体责任

习近平总书记在十九届中央纪委三次全会上强调,“强化主体责任,完善监督体系”①。全面从严治党能不能落到实处,关键在能否抓住主体责任这个“牛鼻子”。为什么要强调党委负主体责任?是因为党委能否落实好主体责任直接关系党风廉政建设成效。② 党的十八大以来,党中央先后出台《中国共产党党内监督条例》《中国共产党党员领导干部廉洁从政若干准则》《中国共产党问责条例》《中国共产党支部工作条例(试行)》《中国共产党纪律检查机关监督执纪工作规则》《党委(党组)落实全面从严治党主体责任规定》《中共中央关于加强对“一把手”和领导班子监督的意见》等党内法规,强化党内监督主体责任和监督责任的制度化建设。

党的十九大通过的《中国共产党章程(修正案)》规定:“强化管党治党主体责任和监督责任,加强对党的领导机关和党员领导干部特别是主要领导干部的监督,不断完善党内监督体系。深入推进党风廉政建设和反腐败斗争,以零容忍态度惩治腐败,构建不敢腐、不能腐、不想腐的有效机制。”《中国共产党党内监督条例》第十五条:“党委(党组)在党内监督中负主体责任,书记是第一责任人,党委常委会委员(党组成员)和党委委员在职责范围内履行监督职责。”新修订的《中国共产党纪律检查机关监督执纪工作规则》强调党委(党组)在党内监督中履行主体责任,纪检监察机关履行监督责任,应当将纪律监督、监察监督、巡视监督、派驻监督结合起来。

2020 年 3 月,中共中央办公厅印发的《党委(党组)落实全面从严治党主体责任规定》提出:“党委(党组)书记应当履行本地区本单位全面从严治党第一责任人职责,做到重要工作亲自部署、重大问题亲自过问、重点环节亲自协调、重要案件亲自督办;管好班子、带好队伍、抓好落实,支持、指导和督促领导班子其他成员、下级党委(党组)书记履行全面从严治党主体责任,发现问

① 《习近平在十九届中央纪委三次全会上发表重要讲话 强调取得全面从严治党更大战略性成果 巩固发展反腐败斗争压倒性胜利》,《人民日报》2019 年 1 月 12 日第 1 版。

② 中共中央纪律检查委员会、中共中央文献研究室:《习近平关于党风廉政建设和反腐败斗争论述摘编》,中国方正出版社、中央文献出版社 2015 年版,第 60 页。

题及时提醒纠正。”[①]2021 年 3 月 27 日印发的《中共中央关于加强对“一把手”和领导班子监督的意见》指出：“党委（党组）要切实管好自己的‘责任田’，综合运用检查抽查、指导民主生活会、受理信访举报、督促问题整改等方式，加强对下级领导班子及其成员特别是‘一把手’的监督，做到责任清晰、主体明确、措施管用、行之有效。”党的十八大以来全面从严治党的实践和经验启示我们，只有切实增强管党治党意识、落实管党治党责任，真正做到“党委抓、书记抓、各有关部门抓、一级抓一级、层层抓落实”，才能真正把权力关进制度的笼子里，才能真正将全面从严治党、党风廉政建设和反腐败斗争不断引向纵深，以全面从严治党新成效推进国家治理体系和治理能力现代化。

（一）主体责任的对象

2019 年出台的《中共中央关于加强党的政治建设的意见》，要求建立健全推进党的政治建设工作责任制，各级党委（党组）要切实负起本地区本部门党的政治建设工作主体责任。党风廉政建设的主体责任，不能仅仅理解为党委班子及其成员的事，更不能简单地说就是党委书记的事。党委的主体责任可以细分为三个责任，即党委领导班子的集体责任、党委主要负责人的第一责任、分管领导班子成员的领导责任。

《中国共产党党内监督条例》第十五条规定了党委（党组）履行以下四项监督职责：第一，领导本地区本部门本单位党内监督工作，组织实施各项监督制度，抓好督促检查；第二，加强对同级纪委和所辖范围内纪律检查工作的领导，检查其监督执纪问责工作情况；第三，对党委常委会委员（党组成员）、党委委员，同级纪委、党的工作部门和直接领导的党组织领导班子及其成员进行监督；第四，对上级党委、纪委工作提出意见和建议，开展监督。《中国共产党党内监督条例》第十六条：“党的工作部门应当严格执行各项监督制度，加强职责范围内党内监督工作，既加强对本部门本单位的内部监督，又强化对本系统的日常监督。”《中国共产党党内监督条例》第十七条：“上级党组织特别是其主要负责人，对下级党组织主要负责人应当平时多过问、多提醒，发现问题及时纠正。领导班子成员发现班子主要负责人存在问题，应当及时向其提出，必要时可以直接向上级党组织报告。”

（二）主体责任的内容

从责任的基本内容来看，党委的主体责任是全面责任、首要责任。根据

① 《党委（党组）落实全面从严治党主体责任规定》，《人民日报》2020 年 3 月 14 日第 1 版。

习近平总书记在第十八届中央纪委第三次全体会议上关于“党委的主体责任”的阐述，党委的主体责任包括以下五个方面①：

一是要加强领导，选好用好干部，防止出现选人用人上的不正之风和腐败问题。作为一级党组织的主要负责人及班子成员，选人用人是他们的重要职责。选好人、用好人是推进党风廉政建设最基础最关键的工作，也是惩戒体系建设的第一道防线。在选好用好干部上，坚持正确用人导向，严格按制度和程序办事，匡正选人用人之风。二是坚决纠正损害群众利益的行为。即要把对人民负责和对党负责统一起来，着力查处损害群众利益的行为，建立健全维护群众利益长效机制。三是强化对权力运行的制约和监督，从源头上防治腐败。党委（党组）要加快构建决策科学、执行坚决、监督有力的权力运行体系，形成科学有效的权力制约和协调机制，最大限度堵塞制度漏洞，真正把权力关进制度的笼子里。四是领导和支持执纪执法机关查处违纪违法问题。即对腐败问题敢于“亮剑”，做到“零容忍”，充分发挥纪检监督作用，大力支持纪检监察机关依法依规查处案件。五是党委主要负责同志要管好班子，带好队伍，管好自己，当好廉洁从政表率。即作为履行主体责任的第一责任人，要带头遵守廉洁从政各项规定，以率先垂范的实际行动，推动党风廉政建设责任制的贯彻落实。

党风廉政建设责任制中党委的主体责任是一种政治责任、领导责任、教育责任、管理责任、检查考核责任、示范引领责任，主体责任的内容是一个完整的、相互联系的、不可分割的整体。各级党委特别是主要负责同志必须树立不抓党风廉政建设就是严重失职的意识，常研究、常部署，抓领导、领导抓，抓具体、具体抓，种好自己的责任田。② 党委（党组）书记作为党风廉政建设第一责任人，既要挂帅又要出征，对重要工作亲自部署、重大问题亲自过问、重要环节亲自协调、重要案件亲自督办。③

---

① 中共中央纪律检查委员会、中共中央文献研究室：《习近平关于党风廉政建设和反腐败斗争论述摘编》，中国方正出版社、中央文献出版社 2015 年版，第 61 页。

② 中共中央纪律检查委员会、中共中央文献研究室：《习近平关于党风廉政建设和反腐败斗争论述摘编》，中国方正出版社、中央文献出版社 2015 年版，第 61 页。

③ 中共中央纪律检查委员会、中共中央文献研究室：《习近平关于党风廉政建设和反腐败斗争论述摘编》，中国方正出版社、中央文献出版社 2015 年版，第 64 页。

二、纪委负监督责任

维护制度权威、保障制度执行，是纪检监察机关的重要职责。《中国共产党党内监督条例》第二十六条规定："党的各级纪律检查委员会是党内监督的专责机关，履行监督执纪问责职责，加强对所辖范围内党组织和领导干部遵守党章党规党纪、贯彻执行党的路线方针政策情况的监督检查。"党的各级纪律检查委员会在党委领导下开展工作，协助党委加强党风廉政建设和组织协调反腐败工作。强化纪委的监督责任，是落实党风廉政建设责任的重要内容。2018 年 11 月 26 日，中共中央政治局召开会议，审议通过《中国共产党纪律检查机关监督执纪工作规则》。把《中国共产党纪律检查机关监督执纪工作规则》上升为中央党内法规，体现了党中央对纪检监察工作的高度重视，彰显了党中央从严管党治党、强化自我监督的坚定决心。纪检监察机关必须扎紧制度笼子，强化自我约束，对执纪违纪、执法违法者"零容忍"。①

纪委的职责是监督执纪问责。党内监督的责任制度建设的重要一条，就是紧紧围绕纪委的监督责任这个基本职责、第一职责，强化对公权力的全方位监督。《中国共产党纪律检查机关监督执纪工作规则》新增"监督检查"一章，突出监督这一首要职责，明确把"两个维护"、贯彻执行党和国家的路线方针政策以及重大决策部署等，作为监督检查的重点；规定党内监督情况专题会议、信访举报、党员领导干部廉政档案、干部选拔任用党风廉政意见回复、纪律检查建议或者监察建议等制度；强调纪检监察机关应当结合被监督对象的职责，加强对行使权力情况的日常监督，发现苗头性、倾向性问题或者轻微违纪问题，及时约谈提醒、批评教育、责令检查、诫勉谈话，提高监督的针对性和实效性。

党的十八大以来，各级纪检监察机关深化运用监督执纪"四种形态"，在坚持反腐败力度不减、节奏不变的同时，按照"惩前毖后、治病救人"的方针，将监督执纪"四种形态"的内在要求贯穿于审查调查和案件审理工作全过程，充分体现党的政策和策略，全力保障案件办理取得良好的政治效果、纪法效果和社会效果。对于那些迷途知返、投案自首、配合审查调查、积极退缴违纪违法所得、真诚认错悔错改错的干部，依规依纪依法给予出路。即便其涉嫌犯罪，在向检察机关移送审查起诉时，也会依法提出从宽处罚的建议。

---

① 《中共中央政治局召开会议》，《人民日报》2018 年 11 月 27 日第 1 版。

2018年11月19日，中央纪委国家监委网站公布消息，河南省人大常委会原党组副书记、副主任王铁因严重违纪违法受到开除党籍、政务撤职处分。通报指出，王铁自动投案，主动交代违纪违法问题，主动全额上交违纪违法所得，真诚认错悔错，可予从轻、减轻处理。依据《中国共产党纪律处分条例》《中华人民共和国监察法》等有关规定，经中央纪委常委会会议研究并报中共中央批准，决定给予王铁开除党籍处分；由国家监委给予其政务撤职处分，降为副处级非领导职务，办理退休手续。[①] 2018年10月19日，中央纪委国家监委网站发布河北省政协原副主席、党组副书记艾文礼严重违纪违法被开除党籍的消息时指出，“艾文礼自动投案，真诚悔罪悔过，依据《中国共产党纪律处分条例》《中华人民共和国监察法》等有关规定，经中央纪委常委会会议研究并报中共中央批准，决定给予艾文礼开除党籍处分，按规定取消其享受的待遇；收缴其违纪违法所得；将其涉嫌犯罪问题移送检察机关依法审查起诉，并提出减轻处罚的建议，所涉财物随案移送”[②]。

纪检监察工作是党和国家工作的重要组成部分，是进行党的自我革命、推动社会革命的重要力量，要促进管党治党主体责任和监督责任全面覆盖、层层落实，形成全党动手一起抓的工作格局。[③] 纪检监察机关深化运用监督执纪“四种形态”，必须在用好“第一种形态”上花大力气、下实功夫。在落实用好“第一种形态”的工作中，中央纪委国家监委高度重视函询了结，明确要求各监督检查室在对中管干部进行函询后，对于反映不实或者没有证据证明问题存在的线索，应当书面向被函询人反馈了结情况。这既是对干部负责，也有利于强化自我监督，取得了很好的实践效果。[④] 2020年3月，中共中央办公厅印发的《党委（党组）落实全面从严治党主体责任规定》提出：“党的纪律检查机关在履行全面从严治党监督责任同时，应当通过重大事项请示报告、提出意见建议、监督推动党委（党组）决策落实等方式，协助党委（党组）落实

---

① 《持续保持惩治腐败高压态势——党的十九大以来全面从严治党成果巡礼之一》，《人民日报》2019年1月7日第4版。

② 《持续保持惩治腐败高压态势——党的十九大以来全面从严治党成果巡礼之一》，《人民日报》2019年1月7日第4版。

③ 《忠实履行党章和宪法赋予的职责　努力实现新时代纪检监察工作高质量发展——在中国共产党第十九届中央纪律检查委员会第三次全体会议上的工作报告（2019年1月11日）》，《人民日报》2019年2月21日第4版。

④ 《持续保持惩治腐败高压态势——党的十九大以来全面从严治党成果巡礼之一》，《人民日报》2019年1月7日第4版。

全面从严治党主体责任。”①

(一)监督责任的对象

纪委的监督对象主要包括党的各级领导机关和党员领导干部,具体包括:对所在委员会及其派驻机构、派出的巡视机构的工作进行监督;对所在委员会常委、委员和派驻机构、派出的巡视机构的负责人进行监督,特别是对各级领导班子主要负责人进行监督。

(二)监督责任的内容

《中国共产党章程》规定了纪委的主要任务:维护党的章程和其他党内法规,检查党的路线、方针、政策和决议的执行情况,协助党的委员会推进全面从严治党、加强党风建设和组织协调反腐败工作。纪委监督责任的关键在于要突出纪委发挥其监督专业性、专门化的优势与责任,协助党委推进和落实党风廉政建设工作,为党委的各项决策计划的制定、领导工作机制的确立提供专业化的建议;同时要加大执纪问责力度,善于主动去发现各种违纪违规行为,严抓严打党员干部队伍中的腐败现象,严格监管党风廉政建设工作推进的有序化。纪委监督责任就是要在明确党委主体地位的前提下,履行好监督、执纪、问责的基本职责。

一是协助责任。主要是协助本级党委开展党风廉政建设工作计划和责任部署,帮助解读相关政策文件,并结合本地区、本部门实际,为党委提供专业化的建议和意见,推动形成有效的领导责任机制和切实可行的工作计划。二是监管责任。纪委须严格执行纪律,真正做到“守土有责”“守土担责”。三是执纪责任。纪委的执纪责任,指纪委要认真落实检查各级党政机关执行党的方针政策和决议等情况的责任,尤其是加大执纪检查力度,加强对本级及下级领导班子、党员干部、各事业单位成员的权力行使和职责履行的监督检查。

纪委是党风廉政建设责任制的监管主体,在日常工作中要严格落实好“三项主要任务”和“五项经常性工作”,纪委把党风廉政建设和反腐败工作抓手上了,纪委的工作才好开展,纪委的监督责任才能真正得到落实。综上,推进党风廉政建设和反腐败斗争是全党的重大政治任务。党委是各项事业的领导核心,必须担负起党风廉政建设的主体责任;纪委是党内执纪监督的专门机关,必须履行好监督职责。2018 年 1—11 月,全国共有 1.1 万个单位党

① 《党委(党组)落实全面从严治党主体责任规定》,《人民日报》2020 年 3 月 14 日第 1 版。

委(党组)、党总支、党支部,224 个纪委(纪检组),5.3 万余名党员领导干部被问责,失责必问、问责必严成为常态。[①]

三、党委纪委合力种好党风廉政建设“责任田”

“两个责任”是一个有机的整体,它们既相对独立,又相互联系、相互促进。说它们相对独立,就是说它们各有各的“责任田”,既不能以党委的主体责任代替纪委的监督责任,也不能用纪委的监督责任代替党委的主体责任。说它们相互联系、相互促进,是因为离开党委的领导,纪委的监督就难以发挥作用,没有纪委的监督,党委便难以抓住主体的力量。

(一)党委主体责任是纪委监督责任的前提

如前所述,党委在党风廉政建设中的主体责任意味着党委要负责全面系统地统筹、规划党风廉政建设的各项工作,扮演好党风廉政建设的领导主体、规划主体、推进主体、工作主体等角色,为党风廉政建设开拓路径、指明方向[②]。显然,党委的主体地位不容替代,但党委对待党风廉政建设工作的态度和行为决定了纪委监督的成效,党委只有重视反腐倡廉并肩负起推动党风廉政建设工作的责任,纪委才敢放手去实施监督,全面从严治党自然才能避免沦为口号和形式。各级党委应该努力承担主体责任,领导、规划和推进党风廉政建设,并在选人用人、制度建设、资源配置等具体事务中积极探索,为纪委的工作开展提供有利基础和条件,推动纪委切实履行好监督责任。因此可以说,党委主体责任是纪委监督责任的基础和前提。

(二)纪委监督责任是实现党委主体责任的保障

纪委的监督责任主要指各级纪委必须在同级党委和上级纪委的领导下,围绕中心,服务大局,突出主业,履行主责,切实履行党章赋予的“三项任务”“五项经常性工作”,协助党委做好各项党内监督职责,组织协调党风廉政建设和反腐败工作,切实发挥党内监督专门机关的作用。各级纪委要坚决维护党风党纪,对违法乱纪行为严抓严打,保证党员干部队伍的清正廉洁,同时必须在明确党委主体地位的基础上履行其监督职责,真正做到“不越位”和“不

---

① 《让党和国家监督体系更健全——党的十九大以来全面从严治党成果巡礼之二》,《人民日报》2019 年 1 月 8 日第 1 版。

② 杨群红:《落实党风廉政建设主体责任应把握的六个着力点》,《领导科学》2015 年第 5 期。

缺位”。一定意义上说，正是纪委扮演好协助者和执行者的关键性角色，才能维护党的纯洁性，提升党的执政力，并进一步保障党委主体责任的落实。

主体责任与监督责任有机统一，深深嵌入中国特色社会主义国家治理体系各方面全过程。党委主体责任与纪委监督责任是同一个责任范畴的两个侧面，党委的主体责任是前提，纪委的监督责任是保障，二者不能相互替代，更不能互相削弱，而应形成双轮驱动的工作格局。强化监督责任，也并不是要削弱党委的领导，而是给纪委压担子，使之协助党委做好各项党内监督工作，做到真正对党、对人民的忠诚与负责。

第二节　“两个责任”分工贯通

一、以责任精细化明确党委和纪委的责任分工

落实主体责任，首要需要解决好主体责任边界模糊的问题。过去，一些地方和单位对“两个责任”认识模糊、标准不一，对哪些责任是党委主体责任、哪些责任是纪委监督责任界定不清。主体责任是一个责任体系，党委履行的是集体领导责任，党委书记履行的是第一责任人责任，其他领导班子成员根据分工履行“一岗双责”责任。只有“党委不松手、书记不甩手、班子成员不缩手”，才能实现责任互联互通、压力传导畅通，形成齐抓共管的良好局面。①

主体责任意味着党委是领导主体、落实主体、工作主体，承担主要责任，如果党风廉政建设责任制执行不好，首先要问党委的责，这就给各级党委及其班子成员特别是“一把手”增加了压力，加重了责任，从而增强了他们抓党风廉政建设的自觉性。党风廉政建设责任制中“两个责任”的重要内涵之一就是落实党委的主体责任，这不仅使党委的责任进一步明晰化，更是强调了责任执行力的要求。落实党委的主体责任，能够有效防止推诿责任、缺乏担当等现象，使我们能真正做到“事事有人管、人人有专责”，有利于进一步强化各级党委全面领导党风廉政建设和反腐败工作的主体责任。

从我国长期以来的状况可以看出，过去在落实党风廉政建设责任制的工作中，部分纪律检查机关承担了很多本该由党委及其职能部门承担的工作任务，纪委的监督责任落实不够，制约和影响着反腐败的成效。落实纪委监督

---

① 《强化主体责任完善监督体系》,《人民日报》2019 年 2 月 13 日第 4 版。

责任，有利于纪检监察机关进一步转职能、转方式、转作风，从大量的具体事务中解脱出来，腾出更多的精力抓好执纪监督问责这项主业，协助党委抓好党风建设，真正推进反腐斗争有实效的进展。

二、以责任刚性化传导倒逼“两个责任”落实

从严治党是中国共产党治党的重要原则，一直以来，从严治党都被我们摆在党的建设首要地位，从中央到地方，无处不体现着“治国必先治党，治党务必从严”的坚强决心。党的十八大以来，以习近平同志为核心的党中央把全面从严治党纳入“四个全面”战略布局，把党风廉政建设和反腐败斗争作为全面从严治党的重要内容。党风廉政建设责任制是实现从严管党治党、加强党内权力监督的重要机制，而“两个责任”更是落实全面从严治党的有力制度安排。对落实全面从严治党主体责任、监督责任不到位，维护党的政治纪律和政治规矩不力，在推进重大改革、重点工作中推诿应付等不担当不作为问题，必须坚决追责问责。

“两个责任”使得党风廉政建设和反腐败工作的责任体系得到健全，责任得以科学合理分解，工作制度、工作规程得到逐步完善。党委履行好主体责任，首先党委主要负责人要认真履行好第一责任人的职责，班子其他成员要根据工作分工，切实做到“一岗双责”。纪委落实好监督责任，就要集中精力抓好执纪监督问责。如果哪个地方、哪个部门在党风廉政建设方面存在严重问题，或者发生系统性、普遍性、区域性的腐败问题而不报告、不查处，无论是党委还是纪委，都将进行责任倒查，被追责问责。只有这样，才能更进一步增强党风廉政建设责任制的执行力和可操作性，真正做到“把权力关进制度的笼子里”。党风廉政建设“两个责任”制度倒逼各级党委(党组)、纪委履行全面从严治党主体责任、监督责任，推动主体责任、监督责任贯通协同、形成合力，增强抓党风廉政建设和反腐败工作的自觉性、主动性。从实践可以看出，不仅党委主体责任和纪委监督责任的落实情形由相对模糊向相对具体转变，而且党内监督的政治责任实现了从简单化管理向精细化管理转变。

第三节 “两个责任”制度逻辑

党委主体责任与纪委监督责任两个责任是辩证统一的关系。主体责任强调党委既是党风廉政建设的领导者、决策者、组织者，也是执行者、推动者，

党风廉政建设是全党的政治责任，党委必须大责上肩、责无旁贷；监督责任强调纪委是党章和党内法规的维护者和保障者，是党风廉政建设的监督者、协调者、实施者。有权就有责，权责要对等。无论是党委还是纪委或其他相关职能部门，都要对承担党风廉政建设责任进行签字背书，做到守土有责。①

一、党委履行管党治党主体责任是政治前提

办好中国的事情，关键在党。在新的历史条件下，我们党肩负着建成富强民主文明和谐的社会主义现代化国家，实现中华民族伟大复兴的中国梦的政治使命，同时必须看到我们又面临着“四大考验”“四种危险”，全面从严治党直接关系到党和国家生死存亡，关系到党的政治使命能否顺利实现。只有夯实各级党委（党组）管党治党、强化党内监督的主体责任，把党建设好建设强，才能在国家和民族事业中发挥领导核心和模范带头作用，才能形成推进国家治理体系和治理能力现代化的强大合力。

党的十八届三中全会通过的《中共中央关于全面深化改革若干重大问题的决定》第一次明确提出：“落实党风廉政建设责任制，党委负主体责任，纪委负监督责任，制定实施切实可行的责任追究制度。”《中国共产党党内监督条例》明确提出，党委（党组）在党内监督中负主体责任，党的各级纪律检查委员会是党内监督的专责机关，履行监督执纪问责职责，党委加强对同级纪委和所辖范围内纪律检查工作的领导，检查其监督执纪问责工作情况。新修订的《中国共产党纪律处分条例》，对党组织不履行全面从严治党主体责任或者履行全面从严治党主体责任不力的，作出了明确处分规定。“两个责任”制度的构建进一步丰富了中国特色管党治党理论体系，完善了落实党风廉政建设责任制的工作格局，是新形势下全面从严治党和廉政建设的重大理论创新成果。落实党委主体责任是落实纪委监督责任的根本前提和基础。党委主体责任具有全局性、根本性，而纪委监督责任具有辅助性和保障性。各级党委（党组）特别是书记要强化政治担当、履行主体责任，把每条战线、每个领域、

① 中共中央纪律检查委员会、中共中央文献研究室：《习近平关于党风廉政建设和反腐败斗争论述摘编》，中国方正出版社、中央文献出版社 2015 年版，第 62 页。

每个环节的党建工作抓具体、抓深入。[①] 如果党委主体责任落实到位,责任体系健全,形成了各司其职、各负其责的局面,纪委履行监督责任就有了更好的条件和坚实的基础。

强化党内监督是一场攻坚战也是持久战,巩固发展反腐败斗争压倒性胜利,进一步强化党内监督,就要抓住主体责任这个"牛鼻子"。在新时代推进全面从严治党,必须在责任落实上花大力气,下狠功夫,要深刻把握党的十八大以来全面从严治党的重要经验,坚持行使权力和担当责任相统一。必须真正把落实管党治党政治责任作为最根本的政治担当,紧紧咬住"责任"二字,用好"问责"这个利器,促使党委(党组)书记履行好第一责任人责任,强化班子成员履行"一岗双责"的政治自觉,不松劲、不停歇,推动管党治党责任压力层层传导。问责是手段不是目的,重要的是通过这一方式,党员领导干部能够警醒,切实种好"责任田"。

二、纪委履行管党治党监督责任是政治保障

监督是纪检监察机关的基本职责、第一职责。党的十八届三中全会通过的《中共中央关于全面深化改革若干重大问题的决定》第一次明确提出:"各级纪委要履行协助党委加强党风建设和组织协调反腐败工作的职责,加强对同级党委特别是常委会成员的监督,更好发挥党内监督专门机关作用。"《中国共产党党内监督条例》第二十七条规定:纪律检查机关必须把维护党的政治纪律和政治规矩放在首位,坚决纠正和查处上有政策、下有对策,有令不行、有禁不止,口是心非、阳奉阴违,搞团团伙伙、拉帮结派,欺骗组织、对抗组织等行为。党的十九大通过后,党章赋予纪委"协助党的委员会推进全面从严治党"的职责使命。各级纪委是党内监督的专责机关,是管党治党、党内监督的重要力量。各级党委(党组)要严格履行职责,加强领导,支持纪委履行监督执纪问责职责。各级纪检监察机关在强化问责的同时,也加大对相关案例的通报曝光力度。对落实管党治党"两个责任"不力典型案例进行通报曝光,已成为各级纪检监察机关的规定动作。

强化纪委监督责任目的是促进和推动党委主体责任的落实。按照党章

① 《习近平在十九届中央纪委三次全会上发表重要讲话 强调取得全面从严治党更大战略性成果 巩固发展反腐败斗争压倒性胜利》,《人民日报》2019 年 1 月 12 日第 1 版。

规定，纪委在履行监督责任过程中，对各级党委贯彻党的路线、方针、政策和决议，对党风廉政建设决策部署执行情况进行监督检查，对主体责任落实不力的党组织、领导干部进行督促和纠正，对违规违纪行为进行查处和追究，有利于促进党委主体责任的全面落实。强调纪委的监督责任，就是要求纪委聚焦党风廉政建设和反腐败斗争主业，为党委担责分忧，促进并推动党委主体责任的落实。党委是纪委履行监督职责的坚强后盾，如果离开了同级党委的正确领导和大力支持，纪委履行监督责任缺乏政治保障。

第九章　制度治党促进国家治理现代化

中国共产党把对权力运行的制约监督制度嵌入国家治理各领域各方面各环节，探索出一条长期执政条件下解决自身问题、跳出“历史周期率”的成功道路。统筹两个大局，办好两件大事，开辟“中国之治”新境界，必须以坚持和完善中国特色社会主义制度、推进国家治理体系和治理能力现代化为主轴，突出国家治理制度建设这条主线，搞好制度“供给侧结构性改革”，着力构建系统完备、科学规范、运行有效的制度体系，加强系统治理、依法治理、综合治理、源头治理，把我国制度优势更好转化为国家治理效能。推进新时代中国特色监督制度话语体系建设，需要科学提炼总结中国共产党制度治党的关键话语，深入把握并理解制度治党话语背后所折射的国家治理体系和治理能力现代化的模式变革及这种变革背后的政治逻辑。

第一节　执政党自我监督的中国智慧

我们党是世界上最大的政党，大就要有大的样子，同时大也有大的难处。把这么大的一个党管好很不容易，把这么大的一个党建设成为坚强的马克思主义执政党更不容易。[①] 党内监督制度建设需要深刻回答如何构建一套更加有效的管党治党制度体系，以破解执政党自身问题，提升执政能力和国家治理效能。中国共产党从新时代坚持和完善中国特色社会主义制度、推进国家治理体系和治理能力现代化面临的重大挑战出发，勇于直面“四大考验”“四种危险”，把“全面从严治党”纳入“四个全面”战略布局，打出党内监督“组合拳”，构建了纪律监督、监察监督、派驻监督、巡视监督、巡察监督五位一体的中国特色监督制度体系，形成党内监督、国家监察、民主监督、舆论监督、群众监督的强大合力，更加凸显党内监督的政治性、人民性、制度性、系统性、整体性和协同性，更加凸显大国大党自我监督的“中国智慧”，贡献了执政党自我

① 习近平：《推进党的建设新的伟大工程要一以贯之》，《求是》2019 年第 19 期。

监督的“中国方案”。

一、党的领导与群众路线结合

中国特色社会主义制度是党和人民在长期实践探索中形成的科学制度体系，我国国家治理一切工作和活动都依靠中国特色社会主义制度展开，我国国家治理体系和治理能力是中国特色社会主义制度及其执行能力的集中体现。党的领导是中国特色社会主义最本质的特征和最大的制度优势，也是坚持和完善中国特色社会主义制度、推进国家治理体系和治理能力现代化最根本的政治保证。我们说要推进国家治理体系和治理能力现代化，国家治理体系是由众多子系统构成的复杂系统，这个系统的核心是中国共产党，人大、政府、政协、法院、检察院、军队，各民主党派和无党派人士，各企事业单位，工会、共青团、妇联等群团组织，都要坚持中国共产党领导。[①] 党的集中统一领导体制深深嵌入当代中国特色社会主义国家治理体系结构之中。

人心是最大的政治，正义是最强的力量。一个政党，一个政权，其前途命运取决于人心向背。中国共产党的初心和使命，就是为中国人民谋幸福，为中华民族谋复兴。不忘初心、牢记使命，坚持以人民为中心的发展思想，决定了中国共产党同各种消极腐败现象是水火不容的。人民对美好生活的向往，就是我们的奋斗目标。这是以人民为中心的发展思想的精髓和内核。腐败和反腐败斗争长期存在，稍有松懈就可能前功尽弃，反腐败没有选择，必须知难而进。依靠谁反腐败，是决定反腐败斗争成败的又一个关键。在这一点上，我们党坚持依靠人民群众与发挥专门机关作用相结合。[②]

我们党只有在领导改革开放和社会主义现代化建设伟大社会革命的同时，坚定不移推进党的伟大自我革命，敢于清除一切侵蚀党的健康肌体的病毒，使党不断自我净化、自我完善、自我革新、自我提高，不断增强党的政治领导力、思想引领力、群众组织力、社会号召力，才能确保党始终保持同人民群众的血肉联系。[③] 党的十九大报告指出，加强作风建设，必须紧紧围绕保持党

---

① 中共中央文献研究室：《习近平关于社会主义政治建设论述摘编》，中央文献出版社 2017 年版，第 34 页。

② 北京市习近平新时代中国特色社会主义思想研究中心：《中国共产党何以能有效治理腐败》，《人民日报》2019 年 7 月 18 日第 9 版。

③ 习近平：《在庆祝改革开放 40 周年大会上的讲话》（2018 年 12 月 18 日），《人民日报》2018 年 12 月 19 日第 2 版。

同人民群众的血肉联系，增强群众观念和群众感情，不断厚植党执政的群众基础。我们党将依靠自身力量与依靠人民群众紧密结合起来，有效动员和组织全党、全社会力量反对腐败，在宪法和法律的框架内切实加强对党员干部的监督。特别是针对关键岗位和重要部门，不断健全有效的约束机制。[①] 坚持党的群众路线，坚持党领导人民有效治理国家和社会，从人民群众中汲取无穷的智慧和力量，是中国改革开放取得成功的首要经验，也是党的自我革命的重要方法路径。

强化党和国家自我监督，根本任务是坚持党中央权威和集中统一领导，不断提高政治判断力、政治领悟力、政治执行力。党的十八大以来，中央纪委国家监委和各级纪检监察机关始终坚持以习近平同志为核心的党中央正确领导，树立“四个意识”，坚定“四个自信”，坚定不移践行“两个维护”，坚持以人民为中心的工作理念，坚持无禁区、全覆盖、零容忍，坚持重遏制、强高压、长震慑，一体推进党的纪律检查体制改革、国家监察体制改革和纪检监察机构改革，一体推进不敢腐、不能腐、不想腐，一体推进纪律监督、派驻监督、巡视监督、巡察监督、监察监督，构建了党统一指挥、全面覆盖、权威高效的监督制度体系。制度治党推动新时代党风廉政建设和反腐败斗争向纵深发展，党内政治生态展现新气象，反腐败斗争取得压倒性胜利，全面从严治党取得重大战略成果。

权力监督的目的是保证公权力正确行使，更好促进干部履职尽责、干事创业。一方面要管住乱用滥用权力的渎职行为，另一方面要管住不用弃用权力的失职行为，整治不担当、不作为、慢作为、假作为，注意保护那些敢于负责、敢于担当作为的干部，对那些受到诬告陷害的干部要及时予以澄清，形成激浊扬清、干事创业的良好政治生态。[②] 各级纪检监察机关把整治群众身边的腐败和作风问题作为强化党内监督极其重要的政治任务，“打虎”的同时，发力“拍蝇”，重点整治侵害群众利益的“蝇贪”，深入治理扶贫领域腐败和作风问题，以实际行动不断增强群众的获得感、幸福感、安全感。例如，重庆市纪委监委专门设立民生监督室，紧盯民生项目资金开展常态化监督检查，针对教育、医疗、住房等领域突出问题开展深度清理整顿，督促有关部门开展党

---

① 北京市习近平新时代中国特色社会主义思想研究中心:《中国共产党何以能有效治理腐败》,《人民日报》2019 年 7 月 18 日第 9 版。

② 习近平:《在新的起点上深化国家监察体制改革》,《求是》2019 年第 5 期。

员干部亲属涉权事项公开,“一竿子插到底”监督“微权力”运行。①

2019年1月,中国共产党第十九届中央纪律检查委员会第三次全体会议总结改革开放40年来纪检监察工作,形成以下认识和体会:一是始终坚持强化党的全面领导的根本原则,坚决维护党中央权威和集中统一领导,保证党的路线方针政策和党中央重大决策部署贯彻落实。二是始终坚守协助党委推进全面从严治党的职责定位,坚定不移推进党的建设新的伟大工程,不断以党的自我革命推动党领导的社会革命。三是始终坚持以人民为中心的政治立场,着力解决群众反映强烈、损害群众利益的突出问题,不断厚植党执政的政治基础和群众基础。四是始终肩负起推进反腐败斗争的重大任务,坚持标本兼治、固本培元,构建不敢腐、不能腐、不想腐的有效机制。五是始终铭记打铁必须自身硬的重要要求,以改革创新精神加强纪检监察机关自身建设,当好党和人民的忠诚卫士。② 这“五个始终”,深刻总结改革开放40年来坚持党的领导、从严管党治党的宝贵经验。这一科学总结,将我们党对全面从严治党的规律性认识提升到全新高度,为我们在新时代继续推进党风廉政建设和反腐败斗争提供了重要遵循。

二、顶层设计与基层探索互动

一个国家要实现可持续发展,打造现代国家发展的核心竞争力,就需要国家治理制度与时俱进、变革创新,消除制约可持续发展和国家强盛的制度性障碍,释放制度生产力。从这个意义上说,国家转型发展过程其实是国家治理的制度创新过程。国家治理变革的核心就是致力于建构或设计一套更加科学合理的治理制度框架,核心是公共权力结构与运行制度框架。没有健全的制度,权力没有关进制度的笼子里,腐败现象就控制不住。③ 建立健全监督体系,需要加强顶层设计、强化匹配协调,把各项制度作为“零部件”有效安装、整合到纪检监察工作这列“动车”上,确保运行高效。④

---

① 《正风肃纪 久久为功——党的十九大以来全面从严治党成果巡礼之三》,《人民日报》2019年1月9日第1版。

② 《中国共产党第十九届中央纪律检查委员会第三次全体会议公报》,《人民日报》2019年1月14日第1版。

③ 中共中央纪律检查委员会、中共中央文献研究室:《习近平关于党风廉政建设和反腐败斗争论述摘编》,中国方正出版社、中央文献出版社2015年版,第125页。

④ 刘子玉:《以制度系统集成提升监督水平》,《人民日报》2020年5月12日第5版。

党的十八大以来，党中央对管党治党更加注重顶层设计和战略规划，坚持以党章为根本、以准则条例为主干，坚持依法治国和制度治党、依规治党统筹推进、一体建设，实现管党治党同治国理政相贯通。坚持制度治党、深化制度治党、严格制度治党是党的十八大以来党内监督的鲜明特点。加强党内法规制度建设，严明党规党纪，是解决管党治党"靠什么管，凭什么治"的头等大事。中国特色社会主义进入新时代，中国共产党党内监督的新内涵具有"党中央统一领导、重视制度化治理、维护权威自觉性、多元主体监督网"的特点，构建了对公共权力监督的新的制度安排，推动管党治党"由软到硬"，干部管理"由松到紧"，政治生态"由乱到治"，顺应了新时代加强党的建设新的伟大工程、强化党内监督、推动全面从严治党向纵深发展的新要求。党中央先后颁布《中央党内法规制定工作五年规划纲要》(2013—2017 年)和《建立健全惩治和预防腐败体系 2013—2017 年工作规划》、《中国共产党党务公开条例(试行)》，修订并颁布了《中国共产党廉洁自律准则》《关于新形势下党内政治生活的若干准则》《党委(党组)落实全面从严治党主体责任规定》《中国共产党党内法规执行责任制规定》《中国共产党纪律处分条例》《中国共产党巡视工作条例》《中国共产党党内监督条例》《中国共产党问责条例》《中国共产党纪律检查机关监督执纪工作规则》《中国共产党支部工作条例(试行)》《党组讨论和决定党员处分事项工作程序规定(试行)》等规章制度，把管党治党的实践成果转化为制度成果，为监督制约权力、依规治党、加强党内监督提供制度利器，实现制度与时俱进，使党内监督有了制度保证。

加强党内监督的顶层制度设计，把增强对公权力和党员领导干部的监督全覆盖、有效性作为着力点，推进党内权力运行制度化、规范化、程序化，消除权力监督的真空地带，建立起完善的权力清单制度、监督管理制度、权力制约制度、权责对等制度、偏差矫正制度和统筹协调制度，推动党内监督制度要素的系统集成，建构起系统性、整体性、协同性的管党治党制度体系，重塑党内监督制度秩序。《中共中央关于全面深化改革若干重大问题的决定》第十部分讲"强化权力运行制约和监督体系"，明确提出"坚持用制度管权管事管人，让人民监督权力，让权力在阳光下运行，是把权力关进制度笼子的根本之策"。党的十八届六中全会审议通过的《中国共产党党内监督条例》，是新时代加强党内监督的顶层设计，是规范新时代党内监督的基本法规。《中国共产党党内监督条例》第九条规定："建立健全党中央统一领导，党委(党组)全面监督，纪律检查机关专责监督，党的工作部门职能监督，党的基层组织日常监督，党员民主监督的党内监督体系。"作为强化党内监督的重要基础性法规,《中国共产党党内监督条例》构建了强大的党内监督治理制度体系,它的实施标志着全面从严治党、制度治党进入一个新的阶段。党的十九大总结中国共产党党内监督实践和理论创新,将“执纪必严、违纪必究,抓早抓小、防微杜渐”“运用监督执纪‘四种形态’,让‘红红脸、出出汗’成为常态”等内容写入党章,以党内最高法规的形式固定下来,开辟新时代依规治党新境界。

当西方国家设计的多党竞争、互相制约的制衡越来越异化为“为了反对而反对”的恶性党争,社会深陷民主困境时,我们党通过巡视监督的创新发展,充分发挥党的政治领导和组织领导优势,发动人民群众有序参与,形成强大的监督合力,使权力得到更加及时、有效的监督,彰显了中国特色社会主义民主监督制度的独特优势。[①] 中国共产党要统揽“四个伟大”、应对“四大考验”、克服“四种危险”,必须防范政治风险,必须不断提高党自我净化、自我完善、自我革新、自我提高的能力,必须健全党和国家监督制度,不断提高党的执政能力和领导水平。习近平指出:“有纪可依是严明纪律的前提,党的纪律规定要根据形势和党的建设需要不断完善,确保系统配套、务实管用,防止脱离实际、内容模糊不清、滞后于实践。”[②]党的十九大通过的《中国共产党章程(修正案)》把十八大以来中国共产党党内监督的重大理论观点和重大战略思想写入党章,使党内监督体制机制完善,推动制度治党、依规治党,有利于全党以更加科学的思路、更加有效的举措强化党内监督,不断提高党内监督实效。作为事关全局的重大政治体制改革,国家监察体制改革在试点取得经验的基础上,按照党的十九大制定的时间表与路线图,制定国家监察法,设立国家监察委员会,依法对所有行使公权力的公职人员违法行为实施监督、调查、处置。

纪检监察体制改革体现了中国政治权力的运行特点。党的十八大以来,党中央积极部署纪检监察体制改革,进行顶层设计后再试点、推广。首先从中央纪委机关改起,在层层示范、以上率下中形成纪检监察体制改革的效能。在这一过程中,中央要求落实各级党委主体责任,保障了改革的顺利推进。[③] 2018 年 1 月召开的十九届中央纪委二次全会将全面推进国家监察体制改革纳入年度重点工作。2018 年 2 月,十九届三中全会通过了《深化党和国家机

---

① 施克辉:《政治巡视助力破解“历史周期率”》,《求是》2017 年第 20 期。

② 习近平:《在党的群众路线教育实践活动总结大会上的讲话》(2014 年 10 月 8 日),《人民日报》2014 年 10 月 9 日第 2 版。

③ 李婉秋:《推进纪检监察体制改革》,《中国社会科学报》2019 年 4 月 3 日第 7 版。

构改革方案》。2018 年 3 月，启动修改宪法，把深化国家监察体制改革写入《中华人民共和国宪法修正案》，增加有关监察委员会的各项规定，制定《中华人民共和国监察法》，深化党和国家机构改革，组建国家监察委员会，同中央纪委合署办公，履行纪检、监察两项职责。中央深化国家监察体制改革试点工作领导小组加强对全面推开试点工作的指导、协调和服务，统筹安排、组织实施、督促落实；督促各级党委履行主体责任，党委书记当好"施工队长"；纪委负专责，人大常委会机关、组织、政法、检察、机构编制等部门密切配合，市县结合实际压茬推进。[①]

新修订的《中国共产党纪律处分条例》于 2018 年 10 月 1 日起施行。这是党的十八大之后，党中央对本条例的第二次修订，再次释放出以铁的纪律管党治党的强烈信号。四川省纪委监委针对"一卡通"发放、管理、使用中存在的违纪违法问题，于 2018 年部署开展了惠民惠农财政补贴资金"一卡通"管理问题专项治理，集中整治私自保管代管、违规扣留扣押群众"一卡通"以及利用群众"一卡通"雁过拔毛、截留挪用等问题，有关做法经验在全国十几个省份推广。[②] 顶层设计与试点探索相结合，是新时代全面深化改革的重要方法论。遵循这个改革方法论，在推动全面从严治党、强化党内监督过程中，在积累改革经验的基础上来谋划顶层设计和系统制度设计，使党规、宪法和法律充分体现中国共产党党内监督的重大成就和新鲜经验，实现党内监督制度化、规范化、程序化，推进国家治理体系和治理能力现代化。

三、战略思维与战略定力统筹

战略问题是一个政党、一个国家的根本性问题。战略上判断得准确，战略上谋划得科学，战略上赢得主动，党和人民事业就大有希望。[③] 战略思维是研究发展全局规律的政治思维，是管总的、管长远的、管根本的，是围绕全局性、长期性、根本性的重大问题进行筹划、设计与指导的思维方式，是马克思主义系统科学方法论和认识论在思维方式上的体现。战略思维要求高瞻远

---

① 《深化纪检监察体制改革 健全党和国家监督体系——党的十九大以来全面从严治党成果巡礼之二》，《中国纪检监察报》2019 年 1 月 5 日第 1 版。

② 《正风肃纪 久久为功——党的十九大以来全面从严治党成果巡礼之三》，《人民日报》2019 年 1 月 9 日第 1 版。

③ 《习近平谈治国理政》（第二卷），外文出版社 2017 年版，第 10 页。

瞩、总揽全局、协调各方，善于把握事物发展总体趋势和根本方向。不谋全局者不足谋一域，不谋万世者不足谋一时。

战略思维是党的十八大以来中国共产党治国理政的重要思维。党的十八大以来，在中国共产党治国理政的战略思维和战略系统中，可以清晰地看到强化党内监督的突出地位和重大意义。“四个全面”战略布局、“打铁必须自身硬”、“把权力关进制度的笼子里”、“‘老虎’要露头就打，‘苍蝇’乱飞也要拍”、“以永远在路上的执着把从严治党引向深入”等，习近平总书记这些论述极为丰富，其中贯穿着中国共产党强化党内监督的大战略、大智慧、大格局。《中国共产党党内监督条例》和《中国共产党问责条例》就是国家战略和顶层设计。

“四个全面”战略布局，既有战略目标，也有战略举措，每一个全面都具有重大战略意义，是我们党在新形势下治国理政的总方略，是事关党和国家长远发展的总战略。① 战略就是根本。只要我们始终不忘党的性质宗旨，勇于直面自身存在的问题，以刮骨疗毒的决心与意志消除一切损害党的先进性和纯洁性的因素，就能够形成党长期执政条件下实现自我净化、自我完善、自我革新、自我提高的有效途径。② 自我净化，就是要过滤杂质、清除毒素、割除毒瘤；自我完善，就是要修复肌体、健全机制、丰富功能；自我革新，就是要与时俱进、自我超越；自我提高，就是要有新本领、有新境界。这“四个自我”，形成了依靠党自身力量发现问题、纠正偏差、推动创新、实现执政能力整体性提升的良性循环。③

党的十八大以来，习近平总书记对反腐败斗争的判断从“胶着状态”到“压倒性态势正在形成”，到“压倒性态势已经形成”再到“取得压倒性胜利”，充分反映出全面从严治党的显著成效，标志着反腐败斗争成果正从量变转向质变。党的十九大报告强调：“要坚持无禁区、全覆盖、零容忍，坚持重遏制、强高压、长震慑，坚持受贿行贿一起查。”新时代中国共产党治国理政保持了强大的战略定力，运用战略思维明确了监督什么、怎样监督的重大问题，更加突出党内监督制度体系建设这条主线，形成全党动员、纵横联动的监督格局，

---

① 《习近平谈治国理政》（第二卷），外文出版社 2017 年版，第 27 页。

② 《习近平在十九届中央纪委三次全会上发表重要讲话 强调取得全面从严治党更大战略性成果 巩固发展反腐败斗争压倒性胜利》，《人民日报》2019 年 1 月 12 日第 1 版。

③ 《勇于直面问题 不断自我革命——二论学习贯彻习近平总书记十九届中央纪委三次全会重要讲话精神》，《人民日报》2019 年 1 月 14 日第 1 版。

通过制度治党实践推动执政党自我革命和有效治理国家和社会，最终取向是推进并加快实现国家治理体系和治理能力现代化，确保党在新时代坚持和发展中国特色社会主义的历史进程中始终成为坚强领导核心。

四、制度制定与制度执行联动

坚定制度自信，把制度建设摆在突出位置，强化制度治党，坚持守正创新，是中国共产党治国理政的鲜明特征。新时代中国特色国家治理理念更加注重把制度建设摆在突出位置，深化党的建设制度改革是党的十八届三中全会提出的重大改革任务之一，而党内监督制度建设是党的建设制度改革的重要抓手。党内监督制度建设既是党的制度建设的重要内容，也是推进国家治理体系和治理能力现代化的重要方面，关系着国家治理现代化的实现。把制度优势更好转化为治理效能的关键在于制度得到有效执行，制度的生命力在于执行。党的十九届四中全会提出："各级党委和政府以及各级领导干部要切实强化制度意识，带头维护制度权威，做制度执行的表率，带动全党全社会自觉尊崇制度、严格执行制度、坚决维护制度。健全权威高效的制度执行机制，加强对制度执行的监督，坚决杜绝做选择、搞变通、打折扣的现象。"①

党的十八大以来，党内监督制度改革以推进国家治理体系和治理能力现代化为导向，以增强制度自信作为推进党的自我革命的底气与前提，把强化制度执行力作为重点，党内监督重大制度建设和制度创新成果不断推出。从某种意义上讲，制度执行力是制度实践的"最后一公里"。② 党内监督制度改革坚持一手抓制度制定，一手抓制度落实，对机制不健全的着力改进完善，对群众反映强烈的坚决整治规范，确保改革取得看得见、摸得着的实效。一手抓党内监督制度文件出台，一手抓党内监督制度落实，突出重点、突破难点、深化试点，制定实施了一批力度大、措施实、接地气的改革举措，形成党的巡视监督制度、派驻监督制度、巡察监督制度齐头并进、互相支撑的良好态势，以党内监督制度建设为主导，推动党内监督与国家监察统筹衔接，形成党内监督制度与国家监察制度相互协调的监督合力。

---

① 《中共中央关于坚持和完善中国特色社会主义制度、推进国家治理体系和治理能力现代化若干重大问题的决定》，《人民日报》2019 年 11 月 6 日第 1 版。

② 辛鸣：《从哲学层面深化制度理论研究》，《人民日报》2020 年 2 月 24 日第 9 版。

五、系统治理与分层治理协同

党内监督是依照党章党规在党员之间、党组织之间、党员与党组织之间相互督促的活动，是对党组织和党员进行的自我约束。上面的问题需要下面配合解决的就上题下答，下面的问题根子在上面的就下题上答，需要地方和地方、地方和部门、部门和部门联合会诊的就同题共答，前后照应、左右衔接，使查摆和解决问题做到纵向到底、横向到边。[①] 协同监督是完善权力配置和运行制约机制的重要保障。[②] 新时代党内监督的系统性、关联性、复杂性增大，必须更加强化党内监督的系统思维和战略思维，增强管党治党的系统性、整体性、协同性。新时代中国共产党党内监督的新内涵具有"党中央统一领导、重视制度化治理、维护权威自觉性、多元主体监督网"的特点。党内监督更加注重顶层设计、战略规划、制度治党，形成全覆盖、无死角、零容忍的监督网络。十八大以来，以习近平同志为核心的党中央系统构建了监督和制约公共权力的新的制度安排，顺应了新时代推动全面从严治党向纵深发展的新要求。

随着全面深化改革向纵深推进，健全党和国家监督体系，已由前期的夯基垒台、立柱架梁，中期的全面推进、积厚成势，进入系统集成、协同高效的新阶段。[③] 党的十八大以来党内监督的一条基本经验，就是探索横向到边、纵向到底、上下联动的网络化巡视监督新制度模式，把巡视监督的网织得更密，优化提升党内监督的政治生态，有效抵御腐败风险，把制度优势转化为治理效能。党的十八大以来，巡视工作贯彻中央巡视工作方针，首次在党的历史上实现了一届任期内全覆盖，形成"横向全覆盖、纵向全链接、全国一盘棋"的战略格局，推动全面从严治党不断向基层延伸。[④]

新时代承载新使命，新使命引领新征程，全面从严治党永远在路上，强化党内监督永无止境。在新的历史起点上，在以习近平同志为核心的党中央坚强领导下，中国共产党一定能够探索出一条实现自我净化、自我完善、自我革

---

① 习近平：《在党的群众路线教育实践活动总结大会上的讲话》(2014 年 10 月 8 日)，《人民日报》2014 年 10 月 9 日第 2 版。

② 肖培：《强化对权力运行的制约和监督》，《人民日报》2019 年 12 月 16 日第 9 版。

③ 刘子玉：《以制度系统集成提升监督水平》，《人民日报》2020 年 5 月 12 日第 5 版。

④ 施克辉：《政治巡视助力破解"历史周期率"》，《求是》2017 年第 20 期。

新、自我提高的途径，统揽“四个伟大”，经受“四大考验”，克服“四种危险”，不断提高党的执政能力和领导水平，永葆党的先进性和纯洁性，始终成为中国特色社会主义事业的坚强领导核心。党的十九届四中全会强调“推进纪律监督、监察监督、派驻监督、巡视监督统筹衔接”。党的十九大以来，在党中央坚强领导下，中央纪委国家监委着眼于构建党统一指挥、全面覆盖、权威高效的监督体系，一体推进党的纪律检查体制、国家监察体制和纪检监察机构改革，推动制度优势转化为治理效能，不断提高反腐败工作法治化规范化水平，为全面从严治党和反腐败斗争向纵深发展提供有力保证。

六、制度创新与理论创新衔接

在实践中进行理论创新和制度创新，用理论创新、制度创新成果指导新的实践，是中国共产党治国理政宝贵的历史经验。我们要深入基层、深入实际，深入研究管党治党实践，通过纵向和横向的比较，进行去伪存真、由表及里的分析，正确把握掩盖在纷繁表面现象后面的事物本质，深化对从严治党规律的认识。① 新时代开启全面实现国家治理体系和治理能力现代化的新征程，党的执政能力建设和党自身的治理方式必然走向制度化、规范化、程序化。形成管党治党的规则约束，是法治思维与法治方式在国家治理及党的建设领域的体现和运用，更是为保持党的先进性与纯洁性而进行的一场“自我革命”和深刻的治理变革。②

党的十九大通过的党章修正案坚持和传承这一历史经验，把党的十八大以来中国共产党党内监督的实践创新和制度创新，通过系统总结和理论提升，使党章充分体现中国共产党党内监督的新理念新思想新战略，以指导新时代中国共产党全面从严治党的新实践。充分体现全面从严治党的新鲜经验，使党章成为推动全面从严治党向纵深发展的根本规范，是十九大党章修正案的最大亮点和历史性贡献。党的十九大通过的党章修正案及时把党的十八大以来以习近平同志为核心的党中央全面加强党的领导的政治原则写入党章，在总纲中规定“中国共产党的领导是中国特色社会主义最本质的特征，是中国特色社会主义制度的最大优势。党政军民学、东西南北中，党是领

① 习近平：《在党的群众路线教育实践活动总结大会上的讲话》(2014 年 10 月 8 日)，《人民日报》2014 年 10 月 9 日第 2 版。

② 王建芹：《执规必严 使党内法规真正落地》，《光明日报》2019 年 4 月 3 日第 2 版。

导一切的”。十九大党章修正案增写了不断增强自我净化、自我完善、自我革新、自我提高能力，并在党的建设的四项基本要求中增写了坚持从严管党治党的内容。在条文部分，增写了“党的市（地、州、盟）和县（市、区、旗）委员会建立巡察制度”，实现了巡视巡察“纵向到底、横向到边”全覆盖，还相应地修改了党的纪律的内涵，充实了党的纪律检查委员会的任务并完善了党的纪律检查委员会的领导体制和工作机制，实现了党的十八大以来党内监督的理论创新、实践创新、制度创新成果的党章吸收、衔接和转化，为推动全面从严治党向纵深发展提供了根本保障，为全面推进党的建设新的伟大工程提供了根本遵循。

新时代谋划全面深化改革，必须以坚持和完善中国特色社会主义制度、推进国家治理体系和治理能力现代化为主轴，深刻把握我国发展要求和时代潮流，把制度建设和治理能力建设摆到更加突出的位置，继续深化各领域各方面体制机制改革，推动各方面制度更加成熟更加定型，推进国家治理体系和治理能力现代化。① 制度治党是新时代中国共产党治国理政的重要战略。制度治党是全面从严治党的战略之举、长治之策，只有构建系统完备、科学规范、运行有效的制度体系，才能确保党风向好、政治生态向好的趋势不可逆转。我们党形成了一个比较完善的党内法规体系，并以此为主干形成了一套系统完备的党的制度，这在世界上是独一无二的，彰显出中国共产党作为世界上最大的政党具有的大党的气派、大党的智慧、大党的治理之道。② 实现党内治理制度化、法治化和规范化，不仅是以法治思维、法治规则和法治方式管党治党的最佳表征，也是“把权力关进制度的笼子里”的必然要求。其一方面需要党在国家法律范围内活动，另一方面也需要依靠完善科学的党内法规制度体系。③

加强对权力运行的制约和监督，必须把权力关进制度的笼子里，形成不敢腐的惩戒机制、不能腐的防范机制、不易腐的保障机制。中国共产党已经构建了《中国共产党党内监督条例》、《中国共产党问责条例》、《中国共产党巡视工作条例》、《中国共产党纪律处分条例》和《中国共产党纪律检查机关监督

① 习近平：《关于〈中共中央关于坚持和完善中国特色社会主义制度、推进国家治理体系和治理能力现代化若干重大问题的决定〉的说明》，《人民日报》2019 年 11 月 6 日第 4 版。

② 中共中央办公厅法规局：《中国共产党党内法规体系》，《人民日报》2021 年 8 月 4 日第 1 版。

③ 王建芹：《执规必严 使党内法规真正落地》，《光明日报》2019 年 4 月 3 日第 2 版。

执纪工作规则》等系统性、整体性、协同性的党内监督法规制度体系，把党内法规体系纳入中国特色社会主义法治体系，提升党内法规治理效能。以推进党内监督制度化、规范化、程序化为导向，着力增强监督有效性，健全党内监督制度，用严格的监督制度传递压力、形成震慑。建立完善的监督管理机制，需要把各种监督方式贯通起来，把日常监督和信访举报、巡视巡察结合起来，紧盯公权力运行各个环节，完善及时发现问题的防范机制、精准纠正偏差的矫正机制，管好关键人、管到关键处、管住关键事、管在关键时。①

第二节　中国式现代化的监督治理制度化

一、在制度优势与治理效能之间嵌入监督机制

天下大治，古往今来无数治国者孜孜以求的理想，也是中国共产党带领中国人民矢志不渝的追寻。古往今来，大多数社会动荡、政权更迭，原因最终都可以归结为没有形成有效的国家治理体系和国家治理能力。制度现代化是推进国家治理体系和治理能力现代化的关键。中国仅用了70年时间，就构建起根本制度、基本制度、重要制度相辅相成的科学制度体系，既表明社会主义在中国取得了巨大成功，也表明中国共产党人对共产党执政规律、社会主义建设规律、人类社会发展规律的认识和把握，升华到全新的高度。② 我国的实践向世界说明了一个道理：治理一个国家，推动一个国家实现现代化，并不只有西方制度模式这一条道路，各国完全可以走出自己的道路来。可以说，我们用事实宣告了“历史终结论”的破产，宣告了各国最终都要以西方制度模式为归宿的单线式历史观的破产。③

我们正处在世界百年未有之大变局，正处在实现中华民族伟大复兴中国梦的关键时刻，正处在“船到中流浪更急、人到半山路更陡”的重要时刻，坚持和完善中国特色社会主义制度、推进国家治理体系和治理能力现代化刻不容缓，显得尤为重要。国家治理体系和治理能力现代化，既是对现代化这一理

---

① 《深化国家监察体制改革的科学指引》，《求是》2019年第5期。

② 《中国制度成就中国之治》，《求是》2020年第1期。

③ 中共中央文献研究室：《习近平关于社会主义政治建设论述摘编》，中央文献出版社2017年版，第7页。

论范畴内涵的拓展和深化，也是我们党认识和把握共产党执政规律、社会主义建设规律、人类社会发展规律的新成就。[①] 国家治理的中心问题是“制”与“治”，即制度与治理。[②] 制度问题在国家治理体系和治理能力中带有根本性、全局性、稳定性、长期性。制度与治理是推进国家治理体系和治理能力现代化必须理顺的一大关系。只有把制度与治理有机统一起来，才能把我国制度优势更好转化为国家治理效能，善于运用制度优势应对风险挑战冲击。

权力监督制度是中国特色社会主义制度体系的重要组成部分。权力监督制度要服务于新时代推进国家治理体系和治理能力现代化的战略目标，就必须完善党和国家监督制度体系，强化对权力运行的制约和监督，为执政党廉洁政治建设提供一整套更完备、更稳定、更管用的中国特色监督制度体系。党内监督主导的多元整合型监督体制结构，源自中国共产党对国家和社会的全面领导权。在当代中国，国家治理的有效运作实际上依赖于执政党权威和核心领导力对国家治理进程的有效融入与主导，依赖于党政体制结构和功能机制由此获得的运转灵活性和制度弹性。[③] 按照党领导人民有效治理国家和社会，执政的中国共产党在党和国家监督体制结构中贯彻党的集中统一领导制度，坚持领导权统领监督权，监督权保障领导权，进而在国家治理体系中建构起党内监督主导的权力制约监督体制结构。

新时代强化党内监督制度体系建设的根本任务就是维护党中央权威和集中统一领导，把制度执行和监督贯穿区域治理、部门治理、行业治理、基层治理、单位治理的全过程，确保党中央重大决策部署在各个治理层级得到有效执行。中国特色社会主义制度是党和人民在长期实践探索中形成的科学制度体系，我国国家治理一切工作和活动都依照中国特色社会主义制度展开，我国国家治理体系和治理能力是中国特色社会主义制度及其执行能力的集中体现。[④] 党的十九届四中全会全面回答了在我国国家制度和国家治理上，应该“坚持和巩固什么、完善和发展什么”这个重大政治问题。党的十九届四中全会围绕“坚持和完善中国特色社会主义制度、推进国家治理体系和

---

① 杜黎明：《国家治理现代化的新时代意蕴》，《中国社会科学报》2020 年 1 月 2 日第 1 版。

② 丰子义：《辩证把握“制”与“治”》，《人民日报》2020 年 2 月 24 日第 9 版。

③ 王浦劬、汤彬：《当代中国治理的党政结构与功能机制分析》，《中国社会科学》2019 年第 9 期。

④ 《中共中央关于坚持和完善中国特色社会主义制度、推进国家治理体系和治理能力现代化若干重大问题的决定》，《人民日报》2019 年 11 月 6 日第 1 版。

治理能力现代化”设计了根本制度、基本制度、重要制度一体推进、系统集成的制度建设战略规划，标志着中国特色社会主义制度和国家治理体系进一步走向战略化、系统化、整体化。

国家善治的核心问题就是建构确保权力公平公正行使的制度体系，以保障和增进社会正义。确保“一切权力属于人民、全心全意为人民服务”是中国特色社会主义制度和国家治理体系的最终目标。选举制度需要解决好公共权力由谁来行使的问题，监督制度需要解决好公共权力怎样行使的问题。中国治理本质上是指中国共产党领导人民治国理政，有效治理国家和社会。而要实现有效治理国家和社会的目标，执政的中国共产党首先必须解决好自身治理问题，“以伟大自我革命引领伟大社会革命”。围绕权力、责任构建制度治党体系，从找到“民主新路”，到坚持“两个务必”，再到牢记“初心使命”、推进“自我革命”，确保党不变质、不变色、不变味，一代代中国共产党人用自我革命推动社会革命取得伟大成就，构建党内监督制度体系，不断完善制度治党，破解了旧社会旧制度导致的“历史周期率”问题。

在推进国家治理现代化的背景下，公权力监督制度建设成为开辟“中国之治”新境界必须有效破解的重大课题。搞好制度“供给侧结构性改革”，就是从党的十九大确定的战略目标和重大任务出发，更加注重发挥制度在管党治党、执政兴国中的根本性、全局性、长远性作用，着力固根基、扬优势、补短板、强弱项，加快形成完善的党内法规制度体系，进一步彰显党内法规制度在坚持党的领导、推进党的建设等各方面工作中的引领和保障功能。[①] 只有不断完善全覆盖的制度执行监督机制，制度执行力才有保障，制度优势向治理效能转化才有保障。在权力运行中，我们常常可以观察到“权力非正常运作”和“非公共运用”[②]这些现象，即权力运行的起始目标在运行过程中被其他的目标所替代。在党内监督治理体系内嵌入权力、责任和制度综合分析框架，有助于在执政党公共权力视域内强化对权力运行的制约和监督，健全党和国家监督体系，不断完善制度治党，有助于在国家治理现代化视角下探索制度治党体制机制，把我国制度优势更好转化为国家治理效能。

① 中共中央办公厅法规局:《推进党内法规制度“供给侧结构性改革”》,《求是》2020年第2期。

② 王沪宁:《反腐败——中国的实验》,三环出版社1989年版,第13页。

二、构建权力运行的制约和监督制度体系

权力是国家治理的核心要素。其核心功能就是权威而有效地动员和分配社会资源，提供公共产品与服务，维护和促进社会公平正义。权力运行制度是国家治理体系的重要组成部分。只有建立了合理的权力结构和规范的权力运行制度，权力的功能和作用才能得到优化和实现。要强化制约，合理分解权力，科学配置权力，不同性质的权力由不同部门、单位、个人行使，形成科学的权力结构和运行机制。[①] 党的十九届四中全会通过的《中共中央关于坚持和完善中国特色社会主义制度、推进国家治理体系和治理能力现代化若干重大问题的决定》提出："坚持和完善党和国家监督体系，强化对权力运行的制约和监督。"[②]

没有健全的制度，权力没有关进制度的笼子里，腐败现象就控制不住。[③] 解决中国的问题，要靠中国共产党；解决党自身的问题，要靠强化党的自我监督和人民群众的监督。[④] 强化党内监督是全面从严治党的必然要求和重要手段。长期以来，党内存在的一个突出问题，就是不愿监督、不敢监督、抵制监督等现象不同程度存在，监督下级怕丢"选票"，监督同级怕伤"和气"，监督上级怕"穿小鞋"。在不少地方和部门，党内监督被高高举起、轻轻放下，成了一句空话。党内监督缺位必然导致党的领导弱化、党的建设缺失、全面从严治党不力。[⑤] 一些地方和部门腐败现象时有发生，甚至出现系统性、塌方式腐败，一个突出原因就在于主体责任缺失、监督责任缺位，党内监督机制运转失灵。

党内监督制度是解决"上有政策、下有对策"和部门履职不作为的治理制度安排。党内监督实际上构成了国家治理体系高效运行的最基本和最重要

---

① 中共中央文献研究室：《习近平关于全面深化改革论述摘编》，中央文献出版社2014年版，第80页。

② 《中共中央关于坚持和完善中国特色社会主义制度、推进国家治理体系和治理能力现代化若干重大问题的决定》，《人民日报》2019年11月6日第1版。

③ 中共中央纪律检查委员会、中共中央文献研究室：《习近平关于党风廉政建设和反腐败斗争论述摘编》，中国方正出版社、中央文献出版社2015年版，第125页。

④ 王岐山：《坚持高标准 守住底线 推进全面从严治党制度创新》，《人民日报》2015年10月23日第4版。

⑤ 习近平：《在党的十八届六中全会第二次全体会议上的讲话》，《求是》2017年第1期。

的保障。可以说,强化党内监督是推进国家治理体系和治理能力现代化的重要举措。党的十八大以来,党内监督作为一种国家治理制度安排,从纵向和横向两个层面嵌入党和国家治理各领域全过程。从纵向层面讲,运用巡视等党内监督制度,强化中央对地方的监督问责,维护中央权威,保障中央的政策在地方贯彻执行。从横向层面讲,纪委加强对同级党委特别是常委会委员、党的工作部门和直接领导的党组织、党的领导干部履行职责、行使权力情况的监督,重构同级党政部门间关系。党的十九大对健全党和国家监督体系作出战略部署,提出构建党统一指挥、全面覆盖、权威高效的监督体系的目标任务。在党中央坚强领导下,通过深化党的纪律检查和国家监察体制改革,形成了纪律监督、监察监督、巡视监督、巡察监督、派驻监督五个全覆盖的公共权力监督治理制度体系,推进国家治理体系和治理能力现代化。

权力、责任和制度是国家治理的基本要素。有权必有责,权责要对等。反腐败体制机制改革,一个很重要的方面是理清责任、落实责任,不讲责任,不追究责任,再好的制度也会成为纸老虎、稻草人。① 完善党内监督体系,关键在于围绕权力运行程序,构建明晰责任、落实责任、追究责任的党内监督制度体系,用制度规范权力运行程序,用制度保障责任落实,最大限度消除权力运行的廉政风险。党的十九届四中全会提出:“完善权力配置和运行制约机制。坚持权责法定,健全分事行权、分岗设权、分级授权、定期轮岗制度,明晰权力边界,规范工作流程,强化权力制约。坚持权责透明,推动用权公开,完善党务、政务、司法和各领域办事公开制度,建立权力运行可查询、可追溯的反馈机制。坚持权责统一,盯紧权力运行各个环节,完善发现问题、纠正偏差、精准问责有效机制,压减权力设租寻租空间。”面向未来,中国共产党将继续总结经验,强化党内监督权力、责任和问责制度体系建设,把权力关进制度的笼子里,推进制度治党、依规治党、依法治国,以党内监督制度化建设新成效推进国家治理体系和治理能力现代化,为全面建设社会主义现代化国家、实现第二个百年奋斗目标提供有力制度保障。

---

① 中共中央文献研究室:《习近平关于全面深化改革论述摘编》,中央文献出版社2014年版,第81页。

第三节　建构中国自主的监督治理知识体系

一、“制度治党”:“中国之治”的标识性概念

当今世界正面临百年未有之大变局,国与国的竞争日益激烈,归根结底是国家制度的竞争。[①] 从人类社会发展史上的经验教训看,70 年到 100 年这个时期对一个国家的制度建设来说尤为关键,制度走向成熟定型,国家发展就能更加繁荣昌盛,形不成一套可靠的制度,国家发展就可能会走向衰落。[②]“坚持全国一盘棋,调动各方面积极性,集中力量办大事”是我国国家制度和国家治理体系的显著优势之一。新中国成立以来,我国之所以能创造世所罕见的经济快速发展奇迹和社会长期稳定奇迹,一个重要原因就在于充分发挥这一显著优势。中国共产党的领导是中国制度的本质特征和最大优势。充分发挥我国国家制度体系的显著优势,把制度优势转化为治理效能,实现有效治理国家和社会的目标,是中国共产党治国理政的重要经验。

在领导中国革命的伟大历史进程中,中国共产党就不断思考并努力建构社会主义国家治理制度体系。新中国成立后,中国共产党继续探索这个重大问题,取得了重要成果。实际上,怎样治理社会主义社会这样全新的社会,在以往的世界社会主义中没有解决得很好。马克思、恩格斯没有遇到全面治理一个社会主义国家的实践,他们关于未来社会的原理很多是预测性的;列宁在俄国十月革命后不久就过世了,没来得及深入探索这个问题;苏联在这个问题上进行了探索,取得了一些实践经验,但也犯下了严重错误,没有解决这个问题。我们党在全国执政以后,不断探索这个问题,虽然也发生了严重曲折,但在国家治理体系和治理能力上积累了丰富经验、取得了重大成果,改革开放以来的进展尤为显著。[③]

改革开放以来,中国共产党开始以全新的角度思考国家治理体系问题,强调“领导制度、组织制度问题更带有根本性、全局性、稳定性和长期性。这

---

① 习近平:《坚持、完善和发展中国特色社会主义国家制度和法律制度》,《求是》2019 年第 23 期。

② 《中国制度成就中国之治》,《求是》2020 年第 1 期。

③ 《习近平谈治国理政》,外文出版社 2014 年版,第 91 页。

种制度问题，关系到党和国家是否改变颜色，必须引起全党的高度重视”。[①]1992 年邓小平同志在南方谈话中指出：“恐怕再有三十年的时间，我们才会在各方面形成一整套更加成熟、更加定型的制度。”[②]党的十八大至 2020 年初，先后制定修订了 190 多部中央党内法规，出台了一批标志性、关键性、基础性法规制度，有规可依的问题基本得到解决。[③] 相比过去，新时代改革开放具有许多新的内涵和特点，其中很重要的一点就是制度建设分量更重，改革更多面对的是深层次体制机制问题，对改革顶层设计的要求更高，对改革的系统性、整体性、协同性要求更强，相应地建章立制、构建体系的任务更重。[④]

新时代全面深化改革的总目标，就是坚持和完善中国特色社会主义制度、推进国家治理体系和治理能力现代化。我们讲过很多现代化，包括农业现代化、工业现代化、科技现代化、国防现代化等，国家治理体系和治理能力现代化是第一次讲。深刻理解和准确把握这个总目标，是贯彻落实各项改革举措的关键。[⑤] 国家治理体系和治理能力现代化的关键是制度现代化。国家治理体系和治理能力现代化是一个历史发展过程，要善于从特定的“历史—社会—文化”综合环境条件去分析中国特色社会主义国家治理现代化的发展逻辑。我们治国理政的本根，就是中国共产党领导和社会主义制度，我们思想上必须十分明确，推进国家治理体系和治理能力现代化，绝不是西方化、资本主义化。[⑥]

党的十九届四中全会着重研究了坚持和完善中国特色社会主义制度、推进国家治理体系和治理能力现代化的若干重大问题，全面回答了在我国国家制度和国家治理上，应该“坚持和巩固什么、完善和发展什么”这个重大政治

① 邓小平：《党和国家领导制度的改革》，《邓小平文选》（第二卷），人民出版社 1994 年版，第 333 页。

② 邓小平：《在武昌、深圳、珠海、上海等地的谈话要点》，《邓小平文选》（第三卷），人民出版社 1993 年版，第 372 页。

③ 《浓墨重彩书写依规治党新篇章——以习近平同志为核心的党中央二〇一九年推进党内法规制度建设综述》，《人民日报》2020 年 3 月 18 日第 1 版。

④ 习近平：《关于〈中共中央关于坚持和完善中国特色社会主义制度、推进国家治理体系和治理能力现代化若干重大问题的决定〉的说明》，《人民日报》2019 年 11 月 6 日第 4 版。

⑤ 中共中央文献研究室：《习近平关于全面深化改革论述摘编》，中央文献出版社 2014 年版，第 26 页。

⑥ 中共中央文献研究室：《习近平关于社会主义政治建设论述摘编》，中央文献出版社 2017 年版，第 8 页。

问题。《中共中央关于坚持和完善中国特色社会主义制度、推进国家治理体系和治理能力现代化若干重大问题的决定》提出："中国特色社会主义制度是党和人民在长期实践探索中形成的科学制度体系，我国国家治理一切工作和活动都依照中国特色社会主义制度展开，我国国家治理体系和治理能力是中国特色社会主义制度及其执行能力的集中体现。"①党的十九届四中全会概括我国国家制度和国家治理体系13个方面的显著优势，深刻揭示了中国特色社会主义制度和国家治理体系为什么具有强大生命力和巨大优越性，为坚持和完善中国特色社会主义制度、推进国家治理体系和治理能力现代化指明了方向。这些显著优势，是我们坚定中国特色社会主义道路自信、理论自信、制度自信、文化自信的基本依据。

综观中国改革开放史，从提出"党和国家领导制度的改革"任务并全面推进，到提出"形成一整套更加成熟更加定型的制度"，再到提出"构建系统完备、科学规范、运行有效的制度体系"，"完善和发展中国特色社会主义制度、推进国家治理体系和治理能力现代化"，"搞好制度'供给侧结构性改革'"，一直到党的十九届四中全会提出"坚持和完善中国特色社会主义制度、推进国家治理体系和治理能力现代化"的总体目标，我们党对中国特色国家治理制度建设的规律性认识不断深化。中国特色社会主义国家治理体系是党领导人民治国理政的制度体系，包括根本制度、基本制度和重要制度等构成的一系列制度要素体系。站在新时代的历史起点上，不断完善国家治理体制机制，逐步实现国家治理制度化、程序化、规范化、法治化，把我国制度优势更好转化为国家治理效能，成为新时代推进国家治理体系和治理能力现代化必须回答好的重大命题。

制度优势是一个国家的最大优势，制度竞争是国家间最根本的竞争。②坚持依规治党、加强党内法规制度建设，是"中国之治"的一个独特治理密码，是呈现中国特色社会主义制度优势的一张金色名片，也为世界政党治理贡献了中国智慧和中国方案。③ 面对世界百年未有之大变局，开辟"中国之治"新境界，必须坚持我们的制度底线，坚定"四个自信"，将"中国之制"转化为"中

① 《中共中央关于坚持和完善中国特色社会主义制度、推进国家治理体系和治理能力现代化若干重大问题的决定》，《人民日报》2019年11月6日第1版。

② 习近平：《坚持和完善中国特色社会主义制度推进国家治理体系和治理能力现代化》，《求是》2020年第1期。

③ 中共中央办公厅法规局：《中国共产党党内法规体系》，《人民日报》2021年8月4日第1版。

国之治”，以正治邦，守正创新，善治国家。中国特色社会主义新时代赋予国家治理体系和治理能力的新内涵，进一步完善了国家现代化建设内涵，进一步适应了国家建设新议程对国家治理制度现代化的要求。坚持和完善中国特色社会主义制度、推进国家治理体系和治理能力现代化，是关系党和国家事业兴旺发达、国家长治久安、人民幸福安康的重大问题。[①] 开辟“中国之治”新境界，必须搞好制度“供给侧结构性改革”，以中国制度成就“中国之治”。伟大的政党往往是具有强大的制度性思维和制度性创新能力的政党，也是能够用强有力的制度来保障和推进伟大事业的政党。[②] “中国制度”催生出来的“中国之治”创造了人类历史上的两大奇迹，经济快速发展和社会长期稳定。这两大奇迹的关键在于坚持党的领导、从严管党治党的制度优势，以强大制度优势全面提升国家治理的整体效能。

对于中国共产党来说，“赶考”永远在路上。新冠肺炎疫情，是新中国成立以来在我国发生的传播速度最快、感染范围最广、防控难度最大的一次重大突发公共卫生事件。疫情防控是对我国国家治理体系和治理能力的一次大考。疫情发生后，全国上下紧急行动，依托强大综合国力，开展全方位的人力组织战、物资保障战、科技突击战、资源运动战，全力支援湖北省和武汉市抗击疫情，在最短时间集中最大力量阻断疫情传播。[③] 坚决打赢新冠肺炎疫情防控人民战争、总体战、阻击战，武汉保卫战、湖北保卫战取得决定性成果，全国疫情防控取得重大战略成果，这是党的十八大以来中国共产党制度治党显著成效的一次生动诠释和集中呈现。在危机时刻，中国政治制度运转的高效率明白无误地展露在世界面前。[④] 国际社会普遍认为中国采取的坚决有力的防控措施，展现的出色的领导能力、应对能力、组织动员能力、贯彻执行能力，是其他国家做不到的，为世界防疫树立了典范。重大危机是考验执政党执政理念、执政效能的试金石。中国在较短时间内遏制疫情蔓延，根本在于中国共产党的坚强领导。中国共产党有坚强有力的领导核心，有以人民为中

---

① 习近平：《坚持和完善中国特色社会主义制度推进国家治理体系和治理能力现代化》，《求是》2020 年第 1 期。

② 任晓伟：《以强大制度优势提升国家治理效能》，《中国社会科学报》2019 年 11 月 5 日第 1 版。

③ 中华人民共和国国务院新闻办公室：《抗击新冠肺炎疫情的中国行动》（2020 年 6 月），《人民日报》2020 年 6 月 8 日第 10～13 版。

④ 同心：《疫情防控是对我国治理体系和治理能力的一次大考》，《求是》2020 年第 5 期。

心的执政理念，面对疫情危机，迅速作出科学决策，实行高效有力的危机应对。① 防控工作取得的成效，再次彰显了中国共产党领导和中国特色社会主义制度的显著优势。②

制度的生命力在于执行。要把“监督制度执行”纳入国家治理体系和治理能力现代化建设的重要任务。有的人对制度缺乏敬畏，根本不按照制度行事，甚至随意更改制度；有的人千方百计钻制度空子、打擦边球；有的人不敢也不愿遵守制度，甚至极力逃避制度的监管……因此，必须强化制度执行力，加强对制度执行的监督。③ 党的十八大以来，中国共产党在治国理政历史性伟大实践中注重构建全覆盖的制度执行监督机制，把制度执行和监督贯穿政府治理、社会治理、区域治理、部门治理、行业治理、基层治理、单位治理的全过程，综合治理选择性执行、变通性执行、形式化执行和象征性执行等制度执行力软化问题。以党内监督制度为主导的制度执行监督机制形成了对干部严格按照制度履行职责、行使权力、开展工作的系统性、整体性、协同性监督网络，解决制度执行力、制度权威和制度遵循问题。疫情防控斗争的实践让人们更加懂得，越是短板弱项越是重大风险的触发点，越要通过深化改革，逐步实现国家治理制度化、程序化、规范化、法治化，把我国制度优势更好转化为国家治理效能。④

二、以更加坚定的制度自信建构中国自主的监督治理知识体系

坚持和完善中国特色社会主义制度、推进国家治理体系和治理能力现代化，是中国共产党应对新时代治国理政的一系列重大议题作出的战略决策。2021 年 1 月，中共中央印发《法治中国建设规划（2020—2025 年）》，明确要求“建设完善的党内法规体系，坚定不移推进依规治党”。继续将“中国之制”转化为“中国之治”，不仅要把好制度坚持好、巩固好，还要在不断完善和发展中把好制度运用好、执行好，切实提高制度执行力，这是当代中国制度建设的重

① 中华人民共和国国务院新闻办公室：《抗击新冠肺炎疫情的中国行动》（2020 年 6 月），《人民日报》2020 年 6 月 8 日第 10～13 版。

② 习近平：《在统筹推进新冠肺炎疫情防控和经济社会发展工作部署会议上的讲话》（2020 年 2 月 23 日），《人民日报》2020 年 2 月 24 日第 2 版。

③ 习近平：《坚持和完善中国特色社会主义制度推进国家治理体系和治理能力现代化》，《求是》2020 年第 1 期。

④ 同心：《疫情防控是对我国治理体系和治理能力的一次大考》，《求是》2020 年第 5 期。

大现实课题。① 新时代中国共产党全面从严治党的一系列重大制度创新，向全世界展现出制度治党的中国智慧和中国方案，这种大国大党治理模式植根于中国土壤、中国历史、中国文化、中国国情政情，是从中国土壤中生长出来的伟大政治创造。

新时代国家治理现代化建设的深入，呼唤和推动着国家治理制度理论研究的深化与拓展。加强对中国特色社会主义国家制度和法律制度的理论研究，总结70年来我国制度建设的成功经验，构筑中国制度建设理论的学术体系、理论体系、话语体系，为坚定制度自信提供理论支撑。② 中国政治学和公共管理学界也应该有一个共识，那就是把我们的研究重点放到治理效能的转化上来，为推进国家治理体系和治理能力现代化提供学理和智力支持。③

"制度治党"是中国特色国家治理的一个标识性概念。推进新时代中国特色国家治理话语体系建设，需要科学提炼总结中国共产党治国理政的政治话语，需要深入把握和理解制度治党话语背后所折射的中国特色社会主义国家治理体系和治理能力现代化的模式变革。第一，形成全面从严治党理论，为人类寻求更好的执政党自身治理制度作出中国贡献。第二，形成中国特色社会主义监督制度理论，为跳出"历史周期率"提供理论指导。第三，形成中国特色社会主义反腐败理论，为廉洁政治建设贡献"中国方案"。第四，形成中国特色社会主义权力运行理论，为公权力运行制度化、法治化和程序化贡献"中国智慧"。中国共产党制度治党是一个开放的理论体系，仍然会随着新时代中国特色社会主义伟大实践的发展而不断创新发展。中国共产党全面从严治党在制度框架、组织设计、治理机制和运作流程等方面，已经建构出一整套具有中国特色的原创性的国家治理知识体系、发展逻辑，蕴含着丰富的思想内涵，是全面系统的理论体系，需要从学理上进行系统挖掘和研究阐释。

中国特色社会主义制度和国家治理体系具有深厚的历史底蕴和政治社会基础，是具有强大生命力和巨大优越性的制度和治理体系。把我国国家制度和国家治理体系的显著优势更好转化为国家治理效能，是新时代推进国家治理体系和治理能力现代化的关键。立足新时代推进国家治理现代化的总体战略部署，深刻理解和科学把握制度治党的政治背景、政治功能、结构体

① 辛鸣：《从哲学层面深化制度理论研究》，《人民日报》2020年2月24日第9版。

② 习近平：《坚持、完善和发展中国特色社会主义国家制度和法律制度》，《求是》2019年第23期。

③ 燕继荣：《以制度建设推进国家治理现代化》，《光明日报》2020年3月25日第16版。

系、运行机理、价值取向、动力机制、实现路径、模式选择和治理机制等问题。自觉思考和回应国家治理现代化进程所提出的这些问题，是制度治党研究需要破解的重要课题。如何从学理上讲清楚中国共产党制度治党故事？如何从国家治理现代化角度研究并阐释清楚如何提升制度建设质量、制度执行力和制度权威？中国政治学与公共管理学界如何为制度治党提供有效的理论供给？制度治党的理论、实践创新对中国特色国家治理能力体系建构有何独特贡献？

构建中国特色国家治理的制度建设话语体系，需要加强对中国共产党制度治党的理论研究和科学阐释，总结中国共产党制度治党的成功经验，构筑中国共产党制度治党的理论体系、话语体系，为坚定制度自信提供理论支撑。用学术讲政治，推进“中国之治”的制度话语对内对外有效传播，提升“中国之治”制度话语体系的传播力、影响力和引领力。构建具有中国特色、中国风格、中国气派的执政党自我监督学的理论体系，要坚持以马克思主义为指导，坚定“四个自信”，推进党和国家监督实践基础上的理论构建、制度创新和话语体系高质量发展。第一，讲清楚党史、新中国史、改革开放史和社会主义发展史，讲清楚新时代中国特色社会主义历史性变革背后的制度逻辑。第二，讲清楚中国共产党制度治党的鲜活实践和理论创新，讲清楚廉政建设和廉洁治理的“中国故事”。第三，讲清楚中国共产党全面从严治党的“人民主体性”政治思维。第四，讲清楚源自“四个自信”的中国特色社会主义国家治理制度模式。第五，讲清楚中国共产党制度治党蕴含的“中国智慧”，为世界各国政党加强国家治理体系和治理能力建设、提升国家治理效能提供“中国方案”。

参考文献

《毛泽东选集》(第二卷),人民出版社 1991 年版。

《邓小平文选》(第一卷),人民出版社 1994 年版。

《邓小平文选》(第二卷),人民出版社 1994 年版。

《邓小平文选》(第三卷),人民出版社 1993 年版。

《习近平谈治国理政》(第一卷),外文出版社 2014 年版。

《习近平谈治国理政》(第二卷),外文出版社 2017 年版。

《习近平谈治国理政》(第三卷),外文出版社 2020 年版。

《习近平谈治国理政》(第四卷),外文出版社 2022 年版。

《党的二十大报告学习辅导百问》,学习出版社、党建读物出版社 2022 年版。

习近平:《摆脱贫困》,福建人民出版社 1992 年版。

习近平:《决胜全面建成小康社会 夺取新时代中国特色社会主义伟大胜利——在中国共产党第十九次全国代表大会上的讲话》,人民出版社 2017 年版。

中共中央纪律检查委员会、中共中央文献研究室:《习近平关于党风廉政建设和反腐败斗争论述摘编》,中国方正出版社、中央文献出版社 2015 年版。

中共中央宣传部:《习近平新时代中国特色社会主义思想三十讲》,学习出版社 2018 年版。

中共中央宣传部:《习近平总书记系列重要讲话读本(2016 年版)》,学习出版社 2016 年版。

王沪宁:《反腐败——中国的实验》,三环出版社 1989 年版。

陈宏彩:《地方纪检监察派驻机构制度创新研究》,中国社会科学出版社 2016 年版。

[古希腊]亚里士多德:《政治学》,吴寿彭译,商务印书馆 1963 年版。

[法]孟德斯鸠:《论法的精神》,孙立坚等译,陕西人民出版社 2001 年版。

[英]阿克顿:《自由与权力》,侯健、范亚峰译,商务印书馆 2001 年版。

任仲文:《坚定不移深化政治巡视》,人民日报出版社 2017 年版。

习近平:《切实把思想统一到十八届三中全会精神上来》(2013 年 11 月 12 日),《求是》2014 年第 1 期。

习近平:《在党的十八届六中全会第二次全体会议上的讲话》,《求是》2017 年第 1 期。

习近平:《努力造就一支忠诚干净担当的高素质干部队伍》,《求是》2019 年第 2 期。

习近平:《在党的群众路线教育实践活动总结大会上的讲话》(2014 年 10 月 8 日),《人民日报》2014 年 10 月 9 日第 2 版。

习近平:《坚持和完善中国特色社会主义制度推进国家治理体系和治理能力现代化》,《求是》2020 年第 1 期。

《习近平在十九届中央纪委三次全会上发表重要讲话 强调取得全面从严治党更大战略性成果 巩固发展反腐败斗争压倒性胜利》,《人民日报》2019 年 1 月 12 日第 1 版。

《习近平在中共中央政治局第十一次集体学习时强调 持续深化国家监察体制改革 推进反腐败工作法治化规范化》,《人民日报》2018 年 12 月 15 日第 1 版。

《中国共产党第十九届中央纪律检查委员会第三次全体会议公报》,《人民日报》2019 年 1 月 14 日第 1 版。

王岐山:《坚持高标准 守住底线 推进全面从严治党制度创新》,《人民日报》2015 年 10 月 23 日第 4 版。

赵乐际:《忠实履行党章和宪法赋予的职责努力实现新时代纪检监察工作高质量发展——在中国共产党第十九届中央纪律检查委员会第三次全体会议上的工作报告》(2019 年 1 月 11 日),《人民日报》2019 年 2 月 21 日第 4 版。

李建国:《关于〈中华人民共和国监察法草案〉的说明》,《人民日报》2018 年 3 月 14 日第 5 版。

《中共中央关于全面深化改革若干重大问题的决定》,《人民日报》2013 年 11 月 12 日第 1 版。

《中共中央关于深化党和国家机构改革的决定》,《人民日报》2018 年 8 月 28 日第 1 版。

《持续保持惩治腐败高压态势——党的十九大以来全面从严治党成果巡礼之一》,《人民日报》2019 年 1 月 7 日第 4 版。

《让党和国家监督体系更健全——党的十九大以来全面从严治党成果巡礼之二》,《人民日报》2019 年 1 月 8 日第 1 版。

《解读〈中国共产党纪律检查机关监督执纪工作规则〉》,《人民日报》2019 年 1 月 8 日第 4 版。

《正风肃纪 久久为功——党的十九大以来全面从严治党成果巡礼之三》,《人民日报》2019 年 1 月 9 日第 1 版。

肖培:《健全党和国家监督体系》,《人民日报》2018 年 1 月 16 日第 7 版。

施克辉:《政治巡视助力破解“历史周期率”》,《求是》2017 年第 20 期。

白广磊:《派驻监督的本质是派出纪委的监督——派驻纪检组可不是内设机构》,《中国纪检监察》2015 年第 21 期。

梅丽红:《党的十八大以来派驻监督的改革创新》,《党政论坛》2017 年第 10 期。

《中央纪委派驻机构历史发展大事记》,《中国纪检监察》2015 年第 24 期。

马怀德:《〈国家监察法〉的立法思路与立法重点》,《环球法律评论》2017 年第 39 期。

马怀德:《国家监察体制改革的主要任务和难点》,《新华文摘》2017 年第 5 期。

杨龙、蒋欣然:《中国政策过程中的“双顶层”机制》,《南开学报》(哲学社会科学版)2018 年第 1 期。

秦前红:《困境、改革与出路:从“三驾马车”到国家监察——我国监察体系的宪制思考》,《中国法律评论》2017 年第 1 期。

吴建雄:《监察体制改革试点积累的可复制经验》,《中国党政干部论坛》2017 年第 9 期。

《解读〈中国共产党纪律检查机关监督执纪工作规则〉》,《人民日报》2019 年 1 月 8 日第 4 版。

《正风肃纪 久久为功——党的十九大以来全面从严治党成果巡礼之三》,《人民日报》2019 年 1 月 9 日第 1 版。

王雁飞:《深入把握纪检监察体制改革的变与不变》,《人民日报》2019 年 1 月 29 日第 9 版。

沈国明:《确保权力更好为人民服务》,《人民日报》2019 年 1 月 29 日第 9 版。

杨诗琪:《派得权威 驻得有为——关于加强中央纪委派驻机构建设的意见概览》,《中国纪检监察报》2014 年 12 月 12 日第 4 版。

《充分发挥派驻监督职能——三论中央一级党和国家机关派驻监督全覆盖》,《中国纪检监察报》2016 年 1 月 8 日第 3 版。

张力:《构建向基层延伸的巡察网格》,《中国纪检监察报》2016 年 6 月 29 日。

杨国章:《理清深化派驻监督的三个关系》,《中国纪检监察报》2017 年 1 月 11 日第 8 版。

李玉长:《交叉巡察破除人情干扰》,《中国纪检监察报》2017 年 4 月 14 日第 2 版。

程威:《紧贴基层"巡" 盯住重点"察"》,《中国纪检监察报》2017 年 7 月 6 日第 2 版。

杨志:《巡察工作应正确把握四个关系》,《中国纪检监察报》2017 年 8 月 1 日第 2 版。

中央巡视工作领导小组办公室:《认真贯彻市县党委巡察意见 以实际工作成效厚植党执政的政治基础》,《中国纪检监察报》2017 年 8 月 16 日第 4 版。

宋亦危:《深化巡察,打通从严治党"最后一公里"》,《中国纪检监察报》2017 年 9 月 15 日第 1 版。

言卓、晓伟:《山东临沂创新巡察方式方法 瞄准靶心 双重反馈 交叉联动》,《中国纪检监察报》2017 年 12 月 5 日第 3 版。

孙明忠:《深化政治巡察应把握几个关键》,《中国纪检监察报》2017 年 12 月 6 日第 2 版。

陈雍:《推动巡视巡察向纵深发展》,《中国纪检监察报》2017 年 12 月 8 日第 1 版。

谭永丰:《万元危房改造补贴,村干部竟索要六千》,《中国纪检监察报》2018 年 1 月 28 日第 4 版。

刘学新:《完善巡视巡察上下联动监督网》,《中国纪检监察报》2018 年 2 月 22 日第 4 版。

叶水江:《福建三明"县域交叉"巡察揪出隐形"四风"问题》,《中国纪检监察报》2018 年 4 月 3 日第 6 版。

田国垒:《擦亮巡视巡察利剑 着力发现问题》,《中国纪检监察报》2018 年 4 月 6 日第 2 版。

毛翔:《构建全方位监督格局》,《中国纪检监察报》2018 年 4 月 10 日第 1 版。

邝克勤:《四川北川“互联网+”破解扶贫资金监管难题》,《中国纪检监察报》2018 年 4 月 15 日第 2 版。

张涛:《重庆黔江 优先处置扶贫领域信访问题》,《中国纪检监察报》2018 年 4 月 18 日第 2 版。

季仁:《四川仁寿:巡察找问题 治理补漏洞》,《中国纪检监察报》2018 年 4 月 21 日第 3 版。

蒋中治:《四川船山 解剖“蝇腐”对症下药》,《中国纪检监察报》2018 年 4 月 26 日第 7 版。

蔡怡琳、陈蕾:《“退一步”风清气正》,《中国纪检监察报》2018 年 5 月 10 日第 3 版。

周根山:《破解“巡不深、察不透”难题》,《中国纪检监察报》2018 年 5 月 11 日第 1 版。

罗贤忠、黄志文:《谁动扶贫“奶酪”从严查办不留情》,《中国纪检监察报》2018 年 5 月 16 日第 3 版。

陈勇贵:《巡察表态发言竟“复制粘贴”》,《中国纪检监察报》2018 年 5 月 17 日第 3 版。

陈淑君:《谁来监督检查委员会 防止出现“灯下黑”》,《中国纪检监察报》2018 年 6 月 5 日第 3 版。

王卓:《中央纪委驻人社部纪检组积极开展受处理党员干部后续教育——让跌倒党员重新站起来》,《中国纪检监察报》2018 年 6 月 6 日第 1 版。

《坚持以人民为中心 深入推进市县巡察》,《中国纪检监察报》2018 年 8 月 22 日第 1 版。

中央巡视工作领导小组办公室:《深化政治巡察 夯实执政基础——对市县巡察工作把握政治巡察定位的几点思考》,《中国纪检监察》2016 年第 11 期。

钟循:《巡察,打通党内监督“最后一公里”——党的十八大以来深化政治巡察回眸》,《中国纪检监察》2017 年第 13 期。

后　记

百年大党中国共产党为什么能够成功善治中国、带领人民创造“两大奇迹”？根本答案在于中国共产党坚持以人民为中心，把廉政制度建设贯穿领导中国革命、建设、改革的全过程，百年大党治理的历史呈现了不断推进廉政制度建设的发展轨迹，铸造强大的廉洁治理系统，有效保障了百年大党的生命力、领导力和执政力。直面大变局世界中的国家治理新时代、新机遇、新挑战和新议题，深入研究和系统总结中国共产党治国理政的实践经验，从中提炼具有中国特色、中国风格、中国气派的标识性概念和理论，是构建中国特色国家治理学科体系、学术体系、话语体系的重要任务。本书力图在这方面作出探索和研究。

本书是笔者主持的2017年度福建省社科规划重大项目“十八大以来中国共产党党内监督理论与实践的创新研究”课题成果。感谢福建省社科规划办对本项目研究的资助和支持。感谢厦门大学校长基金·创新团队项目“中国公共政策的理论建构与实践创新”和研究阐释党的十九届四中全会精神国家社科基金重大项目“强化制度执行力研究”为本成果提供出版资助。本书还入选2021年度福建省重点出版项目立项。厦门大学公共事务学院和公共政策研究院的研究生戴倚琳、谢定云、易雅婷、李佩姿、李文、蒋洋、石术和杨荣罡等参与了有关资料收集和校稿工作。书中参考和引用了许多专家学者的观点，大都在注释和参考文献中标出，倘若有所遗漏和错误，请予指正，在此致谢！

由于笔者能力水平有限，书稿还显得仓促和不够成熟，恳请各位读者和专家学者提出宝贵意见。

吕志奎

2023年8月10日于厦门大学海滨

Special Personality
档案
NO. 9974
特殊
人格
SPECIAL
PERSONALITY
木瓜黄◎著
NO.
LIST OF VISITORS
来访者签名
SIGN HERE
解临
池青
四川文艺出版社
CAUTION
U0915536

目录 CONTENTS

Special Personality

Volume - Three	Side Story - Two

RISK DANGEROUS HIGH

你是小孩吗.
没戴手套连马路都不敢过.

『……手给我。路上车多，怕你被车撞死。』

SINGIN' IN THE RAIN

『以后我们多出来旅游吧？我们可以一起去很多很多地方。』

『听得见吗，说话。』

解临.
别
出生日期
年龄
婚姻
国籍
现住址
猫
卷一 / Volume I

第 1 章

“哗啦——”

暴雨如注，雨滴砸在车窗玻璃上，也打湿了这昏暗天色。街道上行人撑着伞匆匆来去，雨声里不断夹着汽鸣声，车辆就在这汽鸣声里缓慢挪动着。

电台播报天气情况：“雷雨从昨天开始一直下到现在，本月平均降雨量超过历史极值，道路有积水情况，请市民出行多加注意。”

“别是前面发生了什么事故，”司机盯着眼前来回晃荡的雨刷，听完播报，不耐烦道，“这雨不知道要下到什么时候，这条路本来就堵——”

说到这里，他将头微微向斜后方侧去，对坐在后排的人说：“你这个目的地……是去派出所？”

铅云蔽日，车内光线昏暗。

坐在那里的人动了动，他垂着头，双手交握搁在腿上，跷着的那条腿裹在黑色牛仔裤里，脚上踩着一双皮靴，剪裁简单的皮质军靴上沾上了一点儿雨水。

男人从上车起就没有发出任何声音，目的地在叫车软件的网络订单上标着。

他上车后睡了一会儿，这会儿刚睡醒，额前碎发遮在眼前，坐在那儿像是被黑暗吞噬了，半个身子和昏暗的光线融为一体，司机从车内后视镜里只能看到一截苍白瘦削的下颌。

几秒之后，后座传来一句毫不留情的话。

“开你的车。”

“……”

谈话间，路况依旧没有丝毫好转。

司机发觉这名乘客不太好相处——比起闲聊，乘客显然对靠着继续睡觉更感兴趣，他不再多和这名乘客搭话，只在心里偷偷琢磨：这个点往派出所跑，啧，犯事了？

与此同时，华南分局永安派出所。

所里墙上标着“严格执法，热情服务”的字样，然而这并不能镇住此时所里鸡飞狗跳的场面——一名年纪约四十岁的男人被两名片警一左一右提着胳膊送进办公区内。

片警：“老实点！”

男人不配合地胡乱挣扎，挣扎无果后又开始死拽着门把手不肯松手，即使上半身已经被片警拽入门内，他的腿依旧犹如石柱一样定在原地，嘴里鬼哭狼嚎地喊着：“你们不能没有证据就逮捕我！——有这么办案的吗？放开我，我要去投诉你们！”

男人穿着一件灰色工装，工装口袋像两块方正的贴布，脚上的球鞋倒是挺新，褐色的浑浊的眼睛里透着一股子市井气。

新晋片警季鸣锐从后面进来，进门的时候顺便伸手把男人提进门：“没有证据？！”他拖出一把椅子，等男人被按着肩膀老老实实在椅子上坐好之后，才把一个透明的物证袋拍在桌面上。

物证袋里躺着一部银色老旧手机。

季鸣锐：“你在人家家里偷东西的时候手机都落人客厅了，还敢说没证据？！”

男人鬼哭狼嚎的声音戛然而止。

季鸣锐：“还是你想说这手机不是你的？在这个世界上有另一个人存着你老婆的手机号码，并且也管你老婆喊老婆？”

男人彻底没声儿了。

季鸣锐继续问：“偷来的东西藏哪儿了？”

“……”

半个小时后。

一名女警从隔壁房间走出来：“我这边也闹得不行，邻居王阿婆哭半天了，说那是他们家祖传下来的木雕摆件，对她特别重要，让我们赶紧把东西找出来。”

“他还是不肯交代？”

季鸣锐个头很高，整个人看起来颇为壮实，浓眉大眼，今年刚从警校毕业，成了一名片警，投入到街坊邻里间各种矛盾和争吵里。警校毕业后他发现在派出所的工作都说不上是查什么案子，更像在当调解员。

今天这家闹离婚，明天另一家因为出轨暴打小三……

季鸣锐深吸一口气，谁也没想到一个木雕能折腾那么久：“没说，支支吾吾说他忘了，自己把东西藏哪儿了都能忘？！本来今晚我还约了朋友吃饭，看这情况，等我朋友到这儿就只能请他吃泡面了。也不知道他那臭脾气，会不会把泡面杯扣我头上。”

女警扭头看了看窗外的暴雨，心说这个天气约饭也是够奇怪的。

盘问还在继续。

中途王阿婆实在等不及，推开门冲入战场，办公室情形更加混乱。

老人家骂起架来丝毫不输小年轻，动作虽颤颤巍巍，但话语中气十足。

调解员季鸣锐被吵得一个头两个大，正安抚着王阿婆的情绪，办公室那扇玻璃门被人敲了两下：“鸣锐，有人找，说是你的朋友。”末了，传话人员又补上一句，“名字叫池青。”

季鸣锐分身乏术，头也不回道：“是我朋友，让他直接进来。”

由于场面实在太混乱，谁也没注意几分钟后有人收了伞穿过走廊，透明长柄雨伞伞尖朝下，男人本来微湿的皮靴已经被人有洁癖般地擦净。随后，一只戴着黑色手套的手将门推开。

黑色手套牢牢裹着几根手指，衬得指节格外细长。

——但凡所里场面稍微平静一点，这只手都没那么容易被忽视，甚至应该有着极高的回头率。因为日常生活中恐怕很少见到有人出门还特意戴手套。

池青在路上堵了半个多小时，推开门时王阿婆正用本地话骂得起劲。

“侬杂小赤佬——”

工装男回嘴：“别以为我外地来的就听不懂，你这是在骂我？！”

季鸣锐道：“这儿没你说话的份，你还好意思说话，啊？你知不知道你这件事情的性质非常恶劣？你怎么能偷邻居家祖传下来的木雕？你知不知道那木头——”调解员季鸣锐出于安抚受害者的目的，数落了男人几句，说到这里又转向阿婆：“那木头什么材质？”

季鸣锐心说应该还是有点价值的，能拿来唬唬人。

王阿婆急忙道：“是在山里自己砍的木材，哎哟，已经传了三代了。”

季鸣锐：“……”

“咳……听见没有，传了三代的木头，”季鸣锐用手指敲敲桌面，“这个价值不是用金钱能够衡量的，你到底藏哪儿了？！”

几人还在为了木雕争论不休，只有中途走到一边去给王阿婆接水的女警发现刚才进来的那个“朋友”，自顾自地在角落沙发里睡觉，他侧躺在沙发里，长腿蜷着。

由于角度受限，她没看到人长什么样，只注意男人垂下来的半截手腕。

……这么吵也亏他睡得着。

一场极其简单的纠纷，一个木雕，季鸣锐使上了这些年在警校学到的各种审讯手段，奈何对面那位工装男人油盐不进，不知道为什么死撑着不肯还："都说了，我刚才出门买东西的时候放外头了，扔啦——具体扔在哪儿我也不清楚，你们去垃圾桶里翻翻没准儿还能找到。我都扔了，你让我怎么给你。大不了我赔点钱就是了，你这木头块，能让我赔几个钱？"

季鸣锐在心里骂了一句。

时钟指针过了十一点。

窗外雨还在下。

工装男人见自己占了上风，眼珠子转了转："还有别的事没有，既然都聊完了，可以放我走了吧？"

一时间大家不知道说什么好。

就在僵持不下之时，一道声音打破平静："雨连着下了两天。"

众人闻声看去，看到池青边说话边从沙发里坐起来，由于头顶就是白炽灯，他抬手半遮住眼睛，缓了一会儿才继续说："你出门买完东西，鞋上却一点儿淤泥都没沾。如果我是你，我不会找这种漏洞百出的借口。"

他刚才其实没怎么睡着，办公室太吵，半梦半醒间把这起邻里纠纷详情听得差不多了。

工装男人下意识地向后缩了缩脚。

他根本没出门。

所有人脑海里惊雷般地齐齐蹦出这个念头。

季鸣锐怔了怔，道："没出门，这么说东西就在他家。"

池青起身，看起来还像是没睡醒，半眯着眼，给人一种等得不耐烦的感觉。

他伸手隔空指指物证袋："我能看看吗。"

所有人立即注意到他手上的黑色手套——手机是触屏手机，由于要滑动翻查，池青拿起手机之前慢条斯理地脱掉了右手手套，露出一只似乎常年不见阳光，可以称得上是惨白的手。指节纤长，肤色白得似乎能看见蛰伏在底下的淡青色血管。

他拿手机的时间不超过十秒，很快便将手机放下。

引人注意的不光是那只手，除了季鸣锐常年对着池青那张脸已经见怪不怪以外，其他人很难消化这张脸带来的视觉冲击力。离池青很近的女警恍然回神发现自己已经直愣愣地盯着人看了许久，后知后觉地烧红了脸。

那是一张极为漂亮但略显颓废的脸，可能是因为额前的头发过长，也可能是他的肤色实在太白了，但他的唇却红得像沾过血。男人五官漂亮，只是神情恹恹的，身上有种靡艳的颓气。

池青似乎是很习惯这种注视，只扔下一句："与其问他把东西藏哪儿了，不如把他儿子叫来问问。"

季鸣锐蒙了：儿子？

怎么扯上儿子了？

这又关他儿子什么事？

等等，他怎么知道他有个儿子？

然而提到儿子之后工装男却激动起来，跟刚才胡搅蛮缠的激动不同，这回眼珠瞪大，噌地站起来，作势要去抢手机："你们审我就审我，提我儿子干什么！"

季鸣锐眉头一挑，发觉不对劲："你老实坐下！"

"我儿子跟这事没关系！"

工装男在抢东西时，情急之下碰到了池青还没完全放下的手。

就在相触的一瞬间，池青耳边多了一层声音，这层声音像是隔了一层膜，略带失真地传进他耳朵里，就像是两个工装男同时在他耳边说话，然而失真的那句话却和他嘴上说的截然相反：

【我不能让他们知道是我儿子偷的东西，这件事情要是传出去别人会怎么看小康，他会被身边邻居、同学议论……】

手机到底还是没让他抢走，季鸣锐一把夺过手机，按照池青刚才打开过的程序重新翻起来。

浏览器上，近一个月的网页搜索上显示的都是某部少儿动画片的名字。通信记录里，这半年没几通电话记录，完全没有工作联系和生活的痕迹。至于相册，没多少照片，大都是以前的旧照，新照片很少，最新的一张拍摄时间倒正好是今天，黑白色的一抹什么东西晃过去，糊得很，像是误拍。

——这部换下来的旧手机，工装男显然已经没有再使用了。

那么是谁在用它？

"一般情况，人会怎么处理换下来的旧手机？"季鸣锐看似是问话，实则自己给了答案，"会给家里其他人使用，如果家里有孩子的——多数人会留给孩子玩。你是想自己把东西还给老人家，还是我们亲自去找你儿子问问？"

男人低下头，知道事情是彻底兜不住了。

季鸣锐正继续追问详细细节，边上女警指指玻璃门："你朋友出去了。"

季鸣锐只看了一眼："他去洗手了。"

女警："啊？"

季鸣锐对池青那些"古怪"的臭毛病如数家珍，边低头在纸上记录案情，边说：

“他，死洁癖，被人碰一下能洗三遍手，没看到刚才从进门就一直戴着手套吗？”

“这洁癖这么严重？”

“岂止是严重，”季鸣锐放下笔，用笔尖指指垃圾桶，“我跟他高中认识那会儿，我想帮他倒垃圾，不小心碰到他手，他直接把垃圾桶扣我头上了。朋友差点没做成，他的洁癖就是这么恐怖。”

“你跟他这么熟了，现在不会还这样吧。”女警觉得这怪癖还挺有意思，笑道。

季鸣锐：“这问题我也问过他，他说作为对朋友的尊重，他会忍三秒钟，忍不住再扣。”

“他也上的警校吗？现在在哪里任职？”女警问出了一句刚才全场人都想问的话。

“没有，他念的电影学院，八竿子打不着，”季鸣锐知道他们惊讶的点在哪儿，“虽然很可惜，不过我这哥们儿确实没有投身警察行业——是不是觉得他特厉害，简直跟有读心术似的。”

女警点点头。

“……以前上学的时候也是，他好像总能知道别人在想什么，”季鸣锐说完又摆手道，“开玩笑的，世界上怎么可能有读心术这种东西——”

走廊尽头，洗手间。

池青站在镜子前，手上湿漉漉的，指节被淋得像是没有温度一样。

他和镜子里的自己无声对视。

透过镜面，同样的场景在镜子里面对面重现，经过反射成像，世界仿佛也跟着分成两个。

只有他自己知道，刚才一瞬间并非幻听，失真的声音的的确确自大脑深处缓缓爬上来，诡谲地喃喃着：【我不能让他们知道是我儿子偷的东西……】

池青垂着眼，最后若无其事地擦干手。

从洗手间出来的那条走廊很长，长廊靠墙摆着排椅子。

天气不好，所里人也不多。

常有警察家属到点接了孩子，让孩子在这儿等家长下班。

池青出去的时候外头正坐着个女孩，动作娴熟地从小书包里掏出文具和练习簿，坐在长椅上，脚都挨不着地。看年纪应该还在上小学。

池青经过女孩身边的时候，还没来得及戴上手套的手被人轻轻拽了拽：“……哥哥。”

小女孩的手又肉又软，声音奶声奶气，连带着耳边出现的失真的声音都变得可爱起来：【这道题“窝”不会做，昨天爸爸才刚教过，要是再去问他，肯定会觉

得“窝”很笨。】

“你能不能……”

女孩话没说完，池青盯着那两根肉肉的手指，又看向有些犹豫和不好意思的小女孩，毫不留情地说：“是很笨。”

女孩小奶音一噎，一瞬间遭受巨大打击，都忘了思考这位大哥哥怎么知道她想说什么。

她其实有点怕这位大哥哥，正想松开手，却见他在自己身边坐了下来，抽走她手里的练习簿。

“哪道题不会。”

女孩：“空着的题。”

池青：“你空了很多题。”

女孩：“……”

池青：“我教完，你能保证明天不会忘吗，我不想像你爸爸一样，花时间做无用的工作。”

女孩：“……”

池青：“看来不能。”

池青说话一针见血，但还是把空着的算术题给她讲了一遍，尽管讲到后面女孩的心思已全然不在题目上。

“哥哥，你怎么知道我拉着你是想让你给我讲题目？”

女孩眼睛很大，纯真无邪的样子，带着困惑：“我刚刚话还没有说完呢。”

池青把笔帽盖上：“听到的，你在心里说了。”

女孩眨巴眨巴眼睛：“像读心术那样吗？”

“算是。”

“只要碰一下，就可以听到吗？”

“差不多吧。”

女孩晃晃脑袋后面的马尾辫，羡慕道：“如果我也有读心术的话，我就能知道爸爸把我的糖罐藏哪儿了，我偷偷找了两天也没有找到。”

池青把练习簿递还给她，说的话超出女孩能理解的范围：“小孩，在大人的世界里，是找不到糖罐的。”

女孩显然没有听懂：“为什么？你们不喜欢吃糖吗？”

池青没有回答她，把手套重新戴上，走进办公室之前竖起一根手指抵在下唇前，唇色被黑色指套衬得异常浓烈，只是说出来的话却是冷的：“今天跟你说的话是个秘密。”

女孩："那你还告诉我。"

池青推开门："因为你太小，就算说出去也不会有人相信。"

女孩："……"

办公室里，木雕纠纷总算进入尾声。

"这件事情我就不追究了，"王阿婆听到是工装男儿子小康偷的东西，不忍追究一个小孩儿的过错，只道，"回去好好教育教育孩子，别因为贪玩就随便拿人东西……"

池青洗完手回来，双方已经就此事达成了和解。

工装男连连点头，跟在阿婆身后出去："我一定好好教育他。"

王阿婆走到半道，又停住脚步，突然折返回来，紧张道："警察同志，我们小区里最近发生很多起失踪案，我想寻求你们的帮助。"

季鸣锐已经不是先前在电话里被这位阿婆用"祖传宝物、价值连城"这个说法糊弄住，急急忙忙出警的单纯调解员了："您方便说得更具体点吗？"

"是我们小区的流浪猫——"

"……"果然。

"这几天给它们准备的猫粮也没吃，以前从没有发生过这种事。"

王阿婆自己也养猫，心思总是柔软些，时常会给偷溜进她家院子里的流浪猫准备些猫粮。

"阿婆，"季鸣锐道，"这不能定义成失踪案，我们也没办法出动警力去小区里抓猫，流浪猫居无定所的，它，呃，它可能去其他地方了，也许很快就会回来。"

季鸣锐送走阿婆，见池青回来，孝敬大哥般地给他敬了杯茶："喝水吗，渴不渴，你看你来就来吧，还顺便帮我调解。"

池青接过水杯："本来不想管。"

季鸣锐："那后来是因为？"

池青："你们效率太低，我怕我再等下去，可以直接吃明天的早饭了。"

他说完又补上一句："现在可以下班了吗，什么时候吃饭。"

……

敢情您是因为饿了才从沙发里坐起来。

季鸣锐看了一眼窗外没有停歇迹象的暴雨，又看了一眼时间，最后看了看周围陪着他一起加班到这个点的片警同事们："这个点，饭店还开着的估计没几家了，附近有家大排档味道还不错，营业到深夜两点。"

雨似乎小了一些，大排档虽然仍在营业，但顾客不多，墙上挂着张价目表，红底黄字，油烟味直直地从后厨蹿出来，伴随着锅碗瓢盆的碰撞声。

他们这一桌足足坐了八个人，老板额外给加了两张凳子，很勉强地挤成一桌。

季鸣锐摸摸鼻子解释："那什么，这么晚了，大家伙凑一起吃顿饭得了，都挺辛苦的。"季鸣锐又一拍脑袋，"啊，忘了给你介绍，我们都是同一批毕业的，今年刚上任。"

他简单介绍，从坐在池青对面的女警苏晓兰开始，后者爽朗一笑："本来是你俩约的饭，我们这么多人凑进来真是不好意思，给你们添麻烦了。"

虽然池青没说话，但是苏晓兰很明显从他脸上读出一句话：是挺麻烦。

……

池青清洗完餐具，看了一眼手上戴着的手套。为了防止吃饭时不小心在餐桌上碰到人，这手套是摘不了了。

苏晓兰等了又等，没等到他摘手套，终于忍不住问："你吃饭也……戴着吗？"

池青："我比较注意卫生。"

苏晓兰："……"

"不用管他，"季鸣锐十分适应，率先夹起一筷子菜，"他就这样，这洁癖已经到了连空气里的灰尘都不愿意碰的程度，以前人送外号'池别碰'。"

"别碰？"

"是啊，不让人碰。"

池青警告："你吃饭怎么那么多话。"

季鸣锐："……"

外头雨声淅淅沥沥。

吃饭间隙，苏晓兰又想到一件事："池先生平时工作应该很忙吧？"

在她的认知里，和朋友聚餐，肯定得提前挑个天气不错的日子，选这么个接连暴雨的倒霉天，肯定是工作忙，没得挑。

池青夹菜时避开被人夹过的地方，吃了几筷子之后，拿起水杯不紧不慢地抿，眼睛看着窗外，说话语气有些放松："不算忙。"

等放下水杯时，他又点评一句："今天天气不错。"

"？"

季鸣锐替这位脾气秉性都异于常人的兄弟解释："他喜欢雨天。"

两人约饭的主要目的其实是庆祝他顺利进了派出所，然而季鸣锐都上任快两个月了，这顿饭才约上。

季鸣锐回忆起约饭的坎坷历程，先是池青表示“知道了，我挑好日子再通知你”。他等啊等，等到天气预报显示明、后两天接连暴雨之后，他才收到池青的通知：后天天气不错，你几点下班。

季鸣锐：……你看天气预报了吗？

池青：你问的什么废话。

按正常人思维认知里的“天气不错”那肯定是个风和日暖、晴空万里的日子。

不过季鸣锐适应程度良好，主要因为池青这个人，哪儿哪儿都和正常人不太一样，这点小癖好已经不足为奇了。

旁边有人呵呵笑着缓和气氛：“这喜好，挺特别的。”

那名男警缓和完气氛，想看看时间，一摸口袋摸了个空：“欸，我手机……”

“怎么回事，手机丢了？”他这动作引起一阵小小的骚动，大家都挪动位置和餐盘，想看看是不是落在桌上了。

池青目光还落在窗外的雨上，似乎是在赏雨，他一边不紧不慢地收回目光，一边随口说：“从进门起，你的手机只拿出来过两次，第一次是刚进门的时候，第二次是五分钟前，你拿着手机去了洗手间。”

桌上寂静无声，随着男人话音落下，其他人挪位置的动作齐齐静止。

男警一拍脑袋：“我想起来了，在洗手间。”

这是一个很小的插曲。苏晓兰察觉到这位同事的朋友，不太对劲。

他过于敏锐了，尽管这可能不是他的本意，因为他说起这些就像在谈论窗外的天气一样随便。她继而又回想起一个小时前发生的事，池青只是进门，就注意到了工装男人的鞋。

池青坐在角落里，此刻后背靠着墙，察觉到她的目光便回看向她。店里开着空调，他早已脱下外套，里头只穿着件剪裁简单的深色毛衣。他额前头发有些长，阴郁地将眼睛盖住几分，但是依旧可以窥见他的瞳孔颜色——他的瞳孔和他的头发颜色几乎一致，深得不见底。

或许是刚喝了热水的缘故，他的唇色更红了，浓烈的黑和这唇色形成触目惊心的对比。

苏晓兰回想起季鸣锐对这位朋友的介绍语：……他念的电影学院，八竿子打不着。当时她左耳进右耳出，手里忙着别的事，没怎么仔细听。

现在一回想……

电影学院？那他到底是干什么的？

而且苏晓兰总觉得他长得有几分眼熟，但这念头就像一根摸不着的线。

这顿饭吃的时间不长，池青说的话也不多，大多数时候，他总是维持着那股略有些阴晦的样子，坐在那里看雨。

等饭吃完，他和季鸣锐一齐向众人告别，拎着来时那把透明雨伞推门出去。

季鸣锐跟在他身后："我送这位大爷回去……你们也都早点回，明天还有其他活要干呢。"

两人走后，先前去洗手间找手机的男警也收拾好东西准备赶回家，走之前随口道："刚才那位池先生，从警局外头远远走进来的时候，我瞧了一眼，乍一看还以为哪位大明星来我们派出所办事——"

男警只随口说那么一句，苏晓兰却是猛地抓到了那根线。

苏晓兰记性很好，偶尔空闲时间也会陪着家人看电视节目，出于职业习惯，有时剧里只出场过一两次的配角她都会多看几眼……她好像在电视上见过池青。

但是很显然，他离"大明星"这个称呼，有一段相当遥远的距离。

这个名字在演艺圈里几乎没什么存在感，没人听过，不光没听说过，也几乎没有在各大电视台、娱乐小刊上见到过。就像千千万万没能在圈里冒出头、走在路上也没人叫得出名字的艺人们一样。

也就是这样，他才能坐在人来人往的大排档里吃饭，却没被任何人认出来。

苏晓兰带着这个模糊的印象往店外看了一眼，看到池青撑着伞站在路边等季鸣锐，指节隔着黑色布料搭在银色伞柄上，显得那双手套看上去冰凉又突兀。

然后他又往道路深处走了一段，很快被倾盆的大雨隐没在茫茫夜色里。

第2章

"嘀！"

"嘀嘀——！"

雨还未停，道路依旧拥挤。

坐上车后，车里只剩池青和季鸣锐两个人，池青明显放松了些，手套上沾上些许雨水，他嫌不舒服，这才把手套脱了。

季鸣锐脾气好，路堵成这样也没抱怨一句，他看了一眼池青的手套："你总算把这玩意儿弄下来了。"

池青："有消毒水吗。"

"没有……"

"酒精片也行。"

“也没有，”季鸣锐说，“我一个大老爷们儿，车里能有盒纸巾就不错了。”

季鸣锐说着把纸巾盒递过去。

递过来的一瞬间，失真的声音吐槽说：【池青这个人还是这么麻烦，伺候他跟伺候大爷似的。】

池青：“……”

此时红绿灯闪过，十字路口对面正是今天纠纷对象王阿婆居住的小区，海茂小区出入门紧闭，负责控制车辆通行的安保人员坐在保安亭里打瞌睡。

外头雷电交加，闪电劈裂天穹，将漆黑的夜晚照亮一瞬，平日里不显眼的角落也被照亮，强光照到一摊猩红的血液，血液被雨水浸泡稀释，沿着街道缓缓流入下水道内，猩红色血水蜿蜒而行。

一只被开膛破肚的死猫静静躺在灌木丛里——它瞪大眼，浑身的毛湿透，混着泥泞和鲜血，一缕缕毛像刺猬一样刺出去。

车内。

季鸣锐听着耳边“轰隆”一声，道：“这雨怎么越下越大了……”

他转而又说：“对了，你明天有空吗？我妈说好长时间没见着你了，明天又是周末，她包了水饺，喊你来家里吃饭。”

池青把纸巾盒递回去：“没空。”

季鸣锐接过：“有工作？”

【能有什么工作啊，戏也没见他拍几部，百度百科都查无此人。我就弄不明白了，当初高考那么高的分数，什么学校上不了，非去电影学院干什么——要是真的喜欢也就算了，也没看出来这位大爷有多喜欢表演。】

这一直是季鸣锐人生十大未解之谜之一。

他觉得池青干其他任何事情都能成，高考分数高得令人咋舌——但是他偏偏选择在演艺圈里缓缓下沉，扑得连个水花都没有，实在匪夷所思。

池青听到季鸣锐内心的疑问，但他没有办法回应。

季鸣锐不是坐在长椅上写作业的小女孩，能够凭借年幼和天真相信世界上有读心术。

“嗒——”

雨滴砸在车窗上，前面那辆车的红色尾灯直直照过来，再被成片的雨滴晕散，眼前的视野变得迷茫起来。

——“你很抗拒触碰。”

——“你无法像正常人一样感知情绪。”

——“你很难感到怜悯、恐惧、喜悦或是悲伤。”

——“我不知道是出于什么原因，也找不到解决办法……唯一能给你的建议，是希望你多去感知情绪。哪怕是学习着扮演也好。你现在高中是吧，如果学习之余有另外的时间，可以适当接触一些表演类课程。”

那是池青找的第一位心理医生，是一位很和蔼的中年男人，其实早已经忘记他长什么模样，但是仍然记得他那南方口音极重的声音。

季鸣锐问完话迟迟等不到回答，他伸出手在池青面前晃了下：“喂，想什么呢？”

池青：“想你刚才是不是在编派我。”

“我是那种人吗？”季鸣锐心虚地摸摸鼻子，转移话题，“……所以你明天要去干什么？”

池青回过神，盯着眼前来回晃荡的雨刷说：“明天得去趟医院。”

季鸣锐：“生病了？”

池青“嗯”了一声：“去治洁癖。”

季鸣锐：“？”

他头一回听说，洁癖还能治？

季鸣锐：“现在医学真是发达啊……就是不知道像你这种程度还有得救吗？”

次日，接连下足两日的暴雨总算停了，只剩下道路还湿着，初冬的天气微微透出一股凉意，长街尽头，一家私人心理诊所早早开门营业。这所诊所收费高昂，从外观上看，很对得起它一次咨询数千元钱的价格。

过于高档的装修让整个大厅看起来有些冰冷，即使待客区域摆了几个憨态可掬的玩偶，也没有改变那一点冰冷的本质。

池青是第一次来这家诊所。

他换过好几位心理医生，上一位在任一年多，最后一次咨询治疗结束，无奈地对他说：“池先生，我可能帮不了您了，要不您再看看其他诊所吧，可能其他医生对您会更有帮助。”

“一年多了，我完全找不到您的病因。”医生苦笑，“——甚至你我都谈不上熟络，您看，您至今都还戴着手套坐在我面前，一次都没有摘下来过。您并不信任我。”

“您好，”新诊所前台说话时带着机械化的微笑，在看清来人的样貌之后，这份微笑才变得真心实意起来，“这位先生，请问您有预约吗？”

今天没下雨，池青干脆没穿外套，只身着一件略显单薄的黑色毛衣，只是他漠然的态度以及毫无起伏的声音让前台有点笑不下去："十点，吴医生。"

前台在电脑上检索过后说："池青池先生是吗？请您去待客区稍等一会儿，吴医生还在进行咨询，等咨询结束我们会通知您。"

待客区除了猫以外，还坐着两个女人。一位大概是陪着另一位来的，一位在哭，另一位则在不断安慰对方："你别太难过了，你看这猫，多可爱——"

那只窝在她们沙发上的猫仿佛能听得懂话似的，主动把小肉垫搭在抽泣的女人手上，很轻地"喵"了一声。

女人渐渐停止抽泣，她伸出手，在猫的脑袋上轻柔地摸了一把。

待客区除了她们两人坐的长沙发以外，就只剩下对面还有一张空位，空位上趴着另一只猫。

女人的抽泣声堪堪落下，却见刚走进待客区的男人在那张空位前停下脚步，然后面无表情地伸出戴着黑色手套的手，将沙发上霸占着空位的那一只猫拎了起来，那猫瞬间腾空，四只脚扑腾起来，奓毛叫了一声："——喵？！"

同样是猫，两边两只猫的待遇截然不同。

池青拎着猫像拎着一个无生命的物体，问一旁的工作人员："这东西能收走吗？"

诊所工作人员正在帮他倒水："啊，您好，这猫……有什么问题吗？"

他们诊所养猫是很有讲究的，这种毛茸茸又可爱的小动物很容易缓解人的情绪，起到一定的治愈作用，有助于心理康复。

池青松开手，猫径直落在工作人员怀里："用不着，碍事。"

工作人员："……"

边上的人："……"

被嫌弃的猫："……"

工作人员抱着怀里那只软乎乎的猫，实在不能理解这个世界上居然还存在不喜欢猫的人，只能告诉自己：他们这是心理诊所，来这儿的人多多少少都有点心理上的问题。

上午来咨询的人数不多，前台接待完人之后开始互相聊天。

在谈论上一位"咨询者"的时候她们的语调才变得生动起来："……刚才解先生夸我今天的衣服很美。"

"夸衣服而已，又没夸你人美，"另一位说，"他听见我咳嗽，让我注意身体，他在关心我。"

说到这里，两人齐齐惋惜："这样的人怎么会有心理问题呢？"

“……”

第三位前台年纪更大些，她看了她们俩一眼：“你们要是对那位解先生那么感兴趣，等会儿人从吴医生办公室出来，我帮你们俩探探口风？”

池青在待客区等了快十分钟，几位前台这才停下有关那位“解先生”的话题，叫了他的号：“池先生，您可以进去了，吴医生办公室就在走廊左侧最后一间。”

吴医生在业内口碑不错，年纪轻轻已经斩获多项殊荣，据说此人温文尔雅，令人如沐春风。

但池青并不关注这些，之所以选这位吴医生，完全是因为医生简介上的一行字：有成功治愈情感障碍患者的经历。

池青走到办公室门口，屈指在门上敲了两下。

门没关。

门缝被他推开一点，里面传来一声极随性的男音，像是有人刚睡醒，半眯着眼，尾音延出去：“——进。”

咨询室里总共就两把椅子，在离得稍远的隔间里陈列着一把躺椅，米色的沙发椅边，很讲究地放置了一个香薰机。

刚才说话的那人坐在办公椅上，确实是在睡觉。他整个人后仰，十分散漫地将腿搭在办公桌上，脸上盖了本书，书封印着“人格心理学”五个大字。这个姿势下男人脖颈被拉长。相比之下更引人注意的是他的衬衫衣领，压根儿就没好好扣上，动作间露出大片嶙峋锁骨。

而且，这个牌子的衬衫很贵。

听到有人进来，他才动了动摁在书封上的五根手指，把书从脸上拿开——这人跟他没扣好的衣领一样，长了一张堪称风流的脸。

男人眼尾微挑，和“温文尔雅”四个字，隔着一条马里亚纳海沟。

那人放下腿，拿起水杯给池青倒了一杯热茶，嘴里说出的话也像在和熟人叙旧，带着罕见的不令人反感的亲昵：“下了两天雨，你穿这么少，不冷吗？”

池青很想说，这跟你有关系吗。

但是他是来咨询的，应该配合医生，尽管这位“吴医生”看起来似乎和介绍里的不太一样。

池青忍了忍，把那杯茶推回去说：“我不冷，也不渴，不需要热水。”

对面那人也不介意，又懒懒散散地倚回去，手指在桌面轻点了一下，他右手戴了一枚细戒指，却并不显女气，只会让人觉得这似乎是个多情的人。

那人说：“不冷就行，怕你回头感冒。来咨询的？”

池青："废话。"

"……"那人笑了一声，"脾气还挺大。"

池青打断这种无用的闲谈："可以开始了吗？"

对面那位货不对板的"吴医生"不置可否，伸手挪开刚才那本《人格心理学》，露出压在正下方的档案册。

池青是第一次来，档案册上只有寥寥数语，这寥寥几句还是预约咨询，通过医生和咨询者线上聊天，初步得出的一点结论。

心理医生在病症一栏里十分保守地填了几个字：该顾客……性格较为冷淡。

"性格冷淡，不只有这个吧。你有洁癖，而且从走进来到坐下都是防备姿态。待客区都是猫，你身上却没沾到猫毛，除了洁癖以外，你应该不太喜欢亲近宠物，"那人的手指抚过纸张，或许是这张脸的缘故，他翻页的动作都显得轻佻，"……你这洁癖，到什么程度？"

池青习惯靠一些冷冰冰的物证来观察一个人，他原本对面前这位"医生"起了疑心，照理说即使是高档诊所，诊所里的医生也穿不起这么奢侈的衬衫，但是对方一开口，又打消了他的疑虑。

池青："很严重。"

那人的目光在池青手套上流连一秒："很严重是指不让人碰，还是连靠近都不行？"

池青："你可以试试。"

相信只要长了耳朵的人都能从这句"试试"里听出它真正的含义。

然而对面那人却仿佛听不出似的，他起身靠近池青，经过办公桌之后两人之间的距离一下缩短了。

直到他站起来，池青这才发现他其实很高。

办公桌和池青之间只剩下两步宽的间距，没等他反应过来，刚才无意间瞥过一眼的锁骨很快呈放大状出现在池青眼前。

"行，"他扯了扯唇道，"我试试。"

"……"如果这是治疗方法的话，池青觉得自己的情绪障碍的确得到了一定程度的缓解，因为他现在很烦躁。

池青松开原本交叠着垂在腿上的手，对面那人却提前预判了他的行动，他单手锢住池青的手腕，道："别激动。"

说完后，那人的手指缓缓沿着池青的手腕往上移，指腹摁在黑色手套边缘上，不打一声招呼地想将那只手套摘下来："这位池先生，咨询不是这么做的……放轻松，你要是一直戴着手套，就是在咨询室里坐上三个小时都没用。"

池青看过很多位心理医生，上来就动手动脚的这还是头一位。

黑色手套握在男人手里，明明只是很简单的动作，也确实没别的意思，但由他做出来却显得很不正经。

那人："别乱动，我又不会吃了你，紧张什么。"

池青："滚开。"

那人："你这样下去洁癖什么时候能治好，来治疗首先态度得摆正，忍一忍。"

池青："……"

手套被对方褪到手指关节处，这双手没怎么见过阳光，呈现出一种近乎病态的白，指节很细，惹得那人多看了一眼。

池青在心里默念一句"杀人犯法"，忍着不适感，抬眼看他。

他额前半长的发遮着眼，瞳孔颜色黑得深不见底，今天天气其实很好，但窗外的阳光照在他身上却丝毫不能驱散那股阴雨连绵似的颓废感，连着屋内的光线似乎都跟着暗了几度。

对面那人感受到他的视线，隔两秒才反应过来这是在等他进行反馈。

那人抓着他的手端详着说："嗯……你手很好看。"

池青眼角一挑。

这跟他想象中的反馈差了十万八千里。

那人还在继续："很白，你无名指第二个关节处有一颗淡褐色的痣。"

"……"

"手指挺细的，指围应该不超过五十六，有人说过你手指很长吗？"

说个屁。这是个神经病吧。

"没有，"池青手指指节依旧紧绷着，"这个世界上神经病毕竟是少数。"

那人也不介意，听到这话甚至还笑了一下："生气了？"

"如果你看不出来的话，"池青动了动手指指节说，"我可以表现得再明显一点。"

然而指节才刚刚动了那么一下，就被人按了回去，说话语调明明很平常，却听着像在哄人："好了，别生气，我松手。"

那人似乎很会试探他人的心理防线，踩在池青底线上，最后一刻才诡诡然松开手。

"你进门快五分钟了，脸上总算有了点表情，"随后他伸出两根手指，朝左侧方向指了指，像是知道他要去做什么一样：“洗手间出门左转，走到底就是。”

池青洗了两遍手。

关上水源开关，耳边水流声止住，池青想，那个人实在不像个医生。

那件衬衫，和货不对板的性格，以及不按常理出牌的手段。

他心底怀疑的念头没断过，几条线索齐齐指过去，但都被那人过于自然的态度以及的的确确是懂心理学的表现挡了回去。

几分钟后，两人再次回到面对面的位置。

“你这症状，大概是从什么时候开始的？”

“十年前。”

“十年前发生过什么特别的事情吗？当然，不方便说也没事。”

池青毫不犹豫：“不方便。”

那人手指搭在纸页上，眼尾微挑，看向别人的时候眼神莫名温柔，仿佛在纵容对方的坏脾气：“行，不想说就不说。”

他没有继续执着这个话题，转而又道：“介意我放段音乐吗？”

一首曲调舒缓的钢琴曲缓缓流淌在咨询室里。

室内香薰散发出淡淡香气。

“音乐可以起到缓解情绪的作用，音乐是另一种语言，能让人感受到心灵的平静，”那人手指在桌面上跟着节拍点了几下，“你闭上眼试试。”

池青想说他其实对音乐没什么感觉。

这种招数以前在电影学院上课那会儿就有导师尝试着用过。

池青眼前仿佛浮现出当年那位表演课导师苦口婆心劝他转专业的样子：“我们也不想耽误你，你确实不适合表演，让你演一个和父亲多年未见久别重逢的场景，你往那儿一站像是来寻仇的。我们几位老师讨论过了，都不知道该怎么教你……俗话说天高任鸟飞，你何必执着于我们这一个小小的表演系？”

池青正要闭眼，余光瞥见办公桌上露出来半个角的相框。

那是一张小女孩在吹蛋糕蜡烛的照片，照片右下角显示的拍摄日期是去年某月25号。

他对着照片看了几眼，又扫过桌面上的其他陈设，一盒刚被打开的枸杞摆在桌角，桌上摆件没有一样是贵重物品。日历本立在电脑旁，在本月25号上用笔特意勾了一个圈。

池青指腹在黑色手套上摩擦了一下，不动声色地问：“我问一个问题，下一次咨询时间是什么时候。”

对面不太在意地说：“都行，主要看你什么时候有时间。”

“25 号。”池青说。

“我只有 25 号有空。”他又重复一遍。

对面那人还有闲工夫关心他：“看来你平时工作很忙。”

他对 25 号这个日期毫无反应。

池青看着他，心里有了答案，正要说“你不是这里的医生”。

话还没说出口，咨询室的门被人轻轻推开。

一位身穿白色羊毛衫，手里还捧了个保温杯的男人站在门口，男人胸前挂着工牌，池青目光遥遥扫过工牌上的字——“佳康心理诊所，吴敬宇医生”。

真正的吴医生跟传闻中的一样，保温杯里热腾腾的气雾升腾上来，让他此刻看着更柔和了，哪怕咨询室里的情况令他迷惑不解，说话的时候仍是轻声细语的：“请问，你们……在干什么？”

他只是中途离开了一下，去趟洗手间，顺便接杯热水泡个枸杞。

回来怎么就看不太懂自己办公室的情况了。

“不好意思吴医生，”前台听到动静，急急忙忙过来查看，不停道歉，“我弄错了，我以为您和解先生的咨询已经结束了才让池先生进来的。”

敢情这就是那位惹得前台春心荡漾的上一位咨询者“解先生”。

咨询室里一度非常安静。

吴医生典型的南方人，带着点本地口音，他慢慢吞吞地询问：“解先生，我刚说我离开一趟，你说没事你坐着看会儿书，怎么就……”

怎么就发展成这样了。

姓解的用手指碰了碰那本《人格心理学》封面，解释说：“我是在看书，那边椅子坐着不舒服，借你的椅子坐了会儿。不信你问他。”

是。拿书盖脸也算看书的话。

而且坐姿还挺嚣张。

池青怀疑自己今天出门没看皇历，他猜中这人不是这儿的医生，但是没想过这人也是来看病的：“你自己有病，还给别人看病？”

“你可能误会了，”姓解的似乎真没那个意思，“我没说我是医生。”

“那你说那么多废话。”

姓解的眉骨微动：“你突然推门进来，吴医生不在我总得礼貌招待一下，我以

为我们在进行友好交流。”

“……”

这场乌龙处理得很快，具体表现为姓解的先是一句“抱歉，冒犯了，是我没说清楚”，顺带安慰前台不是她的问题，出去的时候甚至往吴医生手里递了颗薄荷糖，“吴医生，刚才听你声音有点哑，注意嗓子”，甚至很贴心地帮忙带上了门。

吴医生在原地尴尬了一阵：“不好意思，池先生，能不能给我几分钟时间，我准备一下，我们的咨询马上开始。”

老实讲，他不是很想继续在这家诊所待下去了。

池青坐在边上等的时候摘下手套，点开手机想看眼时间。

结果点开手机第一眼看到的不是时间，而是季鸣锐发过来的一串消息。

季鸣锐今天值班，总惦记着池青说他要去医院的事儿，忍不住发表意见。

——你见到医生了吗？

——医生怎么说？

——我昨天回去之后又深思熟虑了一番，我觉得你这个洁癖吧，难治。

后面一串话比较长。

——你还记得我们刚认识那会儿吗？高一那年，整整一年，我就没见过你手长啥样，当时咱班都以为你可能身体有什么隐疾，比如缺了一根手指头之类的。

池青回复：你才有隐疾。

隔了会儿，他又回过去几个字。

——碰到个神经病。

真正的咨询过程还算顺利，货真价实的吴医生确实称得上让人“如沐春风”。

咨询开始之前，吴医生放下保温杯，再度翻开档案。

池青的档案上面还放着另一份档案，他无意窥探别人的档案，但是这页档案晃过去很难让人忽视——那是一张完全空白的档案纸。

心理医生会通过每一次跟咨询者的谈话，写下诊断及评估。

然而这张档案纸里一句话都没有，整张纸空空荡荡，没有任何字迹痕迹，只在最开始的姓名栏里填了两个字：解临。

办公室外的走廊上。

解临跟着前台出去，前台回到工作岗位之后又连连感叹：“解先生这样的人，到底有什么问题啊？”

“上回我听吴医生打电话，”另一位压低了声音说，“说他从业近十年就没遇到过这种情况，什么都看不出来，好像明明没有任何问题，但是非得每周来一趟。”

话题中心人物此刻正坐在待客区沙发上等车。

躺在边上的猫正巧睡醒，睡眼蒙眬地伸出舌头舔了舔爪子。

解临看了一眼它，伸手想在它头顶上摸一下。

男人坐在那儿，看着笑吟吟的，属于那种很容易让人心生好感的类型，然而那只猫却像是浑身过了一遍电似的。解临手还停顿在半空中，那猫瞬间奓毛，一溜烟儿地蹿跑了。

咨询时间总共一个小时，都是些稀松平常的话，只不过从一位心理医生嘴里到了另一位医生嘴里，重复了一遍。

吴医生也不知道自己这次咨询起没起效果，那位姓池的先生全程坐在他对面，脸上一点表情也没有。

“咨询时间到了，”吴医生习惯性起身，跟顾客握手告别，“希望本次咨询对你能有帮助，我对你很有信心，希望你也能对自己有充分的自信。”

池青打算在手机上叫车，手套刚好摘了一只。

于是他清清楚楚听到这位吴医生的内心在叹气：【唉，其实也不是那么有自信……但鼓励鼓励总是没错的。】

吴医生说完话，发现这姓池的先生面上终于有了些许变化。

吴医生：“怎么了吗，还有什么问题吗？”

池青把手缓缓抽出来：“没什么，我需要去洗个手。”

吴医生：“……”

吴医生很快又想到一件事：“听说你下次咨询想约这个月 25 号，那个，不好意思，我——”

“我知道，”池青推开门走出去，“25 号是你女儿生日，你没有时间。”

吴医生瞠目结舌：“——你怎么知道？”

池青没有解答他疑惑的耐心：“改天再约，具体时间我会通知你。”

池青出去的时候正是晌午，道路上残留的雨水已经蒸发大半。

季鸣锐还在网络另一头等他回复。

——什么神经病？

——兄弟，你去精神科看的洁癖吗？

——所以医生到底怎么说？

池青坐上车，他看着聊天框，想起吴医生那句话，失真的声音在耳边不断嗡嗡作响。他在一片嗡鸣声里忽然摘下手套对着自己的手看了一眼。

右手无名指第二节关节处，确实有一颗他自己都不曾发现过的痣。那颗痣很小，如果不是因为肤色过于苍白，很难被人注意到。

——“你手很好看。”

——“有没有人说过你手指很长？”

池青盯着那颗淡褐色的痣，试图回想刚才那位姓解的抓着他的手时除了嘴里这些没营养的废话以外，他还听到了些什么。

车窗外景色缓缓倒退。池青看了一会儿才反应过来，刚才那个神经病碰了他的手，但是他却什么都没有读到。

第3章

每个人心底都有秘密。

池青下了车，小区门口负责出入的门卫长了一张和蔼的脸，他身上披着军绿色大衣，笑面迎人地帮住户开门禁：“您好，路上小心，注意安全。”

他和小区里大部分住户的关系都非常融洽：“——又遛狗呢？旺财今天看起来比前几天有精神多了。”

所有人都夸他是一个积极向上，异常乐观的人。

只有池青知道，他其实患有重度抑郁，挂在脸上的微笑只是一副面具，晚上整宿睁着眼看着天花板发呆：【我每天都在干些什么……我还活着干什么？】

“嘀——”门禁解除。

池青微微抬眼，门卫脸上依旧挂着熟悉的微笑。

小区内道路宽阔，楼栋林立。

池青从出入口往里走，路上一位戴着挡风帽的清洁工推着车经过，清洁工佝偻着腰，过度的操劳让他看起来远比实际年龄更大。清洁车里摆着几样工具，以及载满的垃圾。

他的妻子上个月刚刚过世。

有好心的住户会把空塑料瓶攒起来给他，走之前轻轻说一声：“节哀。”

他确实看起来很悲伤，眼眶红了整整一个月。

直到池青有次扔垃圾时不小心碰到了他的手，发现他像浮上岸的溺水者般喘息，内心隐隐窃喜：【没那么多钱给她看病了，这么些年，又要工作又要照顾她，

她终于放过我了……】

池青住16栋。

他从清洁工身侧擦肩而过，推开单元门进去。

电梯显示“8”，正在从第八楼往下降。

“叮。”

电梯门刚打开一道缝，还没看到人，就先听到了小女孩活泼的声音。

扎双马尾的女孩牵着大人的手，正仰着头问：“妈妈，爸爸今天晚上会回来吗？”

牵着她的女人穿着件驼色毛衣，温温柔柔地说：“爸爸今天加班……好了，到了，注意看脚下，别又摔了。”

他们是这栋楼里的住户，一家三口，夫妻俩是小区里出了名的模范夫妻。

几年前池青搬进这栋楼的第一天，女人上来送了一盒她亲手做的饼干：“听说你刚搬进来，正好我做了点饼干，不嫌弃的话就收下吧。”

女人又羞涩地笑笑：“不知道合不合你口味，但是我丈夫很爱吃。”

【……他还以为孩子真的是他的。】

【如果不是他条件好，在本地有套房……】

女人从电梯里出来，看了池青一眼。

池青没有回应，摁下楼层键，他看着小女孩蹦蹦跳跳的背影，女孩天真地催促：“妈妈，你快点。”

电梯门缓缓合上。

每个人心底都有秘密。他从来没有遇到过读不到的人。

很多人心底有难以见光的念头，有深藏的无人知晓的罪责，也有最无法诉之于口的欲望。这些像一口巨大的深渊，黝黑深邃的洞口几乎能够吞噬一切。

电梯穿越漆黑的井道急速上行。

池青在带着些许失重感的上行过程中，想起神经病坐在办公椅里把书从脸上拿开时的样子，怀疑刚才什么都没读到的一瞬也许只是巧合。

屋内窗帘紧闭，完全遮挡住外边的阳光，也没开灯，但池青很适应这片黑暗。

他不喜欢太亮的环境。

季鸣锐打视频通话过来的时候，他正盘着一条腿，缩在沙发里调电视频道，电视散发出冷蓝色荧光，冷蓝色打在他身上，勾出部分五官线条。

季鸣锐勉强从这片光线里看到他半张侧脸：“……大哥，你吸血鬼转世吗？这黑灯瞎火的。”

池青用实际行动表达他并不想配合：“没事我挂了。”

“你别不耐烦，我跟你说你这样影响视力……”

池青：“挂了。”

“等会儿，”季鸣锐那边格外亮堂，手机上两个视频框像是一个白天一个黑夜，明明在同一个时区，硬生生活出了时差感，“你还没回我，去医院医生怎么说？”

池青调了频道，冷蓝色在他身上一闪：“医生说他也不是很有信心。”

季鸣锐：“这倒是大实话，但是现在医生说话未免也太直白了吧？”

季鸣锐接着问：“还有你碰到什么神经病了？”

提到“神经病”，季鸣锐恍然间感觉池青的脸被冷蓝色的光勾勒得更冷了。

池青：“他有病，没什么好说的。”

“……”季鸣锐想说其实你也不是很正常。

但他不敢。

“那行，你没事就行。”说话间，季鸣锐举着手机上了车，发动引擎说，“我还得出警，回头再聊。”

池青不以为意，上回那顿饭让他深刻认识到了季鸣锐的工作性质，他放下遥控器，电视频道最后停留在一档情感类节目上：“又是哪家闹离婚？”

季鸣锐听着池青那头传来的电视台词“虽然我们之间的年龄相差了三十岁，但是我是真的爱他，我爱他的成熟，爱岁月在他脸上刻下的纹路”，额角狠狠一抽，不知道池青平时看的都是些什么乱七八糟的东西。

他认真严肃地说：“你对我的工作可能有什么误解，这回不是小打小闹了，池青同志。”他强调，“这次是血案，血流成河的那种。”

池青从电视节目上分出一点注意力，隔着手机屏幕瞥他，示意他继续往下说。

“一晚上杀了七——”

池青：“七个人？”

季鸣锐：“……七只猫。”

池青毫不留情地将视线移开：“哦。”

季鸣锐知道池青不太喜欢那种毛茸茸的小动物。

与其说是不喜欢，不如说，他似乎对宠物没有任何感觉。

以前上学那会儿，有女生从学校小树林带回来一只流浪猫，偷偷养在教室里，全班同学每天下了课围过去看猫，只有池青一动不动。

“你不去看看？”

“有什么好看的？”

那时的季鸣锐比现在矮多了，每天暗搓搓穿增高鞋增加气势和竞选体育委员的底气：“可、可爱啊，你不觉得吗？”

池青倒是和现在差不多，漂亮且阴郁，他用笔指指黑板：“说完了吗，让一下，挡到我写题了。”

季鸣锐摇摇头，挂视频前掐着嗓子说了一句：“猫猫那么可爱，怎么会有人不喜欢猫猫。”

事实证明叠字的杀伤力真的很大，池青这回连“挂了”这两个字都没说，直截了当地切断了视频。

海茂小区坐落在老城区，城区内白墙青瓦，巷弄狭长，短促的自行车车铃和车轱辘声穿梭在大街小巷，附近就有中小学学区配套，是个生活气息很浓厚的地方。

季鸣锐停好车，人还没走进小区，就见小区门口围了一圈人。

堆积的雨水虽然蒸发了，但是被雨水冲散的大片干涸血迹依旧沾在街道上，在阳光下刺眼又醒目。血迹是沿着草坪流下来的，死了一只猫或许不稀奇——但是灌木丛里密密麻麻地堆了足足七具猫尸。

每一具都被人用刀开了膛，内脏器官被用力扯出来，凌乱残忍地混杂在一起，死状惨烈。它们无一不瞪大着眼，从黑色塑料袋里露出半截脑袋。

有人遮住孩子的眼睛，快步穿过这片人群：“……作孽啊，那呢尬辣手的啦（怎么这么狠心）。”

季鸣锐在喧杂的人群里听到一声熟悉的哀号：“我的囡囡啊——”

是王阿婆的声音。

季鸣锐这才通过模糊的血肉，勉强分辨出了其中一只耳朵上有一块黑斑的银白高地，这只猫他见过。

上次去王阿婆家里查木雕案，那只猫就趴在阳台上偷瞄他们。

苏晓兰和另外一名男同事提前到达现场，她拿着本子记录完现场的情况，从灌木丛边上退下来，压低声音说：“那只是王阿婆家的猫，她女儿去世前养的，陪了她很多年……她给猫改了名字，用女儿的小名称呼它，叫囡囡。”

季鸣锐：“还有其他地方有什么发现吗，都在这儿了？”

苏晓兰：“都在这儿了，居民反馈前阵子小区流浪猫就越来越少，直到昨天为止最后一只流浪猫都看不见了，他们以为是天气变冷，流浪猫找了其他地方栖居。”

季鸣锐看着灌木丛，忍不住皱起眉。

小区虐杀动物的事件时有发生，但是大多数情况下“投毒”和“虐打致死”的概率较高，前者多出于邻里纠纷、嫌动物吵闹，后者多出于情绪发泄。

将猫活生生剖开的……实在少见。

苏晓兰又说：“斌哥说他等会儿过来看看，看这时间，估计也快到了。”

“斌哥”并不是什么年轻小伙儿，而是从上面退下来的老刑警。年轻的时候参与过不少重案要案，两年前在出任务的时候受了伤，加之年纪也到了，这才退下来带带他们这些新人。

平时一到饭点，他们就喜欢围着斌哥，听他讲案子，斌哥则顺势追忆当年：“当年我抓犯人的时候——”

等季鸣锐安抚好在边上哭得站不住的王阿婆，扶着人坐在花坛边上缓了缓心情，正要站起来时，就看到一辆黑色迈巴赫从街道另一端缓缓驶来，停靠在人群附近。

他们“斌哥”从副驾驶下来，斌哥全名武志斌，剃着干净利落的寸头，由于腿脚不便，手里需要拄拐杖，下车的时候黑色拐杖先落地：“怎么回事？闹哄哄的。”

季鸣锐却透过那一瞬的缝隙被坐在驾驶位上的人吸引。

男人侧脸极为出挑，他似乎往这儿看了一眼，眼睛生得异常风流，他手搭在方向盘上，手指上戴了一枚很细的戒指。

“斌哥。”

武志斌拄着拐杖也依然脚下生风：“什么情况？”

季鸣锐往边上让，方便他看清灌木丛里的情形：“死了七只猫，虐杀手法完全一样，应该是同一个人所为。下过一场雨，很多痕迹都被雨水冲走了……而且这边的监控坏了已经有一个月，小区其他地方的监控正在调。”

武志斌：“全是些没有用的信息，你不如说你们在现场勘查了这么长时间，什么也没查到。”

季鸣锐：“……”

武志斌拄着拐杖，费力地蹲下去，对着七具猫尸看了会儿，忽然又问了一句：“你怎么看？”

季鸣锐和苏晓兰站在他身后，一时间没听懂他这是什么意思。

季鸣锐看了苏晓兰一眼，暗示：我都汇报完了，这是在叫你？

苏晓兰回以一个无辜的眼神。

苏晓兰张张嘴，正要再继续挤点什么信息出来，就听到有人在她身后说："从鞋印看嫌疑人是一名成年男性，但是他身体素质可能并不是很好，力气很小。"

她回过头，对上一双微挑的眼眸。

他们在现场看了半个多小时，都只看到一些表面信息。

但是这人一开口就开始勾勒嫌疑人的特征，哪怕只是一个小小的"身体素质不好"——很多时候在案件里往往正是这些小特征暴露了凶手。

苏晓兰也顾不得两人并不相识的关系，问："你从哪里看出来的？"

男人并不觉得冒犯，指指地上："塑料袋。"

"塑料袋底部有严重磨损的痕迹，说明曾在地上拖行过一段时间。"

他说完，又拿起苏晓兰先前搁置在灌木丛边上的橡胶手套。

这些猫尸胸口都有被刺穿的痕迹，一个个血窟窿极为骇人地排了一长排。

"伤口切面并不平整，有被来回拉扯的痕迹，"男人的手很轻地托起猫的尸体，查看过后，手在猫的眼睛上停留，又很轻地在猫瞪大的眼睛上掩了掩，将猫的眼睛合上，使它看起来走得安详了一些，"这应该是一把小型的锯齿刀。"

"他是谁啊？市局的人？"季鸣锐小声问。

苏晓兰说："不知道，我刚听到斌哥叫他'臭小子'。"

此时另外一名全程没说话的男警才恍恍惚惚地开口，质疑道："你俩到底是不是干这行的？"

季鸣锐、苏晓兰："？"

"他是刑警总队前顾问，解临。"

男警说完，又极为郑重地补了三个字："……我偶像。"

季鸣锐被"刑警总队"四个字震了又震。

这四个字意味着什么不言而喻。

季鸣锐虽然现在还只是一个刚上岗的小片警，奋斗在升级打怪抓犯人的路上，但刑警一直是他的最终目标，饶是如此，他都不太敢奢望自己能挤进总队。

男警作为一名合格的粉丝，对偶像的战绩如数家珍："他参与侦破过华南市'7 · 19'灭门案，'9 · 2'连环杀人案，'3 · 10'投毒案……"

这些案件如雷贯耳。无一不是省内曾经轰动一时的、影响极恶劣的案件。

季鸣锐听着听着，从"牛透了"这个感慨里缓过神来，察觉出这些案子的共性来："你等会儿，这些案子距离现在起码有十年了吧。"

他说的这些都是距今十多年前的老案子。

季鸣锐看了一眼解临的背影，男人还在翻动那团苏晓兰碰都不敢碰的模糊血肉，他动作其实很温柔，像是怕惊扰它们一样，沾着血迹的手指抚过皮肉，沿着刀痕一点点划下去，由于案发现场过于血腥，这动作怎么看都挺让人汗毛直立的。

季鸣锐眼神迷离地说："想不到他看起来那么年轻，年纪居然都已经这么大了。"

苏晓兰也点点头："是啊，我以为他只有二十五岁左右呢。"

男警："？"这怕不是两个傻子吧。

男警用看傻子的眼神看他们。

"他年纪确实不大。"

男警似乎嫌这句话还不够直观，又补上一句："他是当年刑警总队队长解风的弟弟，第一次协助参与案件的时候，他还在上高一。"

苏晓兰怀疑自己是不是听错了。

季鸣锐想起高一那会儿还在为了竞选体育委员而偷偷穿增高鞋垫的自己："……"

同一物种之间的差异性居然可以达到这种程度吗?

季鸣锐："不过有个问题啊。这个人很牛我知道，但是顾问就顾问，为什么还有个'前'字？"

"小姜，你过来——"

男警正要张嘴，武志斌便冲他招招手喊他过去。

姜宇收拾好激动的心情，带着笔记本一路小跑过去："斌哥。"

武志斌带这帮新人也是费了不少心思，挨个给机会询问："你来说说，都看出些什么了？"

姜宇努力试图将目光集中在案发现场上，但是真的很难做到。

武志斌手里的拐杖换了角度，冷不丁打在他小腿肚上："让你看现场，你盯着别人看什么！"

姜宇："……对不起，斌哥。"

姜宇最后看了解临一眼。

透过男人微屈的指节，仿佛看到了多年前的某一幕画面，年仅十几岁的少年坐在会议室长桌主位上，手指轻敲桌面的样子。

姜宇之所以对这些信息了如指掌，是因为他父亲在市局任职多年，他很小的时候就习惯每周五放学去局里找个空地儿写作业，等他父亲下班。

市局里的人总是很忙碌，总是脚不沾地，身不沾家的。

年幼时的他经常会在写完作业后偷偷隔着会议室的玻璃门往里看，想看看自己父亲工作时的样子，尽管大部分时间不用看也知道，父亲一定是眉头紧锁地盯着屏幕上的案件现场照片。

那时的刑警总队队长解风是局里光风霁月的一号人物，待人温润有礼，年纪轻轻就坐上了总队队长的位置，杰出青年代表人物，履历和口碑都漂亮得像本教科书。

但比起他的光环，姜宇印象最深的却是他弟弟。

那年华南市“7 · 19”灭门案轰动全城，凶手没有留下任何线索，媒体大幅报道，破案压力与日俱增。姜宇透过玻璃窗看去，看到父亲紧皱的眉连着好几天都没再松开过。

直到案发后第十天——有人提供了一个突破口。

父亲已经十天没回家了，他在会议室外偷偷张望，看到父亲拉开门和几名刑警急急忙忙地跑出会议室。

再回来时，带了一个人。

一名身穿校服的少年走在队伍最末尾，他应该是刚放学，蓝灰色校服松松垮垮地穿在身上，长了一张在学校里经常收情书的脸。

他进去之后，会议室里的位置布局变了。

少年被人请到主位上。

会议室长桌总共十几个位置，他坐的位置最远，却刚好正对着还没来得及关上的投影屏幕。

灭门案现场照片一一陈列在屏幕上，幻灯片荧光不断在室内闪烁变化。

姜宇透过百叶窗缝隙，看到少年手指交叠，抵在桌面上，坐在他身侧的两排刑警穿的都是制服，板型凌厉沉静，肩上扛着银色徽章，他那件校服在会议室里显得格格不入。

后来他才知道，这个少年叫解临。

是总队队长的弟弟。

——“顾问就顾问，为什么还有个‘前’字？”

姜宇脑海里闪过最后一次见到少年时的情形。

他父亲难得地激动：“我不同意——他太危险了！你们看过他的心理评估报告吗——是，我是不知道在绑架案里发生了什么，我只知道以前还有解风，现在解风人不在了，没人压得住他，把他招进来你控制得住吗？谁控制得住？！”

解临并不知道现场还有一位“故人”，他此刻的注意力都被那只银白高地猫猫爪里沾上的薄薄纸片吸引。

他把那半片薄纸片揭下来，凑近了看，发现这是一张白底红框的小卖部标价贴纸，已经皱得不成样子，被血水浸泡后只能依稀看到一个“人”字偏旁。

“真的有人十五岁就能破案吗？”

“这种人是真实存在的吗？除了《名侦探柯南》动画片——我现在还是难以置信。”

季鸣锐下了班，直接开车去池青家里，去池大爷家主要是因为顺路，池青家离海茂小区只有不到两公里的距离，他一进门就躺倒在沙发上，边躺边怀疑人生。

季鸣锐在沙发上将自己翻了个面，躺得四仰八叉。

季鸣锐继续感叹：“太离谱了，我十五岁的时候在干什么啊！”

池青：“在买增高鞋垫，求着我给你抄作业。”

季鸣锐：“……”

池青继续：“追隔壁班女生，没追上哭了整整半个小时，还想往我衣服上抹眼泪，所以好不容易哭完又被我揍哭了。”

季鸣锐：“……”

池青：“还要我继续帮你回忆吗。”

季鸣锐瞬间清醒了：“不用了，谢谢。”

池青说话的时候正在切面包，开放式厨房冷冰冰的，没什么烟火气，他家里锅碗瓢盆没几个，刀具倒是很多。

季鸣锐发觉屋内光线不好，起身开了灯：“你是什么夜视动物啊，黑灯瞎火的也不怕切到手。”

原本昏暗的屋内一下亮堂起来。

池青被这片光线惊扰，正在用小刀切面包片的手顿了顿。

泛着银光的刀锋偏移，直直地刺进指腹。

池青：“……你今天是活腻了吗。”

季鸣锐边道歉边去找医药箱：“我错了。”

然而他医药箱还没找到，看见池青对冒出来的鲜血一点反应也没有，只是很平淡地将指腹凑到唇边，血迹瞬间消融在他唇间。

季鸣锐想说“你还真是吸血鬼转世”，目光却无意中被池青手中那把刀所吸引。

那是一把锯齿刀，刀尖细长，刀身呈弧线形，锯齿纹像一排锐利的犬类牙齿，闪着锋寒般的光芒。

——“伤口切面并不平整，有被来回拉扯的痕迹。”

——“应该是一把小型的锯齿刀。”

池青："你看什么？"

季鸣锐眼睛直勾勾地盯着池青手里的刀："这刀什么时候买的，在哪儿买的，能给我看看吗？"

池青没问为什么，他把刀反了反，刀尖朝自己，把刀柄递给他。

也正是因为这个举动，让他发现在刀柄上还贴着张没来得及撕下的价格标签，他随手把标签撕下来，说："大概上周，路边。"

池青所在的小区离海茂不远，很多大型配套都是区域共享的，季鸣锐接过刀看了又看："还记得是哪家店吗？"

池青："便民杂货。"

季鸣锐彩虹屁张口就来："有时候我是真的佩服你这过人的记忆力……"

池青把刚撕下来的标签贴在他手背上，季鸣锐低头看了一眼，看到白底红框上印着杂货店的名字"便民"："……"

"丁零——"

距离海茂五百多米处的一家普通杂货店门铃响了一声。

解临环视一眼这家店，店面狭小，从里到外都布置得很老旧，陈设仍是十几年前的样子，就连给商品贴价格标签这种过时的习惯也延续到了现在。

两公里范围内，会给商品贴标签的只有这家杂货店。

杂货店进门就是零食区，薯片包装上贴着价码：¥6。长方形标签上用蓝色底的字样印着这家便利店的名字。厨具区在里面，解临随手拿了几袋零食往里走，里头摆着琳琅满目的锅碗瓢盆。

第二层货架上摆了几种水果刀。锯齿刀因为使用途径较少，不如刀口平滑的水果刀畅销，因此被放置在最里面，还剩下四把。

杂货店里店主不在，前台只有一名小男孩趴在柜台上写作业，他似乎很习惯帮家长看店，见有人要结账，放下笔，动作娴熟地开始算价格。

一只手在他的作业本上敲了敲："小朋友，第三题选错了。"

小男孩看了来人一眼。

解临拿起边上的铅笔在草稿纸上写下一串很简单的公式，写完后，他又说："能不能告诉哥哥，最近有谁来买过这种刀吗？"

男孩拿着零食，看了一眼那把待结账的锯齿刀，想了想，说："有。"

"一个很漂亮的戴手套的哥哥。"

第4章

很漂亮的。戴手套的。哥哥。

解临眉头微挑。他几乎瞬间想起某人推开心理咨询室的门进来时的样子。

许是因为身形清瘦的缘故，他身上仍不经意间流露出一股少年气，长得确实漂亮，眉眼精致，眼神沉郁，浓墨般的黑色和唇色相撞，黑色手套裹着细长的手指坐在对面。

“是不是大概这么高，”解临抬手在自己额角处比了比，说话时语调不像在盘查嫌疑人，倒像是在寻找失踪多年的友人，“长得确实挺漂亮。皮肤很白，戴黑色手套，不太爱说话，也不太喜欢别人碰他。”

小男孩点头。

解临：“头发有些长，大概到这儿，遮着眼睛，浑身上下哪儿都白，唯独嘴唇跟擦了口红似的。”

解临说得太详细，小男孩透过这番描述，仿佛再度看到了那位来买过刀的漂亮哥哥。

小男孩点头点得活像表情包，点头如捣蒜：“那个哥哥有点凶，我想帮他把东西装好，他都不让我动。”

解临颇为赞同：“他是脾气不太好。”

小男孩：“你在找他？你们认识吗？”

解临把结过账的零食留在桌面上，只拿了那把锯齿刀，沉吟着说：“算认识，我摸过他的手。”

小男孩：“？”

“零食送给你，继续写作业吧小朋友，”解临没再多说，走之前抬手在小男孩头上碰了一下，“好好学习。”

解临推门出去，外头天色已经彻底黑了，空气略显沉闷，似乎是又要下雨。

与此同时，季鸣锐还拿着池青用来切面包的锯齿刀翻来覆去地端详，他回忆着今天现场发现的尸体，试图用池青的面包模拟尸体，来一个情景再现：“凶手用的就是这种锯齿刀，他应该是从这里，这样，一刀下去，割开猫的喉管——”

池青：“……”

季鸣锐抬头，反问池青：“是吧，应该是这样没错，你怎么想？”

池青在等微波炉里的热牛奶，等微波炉倒计时：“我想我或许应该换一个智力发育更健全的朋友。”

季鸣锐沉浸在案子里，隔好几秒才反应过来。

等他反应过来，池青已经捧着牛奶回客厅继续看莫名其妙的情感类电视剧去了。

接下来几天季鸣锐一头跌进没完没了的工作里，忙得连手机都没工夫看，王阿婆每天坚持坐在派出所办公室里喊“囡囡”：“凶手一天没抓到，我就一天待在这里不走，我可怜的囡囡啊——”

除了继续找凶手，每天还有其他各种需要处理的报警电话。

“喂？ 110 吗，我想跟我女朋友分手，但是她拿自杀威胁我，我该怎么办？”

“……”季鸣锐一个头两个大，“那女孩没事，就是想威胁男方而已。我回来的时候顺便又去了趟海茂，监控都看完了，什么也没拍到，便利店我也去问过了，小区里住户那么多，证据和信息都不足，根本没办法锁定目标。而且又下过雨……”

下过雨是一个极其不利的因素。

季鸣锐以前想当刑警，想的都是刑警威风八面叱咤风云的样子，他头一次稍许窥见到这个行业的残酷，命案明明就发生在自己眼前，但是他束手无策。

几具无人认领的流浪猫尸被他和苏晓兰合力埋在小区树林里，他们挑了一块只要有太阳，阳光就能照到的草坪。

没有线索，无法锁定嫌疑人，什么都没有，但是一个个鲜活的生命离开了这个世界……猫尸只是一个缩影，更多唏嘘残酷的案件可能至今都像被葬在树林深处静静腐烂的猫尸一样，根本等不到天亮，也等不到真相。

苏晓兰这几天也明显沉默许多。

他们新人小组三个人负责这起杀猫案，只有姜宇一边吃着泡面，一边不断翻看现场照片，手指在桌面上缓缓滑动，不知道在画着什么。

季鸣锐经过他身后时，用文件袋拍了他一下：“你划拉什么，看你划拉半天了。”

姜宇把剩下的面条吸溜进嘴里：“我在看刀痕。”

季鸣锐不能理解：“都看几天了还没看够？看出什么来了？”

姜宇诚实地摇摇头：“没有。”

他摇完头又说：“我就是觉得很奇怪，那天我偶像把每一具猫尸都仔仔细细看过了，他的手指就是这样跟着刀痕划拉的……”他说着，给季鸣锐示范，“就像这样。”

姜宇用手指指尖缓缓跟着刀痕的走势描绘，就像那天解临做的那样。

季鸣锐他们可能没注意这种小细节，但是姜宇怀揣着对偶像的过分关注，敏锐地察觉到了这些细枝末节的举动。

姜宇挠了挠后脑勺："他好像很在意这些刀痕……他在看什么？"

季鸣锐跟着琢磨了一下，最后很坦诚地说："我不知道天才脑子里都在想些什么，毕竟我十五岁还在为追不到隔壁班女生而痛哭流涕。"

姜宇："……"

季鸣锐回到办公位上，等泡面泡开的过程中，总算有几分钟闲暇时间去看手机。

他给自己的好兄弟发过去一句消息，想求安慰：我最近好忙。

他的好兄弟很快用实际行动让他清醒。

——忙就别给我发消息了。

——你听听自己说的这话，还是人吗?

季鸣锐连发两条：你今天干什么呢?

那边隔一会儿才惜字如金地赏给他两个字。

——复诊。

季鸣锐对着这两个字，掀开热气腾腾的泡面，心说他兄弟为了治洁癖还真是挺努力的。

这天心理诊所照常营业，这是池青第二次踏进这个地方。

"欢迎光临——池先生，您好。"前台已经记住了池青的名字，她停下手里的活，面露微笑道，"请您先去待客区稍等，我去通知吴医生。"

池青隔着手套捏了捏自己的手指关节，皱起眉往那片全是猫的待客区看了一眼。

他不太想和这群毛茸茸的东西待在一起。

待客区还是老样子。

几把空位，几只趴着睡觉的猫，有只猫似乎还认出了他，冲他"喵呜"了一声。

池青视线往边上移了几度，这才发现比起这群毛茸茸的东西，待客区还坐着一个更讨厌的家伙。

解临坐在右侧沙发上，手里翻着本杂志，他似乎已经在这儿坐了很久，抬眼朝池青看过来的时候，给人一种"我等你很久了"的错觉。

他合上杂志，眉眼一弯："又见面了，池先生。"

池青："……"

为什么这个神经病也在。

他今天出门是又没看皇历吗?

池青略过他，找了一个最远的空位，两人一左一右，隔了大半个待客区。

解临这种哪怕你暗示再深都能第一时间看出来的人，这会儿却像看不懂他的意图似的，他俯身将杂志放回茶几上，相当自然地换了位置，拉近两人之间的距离：“没想到你也约了今天，看来我们还挺有缘分的。”

池青说：“我们对缘分的理解可能有误差。”

解临很少踢到铁板，他习惯性地给池青倒了杯水：“你对我好像很有意见。”

池青没有否认：“你可以再自信一点。”

“嗯？”他发这个字字音的时候拖着有点暧昧的尾音。

“把‘好像’去了。”

“……”

解临也不生气，依旧笑着把抵在桌面上的那杯水缓缓推过去。

他五官风流归风流，但是轮廓线条却很凌厉，眼尾细长，如果不是眼里的神情冲淡了那点距离感，他看起来其实并不是好接近的类型。

池青坐的座位附近趴着一只睡着的猫，那只猫睡得迷迷糊糊，想起来挪个位置，然而它的爪子还没挨到池青身侧的沙发扶手，就被池青隔空警告：“别过来。”

猫：“喵？”

池青：“别在这儿睡。”

猫：“喵呜？”

池青：“你就算过来我也会把你扔回去。”

猫：“……”

一人一猫跨越物种奇迹般地交流了几句。

那只猫终于放弃挪窝的想法，摇着尾巴跑了。

解临倚在边上看热闹似的看他俩：“你不喜欢猫？”

他想起上一次见面，池青身上没有猫毛，当时他随口说了一句“你应该不喜欢猫”，池青并没有反驳。

这一次见面，无疑印证了这个猜测。

池青不想再听见类似“猫猫那么可爱你为什么不喜欢猫猫”的言论：“我不喜欢猫，更不喜欢和不太熟的人废话。”

池青说完，注意到解临捏着玻璃水杯的手，刚想说“不用给我倒水”，就见那杯水临时变化了一下轨迹，杯子里的水不偏不倚正好洒在他手套上：“……”

“不好意思，”始作俑者抽了几张纸巾递给他，“我没拿稳，擦一擦？”

池青忍了忍，没忍住，洁癖发作只能把手套摘下来，他没接解临递过来的纸巾，擦手的时候却发现边上这人似乎一直在盯着他的手看。

上次解临只摘了他一只手套，现在总算看到另一只——男人纤细的指节上有一道很明显的刀痕。他这肤色白得就连一颗不起眼的痣都看得一清二楚，更别说一道一厘米左右的伤口了。

刀很明显是从指腹不小心扎进去的，伤口明显要比一般刀伤更粗，不是普通的水果刀。

解临指了指那道伤口：“切东西的时候伤到的吗，怎么这么不小心？”

池青在擦手的过程里，认认真真地思考起一件事。

就算这位吴医生技术再如何精湛，有再多成功案例，他也该考虑换一家诊所了。

解临说话时眼睛还盯着池青的手，半天没挪开。

池青擦完手后仍感觉到男人的目光一寸一寸从腕骨一路看到指尖，每一处地方都没有落下，最后以一种难以捉摸的眼神停在他指腹的伤口上。

池青凉凉地说：“看够了吗？”

解临思考了一会儿，反问：“我说没有就能让我多看会儿吗？”

池青：“……”

池青：“吴医生有没有跟你说过一句话？”

解临：“什么话？”

池青：“你病得确实挺严重的。”

对待客区情况一无所知的前台在不远处通知：“——池先生，您可以进去了。”

池青拎着沾上水的手套起身，不想再跟这人多说一句。

解临依旧是那副笑吟吟的样子，他今天身上披了一件很长的黑色风衣，西装裤腿挺括，坐在沙发上姿态闲适，他收回目光，手指捏着那枚细指环转动两下，还嫌刚才说的话不够讨人嫌，又补了一句：“下次拿刀的时候小心些，你的手那么好看，别再划伤了。”

“……”

吴医生从池青一进门，就察觉出他的访客今天似乎很有情绪：“今天发生什么事儿了吗？你似乎不太高兴。”

池青把湿了一半的手套搁在边上，终结这个和某位神经病扯上关系的话题：“没什么，洁癖犯了。”

两人很快进入正常的咨询流程。

吴医生翻阅池青上次填写过的资料，聊家常似的说：“你以前是……学表演的？”

“我平时也爱看电视剧。”

吴医生非常识趣地把“但是没在电视上看过你”这几个字咽下去，又说：“表演这个行业很有意思。”

在长达一个小时的咨询里，吴医生对面那位池先生依旧没什么反应，对这些能够拉近距离的家常话也并不感冒，他的态度很快让吴医生感觉自己似乎只是在说废话。

相比在这一个小时的咨询过程中的表现，这位池先生只有在起初进门时，带着点情绪的样子让他看起来更鲜活一些——虽然他似乎仅仅是因为手套湿了。

接诊这位顾客才不到一周时间，吴医生开始束手无策。

咨询结束，吴医生习惯成自然，他一合上资料从椅子里站起来就下意识和人握手道别，速度快如条件反射。池青没来得及提醒。

于是池青第二次听见失真的声音以一种吴医生独有的平和语调缓缓吐槽：【这是我职业生涯里第二次遇见这种瓶颈，要不劝他换一家诊所吧……】

他正想把手抽回来，就听见那道缓慢的声音又说：

【……上一位还是解临。】

池青的手顿了顿。

【解临这小子，这么多年咨询下来心理学学得都快比我专业了。整天定期过来咨询，可我至今都不知道他到底有什么问题。】

池青心说，他都病成这样了。很难看出来吗？

这天室外天气湿冷，偶尔有风吹来也略显沉闷，空气里气压变低。南方时常这样，一旦下雨便连绵几日不绝，这阵艳阳天估计也撑不了几天，很快又要让南方人民回归到“晒不干秋裤”的苦恼中去。

池青两次被迫摘掉手套，从心理诊所出去之后仍旧很不适应。

微凉的风，甚至是肆无忌惮照在手背上的光线，这些触感都很陌生。

他正准备叫车，停靠在路边的一辆黑色迈巴赫像是知道他要做什么一样，从道路另一侧掉头拐了过来，不偏不倚在他面前停下。车窗缓缓降下，露出车主那张比豪车更引人注目的脸。

解临一条胳膊搭在车窗上，跟他打招呼：“去哪儿，送你一程？”

池青指指马路对面拄着拐杖的老人：“看到那个人了吗？”

解临顺着他的手指看过去。马路上人来人往的，那位老人在人流里走得特别慢。

池青："你没事干的话，可以开车送他一程。"

"你真当我闲？"解临说，"我没那工夫送别人回家。"

池青提醒："我跟你不熟。"

解临找借口找得相当熟练："你跟别人不一样，别人没有被我泼了一手的水让我过意不去，就当是赔礼道歉，我送你回去。"

"如果你真的非常在意这件事的话，"池青看了一眼时间，"我叫的车还有三分钟到这儿，你有三分钟的时间去边上的便利店买瓶水。"

"？"

池青："我不介意泼回去。"

解临没再坚持，把搭在车窗上的胳膊收了回去。

也正是因为这个动作，池青透过大喇喇敞着的车窗窗口，看到解临副驾驶座位上放着的塑料袋。

塑料袋装着一把新买的锯齿刀。

和他家里那把一模一样。

他同时回忆起的，还有季鸣锐昨天跟傻子一样拿着刀念叨的话。

——"凶手用的就是这种刀。"

池青忽然继续了刚才那个被他中断的话题："我们应该不顺路。"

解临听到这句话后，手指在方向盘上点了一下，状似无意地试探说："我住海茂附近，你说顺路吗？"

池青没有回答这句话。

解临不知道他这句试探，到对方耳朵里成了另一种意思。

有刀，还住海茂附近。

两个关键点都恰巧对上了。

两人一个冷脸站在诊所门口，一个笑吟吟地坐在车里，看着对方却各怀心思。

阳光被成片的积云遮住，黑压压的乌云从天际奔涌而来，似乎是又要下雨了。

"天气预报说今晚会下雨，"永安派出所里，季鸣锐看眼窗外，看到滚滚黑云，说，"估计这雨是没跑了，我可能没带伞，姜宇，你是不是有两把伞？"

没人回应他："……"

"姜宇？"

还是没人应。

季鸣锐把头扭回来，看到他同事红透的耳根，以及不自然且飘忽的眼神。

季鸣锐："你吃错药了？"

姜宇维持着吃错药的状态，双手在键盘上敲出一段十分流利的乱码，同时说：“我偶像来了，你小点声。”

季鸣锐一抬头，对上解临身上那件黑色风衣，过膝的长风衣穿他身上跟名模出街似的，他站在斌哥办公室门口，递过去一袋包装十分讲究的餐厅外带盒。

武志斌接过餐袋：“你小子怎么来了。”

“送温暖，”解临说，“猜你肯定没吃饭，刚才经过就随便买了点。”

武志斌侧身让他进去：“……偶尔一顿不吃，又没什么关系。”

解临把桌上那桶没来得及泡的泡面拿开：“你那是偶尔吗，等你胃病发作的时候就知道有没有关系了。”

武志斌没那么讲究，以前出任务的时候人都不一定能活着回来，还在乎这一两顿饭的，胃病再疼也都只当它是小毛病。

他在这边吃着饭，解临坐在他对面随手翻照片。

武志斌刚掰开筷子，看到解临在看那天的猫尸现场照片，他面不改色地往嘴里扒拉一口饭：“你好像对这个案子特别感兴趣。”

别人或许不知道，但武志斌再清楚不过，解临十五岁正式被刑警总队请去当案件顾问，但在更早之前——总队队长解风满书架的专业书和各种国内外知名案件记录，解临都翻看过。

说这个本就极有天赋的孩子是看着这些犯罪记录长大的也不为过。

他什么案子没见过，为什么偏偏对一桩普通的杀猫案那么在意？

解临没否认，他再度看了一眼那些猫的尸体，只说：“有一个……让我有点在意的人。”

“嫌疑人？”武志斌问。

“不能确定，”解临说，“其实他身上有几处不符的地方，但确实很可疑。”

解临翻完那堆资料，发现和当初他在案发现场看到的情况基本一样：“还是这些？一点进展都没有？”

他不提这个还好，一提这个，武志斌气不打一处来，他放下筷子拎起边上的拐杖走到门口，用拐杖遥遥一指，气吞山河地对着那几位偷瞄办公室情况的新人说：“你，你，还有你，你们三个，给我滚进来。”

十秒钟后，季鸣锐、苏晓兰、姜宇三人笔直地站成一排。

武志斌秋后算账：“你们到底是怎么做到的，事发整整五天，一点进展都没有？我有时候也真佩服你们的能力。”

没人敢说话，倒是解临替他们解围：“你这么凶干什么，对新人能不能温柔点。”

武志斌拐杖点地："我年纪一年比一年大了，受不得刺激，我倒是也希望他们能够对我手下留情，别成天刺激我。"

季鸣锐："……"

苏晓兰："……"

因被偶像看着而涨红脸的姜宇："……"

最后还是季鸣锐顶着生命的危险勇敢地站了出来："呃，实在是因为，下过雨……"

所有人都默认"雨"是一个极其不利的因素。

解临却对着照片看了会儿，说："雨可能是一个重要线索。"

所有人齐齐看向他。

解临又说了一句："为什么偏偏是雨天？"

"从脚印看，抛尸现场并没有长久停留的作案痕迹，所以那里不是第一案发现场。一个力气明明不大的人，还要特意把尸体运出来，说明第一案发现场一定存在导致他转移尸体的某种特征——他出于什么原因，不能再把尸体藏匿在那里了。

"抛尸现场找不到更多的线索，但是第一案发现场一定找得到。"

"家猫比较温顺，捕捉起来不费什么力气，"解临目光掠过照片中那只唯一有主人的银白高地，停留在其他六只流浪猫尸体上，"可流浪猫不一样，现在又是冬天，在什么地方能毫不费力地捕捉到这么多只流浪猫？"

此时窗外响起一声闷雷，"轰隆"一声，紧接着雨点淅淅沥沥地砸在玻璃窗上。

临近夜里，果然下起了雨。

天已经黑了，即使是下雨也下得很安静，与此同时，池青在家里，捧着水杯看到茶几上有一沓季鸣锐走时遗留在他家的案件照片，由于房间内没开灯，几张照片乍看过去黑乎乎的，像一沓黑白默片。

池青一边慢吞吞地喝着热水，一边拿起那沓照片，就着电视机透过来的微弱光线查看起来。直到电视光线变换颜色，才将照片照亮一点儿。

池青看了许久才放下照片，继续捧着水杯朝电视屏幕看去，直到节目结束，电视上开始播广告他都没什么反应。

半晌，广告结束，他才动了动，从边上摸出手机，点开联系人里备注为"季鸣锐"的联系人。

然而网络另一头的季鸣锐仍处于怀疑人生怀疑自我的状态里："……"

解临都走了，他脑海内还不断在想：我人傻了。

他怎么能分析出那么多东西的？

最后他给了自己灵魂一击：

我难道真是弱智？！

季鸣锐一度没缓过劲儿来，错过了池青发来的消息。

——除了抛尸现场以外，你们勘查过第一现场吗？

池青继续打字。

——凶手犯案的地点可能是冬天流浪猫聚集的地方，那个地方的特征是出入口狭窄，或者说不利于逃窜。

池青发完这段话，没等到对面回复。

他看了一眼窗外的雨。

一般来说下雨天他的心情都很不错，今天也不例外。

他怀着难得的好心情，想到为了这七具猫尸哀号了很多天的季鸣锐，心说如果这人再继续这样号下去，案子破不破的他不知道，他只知道他被烦死的速度肯定比季鸣锐破案的速度快。

于是池青戴上手套，拎着把伞出了门。

海茂小区离他们小区相隔不过三个路口的距离，深夜路上行人很少，池青一路走过去都没碰到什么人。

海茂小区门口那片染过血的草坪已经被人清理过了，池青努力回想这一片的街道构造，发现同时满足所有必要条件的地方并不多，他走过几个容易聚集流浪猫的地方，没有发现任何痕迹。

池青撑着伞蹲在那儿看了会儿，地上干干净净，只有几只装了剩饭的破旧猫碗。

那就只剩下最后一个地方——离海茂不远，有一间废弃的小厂房，那间厂房已经闲置很久了，只是最近隐约有流传这间厂房很快会被回收改建的说法。

“哗啦——”雨势越下越大了。

池青撑着伞，手指搭在伞柄上，往厂房走去。

这间厂房占地并不大，大部分地方都用来堆放废弃的机器、管道，门早已生锈，门边的杂草已经长了很高，但是出入口位置却仍是平的。

有人经常出入这里。

而且更重要的是，厂房里有人。

池青在一片黑暗里看到一个人影，那个人正蹲着，手里拎着一把带血的锯齿刀，他脚下地面上的颜色远比眼前这片黑更深，应该是沉积已久的血迹。

那人听到声音，微微侧了侧头，于是池青对上了一张白天才刚见过的、能瞬间打碎他好心情的脸。

第5章

两人所站的距离不超过半尺，即使天色深暗，这个距离也足够他们互相看清对方。

解临此刻正蹲着，他其实没有完全看见池青的脸，从他这个角度只能看到来人从毛衣里探出来的半截苍白瘦削的手腕，再往上是熟悉的黑色手套，由于撑着伞，雨伞刚好遮挡住半张脸，只看得到下巴和一抹鲜红的唇色。

买过刀，不喜欢猫，指腹有刀痕。

这些要素如果只能称得上“可疑”的话，那么再加上在这个敏感的时间点，撑着伞来到第一案发现场这一条铁证，这位姓池的先生恐怕就不仅仅是有嫌疑那么简单了。

“嗒。”

此时沿着屋檐汇聚的雨水落下，重重地砸在伞上。

解临想过雨天凶手有一定概率会再次犯案，但是没想到真就这么巧，他缓缓松开手里那把凶手遗留在现场的锯齿刀，率先打破沉默：“又见面了。”

哪怕是现在这种情况，他看起来也并不紧张，说话时甚至仍旧带着笑，只是那双常年含笑的眼睛此刻只剩下一片冷意：“一天之内能跟你碰见这么多次，还说这不是缘分？”

池青视线停留在解临放下的那把刀上。

刀沾着血迹。

由于需要划开皮肉，可能还会磕到尸骨，刀身有很明显的磨损痕迹。

锯齿和普通平滑的刀口不同，齿锋嶙峋交错，上面甚至还带着划开皮肉时意外嵌进去的碎肉，那点像牙缝间嵌缀的肉末由于周围肮脏的环境，早已经变成暗淡的黑色“污垢”。

池青眼前闪过白天解临车座上那把同样的刀。

——“我住海茂附近，你说顺路吗？”

池青极其缓慢地眨了眨眼，他把原本低掩的伞撑高，将剩下半张脸也露了出来，这回并没有否认：“是挺有缘分的。”

池青话音刚落，解临先有了动作——他抬手把原先系在脖颈间的领带扯开了一些。

解临试图让他束手就擒，放弃无谓的抵抗：“你要是乖一点，我下手的时候尽量轻一些……免得你皮肤那么白，到时候身上全是印。”

然而这话落在池青耳里就是威胁。

嫌犯在凶案现场被抓现行想灭口是常有的事——虽然不至于为了几具猫的尸体就这么大动干戈。

但对方有病，这就很难讲了。

厂房附近人烟稀少，这里本来就是一块被废弃的地方，靠近海茂小区后门，平时白天都鲜少有人出入这里，更别提下着雨的深夜。

一般人可能会怕，但是池青长这么大就不知道害怕是一种什么感觉。

他不知道的是，正是这份对案发现场的冷淡让他此刻看起来更有嫌疑了。

池青回敬：“你还是担心担心你自己吧。”

“既然没谈拢，”谈话间解临已经走到了门口，说出后半句话的时候整个人以极快的速度逼近，“那就别怪我不客气了。”

在解临动手的瞬间，池青往后退了一步。

在两人几乎快要相贴之际，池青一直搭在伞柄上的手指往上挪了几寸，找到收伞的开关，那把透明材质的长柄伞骤然合拢，他将伞尖调换了一下方向，尖锐锋利的伞尖笔直地向前刺去！

解临偏过头，用手肘格挡，强迫改变伞的行动轨迹，避开雨中朝他袭来的伞尖。

饶是如此，解临颈侧还是被池青划出了一道痕迹。

“挺聪明，”解临一只手抓着伞，另一只手用指腹抹了抹那道细长的伤痕说，“还知道用伞。”

男人领口敞着，身上那件衬衫逐渐被雨淋湿，伞尖划出的痕迹仿佛猫抓似的。

池青没说话。他持着伞，伞尖依旧像一把银针似的，直直地对着他。

季鸣锐完全不知道自己的好兄弟此刻正在经历什么。

他写完要交的报告，这才按了按颈椎，抬起头看一眼手机。

看完手机未读消息之后他受到了今天第二次暴击：“……”

——谢谢你们。

——这个世界正是因为有了你们，才让我每天都怀疑我的存在是不是拉低了人类智商的平均值。

——不过我有个问题。

——你到底是怎么和人家得出同一个结论的？

虽然解临当时说完那堆话之后就走了，他们本来也要跟着去，斌哥只对他们说：

“你们就别过去了，把今天要交的报告先交上来再说，他一个人不会有什么问题。”

在天才面前，他们确实太多余了。

季鸣锐几乎都能想象出池青和解临两个人同时在推同一件事的样子。

他感叹着，最后发过去一句：

——有机会真该让你和一个人见一见，你俩应该很有共同语言。

然而两位很有“共同语言”的人此时还在交手，池青的手机早就在打斗中掉落，机身落在草地里和淤泥亲密接触，滑出去一段距离后彻底报废。

解临一开始顾忌他手里那把伞，将节奏放缓，那把伞是个双刃剑，能刺向他的同时，也很有可能不小心伤到使用者本身。

于是解临一边打架一边还要提醒正在和他互殴的那个人：“你小心点。”

那个人显然不想和他对话。

伞身在空气里挥出一个干净利落的弧线，残影未消，直冲他暴露出来的弱点挥去——

解临没躲。

池青的目的也不是真的要刺他，只是想借此拉开两人之间的距离。

但是解临接了这一下，反倒让他抢占先机，他死死锢住那把伞：“说了小心点，把伞放下。”

“……”

池青其实很不擅长近距离打架，因为他有洁癖。

解临很快也反应过来他这个特征，看准时机直接将人按倒在地。

他第二次碰到那双戴黑色手套的手，出于下雨的缘故，两人身上都湿得不成样子，池青额前过长的刘海已经被雨水浸透，那双墨色的眼睛远比周遭的夜色更深。

解临把人压在身下，一只手按着他，另一只手去解自己颈间那条本就松垮的衬衫领带，一把将领带扯了下来。

池青隐约察觉到不对：“你干什么。”

解临扯下领带，去绑池青的手：“怕你不老实。”

那条一看就价格不菲的领带被他当成绳索用，银灰色领带在池青手腕上缠了好几圈，解临没想到池青手腕这么细，缠完几圈居然剩下很长的一截。

然后池青眼睁睁看着神经病把剩下半截缠在了他自己的手腕上，将两个人的手绑在一起，最后打上一个牢固的死结：“……”

这是铁了心不让他跑。

“起来。”解临说。

解临摁着他从同侧车门上车，发动引擎，车发动前雨刷先将车窗上堆积的雨水刷去。

池青深觉他真的有病，上个车都费半天劲：“去哪儿？”

解临反问：“去哪儿你心里没数吗？”

池青：“……”

每一个虐杀动物的人，都具有一定的潜在犯罪可能。

池青盯着那片雨刷，透过车窗，试图检索自己可能会被带去哪里。

这里再往前开五公里就是远郊。

三公里内有座山，这两个地方都是容易下手，也容易藏匿尸体的地点。

也可能这神经病会把他带回自己家，家是人最熟悉，也最让人感觉到安全的地方，很多凶手最初犯案，都会选择在自己的心理安全区内。

车缓缓驾驶出去。

池青垂下眼，开始在心里默默推算路线。

如果车开往远郊，途经几个红绿灯？几个服务站？

下雨天道路拥挤，如果利用等红绿灯时堵车的时间，不是没有逃脱的可能。

解临根本不知道池青正在想些什么，如果他知道，他可能会想敲开这人的脑袋看看里面装的都是些什么。

车在路上行驶了约莫十分钟。

路况和池青料想的几乎一样，车还没下高速，这条通往远郊的路上车流速度肉眼可见地放缓，很快驶进他上回去警局时堵了很长时间的那条路。

如果想脱身，这无疑是一个最好的时机。

三分钟后，一辆黑色迈巴赫车下高架没多久——车身便猛地左右摇晃，幅度不大，但也足够引起旁边车道上司机的注意，毕竟两辆车猝不及防地差点剐蹭上。

这一下让旁边车道上那位司机吓得差点猛踩一脚刹车。

司机嘴里叼着根烟，骂骂咧咧从车窗外看去：“会不会开车啊——”

他这一看就看到旁边车道上那辆车，车里两个人凑得极近。

起初他以为这是什么少儿不宜的画面，正要接着骂现在年轻人真是疯了，然而他定睛再一看，发现坐在副驾驶位上的那个穿黑色毛衣的男人忽然从座位上弹起，他单手拽着车顶扶手，整个人几乎借力悬空——跟拍动作戏似的。

“……”司机嘴里的烟差点被这一幕吓得掉在裤裆上。

这玩的什么。

速度与激情?

不只旁边车道司机想不到，解临也没有想过池青会突然在这个时候扑过来抢方向盘，方向盘没抢到，直接就想借力踹他，如果不是车门上着锁的话，他毫不怀疑池青会把自己踹下车。

他一边稳住方向，堪堪避开左侧车道上的车，用另一只和池青绑在一起的手艰难地把人按回去:“你疯了？！”

池青:“放我下车。”

“我再说一遍，”池青冷声说，“放我下车。”

两人在车内争斗的时间，车已经继续驶出去一公里多的距离。

再往前行驶一公里就是警局。

解临直接提了速，越接近目的地，池青逐渐发现路线和他预判的不太一样。

车猛地急刹车，在派出所门口停下。

解临:“下车。”

池青坐在车里，对着永安派出所门口大大的“公安”两个字，思路一下断了……

“嘀嗒。”

时针转过一圈，指向 11。

平时总是闹哄哄的永安派出所里，安静得有些诡异。

仿佛刹那间有人按下了静止键似的，所有人僵持在原地，一时间忘了自己应该去做什么。

季鸣锐捧着刚接完的热水杯，拉开座椅，维持着半坐不坐的姿势:“……”

季鸣锐不知道该怎么评价此刻正坐在他们办公室里的那两位“落汤鸡”。

解临和池青两个人浑身都湿了，活像刚从水里捞出来的，光凭借这个场面，全办公室里的人都想象不到他俩来这里之前到底经历了什么。

会客区有两把实木椅子，两人刚好占了两个位置。

这两人身高腿长的，这身形往那儿一坐画面倒是挺和谐。

就是他俩看起来关系并不和睦，视觉效果都是假象，尤其是他兄弟池青，被摁着胳膊拽进来之后全程冷着脸。

……

好半晌，三人小组才找回组织语言的能力。

苏晓兰:“呃……”

姜宇:“这……”

季鸣锐:“你们……”

这两个人以这种出人意料的状态出现在这里并不是最让人感到惊悚的，最惊悚的是另外一个细节，三人小组视线齐齐落在两人从进门那会儿就绑在一起的手上。

这条领带，见过。

白天解临来给斌哥送饭时戴着的就是这条。

问题是……

这条领带，是怎么，缠到两人手腕上去的?

“你们……怎么回事？”

池青这个人什么性子，这么多年下来季鸣锐摸得太透了。

别说用领带绑手了，平时就是站在半米外他都嫌弃你离他太近，影响他呼吸。

“有人能说一下发生了什么吗？”

季鸣锐盯着池青：“尤其是你，池青同志，你怎么会在这个点出现在这里？”

“而且还淋成这样，”季鸣锐百思不得其解，“……你洁癖真的治好了？是哪家医院那么厉害，改明儿我去给他们送面锦旗，题字就题‘起死回生，华佗再世’。”

池青从进门起就被人围观，忍耐力到达极限：“问他。”

季鸣锐：“？”

池青：“他自己干了什么自己清楚。”

解临：“……”

其实解临从说完“下车”，看到池青的表情就隐约觉得这事可能是个误会，因为他看起来实在不像是“畏罪反抗”，相反地，他明显没想到目的地会是派出所。

进来之后看到他和那位姓季的认识，印证了他这个猜测。

解临说：“有些误会。”

解临说完又问：“有干毛巾吗？”

苏晓兰抽屉里有一包未拆封的，她拿给解临后解临直接将毛巾往池青头上搭，然后没等池青反应过来，又去解两人手腕上那条领带。

池青习惯性想把手抽回去，被解临一把按住：“知道你有洁癖，你要不想解也行，我不介意就这样一直跟你一块儿绑着。”

于是池青的反应从直接抗拒变成了忍耐性抗拒。

这个结实在系得很紧，紧的原因主要是两人在车里上演了一番速度与激情，死结受力收紧，变得严丝合缝，想解都找不到缝隙。

池青：“你能不能快点。”

解临手指搭在领带上，抬眼道：“你来？”

……

对洁癖来说，碰到别人和被别人碰到，这是一道送命选择题。

池青沉默几秒，扭头看季鸣锐："拿把剪刀给我。"

解临："……"

季鸣锐心说，他兄弟这洁癖，看样子不仅没好。

而且好像还更严重了。

解临解完领带，没能回答众人的疑问，就被武志斌叫进了办公室。

三人小组只能把好奇的目光投向池青。

池青还在用湿纸巾仔仔细细地擦手。

他直到现在都没有问解临的身份，一是不关心，二是很容易猜出来。

解临也是一样。

百思不得其解的只有季鸣锐他们，季鸣锐等了会儿没等到池青解释，联想到他傍晚给池青发过去但没得到回复的消息，脑子里逐渐形成一个可怕的猜测："——你们不会都去找第一案发现场，然后在第一案发现场碰到了吧？！"

这什么场面？？？

池青擦完手说："你还不算太笨。"

办公室内。

武志斌不关心这场乌龙，他只关心一件事："你很在意这起案子。"

上一次在同一个地点，他说出这番话的时候用的是疑问句，这回则变成了肯定句。

"如果不在意，你不会去寻找嫌疑人。"

"现在可以告诉我为什么吗？"武志斌隔着办公桌，看向解临，出于某种敏锐的直觉，他追问，"……你为什么那么在意这起案子，那天在现场，你到底看出什么了？"

解临身上那件衬衫颜色被打湿后显得更深，几乎接近黑色，他不笑的时候略显凌厉的五官才显露出来，让他看起来远没有平时那么"亲和"。

解临转了转指间那枚戒指："他可能想杀人。"

这句话无异于平地惊雷，武志斌猛地站起来："你说什么？！"

解临伸手从边上的档案袋里再度将照片一张张拿出来，将它们排成一排，一具具猫尸又出现在他们眼前。

解临排列照片时似乎在按照某种规律进行排列，武志斌看了几眼发现解临是按照伤口平整程度排的，从左到右，伤口越来越粗糙，也意味着凶手杀猫时的手法越发粗暴。

这是很常见的一种现象。

当凶手通过施暴来达到一种宣泄的目的，他就会在施暴的过程里控制不住自己，这也是很多凶犯会在犯案之后仍选择继续凌虐尸体的原因。

解临的手指却指向反方向："你从右往左看。"

武志斌瞧了一眼，瞳孔不自觉地放大。

"这些猫的死亡时间离得太近了，没有办法判别，但是今天在第一现场发现了另一具猫尸，我去的时候那只猫的尸体还没变僵硬，是那具猫尸让我确认了顺序。"解临说到这儿，又说，"你派过去的人到了吧？"

解临找到现场，就给武志斌发了消息。武志斌说："到了，现场已经封锁，物证也取回来了，正在送检，你继续说。"

解临的手缓缓抚过照片上的刀痕。

"锯齿刀相比其他刀具，在切割的时候有明显的拉扯感，能让人很清晰地感觉到皮肉受力割开时的感觉——你用刀划过肉吗？那种阻力感和前进感有时候会让人上瘾。"

武志斌听得直拧眉。

"锋利的刀一般情况都用于快杀，有仇恨的才会慢慢享受刺痛的感觉。"

"第一具猫身上的刀痕很粗糙，从喉管一路切到腹部，中间甚至断过几次。可是你看最后一具猫尸，凶手甚至开始追求刀口的平整度，下刀的速度也越来越慢，他很冷静……甚至，他很可能在练手。"

"你这些只是猜测。"武志斌说。

"还有最重要的一点，"解临指了指猫胸口的刀伤，那是一个偏上的位置，每一只猫胸口的类似位置都有一处这样的刀伤，是被人直接用刀刺穿的，"这一处伤口很特别，猫的心脏一般在第 5 根肋骨到第 8 根肋骨之间。"

解临用一种很平淡的语气说出最骇人的推测："只有人的心脏才在第 2 根肋骨到第 5 根肋骨的位置。"

"……"

"当然，这些也可能仅仅是巧合。我只能说我的直觉告诉我，凶手或许有另外的目标。"

武志斌回想起案发那天，他叫解临过去看看，当时解临也是像这样查看刀痕——这孩子从很小的时候起，就很擅于从凶手的心理出发。

他似乎知道凶手是怎样破开皮肉，怎样顺着刀锋一点点往下，知道凶手这个时候在想什么，知道凶手为什么选择这种锯齿刀而不是其他更方便更平滑的刀。

办公室里空调开着，他看着解临的侧脸，恍惚间看到了十年以前，那个坐在市局会议室里穿校服的少年。

此时，营业到晚上 11:30 的便民杂货正要关店打烊。

有人推开了杂货店的门。

“丁零——”门铃声响。

小男孩写完作业，他其实已经很困了，他边收拾文具盒边打着哈欠。

窗外雨声很大。

差点盖过门铃声。

晚上 11:35。

永安派出所内。

“你们把手头的事情放下，明天一早去海茂继续排查，第一案发现场附近的监控一个都不能放过。”

季鸣锐不太懂为什么斌哥从办公室里出来之后，面色变得那么严肃：“好的，斌哥。”

他正准备给他的好兄弟做笔录。

池青不管怎么说也是出现在案发现场的人，该走的流程还是得走。

季鸣锐在本子上写写画画，又抬头：“那个——”他想叫人但一时不知道怎么称呼，于是停顿两秒才说，“解先生？你也来一下。”

他指指池青边上的空位：“你坐这儿，你俩正好把笔录做了。”

池青看了他一眼。

季鸣锐立马知道他想说什么：“大哥，我知道，这两个位置是挨得太近了，但是我这做笔录呢，总不能你坐这儿让人家往办公室门口坐吧。”

池青：“他坐这儿，我可以去门口。”

季鸣锐：“……”

哥，不至于。

季鸣锐决定略过这个话题，直接开始问：“你先来，今晚为什么这个点出门？”

池青：“因为天气不错。”

解临听着窗外的雨声：“你觉得今晚天气不错？”

池青：“你有意见？”

“……”

季鸣锐发现池青对着解临的时候脾气格外戗："打住打住，做笔录就做笔录，不要吵架。"

季鸣锐清清嗓子继续问："你俩谁先动的手？"

解临："我吧。"

池青："他。"

季鸣锐："有话可以好好说嘛，虽然在现场碰到，也是可以心平气和坐下来慢慢谈的。"

解临："是我的问题，他去买过刀……又正好出现在现场，看起来有嫌疑，我怕他跑了。"

池青看了他一眼："你拿着刀，你以为自己看起来很正常？"

季鸣锐做笔录的心情十分复杂。

他想说你俩其实都挺不正常的，就别在这儿半斤对八两了吧。

于是笔录进行着进行着，变成了两个"嫌疑人"相互告状。

解临："你手指上还恰好有道伤口。"

季鸣锐："这位解先生提到了你指腹高度相似的伤口——池青同志，你解释一下吧。"

池青抬起那根因为反复擦拭而泛红的手指："切面包的时候划的。"

季鸣锐看着那个熟悉的伤口，立刻反应过来这是道什么伤，举手说："这伤啊，这伤我能做证，我也在场。他那天晚上是拿把锯齿刀切面包来着，刀还是新的，标签都没撕。我可以当人证。"

解临显然没想到这伤口会是这样的来历。

解临："下次切面包的时候小心点。"

池青理都没理他。

池青再告一状："除了现场拿着的那把刀以外，他身上应该还有一把刀。"

"我在他车上看见了，装在塑料袋里。"

季鸣锐："……"

季鸣锐这笔录做得真是魔幻极了。

季鸣锐又转向解临："好的，现在池同志提出了新的疑点，请问解先生，你那把刀又是怎么回事？"

"查到点线索，就去店里问了问，"解临说，"顺便买的。"

好家伙。

季鸣锐之前只猜想到两个人估计是同时摸去第一现场，恰好碰见了对方而已。

没想到他们已经几次交手，并且发现对方身上有那么多和案件重合的疑点。

他看着最终成形的笔录，自言自语地感慨：“……这真不怪你们俩今天晚上能互扯头花把对方扯进来。”

池青和解临：“你说什么？”

季鸣锐不敢吱声：“没，没什么。”

三人小组之后每天任务繁重，他们斌哥不知道受了什么刺激，忽然重视起杀猫案。一般来说，这种案子影响虽然恶劣，但不至于盯那么紧。尤其派出所里还有很多处理不完的工作。

“喂？警察吗，我女朋友又威胁我要跳楼，这回好像是真的！”

季鸣锐：“……”你们怎么还没分手。

季鸣锐上午才刚从海茂走访回来，武志斌经过时又下派了新任务：“这通电话转给一组，你去便民看看，再问问，这次盘查得仔细点。”

季鸣锐把电话转出去：“上次已经去过了，还要再去一趟？”

武志斌沉吟着说：“再去一趟吧，这案子可能有问题。”

“……有问题？”

姜宇的位置就在季鸣锐边上，他电脑屏幕右上角就贴着一张猫尸照片，每天吃饭的时候都会看一眼，据他说是想早日跟上偶像的思维模式。

武志斌伸手把那张照片揭下来，手指点在猫尸胸口的伤痕上：“这道伤你怎么看？”

季鸣锐：“这一刀直接刺穿内脏，凶手很明显是想置猫于死地？不过不知道为什么要捅在心脏上方，直接捅心脏不是能死得更快吗——”

“也可能是因为上面一点比较顺手吧”这句话还没能说出口，武志斌用一种他从未见过的严肃语气说：

“那你想过这一刀，正好是人心脏的位置吗？”

这下不光季鸣锐震惊了，苏晓兰和姜宇也一齐愣住。

“这……也可能只是巧合。”

“是，但是提出这个巧合的人，在十年前那起灭门惨案里，仅靠几张现场照片，完全揣摩出凶手行凶时的想法，推翻了所有人认定的‘仇杀’结论，而凶手没有被捕前，当时所有人也都认为他的推论很可能只是巧合。”

他说的这个人是解临。

季鸣锐动身前往便民杂货。

这间小小的不起眼的杂货店，接连有民警出入。

今天店里家长不在，季鸣锐只看到一个小孩儿，他出示自己的证件："你别怕，我是警察。"

小男孩看他一眼，丝毫没有放松警惕："妈妈说我们店遵纪守法的，不卖过期商品。"

季鸣锐："不是关于你们店的问题，我想看看你们近一个月的销售记录。"

季鸣锐拉出单子，发现近一个月的销售记录里，锯齿刀只有两笔。

他又查看货架，货架上还剩下两把同款刀。

季鸣锐弯下腰，视线和小男孩平齐，问："有两个人来买过这种刀，你还记得他们是谁吗？"

小男孩想了想，说："有两个长得很好看的哥哥。"

季鸣锐："……"

这该不会就是他想的那两个吧。

"我们从案发现场带回来的各项物证上没有提取出指纹，"下午，苏晓兰拿着分析报告回到办公室就说，"不过这样说也不确切，非要说指纹的话，也有……不过都是你偶像碰刀柄时留下的。"

她说这话时眼睛冲着姜宇。

姜宇："那必然不可能是我偶像啊！"

经过这次事件，苏晓兰对池青和解临的认识有所加深："我知道，我看了笔录，如果不是事先认识他们的话，他们的种种行为足以坐实嫌疑人身份了。"

从便民回来的季鸣锐很心累地跟着补上一句："而且他俩远比真正的嫌疑人看起来更像嫌疑人。"

苏晓兰也很心累地表示："……这个结论，我非常赞成。"

说话间，两位"嫌疑人"之一穿过派出所长廊，推开门出现在办公室门口，这位"嫌疑人"站在门口看了一圈，掠过忽然坐直了、低头猛敲乱码的姜宇，诡诡然走到季鸣锐面前停下："季警官，你现在有时间吗？"

"昨天麻烦你们了，今晚想请你们吃个饭，"解临看了一眼时间，现在离正常下班时间过去了两个小时，"猜到你们今晚要加班，我这个点来，不算早吧。"

他今天换了套偏休闲的衣服，毛衣显得他整个人更有亲和力，就是从领口露出来的锁骨依旧耐人寻味，他脖侧那道伞痕经过一晚上的发酵，变得异常显眼，细细的猫挠似的一小条，一直延伸到锁骨附近。

季鸣锐惊讶于他贴心到了这种程度，姜宇在边上使劲眨眼，他会意道："不麻烦不麻烦，呃，这个点刚好。”

他说完又忍不住看了解临一眼。

其实之前听姜宇介绍解临这个人的时候，他并没有太强烈的感觉。

直到今天中午武志斌几句话，他才仿佛真正透过男人漫不经心的表象，窥探到那副皮相之下。

解临约饭约得很循序渐进，导致他后面主动问起池青也显得相当自然，丝毫不觉冒犯：“你的那位朋友……他有空吗？”

季鸣锐：“朋友？你是指池青？”

季鸣锐说完沉默了一会儿。

老实说，他觉得以池青的性格，多半不会出来。

解临显然也很清楚这一点，又特地补了一句：“别提到我，我怕他不肯出来。”

池青接到电话的时候正准备睡觉，他身上盖了条毯子，昨晚淋过雨，额头略有些烫，所以本就冷淡的语气变得更加冷淡了：“没空。”

季鸣锐：“……你就是这么对朋友的吗？”

池青：“你有什么事。”

季鸣锐：“没什么事，就是想跟你一起吃饭。”

池青：“……”

季鸣锐揪住池青那一瞬间的沉默，加强攻势：“我最近工作压力真的很大，你知道的，我每天晚上睁眼闭眼都是那些猫，不知道什么时候它们才能沉冤得雪，不知道凶手何日归案——”

“……”

“我压力都那么大了，现在就想跟你一起吃顿饭而已，这一点小小的要求都不能满足吗？”

通话中断。

池青直接挂了电话。

十秒后，池青发过来两个字。

——地址。

说是晚饭，这顿饭当消夜显然更合适。

吃饭的地方离池青家不远，餐馆里很多都是下了夜班出来聚餐的工作党，烟酒味很重。解临订的包间在二楼，菜刚上到一半，池青很敷衍地来了。

他的敷衍具体表现为——手套都没戴。

平时如果不去人多的地方，见的又是熟人，他其实不会私下里次次都戴着手套。

尤其是跟季鸣锐。

他跟季鸣锐太熟了，这个人思维模式又很简单，用不着读，看一眼就知道他在想什么。

池青手插在外套口袋里，一脸“我意思意思来看看，坐一会儿就走”的敷衍表情，被服务员带到包间门口才看清里面坐了一群人：“……”

池青：“解释。”

季鸣锐：“就，没想到大家晚上都挺空闲的，刚好凑了这么一桌？”

池青毫不留情地想转身：“我走了。”

“刚来就要走，”池青还没转过去，被人从身后按住了，那人手搭在他肩上，说话时声音从后上方传过来，“是我让他别跟你说的，说了你肯定不会来，想请你吃饭给你赔礼道歉，赏个脸？”

前两句话听上去倒还人模人样的。

但是解临松开手之后，视线在池青手腕处停留，说出口的话就不那么正经：“……昨天下手重了些，好像缠得你手腕都红了。”

三人小组闻言顺势看过去。

昨天晚上池青擦完手之后因为办公室人太多，后来又把手套戴了回去，隔着手套什么都看不见，今天才注意到手腕上隐隐约约的痕迹，领带的绑痕断断续续地绕了半圈，从瘦削的腕骨绕到手腕内侧。

池青：“……”

手腕红不红的他不知道。

反正他拳头是硬了。

第6章

其他人都已经落座，仅剩的空位就只有靠门的那俩。

池青但凡有得选，都不会跟这个神经病坐一起。

池青下巴微扬，冲季鸣锐道：“你，出来。”

“？”

“换个位置。”

季鸣锐才把池青诓来，怕被报复，急忙说：“我这出来一趟也很麻烦。”

“你看我这儿左右都有人，”季鸣锐说，“而且姜宇和晓兰也都挺舍不得我走的。”

姜宇：“……”

苏晓兰："……"

不就是个位置吗，吃饭而已，坐哪儿不是吃。没人舍不得你。

池青没得选，坐下之后解临倒是没再多说什么，只是不动声色地把他面前那杯装着柠檬水的杯子拿走了。

池青掀起眼皮看了他一眼。

解临解释："凉的。"

池青又将目光收了回去。

解临阴魂不散似的，不出二十秒又出现在他视线里，男人的手拿着玻璃杯，将冒热气的水杯放他面前，他这是在自己的空杯子里重新倒了茶水递给他："你刚站在门口说话的时候我就听出来了，你有点感冒，量过体温了吗？"

池青总觉得他人模人样的状态不能维持超过两句话时间，下一句没准儿就要说"抱歉，我那天不该把你摁在地上"云云。

于是顺势切断话题："谢谢，不用你费心。"

苏晓兰很少看到池青没戴手套的样子，人对平时很少能够看到的东西总是充满好奇心。她坐在池青对面，不由自主地多看了几眼那双手。

指骨细长，在白炽灯的照射下白得有些晃眼睛。

池青其实也在垂眸看自己的手，一是因为没戴手套不自在，水杯温度明明控制得刚好，他却依然觉得烫手。二是解临就坐在边上，让他想起一件不知道是不是巧合的事情。

解临的手就搁在他旁边，男人的手骨节分明，手腕很细，指尖漫不经心地点在桌面上。他依旧是那副姿态，在听季鸣锐他们聊天。

季鸣锐在分享今天搜查的经历："我去便民，那小孩跟我说来买过刀的人就两个……"

池青动了动手指，将手指从杯壁上挪开，心说：上次没有读到，只是巧合吗？

或许只是那一瞬间恰好他什么都没想而已。

一个人怎么可能没有心声？

池青其实想试一试上次究竟是不是巧合。

但他手指刚微屈起来，离开了一毫米，很快又贴回杯壁上。

很显然，他的洁癖不允许。

……

碰还是不碰，这实在是一个很艰难的抉择。

众目睽睽，餐桌上那么多双眼睛，无形中加重了心理负担。

池青迟迟没动，解临的手倒是先动了。

他打开手机看了一眼时间，之后手垂在身侧，没再搭上桌。

解临的手挨着层层叠叠的餐桌桌布，这是一个很隐秘的姿势，没有人会留意到餐桌底下的动静。

池青人生第一次对一个人的好奇逐渐盖过洁癖带来的不适感。

于是几分钟后，池青勉为其难地怀着复杂的心情松开手，不动声色地将手垂下去，将手垂到和解临差不多的位置，两人的手背几乎快要贴上了。然后池青忍了忍，伸出一根手指去碰解临的手背。

与其说是“碰”，不如用“戳”这个字眼形容更合适。

池青戳完，等了几秒，没有等到那个失真的声音。

耳边还是季鸣锐叽叽喳喳的说话声。

“你们俩可真行，唯独有嫌疑的人还是你俩——我从便民出来我人都傻了……”

池青一边忍住不适，一边戳。

隔了会儿，他又戳了第二下。

由于只能靠感觉，所以这回指尖向下偏了一点，刚好碰在男人戴着戒指的手指关节上，银色细圈戒指泛着细密的凉意，池青又往下蹭了蹭，这才碰到那点温热。

对洁癖来说，根本不存在“一回生，二回熟”这种事。

池青强忍着想擦手的冲动，又等了一会儿。

但是依旧什么都没有发生。

季鸣锐还在继续：“……别说你俩抓对方了，我也想把你俩抓回去交差。”

季鸣锐的说话声是真实的，混杂着服务员收拾餐盘的餐具碰撞声，他甚至还能听见窗外街道上微弱的喇叭声。

但是除此以外什么都没有了。

池青脑海中有一瞬空白。

——他是真的读不到解临。

哪怕池青已经很小心地尽量减少触碰面积，但是戳这么两下已经是极限。

并且戳完他觉得自己可能是疯了才会干这种事。

他试探完，正准备用湿纸巾擦手，抬眼看到了解临微微侧着的脸。

解临显然看了他有一会儿了，像放任猎物在身边肆意乱转的某种动物一样，他看着池青一脸不愿意碰他但是又在他手背上乱戳的样子，等池青收回手才出声问：“你在干什么？”

“……”池青沉默了一会儿。

“桌布歪了。”

解临强调：“你碰的是我的手，不是桌布。”

池青：“不小心碰到的。”

解临很没诚意地“哦”了一声，语调往外拖，似乎在说“行吧随你说”。

池青：“……”

“不过买这刀的人也真的是少，货架上剩下的那两把刀不知道卖到什么时候能卖出去，”季鸣锐结束今天去便民走访的感想，做最后的总结陈述时终于留意到餐桌对面，“——你们俩聊什么呢？”

解临却没有像平时一样回应他的话，也没有再继续和池青扯皮，忽然问：“你说货架上还剩下几把刀？”

“两，两把啊。”

季鸣锐说完，发现池青也忽然看向他。

他隐约觉得哪里不对：“有什么问题吗？”

两位买过刀的“嫌疑人”对视一眼。

姓解的“嫌疑人”问：“你去买刀的时候，货架上还剩几把刀？”

池“嫌疑人”回答：“五把，我买走一把还剩下四把刀。”

解临：“然后我买了一把，销售记录上也只有我跟他两个，那么刀应该还剩下三把才对。”

当晚十一点多，便民杂货店里拥入一群人的时候，小男孩已经对有人来问话这种事情习以为常了。

他甚至没等季鸣锐开口，就十分熟练地说：“警察叔叔，今天没人买过刀。”

十分钟前，季鸣锐听完解临和池青的话之后，扔下刚到一半的团建活动，拎起外套就往外跑，这时菜刚上齐。

“你仔细想想，下雨那天还有谁来过。”

警察封锁现场之后，凶手没了工具，所以他来过这里。

那天很晚了，又下着雨，肯定没多少客流量。

“你认识的人也算，他不一定是来买东西的，你仔细想想，能想起来吗？”

小男孩停下在作业簿上改改画画的手，说：“李叔叔。”

“李叔叔？”

小男孩：“他是小康的爸爸。”

小男孩掏出手机，在旧手机里找了半天，最后找出一张合照，照片上是两家人带着孩子出去玩时拍的，小男孩指向其中一个穿工装的男人说：“他就是李叔叔。”

男人身穿灰色工装，眼球呈褐色，有些浑浊。

季鸣锐盯着照片，记忆一下被拉回王阿婆痛失祖传木雕的那天：“怎么会是他？”

“这位李叔叔全名李广福，早年来华南市务工，从事水管疏通工作，但干的是文职，主要负责分派人员。家中有两个儿子，小儿子今年刚出生，还没满一岁。”先一步回到派出所的苏晓兰第一时间拉出李广福的个人信息。

工装男第二次坐进派出所里。

他万万没想到自己梅开二度：“又有什么事儿啊，是，我那天晚上确实是去过，我下雨天去趟杂货店也犯法吗？”

季鸣锐：“你去杂货店买什么？”

“我那天请假没去上班，家里电器坏了，去杂货店买螺丝刀。”

“只拿了螺丝刀吗？”

“还买了一包烟，到底什么事儿啊？我还赶着回家呢。”

螺丝刀和烟。

都和账目对上了，他确实没有说谎。

另一边，由于手中掌握着重要讯息，被强行拖来“协助”调查的解临和池青两人一左一右坐着。

解临再次翻开现场资料：“就一份，要一起看吗？”

相比这起案子，池青其实更在意这个几次三番什么都读不到的神经病，他有意无意地看向解临的手。

解临虽然看着总是一副漫不经心的样子，观察力却异常敏锐，他视线明明还落在案件资料上，却抬手在池青眼前晃了下。

解临把手往池青那儿送，将瘦削的手凑到他面前。

池青：“干什么？”

“手给你，”解临说，“看你吃饭的时候戳那两下好像没戳够。”

“……”

池青完全可以确认一件事。

那就是——一个小时前，他确实是疯了才会在餐桌底下碰解临的手。

“开玩笑的，”解临看到他那副恨不得现在就离开派出所的表情，把手收了回去，又将另一只手上的资料本摊在他面前，“不逗你了，看看资料？”

池青其实没有看过完整的现场资料，季鸣锐在他家遗留的现场照片数量有限，他只看到过几张散乱的照片，照片上几只流浪猫死状几乎一致。

苏晓兰负责文档记录工作，季鸣锐和李广福两个人的审讯陷入僵局，她也就没事做了。

于是她的注意力很快被对面两个“凑在一起”翻看资料的人吸引。

说“凑在一起”不太合适，因为即使是合看同一份资料，两个人之间也隔着一段相当安全的距离，这段距离的制造者池青先生手插在外套口袋里，轻度感冒让他看起来没什么精神，眼皮耷拉着，饶是如此，他仍极力和身边的人用空气划分出一道无形的三八线。

解临：“你坐那么远，看得清？”

池青：“我视力好。”

“……”

两人唯有讨论起案子的时候，才显现出难得的和睦。

话题逐渐靠拢，听起来聊得颇为投机……就是谈话内容不太对劲。

解临：“锯齿刀其实很适合用来碎尸。”

池青表示赞同，他淡淡地说：“如果想抛尸洗刷犯罪痕迹的话，比起扔在草坪里，碎尸确实是一个更好的手段。”

解临手指搭在纸页上：“就是得费点气力。”

池青：“而且容易脏手。”

解临：“如果是你，你会选择把它们抛在什么地方？”

“附近的生肉市场，”池青毫不犹豫地说，“在生肉市场，动物尸体被引起注意的概率低很多。”

苏晓兰：“……”

……她都听到了什么。

苏晓兰此刻的心情难以言表，明明李广福才是目前顺着线索找到的嫌疑人，但是她怎么感觉比起解临和池青，嫌疑人李广福似乎更像一名无辜群众。

解临：“确实，所以凶手选择抛在草坪里，就是存着一种想被发现的想法。他想杀人但不敢，总得在其他地方找点满足感——比如群众的恐慌，周围人的议论。”

池青对凶手是怎么想的这一点不做评判，因为他不想感知到别人在想什么，又有什么心理感受。

但是解临好像对这一点很擅长。

资料很快被翻到最后一页，最后一页上是几张新增的鞋印照片，这些沾着血的鞋印是技术人员前几天在第一现场勘查发现的，并且用测量的手段测出了鞋的大致尺码，是一双 42 码的鞋，和抛尸现场的鞋码一致。

苏晓兰感受到他俩的话题总算从“犯罪”的道路上扯了回来，就看到解临忽然不说话了，他的视线在那片鞋印上停留片刻，忽然蹙起了眉。而池青也难得地把手从上衣口袋里抽出来，白细的手指从档案中抽出一张现场照片。

照片上是王阿婆家里那只银白高地，拍摄者记录时特意将猫的特征放大，镜头清晰地对在猫耳那块特别的黑斑上。

解临：“你在看什么？”

池青：“猫耳。”

季鸣锐正反复确认关键信息，问李广福“你真没有偷拿过刀吗”，还没等李广福回答，就听解临不知什么时候走到他身边说：“他应该不是嫌疑人。”

“？”

解临：“鞋印有问题。”

那天晚上天太黑，他在现场并没有留意到地上有鞋印，看到资料后发觉不对。

“案发现场被雨水冲刷过，所以没有办法辨认，但是意外留在第一现场的鞋印后跟落脚部位出现了重跟的现象，凶手穿的明显不是自己的鞋，如果真的是这样，那么他‘身体素质不好’的结论也就有了依据，‘他’很可能并不是男性，女性的可能性更高……甚至，可能只是一个未成年的孩子。”

女性这个推论也就算了，但是……

“……孩子？”

“如果是孩子的话，他的年龄应该在十二到十五岁，”解临说话时手撑在桌上，以一种极为自然的姿势接近坐在对面受审的李广福，明明生了一双笑眼，话里却带着天然的压迫感，“李先生，你说你家电器坏了，你是一个人出来买螺丝刀的吗？”

李广福没有说话。

他的记忆随着解临这句问话，回溯到那天雨夜。

他晚上 11:18 出门，外头的雨下得很大，路上淤泥堆积，难走极了，蹭了他一脚泥。他搓搓胳膊，冒着湿冷的天气，手中撑着伞，加快脚步，想快些买完东西赶紧回家。

11:30。

便民杂货正要关店打烊。

李广福用差点被冻僵的手推开了杂货店的门。

“丁零——”门铃声响。

小男孩正在收拾文具盒，他抬起头，脆生生地喊了一声："李叔叔。"

李广福冲他笑笑，并没有把伞收起来，而是催促身后的儿子快些进来："小康，快点，别淋着了。"

他话说完，门外的人才慢慢走进来。

男孩个子比同龄人高出许多，整个人被包裹在厚重的校服外套内。

"你是一个人出来买螺丝刀的吗？"解临又问了一遍。

"我……"李广福其实并不完全清楚到底发生了什么事，但在解临的注视下，他嗫嚅着说，"我……我是一个人……"

"你应该知道，只要一通电话打去便民问清楚，很快就能知道是一个人还是两个人。"

"……"

"需要我再问最后一遍吗？"

"……还有我儿子，"李广福说，"我儿子和我一起去的。"

"我不知道你们在查什么，但是跟我儿子一定没关系。"

季鸣锐也很想说：这又关他儿子什么事儿了？

仅凭凶手穿不合脚的大鞋这个特征，也没办法锁定他儿子是嫌疑人吧，而且一个小孩，之前又推测说有杀猫练手这个可能，他又想杀谁呢？

虽然他儿子是有偷刀嫌疑，并且潜入过王阿婆家……等等！

季鸣锐仿佛抓到了一根线。

这根线从接连下暴雨的那天夜里开始，从一个小小的、不起眼的木雕开始，他抓到了这根线的一头，一时间却抓不到另一头。直到解临主动提起木雕案："当时你们在王阿婆家里找到一部旧手机，那手机还在吗？"

"双方顺利调解，早就还回去了。"

季鸣锐问："手机有什么问题吗？"

解临只说了两个字："相册。"

季鸣锐是翻过那部手机相册的人，他当时跟着池青的浏览记录，把池青打开过的程序都看了一遍，由于是旧手机，手机相册里留存的照片并不多，有一些李广福以前拍的旅游照，新增照片倒是不多……不过他想起其中一张最新的照片。

拍摄时间正是木雕案当天，照片很糊，有黑有白，像是一片黑白色的什么东西飞速从镜头面前闪过。并且那张照片不像常规拍摄照，倒像是不小心按错键误拍到的。

仔细一回想，好像还有点毛茸茸的。

……

解临问："相册里第一张照片，像不像那只银白高地的耳朵？"

"像，"季鸣锐几乎立刻想通了这其中的逻辑，两人说话间已经避开了当事人，来到走廊上，"所以说那天李广福的儿子可能不是去偷木雕的，抓猫才是真的，这也能解释为什么手机会掉在地上，为什么会抓拍到这样一张照片，王阿婆回来的时候他根本来不及捡手机，只好自作聪明地随手抓了一样东西……但是你怎么会知道？"

解临隔着玻璃门，朝里指了指。

他手指指尖朝向的方向，正好指向在那儿坐得十分勉强的池青。

池青等得很不耐烦，坐在沙发里，看起来有些困倦，时不时抬眼去看墙壁上的挂钟，计算自己已经坐在这里浪费了多少不必要的时间。

十分钟前。

池青回答完"猫耳"这两个字后，又看了手里的照片很久："……这块黑斑，我好像在哪里见过。"

在经历过他兄弟和解临两个人互相把对方往派出所送的事件后，季鸣锐惊讶于他俩原来居然具备心平气和坐在一起推理案情的能力。

季鸣锐自言自语说："这难道就是传说中的负负也可以得正吗？"

季鸣锐想到最重要的，也是所有人目前最担心的一点："如果这个小康真的是嫌疑人，可他有什么杀人动机？"

又或者说，有可能被害的人是谁呢？

"我得走了，小康和明明还在家里等我……"李广福忽然站起来，不顾姜宇的阻拦就要往外走，"你干什么？！这事不管是跟我还是跟小康都没关系，我不知道你们想查什么，你们一没证据，二没权力的，凭什么把我扣在这儿？！"

季鸣锐去走廊后，姜宇接替季鸣锐的位置，由于是坐着，发力不便，第一时间竟没拽住他。

李广福走得急，见到两个站在门口的人，知道自己想走没那么容易，于是冲出去之前四下环顾想找个什么防身的东西，有人过来逮他的时候他也好挡一挡——

他挑中了解临刚才坐的那张椅子，然后拎椅子的时候殃及了旁边那位本来心情就不是太好的男人。

池青困得快合上的眼皮又掀开了一点："……"

李广福忽然靠近，由于椅子边角容易戳到人，池青抬手挡了一下椅子脚，这一挡，他的手背恰好碰到李广福胡乱挥舞的右手手背。

【我得赶紧回去，不知道小康是不是还在生我的气，我这脾气，我不该骂他的。】

【他母亲死后，他一直接受不了我再娶，也不想再多一个同父异母的弟弟。但我真没有想到，他居然会说……】

所有声音都在那一瞬间远去。

姜宇阻拦李广福的声音，办公室里的吵闹声，季鸣锐的呵斥声——这些都一下离得很远。

耳边只有失真的声音在不断扩大，像有一个人趴在他耳边低低地说话。

【他居然会说……如果没有弟弟就好了。】

这个声音趴在他耳边不断强调：【……如果没有弟弟就好了。】

……

然而这些纷杂的声音戛然而止。

池青缓慢地眨了眨眼，慢了半拍才发现是解临在混乱中拉开了李广福的手。

但是声音戛然而止显然不仅仅是因为李广福被人扯开了，还因为男人一只手摁在李广福手上的同时，另一只手也拉着自己的手。

池青垂眸，看到自己的手指指节此刻正轻轻搭在解临掌心里。

“这位李先生，”解临看着李广福说，“有话好好说，没事别乱碰。”

李广福压根儿没反应过来自己碰着什么了，就看到解临过来，等被冲上来的季鸣锐按倒，他才瞥见边上那位额前头发有点长的男人。

他们上一次在派出所里见过。

李广福清楚地记得，上一次就是这个人认出了手机是他用过之后给小康的旧手机。他其实看不清男人此刻眼底的神色，隔着那片暗不见底的深黑色瞳孔，很难看出此刻男人在想些什么，只能看到他鲜红的唇微微抿着。

季鸣锐将李广福按在桌上，李广福上半身紧贴办公桌面，桌上的文件撒了一地，季鸣锐虽然有时候脑子反应比较慢，但体格过人，将人压得一点反抗余地都不剩：“上一次没找你儿子……恐怕这次得找你儿子问问清楚了。”

他又扬声道：“姜宇，你先往他家里打通电话，旁敲侧击问问。”

对方还是孩子，没有确切证据的情况下，走正常的审讯模式，盘问他是不是偷了便利店的东西、猫是不是他杀的，可能会给孩子的心灵造成一些影响。

所以他们一般都会先采取一些委婉的手段。

姜宇会意：“我马上去。”

解临发觉池青还在盯着他的手看，这才松开池青的手：“抱歉，一时间没想那么多，你没事吧？”

池青这次倒是没像往常那样戗他：你也知道别乱碰，所以你乱碰什么。

因为不管他如何排斥，也不能否认一个事实——解临刚才确实帮了他。

在男人出现的那个瞬间，失真的声音被隔绝。

李广福那即使失真后依旧带着地方口音的，又低又诡异的、梦魇般的声音从他耳边消失了，他仿佛一下被人从另一个世界拉回现实。

他从来没想过，解临身上这种读不到的特性还能发挥出这种作用。

解临看他不说话，反倒不习惯："你不用忍，想去洗手就去洗吧，要是嫌我刚才不打声招呼就碰你的手……"

解临话没说完，就听池青洗手前对他说了一句"谢谢"。

解临："什么？"

池青："我说谢谢。"

"不客气，其实我听见了，"解临说，"我就是想再听你说一遍。"

"……"

"没想到你这个人偶尔还是讲点道理的。"解临又说。

池青："……"

有些人就是不能递杆子，就知道顺杆往上爬。

池青洗完手回来时，姜宇正好挂电话。

"我说我是物业，前段时间小区里发生的事情给住户造成了一定影响，让他别害怕，如果有什么线索可以提供给我们……但他的反应很冷静，他说他没有什么线索。"

姜宇挂完电话后回忆那通电话里那名叫"小康"的男孩的反应，变声期男生独有的粗哑声音语调很平，几乎没有什么起伏。

"有一点挺奇怪的，他好像很急着挂电话。"

当时姜宇没多想，只是隐约通过听筒，听到婴儿的哇哇哭声，哭声听起来微弱且遥远，可能是从虚掩着的门里传出来的。

姜宇问："有人在哭吗？"

男孩粗哑的声音很冷静地说："没什么。因为楼上太吵……所以弟弟哭了。"

"……他就说楼上太吵，弟弟哭了。"

姜宇就目前所收集到的信息而言，并没有听出这番话里有什么别的意思，但他看到池青和解临两个人忽然变了脸色——

姜宇隐约觉得事态可能有什么意想不到的变化，让他感觉心一慌："这句话有什么问题吗？”

解临：“把他家地址报给我。”

姜宇：“12 栋，5……506。”

姜宇报完李广福家的地址，眼睁睁看着解临和池青两个人明明没有任何沟通，却在同一时间做了同一件事情，他们俩一前一后推开门，往外冲了出去。

高速路上。

解临车速很快，他似乎根本不考虑超速罚款和扣分。

池青第二次坐在这辆车副驾驶的位置上，却和解临从对手的身份戏剧性地转化成了“队友”。

他原本想用其他方法侧面敲打季鸣锐，比如说让他多调查调查李广福的家庭关系，其他的目前没实质性证据，很难讲。但是电话里男孩说的那句话和婴儿啼哭却不得不让他多想。

虽然他不知道解临为什么会跟他一起出来。

旁边车道的司机看着一辆黑色迈巴赫不断超车，他嘴里吐槽了一句“这是高速啊，飙什么车，不要命了”，吐槽完再抬眼连那辆车的尾气都看不着了。

道路两边夜景飞速倒退，一排排街灯残影以惊人的速度掠过。

解临从高架上一路飙进街区，这才逼不得已将速度稍稍放慢了些，拐弯时说：“凶手在找‘代替品’练手的时候，比起这个‘代替品’的易得性，特殊性才是要考虑的重点。换句话说，猫和他真正想实施犯罪的对象之间一定会有某种关联，这就和很多连环杀人案里受害人身上都有同样的共性一样，‘809’连环杀人案里死者的共性只是‘长得漂亮’，事后也证明凶手的确因为某人而对漂亮女人怀有某种情结。”

解临说话的时候，前面那辆车的尾灯透过车窗倒映在他脸上，强烈的光影投下，将他那双原本浅褐色的、常年含笑的眼睛遮住。

他接着又说：“我跟你的想法应该大致一样。你是不是也觉得……猫的形体大小，跟婴儿很像？”

“……”

现在池青知道为什么他会一起冲出来了。

比起惊讶于解临的敏锐，池青更惊讶于这人的思维模式，如果不是不小心碰到李广福的手，他再怎么样也不会把猫和婴儿联想到一起去。

能够产生这个想法的人，危险程度不亚于事件本身。

池青没有在这个问题上多做纠结的时间。

拐过前面的街道，对面就是海茂，等会儿该怎么行动才是目前的重点。

“在不知道里面什么情况之前不能硬闯，”解临在极短的时间内串联起所有信息，忽然说，“会扮物业吗？”

池青：“？”

解临：“你就说‘你好我是物业，刚才给你打过电话’就行，说一句试试。”

“你好，”池青手插在上衣口袋里，连眼皮都没掀，展现出凭实力在演艺圈缓缓下沉的演技，不咸不淡地说，“我是物业。”

“……”

解临没再说话。

池青：“有问题？”

“算了，不知道的还以为你是他爹，”解临中肯地评价道，“这活交给我，等会儿你往旁边站，别让他注意到你就行。”

池青：“……”

海茂小区。

12 栋，第五层。

砖红色的门紧闭，门边上贴着老旧的对联，由于这年早过完了，对联四个角已经卷起。

屋内家具都是早些年配置的，房间内有很重的生活痕迹。

房屋布局两室一厅，客厅既充当活动区域，也充当孩子用来写作业的书房。

其中一间用屏风手动划分开的小隔间里，躺着一个仅半岁的婴儿，婴儿此刻正在大哭，他似乎是知道危险在向他逼近，浑身上下都哭红了，紧握成拳的小手在空气里胡乱挥舞。

“哇呜呜呜——”

婴儿一度哭得岔气。

但是站在婴儿床边默默看着他的男孩却没有任何反应。

男孩身上穿的还是附近学校那套初中校服，婴儿床虽然挡住了他腰部以下的位置，但是透过几道木质栏杆缝隙，隐约可以窥见一抹银光。

男孩手里紧紧握着的，是一把新的锯齿刀。

他正在看婴儿细腻的脖子，然后目光缓缓下移，最后落在婴儿起伏剧烈的胸膛上，第 2~5 根肋骨之间。

他抬起手腕，通过这与众不同的触感深刻地感受到这不是猫，这是人的皮肉，他的手腕因为激动而战栗得直发抖，然而刀尖才刚刚划破皮肤，门铃声却突兀地响起。

他等了一阵，门外的人却像是知道他在家似的，门铃声响了很久都没停。

“谁？”他拎着刀走到门口。

“物业，”门外男人的声音听起来有点漫不经心，“接到投诉，你们觉得楼上吵。”

男孩将门打开一道缝，对上一双笑吟吟的眼。

男人又说：“刚刚我已经和楼上住户沟通过了，他们说可能是隔音问题，以后会注意……”男人说到这儿，声音微顿，“你弟弟还在哭？”

婴儿啼哭声异常清晰。

男孩缓缓握紧背在身后的刀，联系起刚才那通电话，没有怀疑，只是急着关门：“他可能饿了。”

然而解临在门关上前的最后一刻将手伸进门缝中，手指倏然用力绷紧，牢牢抵住那道缝隙。

在他抵住缝隙的同时，由于扮演物业并不合格所以只能靠边站的池青直接抬脚将门踹开——他踹门的时候手还维持着插在衣服口袋里的姿势，脸上表情一点没变过。

池青活像一个带着小弟上门找碴儿的，踹完门冷声催促：“动作快点。”

因为池青这一下，解临有了足够的活动空间，立刻挤身进屋。

十二三岁的男孩对上一名成年男性，在力量上并不占优势。

男孩被扑倒在地之后花了几秒时间才反应过来自己手上还有刀，但等到他反应过来时，手腕已经被解临牢牢摁住。

解临抽出男孩手里那把沾着血的刀，初步确认完婴儿的伤势情况，这才有时间回应池青那句催促：“……我刚才那句话说得不够确切，你不像他爹，你像上门讨债的。”

第 7 章

“刀是我偷的。”

男孩全名李康，他坐在审讯室对面那把椅子上，过大的校服将他整个人裹着，袖口有一片暗色，那是刚刚不小心沾到的血迹。

“之前那把也是，我和小良（便利店小男孩）是朋友，我经常过去找他玩。我知道杂货店里没有装监控，所以我偷了刀，他也不会注意。”他甚至还知道不留信息的重要性，“如果我留下购买记录，你们很容易找到我。”

“可能是因为杀得太多吧，流浪猫逐渐不在工厂聚集，那天我空着手从工厂回家，王阿婆家窗没关，她家那只猫就趴在窗口。抓猫的时候手机掉了，我来不及捡。

“我知道手机掉在现场你们肯定会找到我，而我不可能毫无缘由地出现在她家里，所以我拿走了柜子上的木雕。

“为什么选猫？……因为猫和弟弟一样小啊。”

李康哪怕是被抓了现行也不显紧张，由于正值青春期，他脸上长了一片痘痘，很普通的一张脸，看上去和无数坐在教室里上课的学生没有任何差别，嘴里说出口的话让隔着玻璃大喊大叫“不可能是我儿子，这里面一定有误会”的李广福逐渐沉默。

李康的后妈是一名车间工人，今天本在上晚班，接到消息立马赶过来，隔着玻璃又哭又骂。

而李康微微抬起头，嘴角竟挂着一丝笑：“我早知道他和那个女人在我妈死前就偷偷在一起了，我妈一去世，他们就迫不及待结了婚。我从他出生的那天起，就想杀他了。”

“哐！”玻璃窗被女人猛地用拳头砸了好几下。

房间内隔音很好，听不见女人在喊什么，凭借口型依稀能辨认出半句话：“……你这个畜生。”

李康平淡的五官这才动了动，他不顾在门外叫喊的女人，说：“刚才那刀不应该动他的胳膊，我应该先划开他的喉管。”

审讯室里，季鸣锐坐在男孩对面，被这来自孩童的丝毫不加掩饰的恶意震得说不出话。

李康被带出去之后，女人不顾阻拦作势就要扑上来：“他是你弟弟啊——他甚至都没满一岁——”

拉扯间，校服领口歪斜，露出了李康脖颈间一条很普通的银质项链，从露出来的边角形状看，是一枚十字形状的吊坠。

三人小组刚上任，平时终日泡在街坊邻里的鸡毛蒜皮里，第一次直面案件。

一起很普通的流浪猫被杀事件，李广福、李康以及后来赶到的女人，他们住在海茂小区里，平时看起来只是一个普通的家庭，谁也没想过正是这样一个普通的家庭背后却藏着这样一个“秘密”。

季鸣锐在审讯本上匆匆写下几句总结，武志斌连夜赶来后，他把剩下的流程交给更有经验的斌哥。他合上本子出去，搬了张椅子坐到外面。

他对面坐着另外两位案件参与者，现在已经是深夜，这两位其中的一位没熬住，池姓参与者在沙发上很熟练地找了个位置睡觉，他大概是嫌吵，手腕横着覆在耳朵上。又由于洁癖，不安全感体现得淋漓尽致，将手完全缩在宽大的衣袖里。

另外一名参与者坐在旁边翻杂志，见他出来还跟他打了声招呼：“季警官。”

解临手指抵在下唇，又补了一句：“他睡了。”

这个情形令人熟悉，前不久季鸣锐也是这样给他们做的笔录。

只不过当时这两个人还在互指对方是嫌疑人，现在真凶落网，正在审讯室里坦白罪行。

季鸣锐开始做记录：“你们是怎么听出电话有问题的？”

饶是解临再能花言巧语，也很难讲出这其中的具体原因，就好像他只不过是发现一个人渴了需要去喝水，吃饭喝水这种事情，并没什么好讲的。

“直觉吧。”

季鸣锐：“……”

经过这次事件，季鸣锐隐隐觉得与其说是直觉，不如说这是某种危险的天赋。

季鸣锐又问：“那门是谁踹的？”

“他，”解临说，“本来让他跟我一起扮物业，但他扮得实在不像。”

季鸣锐十分认同：“是的，他演技确实不行，不然也不会……”也不会从电影学院毕业之后就查无此人了。

季鸣锐话没来得及说完，池青向来浅眠，他覆在耳朵上的手动了动，半睁开眼。

季鸣锐嘴里的话一百八十度大转弯：“……但其实他这个人也是有可圈可点的地方的，虽然演不了正常人，但是演反派的时候真的是活灵活现。”

池青坐起来说：“你以为我没听见前面那句吗。”

其实细数池青为数不多成功试上镜的角色，基本上没几个是好人。

早年为了给兄弟的作品贡献播放量，季鸣锐每一部都看过，在大部分和池青无关的戏份里找自己兄弟到底在哪儿有时候也是一种刷剧的乐趣。

大部分都是一脸阴阴沉沉的幕后大反派，角色看起来很有分量，但戏份真的很少。

解临捕捉到关键词：“演？”

季鸣锐：“说出来你可能不信，他其实是表演学院毕业的，满打满算学过四年表演课程。”

解临回想起车上，从神态到语气都不合格的那句“我是物业”，笑了一声：“确实很难让人相信。”

池青没理他们：“能走了吗？”

季鸣锐把笔给解临：“在这儿签个字，你俩就能回去了。”

池青的手全程都缩在衣袖里，等解临签完，这才勉强把手伸出来，相当熟练地从边上抽了张纸巾，隔着纸巾去接解临递过来的笔。

“不用嫌弃成这样吧，”解临说，“洁癖都像你这样吗？”

“是我比较严重，”池青坦然承认，签完字又把笔塞回他手里，将纸巾团起来说，“……所以任何时候，离我远点。”

于是两个人短暂合作完，又恢复到之前的状态。

解临像听不懂“离我远点”四个字一样：“走吗？我开车送你。”

“……”

“你这什么表情，刚才又不是没坐过。”

池青：“刚才没得选。”

武志斌从审讯室出来，就听到这番对话，还没进门，便和推开门往外走的池青迎面撞上。

解临在他身后说：“这个点可能打不到车，送你回去而已，你困得眼睛都红了。”

池青：“你这么喜欢送人回家，不如改行当司机。”

池青刚才睡了那十几分钟，起来之后反倒更疲倦，眼尾泛红。他长相很有辨识度，黑色头发略显颓废地遮着眼，红唇，手插在衣兜里，眼皮没精神地垂着，一副谁也不理的样子。

倒是解临和武志斌打了声招呼：“先走了。”

武志斌拐杖微顿，看的却不是解临而是池青。

武志斌身后，怀里抱着记录本的苏晓兰还在同姜宇念叨：“他还是个孩子，怎么会有这种想法呢？”

等池青出去后，武志斌仍停在门口，直到季鸣锐喊他一声“斌哥”他才回过神来：“那是你朋友？”

“从第一次见，我就觉得这孩子眼熟。”

季鸣锐有点意外：“你是不是在电视上见过他？他虽然没什么名气，但是作品还是有几部的。”他如数家珍道，“《追击》里开局出场过三秒钟的嫌犯就是他演的，还有《修仙传》里第三个故事的反派，呃，总之，都不是什么好角色……”

武志斌平时压根儿不看剧。

他这么多年看的都是各式各样的犯人和重大案件。

上回见面他并没有放太多注意力在池青身上，只顾着听解临的分析，之后又急着吩咐季鸣锐他们去盘查海[illegible]茂，今天才觉得眼熟。

到底在哪里见过……

武志斌问："你这朋友叫什么名字？"

季鸣锐以为池青查无此人那么多年，总算收割到一枚剧粉，热情介绍道："'差池'的'池'，'绀青'的'青'，池青。"

武志斌带着手头上的资料回到办公室，等整理完资料，他忽然想起苏晓兰那句"他还是个孩子"。

孩子。

武志斌嚼着这两个字，仔细回忆起池青的五官，半晌，他忽然拿起车钥匙起身，驱车一路赶往市局。整点市局里人依旧很多，为案子加班加点，有人见到他，放下手里的工作跟他打了声招呼："斌哥。"

武志斌拐杖点在地上，冲他们点点头。

他已经有段时间没有回市局了，他简单打过招呼，便一路往总部档案室走。

所有过往案件都被封存在总部档案室里，档案室设置了加密权限，他一路走，一路拿出证件扫描，电子门审核来人信息后自动开门。

他走到最后一扇门前，这也意味着被存放在这里的档案加密级别极高。

武志斌在档案架上翻找起来，最终在角落里找到一沓泛黄的文件档案。

封面写着："2 · 18"孩童连环绑架案。

那是十年前。2011 年的冬天。

武志斌站在档案室里陷入了一阵短暂的沉默，然后他一页一页翻过去，翻到倒数第二页时停下，在幸存者一栏里找到了两个字：池青。

边上附有一张略微泛黄的照片。

照片里的少年五官还未完全长开，但依旧可以窥见轮廓间惊人的样貌，眉眼精致，瞳孔的颜色很深。这张脸和刚才看到的脸逐渐重叠在了一起。

档案上写着：送医后经检查发现受害人有失聪幻听的症状，排除其他病因，疑为心理原因，源于受到巨大冲击后人体自发产生过度的应激反应。

记录员明显在跟进情况，下一行用不同型号的针管笔写道：幻听情况于三个月后消失，现已痊愈出院。

档案最后一行是心理评估栏。

心理评估栏里，写了一句很模棱两可的话：虽无异样，但仍建议长期追踪。

池青并没有留意到武志斌看他的那几眼，他困得只想回去睡觉，偏偏某个人还非得往他眼前撞。

"上车。"

池青眼皮都没掀："你很烦。"

晚上气温降低，解临肩上披了件黑色外套，一条胳膊搭着车窗上，即使已经深夜一点多，这男人从头发丝到手指依旧讲究得不像话，微挑的眼尾轻扫过来："你让我送你回去我就不烦你了。"

池青自顾自在叫车软件上下了单。

这个点车确实不多，差不多过去两分半的时间，才有一名私家车司机接单，只是资料页面显示这是一名新手司机，目前接单数为0。

并且这名新手司机一接单，就显示"车辆已到达"。

所有信息联系在一起，车主是谁昭然若揭，连车牌号都不需要对比。

池青总算抬眼看他："……你接的单？"

解临搭在车窗上那只手伸了出来，五指扣住手机，将手机屏幕翻过来正对着他，回应他先前那句"你这么喜欢送人回家，不如改行当司机"："你说得有道理，所以我改行当司机了，这下能送了吗？"

"……"

"取消订单也没用，只要你叫车，我这儿就能抢到。"

池青退出叫车页面，在设置里搜索过后发现打车软件并没有拉黑司机的功能。

要是从这里徒步走回去，到家的时候可能天都已经亮了。

池青最后只能给这名新司机贡献了第一单。

解临把叫车软件上周边有人叫车的提示关闭，像模像样地说："这位乘客，系好安全带。"

夜晚道路畅通无阻，加上解临开车确实开得稳，一路上基本没有什么颠簸或者猛然提速的现象。

池青对司机的开车水平还算满意，除了一点，司机话太多。

解临："你平时自己不开车？"

池青："麻烦。"

不只开车麻烦，考驾照也很麻烦。

避免常去人多的地方，是一个洁癖的自我修养。

"刚才季警官说你学过四年表演，"解临在等红绿灯的时候问，"你这病，表演的时候边上能有搭档吗？"怕是碰一下这场戏就没得演了。

池青毫不避讳，他不光对别人说话的时候一针见血，对自己也是："所以我在这条路上并没有得到任何发展。"

"……"

池青用尽最后一丝耐心："还有问题吗，问完就专心开车。"

"还有一个。"

红绿灯过去，解临说："之前在心理诊所，你提到过十年前。"不知道为什么解临对"十年"这个词很敏感，一句随口之言，他记到现在。

解临说到这儿，手指搭在方向盘上，最终还是没问："……没什么，睡吧。"

池青其实已经很困了，他在回答解临的话之后就陷入半梦半醒之间，合上眼后眼前一片黑，"十年前"这三个字却遽然闯到耳边。他没有睁眼，但是鸦羽般的睫毛微动。

"斌哥，你刚刚去市局了？"

另一边，武志斌风风火火地出去一趟，回来对上三人小组好奇的眼神。

武志斌"嗯"了一声说："去市局查了个档案。"

季鸣锐主动汇报李家的情况："关于李康的报告都递上去了，案件已经移交给其他部门，就是李康的父亲仍试图主张这只是一起意外伤害，他不愿意把儿子交上去。"季鸣锐火速汇报完，又问，"您去市局查的什么档案，是最近又有什么大案子吗？"

不等武志斌开口，姜宇和苏晓兰已经替他拉好了一把椅子。

武志斌哭笑不得："平时让你们做点事没见你们像听案子的时候那么积极。"

武志斌看着他们，时常会回想起刚当上警察那会儿的自己，这也是为什么他坚持调下来带这群新人的原因，他拗不过他们，说话时声音仿佛穿过残酷而又陈旧的岁月："我就是想到了一起……十年前的案子。

"关于那起案子，你们应该都听过。"

武志斌不清楚关于池青的事情季鸣锐知道多少，既然入了档案库，加密级别还是最高级，受害人的信息需要严格保密，他略去了其中的关键人物，只说了个大致："当年那起连环绑架案轰动全城，受害者全是年仅十至十五岁的孩子，不断有孩子失踪。"

"这个案子我知道，"苏晓兰说，"我妈还特地给我买了一块带定位的手表让我戴着上学，连周末跟同学出去玩都不让。"

季鸣锐悲催地表示："作为同龄人，我也戴过那种手表，丑不说，还不让摘。"

姜宇："我也……"

因为那起绑架案，带定位的电子手表一度极为畅销，那个时候的校园里，可能会有人不穿校服，但绝对没人会忘记戴手表。

这也能从侧面反映出当年那起案子的影响有多么严重。

苏晓兰："后来警察好像发现了这些被绑的孩子之间存在的关联，他们大都是一些成绩好的、参加过市区比赛拿过奖的孩子，总之，他们的名字获奖后在报纸杂志上出现过。”

季鸣锐：“这个我有印象，当时我考试不及格，我妈头一回没骂我，还摸着我的头说‘看来脑子笨也有脑子笨的好处’。”

从小就是好学生的姜宇有着截然不同的经历：“我……当年我刚拿下三好学生，我妈都快疯了，每天晚上睡不着觉，她总觉得下一个可能是我，半夜起来跟我说她想通了，让我明年别争三好了，说这些都不过只是虚名。”

“……”

当时他们三个人还只是十几岁的孩子，对这个案件的印象只停留在不得不戴的电子手表和惊慌失控的舆论上，隐约记得后来破了案，犯人落网，之后随着漫长的时间和无数成长琐事一起尘封在了记忆里。

季鸣锐完全不知道自己的兄弟就是那起案子的幸存者，问：“那起案子怎么了？”

“那起案子很奇怪，”武志斌沉吟两秒，透露道，“至今都没有人知道那个人绑这些孩子做什么，在绑架中那些孩子经历了什么，为什么最后仅有两名孩子幸存。而且关于这些未解的一切，上面也没有再让人继续查下去，这个案件就这样结案了。

“最奇怪的是凶手在庭审现场说了一句话，他说‘你们杀不死也抓不到我’，被枪决那天，他是笑着走的。

“因为庭审现场这句话，又引发了很多舆论，有人质疑警察抓错人，也有人怀疑凶手可能不止一个……但是之后半年时间里都没有再出现下一名受害者，舆论才逐渐平息。直至今日，已经过了十年，也还有一小派人认为真凶并没有落网。”

之前那些关于案件的信息都是大众所熟知的，甚至就是季鸣锐他们学生时代亲身经历过的，但是后面那些“内部”情报，他们却是第一次听说。

季鸣锐眼前仿佛浮现出了那个诡异的话语和场面。

——“你们杀不死，也抓不到我。”

池青在车上做了一个梦。

梦里他坐在庭审现场，男人说话声音低沉而又沙哑，说出了一句令人产生无限遐想的恐怖话语，话一出，满座皆惊，周围爆发出一阵剧烈的议论。

画面忽而一转，又转到病房。

他在病房里睁开眼醒来，头痛欲裂。

满世界都是诡谲的声音，他看着周围医护人员在病房内外奔走，护士靠近他，嘴巴一张一合，大家都在说话，但是他听到的声音却似乎不来自现实。

他凭借唇语辨认出护士在说：“你醒了？感觉怎么样？”

可是他耳边出现的只有巨大的耳鸣声，伴随着源源不断的耳鸣，失真的声音说：【刚才那个病房里的老头可真烦人啊，一晚上按八百次铃，烦都烦死了。】

医生："你能听到我说话吗？能听见吗？"

池青并不知道医生在说什么，他只听到一句：【别是出现了什么后遗症……这事还是让吴医生自己来吧，万一怪到我头上，我可解释不清。】

【……】无数失真的声音源源不断地涌进他耳朵里。

最后医生在纸上写：你有暂时性失聪的症状，但应该是暂时性的，不要担心，你之前说听到了奇怪的声音，可能是幻听，理论上说你现在应该是听不到任何声音的。

失聪的那三个月里，池青不需要依靠触碰就能读到别人的内心——只要在一定范围里出现，只要那个人此刻正在张嘴说话，他就能听到。

他起初并不能确定这真的是别人心底的想法，还是他自己的臆想。

在那个由失真声音诉说的世界里，快乐可以是假的，悲伤可以是假的，甚至连爱都可以是假的。

三个月后，失聪情况恢复。

失真的声音也跟着消失了，池青以为自己的病似乎好了，直到他在出院那天，不小心碰到了护士的手。

【我饭都来不及吃，那老头又按铃了……】

池青在梦里看到自己在跟护士说话。

"谢谢，"他听到自己说，"你现在有时间吗？我请你吃午饭。"

护士笑笑："我是还没吃呢，谢谢啊，不过我还有工作，我得去隔壁病房看看。"

池青这梦做得断断续续。

铺天盖地的声音，人心底的秘密，不可言说的欲望，以及掩在表象之下的真相。他告诉自己，他得醒过来。

这个念头才刚出现没多久，池青感觉到有什么细细密密的东西碰了一下他的脸。

池青被这一下给弄醒了，睁开眼入目便是解临那张即使呈放大状也依然无懈可击的脸，车里很暗，仅凭借车外微弱的小区街灯和车内电子屏幕投映出的光，只照到男人的半张脸。

解临站在车门外，俯着身，距离他很近："正想叫你。"

池青这才反应过来刚才落在他脸上的是解临垂下来的头发丝。

"这名乘客，"解临笑了一下，他鼻梁很高，睫毛长得犯规，池青梦境里那些声音随之远去，"到家了。"

房客
卷二 / Volume II

第 1 章

池青很少会梦到以前的事。

他怔愣片刻，一下子忘了他和解临之间的距离太近，因为梦境忽然中断，洁癖没有第一时间发作。他下了车，第二次对解临说出一句“谢谢”。

解临：“真想谢我？嘴上说谢谢可没什么用。”

池青直觉后头肯定没几句好话。

果然解临从善如流地掏出手机，点开某个微聊小程序：“微聊号报一下，我加你，加个好友就算你谢过了。”

解临就算主动问人要号码，也依然不像是在路边跟人搭讪的，主要原因是他自己就长了一张被搭讪的脸。

“我第一次主动问人要号码，”解临说，“要不到的话很没面子。”

电子门发出一声微弱的声响：“嘀。”

池青回家推开门，玄关处的灯没开，他靠着门，低头去看手机屏幕上那一个红色的小点。

[您有一个新通知。]

[是否通过好友请求？通过 or 拒绝。]

池青微聊号上就没几个活着的好友。

他这个人，不说话的时候那张脸就很容易得罪人，开口之后更容易得罪，以前学表演的时候认识的那些人大部分根本不敢找他聊，从那件事之后，所有人对他的评价从别人家的孩子逐渐扭转到“长得倒是漂亮，就是性格好像有点阴沉”。

他其实不是很喜欢聊天，平时聊天的也只有季鸣锐。

季鸣锐从初中那会儿就满怀正义感，具体表现为很喜欢没事找事，他总觉得自己有义务要关照一下那位阴沉寡言的后桌。

他通过多年坚持不懈的努力，以惊人的毅力，一直到高中毕业才勉强在池青眼里从“一名普通的不记得名字的同学”成为“一名有名字的同学”。

池青丢开那点不适应的感觉，点了通过。

解临那边估计还在开车，暂时没有动静。

他想了想，提前发过去一句：没事别给我发消息。

池青发完之后，觉得这句话不能完全表达他的想法，又补上一句：有事也别找。

他退出对话框时，季鸣锐正好发了几条消息过来。

——你到家了没?

——我刚听到一个贼牛的旧案子，说出来吓死你，简直是我的童年阴影。

季鸣锐想一出是一出，话题层出不穷，没等到回复，隔几分钟又开启了新话题。

——明天我休息，大家准备搞搞团建，姜宇那小子长那么大居然没去过酒吧，你要是没事的话一块儿来?

季鸣锐最后又发过来一句。

——哎，提到酒吧，我忽然想到一件事，从认识你到现在……好像没见你喝过酒。

房间里还是一如既往地暗，池青提前开了电视，整个客厅里就只剩电视光，那双落下的黑色手套就搁在茶几上。

池青洗完澡之后捧着玻璃杯坐在沙发上喝水，看着那双黑色手套，想到了刚才没梦到的后续。

在医院的那三个月，他也没有办法相信这种超越自然的能力。

失聪症状消失后，他以为他病好了。

这一切可能真的只是幻听而已，所有蜂拥而至的声音都不是真实的，他终于回到了真实的世界。

然而出院那天，他发现读心这项能力并没有随着失聪症状而消失。只是和失聪的那三个月相比，不再是一定范围内不需要条件就能触发，而是多了一个必要条件——需要用手触碰到对方。

但这个条件也并非完全绝对，有一样东西可以打破这项桎梏。

——好像没见你喝过酒。

池青的视线落在聊天框内的某个字上。

他如果喝酒，读心术就会失控。

准确地说，是会回到当时失聪时的状态，一定范围内的声音他都能听见。这个一定的范围区间，只要对方此时此刻正在说话，他就能听到。

就好像全世界都在耳边诡异地低语。

“你们三好学生的生活都那么无聊的吗？”次日，季鸣锐坐在灯光迷离的酒吧里，把调酒师刚调好的酒推给姜宇，“你不会也没喝过酒吧。”

姜宇接过，有些拘束地说：“啤酒算吗？夏天吃饭的时候我喝过几次我爸的冰啤酒。”

“……”

季鸣锐简直不知道说他什么好了：“你看看你边上的兰姐，她都比你猛，人家喝威士忌眼睛都不眨。”

苏晓兰剪了个干净利落的齐耳短发，即使脱下警服也穿得异常干练，不知道的以为是来执行什么便衣任务的，和她那张温婉的脸极不相符。

姜宇：“晓兰姐，你怎么不穿裙子，是不喜欢吗？”

苏晓兰看他一眼，温柔的声音说出最硬汉的话语：“不方便，裙子影响我踢腿的速度。”

季鸣锐：“咱们是来放松的。”

苏晓兰：“万一酒吧临时发生什么情况，大家需要我们呢？”

季鸣锐抱拳：“说得在理，是我思虑不周。”

一个说大不大说小不小的案件结束，新人小组三人感觉自己这才算有了点入职后的实感，职业病也应运而生，根本放松不下来，习惯性地打量店里的设施，有没有违规情况，资质够不够，经营许可证缺不缺，店内存不存在私下交易和非法产业链。

面前的调酒师被他们三个看得后背发毛。

但是任他们如何打量，整家酒吧里全场最醒目的，还是一位熟人。

男人一个人坐在场内的沙发座上，姿态懒散，衬衫袖口挽起，手指搭在膝盖上偶尔随着音乐轻点几下，他边上没坐人，但周围有意无意靠过去的人却不少。

“我能……坐这儿吗？”终于有人忍不住开口问。

“不好意思，”解临却不像平时那么好说话，虽然眼底依旧含笑，“有人了。”

“你很漂亮，”解临抬手指了指，示意边上服务生端酒过来，“……虽然座位有人了，不知道能不能请你喝杯酒，祝你今晚玩得愉快。”

季鸣锐从没见过这种前赴后继的场面，看得目瞪口呆。

“……这是整个场子里的人都过去了吧？”

姜宇：“我偶像，有魅力不是很正常。”

苏晓兰作为女人，不得不承认这点：“不过他一个都没同意，倒是挺不符合他这张脸的。”

季鸣锐：“应该约了人吧。”

季鸣锐话刚说完，就看见另一个醒目的人一路从楼上包厢下来往沙发区走，此人之所以醒目，主要是因为看上去十分骚包，典型的潮流富二代，头上染了几缕黄色的毛，他火急火燎地看了一圈，最后往解临那个位置走。

“临哥！”

黄毛坐下，灌了一口酒，一拍大腿说：“可算把你盼来了。”

解临：“说吧，什么事儿。”

黄毛全名吴志，华南市有名的纨绔子弟，人如其名，最后真成了一个心里除了泡妞以外没有其他理想的无志青年。只是此人空有一身人民币，由于情商实在不高，因此在泡妞的路上屡战屡败，屡败屡战。

解家早年做过一些生意，现在仍和这些世家子弟关系不错。

吴志事还没说，恭敬地拿起一杯酒。

解临歪头笑了一声，接过酒，倚在沙发靠背看他：“别乱套近乎，有事说事。”

吴志：“就，最近有一个姑娘让我挺在意的，我不知道过去要说点什么，给支个招？”

解临睨他一眼：“你一个月内在意的姑娘有点多。”

吴志表示：“但我每一次在意都是真心的！”

吴志的方针是这样的：虽然他自己不会，但是他可以向会的人请教。

事实证明解临也确实像他的再生父母，倒不是说解临手段有多高超，只是他似乎很容易就能感知到对方的心思，这种敏锐度让吴志心服口服。

解临手指捏着酒杯，酒吧里暧昧的灯光打在他身上：“哪个？”

吴志：“散台那个，又温柔又飒，她今天一进店，就撞进我心里了。”

解临：“你的‘最近’，确实够近的。”

吴志：“就最近十分钟嘛，爱情总是来得很突然。”

解临往他指的方向看过去，愣了愣，继而道：“恐怕你得换一个了。”

吴志：“？”

“苏警官，”解临带着酒走过去，跟苏晓兰他们打了声招呼，“今天休息？”

吴志呆滞了：“……”

警官？

苏晓兰并不知道发生了什么，她跟解临碰了杯：“难得休假就过来喝两杯，没想到在这儿碰见你，上次的事情还没来得及好好跟你道谢。”

解临：“我没做什么，要说道谢的话，是不是还少了一个人？”

苏晓兰反应过来他说的是池青。

季鸣锐在边上解释说：“约了，他不愿意出来，说什么都不行，我发一大段，回我三个字一个标点符号。”

解临大概能猜到是哪三个字。

解临：“吵，逗号，人多。”

季鸣锐：“？？？”

这个人是偷看他们聊天了吗？

解临把酒杯搁在吧台上，又将手机拿出来，查找某个新添加的人：“我约他试试。”

解临点开和池青的聊天框，对池青发过来的两句“问候”视而不见。

——我喝多了。

——没人领走的话可能会被扔在街上。

结束长达十分钟的短暂暗恋的吴志瞥见一眼，在心里赞叹一句“高手”，并打算把这两句话当成“教科书”记下来。

然而他万万想不到对面的那个人油盐不进的程度和他临哥简直是棋逢对手。

池青：既然还能打字，也能自己打辆车回去。

解临：……

解临并没有知难而退。

——这么绝情？

——给你发消息和打车可不一样。

吴志彻底被勾起好奇心，忍不住不断偷看他临哥的手机屏幕。

油盐不进那位回：是不一样。

——打车能送你回家，而我会让你躺在大街上过夜。

吴志：“……”

毫无人性啊这。

他临哥行走江湖多年，哪怕自己从不真身下场撩人，就是隔空帮他出主意也成功让他脱单不少次，居然也有翻车的一天。

吴志在心里嘀咕着，发现他临哥居然也不生气，依在吧台边上继续给人发消息，貌似还发得挺开心。

然而一串消息还没等打完发出去，对面速度更快，估计是看到顶上显示的“正在输入中”，油盐不进当机立断抢先发过来两条。

——早点滚去大街上还能抢个好位置。

——再发拉黑。

吴志肃然起敬。

季鸣锐安慰：“没事，那位池姓大爷，约不出来才是常态。除非忽然下场大雨，让他觉得今晚心情不错，这事才能谈一谈。”

另一边，池姓大爷发完消息把手机搁在一边，准备躺下睡觉。

结果眼睛闭上不超过十分钟，就在他快要睡着的时候，手机又开始振动。

在他警告“再发拉黑”之后，解临确实不发消息了，直接打过来一通语音电话。

[您的好友“解临”邀请您进行语音聊天。]

池青：“……”有完没完。

池青接了电话：“你最好……”你最好是真有什么事儿。

电话对面传来“砰”的一声，紧接着是解临加快语速的声音，他听上去也很无奈：“刚才那几句是逗你的，这回是真有事。”

有时候人生就是这么瞬息万变。

不过短短十分钟时间，酒吧内横生意外，原本井然有序的环境此刻乱成了一团，刚才那声“砰”是啤酒瓶破裂的声音。

吧台调酒师好好地调着酒，一个女孩子不顾安保人员的阻拦一路冲了进来，她四下看了两眼，然后放下包，拿起吧台上的酒瓶，对着调酒师的脑袋狠力一砸：“你这个渣男！”

这一砸，砸得酒吧内音乐都停了。

有人往他们这看：“怎么回事儿？”

季鸣锐作为警察，身体反应比大脑更快，在那姑娘要砸第二下之前大步流星三两步跨过座椅冲了过去：“干什么？！放下酒瓶！”

最后酒瓶是放下了，但是酒也洒了季鸣锐一身。

解临简单说完情况，又说：“他想让你帮忙买件能穿的衣服过来。”

吴志：“不是说送件衣服来就行吗？为什么还要特意买？”

解临斜他一眼，示意他闭嘴：“地址发你，不远，过来挺方便，要是远也就不叫你了。”

池青现在想杀的对象成了季鸣锐。

半晌，他抬手掐了掐鼻梁说：“让他等着。”

酒吧确实离得不远，这一片晚上比较热闹的地方也就老城区这儿，不用解临说池青也不会把自己穿过的衣服拿给季鸣锐的，对洁癖来说自己的衣服谁都没得碰，就算是最好的兄弟也不行。

池青戴着黑色手套拎着袋子进酒吧的时候闹剧已经结束了。

新人小组团建计划彻底泡汤，正在吧台那儿围着一个女生做调解工作：“我们是警察，你放心，有什么事儿可以跟我们说，不要动手。我们是文明社会，要讲文明。”

女生很年轻，二十出头的年纪，时髦且漂亮。

她手腕上戴着一条很精致的手链，说话时星星形状的坠子不断晃荡，表明她仍在努力压抑自己的情绪：“我为了他，放弃在家乡的工作，我特意从夏城过来……可是他呢，他居然早就背着我和我闺密在一起了。”

调酒师眼神闪躲。

女生气极过后，冷静下来，攥紧的手松开：“也是我傻，我早该想到的，我来之前他就拒绝我和他住一起，说什么两个人即使在恋爱也需要各自的空间，我看就是想让我给你们腾地方。”

季鸣锐他们调解工作做得得心应手。

苏晓兰同为女人，最有发言权：“两条腿的蛤蟆不好找，两条腿的男人多的是。”

女生：“可我真的很喜欢他。”

苏晓兰：“我理解你，没事的，姑娘，你的人生还很长，就把这段感情当成一个短暂停留过的景点，记得最开始你们相恋的美好就够了。可能下车的时候，你们之间并不是很愉快，但是不能让结局影响这段过程。”

苏晓兰知道这个时候言语不能太犀利，于是放缓了声音说：“他当初爱你的时候，一定是真的，只是现在的他并不是当初那个他了。”

女生的眼泪没忍住从眼眶里落下。

解临倒是没多说什么，他静静地听着，适时给女生递过去一张纸巾：“别哭了。”他手指指节微屈，递纸巾的时候显出几分无意的温柔，“你这么漂亮的女孩子，眼泪不适合你，那个人也不适合你。”

解临的安慰很奏效，但容易让人浮想联翩，总觉得潜台词里是不是应该有一句：“他不适合你，你看我怎么样，要不要跟我回家？”

但他说完之后收回手，退回了安全的社交距离，然后一抬眼，看见了某位油盐不进的人。

池青把装衣服的袋子递给季鸣说道：“你的衣服，再有下次你就直接裸奔。”

季鸣锐身上黏糊糊的，等衣服很久了，接过袋子就准备去厕所：“谢谢大哥，辛苦你跑一趟，我去换衣服，你坐一会儿？顺便帮忙安慰安慰这位姑娘。”

池青：“我为什么要帮忙？”

季鸣锐：“……你来都来了。”

池青勉强分出一点注意力给那位哭哭啼啼的女生，并不能感受到她此刻的情绪。

季鸣锐走后，解临顺势坐在池青边上："来了，喝什么？"

池青："水。"

池青又补上一句："矿泉水、柠檬水都行。"

解临："你来酒吧就喝水？"

池青懒得解释自己不喝酒的原因，直接说："酒精过敏。"

"洁癖，对人也过敏，对酒精也过敏，"解临说着让服务生给他准备一杯柠檬水，"你这个人还挺难伺候。"

吴志拍拍解临的肩，小声问："这就是刚才那油盐不进的？"

吴志凑在边上当围观群众当了许久，撑到现在总算目睹了真容。

从池青走进来起他就瞧见了，黑手套，漂亮但是挺颓的，即使在酒吧这乌泱泱的一片人头里也依旧非常醒目。

那女生哭着哭着，最后视线也往池青身上飘。

池青忍了会儿，良心发现打算帮朋友一次。

他接过服务生递过来的水杯，黑色手套覆在杯壁上，嘴里很冷淡地吐出三个字："恭喜你。"

女生："？"

"这个时间分手不见得是坏事，要是结婚了再分手，"池青顿了顿，说，"到时候大家都很麻烦。"

"……"

话是大实话，虽然冷漠尖锐但在理。

但是很少有女生想在分手的时候听这些，她们更想得到安慰。

池青完全不懂："她怎么又哭。"

苏晓兰不知道该怎么说，她才想问呢，我好不容易哄好的人你怎么一下又弄哭了。

解临扶了扶额："……虽然你说得很有道理，但是她一时间消化不了，算了，你还是喝水吧。"

池青也不在意，本质上这女生失恋，和他没有什么直接关系。再者他也不明白人会为了失恋痛苦，是一种什么样的心情。

于是他低头抿了一口水。

解临看着他："你刚才说我再发，你就拉黑，认真的吗？"

池青也看了他一眼："你要是等不及，现在就可以。"

"……"

闹出这档子事，调酒师提前下了班，他根本不敢和女方正面交锋，于是借口上厕所，急急忙忙从后门溜走了。

池青柠檬水喝到一半，随手将水杯搁在吧台上，季鸣锐正好换好衣服回来，傻眼了："人怎么哭得更狠了？"

池青："不知道。"

"……"

"没事我先走了。"

季鸣锐急忙道："等会儿，我们也差不多了，一块儿走。"他又道，"晓兰，你把人姑娘送回去吧。"

池青在等他的途中伸手去拿原先那杯水，解临正好也伸手拿杯子，这一动，差点和解临的手碰在一起——即使戴着手套，池青也异常谨慎，他很快反应过来，停住了动作。

"都戴手套了还那么小心，"解临说，"……放心，我不碰你。"

解临说着拿了一杯。

然而等他将酒杯凑到唇前时，他停顿了一下。

这一口没彻底灌下去，杯里的东西刚沾到唇边，他就尝到一点柠檬水的味道，很淡，几乎就是白水，隐约带着些许柠檬味儿。

酒吧里的杯子长得都很类似，不同的酒水，会装在不同形状的玻璃杯里。

他和池青两个人的杯子恰好一样，都是长方形的直筒杯。

解临那杯酒没有颜色，作为装饰，杯子里也放了几片柠檬。

解临余光注意到吧台服务生手里那块抹布，意识到刚才服务生擦桌面的时候，可能动过杯子的位置。

他正想提醒，发现池青已经抿了一口。

酒吧永远是越晚越热闹，舞台上那位身穿破洞衫的歌手声嘶力竭地唱到副歌部分，池青抿完那一口之后，搭在杯壁上的手指瞬间僵住。酒精的味道一点点在唇齿间散开。

解临点的这杯酒看着颜色寡淡，其实酒精度不低，入喉跟火烧一样。

池青觉得他现在不只喉咙烧，耳边也忽然一下炸开，酒精蔓延至四肢百骸，连脑子都在跟着烧。

其实在正常光线下能看出来两个杯子里装的东西不一样，然而这些细微的区别抵挡不住酒吧里不断变换的灯光作祟。

服务员看他们这个反应，意识到了什么，主动解释说："不好意思，我刚擦桌子的时候可能没注意，给你们放反了……”

池青压根儿听不到那些，他连和解临喝了同一杯酒这件事都没顾上，耳朵里全是另外一种声音。

【快点下班吧，连上两周班了都。女朋友还怪我对她不够上心，我哪有时间啊！她昨天还问我想没想过结婚的事儿，可我现在又没钱又没房的……还有那帮七大姑八大姨……】

服务员小哥上班上得太无聊，有一搭没一搭地想着鸡毛蒜皮的事儿。

不只这位服务员小哥，整个酒吧里无数种声音在他抿下那口酒的同时向他袭来。

离吧台不远，坐着一位中年男人，男人身边的女人年纪却很小，穿着打扮精致。两个人看起来有说有笑，并无异样。

然而无数声音中，有一个失真的中年男声在说：【……我骗她会跟我老婆离婚，怎么可能呢，她图钱，我图她年轻，明码标价的关系，扯什么爱情。】

【……】

诸如此类的声音太多了，现实和深埋在心底难诉的另一种“真实”交错。

两种声音互相交杂，吵得他头疼。

觥筹交错间，每个人脸上的表情都被灯光打成了一副虚幻的模样，笑和悲伤都被镀上一层让人看不清的滤镜，只剩下无数声音喃喃低语。

最后一个离他很近的声音清晰地响起来。

“工作的时候注意一点，”解临说，“酒杯这种东西能放错吗，有人不能喝酒，出了事谁担？”

服务员见那位一直笑吟吟的客人此时却变得不好说话了起来。

他收起手里那块抹布，手足无措地在围裙上擦了擦：“对不起，要不……我再给你们重新倒两杯吧。”

解临目光掠过他：“不用了。”

解临又去看边上那位“酒精过敏”的人，酒吧里声音太吵，想沟通只能尽量靠近对方的耳朵，也正由于距离很近，他的声音一时间压过其他所有声音。

池青听到他问：“你喝了多少？这酒度数不低，刚刚没反应过来，没来得及拦着你。”

解临借着偶尔扫过来的灯光，凑近了想看看他“过敏”情况怎么样，脖子上有没有起红疹子，最后视线落在池青脖颈处，发现他今天穿的恰好是两个人第一次在诊所见面那件毛衣，隐隐看得到半截锁骨。

即使在这种光线混乱的地方也能看出来他比别人白了几个度，锁骨凹陷进去，投出一小片阴影。

他发现池青身上虽然没有起疹子，但是人确实有点不太对劲，这个不对劲源于本该第一时间让他没事别靠那么近的人居然没有说话。

池青只是垂着眼，把酒杯放了回去，没有回应他的话。

失真的声音不断从周遭汇聚而来。

池青没办法回应。

刚才那名失恋的女孩子没继续哭了，在和苏晓兰聊天，和女生音色类似的失真的声音在说：

【老娘以后找个比他更好的！】

【……】

“哪里难受？”

“……”

“说话，”解临又问一遍，“哪里难受？”

吵。

太吵了。

池青想。

他第一次碰酒，还是在拍第一部戏的时候。

在某次聚餐上，制片人没有点饮料，给全桌人倒的都是红酒。池青作为整部戏只有两三个镜头、一句台词的反派配角，也在受邀行列里。

那一杯红酒喝下去，他也是像现在这样回到失聪时的状态。

当时状态持续了大半个月，他后来又尝试了一次，发现酒精确实对他有影响。

池青不回答，解临又扭头问边上忙着扶失恋姑娘起来的季鸣锐：“他过敏一般都有些什么症状？”

季鸣锐愣了愣：“他喝酒了？”

季鸣锐仔细在大脑里搜寻了一下池青和酒相关联的信息：“他不喝酒，至于过敏，我也不是很清楚，不过他以前好像说过喝完酒以后……会觉得很吵。”

解临：“吵？”

季鸣锐也不太懂这个“吵”具体指什么：“可能是耳鸣？有些人喝完酒就容易脑袋嗡嗡嗡的吧。”

解临：“你还有多久忙完？”

季鸣锐刚想说“我马上就忙完”。

然而解临说这句话根本就没打算给他回应的余地，他拿起边上的外套，紧接着就说：“看你挺忙的，他就归我负责了。毕竟喝了我的酒，我送他回去。”

酒吧外边人少很多，这个点也很少有人还在大马路上闲逛。

但是有马路的地方就有车，有车就会有人，除非他立马去一个方圆十里没有任何人的地方，耳边这些声音才能止住。

解临照顾到车上还有一位酒精过敏的“病患”，即使这位病患现在表现出来的症状只是不愿意搭理人，看起来不像酒精过敏，倒像是对人过敏，他还是让代驾司机放缓了车速。

他今天晚上也喝了酒，不方便开车。

两个人难得一块儿坐在后座上，解临给吴志发了条消息，示意自己先走了，吴志回：行行行，改天咱再约，我预感我的爱情很快又会到来了。

解临摁灭手机，问池青：“还吵吗？”

池青半合着眼：“有点。”

如果代驾司机不边开车边在心里盘算到底要如何不着痕迹地绕远路兜圈的话，他现在应该会更清净一些。

代驾司机：“请系好安全带，我肯定在最快的时间里把你们送到。”

【我等会儿就不着痕迹地从延安路拐进去。】

【能不走高架我就不走高架，要是被发现，就说看岔了，第一次走这段路不太熟练。】

【……】

【钱不好挣啊，我这也是为了生活而奋斗。】

解临被揶揄习惯了，习惯成自然，而且车里除了他和司机在说话，几乎没有其他声音，他主动说：“你这下一句是不是该叫我闭嘴了。”

但他这回猜错了，在一众声音里，他的声音其实听起来还算顺耳。

……因为他听不到解临心底那个失真的声音。

别人的声音都是两重，混杂在一起闹得他头疼，只有他说话时一直很清晰。

池青还是说：“你自己知道就好。”

司机：“这段路我也是第一次开……”

【失策了，延安路不够远，有条更远的我刚才怎么没发现……】

池青忍无可忍，手指裹在黑色手套里虚虚交握着，整个人半隐在阴影里，冷淡地说：“你不如沿着华南市从南到北绕一圈，这样能绕到天亮。”

【……】

代驾司机闻言差点把刹车当油门踩，心里什么想法都没了。

解临：“你倒是对这一片挺熟。”

池青察觉出解临在看他：“导航改了三次路线，我又不瞎。”

池青清净了不到几分钟，由于司机绕路的时候神机妙算把堵车时间也算了进去，特意挑了一条常年堵车的路，他们这辆车不出意外，也堵在路上了。

周围的车渐渐变多。

几条道上挤满了车，喇叭声不绝于耳。

池青真想给这位代驾司机鼓掌。

从酒吧出来这一路，池青听到的声音太多，远超过负荷，他睁开眼看到坐在边上的解临。

考虑到他的身体情况，解临这一路都很安静，没像之前那样吵他。

解临的手就搭在边上，池青忽然想到前两次他不小心碰到解临的手之后的情形。

现在这种情况要是碰到他的手，也会像之前一样吗?

……

池青怀疑解临不只是一个神经病，可能还是一个声音屏蔽器。

他很想印证一下这个猜测，但是这就又面临一个两难的抉择：在“洁癖发作”和“被活生生吵死”里二选一。

而这两个选项很难一较高下。

池青最后鬼使神差地摘下半只手套。

碰上去的那一秒，所有声音悉数退去，失真的声音仿佛从未存在过，耳边只剩喇叭和下一个散漫含笑的声音。

“又戳我，”解临说，“还是你喝了酒就喜欢戳人？”

“……”

虽然对洁癖来说，碰别人这种事无论做几次都很难接受，但是找借口的确可以一回生，二回熟。

池青：“你手上有东西。”

解临：“哪儿？”

池青：“看错了。”

最后池青在解临叮嘱“有事联系我”之后下了车，临近半夜，他等楼栋里的人差不多都睡下了才睡着，即使如此，睡眠时间也很难保持八个小时。

因为楼下的大爷大妈凌晨五点雷打不动地就起床了。

池青凌晨五点睁开眼。

大爷大妈一早就在吵嘴：【我当年也是厂里一枝花，瞎了眼嫁给你这么个糟老头子！】

出门去了一趟菜市场之后，话题又变了。

菜市场永远不缺谈资，周边发生了什么事儿，谁家怎么了，都能在这个大型中转站里听到。

于是池青清楚地听到大妈在心底叹气：【隔壁小区死人了，一个姑娘家家，年纪还那么轻，哎哟，我之前还见过她，她前阵子刚到这儿，没安顿下来，到处看房子。】

第2章

季鸣锐这周上班第一天，和苏晓兰、姜宇一起被武志斌叫去了办公室。

武志斌少见地沉默，他刚刚收到其他组传过来的资料，半晌才缓缓地说："昨天凌晨四点多，杨园小区发生了一起命案。"

季鸣锐听到"命案"两个字，耳朵整个竖起来，身体不由自主地站直了。苏晓兰和姜宇两个人也是。

他们目前还只是新人，接的任务基本上和"命案"没有任何关系，就算接触到相关的任务，一旦认定为刑事案件，也得转交给其他组。所以武志斌能把他们叫过来跟他们说这句话，他们实在没想到。

"死者二十三岁，女，全名杨珍珍，前阵子为了男朋友刚来到华南市，在杨园住了一个月，"武志斌说，"房东今天早上敲门，半天没人应，打开门发现人躺在床上，已经死了。"

武志斌说着，将电脑屏幕转向他们。

屏幕上是一张现场照片，很简单的一套小出租屋，一室一厅，女生租到房后明显用心布置过，新置办的梳妆台，毛绒地毯，连窗帘都是新换的白色蕾丝纱窗，用流苏绑带绑着，只是现在纱窗上溅满了血，甚至上面还有一个可怖的血手印——她死前曾奋力挣扎过。

床上的景象更是让人看一眼就不忍再看，米色床单上全是大片血迹，女孩子浑身赤裸，脸部被人用枕头死死盖住，看不见长相，唯有海藻似的头发散了满床。

一个女孩，独居，被人入室杀害。

季鸣锐一点点审阅照片上的各种装潢、家具、细节，总结案件的特点，最后他看到某个地方，瞳孔忽然猛地放大。

他看到女孩纤细的手腕垂在床沿处，手腕上戴着一条眼熟的手链，星星吊坠垂在手背上。

姜宇："怎么会是她？"

苏晓兰显然也注意到那条手链，她整个人僵住：“昨天，昨天我送她到她家楼下的……”

“尸检结果目前还没出来，但是尸体身上有明显被侵犯的痕迹，死者的头部、腹部都有致命伤，初步估计死亡时间不超过六个小时，正在调查死者的人际关系情况，以及生前有没有和人发生过矛盾。

“你们应该猜到为什么把你们几个叫过来了，经过调查，昨天晚上你们在酒吧见过她。”

苏晓兰神情恍惚，一时间忘了回答武志斌的话。

当时接近深夜两点，她和女孩子拥抱了一下，女孩子走前笑着说“谢谢你们，如果今天不是有你们在，我可能会更丢脸，你说得对，两条腿的男人还不好找吗”，苏晓兰看着她推开单元门走进去，然后电梯门缓缓合上。

谁能想到，把她送回家之后，仅仅过去两个小时，她就被人残忍杀害，死在自己精心布置过的房间里。

前后仅仅相差两个小时。

苏晓兰知道这样想毫无意义，但她还是忍不住想：如果昨天晚上她再等一等，晚一点走，甚至上楼陪一陪她，结果会不会不一样？

池青待在家里，屋内明明空空荡荡，却依旧挤满了声音。

他这一整天听到的声音里，有一半都在谈论“隔壁小区那名被杀的女孩子”。

【所以说女孩子一个人在外头住，真的不安全。】

也有人嘴里说着“真可怜啊，好好的一个姑娘家就这么没了，我上回见过她，她很活泼的”，心底某个角落却在暗暗地想：【那个姑娘啊，还好价格没谈妥，没把房子租给她，谁知道是不是得罪了什么人……要是出了人命，我这房子以后可是别想出租出去了。】

【……】

不仅如此，同栋楼的模范夫妻家里也在闹纷争。

池青正在厨房倒热水，刚拿起水杯，水还没倒进去，无孔不入的失真的声音忽然说了一句：

【他昨天喝多了，回来就说‘你觉不觉得桐桐长得不像我’，他是什么意思，他是不是发现什么了？如果他要带桐桐去做亲子鉴定，我该怎么办？】

池青现在住的这套房子，一梯四户，一层楼就有四户人家，楼上楼下这些声音加起来不亚于一个小菜市场。

这还只是第一天。

池青不知道自己能在这种环境下坚持多久。

心理医生："这周的咨询是要取消吗？"

"是。"

心理医生听着电话对面的声音觉得不太对，虽然之前池青说话也冷，但是今天似乎异常没温度，于是追问："能冒昧地问一下原因吗？"

"有事，"池青按了按耳朵，然而并没有什么用，"……不方便出门。"

心理医生并不知道这个有事具体是什么事儿，咨询开展到现在，他对这位池姓顾客并不了解。

心理医生问："那下周呢？"

"不一定。"

心理医生无奈道："……好的，那等你有时间了再通知我，我们到时候约。你这段时间如果情绪上有什么较大的波动也可以联系我，我给你的建议还是多去接触接触人。"

池青现在最不想接触的就是人。

他推掉一切需要出门的社交之后开始在软件上看房子。

原因有两个：一是住户太多，很吵；二是现在住的这套房租期也快到了。

时下热门的租房软件"安家"上，房源很多，但是符合池青要求的房源没几个。池青挑了一会儿，挑得烦了，干脆点进租房软件边上的咨询按钮，直接会有安家公司的员工跟客户对接。

——您好，请问有什么可以帮助您?

中介头像身穿蓝色衬衫，五官周正，嘴角上扬，并且在嘴边有一颗不大不小的痣，看上去十分稳重。边上显示着他的工号以及姓名：安家 11963085，周志义。

池青言简意赅。

——找房。

——请问您有哪些要求?比如区域，房型大小等。

池青的要求显然和其他所有人都不一样。

——人少的就行。

——啊?

池青又解释了一遍：

——住户少的。

对面很快反应过来：您喜欢清静一些的小区环境是吧，这边有几套一梯两户的房子我推荐给您看一下?一梯一户的目前房源很少，而且户型都太大了……您要是需要，我也可以再帮您找找。

对面：您现在住的小区在哪儿？您比较熟悉现居住小区附近的环境的话，我们可以先在附近看看有没有合适的房源。

池青：附近？

对面：海茂，天瑞，杨园这些。

对面：不过杨园今天可能看不了，出了一起命案，警察正在封锁小区。

池青是在和中介约好看房时间及地点之后，忍着声音出了趟门，在约定好的小区门口碰到的季鸣锐。

天瑞小区和杨园中间只隔着一条狭窄的街，街两边是各自小区底楼的沿街店铺，下午阳光正烈，前阵子长期阴雨的天气似乎把雨量都耗完了，这些天一直都是晴天。

阳光将空气里寒潮的温度晒暖，池青出门的时候只在外边套了一件薄外套。

季鸣锐的车停在杨园南门门口，由于他们新人小组昨晚密切接触过死者，被额外派去杨园进行协助调查，小区被封锁，人员出入都需要严格记录："你有没有见过这个人，今天凌晨四点左右，他有没有在小区附近出现过？"

季鸣锐手里拿的是一张照片，照片上的人赫然是昨晚那位和女孩有过矛盾的调酒师。

门卫仔细看着照片，摇摇头："记不清了，凌晨四点，应该是没有。"

季鸣锐收起照片，将照片塞回胸前，一抬眼，看到站在对面小区门口的池青。

季鸣锐三两步穿过马路走过去，抬头看看小区名字："天瑞小区？你不是住隔壁吗？！怎么跑这儿来了？"

池青出门之后就后悔了，耳边声音多得快要爆炸，警笛声、走访声不绝于耳，小区门口人群不断来来去去，无数人在同时说话，失真的声音也同时叠加在一起，让人听不真切。

季鸣锐发现池青似乎没听见他说话，伸手在他面前挥了挥，喊："发什么呆呢。"

池青："听得到，不用喊那么大声。"

季鸣锐："问你怎么在这。"

池青："看房。"

季鸣锐忙了一天，和池青并排站着，视线越过面前那条街道，落在对面小区门口"杨园"两个字上，叹口气："杨园出事了，死者你认识，昨天晚上我们还在酒吧里见过她。"

池青抬眼，眼神终于有了些许波动。

季鸣锐说："就是昨晚在酒吧失恋的那个女孩子，她叫杨珍珍。

"这案子有点特别，没有强行入室的痕迹，门窗都没有被撬过，门应该是她自己给凶手开的，初步怀疑是她身边亲近且认识的人，她为了男朋友刚来华南市，认识的人也不多……当然，还有服务人员，比如外卖员、快递员这种，也是比较容易取得住户信任的人群。”

池青想起昨晚女孩子心里那句:【老娘以后找个比他更好的。】

当时听到这句话的时候，没想过她已经没有“以后”了，短短几个小时后，她就永远地闭上了眼。

季鸣锐只能说到这儿，不方便透露更详细的细节，短暂喘口气后他又投入到走访中去。

池青在原地站了一阵，没等来中介，等来了解临的几条微聊信息。

——听季警官说你在找房子。

——我那儿有一套闲置的，房租可以商量，看房免费，专车接送。

——考虑考虑?

解临给池青发消息的时候，人正在武志斌办公室里坐着。

两人面对面坐着，只是解临坐的是武志斌那张办公椅，他整个人姿态闲适地向后靠，面前电脑屏幕上案件现场照片正滚动播放着，他看着那些照片，脸上神色没有丝毫变化。

平时他这样，的确是会让人感到很有亲切感。

但是此刻他面对的是案件现场照片，他坐在办公椅里却好像只是随便找个地儿来午休的。

办公室里窗门紧闭，没有人发现解临今天中午提着餐盒过来给武志斌送饭，然后两人在办公室里的位置便很快对调。

解临就用这种午休的姿势和神态看了会儿，慢悠悠地开口:“尸检报告出来了吗? ”

武志斌:“出来了，确认死者死前遭受过性侵犯，以及性虐待，室内有争斗痕迹，但是凶手没有留下 DNA，我们正在逐一排查和死者有社会关系的人。其他相关的报告还在检测中，指纹比对结果估计明天能出来。”

武志斌又道:“她和男友当晚发生过争执，我们今天去找她男友的时候——发现人已经连夜跑了。”

“她男友叫周博豪，在一酒吧当调酒师，两个人是以前在康阳市打工认识的，周博豪的房租还有两个月到期，连押金都没向房东要，带走了部分衣物和身份证件，所有联系方式都联系不上。”

任谁听到这里都会联想到“畏罪潜逃”四个字。

解临却没有急着下定论。

武志斌："有什么问题吗？"

"没有问题，"解临的视线落在女孩子赤裸的双足上，很快又移开，边说话边起身，"只是有一点我比较在意，她那双拖鞋为什么工工整整摆在床侧？她不像是跟人起了争执，倒像是跟谁相拥而眠的时候……被人杀的。"

"如果是凶手……"武志斌话说到这里，忽然一顿。

现场凌乱不堪，凶手没有理由特意去摆放一双拖鞋的位置。

解临说："资料都看完了，我还有事儿，得出去一趟。"

解临这个"幕后顾问"来这么一趟，没人发现他是来帮忙分析案子的。

这么些年，虽然解临早就离开了刑警总队，也不再担任顾问一职，但武志斌仍会叫他帮忙参与一些案子。

武志斌看着解临，透过他现在的样貌看到当年那个坐在会议室里被众人围簇的校服少年，时过境迁，他只能以这种身在暗处的方式继续参与案件。

在市局，很多人都很敬重他，因为他这十年间，屡屡破了不少令人头疼的大案子。

每听到一次这样的恭维，武志斌就想起自己当初第一次因为一桩案子找上解临时候的情形。

那桩案子凶案现场十分眼熟，让人一下联想到多年前那起"灭门案"，极有可能是模仿作案。解临那时候已经步入大学，在学校里靠着那张脸仍旧是位风云人物。

那时他们一堂英语课刚下课，解临倚着走廊那堵墙，身边围了三三两两的女生。

武志斌记得他很敏锐，很快在谈笑间抬眼，远远地扫了自己一眼。

"找我？"女生散开后，解临走了过来。

"有一桩案子……"

"我已经不是顾问了，"解临打断道，"也不会再参与案件调查。"

"而且……"解临指指自己，"你没听他们说吗，我心理评估没通过。"

"我是一名警察，我办案讲证据，"武志斌说，"对人也是。如果仅凭一份评估就能给一个人下断论的话，这样的评估结果我不认可。"

武志斌回过神，看他一眼："等谁回消息呢，刚看你盯着手机半天了。"

解临刚好正在看手机，那位油盐不进的压根儿就没回，倒是季鸣锐认认真真回复了他：人在天瑞小区门口，在等中介。

于是解临拎起大衣外套说："我还有点事，先走了。"

“？”

解临手里勾着车钥匙，推开门往外走：“去跟房屋中介抢个客户，再不去那位客户可能就跟别人跑了。”

半个小时后，池青冷着脸站在某间出租房客厅里，天瑞小区环境还算可以，这套出租房面积在一百平方米左右，客厅布局宽敞，中介严格按照他的要求筛选过，介绍道：“这套房子还是很不错的，一梯两户，之前房东出租过几次，这次出租花了不少心思，客厅卧室这些家具都是新买的，租金也还算合理……”

他冷脸的原因不是因为中介，也不是因为这套房有什么问题。

而是因为客厅里多了一个本不该在这里的人。

“家具是新买的，”解临在客厅里走了几步，仿佛要租房的人是他，“可是这墙都有划痕了，地板也有点问题，这个租金不算合理吧？”

中介：“……呃，这个，毕竟出租过，难免有些使用痕迹。”

解临：“我那套就没有。”

解临说这话的时候，看的人是池青：“首次出租，别说家具，连地板都是全新的，除了装修工人，没第二个人踩过，拎包入住。”

池青本来就被声音吵得头疼，这会儿见到他头更疼了。

“你来干什么？”

解临：“我不来抢人，等着你跟他签完约吗？”

池青：“……”

中介大概也是第一次遇到这种情况，他站在客厅里显然有些无措。

池青在小区门口见中介的第一面，发现和“安家”软件里那张脸不一样，还没等他问，中介便主动说：“周志义周大哥临时有事儿，叫我来带你看房，你放心，这一片我也特熟。”

池青除了这句话以外，还听到了一句：【我第一次来这一片，周哥交代给我的户型特点还没背全，等会儿要是问我周边有什么配套，我都说不出来，还有租金是多少来着，六千还是七千？也不知道周哥到底有什么事儿走不开，这单要是成了算我的还是算他的？】

这位临时被拉来带客户看房的中介小哥万万没想到自己还能遇上对手。

中介小哥咬牙：“这样吧，我帮您给房东争取一下，应该还有五百左右的砍价空间。”

解临：“你能降五百？”

中介“啊”了一声。

解临："我降一千。"

中介："我……"他不能再降了，再降房东可能会过来打他。

中介内心悲苦地想，这确定不是在玩儿他吗?

解临抢客户取得初步胜利，又更进一步，主动介绍道："我那儿环境好，最重要的是安静，楼下有一户空着没人住……"

之前解临有的没的说了一通，池青一个字都没听进去，这回抓到"安静"这个字眼，脸上总算有些松动。

池青："安静？"

解临发现自己说半天似乎总算说到点儿上了。

解临空置的那套房子离这里五六公里远，五六公里的距离已跨过老城区，小区环境好，且人口密度没有那么大，周边就是一个大公园。

周边环境确实比池青原来住的地方安静，毕竟原来那边一个小板块里就挤着三个小区，人流量直接乘三。

房子没什么问题，和解临介绍的一样，新房且安静，耳边失真的声音一下子骤减。

这套房除了房东不太令人满意以外，的确挑不出毛病。

池青心里有了决定，开始提要求："第一，租金按市场价走，我跟你之间谈不上友情，不需要友情价。"

"第二点，"池青说到这里话语微顿，"对门什么情况。"

他进门快十五分钟都没听到声音，对门今天估计是不在。

要是到时候又住着一大家子，他耳朵受不住。

"对门啊，"解临捏着指间那枚指环转了一圈，说，"……对门就住着一个人，他这个人挺有素质的，人很不错，也吵不到哪儿去。"

签租赁合同耗不了多少时间，找搬家公司收拾东西搬家也只需要一天时间。

池青戴着黑色手套站在门边，准备等搬家工人把东西搬完，他再用消毒水把被碰过的所有东西消毒一遍，正垂着眼想消毒水够不够用之际，对门门锁"咔"的一声开了——

"有素质且人很不错"的对门身上穿着一件毛衣，倚在门口看他，那人眉眼蒙眬，眼尾微挑，他似乎是刚睡醒，头发还有点凌乱。

解临："早。"

"……"

池青看着这位对门，开始回忆那份租赁合同上，退租条款栏里都写些了什么。

季鸣锐发来一条消息。

——怎么样?

池青回：什么怎么样。

——问你房子怎么样，你应该开始搬东西了吧?

——姜宇偶像说他那边有套空置的房子，正愁没人租，我一听这不是巧了吗，我就让他赶紧过去，你俩谈谈看，这不是正好，你租房他出租。

池青虽然经常因为很多种原因想和季鸣锐绝交，但从来没有像这一刻这么认真过。

他摘下一侧手套，手指触在屏幕上打字：我们认识几年了?

季鸣锐：那可太久了，从高中开始……

惨白的手指微顿过后，继续发：我觉得这段友情可以到此为止了。

季鸣锐：?

与此同时，解临还倚在门口看他："需要帮忙吗，我多做了一份早饭，进来坐会儿?"

池青收起手机："你没说住对门的那个就是你。"

解临似乎知道他会这么说，也不尴尬，坦坦荡荡地说："我要是说了，你还会租吗?"

池青："不会。"

解临："那不就得了。"

"……"

"我们生意人，"解临说，"为了达成目的，有时候可以使一些必要的手段，何况我也没骗你。对门人确实不错，远亲不如近邻，平时也有个照应。"

池青想起来季鸣锐似乎说过解临家里有经商背景，只不过他好像志不在此，家里那点生意有专人打理，他平时开着豪车闲闲散散的样子，偶尔去看看心理医生，还喜欢在命案现场乱转。

心理医生是让自己多接触接触人。

但是人和神经病之间，还是有很大差别的。

出于病情考虑，他最好还是别跟神经病走太近。

"别敲我门，我不需要邻居，一个好邻居就该像死了一样，"虽然现在他不需要触碰也能听到那些乱糟糟的声音，但出于习惯，池青还是将那只手套戴上，"否则我会认真考虑退租的事宜。"

搬家工人正好搬运完最后一箱东西，池青进去之前说："早餐你留着自己吃吧。"

池青对着那堆被人碰过，在客厅里摆得横七竖八的家电看了一会儿，然后脱下黑色手套，很郑重地换上了一副医用橡胶手套，再掏出早就准备好的消毒水。

然而消毒水瓶子里余量并不多，池青晃了晃几乎可以算是空瓶子的消毒水，只好搜索最近的一家商店在哪儿。

这个小区的确很清静，但是清静的同时也就意味着周围各种配套设施离小区都有一定的距离，仅有的几家商店线上配送选项里也没有消毒水。

池青认了命，只好出门一趟。

手机导航显示最近的一家大型百货商店在两公里范围内，商店旁紧挨着一家浴场。

季鸣锐不清楚池青那边什么情况，他最近都在调查周博豪的行踪，他还是第一次参与这种人命关天的案件，虽然参与程度较低，但也打起了十二万分的精神。

他放下手机，捧起手里的泡面，坐在车里吃了起来，边吃边看周博豪的个人资料："他是本地人啊，昨天审他那个新上任的女朋友说他去厦京了，我总觉得哪儿不对。"

那位新上任的女朋友，也就是女方曾经的闺密。

闺密昨天晚上坐在审讯室里支支吾吾半天，一开始说自己不知道："我们已经分手了，其实我和他在一起的时候就觉得对不起珍珍……"

"对不起她你还抢人家男朋友？"

"我也挣扎过很久，"她低下头说，"当初我来华南市，人生地不熟的，工作压力又大，他说既然我是珍珍闺密，他可以照顾我，是我没有控制住我自己。"

"你不知道他去哪儿了，所以今天凌晨五点那通语音电话里你俩就是对着空气沉默？"

"……"

"还沉默了十五分钟，挺能沉的啊。"

季鸣锐透过车窗，看了一眼川流不息的人群，以及纵横交错的路口，长叹一口气："那他会去哪儿呢？"

"嫌疑人还没找到。"武志斌站在窗边，和解临打电话。

解临一个人对着两份早餐，随手挑了其中一份，聊家常似的和武志斌说："一个人在这种情况下出逃，要么会选择自己熟悉的城市，要么就是时间接近的班次。"

"可他两样都不沾，在厦京市没有认识的人，而那天夜里去厦京市最近的班次，又要等上四五个小时。"

武志斌："你的意思是？"

解临将面包掰开，说出自己的猜测："厦京市应该是他俩晚上临时对的口供，我觉得他没走。

"人越是慌乱，就越是不太可能离开自己的心理安全范围，躲在自己熟悉的地方才能知道哪些店不需要刷身份证，哪些地方可以免费过夜。而在陌生环境里躲着反而容易增加难度，所以如果他没走的话，应该会在一些具备'不暴露身份'且方便过夜的场所出现。

"网吧，棋牌室，发廊，"解临拿着早餐走到阳台处，今天天气很不错，阳光照在他身上，将他浅浅地镀了一层，但他此刻却将自己代入到嫌疑人的思维模式里，阳光从侧面打过来，汇聚出半片阴影，他眯起眼，说，"或者是……浴场。"

"他会去哪儿……"

季鸣锐正想着，车窗被人从外头敲了一下。

苏晓兰一只手里提着刚买的面包，另一只手维持着将手机塞进口袋里的动作，在季鸣锐摇下车窗后说："斌哥说了，把范围缩小，我们去找找附近的小浴场，总之，就是找这种不需要刷身份证还能过夜的地方。"

池青去的这家百货商店是一家中型商超，店内空间很大，划分出好几个区域。和人来人往的百货商店不同的是，隔壁浴场大白天的显得颇为冷清，浴场门口略显土俗的灯牌都暗着，门可罗雀，此时显然不是浴场的主要营业时间。

商店里人多，池青耳边的声音一下像是被人猛地摁下音量键似的，各路妖魔鬼怪争先恐后往他耳朵里钻。

"哎呀，你买这个呀，"一个上了年纪的阿姨说，"进口的，我家里用的就是这个。"

"啊，这个好用吗？"另一个声音响起。

【嘁，整天显摆，张口闭口说自己只用进口货，以为大家都不知道你们家日子实际上过得一团糟。】

旁边货架站着一对年轻夫妻，有人远远地跟他们打招呼："好长时间没看到你俩了，陪老婆出来买东西啊。真羡慕你，平时可以在外面专心忙工作，老婆把家里照顾得井井有条的。"

"你那么羡慕，你也赶紧找一个。"

【有什么好羡慕的，她现在不像以前那样会打扮自己了，整天说来说去就是生活琐事，要不然就是孩子，跟她在一起过日子真是越来越没意思。】

【……】

池青将卡在锁骨下方的外套拉链向上拉起，只当什么都没听见，吐出一口气继续往前走。

这些声音随着距离拉远而逐渐变弱，然后新的声音又会响起来。

“妈妈，妈妈！”声音脆生生的。

货架尽头是零食区，一个穿姜黄色衣服的萝卜头在货架前努力蹦跶，也依旧够不到货架上的果冻。

她母亲在和别人谈话，没顾得上她：“你自己玩一会儿啊，妈妈和你王阿姨有事要说。”

【可是我真的很想要那个草莓味的果冻……】

小孩的声音可怜巴巴，即使失真了也透出一股委屈劲儿，感觉她下一秒就能哭出来。

池青全程没有看那个女孩儿一眼，但是经过货架的时候还是顿了顿，松开捏着外套拉链的手，抬手把货架上那袋粉色的果冻拎起来，往较低的货架上放。

女孩儿一愣，肉乎乎的手指伸手就能抓到那袋和她平齐的果冻。

她抓着果冻，只能看到那位大哥哥额前冷黑色的碎发，以及刚才在她头顶一晃而过的黑色手套。

女孩儿把果冻抱在胸前：“谢谢哥哥。”

“不用谢我，”池青径直往前走，“帮你拿只是因为你太吵了。”

池青在这一片叽叽喳喳声里总算找到了陈列消毒水的货架，拿了两瓶，然后在结账的时候听到一阵由远及近的急促警笛声，接着一个他很熟悉的声音响了起来：

【这家浴场不用身份证，进去搜搜，等我抓到他他就死定了，我季鸣锐今天就算是掘地三尺也要把他挖出来。】

池青：“……”

季鸣锐雄赳赳气昂昂地关上车门，扭头看到刚结完账，拎着塑料袋出现在浴场旁边的兄弟：“……”

然后一辆黑色轿车从斜后方开过来，车速很慢，停在他那辆车边上，车窗缓缓摇下，解临今天戴了副墨镜，遥遥冲他们打了声招呼：“巧了，都在这儿啊？人到得挺齐。”

季鸣锐也想问这句话。

他看看池青，又看看解临，心说，为什么总能在这种很有嫌疑的地方碰到你俩啊！

你们专门往嫌犯堆里乱窜吗？！

你俩知不知道你俩看起来可比嫌疑人可疑多了。

季鸣锐："你们……一起来洗澡吗？"

解临停完车，笑了一声："我倒是不介意，你问问他愿不愿意。"

池青将手里拎着的塑料袋提起来："你觉得可能吗。"

他说完又反问："站着看我干什么，不进去抓人？"

季鸣锐："抓，人肯定得抓。"

解临跟着他进去，进去之前经过池青时停了一下，没碰他，但是伸出手，勾着池青手里那个塑料袋拉住他："来都来了，进去看看，还没带你逛过小区周边配套。"

男人两根手指勾在袋子上，这动作由他做出来总显出几分轻佻来。

池青现在站的位置离开了商店，靠近洗浴中心，一些刚才听得到的声音缓缓减弱，另一些新的声音浮现在他耳边。

他本来想直接走人，但是在这堆声音里出现了一个惊慌失措的声音：

【警察怎么来了，我只是想跟她分手，我不是有意要杀她的。】

【……】

池青眼前蓦地出现酒吧里那个女孩的脸，那句再也不会有机会做到的"以后"。

最后他忍着耳边层出不穷的声音，没有让解临把手松开。

浴场和其他路边随处可见的洗浴中心一样，内部结构分为上、下两层，一楼是大厅和洗浴的地方，并配备了几间桑拿房，只不过这个点没有人来洗浴，澡堂子里空空荡荡，只有没拧紧的水龙头在滴滴答答滴着水，墙壁和地面的瓷砖因为年代久远，被扫帚扫出一道道痕迹。

"没人。"季鸣锐拨开布帘，走出来。

"女浴室也是空的。"苏晓兰说。

"我去楼上看看，你拿着照片问问。"

苏晓兰掏出照片，还没说话，从他们进来起就一直在打量他们的浴场经理主动说："我们浴场完全是合法经营，没有任何问题的。"

苏晓兰："我们是来找个人，这几天他有没有在这里出现过，你见过他吗？"

浴场经理飞速扫了一眼照片："没见过，问完了吧，你们快走吧。"

季鸣锐从二楼搜查完下来，冲苏晓兰摇摇头。

苏晓兰接收到信号，收起照片："我们怀疑他和一起案件有关……如果有任何关于他的消息，都可以联系我们。"

苏晓兰说完，发现解临和池青两个人在看别的地方。

浴场只看得到前门，没看到哪儿有后门，但是越横跨过大厅，声音就越清晰：

【我不是有意要杀她的——】

【我不是有意——】

池青忽然问："这里是不是还有一个门。"

浴场经理没有和池青对视，他紧张得大脑一片空白："没有，有没有门，你们不都看到了吗，咱浴场就这一扇大门。"

解临看的则是边上一间很小的员工休息室，休息室里有两排储物柜，正中间摆着张桌子，几张塑料凳："桌上早饭都还是热的，一口没动过，就是人不在，能问一下这些人都去哪儿了吗？"

浴场经理："……"

这种浴场里请几名年轻漂亮的按摩小姐是一件再正常不过的事儿，所以浴场经理只想快些把他们打发走，要是继续查，事情就会变得很麻烦。

浴场经理站在前台，身后那面墙壁高悬着一整块姜黄色烫金丝绒布，看起来就像一面背景墙。

他说话的时候身体微侧，试图遮挡："她们可能出去了吧，呃，都是正规员工。"

浴场经理状态过于紧绷，以至于池青一开始没听到什么其他声音，然而这句话话音刚落，另一个声音总算响起。

【他不会发现暗门在我身后了吧……】

"这位先生，麻烦让一让，"解临也注意到那块布说，"把布撩一下。"

"这就是一块装饰布，我们店的装修风格是这样的，复古风，后头什么东西也没有……"经理说到一半，解临已经把布掀了起来，一扇隐蔽的铁门出现在布后，经理嘴里"哎——"了一声。

解临挑眉："复古风？"

经理："如果我说这扇门，其实是因为风水先生说过在这个位置装扇门，寓意着宾客盈门的意思，讨个好兆头，其实根本推不开，你们会信吗？"

解临笑着说："信不信的没推开之前不好说，不过你这张嘴在浴场当经理倒是挺屈才的。"

暗门通往后巷，一群大冬天穿短裙的姑娘靠着粗糙的石灰墙，或蹲或站，她们不知道外头的情况，看到门被人推开，毫无准备，只能干干地站着。

季鸣锐："刚才是不是还跑出来一个人？"

有姑娘点点头。

"他往哪儿走了？"

姑娘伸出冻僵的手指，指指巷弄口："刚走。"

池青和季鸣锐对这片区域都不熟，全场唯一生活在这片多年的解临听到人跑了却一点都不急："从巷口出去只有两条路，他跑不远。"

季鸣锐："行，咱们四个分头行动。"

周博豪穿着浴场洗浴衣，脚踩一次性拖鞋在街道上狂奔，大冬天只穿这么点，寒风从宽大的领口一路畅通无阻地往下灌，他本以为自己没留下任何身份信息，警察一时半会儿查不到这里来，却忘了"不留身份信息"这一点，本身已经是一个足够关键的信息了。

巷弄两侧摆着不少摊位，像个小型早市。

人群熙攘，摊贩不断吆喝着。

然而从街道转角处冲出来的男人打破了街道原有的秩序，他不顾眼前挡道的摊贩，忙于逃跑，"哗啦"一声，仓皇间打翻了摊贩推车上的几箱货物。

季鸣锐紧追而上："别跑　　"

周博豪只顾着逃，根本注意不到街上行人，他离开原来的道路，换了另一条，就在他准备钻进右手边居民楼楼道里之际，不小心撞上了一个人。

他咒骂一声。

由于低着头，他只能借着几缕阳光看到被撞的人。

解临抓人也没有一点紧张感，他更像是散步散到这儿："别跑了，与其白费力气，不如回去谈谈，那天晚上到底是怎么一回事儿。"

周博豪喘着粗气，冷过劲儿之后浑身上下反倒热了起来，他试探着往后退了两步，然而季鸣锐和苏晓兰跟他之间的距离仅隔一条街，他这几天过得本就狼狈，连日积压的情绪此刻爆发出来，如同被逼到绝境的困兽，他五指握拳，将嘶吼压在喉咙里，拳风猛地冲池青而去——

主要因为池青站的位置比较好突破，刚好挡住了楼道入口。

池青眼睛都没眨，正要接住这一下，然而那一拳忽然停滞在半空。

"跟我打就行，"解临的手掌搭在周博豪手腕上，依旧那副好商量的样子，说话时甚至客气地笑了一下，手上力气却半点没松，"别碰到他。"

周博豪试图挣脱，然而发现他被禁锢得动弹不得。

解临："那位大爷有洁癖，照顾一下病人。"

池青想反驳，发现无法反驳："……"

洁癖打架着实不占优势。

局面很快尘埃落定，季鸣锐后脚赶来，从身后掏出手铐，三两下把逃了数天的周博豪摁在墙上，从后面铐住他的手，银色手铐"咔嗒"一声上了锁。

季鸣锐看向池青："你没事吧？"

附近居民楼太吵，池青在一片嗡鸣声里，发现自己除了被吵得头疼以外，居然还有一丝不自在。

这对他来说实在是一种很陌生的情绪。

他也说不清不自在的地方在哪儿，可能是刚才解临那句"别碰到他"。

池青最后说："没事。"

"吓我一跳，"回去的路上，季鸣锐毫不犹豫把池青的陈年旧料抖出来，"我刚才都怕他一拳挥上来，你还会觉得打回去脏了手。"

池青没回应，解临倒是先问："他以前打过架吗？"

季鸣锐："是啊，以前上学的时候很多人觉得他谁也不理，特别傲，想给他点颜色看看，跟他说放学别走。"

"嗯？"解临示意他继续说。

"然后他放学就直接走了。"

池青完全不记得这件事："有吗？"

"有，第二天人家怒气冲冲过来问你什么意思，不是放学让你别走吗。"

季鸣锐模仿池青说话的语调，冷冷地一抬眸："我让你现在滚开点，你滚吗？"

池青："……"

季鸣锐："然后人家挥拳头就上来，你知道他说什么，"季鸣锐说到这里大喘气，十分神秘地停顿之后说，"他说'等会儿，我戴个手套'。"

"……"

永安派出所内。

姜宇没有参与外出行动，被武志斌留下来写报告，听说人抓到了，连忙放下手里的工作往审讯室赶，然而一出门就撞上池青和解临这两个和案件无关，但总是能以各种姿势参与在案件里的人。

"呃，你们又来做笔录啊。"

熟悉的笔录，熟悉的场景……熟悉的人。

姜宇翻开记录本，正准给两个人简单做记录。

没想到周博豪被摁进来之后，还没走到审讯室就全都招了，他之前在酒吧里的时候打扮得很用心，耳钉、项链全套都戴着，现在身穿洗浴中心的衣服，和酒吧里的样子大相径庭。

周博豪鼻尖、四肢都被冻得通红，低着头说："警察同志，我招，我都招了，我本来也没指望过真能逃掉。

“我和珍珍认识的时候，我对她也是真心的，但是两个人之间有了距离，她又常常不在我身边……会发生这样的事情，也不是我能控制的，我知道我这样不好……但我也只是犯了全天下男人都会犯的错罢了。”

季鸣锐：“别随便代表我们男人，你这种应该进垃圾桶，基本告别人类范畴。”

周博豪问：“能给我一杯水吗？”

然后他捧着热水，一边吸鼻涕一边说：“那天晚上，珍珍来找我，在酒吧里闹得挺难看的，我和经理之间本来就有矛盾，经理就直接让我滚蛋，我丢了工作，虽然对她有些愧疚，但是又觉得她怎么能来我工作的地方闹？”

……

池青没有读到这个人心里有别的想法。

看来说的都是实话。

周博豪继续道：“我心里确实埋怨她，当然也有很多话想跟她说，我还是有点良心的，我想跟她道个歉。”

“你有良心？”苏晓兰冷言冷语地说，“真没看出来。”

周博豪飞速抬眼瞥了她一下：“我看到你送她回来了，然后我等你的车开走之后偷偷跟着她上了楼，她开门的时候虽然挺生气的，但还是让我进去了。最后我们没谈妥，她情绪很不稳定，就拿东西砸我，让我滚，还说以后不管我去哪儿工作她都会过来闹，让我混不下去。”

犯罪现场确实有争斗的痕迹。

但是解临越听，脸上的表情就越不对。

“你觉得，”解临说，“这种情况下，他就算对一个不爱了但威胁他、会纠缠他的女人起了杀心，何必选择奸杀？”

池青并不清楚太多案件细节，只知道那个女孩死了：“什么？”

“他浑身上下没有任何一点满足这一类型犯人的特征，他女朋友并没有跟别人出轨，他也并不因为男性尊严长期得不到满足，当然还有很多其他的例子，总之，他不需要靠这种杀人手段来谋取某种快感。只是普通的分手纠纷，最多失手杀人，或者是情绪杀人……”解临说到这里，看了他一眼，“你不知道那个女孩儿死前遭受过强奸？”

池青想起在浴场听到过好几次的那句：

【我不是有意要杀她的。】

不是，有意。

如果是先奸后杀，为什么会说自己不是有意的。

"有意"这个词，更像是发生了一场不小心的、不可控的意外。

办公室门口，周博豪中途跑题："我做这种事，已经没脸见我家人了，我坦白从宽，希望法律能看在我积极主动承认错误的分上……"

"说重点。"苏晓兰用笔在桌上敲了一下。

"哦，我承认，我当时的态度也不好，"周博豪说，"我一下气昏头了，我本来真的没有那个意思，没想跟她动手的，但是她一直咄咄逼人，我……"

苏晓兰眼睛很红，一字一句地说："所以你强奸并杀害了她。"

"我——"周博豪这个"我"字拖了很长，然后戛然而止，傻眼了，"强什么，强奸？"

周博豪在这几个日夜里，四下逃窜，筋疲力尽，被摁上警车抓到警局之后更是已经脑补过，自己应该如何在监狱度过下半生，如何面对爹妈痛哭流涕："我就是推了她一下，她脑袋撞在柜子角上了，直接晕了过去，第二天我就听人说她死了，什么强奸？"周博豪猛地提高音量，双目瞪大道，"……我没有强奸她啊。"

三人小组也跟着愣住。

苏晓兰："？"

姜宇："啊？"

季鸣锐："你说什么？"

"把他那位新女朋友再叫过来。"

半个小时后。

一位长发披肩的女孩子又坐回上次坐过的位置。

"他晚上给我打电话的时候声音很慌，"女孩子说，"他说他把珍珍推倒了，第二天小区被警察封锁，珍珍已经死了，他说是他失手杀的，让我不要说出去，问我怎么办。"

"……"

尸检部根据周博豪的证词，很快也出具了一份检验资料："他说得没错，死者死前头部受到过撞击，但这不是致命伤，应该过了会儿就恢复意识了。"

"他以为自己杀了人，所以凶手根本不是死者认识的人。"季鸣锐翻动资料，"可是这不合逻辑，为什么没有强行入室的痕迹？死者没有点过外卖，没有快递，在本市也没有其他认识的人，他是怎么进来的？"

所有人在那一刻发现，这个看似简单的入室杀人案性质一下变了。

他们原先所有的推论都被彻底推翻。

苏晓兰作为女生，脑补了一下自己一个人独居，却有人能不着痕迹出现在自己房间里的场景，感觉后背发凉。

池青没想到买两瓶消毒水也能买一天。

他拎着塑料袋走到路口，某个人冲他按了两下喇叭。经历过上次那场“司机”事件，池青发现与其花时间跟他对着干，不如顺势而为，省时省力。

何况这次是真的顺路。

池青公事公办：“接单。”

解临拿出手机，接下开车生涯第二单：“……行。”

这次两人在路上倒是没说什么，池青忍着连日不绝的各种声音，一路忍到小区地下车库。

停完车等电梯的时候，解临看着显示屏上不断跳动的楼层数字忽然说：“刚才在浴场门口，你朋友没有说过自己是来抓人的。”

池青原本靠在电梯楼的走廊上，后背抵着墙壁，勾着塑料袋的手低垂，他瞳孔颜色深，几乎和额前黑色的碎发融在一起，闻言，他偏了一下脑袋。

池青想，季鸣锐没说吗？

最近听到的声音实在太多，他很难每一句都记住，偶尔也会忘记哪一句是来自真实的世界，哪一句是出自那堆纷乱不堪的、失真的声音。

“猜的。”

池青没想到解临会注意到这些细节，从杀猫案的时候他就发现，这个人看着笑脸迎人，实际上却最不好糊弄：“我知道他在查案子，这个时间除了找人，很难有其他猜测。”

电梯楼层从楼上一层一层降下来。

“猜得挺准，”解临这番试探来得快，去得也快，说完之后不着痕迹地将话题带过，似乎本就没想从池青身上得到什么答案，他说，“电梯到了。”

“叮。”

电梯到达指定楼层，门缓缓打开。

池青回到新租的房子里，把所有家具悉数消一遍毒。

他像往常一样，没怎么开灯但是开着电视，整个客厅呈冷色调，冷蓝的电视光线交错变换。

即使换了住的地方，他仍然觉得很吵，可能是白天听到的声音太多，那些声音堵在耳朵里来回盘旋，吵得他头疼。

算上今天他已经头疼了好几天。

池青消完毒之后摘下橡胶手套，后知后觉用手背贴了一下额头，这才发现是上回淋过雨之后感冒断断续续一直没好透，加之这几天忙，在外面待的时间久，又有些着凉。

池青从杂物箱里翻出医药箱，眯起眼对着电视光线看感冒药上标注的保质期。

2020/6。

早过期了。

池青最后在沙发上睡了一觉，半梦半醒间被一阵手机振动吵醒。

[解临请求与你语音通话。]

“季警官让我帮忙把上次你借他的衣服还你，”电话接通后，解临那把慵懒的声音通过语音电流显得尾音更低，说话的时候缓缓拖出去一点，“刚才你下车的时候我忘了，你现在在家吗？”

生病总是容易放大人的各种感官，虽然某方面的意识有所弱化，但池青感觉耳边那些声音从几天前开始就一直没断过，反而愈演愈烈。

这栋楼住户虽少，但也不是没有人住。

池青没有多余的精力再去分辨那些声音都在叨叨些什么，包括耳边这通电话。

解临在电话那头又说了几句，发现池青迟迟没有回应。

“听得见吗，说话。”

“……”

“喝酒了？”

“……”

最后解临沉默数十秒，再出声的时候人已经到池青家门口了：“开门。

“怕你出事，起来开门，我就看一眼，送完衣服就走。”

池青想说衣服扔了吧。

但是一想到这样说了之后对面很可能不依不饶，缓了缓之后终于说了两个字：“一眼？”

解临听到对面总算吱声了，松了口气：“你要愿意，我多看几眼也行。”

“……”

那你还是别看了。

池青打开门的时候，解临还维持着拿手机的姿势，他换了一件很薄的毛衣，和白天的打扮大相径庭，这人本来就长了一张容易让人觉得有危机感的脸，换下衣服之后难得感觉还挺居家的。

池青果然就给他一眼的工夫，从门缝里接过衣服就要关门。

“等会儿，”解临手撑在门板上没让他关，“不舒服？”

【要不是看你是老板的女儿才娶你……不然就你这骄纵的性子，谁能忍得了你。】

楼栋里不知道哪户人家又在内心疯狂上演一出家庭伦理剧，池青被他们闹得反应都慢了半拍，等他消化完解临说的话之后才回他：“吵。”

“吵？”

解临反应过来他应该不是在说自己吵。

楼里也没别的声音，仔细听只有楼上某户人家在装东西的声音，隔着天花板敲敲打打，勉强算得上吵。

解临一时间忘了池青有洁癖，他松开撑在门板上的手，很自然地将手搭在池青耳朵上，掌心向内，很轻地捂了一下：“楼上可能在装东西，你要是嫌吵，我等会儿上去看看。”

池青愣了愣，他在家里没戴手套，习惯性地抬手想把解临的手拉下来，然而触碰到的刹那，这个捂耳朵的动作的确发挥出了效果。

“……”

楼栋里那出荒谬的不知名的伦理剧落幕了，接连几日堆积在耳边不断作响的话语也跟着作鸟兽散，所有失真的声音全盘退去。

第3章

解临这个动作只维持了一会儿，很快自己也意识到这个举动不妥，对面这位本来就不太爱搭理他的人很可能下一秒就会让他滚。

“抱歉，忘了你洁癖。”解临松开手。

“洁癖”这个词也点醒了池青。

他忽然发现自己好像没有什么反应。

他是想拉开解临的手，但没有像以前那样，因为被人碰到而感到难受了。以前不管是任何形式的触碰，只要靠近，他浑身上下都会僵住，并感到难以控制地排斥。

可他刚才除了觉得突然以外，没有别的想法。

甚至在耳边安静下来的时候，那一瞬间，他仿佛找到了一丝可以喘息的空间。

解临远远地看到摆在餐桌上的药盒：“吃过药了吗？”

池青心烦意乱，敷衍地“嗯”了一下。

“还嗯，根本没倒水，”解临看到动都没动过的厨房，没发现有烧水的痕迹，桌上也并没有矿泉水，他走到餐桌边上随手翻了一下药盒，都是新的，“包装都没拆，你吃的是哪门子药。”

池青在得以喘息一会儿后，勉强有了点心情回答解临的话，他不甚在意地说：

“过期了。”

池青对吃药看病的态度一直都不积极。

自从那次意外过后，他就不太喜欢踏进医院，能吃药解决就决不去医院，没药那就睡一觉。

解临在池青的客厅里转了一圈，满屋子都是冷冰冰的消毒水儿味儿，十分怀疑池青这个人是不是消毒水精转世。而且房间里还不开灯，导致他看药盒的时候费了半天劲，厨房里没几样厨具，但刀却很多，一排闪着银光的刀具从大到小整齐排列，那把曾经用来切面包的锯齿刀也在队列里。

解临说：“等着，门先别关。”

池青：“？”

解临看他一眼：“药不是过期了吗，我去看看我那儿有没有。”

解临药箱里药品种类齐全，他把跟感冒相关的药物一一拿出来：“这是感冒药，按剂量吃就行，怕你有什么其他并发症，其他几种也给你留着，有事就直接找我。”

解临给池青递药的时候其实碰到了他的手，隔着空气虚虚地擦过尾指末梢。

池青正要说“多少钱，我把费用转给你”，解临却像知道他要说什么一样，立马堵住了他的话茬儿。

“我这些药可不便宜，”解临说，“不让你白占便宜，改天请我吃饭，时间你定，我都可以。”

“……”

解临走后，池青拿着那盒药在餐桌边上站了许久，然后才去饮水机那儿倒水。

倒水的时候他盯着自己拿着水杯的手，尾指微微屈着，一如既往地苍白。

池青看了会儿，在把药吞下去的那一刻想：他或许确实该看看医生了。

“你的意思是……出现了没那么排斥他人触碰的情况？”

次日，吴医生对池青进行线上治疗。

语音通话效果虽然比不上面对面咨询，但是对池青来说线上线下都一样，他的态度并不会因为吴医生本尊此刻就坐在对面而有什么改变。

相反地，他现在这情况自己都没办法控制，吴医生要是真坐他对面，吴医生家里有几口人，这几天遇到了什么事儿，发生了什么令人意外的转折，心里藏着多少秘密，这些信息不出半个小时都能被灌到他耳朵里。

池青没有否认：“那个人昨天过来送药，我发现我好像没那么排斥他。”

吴医生声音激动，他感觉自己对这位池先生的治疗或许迈出了里程碑式的一步："难道我们的治疗起到了一定的效果？跟我具体说说。"

池青也不知道要怎么具体说，没有直接说解临："他……"池青起个头，又换了一个代词，"那个人。"

吴医生抓到关键词："那个人，只是对某一个人吗？"

池青沉默。

半晌，他如实说："不能确认。"

"根据我这段时间的观察，其实我一直有一个想法，"吴医生沉吟着说，"我觉得或许你对他人的排斥，并不是因为有人靠近你而感到的排斥，靠近可能只是一种最终呈现出来的方式而已。

"当然具体的原因是什么，目前我还不太清楚。

"我之前有这么一个顾客，她的案例很有意思，她呢，跟人说话的时候总是非常困难，说多了就容易呼吸急促。但她并不是不喜欢跟人说话，只是一说话，就会想起小时候因为说错话而被父母责罚时的样子。因为小时候她的父母总是喜欢让她在公众面前发言，希望她能够侃侃而谈，在聚会上展现出不俗的谈吐，可她一直是一个内向的孩子，所以十分惧怕这种场面。"

吴医生从业多年，在"情感障碍"这一块的确很有研究："所以我猜测，你排斥的可能不是触碰本身，而是由触碰带来的某些负面印象。"

吴医生最后给出建议："你可以找你身边其他人试试，看看是真的不排斥了，还是仅仅对'那个人'。"

当天下午，池青想起吴医生那番话，犹豫着今天是不是该出趟门找个人试试。

手套还没戴上，季鸣锐就发过来一条消息。

季鸣锐：你在家吗？

——？

——在的话先别走，我妈包了点水饺，让我拿给你，正好我来附近办事儿。

池青匆匆扫完，回过去一句。

——门没关，你直接上来就行。

季鸣锐提着两盒水饺，上电梯的时候嘴里直嘀咕："怎么今天那么主动放我上门，以前不都让我没事少去他家的吗……"

季鸣锐上去之后跟老妈子一样，帮池青把两盒水饺塞进冰箱："你搬过来这么几天，本来我应该早点来看看你的，最近太忙了。"

季鸣锐本来话就多，失控后池青听到的话量直接翻倍：【案子迟迟没有进展，原先的猜测全部推翻之后，哎，简直成了一场谜案。】

"等我忙完这阵，找你吃顿搬家饭，在这儿开个伙，"季鸣锐说话间关上冰箱门，一回头，看到池青正倚着厨房门看着他，他这兄弟本来就看着阴恻恻的，这会儿直勾勾盯着他看，看得他背后一寒，感觉自己像条砧板上的鱼，“……你看着我干什么。”

——“你可以找你身边的其他人试试。”

池青想着吴医生的话，忽然说：“你过来。”

季鸣锐：“？”

池青看着他和季鸣锐之间还能再多站两个人的间距，沉默两秒：“你站那么远干什么。”

季鸣锐完全摸不着头脑：“？？？”

这两个人的间距是季鸣锐这些年养成的习惯。

这么多年下来他就不敢靠池青太近，池青容易犯病，而他容易被揍。

季鸣锐小心翼翼地往前走了一步，看池青确实没反应，这才又走上前一步：“大哥，你今天有点反常啊……”

池青没戴手套，手缩在袖子里，做足心理准备才把手伸出来一点：“你别动。”

季鸣锐满脑子都是问号。

然后他眼睁睁看着池青伸手，并一脸嫌弃地在他手上碰了一下：“……”

池青耳边失真的声音第一时间盖过其他声音，吐槽声响起：【这不是“反常”两个字可以解释的事情，我怀疑他今天是疯了。】

池青碰完这一下很快就收了回去。

“这是医生给的建议，”池青不是很想被当成疯子，解释说，“……一种治疗方案。”

季鸣锐恍然大悟：“那你现在感觉怎么样？有什么作用吗？”

池青：“感觉有点恶心。”

不光恶心。

他现在浑身都难受。

池青：“你可以走了，替我谢谢阿姨。”

季鸣锐：“……”

池青试完翻脸无情：“我去洗个手。”

季鸣锐：“？？？”倒也不用嫌弃成这样吧。

季鸣锐：“兄弟一场，‘恶心’这个词用得有点过分了啊。”

池青的手其实有些部位很容易泛红，都是常年洗手洗太勤留下的毛病，皮肤薄，一搓就红。

他进洗手间后洗了两遍手，习以为常地擦干，直到这个时候才不得不承认：

解临好像真的是个例外。

一个他听不到，或许也正是因为听不到，逐渐开始不排斥触碰的例外。

就在池青洗完手拉开门出去的同时，季鸣锐手机铃声正好响了起来。

他一边在玄关处换鞋，一边接起电话："喂？晓兰，什么事儿？"

苏晓兰此刻正站在天瑞小区某栋单元楼门口，她身后拉着一条极其醒目的警戒线，这是现场封锁的标志。

苏晓兰语速很快："我现在在天瑞，这边出事了。"

天瑞小区和前不久封锁排查过的杨园之间不过一街之隔，两个小区正对着，此时街道上挤满了闻讯而来的群众，狭窄的街道内聚集了成片的人，这些居民一边议论一边往小区内张望。

"在天瑞找到一具女尸，女孩子也是一个人住，年龄二十三岁左右。"

季鸣锐穿鞋的动作一顿。

"昨天夜里死的？"

"不，"苏晓兰刚从现场出来，她捂着胸口，想到刚才看到的场景就忍不住想吐，缓了缓才说，"死了一个月了，人被冻在冰箱里。房东从上个月开始就催她交下个月房租，怎么催也没反应，今天带人上门打算把她的东西都清理出去，好找下一名租客，结果一打开冰箱，就看到了那个女孩子的尸体。"

出租屋内，作案痕迹明显已经被人收拾过了，屋内原本的面貌一览无余，一间五十多平方米的小单间，家具不多，原主人有撕日历的习惯，然而摆在桌面上的台历日期还停留在一个月前。

可以收起来的简易塑料桌上甚至还摆着一碗剩下三分之一的外卖。

红油汤底油脂凝固，飘着一层霉斑，汤里剩下的豆芽菜和腐竹隐约可见，筷子搁置在一旁，桌上还有散乱的纸团，上面沾着口红印。

屋内其实有些乱，死者应该是不太会收拾，外套堆在沙发椅上，堆了很多件颜色靓丽的大衣外套。

苏晓兰口中的"冰箱"其实是一个老式冰柜，看着像从二手市场里拉过来的，跟小卖铺里装雪糕的冰柜很相似，冰柜形状方方正正，上头盖着一块保温布。

这是一间普通得不能再普通的房间，死者和成千上万的女孩子一样，在房间里独自生活，透过这些生活迹象，眼前似乎能够浮现出女孩子下班回到家，给自己点了一份外卖时的样子。

——如果没有掀开冰柜盖，看到一具浑身赤裸蜷缩在冰柜里的尸体的话。

女孩子褐色长发披肩，膝盖抵着胸口，她身体纤长，只能靠这个动作尽可能压缩体积。尸体脖颈、胸口以及大腿这些部位都有明显压迫痕，严重的呈紫褐色，说明有皮下出血现象。她睫毛上冻上了一层冰霜，死的时候还睁着眼，双眼因痛苦而瞪大，眼球几乎快要突出来。

每一个和她对视的人都能感觉到那份濒死前的绝望与惊恐。

房东作为第一个发现尸体的人，上一秒还在让人搬东西，下一秒就被吓得跌坐在地上。

她怎么也没想到，本以为已经消失的人，这一个月都静静地缩在这个老式冰柜里。

半个小时后，审讯室里。

苏晓兰在受害人一栏里填下“薛梅”这两个字。

“她在我这儿住了没几个月，我们直接签的合同。”

“没找中介吗？”

“之前挂出去过，但是后来想想，这中介费多贵啊，要收第一个月房租的50%，人小姑娘也是从外地来这儿打工的，我们直接对接能省不少钱。”

“所以你们的房屋租赁合同里只有你们甲乙双方，没有第三方？”

“是的，合同我给收起来了，你们要的话我等会儿让人拿过来。”

房东年龄四十多岁，本地人，家里有几套房，平时生活就是收收房租、打打牌。

“她平时有和什么人来往吗？”

“这个我不清楚，”房东说，“她好像在化妆品专柜上班吧，平时很会打扮的，每天早出晚归，我和她也就偶尔微信上联系联系，上个月水管坏了，她找我报修过一次，其他时候很少聊天，谈不上多熟。

“你知道的呀，和租客还是不要过多交往的好，到时候她说自己手头紧，说自己过得很不容易什么的，那你是催还是不催？我碰到过这种，所以我从来不和她们多说的。”

前些天在杨园发现一名女尸的话题热度还没消退，紧接着在一街之隔的隔壁小区又发现了尸体，事件恶性程度立马飙升，铺天盖地的新闻争先报道：疑似连环案，女性，独居。

这三个词条激发出群众无限的想象力。

一时间整个华南市人心惶惶。

大家开始探讨起独居女性的安全问题。

——听说两起案件都没有强行入室的痕迹，这才是最恐怖的地方。

——密码锁一定要定期更改密码！！如果发现输密码的时候有人在身边，一定要警惕起来！

——丢过钥匙的也不要犯懒，直接换锁，不要拿自己的安全去赌。

——这么多天了，警方公布的线索也太少了吧，这案子难道破不了吗?

不断发酵的舆论逐渐给警方办案增加压力。

市公安局。

会议室里鸦雀无声。

一声声的质问砸在沉默的气氛上："什么叫凶手没留下线索？"

"……"

第二声："两起案件，案发地点离得这么近——犯罪地点和凶手的生活点之间不可能没有关联性，让你们排查，你们都查了些什么玩意儿。"

说话的人姓袁，大家都习惯称他为袁局。袁局上了年纪，即使常年不间断使用黑色染发剂，也依旧盖不住长出来的缕缕白发，他个子高瘦，坐在那里显得异常挺拔，上半身和身上那套警服一样板直。

袁局环顾他们一眼，点名道："志斌，这次你带的队，这不像是你的作风。"

两起案子都发生在永安派出所的辖区内，武志斌作为带队老刑警，也在此次会议人员行列里。

武志斌坐在底下沉默半晌，那根黑色拐杖竖在椅边，开口的时候没有提线索，没有提嫌疑人，甚至根本没有提案子，他说的却是："这次是我带队，我想来讨个人，还望袁局审批。"

袁局在任二十多年，这二十多年间华南市发生的所有案子都经过他的手，武志斌虽然没有提到人名，袁局第一时间脑海里浮现出了某个名字。

"情况的确比我们想象得要复杂，犯罪现场太干净了，凶手很可能不是第一次犯案，我们正在调其他市的相关案件，被害人数可能不止两个。"

武志斌抬眼，看着袁局说："我想让解临回来。"

"……"

本来就沉默的会议室里，在"解临"两个字出现之后更加安静了。

此刻坐在会议室里的人，在任年数都超过十年。

当年那起案子所有人都没有忘记。

"绑架案已经过去十年了，"武志斌说，"刑犯都有释放的一天，仅凭一份心理评估报告……十年观察期还不够吗？！他就是再危险，这十年里也并没有做过什么事。"

武志斌说完之后，沉默的人成了袁局。

袁局眼前仿佛再度浮现出那份陈旧档案。

档案里的一字一句都还历历在目。

他无法否认武志斌说的话。十年了，当年反对解临继续留在市局是他拍的板，但是十年过去，如今的他对很多事情的看法都有了改变。

袁局又想起解风的话："我弟弟……他确实对案件有着很难以解释的敏锐度，有时候他对罪犯的理解度让我都感到很吃惊，但是我对他有信心。我相信他，请你们也相信他。"

如今时过境迁，那个前途无限，所有人都曾寄予厚望的光风霁月的解风，在英烈园长眠也有十年了。

袁局笔直的腰背略微弯了一些，这才显出几分老态，十年在他身上也留下了不少痕迹，他最后坐在座位里深深地吐出一口气："如果他愿意的话……让他回来吧。"

自案发开始，池青耳边的声音变得纷杂惊恐起来。

【之前钥匙丢过一次，还是把锁给换了吧。】

无数推测、被害妄想，所有人都觉得下一个"意外"很可能就会发生在自己身上，谁也不敢保证自己现在住的地方是绝对安全的。

家本来是一个私密的地方，它给人以安全感，承接一天下来所有的疲惫。

当私人领域有被入侵的风险时——很多人开始疑神疑鬼，就像每次看完恐怖片之后总觉得家里可能有人一样。

【换锁还不够，得再去网上买个监控摄像头……太吓人了。】

【摄像头得装得隐蔽一些，搜搜微型摄像头好了。】

这天深夜，楼栋里有一个女人的声音不断絮叨。

她十分谨慎，认真仔细挑选起摄像头，从款式型号开始。

池青一个小时前就已经上了床。

一个小时后，他再度睁开眼。

此时墙上的挂钟分针已经转过一轮。

他睁着眼又熬了一会儿，挑完摄像头的女人渐渐没了声音，看来是边刷手机边睡着了。

池青又闭上眼。

分针转过半圈，在他就快睡着的时候，楼栋里又有人醒了。

【每天都那么晚回家，工作就真有那么忙吗，别人怎么不忙就你忙？】

【……】

池青睁开眼。

窗外夜色很深，时针指向“3”。

池青平时睡觉就浅眠，一点动静都容易醒，实在没办法忽视这些半夜时不时出现的声音。

他已经连着失眠近两周了，起初吃点安眠药还能勉强睡几个小时，但从第二周开始，除非加大安眠药的剂量，他很难再靠药物入睡。

比起这些，更令人头疼的是，他无法确定失控的状态会维持到什么时候。

池青被吵醒后，去厨房倒了杯凉水，捧着水杯坐在沙发上。

由于缺少睡眠，他整个人精神状态奇差，感冒也没好透，反反复复一直在复发。

他本来给人的感觉就阴恻恻的，这段时间熬出黑眼圈之后，眼下暗了一片，像睫毛投下的大片阴影似的，整个人越发晦暗。

搁在茶几上的手机显示电量不足。

发出“嘀嘀”的提示音。

除了电量提示音以外，还有时不时传来的消息振动声。

[您有一条新消息。]

[……]

这几天他谁也没联系过，头痛欲裂，根本没有精神看手机。

最常做的一件事就是在沙发上缩着，有时候想离那些声音远一点，就去卧室里，锁上门，坐在地上，倚着门板一坐就是很长时间。

时间长了，他有时候会想起解临。

想起那一瞬间的安静。

池青睫毛颤了颤，最后自己也控制不住，伸手去拿茶几上的手机。

他在最近联系人列表里匆匆扫过一眼。

季鸣锐：水饺记得吃啊，我最近……

经纪人：最近有个剧本要不要看一看……

他略过这些在列表里没有显示完全的话，目光落在“解临”两个字上。

解临：感冒好点没有?

池青对着这几个字看了会儿，手指触在屏幕上打下两个字。

——没有。

他顿了顿，又打。

——你那儿还有药吗?

已经是夜里三点多，窗外夜色昏沉，整栋楼悄然无声。冬季光秃秃的树梢枝丫透过街灯照出几片拉长摇曳的阴影，偶尔有两三只野猫在小区楼下叫唤。

解临此时正倚在办公椅里翻书，书桌上搁了几排书——都是解风以前留下的，内容涵盖《侦查学》《痕迹检验》《犯罪心理学》等众多书籍。

这些书都被人仔仔细细翻看过很多遍，上面有解风当年留下的注解。

解临手里拿着的那本，扉页第一句写着：小孩子别乱翻。

男人连字迹都透着一股温柔，笔锋转折处却又透着点坚韧。

这个“小孩子”，是指当年个头才到他腰那么高的弟弟。

那时候解风刚上警校，每门课都学得很用功，在校期间就参与过办案，偶尔放假回到家，他总是关在书房里看书。一开始出于好奇，解临总是会偷偷翻他那堆书，被警告过不少次。

但是没什么用，解临该看的还是看了，从警校专业课，到各国重案要案总结，后来解风正式入职，甚至一路走到总队队长的位置上，也没躲过这个弟弟。

他搁在一边的手机屏幕还亮着，上面是一条消息。

武志斌：袁局松口了。当年的事情我并不清楚，但是十年过去，大家很多想法也都变了……你还愿意回来吗?

解临前半夜其实睡了一会儿。

收到武志斌发来的消息之后他就睡了过去。

这期间做了一个断断续续的梦。

梦里他看到一间狭小的隔间，十五岁的少年双手被反绑在身后，梦里有枪声，还有在屋外盘旋的警笛，紧接着就是很多人拥进来的脚步声：“找到了——有人！这里还有两个孩子！”

遮在眼前的黑色眼罩被人轻轻拉开，长时间不见阳光，少年眼前一片黑，什么也看不见，他只听见解风在叫他的名字。

“救援很成功，”等到眼前终于能看到一点微弱的光时，他听到有人说，“只是……幸存下来的孩子只有两名，总共二十名被绑的孩童……死得有蹊跷。你弟弟和另一名孩子同时被绑在一间隔间里，那个孩子却死了，只有他活下来，我们怀疑……”

那人的说话声音断断续续。

绑架案救援一开始很顺利，然而不知道为什么撤退的时候发生了意外。

“解队，桶里都是汽油。”

“不好！快撤退——！”

爆炸声由远及近，像旋涡一般席卷而来，以狂风过境的速度从最里面那间房间炸开，一连串的极速爆炸瞬间将墙面炸得支离破碎，房顶轰然倒塌。

仓皇间，解临什么都忘了，只记得解风从身后推了他一把。

男人掌心带着不容拒绝的力度将他推出去，声音却依旧温柔，像最后的叮嘱：“你精通犯罪，所以有些人会对你有所忌惮。但是你记住一点，你能帮助很多人。”

解风的声音很轻，淹没在巨大的爆炸声中：“我一直相信你。”

爆炸产生的热浪奔涌而来。

“砰——！”

“快跑——”他听见解风喊，“别停下！”

……

解临手指指腹搭在“小孩子”那三个字上，窗外的阴影投在他身后，盖住些许光线，他松开手时对着空荡的书房说：“我已经不是小孩子了，哥。”

解临合上那本教材，将它放回原来的地方。

下一秒手机振动了两下。

两条新信息顶走了武志斌先前发的那条。

这两条新消息来自某位消失近一周的池姓洁癖，这位洁癖先生的反射弧可能绕了地球一圈，一周后才想起来要回他消息。以及，没药了总算知道找人帮忙。

池青发完那两条，怀疑自己可能半夜神志不清才会回这么两句话过去。

他想着这个点，解临应该早就睡了，于是手指长摁聊天气泡，正要点击“撤回”，聊天框里多了一行字。

解临：原来你还记得有我这么个对门。

池青：“……”

解临正想再逗逗他，然后就把药给他送过去，看看他到底是什么情况，病情这么多天一直反复，如果是低烧的话，出现并发症的概率很大。

结果他刚拉开书房门，就听到门铃声响了一下。

池青没戴手套，很不习惯，按门铃的时候是把手指缩在袖子里摁的。

于是解临打开门就看到池青在他家门口站着，他本来就瘦，近一周不见似乎更瘦了，原本穿在他身上就略显宽松的黑色毛衣变得越发空荡，额前头发也更长了，直接盖过眼睛，和眼下那片暗色阴影联结在一起。

明明走廊里的灯从上往下打过去，视野亮堂得很，偏偏池青看着像自带阴影似的，生生把周遭光线压得暗下去。

池青难得主动开口，他不适应地别开眼：“我来拿药。”

解临稍微凑近了，问：“你眼睛怎么回事？”

池青：“刚换地方，睡不着。”

池青怕这个说辞还不够有说服力，又补充了两个字：“认床。”

"……"解临看着他眼底那片乌青，对他这个认床无可奈何，"但凡跟'难伺候'沾点边儿的毛病，你身上是不是都有？"

池青无言以对，只能认下。

解临说着侧身，让池青进来："上次给你的感冒药吃完了？"

池青"嗯"了一声。

他其实根本就没怎么吃。

都快被吵死了，根本没有心思吃药。

解临边翻药盒边说："吃了药这么多天还没好，可能有炎症，你得去医院看看。"

池青和解临两人住对门，一样的户型，屋内格局设施都差得不多，只是装修风格上有很大差异，解临这个人看着花哨，家里装修却简单得很，全屋家具设计以灰色调为主，简洁明了。

两套房的厨房都是开放式的，池青坐在餐桌边上，默默看解临翻东西。

解临看池青那个样子，迟疑道："……你不会连医院都不喜欢去吧？"

果然，难伺候说："不去。"

"……"

"人太多，"难伺候又说，"吵。"

这是池青第二次提到"吵"这个字。

解临隐约觉得"吵"这个字可能还有什么别的含义，毕竟如果在房间里觉得吵，在医院里也觉得吵，那走到哪儿都不会有不吵的地方。

但是说这话的人是池青，一切就显得没那么不合理。

毕竟这位池姓洁癖本人就长了一张"少烦他"的脸。

"说两句话就让别人闭嘴，哪儿哪儿都嫌吵，除了荒郊野岭或者无人岛，其他地方很难满足得了你的要求，"解临找到剩下的感冒药，先把体温计递给他，说，"我很好奇，这个世界上你有觉得不吵的地儿吗？"

……

有的。

池青垂着眼，透过额前的碎发去看解临伸向他的那只手。

解临手上那枚戒指已经摘了，男人手指骨节分明，手腕斜侧着，拇指指尖压在食指指腹上，捏着体温计伸到他面前。

【说工作忙肯定都是借口，否则为什么改了手机密码。】

【……】

接近凌晨四点，楼栋里那对夫妻又开始了。

池青将手指从毛衣衣袖里探出来一点儿，伸手去接那根体温计，接的时候有意无意地从解临指节处擦了过去。

【男人的话真是一句都不能——】

话语戛然而止。

他久违且短暂地被拉回到了现实，那些真假难辨的、无孔不入的、虚空的声音被挡开，只剩下一些很平静的声音，例如窗外树木枝丫轻扫过窗户，从很远的地方传来的车声，厨房没拧紧的水龙头往下滴了一滴水。

“滴答——”

尽管池青不想承认。

他觉得不吵的地方，好像只有这里。

“让你接体温计，”解临看着他说，“你碰我手干什么？”

池青碰得其实很不明显，他的手仍缩在衣袖里，只露出来一点指尖。

池青磨蹭了一会儿才松开，言行非常不统一：“……谁想碰你手。”

池青量完体温，低烧，有轻微发热症状但是不明显，可以再多观察几天，解临就暂时没提去医院的事儿：“先把药吃了，过几天还不好你就是再不想去医院也得去。”

池青没被人这样管过，要是搁失控前，他早在解临说出第一个字的时候就让他滚蛋了。

然而现在他很清楚自己别有图谋。

所以他难得让解临把话说全了，并且很给面子地没有反驳他：“哦。”

解临：“你这个‘哦’听起来好像不太情愿。”

池青承认：“敷衍一下你。”

解临捏着空水杯去饮水机旁接水。

只是递水的时候，池青依然不安分。

解临察觉到池青好像一直在蹭他手，并且蹭的方式很不引人注意，池青手指细，由于低烧，身上又有一点儿发热，指尖带着些许热度，很轻地贴着他指节蹭过去，尽管看起来很像只是不小心碰到。

可不小心的次数实在有点多。

接体温计的时候不小心，接水的时候也不小心。

……

前两次解临还能当成是意外，但当他把几粒感冒药倒在手里，池青拿药的时候又不小心碰到他掌心时，他几乎能确定这不是意外。

“你今天没戴手套。”解临等他把药片吞下后忽然说。

池青早有准备："我感冒了。"

"嗯？"

"头晕，"池青说，"出门的时候忘了戴。"

"忘了？"

"人在生病的时候，总是不太清醒。"

解临没那么好糊弄："手套或许能忘了，自己什么毛病也一道忘了吗？从你接体温计到现在已经过了十分钟，这十分钟里甚至没有去洗手，"解临说到这儿有些微顿，紧接着又说，"……而且还多蹭了我三次。"

"一次两次可以解释成意外，但事不过三。"

解临边说话边看着他，语气当中其实不带质问，他这嗓音也很难让人有被质问的感觉："池先生，你蹭了我那么多下，是不是得给我一个解释？"

"……"

池青把药吞下去，手里捧着玻璃杯，思考自己该怎么回应。

他现在思路其实并不是很清晰，几宿没睡，脑子比平时转得慢。

总不能说他洁癖一夜之间忽然好了吧。

他又不是行走的医学奇迹。

最后池青放下水杯，坦诚说："我洁癖晚期无药可救，即使头晕，发烧烧到四十摄氏度也不可能有任何好转。"

解临示意他继续。

于是接下来解临猝不及防地听到一句话。

"但碰你好像没那么难受。"池青这句话说得很慢，他抬起眼，回视道，"至于为什么，我不知道。"

他这句"不知道"也不全然是在隐瞒。

因为他的的确确不知道为什么他读不到解临。

为了让这番话听起来更具备说服力，池青顺带解释起之前自己干过的事儿："还有我之前戳你那几下，不是因为桌布，也不是因为喝醉，我只是想试试。"

池青最后交代："上周我咨询过吴医生，他也说不上原因。"

这个解释勉强说服了解临："手伸出来。"

池青："？"

解临："你说那么多，我总要测测是不是真的。"

池青将手从袖口里探出来，那只平时总是包裹在黑色指套下的手仍旧白得晃眼睛，他这双手很少以不戴手套的状态出现在别人面前，就是季鸣锐，想跟他出来吃饭让他别戴着手套都花了数年时间，更别提碰了——然而解临这回毫无阻碍地碰到了池青的手指。

池青连避都没避。

虽说之前也碰过几次，但那几次都是特殊情况，匆忙得很，多半等到松开手之后才反应过来。

池青的手刚从玻璃杯上挪开，解临一开始怕他不适应，只接触到一点泛冷的指尖，见他确实是没反应，这才收拢，将池青露在衣袖外面的半截手指全都握进掌心里。

“有什么感觉？”

感觉很安静。

但是池青不能说。

他最后只说：“没什么感觉。”

“不难受吗？你确定现在不想给我一拳？”

池青凉凉地看了他 眼，反问.“你很想被揍？”

“……没有，”解临说，“我就确认一下。”

上周刚被嫌弃过“感觉很恶心”的季鸣锐如果见到这种区别对待的场面，估计能当场吐血三升。

提到“吴医生”之后，池青为自己的行为找到了一个十足正当的理由：他是来治疗的。

这个叫解临的神经病，疑似对他的治疗有一定帮助。

“没错，”次日，心理诊所内，吴医生翻着池青的病历对解临说，“我们上周通话的时候，他确实跟我提过这件事。

“他这个洁癖真的很难治，我从来没有碰过这么棘手的案例，其他有类似症状的客人通过沟通都能发现一些心理成因，但这位池先生和你一样——我不知道他为什么抗拒别人的触碰，也不知道洁癖的由来是什么，他似乎很难信任别人，本来我都不抱什么希望了，”吴医生苦笑，“我甚至都在帮助他联系下一家更有经验的诊所。”

咨询室还是老样子，只不过点在香薰里的精油换了一种味道。

解临坐在吴医生对面，坐姿不像患者，他跷着腿，手掌交叠，搭在腿上——看起来倒像是专程来听吴医生做汇报的上级人物。

解临对那句“和你一样”颇不认同：“话题在那位洁癖先生身上，怎么还扯上我了。”

吴医生：“……你不觉得咱们的咨询进展到现在，可以说是毫无进展吗？”

解临不认同：“我觉得挺有进展的啊。”

吴医生心说就咱俩现在这个状态，哪儿有进展。

“每周过来听您讲讲心理健康安全的各项知识，让我对很多事物都有了新的了解，给我提供了不少思考角度，”解临说，“现在的人生活压力那么大，定期过来洗涤一下心灵还是很有必要的。”

吴医生：“……”

看看，说了半天，话是好听，但说了跟没说一样。

他这些年对解临的了解度也是这样，有用的信息是一点没有打探到，而且提到心理学，这人比他还懂。

从认识他起，他好像就一直是这样……

不，有过一次例外。

吴医生想起几年前解临第一次踏进这间咨询室时的情形。

那个时候解临什么都没说，借了他咨询室里的休息床，睡了将近两个小时，醒来对他说了一句谢谢。

吴医生记不清具体日期，只记得那是大雪纷飞的冬天，街道盖上了一层白茫茫的积雪，解临披上外套出去的时候肩头落了成片的雪。

“所以现在这是需要我配合他治疗？”解临这句话将吴医生唤回神。

解临在揣摩人的心思这一方面，很少失手，吴医生都还没说出最终目的，他就先提出来了。

吴医生的想法确实是这样，虽然完全不知道原因，但池青的洁癖好歹是有了一个突破口：“当然这要看你的意愿，如果你愿意的话最好，他现在的状态，如果有个人能够让他习惯触碰，情况很可能会有好转，像你这样的‘特例’会变得越来越多也说不定。

“所以我的建议是，你们两个可以进行配合治疗，两个人尽量多接触接触。”

吴医生目前给出的建议就是建议池青多接触解临，同时也建议解临帮忙配合治疗。

解临出门还是戴着戒指，他捏着那枚银环，将戒指转了一圈，最后说：“我没问题，他不排斥就行。”

解临每次来诊所，动静都闹得很大，这个动静不是指他做出了什么事儿，而是几名前台嘴里的话题总会变得异常活跃，三句话绕不开“解先生”。

解临咨询结束，几名前台注意力从大堂的壁挂电视上挪开：“解先生，咨询结束了？感觉怎么样？”

解临冲她们笑了一下，很熟稔地说：“你们和吴医生是不是会什么魔法，不然怎么每次咨询结束我都感觉自己的状态特别好。”

这和见到你很高兴本质上是一个意思。

前台抿嘴笑笑，羞涩地说：“那……下周见。”

解临在等接待把车开到门口的间隙里，侧着脸扫过壁挂电视上的画面，电视频道正在播放新闻台的报道，话题依旧围绕“租客离奇身亡”这个时下热门的案子。

由于电视摆在大堂，所以不能影响到客人进出办理业务，电视呈静音状态，只能看到一行标题大字和主持人一张一合的嘴：案件目前仍没有进展……我们无法得知凶手是怎样入室，又是怎样作案的……

女前台注意到解临的目光，跟着说了一句：“特别吓人，我现在每天晚上下班都不敢回去，我也是在附近租房住，总觉得家里不安全。”

女前台跟解临聊了一阵，等解临的车到达门口，女前台才注意到不知道什么时候站在她边上的吴医生：“吴医生。”

吴医生调侃说：“总算回神了，平时怎么没见你那么多话。”

女前台笑笑：“解先生人比较亲切，跟他聊天总是有很多话题。”

“我不认为，”吴医生手里捧着保温杯，虽然对解临这个人的了解仍停留在空白档案的程度，但他对解临永远持一种不乐观的看法，“他像一扇设置了权限的门，心思藏得太深，除非解开权限，否则很难读懂他到底在想什么。”

“……”

这番话超出理解范畴，女前台没听懂，眼神迷茫地看向吴医生。

“没什么，继续工作吧。”

吴医生叹口气，也没再多说，心里记挂着他手上最难搞的两名顾客能不能配合好他的治疗计划。

第4章

可能是心理作用，加上后半夜住户基本都已经睡下，池青那天蹭完解临的手，回去之后居然睡着了。

一夜无梦，什么声音都没听到，没有失真的声音，也没有忽然惊醒。

直到天亮，楼栋里的人逐渐恢复活动，各种攀谈声才逐渐多起来。

虽然晚上睡着的时间只有不到五个小时，但在池青长达一周的失眠历程里已经称得上奇迹。

池青伸手去够床边的闹钟，时针指向“9”。

有人匆匆地按电梯按钮：【忘记带文件袋了，唉，今天上班肯定得迟到，又得看经理脸色，等会儿上班路上买张彩票吧，要是能中奖老子就立马辞职。】

也有人请假在家休息，却盼着能去公司：【没法上班，这病什么时候能好。我现在可是事业上升期，每一天时间都很宝贵，要是隔壁组 ××× 业绩超过我怎么办，这次晋升机会……】

池青起床之后精神稍稍好了一些，按时吃了药，捧着玻璃杯喝水的时候耳边的话题换了好几轮。

等到该上班的人都去上班了，时针又转过小半圈，楼栋里就只剩下担心业绩的病患，退休在家的老人，以及放假的孩子，还有……一个接近下午才醒的醉鬼。

【我最讨厌爸爸了。】一个年幼的声音带着哭腔说。

紧接着，那个声音停了很久，等池青放下水杯，从刀具中精心挑选了一把银质折叠小刀，又从果盘里拿出一个苹果，苹果削到一半的时候才又响起。

【不要打妈妈。】

【不要再打妈妈了——】

池青手里红色的果皮削至一半断了。

楼下三楼，302 室。

醉醺醺的男人浑身酒气，看到家中正在操劳的妇女，哑着声使唤道："去给我倒杯水。"

"等一下，"女人那头很久前烫染过的卷发看起来异常凌乱，她手里的衣服没洗完，说，"我还在忙，你自己去倒。"

然而喝醉酒后的男人却像是没听见一样。

他等了等，借着酒意，连日的不快在干渴中爆发，抬脚就踹。

客厅角落里，一个小女孩缩在冰箱旁，她眼睛很红，直愣愣地瞪着他。

"你就跟你妈一样，看了就来气，"他扭头道，"瞪着我看什么！"

女孩儿从胸腔里发出一声很轻的哭腔，最后紧紧闭上眼，捂上了耳朵。

【以前家里不是这样的，自从爸爸的工厂倒闭了之后……为什么会变成这样，我爸爸明明不是这样的。】

就在她想"这一切能不能快点结束，怎么样才能快点结束"的时候，只听"丁零"一声。

门铃声突兀地响了起来。

男人骂骂咧咧停下手去开门，女人乘机连忙抹把眼泪把女孩儿搂进怀里，边捂着她的耳朵边说："没事啊，没事，不要怕，你爸爸只是喝醉了。"

门外站着一个陌生人，见门开了，那人戴着黑色手套的手才慢悠悠地从门铃上松开。

那人很瘦，身上穿着件深色毛衣，略长的头发显得整个人莫名阴沉，红唇抿着，肤色白得过分。他在这栋楼住了很长时间，没见过这个人，而且最重要的是这个人另一只手上捏着一把小刀。

两指宽的折叠刀，尽管是收起的状态，也能窥探到部分锋利的刀尖。

男人上下打量来人一眼，心领神会，脱口而出一句："我没钱！"

池青："……"

"是来追债的吧，"男人原本过的也是风光日子，落难后一下从云端落下，破罐子破摔道，"要钱没有，要命一条，厂子也没了，我现在一贫如洗。你自己看着办吧，我不怕你。"

池青没说话，他站在门口，冷冷地朝房里看了一眼，屋内情况和他听到的差不多。

男人很显然误会了这一眼："我真没钱！"

"……

"我不是追债的，"池青最后说，"况且你的命也没有你想得那么值钱，活着浪费公共资源，死了浪费土地。

"我来就想说一句话。"

男人怔怔地听着那把冷淡的声音。

"吵死了，安静点，"池青手里那把刀是刚才削苹果时顺手带下来的，其实没有别的意思，他此刻用刀柄指了指屋里的女人，脸上依旧没什么表情，"你再动一下试试。"

男人："……"

男人一时间都忘记了思考，这位陌生住户根本不住这层楼，怎么会听到声音觉得吵？

以前也不是没有人来劝过架，但是那些街坊邻里大都考虑到他们毕竟是夫妻，人家家里头的事情很难管，警察都管不了，更何况是他们。

但不管怎么样，来过的人都没有像这位这样豪横的。

这位陌生住户看起来似乎不在意他们家里发生了什么，单纯觉得吵而已，不像其他邻居那样义愤填膺，但是效果拔群。

而被女人揽在怀里的女孩子睁开紧闭的眼，发现一切和她刚才在脑海里求救的那样，结束了。

她只来得及看到一眼那人拿着折叠刀的手以及那副黑色手套。

池青说完没再理会男人，电梯正好停靠到一楼，他直接按了电梯按钮，电梯缓缓在三楼停靠的时候，电梯门打开，对上了刚从心理诊所回来的解临：“……”

解临手指摁在“开电梯门”的按钮上，方便三楼想进电梯的人进来，怎么也没想到在三楼碰到的会是池青：“你怎么在这儿？”

池青：“我说我下来随便看看你信吗。”

解临的视线在池青手上和302那户人身上流连，最后说：“看目前这个状况，很难相信。”

原先被唬得不敢吱声的男人见过解临，毕竟楼里长期住着这么个人，很难没有印象，他对上解临笑吟吟的脸，一下勇气倍增，像是找到了继续作闹的依据：“你们认识？他拿着把刀下来威胁我——我压根儿就没见过他，这事不能就这么算了。”

解临闻到男人浑身酒气，又看了一眼虚掩的门。

池青以为解临会问一句，但是他一句也没问。

“你说威胁就是威胁？”解临依旧那副好说话的样子，说出来的话却是，“不好意思，没看见，不在场。”

“……”

解临示意池青进电梯：“我家租客性格很温和的，干不出威胁人的事儿，希望您下次说话之前注意一下用词。”

和“性格温和”四个字毫不沾边的池青自己都觉得这番评价过于夸张，夸张到他没能第一时间注意到这个词的前缀。

解临视线越过男人，落在男人身后那扇虚掩的门上，松开电梯按钮前最后一段话显然不是冲着男人说的，他说话声音放缓，让人不容易有紧张感：“报警记录和医院病历这两样是认定家暴的重要证据，根据法条，可以联系居委会、妇联以及派出所，这三个机构都有义务保护你。当然具体怎么做看你个人的意愿，只是有时候父母的行为和选择，很大程度上会影响到孩子……如果你的孩子以后遇到同样的事情，她或许会觉得忍让是正常且正确的。”

解临松开手。

电梯门彻底关上。

池青捏着手里那把折叠刀，迫于解临敏锐的观察力，只能主动解释：“刚才下楼，电梯正好停在三楼，我听到302屋里有动静……”

池青说到这，一顿：“你真的觉得我没威胁他？”

解临：“要看是哪种含义的威胁，毕竟你往那儿一站，就是不说话也很容易让人感觉到威胁。”

“……”

解临继而又说：“不过这种人，威胁一下又怎么了。”

关于 302 的话题结束，电梯里短暂陷入尴尬。

虽然昨天蹭完手确实睡得不错，但是在这种密闭且狭小的空间里，池青内心深处那一点不自在被放大了。

在电梯到达前一秒，解临打破沉默：“吴医生跟我说了。”

池青抬眼：“？”

“只要你需要，我可以配合你。”

解临又看向池青一如既往戴着手套的手：“下次见面不用戴手套，戴着手套怎么碰。”

池青之前和吴医生提起这件事的时候只是单纯地感到困扰，后来没办法才拿出来对解临解释，但除了这些之外，他没想过其他的，更没想过吴医生会主动找上解临，把治疗计划提上日程。

池青回去关上门之后才把手套一点点摘下来，对着自己的手看了许久。

直到手机铃响。

他出门前随手把手机放置在玄关处的柜子上，手机响了好几声，来电人显示：[季鸣锐]。

季鸣锐这阵子忙得没时间睡觉，好不容易找到机会在车里睡了会儿，睡醒拿手机看时间才反应过来池青已经消失近一周了，消息不回，电话也不接。

“喂，”电话接通，季鸣锐说，“你还活着啊。”

电话那头那位大爷用最熟悉的语调说最冷漠的话：“没死。”

季鸣锐：“还有口气就好，吓我一跳，还以为你出什么事儿了。”

季鸣锐从后座上爬起来，两条腿睡麻了，他捶捶腿：“对了，你上次是不是说你在治疗……有什么进展没有？”

两人没能聊上几句。

因为苏晓兰很快拉开副驾驶门，她带着本子坐进去之后说：“这边排查完了，去下一个地方。”

于是季鸣锐匆匆挂断电话，熟练地翻到前面驾驶位上：“行了不跟你说了啊，回聊。”

苏晓兰随口问：“什么治疗？”

季鸣锐放下手刹：“还能有什么治疗，有病的那位呗。”

季鸣锐补充：“洁癖治疗。”

苏晓兰第一个想到的就是池青的手，以及常年不离手的黑色手套：“那治疗……有进展了？”

季鸣锐其实刚才压根儿没等到池青回应，但他依旧自信满满地说：“不可能，我兄弟我还不知道吗，无药可救。上回我去他家，他让我碰他一下都犯恶心，能有什么进展。”

车窗外，日头落下，时间步入傍晚。

一天很快过去，日月轮换，最后一点光线也被遮住，道路两旁的街灯瞬时亮起，又入了夜，外头夜色昏沉。

池青躺在床上闭着眼酝酿睡意。

然而每当他以为自己可能睡着的时候，总有声音忽然冒出来：【他说得对，如果以后我的孩子也遇到这种事，她会不会也跟我做一样的选择？】

池青不用想都知道这个声音来自三楼。

十分钟后。

池青第二次敲响了对面那扇门。

“我没戴手套，”解临开门时，池青身上就披着一件薄外套，他声音依旧是冷的，只是眼神不自然向下，显然除了伐人以外，很不太习惯其他表达方式，“……你现在方便吗？”

在不久之前，两人还是一个拿领带捆另一个，另一个在雨中拎着伞用伞尖指对方的关系。

因为失控治疗，现在居然能心平气和地站在一起说话。

池青来之前不确定解临睡着没有，把话说完，才反应过来自己来得突然，自从读心术失控之后，连带着他自己的行为都开始变得不受控制起来。

“……”解临示意他进来，“你先进来等会儿，我擦个头发。”

解临刚洗过澡，发梢还在往下滴水，原本向两边分开的碎发此刻妥妥帖帖地散在额前，挡住那双微挑的眼。从发梢处往下滴落的水珠好巧不巧坠在池青手背上。

池青手背一凉，和失眠做抗争，最后理智地说：“你要打算睡了的话就改天。”

解临由于看东西不便，半眯着眼：“没打算睡，进来。”

池青在沙发上找了个位置等他。

解临头发擦得半干才从浴室出来，没了造型后的头发变得异常垂顺，他打开冰箱，倒了杯冰水：“药吃过了吗？”

池青在一堆乱糟糟的声音里分辨出解临的声音，“嗯”了一声，怕他继续问，又补充一句：“退烧了。”

但他看起来着实没什么精神，所以这话很难令人信服。

于是池青没等到解临说话，他又困又吵，缩在沙发里眼睛半合着，额前的头发猝不及防地被人用手撩起来：“……”

解临不知什么时候站到他面前，距离他很近，微微俯下身，洗发水和沐浴露混杂在一起的味儿飘过来，味道像某种淡香精，带着些许甘冽的烟草味。

他一只手撩起池青额前的头发，将另一只手手背轻轻贴上去。

“别动，”解临说，“我试试体温。”

池青不知道有什么好测的：“我来之前测过了，还是你觉得你比体温计管用。”

解临：“我没有体温计管用，但我能知道你是不是在撒谎，毕竟有些人宁愿发烧也不肯去医院。”

解临说完，又看着他说：“……你好像有点僵。”

“……”

由于僵硬，池青整个人坐姿看起来都不自然，虽然没有碰到解临的手，但在解临伸手贴上来的那一刻起到了同样的效果，由于身体过度紧绷，他耳边忽然安静，什么声音都没了。

不抗拒、不反感并不代表习惯，尤其他常年习惯跟人保持距离。

解临松开手，确认体温没有异常：“你脸色不太好，很难受？”

池青逐渐放松身体，失真的声音重新回到他耳朵里：“还能忍。”

解临确实没打算睡觉，他在距离池青最近的空沙发椅上坐下之后，一只手拿手机，另一只手空出来给池青：“试试看，要是难受就松开。”

池青的手指从衣袖里探出来，做不到过多的接触面积，最后只拉住了解临的一根手指。

那根手指根部有浅浅的指环印。

刹那间，所有声音像一个被突然关上的魔盒，好几种挤在一起的、不断在耳边进出的声音一下被收回魔盒里。

解临虽然平时事儿少，家里那些商业上的事宜都有专人打理，但也需要经常看邮件汇报。

他滑过去几页，吴志的消息忽然出现在通知栏里。

吴志：江湖救急。

吴志：就在五秒钟前，我的爱情又出现了。

吴志人在酒吧里，他各方面条件都不错，但是仍然很㞞地抱着手机躲在角落里，决定在解临回他消息之前先不贸然上去搭讪。

然而他的再生父母今天却一反常态，只回过来两个字。

解临：没空。

——？？？

——没空?

——你在忙什么?

解临回：忙倒是不忙。

吴志看着这五个字更加好奇。

——?

——你能不能说人话，那你这到底是忙还是不忙啊……

解临其实不太能专心看邮件，手被勾着，很难集中注意力。

他顺着自己的手往下看，看到轻轻搭在他指节上的那两根只从外套袖口里露出来小半截的手指，指甲剪得很干净，白细的手指与他手上的肤色对比鲜明。

但始作俑者非常没良心，因为他已经自觉在沙发上找好姿势睡着了。

池青屈着腿，整个人蜷缩着，宽松的外套罩在身上，头发盖了半张脸，只露出瘦削的下巴，以及红得有些妖异的唇。

解临将视线从他身上挪开，重新落回到手机屏幕上，单手发消息。

——今天不方便。

——我把手借出去了。

吴志捧着手机，怀疑是不是今晚酒吧的DJ太疯狂，震得他脑瓜子疼，并且运转艰难，不然他怎么看不懂解临发的这些话。

池青这一觉睡了两个多小时，睁开眼的时候甚至以为自己已经回到了失控前，酒精引发的一连串效应就像一场梦。

他眯着眼缓了缓，感受到指间抓着的温热指节，意识才逐渐回笼。

“醒了？”解临刚好处理完所有事宜，退出邮箱。

池青松开手，发现今天夜里这个点说话的人不多，楼上楼下几乎都已经睡下："抱歉。"

“你可以叫我的。”

解临不在意：“没事儿，我刚忙完，还没打算睡。”

池青想起来上一次进解临家也是深夜。

当时快接近凌晨四点，他还没睡。

池青之前被吵得没顾上，现在才问：“你都是晚上工作？”

出于“帮忙治疗”的关系，他说话的时候斟酌用词，没直接说“难怪白天那么闲”。

解临捕捉到那个“都”字，也想起上次池青来敲门的时间。

按照他平时的作风，估计会说些好听的糊弄过去，譬如“不晚点睡怎么能等到你”之类的，但是话到嘴边却转了个弯：“……不是，只是最近有件事情不知道要不要去做。”

“？”

他不知道为什么自己能对池青提及。

“警局的职位，”解临说，“顾问。”

陈旧的声音从记忆深处浮现。

——“解临，你的心理评估报告最终的评定结果是……高危险。”

——“我们希望你离开总队，长期接触这些案子可能不利于你的心理健康发展。”

……

——“以前还有解风，现在解风不在了，谁能控制住他，谁控制得了他？！”

池青不能理解：“为什么不去？”

解临挑眉：“为什么一定要去？”

池青虽然对受害人的遭遇很难感到同情，但他的看法也因此更加理智客观：“因为你能破案。”

池青习惯性把手缩回去，陈述事实道：“如果之前没有人发现那些猫的尸体有问题，那个婴儿最后可能就不是被划一刀那么简单了。”

解临一愣。

那些来自十年前的袁局的声音，以及其他刑警的声音慢慢消下去。

最后从记忆里浮上来的只剩下一句话。

只剩下哥哥在爆炸时说的那一句——“……你能帮助很多人。”

时间已经很晚了，池青不便再留下打扰，他把手插进上衣口袋里，整个人很困倦的样子，走之前说了一句“谢谢”。

解临送他到门口，倚着门笑了一声：“是我该谢谢你。”

次日。

依旧忙碌的市局内，数名刑警来去匆匆，有人带着线索从外头回来，也有人接到消息立刻带队往外头冲。这十年间，市局多了很多新面孔。

接连两起独居女子被害案，这么多天以来进展少之又少，舆论压力日渐剧增，甚至有新闻公然指向办案警察。

凶手过于娴熟的行凶手段，让他们怀疑这不是第一、第二起案件，在进行跨省调案之后，真的让他们找到了几起极为相似的案件，这些相似案件均来自隔壁厦京市，涉案房东说：“我以为她退租啦，这房我提前两个月就跟她说我要收回来，本来找到了卖家，打算卖出去的。我儿子明年结婚，我想再添点钱重新置办一套，谁知道我叫清洁阿姨上门打扫，发现人死在我房子里了。”

于是市局不得不专门成立一个紧急小组参与独居女子被害案调查，将这些案件合并起来。

本就忙碌的市局里，这些天可以说是忙得焦头烂额。

所以当武志斌和袁局一群人浩浩荡荡亲自去门口迎人的时候，市局里所有人都十分惶恐，以为是这案子迟迟不破的缘故，引来了哪位人物。

“谁啊？”有人小声打探。

“不知道，”另一个回答，“这么大阵仗。”

大家依旧忙着手头上的事，只是时不时留意门口的动向。

然而来的人出乎他们意料。

武志斌和袁局刚到门口没多久，一辆看着就价格不菲的车减速从街对面拐弯横穿而过，紧接着十分引人注目地停在市局门口，车窗缓缓降下。

一张跟市局格格不入的脸出现在所有人想看又不敢看的视线里——市局氛围认真严肃，制服穿在身上瞧着一板一眼的，但是这张脸显然跟“严肃”两个字不搭边，倒像是来找乐子的。

解临一只手搭在方向盘上，侧过头从车窗向外看他们，笑吟吟地跟他们打招呼道：“虽然挺长时间没来了，但是进市局的路怎么走我还记得，不用带那么多人在门口给我当导游吧，袁局。”

市局会议室里提前准备好了资料。

有负责拿矿泉水进来的总队新人在摆水的时候偷偷用余光观察会议室里的情况。

总队新人看到那位在总队门口被袁局亲自迎进来的年轻男人坐在会议室里，大家都是一身警服，他穿着件很随性的黑色衬衫，在一片凝重的氛围里，接过水时笑着跟他说了声谢谢。

他送完水，出去时关上会议室的门。

会议室外面聚集着不少人，乍看上去都在各做各的事情，一见他出来，在打印机前装模作样打印东西的人也不装了，几个人迅速围成一团。

“到底什么情况？”

“好像，说是请来的顾问。”

“……顾问？学心理学的吗？看着不像。”

“不知道，好像姓解。”

“顾问，姓解，”有人把这两个关键词联系起来，震惊了，“解临？！”

市局里的人对“解”这个字很敏感，虽然不认识脸，但是对名字和事迹都耳熟能详。

他们不像季鸣锐和苏晓兰那样，提到“解临”都不知道是谁。

从他们进市局——不，甚至更早，只要了解过十年前的旧案，就不可能没见过“解临”这两个字。

如果说解风在当年是教科书级别的刑警总队明日之星，那么年仅十五岁就开始参与案件调查的解临，就是开了挂一样的存在。

直至今日，总部档案室里泛黄的陈年旧案最后一页上标注着的所有参案人员名单里一定会出现四个字——顾问：解临。

这些新人只听过解临的名字，再震撼也不过是对于看到传闻中人物的震撼，但是那些多年前参与过旧案子的人不一样，老刑警们看到解临重新走进会议室，隔着一扇百叶窗，恍然间以为自己看到了十年前的景象。

会议室内。

这十年间很多东西都改变了，比如会议室里那块老式且颜色总是泛灰、显色度不明显的投影屏幕，随着科技进步已经替换成液晶屏，自动连接主位电脑。

袁局两鬓遮盖不住的白发，还有坐在袁局身边的男刑警，看起来不过三十多岁的样子，但肩上扛的功勋不少。

武志斌介绍的时候说话有些犹豫：“这是杨队，你应该有印象，在当年那一批入总队的人里，他跟你哥是最被人看好的两个，你哥走后……总队队长的位置……”

解临没说话。

十年后旧地重游，很多东西都变了。

一如十年前在那个位置坐着的人再也不会回来。

但也有一些东西没有变，譬如会议室白色墙面上那八个字：执法为民，立警为公。

“死者薛梅，经过法医鉴定，确认死亡时间早于杨珍珍，大约在一个月前被杀害。”

液晶屏上显示出一张现场冰柜的照片，凶案现场触目惊心。

“虽然凶手最终处理尸体的方式不同，但我们对比过死者身上的几处致命伤，”幻灯片切换至下一页，“后脑勺、胸口、腰腹，这几处致命伤非常类似，并且薛梅死前也遭遇过性侵犯。

“根据房东回忆，她带着人用备用钥匙开门进去的时候，门窗均没有被破坏的痕迹，说明凶手不需要通过强行入室的手段进入死者的房间，这点也和杨珍珍一案一样。”

在汇报人进行总结汇报的时候，解临一直没发言。

解临坐的位置靠后，液晶屏的光照不到他，身侧的百叶窗又是拉上的状态，莫名让人感觉进入案件的解临一下子让人几乎联想不起刚才笑着接过水的那个解临。

他似乎很喜欢看凶案现场的图片，把最血腥的几张按案发时间排列组合在一起。

解临靠着椅背，用两根手指捏着另一只手指间那枚戒指转了几圈，直到汇报人停下来看他，他才把目光从现场照片上移开，道：“我在听，你继续。”

“我们排查了所有和薛梅关系亲近的人，薛梅平时生活很简单，两点一线，唯一的矛盾可能就是她和她男朋友一个月前在闹分手，但是她男朋友并没有作案嫌疑，因为他一整个月都不在市里，和朋友外出散心，说要冷静一下重新考虑彼此的关系，所以整整一个月都没再联系过她。我们确认过他的车票，酒店入住消费信息以及监控，一个月前他的确不在本市。”

这样就又将亲近的人排除了。

“我们目前还不能确定凶手到底是怎么做到不留下入室痕迹……”

解临将薛梅的案子了解得差不多后问：“厦京市的案子是怎么回事？”

那名负责汇报的刑警说：“厦京市的疑案有两例，时间分别在去年 8 月和 12 月，由于缺少线索，加上受害人都是租客，且被发现的时间跟案发时间隔开了很长一段时间……所以这案子就……”

汇报人说的这些信息，在座所有人已经听过。

解临却从中抓住被他们遗漏的线索：“所以说四名受害者都是和家庭联系并不紧密的人，杨珍珍遇害至今，如果不是警方联系她的家人，可能会像薛梅一样，消失一个月也不会被人发现。凶手不一定是她们身边亲近的人，但一定是了解她们境况的人，换句话说，他应该比较容易通过某种手段获得受害人的个人信息。”

“？！”

解临充分地向他们展示了什么叫案子的难点，也正是它的突破点。

受害人被害后间隔一段时间才被找到，确实增加了破案难度，但是换一个角度想，这同时也能够成为凶手留下来的线索。

解临一下圈定了凶手选择“猎物”时的条件：“他专挑独居在外的女性，且调查过这些女性的家庭背景，甚至很可能——他的工作性质让他很容易做到这件事，因为一般情况下不可能通过正常社交，达到让一个陌生女性对你吐露家庭情况的目的。去年 12 月还在厦京市，他的工作很可能有较高的易变动性和流动性。”察觉到会议室气氛过于凝重，解临将摊在面前的档案翻过去一页，说，“……当然这个假设不一定绝对，如果是我的话，或许做得到。”

“……”

这时候就不需要展示你的个人魅力了吧。

武志斌听完若有所思，在一堆资料里挑挑拣拣，最后拎出一张照片，照片上的男人头发剃得很短，寸头，单眼皮，面相有点凶：“他是薛梅的邻居，从事物流行业，那天我们找他走访的时候，他表现得很不自然。”

会议结束在袁局最终吐出的一个字上：“查。”

散会后，解临拧开矿泉水瓶盖，把之前调成静音模式的手机拿出来，翻开微聊列表，想看看某个人有没有给他发消息。

池青显然不是那种会经常给人发消息的人，除非实在是吵得过分，一般不会主动戳解临。

解临主动发过去一句问候。

——这位患者，今天需要治疗吗？

对面半天没反应。

解临又动了动手指，打下两行字。

武志斌看见这一幕：“给谁发消息呢？”

解临笑了笑：“你见过的，整天戴手套不让人碰的那个。”

武志斌：“你还和他有联系？”

这句话透露出的信息其实不少，态度并不支持。

解临：“怎么？”

武志斌自知失言：“没什么……我就是觉得他这个人，看着挺奇怪的。”

“我对门那套房子买回来也是空着，前段时间租给他了，”对“奇怪”这个评价，解临倒是认可，“他是挺奇怪的，一身毛病，也不知道从哪儿来的。”

解临这句话看似在吐槽，武志斌却从里头品出一些极不明显的亲昵来。

解临灌下去一口水，再度拧紧瓶盖，起身说：“走了，明天审那位邻居的时候我再来。”

武志斌最后一个离开会议室。

来收拾东西的新人刑警看到他：“斌哥，还没走啊。”

武志斌回神：“啊，马上就走了，辛苦你了。”

他刚才坐在那里想的是那起陈年旧案，档案袋里其实有两张受害人信息表，他上回翻看的时候只停在了倒数第二页。倒数第二页上贴的照片是十几岁的池青。

他没有继续往后翻，因为最后一页他不用看也很清楚——最后一页在相同位置上贴着照片，照片上的人是十年前的解临。

武志斌不知道这两个人之间到底是什么缘分，惊讶于两个当初陈年旧案里的幸存者时隔多年居然再度碰到了一起。解临当初做的心理问卷结果是高危，那那位池青呢？

武志斌想到档案里那行耐人寻味的“建议长期追踪”六个字。

……他会是个正常人吗？

另一边，由于昨天睡得还不错，池青难得有心思在买菜 App 上下了一单，等蔬菜、水果和一盒冷冻牛排送到之后，准备做饭吃。

他很少做饭，主要是因为做饭很麻烦。

池青从刀架上挑出几把刀，放在边上备用，仔仔细细地擦干净刀之后，又从抽屉里拿出一副橡胶手套戴上，避免手指直接和食材接触。

屋内窗帘紧闭，且没有开灯。

一块鲜红的牛排摊在木质菜板上。

池青拿起刀，闪着银光的刀尖没入肉里，他手很稳，一点点往下划拉，切割面异常平整。

菜板边上的手机屏幕亮起，照亮这一幕。

——解临回总部了！！！

——总部啊！总部顾问！

——你知道这事吧，我好羡慕，今天我就住在柠檬树下了。

发件人季鸣锐。

池青切完肉，这才把橡胶手套摘下一只。

——我为什么要知道。

季鸣锐：你回消息的速度还可以再慢点吗，你在干什么？

池青回过去两个字。

——做饭。

——……

季鸣锐曾有幸见过几次池青做饭的样子，一回想就汗毛林立。

老实说，有点变态。

其实切肉这个事情，明明很家常，但是池青做起来就是很不一样。阴森森地拿着刀，特意戴着橡胶手套，虽然知道这兄弟是因为有洁癖——但仪式感太重，重得让人很难不多想。

而且他每一刀都切得很慢，慢得像是在细细体会似的……总之，他见过一次之后就摸着手臂上起的一片鸡皮疙瘩找借口回去了。

池青没和季鸣锐多聊，从聊天框退出去，在列表里看到几条未读消息。

——这位患者，今天需要治疗吗。

这句话后面还紧跟着两句：

——不回我。

——睡完就跑？

池青：……

池青今天精神状态好了不少，楼里有两家住户商量着一起出去旅游，今天早上八点进电梯，生病在家的那位病也好了，走了几户人他耳边一下子安静不少。楼里住户熬夜的次数也有限，不是每个晚上都有架可以吵。唯一令他感到头疼的就是楼下空置的两间屋子，其中一间似乎在招租客。

中介带人过来看房，一下午就带看了三次，都因为租金过高的问题没能谈拢。

接近傍晚，中介最后带来的是一个女租客，女租客不是一个人单独租房，因为失真的声音在说：【这套房确实各方面都挺好的，不知道他会不会喜欢……】

至于这个他到底是“他”还是“她”，池青对这些一点兴趣都没有，他只希望最后搬来的是个话少的人就行。

总之，在精神状态没那么糟糕的情况下，他不介意和解临之间的关系暂时重回原点，所以回消息的态度非常直接。

——欠你一顿饭，做饭的时候做多了点。

后面紧跟着四个字。

——爱吃不吃。

“有你这么邀请人的吗？”十几分钟后，解临停完车坐电梯上楼，倚在池青家门口，“我要是说不吃是不是正合你意？”

池青：“你要听实话？”

“？”

“是的，”不管解临想不想听，池青实话实说，“我不喜欢跟别人一起吃饭。”

解临：“那我怎么吃？”

池青：“端回去。”

“……没良心，”解临看着他笑了一下，“还说不是睡完就跑。”

解临直接自觉地进了门：“那怎么办，我倒是挺喜欢跟你一起吃饭的，你要不就先从我开始适应。”

屋内餐桌上摆了两个白色餐盘，边上有两副刀叉。

池青做出来的东西看起来还不错，不过煎牛排和水煮菜这两样本身也不难。

解临确实是没吃饭，武志斌留他去市局食堂吃，他没应。

市局那个地方，太熟悉也太陌生了，很多东西都变了，但走到哪儿都有解风的影子。

他记得当年身穿警服意气风发的男人第一次带他去市局食堂吃饭的时候给他夹菜的样子，男人当时的脸在记忆里已经变得模糊，但他记得那句骄傲且满怀憧憬的话：“这就是哥哥工作的地方。”

……

池青仔仔细细地又擦过一遍餐具，然后才拿起餐具，黑色指套捏着银色刀叉，还没下第一刀，就听解临说：“这位患者今天治疗态度不太积极。”

“……”

解临：“手套摘了，谁吃饭还捂那么严实的。”

池青戴手套完全是习惯性的。

有人来就习惯性戴上，都不需要过脑子。

十年养成的习惯一朝一夕很难改。

他握着餐具的手顿了顿，配合治疗这个坑毕竟是自己挖出来的，况且他确实不太抗拒解临，也不是不能妥协。

于是他放下餐具，把手套摘下来。

重新握上刀叉，这回没有隔着黑色布料，手指直接碰到刀叉冷硬的质感，似乎多了一点真实感。

吃饭间隙，两人偶尔聊几句。

解临吃惯西餐，食指指腹很自然地搭在餐具上：“你吃饭的时候好像不喜欢说话。”

池青冷冰冰地切断手里那块牛肉：“我不吃饭的时候也不喜欢。”

“你家里一直都这么黑?

“灯不开，窗帘也不拉，今天外边阳光挺好的。”

“不乐意你可以端回去吃。”

“……”

倒是吃完后，解临放下刀叉时忽然提起一个毫不相关的话题：“天瑞小区死的那名女孩子名叫薛梅，和杨珍珍一样，没有强行入室的痕迹，但身边熟识的人都没有杀人嫌疑。”

解临办案的时候很少会想听别人的意见，也没有别人的意见可以听，然而池青在杀猫案里的表现让他很在意。

这位脾气古怪、浑身毛病、整天宅在家里还不喜欢开灯的洁癖晚期，在某些方面有超乎常人的洞察力。

池青："跟我有什么关系？"

解临："没什么关系，就是想听听你对这起案子怎么看。"

半晌，池青从边上抽了一张纸巾，擦手的时候说："条件太少，很难猜测。凶手可能具备自由出入的方法，也可能粉饰过痕迹，没有强行入室或许只是表象，可以猜测的方向太多，所以很难说。"

关于薛梅的话题终止在这里，解临回去之后接到武志斌发来的简讯：那位邻居行踪确实可疑，这段时间都没去公司上班，敲他家门也没人开门，我们目前在天瑞小区外面蹲点蹲着他，你明天要是没事也可以过来。

解临回：知道了。

次日，池青一如既往在家里宅着，中介又带新住户来看房。

池青被迫了解到楼下这套房本来是房主给儿子置办的婚房，只是儿子留学后没有选择回国工作，决定留在海外定居，这才盘算着把房子出租出去。

他只当没听到，只要不出门，不去人流密集的地方，目前楼里这些人发出的声音他勉强还可以再忍受一阵子。

然而这个微小的愿望很快被现实打破。

前房东联系上他："池先生，你现在有时间没有？是这样的，你搬走的时候搬得比较急，我押金还没退给你，你看你方便回来一趟不啦？我们现场交接检查一下，没问题的话我就把押金退给你。"

池青并不想出门："不方便。"

前房东："……"

池青："没有损坏的东西，你自己去看，押金看着给。"

房东知道这位租客不太爱搭理人，没想过到这个程度，但他还是坚持："你人要是不在，我这心里也不踏实的呀，要是有什么损坏之类的两个人当面也能讲得更清楚，你说对哦啦。"

人和人之间没有那么多信任。

房东只想着要是需要赔付的金额超过押金，这位租客人不在场，跑了或者不承认都拿他没办法。

最后池青还是出了门。

这是他时隔一周多第一次外出。

失控之后外面的世界对他来说就像是个巨大的噪声制造厂，无数张嘴在张张合合，每一句话背后都有另一句不敢说出口的话，两种声音混杂在一起无休止地往他耳朵里钻。

池青穿了一件黑色外套，为了减少和周围空气的接触面积，他把连帽衫后面的帽子也拉了上去。同时也是出于心理作用，觉得这样就能隔开周围这些声音似的，宽大松垮的帽子盖了半张脸。

司机一看订单地址，叨叨道："你去杨园那片啊，那边现在可危险，听说人还没抓到……"

案子一天没破，大家的警惕心就一天不会降低。

流言甚至愈演愈烈。

接近离目的地的时候，池青听到很多声音，大都仍在谈论着凶案。

【凶手肯定就住在这片小区，不然死的两个姑娘怎么会离那么近。】

【每天下班回小区我都吓得要死，生怕凶手还在附近，还是赶紧找房子从这里搬走吧。】

【……】

前房东显然也为此发愁，见到池青出电梯，就忍不住迎上来埋怨道："现在这片的房子越来越不好租了，租金降三分之一都没人上门。"

前房东是名中年男人，拆迁分到几套房，近些年越来越有发福的趋势。

池青其实很难听清楚前房东在说些什么，这栋楼里住户太多，他从进小区开始就被各种声音吵得头疼，打断道："开门。"

前房东掏出钥匙开了门。

池青虽然搬走了，但他确实没有回这间房子看过，他租出去的房子不止这一套，而且和池青之间的租赁合同月底才到期。池青是提前搬走，还在合约期内，所以他也就没急着看。

这一看，前房东难免惊讶：房子新得和当初出租出去的时候一模一样，简直不像住过人。

前房东犹疑地看了看房子，又上下扫了池青几眼，扫到他手上那双黑色手套之后反应了过来，这个人恐怕有相当严重的洁癖。

"没有问题，哎呀，这房子简直和我买回来的时候一样，"前房东喜笑颜开，房子的新旧程度对房租高低起到很大程度的影响，"押金我转回给你，以后有机会我们再合作，要是想租回来，我随时欢迎。"

池青因为洁癖，受到过不少诟病。

上学那会儿永远和周围同学格格不入，所经之处寸草不生，其他同学生怕碰到他。

没想到倒是在租房这种事情上格外受欢迎。

池青交接完出去已经是正午，阳光照得刺眼，他抬手把帽兜往下压，走到路边准备早点打车回去。

这片人太多。

居民，沿街店铺，路上行人和车辆。

到处都是声音，全都堆积在一起，池青没办法同时处理这些声音。

最后这些声音交叠在一起，他听到一阵令人头晕目眩的嗡鸣声。

在那阵嗡鸣声过去的同时，一名身穿加厚面包服的寸头男人匆匆忙忙地从他身侧经过。

就在擦肩而过的瞬间，他听到一个极为清晰的失真的声音：【薛梅死了，警察很快就会查到我身上，他们会查到我一直在……她……】

池青只能在擦身而过的瞬间听到前半句话，前半句中间最关键的几个字受周围声音扰乱，听上去模糊不清。等男人走出去一段距离以后，那个声音就被淹没在无数声音当中，再无法分辨。

薛梅这个名字很耳熟。

池青回想起昨天吃饭时解临说过的话。

——“天瑞小区死的那名女孩子名叫薛梅。”

与此同时，距离天瑞小区 50 米开外，一辆看似普通的轿车内，武志斌坐在副驾驶位置上，静静观察着天瑞小区出入口的动静。

自从出事以后，天瑞小区其他出入口都被封锁，只留下南门供住户出入。

“人还没出现。”武志斌说。

坐在驾驶位上的是市局派来的专业刑警，他不解道：“目前没有确切的证据指向他，他为什么要隐匿自己的行踪？”

没抓到人之前，什么疑问都得不到解答。

武志斌忽然转身向车后排看了一眼：“还以为你今天不会来。”

车后排还坐着一个人。

解临坐在后座，手肘撑在半落的车窗上，正侧头往外看，他身上看不到丁点执行任务的紧张感：“您都亲自发话了，我还能不来？”

说话间，驾驶位上那名刑警上半身猛地坐直，说：“发现目标。”

“身穿黑色面包服，方向在斜后方，”刑警说话的时候眼睛一直看着后视镜，“距离约 250 米，再过几分钟就会经过我们的车。”

武志斌也坐直了：“做好准备！”

只有解临还是那副闲散的样子，即使往窗外看也像是在看风景。

车后视镜能照到的角度有限，这期间还会有其他行人阻挡住画面，他们也不能从窗外探出头往后看，只能屏气凝神等目标自己往这里靠近。

随着距离拉近，后视镜里的那个模糊的面包服影子越来越清晰。

刑警又说："等等！目标身后好像还有一名可疑人物！"

"黑色兜帽，头发很长，高瘦，皮肤很白。"刑警简单描述着另一位可疑人物的特征，"他还戴着黑色手套，一直跟在目标身后，看上去好像很不正常。"

听到黑色手套，解临也坐直了。

解临："？"

第5章

这个世界上同时符合这些形容词的人，解临这二十多年就碰到过一个。

解临起身，手撑在前面座位椅背上，示意刑警往边上让让，凑近去看后视镜。

后视镜里照到的人很多，街道上人来人往，但他还是一秒锁定了一张熟悉的脸——他形迹可疑的对门混迹在人群中，黑色兜帽，皮肤在阳光下白得晃眼，红唇抿着，看起来不仅可疑而且心情还不太好的样子。

"……"

刑警姓刘，武志斌喊他小刘，小刘十分敬业，并长期保持着高度戒备状态，他再度强调："他真的跟了他一路！"

解临最后说："知道了。"

寸头离他们现在所在的位置越来越接近，解临坐回去，手搁在后车门开关上随时准备行动："那个你们带走，这个人给我，你们不用管。"

越是接近天瑞小区门口，寸头脚下前进的步伐就放得越慢，他小心谨慎地观察四周有没有便衣警察，踌躇着等待最合适也最不引人注目的时机顺着人流混进小区。

天气冷，寸头搓搓手，嘴里呼出一口烟。

四下查看后，天瑞小区门口人流量也变得更多了，他不再犹豫，加快了速度。

然而他没能走多远，一辆自始至终被他忽略的路边轿车的车门忽然打开——

刘警官以迅雷不及掩耳的速度从座位上"弹"出去，手上动作干净利落，时机掐得刚刚好，按住嫌犯的肩膀将人死死抵在车窗玻璃上，从身后铐上手铐："警察，不许动！"

寸头根本来不及反应，在车门突然被打开的一瞬间他正要扭头跑，然而根本跑不出去。

池青跟了寸头一路，试图再听到些什么，然而自从那句含混不清的“我……她”之后，寸头再没有关于薛梅的心理活动，他所有注意力集中在附近有没有警察这件事上。

池青跟到一半就烦了，周遭太吵，满满当当的全是声音，挤在一起根本听不真切，他还得特意从这些声音里把寸头的声音挑出来，留意他心里的那一堆废话：

【应该没有人吧……】

【再等等，现在还不安全，等会儿，等人再多点。】

【……】

寸头被逮捕的时间前后不超过五秒钟，池青一直不紧不慢地跟在寸头身后，在这五秒里根本来不及做出反应。

车里的人也没有给他反应的机会——在前座门忽然打开的同时，后座门锁“嗒”的一声也开了，随即手腕被人一把拉住，拉住之后就被人往车里拽。

池青下意识伸出原本插在上衣口袋里的右手，然而仅凭一只手根本抵不过：“……”

最后池青后背整个抵在私家车后座上，兜帽顺势往后滑落，眼前视野清晰起来，这才看清楚拽他的人是谁。

解临伏在他身上，不仅将他双手禁锢住，同时也按着他的腿不让他乱动弹，这是一个很专业的捉拿姿势：“我俩好像真挺有缘的，这都能碰到。”

池青手指细，黑色手套在拉扯过程中褪了一半，解临掌心刚好压在上面。

池青耳边一下安静了，只剩下解临的说话声。

被人这样压着不太爽。

但是安静又是真的安静。

权衡之下，池青挣扎的幅度小了：“路过。”

“你成天闭门不出的，”解临说，“路哪门子的过。”

池青解释：“来做房屋交接，和前房东之间的租赁合同正式到期。”

解临：“所以你这是刚交接完出来？”

池青默认。

解临：“那就更说不通了，你不在小区门口直接打车回去？这条路上可不方便打车。”

事实上，池青并不清楚这条路方不方便打车，因为他确实不需要多走两条路的路程，特地到天瑞小区门口打车。

正好耳边安静下来。

池青脑内飞速运转，试图在最短的时间里对目前的情况做出反应，他余光透过还未关上的车门，看到一条街的沿街店铺里有一家药店，刚想说自己是来买药的，刚好家里感冒药过期的事儿解临也清楚。

然而解临紧接着又说："当然最重要的——马路那么宽，你平时恨不得跟人保持两米远的距离，你挨着薛梅邻居那么近干什么？"

池青："……"

坐在前排听完全程的武志斌："……"

这语气，不像在审嫌疑人，倒像是在争风吃醋。

但是这话里几分真几分假，就很难说了。

如果他被解临这番极其自然的话带偏，把话题重点放在"你挨别人那么近干什么"这件事上，就会很容易默认他早知道寸头和薛梅之间有联系。

池青没有中招。

他冷冷淡淡地问了一句："什么薛梅邻居？"

解临看着他，良久，手上力道才松。

但是松开归松开，解临却没有打算放他下车："你还是得跟我们走一趟。"

刘警官抓住人之后把寸头往后座塞，最后满载而归。

后座上三个人，解临坐中间，一左一右分别坐着两个可疑分子。

二十分钟后，市局审讯室内。

除了寸头以外，并不宽敞的单间内还坐着三个人。

武志斌坐在他对面，刘警官负责做记录，解临负责……旁听。

解临没有着急问话，他从武志斌身上顺过来一包烟，顺的时候还被武志斌瞪了一眼，但他没理会，抽出来一根递给寸头："别紧张，来一根？"

寸头看起来是比较内向的性格，他背弯着，挺高的个子往那儿一坐有些束手束脚，似乎并不擅长和人打交道。

寸头接过烟，没忍住问："……你怎么知道我想抽烟的。"

解临："你身上有很重的烟味，而且，你一直在桌子底下搓手。"

寸头确实是烟瘾犯了，人紧张的时候需要尼古丁分散注意力。

解临这时候才问寸头的第一个问题，他指指玻璃窗外："外头那个，你认识他吗？"

寸头顺着解临指的方向看过去，看到了一个坐在走廊上、戴着黑色兜帽的陌生男人："……？"

寸头虽然紧张，但还是没忍住在心里纳闷：这个人谁啊。

"不认识，"寸头摇摇头，"没见过。"

"从来没见过？"

“我确定，这个人看起来挺奇怪的，如果见过我不可能没印象。”寸头说。

“……”

抽了一根烟后，寸头胆子大起来，又问：“他犯什么事儿了吗？可跟我没关系啊，我真的从来没见过他。”

“……”

“看着挺奇怪”“疑似犯事”的池青坐在走廊长椅上，耐心告罄。

他手机一直在上衣口袋里放着，只是不想摘手套，所以没有经常玩手机的习惯。

池青坐了一会儿，口袋里的手机轻微振动。

——等会儿我送你回去。

池青摘下手套，他今天出来的时间太长，途经两个小区，又在市局这种人流密集的地方坐了半天，一行“我自己走”还没打完，正巧来市局给武志斌送资料的季鸣锐经过。

季鸣锐本来已经走出去一段了，隐约察觉到走廊上有抹身影特别熟悉，又一路倒退回来：“池青？”

“你怎么在这儿，”季鸣锐问，“没事跑市局来干什么，出什么事儿了？”

他这位兄弟和公安之间到底有什么解不开的奇妙缘分。

池青不知道怎么解释，又搬出那两个字：“路过。”

“……”

季鸣锐手里拿着资料：“我给斌哥送个资料，你先别走啊，我送完就出来。”

季鸣锐进去之后，隔了好几分钟才出来。

出来的时候基本了解全审讯室里的情况了。

池青尽管烦得头疼，想到读到的那句话，还是不动声色地问：“里头那个，有嫌疑吗？”

季鸣锐头脑简单得很，忙了一天，坐到池青边上喝口水，没多想，像竹筒倒豆子一样说：“里头那个，薛梅邻居，薛梅你知道吧，就是被凶手在冰箱里藏了两个月的那个。目前还不知道有没有嫌疑，但是挺奇怪的，薛梅死后他东躲西藏。

“他现在承认自己喜欢薛梅，并且曾经用一些手段纠缠过她，所以怕被警方找麻烦。”

审讯室里。

寸头抽完一根烟后，缓缓地说：“薛梅很漂亮。

“从她搬来这栋楼的第一天，我就注意到她了，她那天穿着碎花裙，披着褐色的长卷发，她给同楼的邻居都准备了礼物……她是我见过最好看的女人，尤其是笑起来的样子。”

武志斌用的是肯定句：“你喜欢她。”

寸头没有否认：“是，我的确喜欢她。”

武志斌：“你说你是因为曾经纠缠过她，所以怕被我们找上门，你具体是怎么纠缠她的？”

武志斌问话的时候，解临在滑手机。

寸头眼底也有很明显的青色，季明锐刚刚递上来的走访资料显示，寸头平时比较宅，不上班的时候很少见他出门：“我……给她的社交账号发各种私信，她不知道是我，还举报过，账号被封之后我就再开了一个新的账号加她。”

寸头没有明说“各种私信”具体是哪种，但是按照被薛梅举报的程度，所有人心下了然：这怕不是个猥琐男吧。

“就这些？”

“就这些……”寸头说到这里言语才急切起来，“别的我真的没干过了警官，人不是我杀的，我怎么可能杀她。”

武志斌听完，扭头想问解临意见，发现他还在滑手机：“……”

初步盘问完，几人退到隔壁监控室里。

在监控室里他们能够通过一整面单向玻璃墙看到审讯室里的景象，也能攀谈，但是对方看不到也听不到他们。

武志斌看着那面玻璃，问解临：“你认为这个说法，可信度有几分？”

解临手指慢吞吞地在手机屏幕上滑动，漫不经心地说：“四五分吧，未必在说谎，但也未必都交代了。”

武志斌终于忍无可忍：“你看半天手机了，到底在看什么？”

解临说：“没什么，就是给我家租客发了条短信让他等会儿。”

武志斌：“……”

这是办案的态度吗？！

“别急，我话还没说完，”解临滑到一半，手指终于在屏幕上停顿住，没再继续往下滑，他把手机翻个面，屏幕面对准武志斌，“……然后我一直在翻薛梅的微博小号。”

手机屏幕上，薛梅的微博小号叫“想吃梅子”，粉丝只有十三个，和大多数女生一样，她的微博大都是转发许愿博，还有很多美妆类的种草博。

原创微博也不少，对工作、客户的吐槽，分享生活碎片，有快乐的也有深夜莫名抑郁的。

解临已经将薛梅的微博翻过去很多条，他停顿的地方是一条很简短的话。

在两个多月前的某个深夜，薛梅在微博小号上写：我总感觉好像有谁一直在看着我。

“只是开账号骚扰，需要那么担心被警方找上门吗，这个说法比较牵强。但是他提到骚扰，说明他对薛梅是有那方面想法的，所以我怀疑……”解临说到这儿微顿，“他应该不只是骚扰过薛梅那么简单。”

另一边。

走廊上，季鸣锐也正说到“纠缠”这块儿：“太猥琐了，怎么能给女孩子发这种消息！”

池青没回应。

因为他在无数句失真的声音中捕捉到一句：【不知道警察会不会相信我说的话……】

审讯室内。

寸头正好在说话，他对着空荡荡的房间，为自己鸣不平：“我真的什么都没干，你们相信我！”

这个失真的声音，在前不久，和池青擦肩而过时的声音一样。

池青认得出这是寸头的声音。

所以他尽量集中注意力，排除过滤掉其他声音，去听那个声音具体在说些什么。

审讯室和池青坐的地方只隔着一条短短的过道以及一扇门。

池青这回听得清楚了一些，由于说话的人情绪不稳定，所以失真的声音听起来格外诡异：【我不能被他们发现，不能被他们发现我一直在……她。】

这次他没有听漏。

“我……她”的原句，原来是——

【我一直在偷窥她。】

外头天色逐渐暗下去，太阳西斜，落日余晖照在“天瑞小区”四个字上。

在某栋楼内，一间被警局封锁的房间无人进出。

为了避免丢失证据，房间里所有东西都很小心地按照原样保存。

这是薛梅的房间。

房间墙面早就有些斑驳了，而正对着卧室的那块墙壁上有一块极不明显的椭圆形印记——因为已经被人重新用相同材质的建筑材料堵上，所以很难发现墙壁上曾经有过一个小孔。

市局里的声音明明纷纷杂杂，说什么的都有，由于寸头那句话实在令人错愕，池青一下子听不到其他话语，像是有人趴在他耳边不断重复着那句：【我一直在偷窥她。】

寸头男的声音低沉，缓缓从池青耳边淌过，像一个沉默的、疯狂的病态偷窥者的私语。

半晌，池青手插在口袋里，起身的时候还是对季鸣锐说："案发现场都检查过吗？"

池青这个人本来推理能力就强，加之上回杀猫案也帮了不少忙，季鸣锐对池青主动问及案件相关问题这件事没有感到突然："大致检查过，没检查出什么问题。"

池青："没有任何异常？"

季鸣锐："？"

季鸣锐："为什么这么问。"

"没什么，"池青说，"只是忽然想到以前看过的一个故事。"

"故事？"

池青讲恐怖故事的时候依旧面无表情，语调毫无波澜："讲一个男人起初也是给人发骚扰信息，最后在女生家里安了针孔摄像机每天监视她的一举一动。"

季鸣锐听这则小故事的时候倒是听得很认真，他若有所思："你说的这些倒也没错，我在派出所遇到过类似案例。一些习惯性纠缠对方的人，他很容易变得越来越病态，甚至逐渐不满足于网络纠缠，会选择更多手段去'接近'对方……哎，你去哪儿？"

季鸣锐自言自语到一半，一抬头，发现池青已经往外走了。

男人戴着黑色手套的手推开走廊进出口那扇玻璃门。

"这里太吵，"池青眯起眼，耳边依旧嗡鸣声不断，"走了。"

当季鸣锐将这个观点转述给观察室里几个人的时候，观察室有一瞬间沉默，沉默得季鸣锐感觉心底发慌，一下不确定起来，不确定自己是不是不该随便说这种推测："呃，我就随便说说，我可能是想多了……就这几天总是胡思乱想的，斌哥，你是不是又想骂我没长脑子，那什么，我先回所里了，就当我今天没……"

"没来过"三个字没能说完。

武志斌拍着季鸣锐的肩膀，欣慰地说："你小子今天，有长进啊！"

季鸣锐张着嘴："——啊？"

"我们也正好在分析这事儿，"武志斌平时总是被这帮新人气得肝疼，今天总算从他们嘴里听到一些像样的话，毫不吝啬地夸赞道，"薛梅微博小号上提过，说总觉得有人在看着她。"

武志斌最后道："这人先继续扣着，你们俩跟着我走，再检查一遍案发现场，可能有什么细节被我们遗漏了。"

季鸣锐摸着后脑勺，被夸得耳朵泛红，立马道："好的斌哥！"

只有解临倚在操作台边没说话。

他刚翻完薛梅的微博小号，女孩子第一条微博是三年前发的，那个时候她刚刚大学毕业，满怀憧憬地在小号上发了一句：毕业啦，好好工作，好好生活，加油。

解临对着那行简单的字看了许久，然后才退出微博。

之后他又切回微聊，点开某个人的聊天框。

发过去的消息对面压根儿没回。

他又抬眼去看走廊外，原本坐着人的长椅已经空了。

季鸣锐耳朵上那片红还未消退，就听解临问他："刚才那些推测，你怎么想到的？"

季鸣锐实话实说："我在所里做了那么多调解工作，接到过类似案例，当然，刚才我朋友也恰好给我讲了个故事……"

池青一路穿过走廊，下了电梯，却在市局门口被人拦下。

一位年轻警卫守在大门口，他一条手臂伸出来，拦在池青面前，示意他停下："你是池青池先生吧。"

池青脸色并不好，掀起眼皮看他。

警卫说："不好意思，你不能出去。"

"理由，"池青说，"你没有权利拦我。"

警卫哪能知道理由啊，刚才上头一通电话就让他拦人，不予放行。

大厅里有好几部电梯，各个方向都有直达其他楼层的电梯，池青和年轻刑警交谈间，正对着大门的那扇电梯门开了。

电梯从三楼审讯室直接下来。

于是池青清楚听到身后传来一声："我让他拦的。"

解临说完摆摆手，示意帮忙拦人的那位可以撤了。

于是警卫冲他们微微点头示意，回到自己原本的岗位继续工作。

解临手搭在池青肩上，另一只手推开大门，带着他往前走："走吧，一起去案发现场看看。"

门开的一瞬间，池青耳边的声音又多了一重。

多出来的一重声音源于大马路上那些往来的人群和车辆，但是这些声音目前还不是最让池青感到头疼的，比起声音，他更头疼身边这个人。

池青："我为什么要去？"关他什么事。

解临搭在他肩上的手没松开，他沉吟了一会儿，说：“你一定要问为什么的话，可能是因为你故事讲得不错。”

“……”

“你也可以不去，”解临又说，“不去的话，我们就再回三楼审讯室聊聊你刚好、突然想起来的那个故事。”

解临说这话的时候眼睛看着他，虽然和平常没什么两样，但池青知道接连两次的“巧合”足够让他产生怀疑。

而跟在武志斌身后，晚一步出电梯的季鸣锐看着解临那只手，深刻怀疑自己是不是活在梦里：“……”

季鸣锐站在原地，恍惚地发问：“斌哥，你看到解顾问的手搭在哪里吗？”

武志斌：“看到了，你朋友肩上。”

“怎么了？”

“……”

原来他没看错啊！

这居然是真的！

季鸣锐不信邪，他用力眨眨眼，看到的画面仍是这一幕，而且他还留意到解临的手搭上去已经超过十秒钟，池青却没有让他滚远点。

……这两个人什么时候那么熟了。

季鸣锐心说，这简直比那两起目前还不知道凶手是如何进死者家里的案子，更让人感到迷惑。

池青被强行拉去案发现场，案发现场在第一时间被警方封锁，未经允许任何人不得随意入内，即使是进去，也得严格按照要求，不得破坏现场。

池青是第一次踏进这里。

薛梅的房间里依然有着很浓厚的生活气息，如果不去看那个曾经冷冻过薛梅尸体的老式冰柜，以及警方贴的那些封条，会让人以为这个女孩子只是出了一趟远门，她很快还会再回来。

现场已经勘查过很多次。

这一次的重点放在“隐私”上，重点检查隐蔽死角和墙壁。

“针孔摄像机拆除后可能会留下痕迹，但我认为使用摄像机的概率不高，如果用了摄像机，就很可能会录下薛梅被害的过程，他会在薛梅身亡当天就得知这件事，”解临分析说，“但他显然在尸体被塞进冰柜后的这一个月里，对这件事毫不知情。”

池青正好在看墙壁，他目光落在一片椭圆形的痕迹上，伸手指了指，问：“这是什么？”

几人将颜色偏新的那部分建筑材料小心凿开之后，总算露出了这面墙本来的面貌——由于里面那部分新的材料是近期才塞进去的，所以一凿就一整块跟着落下来。

墙面露出一个手指粗细的小孔。

武志斌凑上去看，对面是寸头的卧室，他睁着眼清清楚楚地通过这个孔，看到寸头卧室里陈列的床铺、废纸篓，以及铺在床铺上散乱的脏衣服。

池青很早就知道，每个人心里都有秘密。

事情败露，寸头坐在审讯室里，低着头承认：“是，我是一直在……一直在偷窥她。

“那个墙面原本就打过孔，我也不是这间屋子的第一任住户，我搬进来的时候墙面就凹进去一小块，房东说是之前的租户想挂海报、照片，所以自己往上钉的钉子。

“我住进来之后就用那个钉子挂衣服，后来钉子落下来的时候，连带着墙皮也一块儿掉下来了……

“那个孔就是这么来的，”寸头着急地解释，“我没有故意在墙面上打孔。”

这回审讯室里就剩下两个人，武志斌和季鸣锐。

池青被解临带到观察室里，两个人在观察室里坐着，通过扩音设备和面前的玻璃墙，能够实时监听隔壁房间。

池青坐在解临边上：“刚才去现场就算了，为什么现在我还不能走。”

解临面前就是操作台，他将扩音器声音调小了一些，说：“想听听你的意见，顺便等会儿一起回去。”

听意见是假，试探是真。

池青心说，他刚才就不该和季鸣锐多嘴说那么一句。

解临确实是在试探他。

又是路过，又是突然想到一个关联故事，这个人自己往案子上撞，他不多想都不行。

但是要说嫌疑，还谈不上。

池青既没有作案动机，也没有任何证据指向他，他除了之前住得离案发地近了些以外，并没有什么切实可疑的地方。

“看你今天一整天状态都不是很好，”解临从边上拿了瓶矿泉水递给他说，“刚才在案发现场，斌哥靠近墙面的时候，你往边上退了好几步……是今天在外面碰到的人太多？”

池青接过水“嗯”了一声，没有否认。

解临等他喝完水，又很自然地从他手里把水接过去帮他放桌上，但是没给池青把手塞回去的机会，他一只手握着池青的手腕，另一只手放完水后，直接去摘池青手上那只手套。

池青手上的黑色手套冷不丁被他摘下：“……你干什么？”

“你说干什么，”解临现在握池青的手握得越来越熟练，“你这病还是很严重，得治。”

理智告诉池青，他应该把手抽出来。

但是被吵了足足一天之后，耳边突然安静下来的感觉让他难以抗拒。

市局里那些声音一下全没了，只剩下玻璃墙另一边，武志斌的声音透过扩音器传过来：“这孔可能不是你故意打的，那人呢，你偷窥薛梅多久了？”

池青手指关节抵在解临掌心里，微微动了动，最后还是放弃抵抗。

寸头沉默了一会儿，说：“从她住进来的第一天开始。”

“我本来是要找人修的，都已经联系房东让他帮忙找维修师傅，但是就在那几天，隔壁换了租户……”

新租户就是薛梅，薛梅搬来的第一天，寸头看了她一眼，之后鬼使神差地，他用其他东西堵上了那个孔，并且给房东发消息的时候说是自己看错了，没有东西需要维修。

然后当天夜里，他小心翼翼地把自己卧室里所有发光的灯具都关闭，忍不住将眼睛凑近那个小孔。

“你都看到什么了？”武志斌问。

“我看到她……”寸头支支吾吾，“她在换衣服。”

偷窥这种事很容易上瘾，有了一个可以窥探他人生活的途径，对寸头来说，那个孔像是有魔力一般吸引着他。

“我忍不住，之后我每天都会偷偷看她。”

寸头紧紧贴在墙面上，眼睛一眨不眨地看着薛梅下班回家，看她给朋友打电话，看她点外卖、吃饭、刷剧，看她卸妆后素颜的样子，他觉得自己和薛梅之间有了某种私密的，只属于他们俩的关联。

一段时间之后，他看她对着试衣镜换自己新买的衣服，然后某一天夜晚，看到她穿着那套新买的漂亮衣服，把一个男人带回家。

两人一前一后进门。

他满怀嫉妒地看着她和男朋友亲热。

武志斌打断他，拿出薛梅男朋友的照片，仔细跟他确认：“她带回家的是这个人吗？”

照片上的男人体形普通，甚至微微有些胖，身高目测不超过175cm，一眼看过去并没有什么很特别的地方。

寸头看了一眼，眼神嫌恶，确认道：“是他。”

“你很讨厌她男朋友？”

是的，他讨厌。

因为薛梅男朋友的到来，打破了那种只属于他的私密关联，打破了他不切实际的臆想，让他清醒过来。薛梅身上所有看得见看不见的东西都属于另一个男人。

而他只是一个藏在暗处，连碰都碰不到她的偷窥者。他并不喜欢这种感觉。

“她男朋友来的频率很高，隔三岔五会过来，来的话一般都会过夜，”寸头回忆说，“有时候晚上很晚了，薛梅都睡下了他也会过来看看她，拥着她睡觉。”

听一个偷窥狂坦白自己的偷窥史实在不是愉快的体验。

季鸣锐在边上负责做记录，觉得从没做记录做得那么难受过。

但是不得不承认，这位长期偷窥薛梅的邻居，是目前最“了解”薛梅的人，薛梅死了，凶手行踪成谜，从这位邻居身上很有可能会找到某个突破口。

武志斌问及一个最重要的问题：“一个月前，薛梅遇害的时候，你什么都没看见？”

寸头说：“没有，那段时间我回了趟老家，家里办丧事。”

这种事一般不会说谎。

车票一查，走访问一遍，是真是假很快就能知道。

武志斌：“那你回来之后，薛梅一个月都没有出现过，你就没觉得不对劲吗？”

寸头：“我有觉得不正常，但是我之前看到她和她男朋友吵架，我以为她去找她男朋友了，而且我也没有立场去打探她的下落……”

他是一个藏在暗处偷窥人家的变态。

就算他觉得薛梅一个月没出现，可能有什么问题，也没办法拿出去和人说。

薛梅消失的这一个月里，寸头偶尔还会去看那个小孔，从小孔往里看，正好能看到半个冰柜。

事发之后，寸头一想到那个冰柜就后背发凉——他在过去的这一个月里，通过偷窥孔打量薛梅房间的时候看过那个冰柜无数眼，他完全没有想过，薛梅就在那个冰柜里。

简单做完记录，该问的都问过之后，武志斌和季鸣锐撤到观察室分析信息。

然而季鸣锐手里抱着记录本，推开观察室的门，进去第一眼就看到池青被解临握住的手："……"

而且那只手，没戴手套。

池青虽然看起来还是那副冷冷淡淡的样子，垂着眼坐在那儿，也不知道有没有仔细听审讯室里的问话，但季明锐可以基本确认，他兄弟应该没有被绑架。

观察室的门忽然被人推开，池青和解临两位当事人倒是没有什么反应，门口的人下巴惊掉一地。

季鸣锐好半天才找回自己的声音："你……？"

池青看他一眼。

季鸣锐："你手套呢？！"

"摘了，"池青说，"你眼睛有问题，看不见吗。"

"……"

他当然看到了。

问题是这位爷为什么会摘手套啊。

季鸣锐现在有点吃醋，这种醋意主要源于他一直认为自己才是池青最好的朋友，从高中开始，他和池青之间的关系就比别人都近，别人都得离他两米远，但他可以在一米距离内出现。

虽然他跟池青说话的时候，池青一般不怎么理他。

可是其他同学连和他单方面说话的机会都没有，这样一比较，他和池青的关系就显得非常"近"了，即使这个"近"给人感觉非常卑微。

……

在季鸣锐苦苦奋斗之下，多年后，才总算见到池青不戴手套的样子。

而现在。

他不是那个跟池青天下第一好的人了！

季鸣锐瞳孔地震。

如果池青知道这个人心理活动那么多，只会送他两个字：有病。

季鸣锐："所以你们没有人想解释一下……你为什么握手？"

池青不打算多说："治疗。"

季鸣锐："？"

解临帮他把话补充完："心理医生建议他平时多和人接触。"

季鸣锐："你怎么不跟我多接触？"

池青："碰你恶心。"

季鸣锐："碰他就不……？"就不恶心？

这个问题季鸣锐没有问全，眼前这一幕很显然已经告诉了他答案，再问下去也只是自取其辱。

偏偏解临还要继续，跟他把话说个明白：“多和人接触这个说辞其实不太确切。”

“？”

“主要是跟我接触，”解临继续道，“他目前还接受不了其他人。”

季鸣锐：“……”

他们没能在这个问题上多做纠结，很快，观察室的门被人敲响，在同一个案组但是分工不同的刘警官在门口探头道：“薛梅的父母到了。”

薛梅的父母都是农村人，家中有两个女儿一个儿子，薛梅排第二，既不是最大的那个，也不是最受宠的最小的那个，夹在中间时常被家里人忽略。

薛梅大学也是离开家在外边上的，所以家里人很习惯她独自在外，觉得反正孩子能自己照顾自己就行，个把月不联系是常有的事儿。只有需要补贴的时候，家里才会主动联系她。

这个家庭情况和杨珍珍如出一辙，杨珍珍父母离异，一个再娶一个再嫁，两边都顾不上她，逢年过节能有一句问候就已经算不错了。

武志斌：“仔细问问，看看薛梅有没有和他们透露过什么信息，要具体到每一通电话的内容。任何情况都不能放过。”

后续还有工作需要进行，没解临什么事儿，他晃了晃握在掌心里的几根手指：“走不走，一起回去。”

池青跟在解临身后，薛梅父母正站在走廊里，一位沧桑的农村妇女哭得声嘶力竭：“怎么会，上个月我们还通过电话——她说过年会回来的，人怎么就没了……”

池青并不能理解薛梅母亲的这种悲痛。

解临察觉到池青多看了那名妇女一眼：“怎么？”

池青：“她平时不是很少跟女儿联系吗？”

“人这个生物，很复杂，”解临说，“爱也很复杂。”

池青手指指节依旧抵着他掌心，解临带着他穿过走廊这片喧嚣，男人边走边说：“每个人表达爱的方式不一样，有的人爱得长久，有的人爱在瞬间，有的人在失去之后，后知后觉地才发现自己其实深爱对方，甚至有时候恨也是另一种爱。”

这天深夜，池青睁着眼，时针转过“12”。

这次不是因为吵，而是因为解临那番话。

“爱”这个词好像比那些让他无法感知到的情绪更加陌生，他从来没有思考过这个词。

对很多人来说，关于爱的第一课，通常源于父母。

然而池青从小对父母的印象少之又少，或许有过温暖，但那也是在很小的时候。

窗外暮色暗沉，市局依旧灯火通明，所有人为了案子加班加点，累了便直接趴在工位上睡一会儿。武志斌这回因为这起发生在他们辖区内的诡异入室案，暂时被调回市局工作。

他此刻正拄着拐杖，从资料室走出来，手里拿的却不是跟这起案子相关的资料，而是一份人物档案。

档案第一页写着：池青。

“档案帮你调出来了，”武志斌对着电话说，“你现在就看？”

电话那一头，解临的声音漫不经心地道：“发过来吧。”

武志斌干了几十年刑警，不比解临好糊弄，他白天虽然没有当面问，心里却也在犯嘀咕——这个池青，接连几次撞上案子，会只是巧合？

由于池青是当年重案的幸存者之一，当年办案人员对他进行过调查，人物档案里记录着他的详细信息、家庭情况以及一些后续的简要追踪。

但绑架案幸存者的身份加密级别很高，即使是存放在市局里的人物档案也不能透露半点和绑架案有关的信息。

所以这份人物档案里抹去了绑架案相关的部分。

解临坐在书房，指间捏着一根黑色钢笔，翻看武志斌发过来的传真文件：“家庭情况：父母车祸遇难，从小寄养在舅舅家，学习成绩优异……”

资料显示池青从小和舅舅一家关系尚可，毕竟不是自己孩子，谈不上亲近，但也没克扣他的吃穿用度。但是自从池青某次意外失聪后，对舅舅一家的态度有明显转变。

出院后更是因为池父池母当年那笔车祸补偿金闹过矛盾，干脆利落地上了法院，也是上了法院之后才知道，他们收养池青只是为了那笔巨额补偿，嘴上说着代为保管，实际上这些年早就被他们挥霍得一干二净。

“……”

解临目光落在“明显转变”这四个字上，想不到池青住院期间有什么契机，让他发现舅舅一家收养他的真相。

档案后半部分和他目前了解到的情况基本吻合，性格孤僻，高考后去了表演专业，但演戏天赋明显不够。

这份人物档案虽然有些地方让解临看的时候略微停顿了下，但总体来看，并没有什么可疑之处。

电话一直没挂，武志斌在电话那头问："你觉得他有问题？"

解临沉吟了一会儿说："是有点疑虑，不过跟案子没关系，是另一方面。"

武志斌心说，你这不像有疑虑，倒像是对人很感兴趣。

池青这天晚上没睡好。

第二天他一边听着楼栋里的各种声音，一边和心理医生进行线上治疗，吴医生在电话里打招呼道："最近感觉还好吗？和解先生配合得怎么样？"

池青不太愿意提到那个拉着他在警局待了一天的解某，但是又不得不承认，在解临身边的时候，整个世界都很安静。

池青承认自己现在的状态非常别扭："我不想靠近他，但又忍不住靠近他。"

吴医生："……这个现象是正常的，毕竟你还不适应，能够做到不排斥已经很好了，我们一步一步慢慢来。"

吴医生例行询问，两人聊了一会儿。

咨询间隙，楼栋里的声音忽然变多。

楼下那套房子总算招到租户，今天敲定下来，签了租赁合同。

【女孩子好啊，房子租给女孩子我放心点，女孩子细心，好说话。】

这个失真的声音是房东在说话。

紧接着，另一个失真的声音响起来，池青记得这个声音，这个声音是上次那个要和人一起住的女生：【总算租到合适的房子了，这里离上班的地方也近，刚好他也很喜欢。】

吴医生说着说着发现对面没声儿了，道："听得见吗？喂？"

池青从一堆声音里勉强辨认出吴医生的声音："不好意思，有点吵，没听清。"

"吵吗？"

哪儿吵了，电话那头明明很安静啊。

"吵，今天的咨询就到这儿吧，"池青说，"改天再约。"

吴医生听着电话里一长串忙音，摸不着头脑，自言自语道："难道是我说话的声音吵到他耳朵了？"

楼下那套房子出租出去之后，搬家公司很快上门，楼栋里又热闹起来，搬家公司的人从下午开始不断进出。

池青晚上没睡好，白天也没办法安宁。

他点开微聊软件里解临的对话框，看了半晌，发现实在找不到什么借口，正决定退出去，对话框里多了一条消息。

解临：楼下搬来人了，下去看看。

池青回：看什么?

解临：听说是个女孩子。

池青下意识想到解临手上戴的那枚戒指，很想说想看女孩子你自己下去看。

然而解临紧接着又发过来一句。

——案子没破，女生在外租房难免容易多想，尤其是这种新搬来谁也不认识的，反正离得近，下去打个照面。

或许是解临说的话的确有几分道理，也或许是耳边太吵。

在解临问第二遍“去不去”的时候，池青回了一句“去”。

——那你出来。

——我在电梯口。

池青开门出去的时候，解临正在电梯口等电梯，他穿得很正常，倒没有因为要去楼下而特意换衣服，确实只是去简单打个照面。

解临：“我还以为你会说你不想认识，要去自己去。”

池青：“……”

他确实是想那么说，如果没有失控的话。

地方就在楼下，电梯很快就到了。

电梯门开的一瞬间，刚才那些乱糟糟的声音一下离他更近。

池青没出电梯，在电梯里不太明显地磨蹭了几秒。

解临看了他一眼，知道他觉得外面人多，留意到他垂在身侧的手没有戴手套，于是很自然地伸手拉着他出去：“没事，不让他们碰到你。”

电梯外边人确实很多，搬家工人不断拖拽着大纸箱进出。

但是忽然安静下来之后，池青觉得……这些人看起来也没那么烦了。

第6章

新租客确实是一名女孩子，样貌乖巧，头发垂顺，穿着一件米色毛衣，说话细声细气，对搬家工人连连道谢：“东西有点重，辛苦你们了。”

出入门开着，里面只是简单装修过，地板、基础设备都是开发商交付时装的，家具什么的都还没有置办，因此除开搬家工人搬进来的大件纸箱外，屋内空荡得很。

女孩子看起来瘦弱，也还是在帮忙抬纸箱，她搬完纸箱之后抬手用袖子擦了擦额前的汗，放下手看到家门口多了两个陌生男人：“……你好，我是新搬来的租客，你们是？”

面前这两个人她从没见过。

长得跟明星似的，要是见过不可能没有一点印象。

“我们住楼上，”眼底带笑的那个男人率先说，“听说你是新搬来的住户，就下来看看。”

解临盯着人看的时候极具迷惑性，那双眼状似无意，眼底却总含着几分“深情”，正常人跟他对视三秒，很容易缴械投降。

“我姓解，单名一个‘临’字。”

解临说着，又把身后那位冷着张脸，和周围搬运工人时刻保持最远距离的人拉到身边，介绍道：“我住你对门的那个方向，他住你上边，以后有什么事儿可以找我们。”

女孩子的脸控制不住地红了，正想说“谢谢”，就见那位解先生边上一直在不动声色挪位置的男人说：“找他，别找我，把‘们’去掉。”

“……”

女孩子留意到男人额前头发很长，虽然漂亮但总感觉有些颓废，嘴唇比她薄涂过一层的口红还红，男人冷声说：“有什么事尽量自己解决，或者找这位热心的解先生，他应该很愿意帮忙，总之，少敲我门。”

池青说话的时候，也一直在留意周围走动的搬家工人和地上那堆大纸箱。

只要搬家工人有往他这边靠近的趋势，他就往反方向退，最后后背抵在走廊墙上靠着。

解临帮忙找补道：“他就是嘴上说说，你去敲门他也还是会开的。”

池青非常诚实地强调：“我不会开。”

“……”解临看他一眼，“人家刚搬来，你就要给人留下这么不好相处的印象吗？”

池青靠着墙说：“一开始就把话说明白，可以省去很多麻烦。”

女孩子：“……”

虽然长得像明星。

但是这位楼上住户看起来好像怪怪的。

解临手上力道略微加重，最后压低声音提醒道：“还想不想治病了，就你这种招呼方式，再过一万年也没办法跟人正常接触。”

池青：“……”

解临轻声道：“重新说。”

池青很少被人威胁，一般来说，他基本没有什么死穴，但是现在失控的情况除外。

池青抿了抿唇，沉默半晌，艰难地组织语言，人生第一次向街坊邻里表达出欢迎来访的态度：“你要是实在有事，偶尔可以来找我，虽然我不是很想给你开门，但我会尽量克服。”

“……”

这话说得也没比刚才那两句话好到哪儿去。

好在女孩子没有计较，毕竟刚搬来，楼上住户能下来打招呼已经出乎她的意料。

最近关于女生在外租房的讨论愈演愈烈，她这个时间段出来租房住，说心里不慌肯定是假的，她自我介绍道：“我姓任，你们叫我琴琴或者小琴都行。”

解临念了她的名字：“琴琴？”

解临这个人很容易让人在攀谈的时候放松警惕：“是‘竖琴’的‘琴’吗？”

然而跟边上这位电不要钱般随意乱放的“狐狸”不一样，池青张口就是一盆冷水：“任小姐。”

任琴：“呃……叫任小姐，也可以。”

说话间，房里传来一声很细微的猫叫：“……喵。”

“啊，对了，”任琴转身进屋，把自己家的猫抱起来，“它叫糕糕，今年一岁半，忘记给你们介绍了，它是不是很可爱？”

这只猫是任琴从之前居住的小区里捡来的，一只圆滚滚的橘猫。

“去年冬天，它因为太冷，就躲在我家门口，”任琴性格和她说话时的声音一样温柔，“当时还没有现在这么胖，只有很小一只，我就把它捡回家了。”

橘猫似乎对这个“胖”字很是敏感，认为这是对自己猫格的侮辱，又“喵”了一声。

糕糕乖巧可爱，但凡来见过它的就没有不喜欢的，任琴没有思考过两位楼上来的喜不喜欢猫这件事情，她将猫举出去一点，道：“糕糕，跟两位叔叔打个招呼。”

池青本来就已经被搬运工逼到墙边，这只猫忽然凑上来，他退无可退：“……”

解临先一步挡在他面前，没让那只橘猫热情洋溢的爪子碰到池青身上，挡完之后在任琴讶异的眼神里挑了一个比较说得过去的理由：“他小时候被猫挠过，所以见到猫比较害怕。”

“这样啊，”任琴松开手，橘猫一溜烟又窜回屋内，“不好意思，但是糕糕很乖的，它从来不挠人，你放心。”

解临说：“没事，看出来了，它很乖，也很可爱。”

两人——主要是解临，和任琴聊了会儿就算简单打过招呼。

通过三言两语以及简单观察，不难拼凑出任琴的基本生活信息，她原来在隔壁市当甜品店店长，但是连锁店临时发生变动，她只能跟着上头的安排换一下门店继续工作，于是上周就被调到华南市某家门店上班。

她也是来了之后才听说这一片发生了两起命案，凶手至今还未落网。

虽然这里离杨园小区说近倒也不近，但是说远也不算远。

“你一个人住？”解临问。

“不是，”任琴笑笑，“我和朋友一起住的，他晚两天到，订票的时候太匆忙，没能订上同一天的票。”

简单寒暄过后，确认没有什么需要帮忙的地方，两人没多做打扰。

任琴等电梯门再度合上，掏出手机打了一通电话，电话对面显然是那位一起住的朋友，她轻声说：“我已经到了，搬家公司搬得也差不多了……嗯……我知道……”

任琴说着，提起楼上两位住户：“刚才楼上的人下来看我来着，人挺好的，我还想是不是明星……帅啊，但是他们之间……”任琴刚才不方便说，不代表她没有注意到两人的小动作。

任琴看着那扇紧闭的电梯门：“其中一个看起来怪怪的……”

“怪怪的”池青此刻正站在电梯里，垂着眼看解临还没松开的手。

其实解临压根儿没用什么力气，池青要是想把手指从他掌心里抽出来，勾勾手指就能做到，但他没有。

甚至电梯门开了之后，两人回房间的方向明明截然不同，池青也没把手指抽走。

两人在电梯口站了一会儿，你看着我，我看着你。

最后解临晃了晃掌心里的手指，问：“你这是要跟我回去？”

解临这句话只是玩笑话，甚至做好了池青会让他滚的准备，但是出人意料地，池青却反问：“不行吗？”

解临挑眉：“？”

池青很清楚刚才那句话从自己嘴里说出来有多离奇，于是补充道：“我这病，可能得加长治疗时间，不然没什么效果。”

“……”

这倒确实是个令人无法反驳的说辞。

毕竟他病得确实严重。

池青是第二次进解临家。

屋内陈设和他上次来的时候差不多，被耳边声音闹了太久，池青刚坐上沙发不过十分钟时间，很快就感受到袭来的困意。

池青彻底合上眼之前，通过眼前那条狭窄的缝隙，隐约看到解临维持着和上次一样的姿势坐在边上的沙发椅里，只是上次他拿的是手机，这会儿在看案件相关资料。

解临背对着身后那扇落地窗，窗外黑色的树影像一堵背景墙。

男人清瘦的指间夹着一支笔，将案件档案翻过去一页，池青留意到他手指上戴的那枚戒指。

实际上这枚戒指他留意过很多次了。

从在心理诊所见到他的第一眼，留下印象的除了脸，就剩下这枚戒指。

池青习惯性将平时留意到的细节串联在一起，比如解临这间屋子，房间里没有任何成对的物件，也看不出住过另一个人的痕迹，更加没从他本人或者是季鸣锐那帮人嘴里听到他和其他人关联在一起过。

虽然长了一张不像单身的脸，但是种种细节都指向“他应该是单身”这个结论。

当然也不排除另外一种情况——以前的女朋友留下的。

分手后还戴戒指，说明他对那位情根深种，分手原因可能是受到家庭阻拦，也可能是对方已故。

人在犯困的时候，思维总是容易发散，池青睡前想了一通有的没的，最后反而越想越清醒。

解临翻完档案，抬眼看到池青在沙发上盯着自己看。

解临：“怎么了。”

池青最后看了戒指一眼：“没什么。”

解临：“没什么你盯着我手看。”解临顺着他的视线，把目标范围缩小，“你对这枚戒指感兴趣？”

解临用实际行动打翻池青刚才的所有推理，他满不在意地把戒指从手指上摘下来递给他，跟递一样不值钱的小玩意儿似的。

“？”

池青另一只空着的手里莫名被塞进一枚细环戒指，有点蒙：“这不是你前女友送的。”

“什么前女友？”解临不知道池青从哪里得出的结论，说，“哪儿来的前女友。

“戒指是我自己买的，以前跟吴志去酒吧的时候围上来的人太多，不好拒绝，就买了枚戒指戴。”

“……”

池青怎么也没想到戒指是这样来的。

同时想起上次去酒吧送衣服时看到的盛况——解临身边围着的人依旧不少。

解临捏着指间那支笔转了一圈，并不否认这一招效果甚微："……不过没什么用。"

解临摘下来的那枚戒指躺在池青手里，由于"治疗"还在进行中，他一只手仍被解临拽着，想把戒指还回去，然而单手捏着指环的时候没捏住，泛着冷银色光泽的戒圈从他食指指尖滑了下去。

他手指又细，戒指在滑落的过程中没有遇到关节阻碍，一路顺顺当当滑落到指根处："……"

解临："这个你戴着太大，你要是喜欢，我问问店员这个款式还有没有货。"

池青手指细，戴着的确空了一道很明显的缝隙。

池青心说谁像你一样闲着没事自己给自己买戒指戴。

池青："我不喜欢。"

池青没戴过戒指，也没戴过任何手部装饰品，毕竟饰品影响他洗手的速度。

而且平时戴手套也不方便，更别提戴别人的戒指……他连人都不想碰到，更不可能去碰别人的东西。

他屈了屈手指，很不适应地把戒指摘下来："它自己不小心滑下去的。"

解临也没多说，接过戒指随手就往无名指上套。

戒指这个意外话题很快翻过去，两人没再多说，刚才被池青遗忘的困意再度袭来，他手指指尖抵在解临掌心里，发现原先那点不适应也在变淡，甚至觉得在解临家里的时候……比在自己家放松多了。

池青靠着沙发睡了一会儿，什么梦也没做，也没有听到什么声音，也不需要担心睡到一半会被谁的声音惊醒，只隐约听到边上男人看资料时翻页的声音。

等池青补完觉醒来又是深夜。

饶是他再不想搭理解临，也不得不承认自己这样的确很打扰他休息。

于是在解临送他到门口的时候，池青停下来，在门口站了会儿："你明天晚上有空吗？"

解临看着他，反问："有空，你还要跟我回来？"

"……"

池青："请你吃饭。"

"你确定吗？"解临用怀疑的语气说，"在家吃的话你洗个碗跟要你命一样，出去吃你又嫌人多。"

解临说的洗碗是指上次吃完饭之后的事儿，池青一脸不想碰别人碰过的餐具的样子，又不得不端着餐盘去洗盘子。

池青想了想，觉得确实是那么回事：“那算了。”

解临倚着门：“你放弃的速度也是够快的。”

池青：“……”

解临又说：“其实用不着那么麻烦，你要是想付报酬，我正好有件事想找你帮忙。”

解临回来之后就把外套脱了，身上还剩一件深色毛衣，衣领松垮地坠着，再配上他这张脸，看着像是刚从床上起来。

“？”

“你应该听说我回市局了，”解临顿了顿说，“案子挺复杂的，所以缺个助理。”

池青躺在床上，这个点楼里声音并不多。

有一个熬夜追剧的，正被韩剧虐得哭哭啼啼：【不——你回头看看他啊！】

“……”

【他其实是骗你的！他没有爱上那个女人，他只是得了绝症不想让你痛苦罢了，你们俩把话说清楚啊，不要分手！人生最后一段路不能一起走吗！】

【……】

池青一边听这些乱糟糟的让人无法理解的剧情，一边在想解临刚才那句话。

在解临说之前，池青设想过他会提出些什么要求，设想了很多，唯独没想过是想邀请他当“市局顾问助理”。

手机屏幕忽然亮起。

屏幕上是一行新消息：

——你考虑一下，明天给我答复。

池青确实在考虑。

如果解临在半个月前说这句话，他肯定毫不犹豫让他晃晃自己脑袋里的水，然后让他哪儿来的回哪儿去。

但是比起每天在楼栋里躲着，每天无法拒绝地接收各种声音……他承认在解临身边待着，有一个“一键消音”的地方，对他来说确实很有吸引力。

池青以前的工作经历很简单，有戏拍，虽然角色都很小，台词几句话，其他时间只要他愿意也可以跑小通告当背景板——但他嫌人多，即使去了也不给人好脸色，离其他嘉宾三米远，为此经常遭人诟病。

他对人不感兴趣，哪怕之前得知在家附近发生凶案，他也不会有什么感觉。

他很难去同情死者或是恐惧凶手。

但是他承认，抛开其他东西，他对案件本身确实有几分兴趣。

不然也不会雨天临时起意掺和进杀猫案里，也不会在大马路上跟了寸头一路。

所以他并不是很排斥这个工作性质。

再加上他需要解临帮忙“治疗”……

权衡之下，池青的态度有所动摇。

“你要带个助理？”次日一早，武志斌在电话里忍不住提高音量，怀疑自己是不是听错了，“谁，池青吗？”

解临没否认，把话题带过去：“你吃饭没有，别仗着自己现在身体没毛病就两顿并一顿吃。”

武志斌打断关于吃饭的问题：“你先说是不是他。”

解临：“是他，除了他还能有谁。”

武志斌：“……”

武志斌并不清楚解临和池青两个人走太近，到底是不是一件好事。

解临捕捉到武志斌短暂的沉默：“斌哥，上次提到他的时候你反应就不太对。”

武志斌摸摸鼻子：“我就是觉得他……看起来挺危险的。”

半晌，武志斌听到解临说了一句：“我也挺危险的。”

这话让武志斌一时间不知道该说什么。

解临平时表现得太让人放松警惕，他和正常人无异，甚至比很多人更容易取得别人的信任——这让武志斌时常忘记解临当年那份心理评估报告。

“为什么是他？”武志斌最后问，“你很少把人往身边放。”

解临想了想，给出答案：“他确实能对案件起到帮助。”

他虽然有一定的私心，但并不否认客观原因：“……他很聪明。”

甚至聪明到时常让人感觉他入错行了，池青除了那张脸过分漂亮，有时候能让人联想起“明星”两个字以外，根本和表演这个专业搭不上边，案件调查显然更适合他。

“还有一点，目前没发现他有什么嫌疑，”解临说，“但可能是直觉吧……总觉得他身上还藏着什么。”

解临承认他对池青感到好奇。

武志斌喃喃道：“那人也不一定愿意来啊。”

夜已经深了，解临站在窗口，大落地窗外一片漆黑，他在窗口站了会儿说：“他不一定不愿意。”

因为“治疗”似乎是池青的死穴，池青平时就算再不好说话，提到治疗，倒是勉强能从“特别不好说话”转变成“不太好说话”，虽然都是不好说话，但是程度有所下降。

所以解临猜测，如果以治疗为前提，他未必不会答应。

第二天上午，市局门口那排警车边上停了一辆引人注目的私人轿车，经过这段时间，所有人都知道市局新来了一位“顾问”，所以对那辆略显突兀的黑色轿车早已经见怪不怪。

解临摇下车窗后，还有经过的工作人员跟他打招呼：“解顾问，早。”

解临笑着回应：“早，今天挺忙的吧。”

那位工作人员刚想说“为人民服务”，话没说出口，透过车窗，发现解顾问今天不是一个人来的，副驾驶座上还坐着一个，他乍一眼没看清楚那个人长什么样，倒是留意到他下车前从上衣口袋里拿出两只黑色手套，细长的手指抓着黑色布料，不紧不慢地把手套戴上。

市局内。

自解临重回市局之后，局里就没再发生过什么大新闻，结果今天又多了一桩：“解顾问……边上那个，谁啊？”

几人窃窃私语：“哪个？”

“黑色衣服，戴手套的，长得还挺漂亮。”

“漂亮”这个词很少用来形容男性，但是用在这位陌生男人身上没有人会反驳。

有人想起一件事：“我上回看到过他，他来过一次，我记得是在问讯室外头的走廊上坐了很久。”

也有刚打探完消息回来的：“听说是解顾问找的助理。”

“顾问助理？”有人说，“……那就算是第二顾问了吧，咱市局居然能请两个顾问，实属罕见。”

正式职位上其实没有顾问助理这个说法，如果要一同协助办案，按规章制度来说，就属于第二顾问。

被他们谈论的人此刻正坐在会议室里。

长桌四周一圈都是穿制服的刑警，坐在那儿和他们格格不入的人从一个变成了两个。

池青戴着黑色手套的手交叠着搁在桌上，垂着眼接受其他人打量的目光。

两个小时前，池青刚起床，洗完脸，脸上的水打湿额前碎发，正要擦脸，看到解临发过来一句“考虑得怎么样”。

池青眨了眨眼睛，压在睫毛上的水滴随着这个动作顺势往下滑落。

他扯下挂在墙壁上的毛巾，将手指上的水擦干，发出去四个字。

——期限多久。

解临很快回复。

——那要看你的治疗期有多久。

【不要啊，你们约定过要一起去看冬天的第一场雪的，你怎么可以先走——为什么癌症要将你们分开——】

经过一晚，楼栋里那位追剧的女生总算把虐恋剧看到结尾，哭得越来越真情实感。

【我宁愿死的那个是我也不愿我嗑的 cp 不能在一起！】

【……】

池青经历一晚上的荼毒，鬼使神差地答应了。

但是真当他坐进会议室里，听到周遭一堆声音的时候，他开始思考自己的决定是不是过于武断。

市局多了一个顾问的事儿很快传开，永安派出所里辛勤工作的民警们也很快收到这个消息："听说市局来了位第二顾问。"

季鸣锐一上班就吃了一口大瓜："第二顾问，这么牛啊。"

季鸣锐兴致勃勃，以为是市局特意请的犯罪心理学高手："展开讲讲。"

"展开讲讲就是，这位长得好像挺好看的。"掌握第一手瓜源的人说。

季鸣锐很是捧场："帅哥啊。"

瓜源继续："听说虽然好看但是不太好接近的样子。"

"牛人都比较有个性，"季鸣锐咂咂嘴，"可以理解。"

"还喜欢戴手套，听说有洁癖。"

"？"

季鸣锐愣了愣，这瓜吃着吃着，味儿怎么有点熟悉。

会议室里气氛肃静，半晌，才终于有人率先开口："前些天夜里，市内发生一起谋杀案……"

杨珍珍和薛梅那两起连环入室案目前没有其他可公开的信息，他们听了解临上次对凶手工作性质的描述，还处在排查可疑人员的阶段，重点排查住在杨园和天瑞小区内从事流动性工作的可疑人员。

除了入室案以外，市局负责的案件数不胜数，因此顾问要参与的案子也不止一件。

顾问这东西就像块砖，哪里需要就往哪里搬。

新发生的谋杀案案情并不复杂，一名男子深夜持刀捅伤自己的上司，但是奇怪的是警方逮捕他之后并没有找到那把刀。

由于并未找到凶器，嫌犯也对此死不承认。

【现在正在隔壁审着呢……说什么也不认。】

池青不需要翻正在发放的资料，通过周围人的心声很容易就能知道来龙去脉，短短几分钟后，他连当时抓捕嫌犯的细节都听得一清二楚。

但样子还是要装一装。

负责发资料的市局新人把资料递给他之后，偷偷地看了他一眼。

然后他就看到裹在黑色布料里的手指十分随意地翻开扉页，以一种压根儿没在认真看的态度扫过去两眼，几眼就把资料扫完了。

【……他真的有认真在看吗……】

“有预谋的行凶，两人曾经有过经济纠葛，凶器没找到，”新人刚在心里犯嘀咕，就见男人张了张鲜红的唇，把案件要点提出来，冷声说，“我有在看。”

池青说这几句话的时候遮挡在冷黑色碎发下的眼睛看着他。明明是没什么温度的一眼，却让他平白生出一种被人从里到外看透了的感觉。

那一瞬间，他感觉自己无所遁形，在脑子里偷偷地想：【我就看了他一眼，他怎么知道我在想什么……】

池青移开眼，没有再回应，只说了一句“谢谢”，这句“谢谢”是在谢刚才他帮忙递资料。

解临看得也很快，三两眼扫完，问：“人现在还在审？”

对面说：“在隔壁。”

解临合上资料，说话时微微偏过头，对池青说：“过去看看？”

池青没意见，起身之后有人想给他们带带路，那人热情地提前站在门口，伸手做“请”的姿势。门总共就开了半扇，那人往门口一站就挡了一半路，剩下那一半供人出入的间距虽然对正常人来说并不觉得窄，但是池青对正常社交距离的定义一向跟其他人不一样。

池青正要说“让让”，解临挡在他前面先说了一句：“不用这么客气，我的人我自己带着就行。”

解临又补充道：“刚才忘记说了，我这位助理不喜欢别人靠他太近，下回记得注意点，也别碰到他。”

“？”

这是哪里来的怪人。

门口那人听完往边上退了退，退完之后等了又等，见池青还是没挪步，真诚地发问："……不知道这个太近的定义是……呃，多远的距离？"

池青竖起两根手指，黑色手套在他面前一晃。

"二十厘米？"

池青说："两米。"

"……"

隔壁房间里坐着一位胡子拉碴的男人，手上戴着手铐，沉默不语地坐在小房间里，任对面警察怎么问都不答话。

"你为什么杀他？

"就因为他把你从公司开除，你就拿刀捅他，你不觉得自己太冲动吗？

"人是你杀的，作案工具呢？你扔哪儿了？你现在可以不说话，但我劝你最好还是坦白从宽，不然等我们找到凶器，到那时候量刑的标准可就不一样了。"

男人三十多岁的样子，戴着副眼镜，几天没有刮过胡子洗过澡，看起来很是狼狈，但是不难看出他原本的样貌其实很斯文。

男人依旧保持沉默。

负责问话的刑警问了几日，对面嫌犯依旧是这副不声不响的样子，难免不耐烦："你——"

那名刑警声调稍稍抬高，有人从他身后拍了拍他的肩。

问话中断几秒，刚继续下去，同样都是"你"字开局，说话的人音色语调和前一个截然不同："你母亲今天来过一次。"

男人抬起眼。

这才发现坐在他对面的人在刚才短短几秒的时间里换了两个，这两个人他从来没见过，他们甚至没穿警服。

解临接续说："她说她相信你不会做这样的事。"

又是一阵长时间的沉默，只是这一次的沉默里多了一些欲言又止。

【……是我对不起她。】

【但是为了娟娟，我什么都不能说。】

池青坐在边上，通过刚才的资料检索到娟娟是死者的老婆刘美娟。

于是男人忽然听到对面那个一直不说话的陌生男人突然问："你和刘美娟很熟悉吗？"

"……"

任谁刚刚才在心里想到某个人的名字，那个人的名字下一秒就从别人嘴里说出来都会为之一震。

在池青突然提起“刘美娟”之前，这个人物警方并没有怎么关注，她和案件看起来毫不相关，退到观察室里的刑警说：“他有反应，仔细盯着，另外现在就去查查刘美娟和他之间的关系。”

但男人只露出一秒破绽，很快又恢复原来的表情：“我跟她……不是很熟。”

池青：“刚才问你那么多都不解释，偏偏提到她就说了。”

“……”

池青：“她和她丈夫的关系怎么样？”

男人：“我不清楚。”

“不清楚，那就是不怎么好，”解临说，“像他这种生意人，就算家庭相处不和睦，表面上也会粉饰太平，不会透露给下属。如果你真的不了解，你会说关系应该不错，但是你却说不清楚。”

“……”

两个人坐在对面，你一言我一句，像在玩混合双打，男人额角很快开始冒汗。

池青扫了一眼男人压在桌上的袖口，袖口处有缝补过的痕迹，上下接缝的针法很特别：“衣服什么时候破的？”

男人：“上周……”

解临紧接着说：“缝衣服的人手艺不错。”

男人看了一眼衣袖袖口：“路边随便找家店缝补的。”

资料上，死者身上那件西服扣上也有同样的缝补痕迹。

在无数失真的声音里有一句：【……那是娟娟给我补的。】

【他就是个畜生，喝醉酒就喜欢动手打娟娟，她问我想不想和她在一起，她让我帮帮她，说她有一个办法……】

池青垂着眼：“挺巧的，你和你老板找了同一家店。”

这起案子，如果凶手和死者老婆有牵扯，那么案件性质就完全变了，刘美娟的个人资料很快被调出来，观察室里有人说：“找到了，刘美娟的个人资料里有一点很奇怪，她在去年给丈夫买过一份巨额保险。”

“这起案件……刘美娟很有可能参与了。”

“甚至找不到的凶器很可能就在刘美娟手里，为的就是阻止我们给他定罪。”

聊完案子，几人通过透明玻璃去看审讯室里并肩坐着的两位顾问，尤其是新来的那位——如果说解临早上把人带过来的时候他们还有所疑虑的话，经过这短短几分钟，他们现在只有一个新想法：市局又来了一个怪物。

原以为有解临这个十几岁当上顾问的人已经够离谱，现在多了一位希望和人保持两米距离的池姓手套先生。

有人自言自语说："解顾问从哪儿挖来的这么一个人……"

池青审完一个就烦了，他也不方便提得太具体，毕竟有些内容没有事实根据，把读到的内容以隐晦的方式提点出来之后，后续搜查交由专业人员去做。

他坐在那儿拿出手机看一眼时间，看到一堆未读。

发件人季鸣锐。

——我今天吃了一口瓜。

——没想到主人公竟然就是我的好兄弟。

——你什么时候跑市局去了。

——……

池青摘下一只手套回季鸣锐消息，手指触及屏幕却发现不知道该怎么说，最后归结为两个字：意外。

——？

季鸣锐没有多做纠结，因为这两个词条关联起来并不突兀。

连边上的苏晓兰看到消息的时候也只是平静地"哦"了一下："挺合适的，当初第一次见到他，我就感觉像同行，你不说我还惊讶来着。"

于是季鸣锐又发：

——也挺好，转行是明智的。

——我当初就说过，你绝对选错专业了，干什么也不能跑去学表演啊。

池青看完这两条消息之后没有再回。

他摘下手套之后习惯性去看解临的手，解临还在留意案件进展，桌面上摆了两份资料，池青瞥见一眼，最上面那份是薛梅邻居的口供，寸头那天说的每一个字每一句话都记录在资料里。

"我一直在偷窥她。

"她男朋友来的频率很高……"

解临余光扫到池青的手，心照不宣，也习惯性地摊开手掌，掌心向着他，方便他碰。

池青问："口供有问题吗？"

解临反复扫过几眼，说："说不上来，总觉得哪儿不对。"

"薛梅男朋友之前审过几次？"解临又问其他人。

"审过一次，他当时确实在外地旅游。"

"后来没再问过？"

"没有，"那人回，"因为他没有作案嫌疑，也有不在场证明。"

"让他有时间再来一趟，"解临合上寸头的口供资料，将资料缓缓推向他们，"……结合这份口供，再问详细点。"

池青当了一天助理，烦的时候就在桌底下偷偷戳解临的手，虽然周围来来往往的人很多，倒也不是那么难以忍受。他在心里盘算了一下时间，从酒吧至今过去快一个月时间，按照以往的经验，失控的情况可能也快恢复了。

但具体是什么时候，会不会比上一次失控的时间更久……他不能确定。

两人回到小区，坐电梯上去的时候池青才松开手，耐心等了一会儿，确认今晚楼栋里没什么说话声。

就在他洗完澡收拾好东西，躺在床上就快睡着的时候，他忽然听到一句很轻微的失真的声音，那声音在说：【我很喜欢你。】

声音轻得跟气音一样，怕惊扰了人。

所以第一句声音出现之后，池青并不能确定刚才是不是真的有声音。

分针缓缓转过去一格。

失真的声音再度响起，依旧是同一个人在说话：

【……我真的好喜欢你。】

池青："……"

哪儿来的情侣大半夜交流感情。

他搬来这么长时间都没听到过这个声音，楼里除了老夫老妻，就是单身独居人士，当然也不排除谁忽然脱单或者难得带男友回家过夜。

半夜，池青躺在床上，被这个腻腻歪歪的情话扰得睡意全无。

他断断续续听了一会儿，直到最后一句话才让他辨别出声音来源，因为失真的声音喊的名字是：【……琴琴。】

第7章

如果说一定要在半夜听人看狗血剧时又哭又笑发神经，和听情侣缠缠绵绵这两种情况里选一个，池青宁愿选择前者。

他去厨房烧了一壶热水，在等热水烧开的时间里又听到一声：【琴琴，你很美。】

"……"

池青面无表情地将烧开的热水倒进水杯里。

他想起任琴刚搬过来那天，说过有个朋友和她一起住。

照这个说法，估计是和男朋友一起住。

女孩子脸皮薄，加上第一次见面关系不熟，不好意思对陌生的楼上住户交代自己和男朋友同居也很正常。

池青努力当成什么都没听见，打开边上那盒药箱，药箱里整理得很整齐，跟有强迫症似的，药品分门别类按照大小顺序排列。他在家里没戴手套，手指挨个划过一盒盒药品，最后在一小瓶安眠药上停下。

他虽然对安眠药产生了一定抗药性，但偶尔还是会吃一片。

躺在床上等药效发作的时间里，他又隐约听到几句话。

【你头发真软，我刚才洗过澡了，你闻到了吗？我们俩现在身上的味道是一样的。】

【……你睡着的样子也这么美。】

池青不太懂两个人之间谈恋爱到底有什么好腻歪的。

他吃完药之后睁着眼躺在床上，睁着眼感觉时间流逝的速度格外慢，他隔了会儿去拿边上的手机，发现时间才过去不到二十分钟。楼下声音断断续续一直没停，安眠药药效也没发作。

池青点开联系人列表，看到他和解临的对话还停留在昨天。

两人白天从市局回来，解临把他送到小区门口，自己倒是没下车，摇下车窗道：“今天公司里有点事儿，得过去看看，指不定什么时候能回来。”

池青看着他：“跟我报备什么。”

解临：“怕你晚上来敲门的时候找不到人。”

“……”

池青回想到这里，承认如果今晚不是解临不在的话，他确实有点想去敲门。

他正要退出聊天框，把手机扔一边继续艰难入睡，对话框另一头的人像是知道他睡不着一样，适时发过来一句话。

——我不在，你一个人睡得着吗？

其实解临想说的是“治疗”，但池青每次治疗的时候基本都是抓着他的手睡觉，所以他故意挑了“睡觉”这个词来代指，没承想误打误撞撞上池青目前的状况。

他在对面等了会儿，没见池青回消息，又补充两句。

——开玩笑的。

——看来你是睡了，晚安。

池青对着“晚安”两个字看了会儿，安眠药药效似乎起了点作用，楼下那位半夜腻腻歪歪的男人也没了声音，他很快睡去，直到第二天天亮，楼栋里某一户人家早起做饭被割伤手“啊”了一声。

【啊——我的手！】

池青被这声“啊”吵醒。

他现在虽然跨界转行成了市局第二顾问，但并不需要每天去市局报到，解临都不需要每天过去，他的时间就更加自由。

于是池青在家里宅了两天，每过一天就在日历上把那天的日期划掉。

挂在墙面上的日历上已经划了一大片，黑色记号笔从大半个月前开始在划日期，划了一片“×”字形，起始的那天日期被重重圈起来，正是他去酒吧送衣服的那天。

这两天过得和往常一样，并没有什么特别。

只是每天深夜他都能听到楼下传来的声音，男人很轻柔的话语在耳边不断絮叨。

他的声音很轻，音色寻常且普通，没什么记忆点。

这天凌晨三点。

池青坐在客厅，打开电视，随手调了一个台，拎着抱枕看白天某电视台的重播节目，节目里的声音和楼下男人的话语声混杂在一起。

电视里：“经调查，前段时间发生在杨园和天瑞小区的两起命案确认是同一人所为。”

【琴琴。】

“其他市或有其他类似案件，这几起案件警方目前仍在调查中……”

【你身上好香……我想每天晚上都这样抱着你。】

“警方已加紧破案节奏，希望市民不要恐慌，如有相关线索可以拨打以下电话提供给我们……”

【……】

等节目播完，楼栋里的各种声音才停下。

池青断断续续地反复熬夜，偶尔能在解临家安静地睡上一会儿，出门的时候偶尔能借着治疗的名义碰一碰解临的手，饶是如此，他整个人的精神状态还是快到临界点了。

直到宅在家里的第三天，池青吃过药，挨到夜里才睡着，他感觉这一觉仿佛睡了很长时间——沉到因为长时间陷入睡眠状态，半梦半醒间大脑开始犯晕。

他似乎睡了很长的一觉。

“叮咚，叮咚叮咚——”门铃声响。

池青抬手按着眼睛，半晌后睁开眼。

季鸣锐拎着大袋小袋东西站在门口，见他开门直瞪眼：“都这个点了，你还在睡觉？”

池青半眯着眼：“这个点？”

季鸣锐：“现在下午四点半，你这算午觉？”

“你来干什么。”池青问。

季鸣锐提着大袋小袋的东西从门口挤进来：“送东西啊，我妈在家太闲，又下厨整了点东西……这不，让我休息的时候给你送过来。”

池青的家庭情况，他们当年那一拨高中同学都很清楚，毕竟自己独身一人和舅舅家打官司这种事儿对高中生来说过于震撼，流传甚广，全年级都知道他们班出了个跟自己亲戚上法院的狠角色。

当然一开始他们并不清楚具体发生了什么事儿，但是季鸣锐他妈就在学校里任职，很快知道了事情的来龙去脉，池青成绩又好，就忍不住多照顾着他，这一照顾就到今天。

季鸣锐休息的时间比较固定，一般都是周日休半天假。

但是池青记得他睡觉那会儿应该是周五。

“你休息？”池青问，“今天几号？”

季鸣锐：“我看你睡觉睡蒙了吧，难怪这两天给你发消息你也不回，今天都月底……”

池青这才发现自己足足睡了有两天，季鸣锐的嘴一张一合叨叨个没完，帮他把东西塞好之后，池青揉着后脑勺，通过季鸣锐的声音反应过来季鸣锐进他家叨叨那么久，除了季鸣锐嘴里发出来的声音以外，他并没有再听到其他声音。

房间里难得地安静。

他没有听到季鸣锐在想什么。

也没有从四面八方涌来的楼栋内其他住户的声音。

“嗒。”

周遭回归安静以后，他甚至能清楚地听到墙上壁钟指针跳动的声音。

看来日历上那堆黑色的“×”不需要再划下去了。

季鸣锐觉得奇怪：“你怎么了，站着干什么？”

“……没事，”池青回过神说，“只是酒醒了。”

季鸣锐不疑有他：“你不是不怎么喝酒吗？难怪睡到那么晚，喝多是容易睡觉。”

十几分钟后，池青戴着手套送他去地下车库，地下车库里往来车辆很多，要是以前他肯定觉得烦，但是这会儿有了先前满世界都充斥着说话声作为对比，这点声音还不至于影响到他。

季鸣锐走到停车位边上的同时，隔壁停车位上那辆黑色轿车刚熄火，从车上下来一个人，男人指间拎着车钥匙，西装裤腿挺括，很随意地倚在车门上朝他们看过来：“正好想上去找你。”

解临又说：“薛梅男朋友再过半个小时到市局，助理先生，一块儿去一趟？”

薛梅男朋友和照片里看起来差不多，体形普通、样貌也普通，但是会打扮，耳朵上戴了一枚耳钉，年纪也比较轻，他是真心喜欢过薛梅，即使最后一次见面的时候两人大吵一架闹起分手，他也不希望她死得这样不明不白。

他在办公室里坐了良久，见到有人进来，急忙问：“是案件有什么结果了吗？”

“很抱歉，”解临带着池青在他对面坐下，“目前还没有。”

薛梅男朋友不解：“那你们找我来干什么？我知道的上次都已经说了。”

他上回是在派出所里录的口供，想不通这次这么郑重其事地找他来是为了什么。

解临：“没什么，就是还有一些细节需要补充，毕竟你是她最熟悉的人……你不用紧张。”

“我们是在商场认识的，她在柜台工作，第一次见面的时候店里员工把折扣优惠算错了，我当时挺生气的，她后来主动帮忙垫钱解决，就加了微信。

“……后来聊着聊着发现她人不错，长得也漂亮，就在一起了。

“我因为工作性质的原因，工程师，有项目的时候挺忙的，回消息回得不及时，她总是因为这一点跟我生气，说万一哪天她出事了我都不能第一时间赶过去。我感觉她特别没有安全感。”

“她没有跟你说过感觉有人在看她？”解临问。

“没说过，”薛梅男朋友说，“可能知道就算说了我也会觉得她疑神疑鬼吧。”

薛梅男朋友不知道他和薛梅之间的事情还有什么好说的：“大概就是这样。”他语调低下去，“我现在想明白了，真不怪她跟我吵，我对她的关心确实不够。”

池青听到这里隐约觉得不对。

边上负责记录的人看到第二顾问一直低垂着的眼忽然抬起，直视对面的人。

记录人员：“怎么了吗？”

池青：“逻辑不通。”

记录员低头看看自己在记录册上逐字逐句写的口供：“逻辑……挺通的啊。”

这相知相爱相恋吵架的过程，稀松平常，这还需要什么逻辑吗……

“你们俩之间过夜的事情呢？”解临问。

薛梅男朋友耳朵一红，没做好把那么私人的内容透露出去的准备，但还是配合道：“我们，呃，交往大概四个月的时候，我第一次去她家……那天我跟她都喝了不少酒，就……”

“不是问你这个，”解临打断道，“你对她关心不够，消息也回复得不及时，工作又忙，却还能经常忙完工作到凌晨三四点特地过去找她，有这个时间来回奔波，平时应该不会没时间回她消息吧。”

薛梅男朋友一愣：“啊？”

“我没听懂你在说什么，我也没有凌晨三四点去她家过夜，我有时候是会在她家过夜，但通常都是当天约会完，或者提前约好去她家吃饭，她下厨做饭给我吃……我忙工作的时候都忙到没时间回家睡觉，怎么可能还特地去找她？”

“而且你们从哪儿听来的小道消息，”薛梅男朋友问，“凌晨三四点，谁看见了？”

记录员笔尖猛地一顿，字迹狠狠划拉出去一笔。

他终于知道刚才池青说的逻辑不通是什么意思了。

这明显和住隔壁那位偷窥狂之前说的不一样。

这个情况眼下只有两种解释，一是偷窥狂在说谎，至于第二种……第二种光是想想都让人后背发凉。

偷窥狂看到的压根儿不是同一个人——他在用墙壁上那个小孔偷窥薛梅那么长的时间里，很可能早就见过凶手。

几人很有默契地沉默了一会儿。

最后解临问：“薛梅那位邻居人呢？”

边上负责记录的人员回答：“拘留期结束，交了罚款，人已经放回去了。”

寸头今天轮休，正在家里穿着秋衣秋裤打电脑游戏，电脑边上搁着一桶刚泡开不久的泡面，冒着氤氲热气。

他泡面没吃两口，门铃响了。

透过门缝，他看到半片西服衣角，衬衫袖口被男人折上去几折，手指上戴了枚戒指。解临透过门缝跟他打招呼：“吃饭呢？我们上回见过，还有印象吧。”

“记得，”寸头开了门，“你们怎么来了？”

来的人不止解临一个，除他以外，他身后还有三名身穿制服的办案刑警，外加一名上次和他一起在路上被警方逮捕的戴手套的男人。

寸头看不明白这是个什么情况。

他局促地在裤腿上擦了擦手背：“那什么，除了偷窥以外，其他的事儿我可是一件都没干过啊……”

几人没理他，让他把门打开之后挨个往里头走。

只有一个人依旧站在门外没动弹。

解临进门之后也发现少一个，回过头，见池青一步都没动：“怎么不进来？”

池青扫了一眼寸头的房间，语气冷淡，眼底的嫌弃毫不遮掩：“房间小，人多，屋内不整洁。理由够充足吗？”

寸头：“……”

解临心说谁让自己找了个这么难搞的助理：“够。”

他又说：“你在门口等一会儿。事发突然，没考虑到你这个特殊情况，下次我会记得给你带瓶消毒水，走到哪儿喷到哪儿，喷到你满意为止。”

“……”

倒也不用。

池青提供另一个解题思路：“不用那么麻烦，你可以直接选择不带我。”

“那不行，”解临张口就来，“我宁愿麻烦点。”

说话间，其中一名刑警已经进去转了半圈，最后在墙壁面前停下。

刑警指指墙壁问：“那个孔，怎么堵上了？”

临近傍晚，薛梅房间没开灯又窗帘紧闭，暗得一丝光线都没有，墙壁上那个黑黝黝的小孔看上去异常深邃，像一双漆黑的、深不见底的眼睛似的挂在墙上。

那个孔被寸头暂时用东西给堵上了——在得知隔壁发生过一场凶案之后，他再也不敢往那个孔里看。

“我害怕啊，警察同志，”寸头苦着脸说，“隔壁毕竟死过人，谁想一抬眼就看到凶案现场，那不是心理变态。”

刑警奇道：“你都偷窥人家了，不就是心理变态。”

寸头：“……”

寸头仍旧猜不透他们这次过来的原因，直到他们让他把洞里的东西拿出来，然后让他将自己房间里的光源调配成之前半夜偷窥薛梅的状态，他半夜偷窥时害怕被发现，所以会将房间里的灯悉数关上。

关上灯后一片漆黑。

他什么也看不见，只能听到解临那把辨识度极高的声音：“所以你的房间不开灯，那薛梅的房间呢？”

寸头回忆道：“她睡得早，十一点就上床了。”

解临：“她也没开灯？”

寸头：“有时候不开灯，有时候会开一盏床头灯吧，反正不怎么亮堂，干什么事儿都看不太清。”

按照他说的，刑警把薛梅房间那盏床头灯打开，直到两间房的光源状态变得和寸头以前偷窥薛梅时一样，解临才示意寸头上前几步：“过去。”

寸头：“——啊？”

解临："以前怎么偷看的就怎么做，趴过去。"

寸头不明所以，心说这帮人大老远来一趟就是想看看他表演偷窥吗？

但他再疑惑也只能乖乖照做。

过往的经验让他在伸手不见五指的环境里，也能凭记忆精准找到偷窥孔的位置，他摸着墙过去，蹲下身把眼睛凑上去，黑白分明的眼珠对准墙孔，从他这个角度正好可以看到散发暖黄色微光的那盏床头小灯，以及薛梅以前躺过的那张床。

几秒后，薛梅紧闭的房门被人打开。

寸头努力将眼睛瞪大，以便看得更清晰一些，他看到动静后说："有人进来了……"

解临："继续。"

"还看到什么了。"解临继续道。

"那是……薛梅男朋友？"寸头把眼前的场景复述一遍，"我看到他在房间里走了一圈，又出去了，哦，然后又推开门进来了。然后就没动静了，不是，警察同志，你们到底要我看什么啊？"

他们其实在做测试。

第一次进门的人的确是薛梅男朋友，但是他出去之后再进去的男人，是他们特意找的和薛梅男朋友身形相似的另一个人。很显然在光源不充足的情况下，寸头无法分辨出两个身形相似但长相截然不同的人。

他们不由得想起寸头当初在审讯室里说过的那两句听上去普普通通的话。

——"她男朋友来的频率很高，隔三岔五会过来，来的话一般都会过夜。"

——"有时候晚上很晚了，薛梅都睡下了他也会过来看看她，拥着她睡觉。"

所以他通过那个隐蔽的小孔，以为自己看到的人是薛梅男朋友，但其实他看到的一直都不是同一个人。和薛梅男朋友身形相似的凶手经常在夜里偷偷潜入，明目张胆地和薛梅同床共枕……寸头在深夜几次三番偷窥对面房间的时候，凶手只跟他隔着一堵墙，他看不见对方的脸，听不到对方的声音，只能看见他鬼魅般安静的身影。

没有人知道他为什么能随意进出。

解临站在黑暗中问他："深夜出现的那个人，一般都会做些什么？你还能想得起来吗？越详细越好。"

得知真相后寸头手心发汗，咽了一口口水，喉结耸动，声音打着战说："他、他有时候轻手轻脚开门进来之后会静静地站在薛梅床边直勾勾地看着她，一站就是很久。然后他会在房间里四处转悠，会翻看她的东西。"

一些当时没有多想的场景现在想起来才发觉诡异。

他一定使用过药物，将迷药倒在手帕上，然后偷偷捂住薛梅的鼻腔防止她半夜忽然醒过来。

等薛梅陷入昏睡，他会抚摩薛梅的头发、脸、裸露在被子外边的纤细的腿……

在这个诡异静谧的、无人察觉的深夜，他可以站在这间私密的房间里肆意打量，翻看她晚饭都吃了些什么，日记本里多了哪些字……

寸头想着想着，他一个大男人都几乎快要尖叫出声："他还会看她的手机！"

现在手机开锁都靠指纹解锁和人脸识别，只要薛梅躺在床上，他只需要坐在床边，把正在充电中的手机拔下来，再轻轻抓着薛梅垂在床侧的手，紧接着手机屏幕上的光忽地一闪，手机开了锁。

他几乎能掌握薛梅生活中的一切信息，他可以随心所欲地进入手机社交软件，看到她和朋友们都聊了些什么，什么时候上班，哪天休假，最近有什么感到快乐或是烦恼的事。

"他看完手机，会去浴室洗澡，我就不会再接着看了，等过十几二十分钟，他就掀开薛梅的被子上床。"寸头想起脑海里那个模糊身影，当时的他将半张脸紧紧贴在墙面上，在不为人知的角落里目不转睛地看着对方，"我不知道他是什么时候走的，等我早上睡醒，他已经不在了，只有薛梅一个人摁掉闹钟起床，刷牙、洗脸、换衣服，因为她并没有表现出有什么异样，所以我从来没往那方面想过。"

说完他又忍不住想：还好凶手没有发现墙上的这个孔，如果他当时看到了，下一个死的很可能就是他。

寸头结束回忆，刑警打开房间里的灯，所有人脸上都带着惊惧的表情，只有他们的解顾问面色如常，站在门口的那位池姓第二顾问更过分，他听完故事眯着眼打了个哈欠。

池青打完哈欠问："差不多了，可以走了吗？"

"……"

办案刑警还沉浸在毛骨悚然的氛围里，在正常人的观念里"家"永远是最安全的地方，一旦这份安全感被人打破，很难做到无动于衷。

刑警没忍住问："你就不害怕吗？"

池青："我比较害怕这里的卫生情况。"

走廊上堆满了杂物，寸头作为一名合格的宅男，秉持着垃圾还能继续堆门口就不轻易下去扔的优良传统，池青很小心地选择一个较为安全的地方站着。

池青抬眼看向寸头："你的垃圾堆好几天了吧，该扔了。"

……

比起故事，他们市局第二顾问的反应好像更恐怖一些。

刑警又看向解临，发现解临虽然没打哈欠，甚至还在安慰寸头，但说话时习惯性带着几分笑意："没事，你不用太担心，只要你没有看到他的脸，他不会冒太大风险再重新回到自己犯过案的地方。"

以前他觉得解顾问看起来很亲切，但是在此时此刻，这笑总让人感觉毛毛的。

也许能当上顾问的人……都比较与众不同吧。

刑警只能在心里这样想。

但无论如何，他们今天都离薛梅被杀的真相更近了一步。

回去的路上，解临总结道："薛梅第二天起来没有察觉到任何异样，说明凶手每次走前都会仔细清理，确保不留下任何痕迹。他应该是一个做事相当谨慎的人。

"凶手的形态特征也可以基本确认，身高、体态都和薛梅男朋友高度相似。根据这个特征，调取小区附近的夜间监控再排查一遍所有可疑人员。

"而且他是从正门进去的，可以自由出入薛梅的房间，很可能手里有钥匙。"

池青坐在后座，忍不住去想：那么钥匙是怎么来的？

什么人手里会有别人家里的钥匙？

杨珍珍才刚来华南市没多久，她也经历过和薛梅一样的遭遇吗？

那天苏晓兰送她从酒吧回到住所，她和男朋友大吵一架，男朋友失手将她推倒，之后她转醒，上床休息以后，凶手也是像进薛梅家一样，打开了她的房门？

"薛梅和杨珍珍两人是和房东直接对接的，"刑警说，"没有通过第三方，所以我们也一直在查房东这边的信息，包括房东的前租客……"

池青坐在解临边上，正在想事情，解临接过刑警递到后排的水，很自然地把水先递给他。

自从池青从失控状态恢复之后，就没有再主动去碰解临手的习惯了，精神状态也好了不少，解临察觉到这些细微的变化，他递水时问："今天没治疗。"

池青："不用。"

解临换一种问法："那晚上去我家吗？"

池青充分表现出什么叫翻脸无情："不去。"

"病不想治了？"

失控状态已经恢复，池青没理由继续缠着他，也没有跟人整天牵手的癖好。他平时只要戴着手套，避开酒，就可以维持正常的生活。

"不治了，"池青说，"晚期，无可救药，治不好。"

解临："……"

说完，池青接水的时候还是隔着手套碰到了解临的手，他甚至没有第一时间反应过来，等到车开出去一段路，他手里那瓶水也喝掉一小半，才忽然想到：刚才他是不是碰到了解临的手。

照理说即使戴着手套，他也会尽量避开任何可能发生肢体接触的举动。

窗外景色蹁跹而过。

池青把瓶盖拧回去，然后低头看了一眼手上那双黑色手套，思索半晌后发现这段时间的“治疗”似乎是有效果的，尽管这个效果并不在他先前的预料范围内：他不仅不排斥解临了，甚至从不知道什么时候开始，习惯了他的触碰。

池青回去之后把手套摘下来，他洗完澡没吹头发，湿漉冰凉的发丝贴在额前，房间里照例不开灯，他赤着脚踩在木地板上，走到厨房给自己倒了一杯水。

电视里播着节目，音量不大，屏幕光线隐约照亮半间客厅。

然后池青便倚在厨房门口静静地看了会儿。

他喝完半杯水，透过额前那几缕湿漉漉的碎发去看自己的手。

仍旧想不明白……失控状态结束后，为什么解临真成了那个可以靠近的“例外”？

他这半天都在外头奔波，戴着手套看不了手机，一天下来堆积了不少信息。

好奇案件进展的季鸣锐首当其冲。

——怎么样，听说你们那边有重大发现?

季鸣锐半个小时后又发来一条：算了，指望不上你，我已经问到了，我和苏晓兰鸡皮疙瘩半天消不下去，那位寸头邻居今晚估计也甭想睡了，铁定睡不着。

何止睡不着。他们走前，寸头惴惴不安地在门口踯躅许久，试图挽留他们：“要不，你们再多拘我几天吧，五天时间太短，不足以抵消我犯下的错，我愿意多拘留几天。”

刑警看他一眼：“你还说自己不是心理变态。”

寸头：“……”

刑警：“哪有人想拘留的，你有时间多看点心理健康课程吧。”

“……”

盲猜别人晚上会睡不着觉的季鸣锐没想到自己也失眠了，最后一条消息发送时间是十分钟前。

——我一躺下，就感觉我家里有人。

——我不敢睡觉。

——我可以去你家找你一起睡吗?

池青回：可以，自己带一床被子，想上洗手间去外面公共厕所，睡完觉第二天走之前拿消毒水把你睡过的那块地方擦干净再走。

季鸣锐：……

——算了。

——我忽然觉得在自己家其实也还挺有安全感的，再见，我睡了。

对办案民警来说，睡眠时间很宝贵，在确认凶手身高体态之后，明天还有一系列排查任务等着他们去做，查监控不是一件容易的事儿，在模糊不清的监控画面里一个人一个人盯过去，一天下来眼睛都快盯成斗鸡眼了。

回复完季鸣锐，池青退出对话框，看到另一个人发过来的消息就在几分钟前。

——睡了吗？

这条三个字一个标点符号的未读消息来自对门那位解先生。

池青没发现通过失控期主动给解临发过几次消息后，他现在看到解临消息的第一反应是直接回复，而不是像一开始警告时说的那样“有事没事都别给我发消息”。

池青：你别告诉我你也睡不着。

——没，我从八岁起就把连环杀人案当床头书看，怎么可能睡不着。

——是怕你睡不着。

紧接着，解临又发过来一串数字。

——20110218

池青原本一直低垂着眼，松开水杯准备去沙发上坐会儿，结果在触及那串无比熟悉的数字之后瞳孔忽地放大，搁在桌沿边上的水杯差点坠地。

和这串数字对应的日期他太熟悉了。

虽然早已经过去了十年，他不会再像高中刚出院那会儿常常想起，但是那天发生的所有事情都曾无数次在噩梦中重现。

那天他从学校出来，接到电话：“舅舅今天太忙，让一位叔叔来接你了，他马上就到，你在学校门口等一等啊。”

他等了几分钟等到了人，也顺利上了车，车不动声色地拐进他不太熟悉的路口，“叔叔”面带微笑地跟他扯家常：“常听你舅舅提起你，说你成绩特别好，最近学习压力大不大？得劳逸结合，适当放松放松……”

池青隐约发现行驶路线有异样，滑开手机正准备给舅舅拨电话。

电话还没拨出去，舅舅的短信先到了：你袁叔叔说路上堵车，可能还得堵个三五分钟的，你在学校门口等着别乱跑啊，他马上就到。

……

池青通过车内后视镜看到驾驶位上那位“叔叔”嘴角那抹笑越咧越大：“我就喜欢聪明的孩子。可惜我这把年纪了，还是孤家寡人一个……你跟我有缘分，我带你去个地方。”

池青看着这串数字，耳边响起那个熟悉又遥远的声音，半晌才回：这是什么。

——门锁密码。

——睡不着或者是下次想治疗，就直接进来。

池青其实想问“这是日期吗”，以及“为什么用这个日期当密码”，但鉴于他和解临之间并没有亲近到可以打探对方密码的程度，他最后还是什么都没有问。

毕竟对大部分人来说……2011 年 2 月 18 日可以是普通生活里的任何一天。

大部分人提到这个日子，不会和一起陈年旧案联系到一起。

况且这也并不一定是日期，也许是通过其他规律转换出来的数字。

池青打算把它归结为巧合。

他最后回复：用不着。

——就算今天晚上他出现在我床头，我也睡得着。

大半夜卷着被子努力入睡的季鸣锐无法想象这个世界上还有这种心态强过杀人狂的人，他们市局两名顾问，一个从小把杀人案当床头书，另一个根本就不知道什么叫“怕”。

次日，紧张的排查工作开始展开。

排查人员在多处分散，大致分散的地方：监控室，药店，钥匙店。

季鸣锐带着人在钥匙店里转悠：“最近有没有可疑人员来你们这儿配过钥匙？”

“我想想啊，”老板苦思冥想之后，一拍脑袋说，“有一个，他没配钥匙，但是来问我知不知道这种式样的钥匙是附近哪个小区的——现在都是开发商统一配的门锁嘛，品牌基本都一样，我一看就看出来了，明显是天瑞的钥匙。”

千辛万苦把那位问钥匙的人揪出来之后发现是一场乌龙。

“什么啊！”那人喊，“我是去把钥匙还给他们小区门卫的，我好心好意你们居然怀疑我，天瑞那么多栋楼，我闲着没事吃饱了撑的去挨家挨户试钥匙吗？我要肯下那功夫，我都能在我们单位成功晋升成经理了！”

“……”

季鸣锐连连道歉，递过去一根烟：“不好意思哥，是我们以小人之心度君子之腹，我们就随口问一问，交流一下。您消消气，祝您早日晋升经理。”

药店就更没进展了。

这种国家严格监管类药物，凶手就算要买也不太可能走正规渠道。

监控室就更别提了，体形一致的可疑人员太多。

监控里出现过的和薛梅男朋友体形相似的人，一天能出现几百个。

季鸣锐查完钥匙店，来监控室帮忙，一边来回反复拖进度条，一边说：“你说这薛梅男朋友也真是的，就不能长得再有特色点吗？比如两百斤，或者两米高，一眼能认出来那种，长那么普通干什么，所以说人最重要的还是要有特色。”

苏晓兰在边上滴眼药水，滴完说：“……闭上嘴，专心点看。”

监控室里还坐着两名“监工”。

季鸣锐对其中一位看起来无聊到快要睡着的“监工”说：“对了，难得今天碰上，你还没跟我说怎么跑去当顾问助理去了。”

池青掀起眼皮看他，勉强打起一点精神：“演戏没出路，转行试试。”

季鸣锐：“真的吗？你终于想通了？”

假的。池青心说。

就是跟某人做了笔交易。

虽然不再需要“治疗”，但毕竟答应了解临，他也不可能刚上任助理后就立马从这起案子里抽身而退。

况且……他的确对这起案子有几分兴趣。

不然也不会即使昏昏欲睡也还是坐在监控室里。

池青这样想着，不想再回答季鸣锐那堆问题，指了指边上那位“监工”二号：“问他。”

坐在他边上的解临也在看监控，但他看监控的方式和别人不一样，比起看监控里的人，他更像是在看监控各自监管着哪些位置，承认道：“是我先看上他的。”

“？”

“我的意思是，看上他的个人能力，”解临这个人说话总让人浮想联翩，“想让他过来帮忙。”

季鸣锐：“算你有眼光，我这兄弟戏演得不行，人也有问题，但是脑子还是挺好使的。”

池青：“……你找揍？”

季鸣锐：“我敢站着不动让你揍，你敢动手碰我吗？”

“……”

解临歪着头看他们两斗嘴，很轻地笑了一声。

池青：“你笑什么？”

解临说：“就是忽然发现自己挺危险的，毕竟你唯一能碰的人就是我了。以后要是惹你生气，别人你不能揍，揍我还是可以的。”

解临说完又适时换了话题：“看你坐那儿半天就差把‘无聊’两个字写在脸上了，怎么不看监控？”

池青看了一眼那一堆排列在一块儿的监控画面：“我不觉得他会出现在监控里。”

还在努力拖进度条的季鸣锐：“？”

我还在这里辛辛苦苦拖着，你在说什么玩意儿。

池青继续道：“这个人很谨慎，也很了解这两个小区，之前查过案发时间附近的监控就没有查到他……他应该选择了一条能够避开监控的行动路线，或者进行过某种伪装。”

说白了，监控以外的区域才最值得被注意。

“和我想的差不多，”解临起身，示意他跟着一起走，“出去看看。”

池青发现解临记住了所有监控的位置，一旦避开那些位置走，剩下可以行动的范围一下变小很多，最后两人发现能够避开所有监控在天瑞小区里行走的路线并不多。

把所有监控死角连成几道线之后，情况变得明朗起来。

其中一条路的终点是某小区垃圾站进出口，从进出口出去，外头就连接着一条热热闹闹的商业街，往来行人和车辆繁杂，路边摆着长排摊位，沿街店铺琳琅满目。

一眼望过去红底白字的店铺招牌争奇斗艳：“志鹏理发”“好再来便利店”“本帮菜餐馆”……

池青小心地避开人群，顺着店铺一路往前走，一家家店名从眼前掠过去，最后他在十字路口处看到一家装修成藕粉色的连锁门店，门店名字是英文，英文名后面用发光灯管凹出一个小蛋糕造型。

这是一家甜品店。

池青驻足不是因为这家店，而是他隔着玻璃窗，看到店里某张熟悉的面孔。

任琴围着粉色围裙，正帮客人打包甜品，又好脾气地一路帮客人拎到门口，她边推开门边说：“这个最好当天吃完，另一款是可以在冰箱里多放几天的，欢迎下次光……池先生？”

“解先生也在？你们俩一块儿逛街吗？”

任琴没想到那么巧，能在上班的地方遇到两位楼上住户。

池青想起来任琴刚搬来第一天就说过她原来在其他市当甜品店店长，因为工作调动才换了一家门店。

“我跟他正好来这儿附近走走。”解临正在回答任琴的话，发现店里那帮人要出来，于是下意识去抓池青的手，池青没反应过来，被他握着往后退了一步，这一步堪堪错开正好出门的那几位客人。

“发什么愣，”解临说，“……平时不是挺会躲的嘛。”

池青没想到任琴就在这儿附近上班，所以多停留了一会儿，见过人就打算走，解临的处世之道和他截然不同，等那几位客人出门之后，他又拉着池青进了店："那么急着走干什么？你朋友和苏警官在监控室看了半天，给他们带点吃的回去，也顺便照顾照顾任小姐的生意。"

甜品店里一股甜滋滋的奶油味儿，收拾得也很干净。

解临："你朋友喜欢吃什么口味？"

池青回想季鸣锐五人三粗毫不讲究的性子，说："随便吧，吃不死他就行。"

解临从边上拿起夹子，按照女生会喜欢的口味给苏晓兰夹了一个甜甜圈，没有强求："没忌口就好，反正他只是顺带的。"

季鸣锐在监控室里打了一个大大的喷嚏："……谁在念叨我？"

解临夹了两个，又让任琴给他推荐，任琴对店内的甜品如数家珍："这款 80% 用的是动物奶油，上面一层全是鲜切草莓，蛋糕夹层里还有奶酪和蔓越莓，甜度适中，口感也不腻，是我们店的招牌，卖到现在就剩下最后两个了。"

"就这个吧，要两个，麻烦包起来，"解临笑了笑，和她聊起最近的生活，"换门店之后还适应吗？"

任琴一边装盒打包一边说："工作上倒是挺习惯的，生活配套也比我之前生活的地方方便很多……就是不知道为什么最近起床总觉得没精神。"

"可能是冬天天气太冷起不来吧，也可能是搬家累着了，"任琴娴熟地用细丝带将独立蛋糕盒挨个打上漂亮的蝴蝶结，她虽然还是温温柔柔地微笑着，但可以看出精神状态没有刚搬来那天好，"……换了地方，需要一段时间适应。"

"去检查过身体吗？"解临看着她耳后一缕没有扎进发圈里的头发问。

任琴回答："工作腾不出时间，而且不用检查，无非是那点老毛病，没什么大碍。"

她没说太详细，但是解临清楚女孩子的身体或者精神状态不好，通常有一种很常见的原因：贫血或者低血糖。

解临也没继续问，只是走之前把其中一个扎着红色丝带的蛋糕纸盒留在柜台上，任琴愣了愣，正要喊他："解先生……"

"没落东西，"男人推开甜品店的门往外走，他不怕冷似的敞着衬衫衣领，锁骨嶙峋且瘦削，说话时笑眼迎人，让人不自觉沉溺其中，"专门给你买的，上回你搬家空着手就下去了，没给你带乔迁礼，不说了，再说某个人该没耐心了……对了，谢谢你的推荐。"

没耐心的池青在边上等了会儿，的确在心里说了一句"有完没完"。

池青面无表情："聊得开心吗？没聊够的话回去接着聊。"

解临顿几秒才回："你这样说话……"

"？"

解临："听起来像在吃醋。"

"……"

有病吧。

他吃哪门子的醋。

解临像是能听见一般，继而又安抚他："给你也买了，想吃哪个自己挑，你挑完我再给他们送过去。"

池青一句话也不想说，手插在衣兜里，径直往前走了。

哪怕解临和池青都觉得凶手不太可能出现在监控里，但是监控该查还是得查，几人在监控室待到傍晚，季鸣锐盯着监控，连嘴里的蛋糕是什么口味都没尝出来。

"今天就到这儿吧，监控也看得差不多了，"季鸣锐掐着鼻梁，"你们晚上没安排的话一块儿吃个饭？我叫上姜宇，咱们也好长时间没聚了。"

主要是姜宇那小子很长时间没见到偶像，叨叨完"为什么不是我去监控组，为什么偶像总是离我那么遥远"，又叨叨着让季鸣锐帮他问问偶像晚上要不要一起吃饭。

池青现在只是一名助理，他去不去吃饭取决于解临去不去吃。

解临在边上摆弄一通手机，好像是在给谁回消息，再抬眼时说："不好意思，今天恐怕不行，已经有约了。"

对这个回答季鸣锐并不感到惊讶，毕竟解临这人就长了一张邀约无数的脸。

季鸣锐又转向自己的好兄弟："你呢？我尽量选包间，人肯定不多。"

然而季鸣锐没等到池青回复，解临就先一步替他回应了："他也有约了。"

季鸣锐："……？"什么情况。

这两个人好像有问题。

"任琴刚才发消息过来说她提前下班，买了点菜，问我们过不过去吃，"上了车后，解临解释说，"说她前段时间刚搬来，忙着布置东西，好不容易得空。"

池青作为一个不怎么和人打交道的人，很懂得如何打破一切人情世故："好不容易有时间就在家里多休息，没事请楼上住户吃什么饭。"

解临："……"

半晌，解临问："你以前租的那套房，你住了多久？"

池青不知道他问这个干什么："两年多。"

"这两年里，你应该没有和住同一栋楼里的邻居说过话，即使有人找上门，也不会跟他们产生过多的交集，"解临一边注意着路况一边说，"如果你真的想治疗，你其实应该多去接触自己抗拒的东西，当然我指的接触不是说让你去碰他们，碰不碰的没有任何意义，你应该试着接纳他们。”

晚高峰路况拥堵，解临的声音和从车窗缝隙传进来的喇叭声一起响起：

“人这玩意儿虽然没那么简单，但也没那么复杂。”

池青到家后做的第一件事就是洗澡，把穿出门的衣服换下来，然后擦着头发走到厨房，对着厨房里那堆干干净净的餐具沉默着犹豫了一会儿。

最后从里面拿出一副碗筷，外加一套餐碟。

几分钟后，任琴做完最后一道菜，见到了从楼上下来的两位食客。

她开门的时候两个人正在说话。

“我说刚敲你家门怎么不开，”解临说话时微微凑近池青，说，“衣服换过了，头上洗发水的味道也变了……你们洁癖回到家第一件事就是洗澡？”

池青刚洗过的头发垂在眼前，看起来竟有几分软顺，驱散几分颓感，只是嘴上依旧不饶人：“换洗发水你也闻得出，你属狗？”

任琴犹豫着插话：“呃……你们来啦。”

解临手里拎着一瓶红酒，她不懂酒，只知道看瓶子以及瓶身标签似乎价格不菲，她开门后解临便把酒递给她：“家里没什么别的东西，就随便拿了瓶酒过来。”

橘猫跟任琴一同出来接待，睁着圆眼睛想看看来的人是谁，在任琴脚边一边转悠一边喵喵叫——只是这次喵得凶了一些，带着几分警惕。

任琴双手接过那瓶酒：“不用那么客气的。”

任琴说着看向另外一位，另一位手里也捧着东西，但……

池青端着自己带来的碗筷说：“抱歉，我不习惯用别人的。”

平时在外面吃饭没得选，他只能用热水烫一下再用，这次只是下个楼而已，从家里带碗筷显然更方便一些。

从搬进来第一天任琴就觉得这位池先生看起来很奇怪。

但人的第一印象很重要，反正第一印象就是奇怪，池青之后再做其他奇怪的事情她都不是那么不能接受。

任琴招呼他们落座：“你们来得正好，我把汤盛出来就能开饭了……我老家那边喜欢吃辣，不知道合不合你们口味。”

吃饭间隙，解临负责和任琴聊天。

“喜欢吃辣，那你家乡我应该去过，景色很美。”

没有人能拒绝得了这个拉近距离的话题，任琴笑笑：“你下次再去的话我可以给你推荐几个地方，在旅游攻略里找不到的那种地方。”

池青在边上听。

任琴是一个很简单的女生，从小就喜欢甜品，因为觉得甜品能给人带来好心情，是一种很奇妙的存在。

她家庭关系也简单，虽然和家里隔得很远，家里弟弟妹妹又多，出来工作之后联系就少了，但提到家人时没有丝毫抱怨："他们也不容易，要工作又要照顾我弟弟妹妹，他们忽视我没关系，我多关心关心他们就行。"

她也偶尔有一些小情绪。

"店里员工跟原来的店长关系比较好，所以总给我找事儿，她今天迟到，我就给她扣了分。"

不得不承认解临是个聊天高手，不到半个小时和任琴从南聊到北。

只是池青总是忍不住去留意一点：她自始至终都没有提到过她男友。

虽然失控状态已经结束了，他晚上睡觉不会再被任琴男朋友的声音吵醒，但是那个在深夜出现过的声音仍让他在意——她看起来实在不像有男朋友的样子。

等任琴起身去厨房盛鲫鱼汤的时候，解临扭头看池青："你瞥来瞥去的，在看什么？"

池青放下筷子，问了一个毫不相关的问题："你觉得她是单身吗？"

这个问题换成任何一个人问，解临都会怀疑他是不是对任琴有意思，但问这个问题的人是池青，池青显然不在正常人的行列里。

于是解临很随意地跟着池青的目光扫了一眼玄关鞋柜，又简单环顾了一下客厅布置，以陈述事实的语气说："单身。"

解临手指搭在餐桌边沿："一个人独自搬家，聊天的时候只字未提，鞋柜里没有男式拖鞋，身上也没有佩戴任何情侣饰品——你别这样看我，大部分人不会像我一样戴戒指只是戴着玩儿。当然还有最重要的，她的手机屏保是那只叫糕糕的猫，并且吃饭全程都没有碰过手机。如果有男友的话，得知她今天要在家里宴请两位楼上的男住户，不可能一条消息都不发……你为什么问这个问题？"

这和池青的推论基本一致，就算任琴男朋友只是晚上会过来任琴家过夜，也不至于一点痕迹都不留下。

尽管心里的疑点越来越大，池青面上依旧没什么表情，找了一个听上去不算太勉强的理由："没什么，就是忽然想起来她之前说还有个朋友和她一起住。"

解临说："她朋友应该是个女生，而且不出意外的话，估计还没到。"

池青进门的时候还端着碗，所以是解临打开鞋柜找的一次性拖鞋。

"刚才我开鞋柜的时候不小心看了一眼，虽然鞋柜里家用拖鞋是有两双，但新的那双没拆，还装在透明包装袋里，而且是一款女式拖鞋。"

随着解临尾音落下，任琴也端着汤碗从厨房里出来，她手上戴着厚厚的防热手套，把那个碗放下时说："小心点，有点烫……

"你们刚才在聊什么？我好像听到糕糕的名字了。"

"说你屏保上糕糕的照片很可爱。"解临说。

刚才话题聊到关于任琴那位同住的"朋友"，池青很自然地顺着往下说了一句："一直没看见你那位一起同住的朋友。"

虽然他语气一直冷冰冰的，很难让人感觉到"自然"。

任琴笑着拿起汤勺说："瞧我这记性，聊了那么多我好像忘了说我现在是一个人住。"

"本来我最好的朋友说要来华南市发展，我们之前就是大学室友，"任琴说话的时候，正好背对着身后那扇半开的卧室门，卧室里没开灯，显得光线有些昏暗，女孩子那张床铺整理得很干净，浅粉色的碎花被套铺得平平整整，"……但是计划赶不上变化，她爸妈希望她留在家里边考个公务员，工作稳定一些，她就没来成。"

池青坐在餐厅里，对着那扇半开的门，一直没有什么表情的脸上终于有了一丝细微波动。

第8章

任琴虽然才刚搬过来不久，但是把房间布置得很居家，一扫最初那种冷冰冰、空荡荡的精装修样板间风格，客厅飘窗上铺着毛茸茸的毯子，色调温暖恬静。包括她身后那扇半开的门上，悬着一样门把装饰物，装饰物挂件上吊着一串流苏。

只是在任琴说出那句"我是一个人住"之后，池青只觉得从窗外照射进来的月光将整个房间照得格外森冷。

黑漆漆的门缝像沉默的怪物，静静潜伏在任琴背后。

"喵呜。"糕糕依旧警惕地蹲在任琴脚边。

还有这只他不太喜欢的猫，看起来也不对劲，它似乎很紧张，身上的毛微微参起，局促而不安。

池青注意到任琴今天头发扎得也很乱，一缕发丝贴在颈后，眼底略微泛青，衣服袖口上沾到一点不太明显的厨房污渍。

她精神状态的确不太好，疲态明显。

池青不能确定事情是不是像他想的那样。

"我最近也在找合租人，这边房租不便宜，"任琴依旧笑着，"我把房源挂在安家上了，安家 App 那边会帮我推一下合租房源，看看有没有合适的人。”

池青全程都没说话，忽然像查户口一样问：“挂了大概多久？”

任琴愣了愣，还是答道：“快一周了吧……怎么了？”

池青：“没有人联系过你？”

任琴：“目前还没有。”

池青：“你对合住人有哪些要求？”

“要求的话一定要是女孩子，性格好，爱干净，不排斥猫就行，”任琴以为池青是想给她介绍合住人，于是有些期待地问，“你身边是有朋友想出来住吗？”

池青慢条斯理地从边上抽了一张纸巾，他吃饭的时候仍戴着手套，黑色布料和白色纸巾碰撞出鲜明反差，他用纸巾擦了擦嘴角，说：“不是，我没什么朋友。”

任琴：“……”

池青自然不能把自己失控时半夜听到的话转告给她，容易被人当成神经病，好像他半夜不睡觉趴在她家床底下偷听一样：“我跟你没什么共同语言，更没有什么好说的，出于礼貌，随便找点话聊聊。”

任琴：“……”

解临：“……”

这句话从他嘴里说出来倒是一点都不令人意外，刚才那段让解临有点在意的问话都显得正常起来。

“你还是吃饭吧，”解临失笑，用公筷夹了一筷子清炒芦笋给他，“别吃辣的，你嘴唇都红了。”

任琴说自己只放了一点点辣椒，但对其他地区的人来说“一点点”可能就是“致死量”，池青嘴唇本来就红，刚才吃了一口土豆丝之后红得更加显眼，黑发衬着红唇，十分醒目。

解临手肘撑在餐桌上，歪着头看池青吃东西。

解临发现他夹的菜池青没说什么就吃了，心道对这位洁癖助理来说能乖乖吃别人夹的菜着实不容易，又给他夹了一筷子菜。

池青吃完他夹的两筷子才反应过来，拿着筷子的手很不自在地顿住。

解临：“还吃吗？”

明明两个人之前是解临想约个饭都很难把对方约出来的关系。

一个“疗程”过后，产生的化学反应超过池青的预料。

池青放下筷子说：“……不吃了。”

饭后任琴才开那瓶解临带过来的红酒。

她想给池青倒一杯，结果那杯酒被解临接了过去：“给我吧，他不能喝。”

任琴心说，这位住楼上的池先生怪病还挺多。

这顿饭吃完接近八点。

外面天色黑透了，最近天气也不好，乌云堆积导致夜晚的天空格外暗沉，颜色是压得人透不过来气的墨黑色。

任琴送他们到门口，她刚洗了点水果，湿漉漉的手在围裙上擦了擦，正想说话，就见池青那双比窗外天色还黑的瞳孔正直勾勾盯着她看。

池青的瞳孔黑，藏在头发后边看不到瞳孔的光，冰冷得像无机质一般，任琴被他看得直发毛，她看不透池青眼神里的内容，只感觉自己像被什么盯上了。

“最近两起案子你听说了吗？”

“案子？”任琴说，“是说杨园和天瑞那两起吗？”

池青只能用这样的方式侧面提醒她：“你很符合凶手挑选目标的特征，独居、漂亮、和家里人联系也不多，就算消失一个月可能也不会被人发现。”他说到这儿顿了顿，看她的眼神更让任琴觉得毛骨悚然，他说，“如果我是凶手，很可能会对你下手。”

任琴笑容僵在嘴边：“……”

“糕糕，”等池青和解临走后，任琴抱起全程在她脚边打转的橘猫说，“那位池先生可能不太会聊天。”

橘猫看着她，“喵”了一声。

任琴抱着它摸了两把，她这段时间工作忙，没怎么陪着它玩，这一摸，摸到糕糕后脑勺那边的毛似乎缺了一小块儿，她低下头轻轻摁着橘猫后脑勺，仔仔细细查看，看到一处不显眼的伤口。

任琴心说，这是什么时候受的伤，怎么会掉了一块毛。

不太可能是糕糕自己弄的，它是一只很懒的猫，平时能躺着绝不会蹲着，也不爱跑酷。

她正想着，门铃声又响了。

以为是楼上两位落下什么东西去而复返，结果任琴一开门，发现按门铃的是搬来之后没见过几面的对门，对门邻居是个中年女人，颧骨高、单眼皮，一看就不是好说话的类型。

果不其然，一开门那位中年女人刻薄的眉眼往上抬，声音尖细：“哦哟，总算逮到你在家休息了，我说你能不能管管你家猫？大半夜的吵什么吵，老是叫唤，我不反对你们年轻人养宠物，但是既然养了能不能管管好？别影响别人休息好哦。”

任琴被她这一通话说蒙了，虽然怀疑对门是不是存心找碴儿，但还是温声解释说："可能有什么误会，我们家猫很乖的，而且做过绝育的猫一般情况下是不会乱叫……"

中年女人尖细的声音又抬高几度："什么误会——哦，你的意思是我误会你咯？我闲着没事误会你干什么？你家的猫就是很吵，刚搬来那几天倒是蛮好的，看你一个外地小姑娘，又是一个人住，我还想过几天做了蛋糕给你送一份。谁晓得哦，没几天就开始叫唤。别人晚上也是要休息的，不是人人都跟你一样，猫一直叫唤都还睡得着。"

"……"

任琴到底是脾气好，不想和邻居发生纠纷，只好连连道歉。

中年女人斜着眼扫她，也松了口："你态度还是蛮好的，这次就算了，管好你的猫，别让它晚上再瞎叫唤了。"

把对门送走后，任琴蹲下身，对着糕糕后脑勺缺的那块毛看了许久，刚才坚定"我家猫晚上不可能叫唤"的想法逐渐动摇，她不确定地想：难道晚上糕糕真的叫了？可为什么她没听到？

难道是因为最近太累了？

这个得不到答案的想法很是诡异。

她起身的时候，忽然又想起池青走时直勾勾盯着她说的那句：

——"如果我是凶手，很可能会对你下手。"

任琴毕竟是个女孩子，一个人住这么大的二居室，又有两起专杀独居女生的案子至今未破案，说不害怕肯定是骗人的。

这个念头一起，人就容易疑神疑鬼。

家里明明只有她一个人，但是被风吹动的窗帘、糕糕摇着尾巴时不小心扫落茶几上的糖罐突然发出的"砰"声，还有一片漆黑的卧室，紧闭的衣柜，都营造出一种家里似乎藏着某个人的感觉。

这种感觉就像平时看完恐怖片，总觉得床底下有人一样。

任琴甩甩头，试图将这种感觉甩出去，她弯腰捡起掉在地上的糖罐，正要将糖罐放回茶几时，拿着糖罐的手在半空中停顿住，她眨眨眼，晃了晃糖罐，糖罐里没有发出声音："……吃完了？我记得里面还剩几颗啊。"

任琴打开糖罐盖子，里面空空如也。

任琴一个人站在空荡的客厅里，窗帘被窗户缝里的风吹得鼓得更高了。

这种小细节在日常生活中本来就容易被人忽视，她自言自语着把糖罐扔进垃圾桶里："是我记错了吧。"

另一边。

池青和解临上楼之后，池青站在家门口开密码锁，密码刚输入四位，站在对门的解临忽然问：“你走之前说的那句话，也是找不到话题随便聊聊？”

解临靠着身后那扇密码门，从走到门口之后就没有要进门的意思，一直静静地盯着他看，目光意味深长地穿过走廊，缠在他身上：“池助理，你不像是会随便聊这种话题的人。”

池青手指微顿，密码停在第五位数上。

他就知道解临没那么好糊弄。

“我只是陈述一个可能存在的客观事实，”池青说，“她的确很符合凶手挑人的条件，凶手还没落网，一个人在外面住，还是小心点好。”

这个回答不知道有没有将解临糊弄住。

解临只是点点头，语调随意地说：“学会关心邻居了，有长进。”

池青本来就很难把半夜读到的信息以合乎逻辑的方式交代出去，身边还有这么个但凡他说点什么话，就跟狐狸发现草丛里有动静一样敏锐的人在边上看着，他感到有些烦躁。

走廊上两人互相对望半晌。

“如果我想杀你，”池青看着他的眼睛，一字一句地说，“有起码十种不会留下任何线索的方法，很轻易地就能做到让警方完全找不到凶手，甚至可能没人发现罪案发生，也就是说不会有人发现你死了。”

池青说话的时候语气丝毫没有起伏，光这语气听起来，解临感觉自己在他眼里似乎已经是一具尸体。

解临见过很多种警告人的方式，这种还是头一回。

解临笑了一下：“……不用那么狠吧。”

池青把最后几位密码输入进去，说：“趁我现在还有理智，赶紧从我眼前消失。”

对池青来说，只是口头警告，让解临四肢健全地全身而退已经很不符合他的作风。

池青回去之后又洗了一遍澡，重新换了一身衣服。

收拾完，他摸黑上床，合上眼。

墙壁上时钟从“9”开始顺时针往上转，分针每转过一轮就发出一声轻微的“咔嗒”声。

池青在床上躺了四五个小时，在时钟指向“2”的时候像是掐着点一样忽然睁开眼，深不见底的瞳孔和漆黑的夜色融在一起。

窗外夜色更加昏沉，小区里只剩三两只野猫还在楼下徘徊，声音又尖又细，凄厉的叫声时不时划开夜空，然后又悄无声息地隐去。

他掀开被子赤着脚下床，没开灯，摸黑从卧室走到客厅里坐着——如果此刻有人忽然进他家，可能会被这幅诡异的景象吓到，毕竟很少会有人半夜三更不睡觉，在沙发上“梦游”。

诡异画面主人公手里还掂着电视遥控器，将遥控器掂着玩儿。

在这种静谧的深夜里，人的思维往往比白日的时候更加活跃。

池青屈着腿、弯下脖颈，将下巴抵在膝盖上，静静地想：之前他听到的声音时间一般出没在凌晨三点至四点，没有特定规律，周末出现的概率较高，可能和“他”工作休息的时间有关联。

时至今日，距离案发时间已经过去了一个月。

薛梅是两个月前死的。而两个月前，杨珍珍刚好千里迢迢拖着行李箱来到华南市，站在人流密集的火车站，等男朋友来接她。

虽然任琴搬进来还不到半个月，但是她来到华南市之后一定花了点时间找房子。

池青以“一个月”为节点，将三名受害人串联起来后想，凶手有没有可能每隔一个月找一个新人，找到新人就把上一个处理掉?

他想到这里，扫了一眼墙上的日历。

因为没开灯，日历上那个“28”看得并不清晰，但是很显然从案发那天开始算的话离薛梅死亡……也快满一个月了。

还有最重要的一个问题。

凶手今天晚上会不会来?

这个问题的答案除了凶手本人，恐怕没有人能够回答。

池青最后低下头去看脚下的地板——任琴家就在楼下，仅仅一墙之隔。

她此时此刻或许正躺在卧室里一无所知地熟睡着，一个小时后，她的卧室门或许会像寸头通过墙上的偷窥孔看到的那样被人悄悄推开，然后进来的男人会站在床边静静地看她。

池青想到这里，在时针指向“3”的前十分钟，拿起挂在沙发扶手上的那件带兜帽的黑色外套，起了身。

任琴睡前胡思乱想了一通，晚上做了一个很真实的噩梦，她梦到有人拿着钥匙试图开她家的门，钥匙插进锁孔的声音在深夜显得格外清晰。

她吓得头发丝都差点奓起来，猛地扑上前去，一只手死死按着门把手，防止外面的人转动钥匙将门打开。

门里门外两股力道相斥，门外的人转动钥匙发现受到阻力，略微停顿了下。

任琴的呼吸跟着这半秒的停顿一起停滞。

然后下一秒！门外的人开始疯狂转动钥匙！

任琴没有其他办法，只得将整个身体往门板上压，但是两人的力量相差实在悬殊，门锁转动的动作越来越快、声音也越来越响……任琴绝望地在心底尖叫，就在门被人强行打开的前一刻，她浑身战栗着从噩梦中惊醒了。

摆在床头的闹钟显示此刻是深夜 3:00 整。

任琴后背出了一层虚汗，一时间难以再度入睡，于是她起身开了灯，披上衣服打算去厨房接杯水喝。

她捧着陶瓷水杯，惊魂未定地喝下好几口水才勉强从刚才的噩梦中缓过来。

在客厅睡着的橘猫听见动静也睁开眼，轻手轻脚走到任琴脚边，歪头看她："喵——"

"糕糕，"任琴叫它一声，看到它之后觉得安心不少，"对不起啊，把你吵醒了。"

"喵呜——"橘猫蹭蹭她的睡衣裤脚。

任琴喝完一杯水，正要回房间继续睡觉，但挪步之前鬼使神差地往门口看了一眼——深棕色电子门安安静静立在那里，银色门把手光洁如新。

这扇本来应该让人感到安全的电子门，此刻却没有让任琴感到放心。

刚才的噩梦做得实在太真实，她捧着水杯一步一步走到门边，不知道怎么想的，她心跳加快，悄悄凑近门上的猫眼。

她透过门镜往外看，其实并不觉得真的会看到什么，但是在凑近的一瞬间，她的视线意外捕捉到一缕压在兜帽下的黑色的头发。

任琴感觉浑身血液一下从头凉到了脚，她瞳孔忽地瞪大。

深夜三点多。真的有一个男人。在她家门口站着。

一门之隔外的男人身形清瘦，他穿着一件黑色外套、戴着帽子，宽松兜帽遮住大半张脸，透过门镜她只能看到男人额前过长的碎发，第一眼很难辨认出他到底是谁。

任琴只看了一眼，在对方微微把头抬起来之后，她猛地移开眼不敢再看，害怕和门外的人眼神对视上，怕被发现她正在门里看他。

但她移开眼的那个瞬间，正好瞥见了男人的脸——瞳孔深不见底，下巴瘦削，整个人肤色呈现出病态的白，嘴唇却很红。

她捂住嘴，惊恐的情绪到达顶峰。

这是楼上那位池先生。

池青在门外站了大概十几分钟，起先他靠着安全通道那扇门，后来又因为实在无聊，在走廊里来回徘徊。

他在心里琢磨着：等到凌晨四点，如果凶手还是没有出现，那他今天晚上估计是不会来了。

池青等得没耐心，心说他总不可能每天晚上不睡觉上来守着，要是能装个监控就方便很多……于是他站在门口仰起头，仔仔细细盘算装监控的话哪个位置最佳。

他打量几眼又想：算了，往别人家门口装监控犯法。

还是明天想办法提醒一下任琴让她自己装。

门内。

任琴压下心里的恐惧，片刻后鼓起勇气又往门外看了一眼。

“我之前跟你说过的，住楼上那位看起来有点奇怪的人，你还记得吗？”几分钟后，任琴躲进厕所，声音发抖着说，“他、他现在就在我家门口。”

接电话的正是之前计划和任琴合租的女生，她接起电话时声音还迷迷糊糊的，隔几秒反应过来，瞌睡一下全没了：“——你说什么？”

“他，”任琴越说手越抖，想到自己往门镜里看第二眼看到的景象，“他还在我家外面走来走去。”

“……现在吗？这个点？！你楼上的人是个变态？”

“我不知道……对了，他今天吃完饭走的时候跟我说了一句很奇怪的话。”

“什么话？”

任琴语无伦次地说：“他说如果他、他是凶手的话，他会选择我作为下一个目标。”

“……”

电话那头的闺密打算收回刚才那句疑问句里的问号，将话改为陈述句。

这就是变态吧。

任琴在脑海里检索楼上住户为数不多的个人信息，又说：“而且他之前就住在案发地那边，他就是从那两个案发小区附近搬过来的。”

“？！”

各项信息惊人地吻合。

“我去，”对面女生也慌了，“我们冷静下来想想对策，别慌，首先你肯定不能暴露，千万别让他发现你已经看到他了，把这种变态逼急了指不定会做出什么事儿来。你就先当什么事也没发生，而且他住在楼上，半夜在你家门口徘徊这种事儿警察也没法管，在他没有做什么实质性的事情之前和他撕破脸百害而无一利，只会让我们处于劣势。”

任琴慢慢地冷静下来，她哆哆嗦嗦地说：“你说得对……我不能让他发现，我得装作什么事都没有发生。”

任琴一晚上没睡着。

她第二天出门时精神状态更差，眼底一片乌青，她背着帆布包出门上班。

她上班的时候心不在焉，这几天天气也不太好，雨前沉闷的空气压在人身上，九点刚过，果然下起了雨。

路上行人紧紧裹着外套来去匆匆。

“你怎么回事，客人点的单几次都搞错了。”店里有员工不满道，“到时候投诉上去，我们店会被扣工资的，你能不能认真点？”

任琴连忙道：“对不起啊，我昨天晚上……”

她说到一半，没有说下去，成年人的世界有时候只看结果，不听“借口”，说了也没用，于是她最后又道了一声歉：“对不起，我肯定不会再搞错了。”

任琴疲惫地熬到中午午休，她打包午休前最后一单时，警觉地察觉到什么，抬眼往门外看去——街上车流不息，细雨蒙蒙，各色行人在车流间隙穿插而过，任琴还是一眼就看到街对面那抹撑着伞的黑色身影。

即使隔着一条街，她还是能清楚地看到男人搭在伞柄上的那只黑色手套。

那抹身影站在雨中，似乎正远远地透过细雨和长街看着她：“……”

中途有车缓缓从街上驶过，路况有些拥堵，刚好挡住两人望向对方的视线。

等那辆车开过去，街对面原先站着人的地方已经恢复空荡，什么人影都没有，仿佛她刚才看的那一眼只是一场错觉。

任琴愣愣地看着那里，低下头发现手里那根红色丝带打错了结，于是又手忙脚乱地把打错的结解开。

……她感觉自己快崩溃了。

对此一无所知的池青撑着伞穿过马路。

他今天走回和解临避开所有监控后锁定的那条路，试图找寻到这条商业街和薛梅、杨珍珍、任琴三个人之间的联系。

刚才经过任琴工作的店附近，他就停下来多看了一眼，最后决定还是不在她上班的时候打扰她，监控的事情晚上再说。

正想着，池青口袋里手机振动不停，他接起电话：“喂？”

解临：“你不在家？”

“在外面，”池青说，“有事吗？”

解临在电话另一头说：“没什么，不是因为还在生我气所以故意不开门就好。”

池青："虽然我没那么无聊，但如果对象是你的话，这种情况也不是不可能发生。"

"……"池青听到电话对面很轻的呼吸声停了一下，他穿过路口，撑着伞从长街尽头拐出去，细雨被风吹散，然后他又听到解临那边声音响起，男人无奈地说，"池助理，你不仅难伺候，还很难哄。"

解临和池青简单通过电话之后，又接到一通意外来电。

手机屏幕上"任琴"两个字不断闪烁。

"任小姐？"解临接起电话。

出乎他意料，任琴的声音很慌乱："解先生。"

"出什么事儿了？"解临安抚道，"没关系，慢点说。"

任琴也想过解临和池青看上去明显是朋友关系，这个人是否值得信任仍需打上一个问号。

但是一个人对另一个人的好感是很难捉摸的东西，解临模样好、待人又有风度，甚至有时候看着他的脸，听着他的声音，还很容易让人单方面跌进暧昧里。

虽然这份好感也仅仅止步于好感。

……况且那两起案件也并没有任何信息表示凶手还有同伙。

任琴还是决定信任他："你今天晚上在家吗？对不起，我知道这时候说这个很突然也很冒昧，但是我实在找不到别人了……我，我可能被人盯上了。"

解临："？"

解临刚到家，他把从市局带回来的新鲜出炉的一沓凶案现场照片扔在客厅茶几上，然后单手解开大衣暗扣，另一只手维持着接听电话的姿势，没有急着问任琴具体情况，而是先确认她的安危："说之前先回答我一个问题，你现在所处的地方安全吗？"

这句话像一颗定心丸，任琴反锁着门，正躲在狭小的员工休息室里："安全，我现在在上班。"

解临这才接着刚才的话题继续问："发生什么事了，你刚刚说有人在盯着你，谁在盯着你？"

任琴手指紧紧抠着手机背板，想起昨天晚上通过门镜看到的可怖画面，以及刚才长街对面那抹撑伞的黑色身影，她一时间不知道怎么说，说楼上那位池先生是个变态，凌晨三点在她家门口转悠……解先生会不会相信她？

在她思考之际，店里正好来了一位客人。

任琴最后只得匆匆道："我晚点下了班可以去你家吗？到时候再和你说，店里来客人了。”她又怕解临会拒绝，低声补上一句，“……我有点害怕。”

解临刻意安抚她，所以将声调压低，声音听上去更加“引人遐想”：“可以，你几点下班，你方便的话我开车过来接你。”

任琴哪好意思麻烦他：“不用不用，我坐地铁，没几站路就到。”

任琴浑浑噩噩地上完一天班，在员工休息间里把工作服换下来，照着镜子才发现自己最近憔悴不少。她发现自己的头发实在太乱，于是把头发散下来重新扎，她咬着发圈，细细梳理头发，继而五指合拢，将发圈重新绑回去。

她对着镜子梳理头发的时候，脑袋微侧，无意间照到自己脖颈后面似乎有一块不太明显的，像被蚊虫叮咬过后所致的红印。

晚高峰地铁上人挤人，任琴耳朵里塞着耳机，一路挤到站，她拎着帆布包快步往小区走。

现在时间不算太晚，九点左右小区里依然有不少行人。

任琴每走一段路就撑着伞左右看看，确认没有看到某个让她心惊肉跳的身影才继续往前走。

她走了三五分钟，熟悉的楼栋号就在眼前，她说不清看到这几位数字是提着一口气还是松了一口气，怀揣着复杂的心情她走上台阶，收起伞，雨水顺着这个动作簌簌地洒在地砖上。

由于天气寒冷，任琴跺跺脚，俯身去按电梯按钮。

她匆忙按完才注意到电梯正要上行，刚刚才合上的电梯门接到指令又缓缓打开。

任琴总是习惯道歉，每次觉得可能会打扰到别人就喜欢说一句抱歉，她照例道：“不好意——”

“思”字卡在喉咙里，如鲠在喉，迟迟发不出那截简单的字音：“……”

池青站在电梯里，黑色指套按在“开门”按钮上，防止对方还没进来电梯就先行合上，此刻正盯着她看，红得有些诡异的唇张合，吐出五个冰冷的字：“怎么不进来？”

任琴的表情像见了鬼一样：“……”

他身上那套长风衣和任琴中午看到的那套一样，距离近了才看清楚这件衣服袖口处有一圈精细好看的暗纹，黑色手套也换了样式，牛皮材质看起来平添了几分冷硬。男人脚上穿了双军靴，透明雨伞伞尖点地。

说起来他为什么每天都戴着手套？

仅仅是因为洁癖吗？

任琴脑子里一突一突地想到一个细思极恐的细节：戴着手套做任何事情都不会留下指纹。

任琴想往后退，可是她背后全是冷汗，双脚像灌了铅。

偏偏在这种情况下，她还得强行镇定下来。

——我不能让他发现异常，更不能让他发现其实我已经知道了一切。

任琴很勉强地扯出一抹笑："我……忽然想起来，我还有东西没拿，你先上去吧。"

如果是别人，肯定一眼就能发现这抹笑有多勉强，简直都快跟哭差不多了，但她面前的人是池青，池青分辨不出她是真开心还是假开心，他没有这种最基本的捕捉情绪的能力，压根儿没有多想："哦。"

见他没有纠缠，任琴暗暗松了一口气。

然而下一秒，她又听见电梯里的男人喊她："任小姐。"

"……"任琴嘴边僵硬的笑容险些维持不住，"嗯？"

池青牢记自己今天最重要的目的就是提醒楼下这位任小姐在家门口安个带警报功能的监控。

如果事实真像他晚上听到的那样，那么任琴有很大概率就是下一位受害人。

池青搭在伞柄上的手指微屈，措辞道："你有没有想过……晚上可能会有人以某种方式走进你家里，站在你床头静静地看着你？

"而你对这一切毫不知情，你甚至不知道他进来过。在你深夜熟睡的时候，他可能会用你的浴室洗澡，翻动你房间里的东西，甚至会跟你同睡一张床，最后他的手会摁在你的脖子上，"池青漆黑的瞳孔毫无波澜，冷静地陈述案情，试图唤起她的安全意识，"某一天夜晚过后，你可能再也不会醒过来。"

"……"

九点三十分。

解临一开门，就看到任琴那张惊慌失措的脸。

任他有再高超的推理技巧，也很难判断这短短24小时的时间里，发生了什么让任琴产生这么大的情绪波动："任小姐？"

解临和池青就住同一层，任琴不敢走电梯，硬是从安全通道悄悄爬上来，并全程盯着解临家对门那扇门，生怕池青突然开门。

任琴中午在电话里说的还只是"有人在盯着我"，晚上见到解临之后成了："我觉得……我现在很危险。"

她紧紧拽着帆布袋，声音发抖，着急地问："我能先进去吗？"

解临愣了愣，往边上一让："当然可以，先进来再说。"

任琴进门后不免感慨解临这个人的细心程度，她中午就提过一句她晚上能不能来，玄关处便妥帖地摆好了一双新拖鞋。

她还是第一次来解临家，解临家里和她想象中的不太一样，她以为这位解先生家里的装潢会和他这个人一样，但没想到他家里色调其实挺冷的，大片的高级灰，看起来很贵但没有她想象中的那种温度。

不过也正常，解先生这个人的确在某些时候会给人一种意外的距离感。

“你现在的精神状态太紧张了，”解临说，“你先坐着，我去给你倒杯水。”

任琴卸下挂在肩上的帆布袋，抱着米色帆布袋坐进沙发里：“谢谢。”

“喝茶还是饮料？”

“就普通的水就行。”

“行，”解临拿起边上的水杯，“得等一会儿，没加热，给你倒杯温的。”

任琴独自一人坐在客厅，由于紧张，她控制不住四下张望，目光从客厅吊灯上移开，又看了一眼阳台，最后落在面前的茶几上——她这才发现茶几上摆着几排照片。

她第一眼并没有看出照片上是什么东西，只辨认出垃圾桶和垃圾桶边上那个黑色的塑料袋。

她知道自己不该随便看别人的东西，但是出于潜意识嗅到某种危险气息，她还是不受控制地拿起那张照片，凑近了才看清楚黑色塑料袋上沾着星星点点红色血迹，从塑料袋里露出来的那一点肉色……

是……是人的断手！

任琴眼睛猛地瞪大，照片上那只断手手指甲缝里的黑色污垢都清晰可见。

她拿起茶几上其他照片仔细察看起来，一张张看过去，照片上的画面一张比一张血腥，全是人的残肢，皮肉组织被砍得面目全非，血液干涸成黑红色，活生生的人被人砍成一堆变了质的烂肉，残肢里甚至混杂着从人身体里拉扯出来的肠子。

照片背后有几句批注，看上去应该是解临的字迹。

男人写的字很好看，笔锋凌厉洒脱，只是写在照片背面的话却令人毛骨悚然，像杀人犯的自述：特意选尖刀就是想感受在最短时间内将人一刀致死的快感，第一刀选择划开他的喉管，第二刀刺穿心脏……

然而最后一刀划完，仇恨并不能完全得到缓解，于是又向这具尸体高高举起了锯子。

用锯子来回锯肉的感觉很痛快，人的皮肉像血色花朵一样绽开，骨头发出美妙的断裂声。

……

任琴一行行字扫过去，看完之后就像不认识这些字一样，大脑有一瞬间空白。

半晌，她悄悄把照片放回去，脑子里还在嗡鸣不断。

直到一个熟悉的声音在身侧响起，任琴以前听到这个声音，会在心里暗自遐想一番，此刻听见浑身像过了一遍电一样，她头皮发麻地扭头向解临看去，看到男人捏着水杯，正对她微笑："你的水，温度应该刚刚好。"

任琴的灵魂和肉体已经分开，被他笑得毛骨悚然，根本不记得自己都说了些什么："啊……谢谢，你这杯子不错，挺好看的。"

解临眉眼微挑："杯子？"

任琴手心出汗："对，晶莹剔透的，像水晶杯一样，这上面还有花纹，呵……呵呵。"

解临扫了一眼那沓照片，他刚才忙着倒水，不知道任琴有没有看到，任琴今天从进门开始就不对劲，精神状况极度紧张，所以他也摸不准她现在的反应正不正常："就家居店里随便买的，你要是喜欢的话我看看家里还有没有多的。"

任琴："不用了，我、我就是随口说说。"

不管任琴看没看到，茶几上的照片肯定得收起来，解临将杯子递给她之后，又俯身去拿照片。他今天穿得很居家，V字领毛衣，干净而又柔软，将他身上那种自带的"渣男"感冲散了好几分。他拿照片的动作异常温柔，指尖从照片上轻轻抚过去——任琴观察到解临脸上不仅没有丝毫变化，甚至连唇边那抹笑都没有变淡。

任琴："……"

对解临来说，案件照片没什么特别的，都是从小看到大的东西，再血腥的场景他都见过，他初中开始就能在吃饭的时候一边吃一边跟解风聊分尸手法，以及人在夏天死后泡在水里泡上几天几夜会发生哪些变化。

不过女孩子最好还是不要多看这种血腥的东西。

解临正想和任琴解释两句，却见任琴放下手里的玻璃杯，声音比来时更抖："我朋友刚刚说来接我，我要走了。"

解临把案件照片拿在手里，问："你朋友？"

任琴刚搬来华南市，根本没有相熟的朋友，却还是硬着头皮说："对，就是我店里的同事。"

"……"解临若有所思地看着她，"可你店里的同事不是和你关系不好吗？"

"……"

她吃饭的时候就不该吐槽同事关系。

"是新来的同事，"任琴只能咬着"朋友"这个说法不放，"她……昨天刚来，我们两个一见如故。"

任琴说着不断往后退，说话间已经退到了门口，她暗暗反手，从身后去摸门把手，话音刚落，抢在解临要说话之前猛地拉开门冲了出去！

解临对着猛然关上的门百思不得其解。他天生异性缘就好，也天生擅长捕捉人的心思，人生第一次感到碰到了一位让他捉摸不透的。

他还不知道任琴说的“被人盯上”以及“有危险”到底是什么意思，但等他拉开门追出去时，任琴已经乘着电梯下去了。

——你要去哪儿?

——你还没说发生了什么事，谁在盯着你?

——你没事吧，看到了回复我一下。

任琴一出电梯，就收到来自“解临”的几条微信，她一夜未眠，白天又持续紧张了一整天，终于在这一刻崩溃了。

叮咚。

又接收到一条新消息。

——任小姐，你忘记换鞋了，你的鞋还在我家。

未读消息里还有一条是那位池先生的。发消息的时间是半个小时前。

——我刚才在电梯里说的话，你仔细想一想。

任琴穿着不太适合跑步的一次性拖鞋跑出了人生中最快的速度，这几条信息里的字眼像是幻化成一条条毒蛇一样在身后紧缠着她，她胡乱地想：楼上两个人虽然性格迥异，一个冷冰冰，另一个笑吟吟，但他们两个都是变态。

她选择给解临打电话无异于自投罗网。

任琴感觉自己现在就像是恐怖游戏里的主人公，一位“好人”好心带她回家避难，去了才发现那根本就是狼窝，她现在正被人前后夹击，危机四伏。

她凭什么会天真地以为解临和对门那位池先生关系那么好是因为他不清楚池先生的真面目?

她为什么会觉得解临一定是个好人?

即使解临长得再好看，一举一动再容易让人心生好感，任琴也没有办法说服自己继续相信面前的这个男人。

男人可以有很多个，命只有一条。

“你现在立刻，找一个人多的地方，你看看附近有没有什么24小时便利店，”任琴为防止自己出现什么意外，第一时间给闺密打电话，听着电话里闺密的声音，跟着声音跑进一家没打烊的便利店，“你找个角落坐着，千万不要对着门窗玻璃，找一个不容易引起注意的地方。”

任琴说不出话，只能发一些模糊的单音节气音：“……好。”

“听我的，报警。”

闺密虽然也慌，但是她知道自己现在必须表现得镇定一点，她如果跟着慌，任琴的状态肯定会更糟，等任琴坐下来之后，她一字一句地说："事到如今，撕破脸就撕破脸吧，必须得报警，好好查一查你楼上那两个人，这两个人肯定有问题，你刚刚还说那个姓解的提前在门口放了拖鞋？你想过没有，他这明显就是等你过去等很久了。他们很有可能是惯犯，两个人联起手来专门残害像你这种在外独居的女孩子。

"我们大不了搬到其他地方去住，大不了换一份工作，房租押金、工作这两样都没有命值钱，现在、立刻、报警。"

晚上十点，永安派出所。

季鸣锐正坐在办公室里整理资料。

他们新人小组现在负责的工作很杂，他们就像块砖，哪里需要往哪里搬，由于负责的辖区内涉及杨园和天瑞的案子，又和第一名死者杨珍珍密切接触过，所以会负责一些相关的走访工作。

没有走访任务的时候，他们仍旧需要回所里接电话，耐心地当一名调解员。

"警察同志，怎么办，我女朋友又——"

"又闹自杀是吧？"

"又——啊，是你啊，警察同志，那我就不用多说了，反正剧情你熟。"

"又是我。我说句实话，你和你女朋友那么长时间了还没分手，说明你俩其实挺合适的，要不就考虑考虑结婚吧？你俩的感情也算是历经磨难，"季鸣锐吃着泡面，又接到一名熟悉市民的电话，"而且这样你女朋友也不用因为你要跟她分手而整天闹自杀了，从根源上解决问题。"

"……"

季鸣锐和这位"老朋友"唠完嗑，边上的电话又"丁零零"响了。

季鸣锐一抹嘴巴，接起电话："喂，您好，这里是永安派出所。"

他刚说完，电话对面响起一阵紧张而又急促的呼吸声："您好，我、我要报警，我住在御庭小区，8楼802室，我前两周才刚搬进去，我发现……我发现我楼里的两名住户，可能是最近两起连环杀人案的凶手。"

季鸣锐猛地坐直了。

第9章

几分钟后，季鸣锐挂断电话，手里的泡面也不吃了，披上衣服拿起车钥匙就往外冲。

苏晓兰从茶水间出来时正好撞见他："怎么了？"

季鸣锐："接到群众举报，有疑似嫌犯的人在御庭小区出没，我现在就赶过去看看情况。据报案人说是两名男性组团作案，从她搬进小区的第一天那两名可疑男性就盯上她了，还特意下来看她，最重要的是其中一位昨天凌晨三点在她家门口站了很久，另一位也相当可怕，他家里有很多凶案照片——总之，极有可能是高度危险分子。"

苏晓兰："……这么危险？"

最近奇奇怪怪的人真是越来越多了。

季鸣锐："可不是嘛，我光是听着都觉得变态。"

季鸣锐一路开车赶往御庭，刚才接电话的时候太急，这会儿才反应过来御庭这名字特别耳熟。

他提速前瞥了一眼导航。

"……"

何止耳熟，这小区他去过好几次。

他按照报案人所说的位置，找到那家位于小区门外的便利店和报案人碰面，发现对方是一位柔弱的漂亮女生，脚上踩着双一次性拖鞋，像只受惊的兔子。

"没事，这位女同志，你不要害怕，我们民警会尽全力保障市民的人身安全，你说的那两名可疑分子现在在哪里？"

季鸣锐开着车带着报案女生在地下车库里一边找空车位，一边找她居住的楼栋。

任琴看着他拐方向盘都不带犹豫的："你很熟悉这边？"

季鸣锐心知多和她说说家常话能够缓解对方惊慌失措的情绪，于是笑笑说："我一个朋友，还有一位勉强算是同事的人也都住在这小区。"

很快季鸣锐发现，他认识的那两位不仅和这位报案人住同小区，甚至还住在同一栋楼。更荒谬的是在走到电梯口之后，他看着女生按下楼层按钮……心说怎么连楼层数都一样。

两人等电梯的时候电梯正好下行。

从电梯里出来两个男人，其中一个穿公司制服的侧对着他们，做"请"的姿势，让着另一个男人先出去。

另一个男人说："刚才那套其实还可以，就是要价太高，开那么高的价格……"

"就是这两户，"两人乘坐电梯上去之后，任琴不敢离开电梯口半步，遥遥一指，"就是他们。"

"你确定没走错？"

"我自己家楼上，我怎么会走错。"

“……”

季鸣锐站在熟悉的楼层对着熟悉的门牌号，陷入长久的沉默，沉默过后他直接上去按这两位的门铃。

任琴担心道：“这样做会不会太鲁莽了——”

鲁莽？

他已经很克制了。

他这次急急忙忙出警不是为了来兄弟家做客的。

“你说的两个人，”季鸣锐以复杂的心情解释，“一个是不是整天戴着手套，另一个整天笑眯眯的，看着挺招蜂引蝶的？”他顿了顿，又说，“虽然这样说可能听上去有点离谱，但这两位其实是华南市公安局刑侦大队的顾问。”

任琴：“？”

任琴眨了眨眼，一时间不能消化，总队……顾问？

10:30。

池青被兄弟敲开家门做起了笔录。

季鸣锐：“你为什么恐吓人家女孩子？”

池青不知道他在说什么：“听不懂，说人话。”

“我说，你，恐吓，她！”

池青皱眉：“你大晚上忽然跑过来说什么乱七八糟的。”

池青刚才给任琴发完消息之后，迟迟没等到回复，他犹豫再三，决定再跟她说得更明白点。

他摘下手套，又找到任琴的聊天框，打字：每一个独居女生都有可能成为下一个受害者，希望你能够提高安全意识，在家门口安装一个……

“监控”两个字没打全，门铃声响了。

季鸣锐：“还要我再说得明白点吗？你跟人女生说的那些话，那还不是恐吓？”

池青戴上手套，没什么耐心地站在家门口，眼皮耷拉着，隔空扫过躲在电梯旁的任琴：“那就算恐吓？我就是提醒一下她，希望她能装个监控，最近不安全。”

“……”

解临站在一边待审，他听完这几句差不多就把来龙去脉理清楚了，插嘴道：“那你就不能好好说吗？”

池青：“我说的哪句话有问题？”

这位“嫌疑人”完全没有察觉到自己都做了些什么。

季鸣锐控场：“这位解姓嫌疑人，你别插话，你自己也有问题，别五十步笑百步。既然你插了话，行，那我就来问问你——”

解临确实疑惑过任琴为什么突然跑出去这个问题，就算她看到照片也不该是这个反应，现在知道是池青在前面铺垫过，一切就都圆得上了，他打断道：“不用问了，我差不多知道怎么一回事，她看了照片吧，我今天去过一趟市局，照片是从市局带回来的，他们让我分析。”解临说这话的时候看向任琴，“可能吓到你了，但你跑得太快，我都没反应过来。”

“倒是你，”解临转向池青，继续刚才季鸣锐没问完的话，“你凌晨三点在人门口站着干什么？”

听到这个问题池青脸上才总算有一丝波动。

晚上听到过声音这点不能说，如果非要找一个合理解释的话……

池青：“睡不着，就去楼下看看她家门口有没有装监控，发现没有装才想提醒她。”

解临：“……”虽然很奇怪，但逻辑莫名其妙圆上了。

季鸣锐：“……”

任琴：“……”

一场误会，任琴现在的心情就像劫后余生，还充斥着淡淡尴尬，她怎么也没想到楼上两位会是这个职业，把自己的鞋换回来之后又被他们三人送回楼下。

当池青的身份从“疑似变态”成为“市局顾问”之后，任琴开始重新正视池青之前对她说的话，一个这么厉害的人物，不可能无缘无故对她说这样的话。

而且即使误会解开，萦绕在她心头的阴霾和疑虑也并没有完全消失——

糕糕晚上的叫声，空糖罐，颈后的印子。

而且说起来……

家里的沐浴露是不是也用得比之前快了？

任琴正胡思乱想着，弯腰打开家里的鞋柜，想把鞋换下来放进去，就在放进去的前一秒，她听见解临问：“之前一次性拖鞋也是放在鞋柜最左边的位置吗？”

任琴放鞋的手一顿。

玄关处的鞋柜普普通通，是最普通的式样，平时把鞋柜门一关，就不会再注意到它，也不会清楚地记住具体的摆放位置。

解临：“如果我没有记错，你也没有动过它的话，它现在应该不可能在鞋柜右侧，而且之前还剩下七双，你数数数量。”

一，二，三……

任琴翻来覆去数了好几遍，鞋柜里的一次性拖鞋也只有六双。

“解先生，你会不会是……记错了，这里只有六双拖鞋。”任琴看着这几双一次性拖鞋问。

解临："尽管我也希望是我记错了，但很遗憾，我不可能记错。"

其实如果不是池青一直在明里暗里提任琴符合条件、最好安个监控这种事，解临刚才不会刻意去看鞋柜。

只是身边有人一直在提某种可能性，让他也不自觉开始在意，这一看，才发现似乎真的有哪里不对劲。

任琴："……"

这感觉和刚才被吓不同，这种不容易被人注意的小细节往往让人感到细思极恐，恐惧感细细密密地泛上来。

任琴维持着换鞋的姿势，她明明在自己的"家"里，却从头冷到了脚。

解临一语双关地说："而且门口那位看起来不太愿意进来的有洁癖的池先生虽然有时候看起来不太对劲，连别人是真笑还是假笑都分辨不清，但是'直觉'总是意外地很准。任小姐，除了你以外，你家很可能还有其他人在随意出入。"

被点名的池青："……"

池青感到头疼。

他就知道解临这一关很难过去。

解临不仅怀疑有人出入，同时也在怀疑他。

但池青现在没空去细想这些，也没精力应付他，他只是在想：那个人白天来过？

他来干什么？他一般都是在深夜出没，其他时间任琴也不在家。

他难道只是来随便转转？很显然这不太可能。

而且最重要的一点是，他为什么拿走了一双一次性拖鞋？

季鸣锐在边上听得一头雾水："所以现在是怎么回事，他俩的误会解开了，又冒出来一个进你家的变态？"

"喵呜——"

糕糕趴在沙发上盯着他们看，发出一声细微的叫声。

猫圆溜溜的大眼睛呈琥珀色，瞳孔里最深的一圈是深棕色，瞳孔里倒映着他们所有人。或许目前能回答他们问题的只有这只一直养在家中的猫，但它除了"喵"之外，什么都说不出。

"任小姐，"池青忽然问，"如果方便的话，能详细说一说你搬来华南市的经过吗？越详细越好。"

几分钟后。

任琴坐在沙发里，解临、池青、季鸣锐三人坐在她对面，几人就地进行一番简单审讯。

糕糕跳到她身上，她摸着糕糕缓慢地说：“我是这个月月初来到华南市的，我还记得那天天空灰蒙蒙的，我乘坐的那班列车凌晨到站，拖着行李箱出来的时候很多店都还没有开门，我就去一家快餐店坐到了天亮。因为当天就要去店里报到，所以我一边坐着等一边在店里化妆。”

任琴的基本情况和酒吧里见到过的杨珍珍，以及被塞在冰柜里浑身赤裸的薛梅相差无几，通过任琴的描述，池青的脑海里这三张年轻的脸逐渐重叠在一起。

任琴继续道：“我先是在工作的地方附近找了一家旅馆住下，公司给了我半个月住房补贴，所以我得在半个月内找到房子，短时间内能够找到的房源不多，可选择的范围很小。安家那边的中介带我去看过杨园和天瑞的房子，说那边因为出了事房租降低很多，很划算。”

一个月前。

杨园小区某栋楼内。

“任小姐，你看，按平时的行情，这个价格最多只能租到一室的，现在能租精装两室，真的特别划算。”

中介说得口干舌燥，唯一目的就是把房推出去：“目前小区都被警方密切监管着，很安全的，案子侦破只是时间问题，而且凶手肯定不会傻到再回来是吧，警察那么多，很容易被抓。”

任琴胆子小，她看恐怖片都会睡不着觉，要她住在案发小区里她光是想想都头皮发麻：“还是算了吧，别的小区没有房源了吗？”

“呃，您这个要求，要离你工作的地方近的，又要出行方便……这里是最合适的了，再远一点，可能就只有御庭小区比较符合您的要求了，不过那边房价比较高一些，刚好有一套房源，那套房是房东本来给儿子准备的婚房，首次出租，您要过去看看吗？”

到这里，接下来的看房经过都和池青当初在楼上听到的一样。

任琴的确抱怨过房租价格高，并且不知道那个“他”会不会喜欢，吵得他头疼。

“所以最后还是租了这里，想着贵一点就贵一点吧……”

季鸣锐皱眉，虽然听不出什么，仍细细盘问：“当时带你看房的中介叫什么？”

任琴：“姓王，具体名字不记得了，但是在安家 App 上有和他的聊天记录，我记得他好像瘦瘦矮矮的，刚毕业没几年。”

瘦矮，体形和嫌疑人明显不一致。

“我看完房走的时候房东加了我微聊，”任琴说，“后来我实在没有找到其他合适的房源，就跟房东定了这套房。”

季鸣锐心说这个租房故事稀松又平常，没什么疑点，然而下一秒却听到解临和池青同时开口。

“不太对。”

“有问题。”

季鸣锐：“……啊？”

他真是时常感觉自己跟不上这两位顾问的思维模式。

池青和解临两个人在某些方面的确有超乎寻常的默契，两人耳边一齐闪过几句记录在案件资料里的话。

薛梅的房东说：“我们是直接签的合同，没有通过第三方，虽然之前挂出去过……人家一个小姑娘出来打工也不容易，能省一笔中介费。”

杨珍珍的房东说：“没有，我们是直接签的。”

现在任琴也说：“……跟房东定了这套房。”

池青戴着黑色手套的手交叠，搁在腿上：“中介带你看了那么多套房，最后你为什么是和房东签的约？”

“不可否认，市场上的确存在很多绕开中介，为了省中介费用转为私下进行的房屋买卖或租赁，毕竟半个月房租的中介费用不是一笔小数目，两边都能省下一笔不必要的开支，”解临的注意力也在这点上，“但是你、杨珍珍、薛梅，你们三个人明明都委托过中介，甚至也是中介带你来看的房，可最后都是直接和房东签的租赁合同。”

“一个两个还算正常，但是一连碰到三个，不觉得太过于巧合了吗？”解临说，“这样看起来倒像是有人刻意避开中介，把中介从事件里排除出去一样。”

中介不要赚钱了？白白带人来看房？

任琴也没想过这个问题：“这……我不太清楚。”

“房东怎么跟你说的？”

“她就说跟我直接签，要我不要再和那个中介联系了。”

解临沉吟片刻：“如果方便的话，能给你房东打个电话吗？”

房东接起电话的时候正在搓麻将，大晚上越搓越上头，她一边听电话一边喊“和了”，继而道：“……什么有没有人跟我说过什么，没人跟我说啊，是我自己机灵，你看你省下一笔钱，我也省下一笔，这不挺好嘛。哎，不跟你说了，我这边正忙着呢。”

任琴无措地看了他们一眼。

池青面无表情地提出应对方案："跟她说'你敢挂试试'。"

任琴："……"

季鸣锐："……"太嚣张了吧哥，真会聊天。

"你这种话如果对着除我以外的人说，人家可能不只会挂你电话，"解临从任琴手里接过电话，低声说，"挂完电话还会立刻把你拉进黑名单里直到七老八十也不把你放出来。"

"……"

"电话给我。"

一般问这种问题，还是在这个时间点，对方都不会太有耐心回答，只有牵扯到自身利益才会让对面重视起来，解临张口就扯："是这样的，您和任女士私下签约实际上对安家那边造成了一定程度的经济损害，因为任小姐是由安家中介负责的带看客户，现在安家那边似乎有意向想查这件事。

"——这对您来说还挺麻烦的，您说是吧？所以您再仔细想想是否有安家员工和您透露过可以越过他们中介自行签约这种特殊的签约渠道，这样安家那边要是问起来，我们也好有个说法。"

听到可能会有麻烦，房东那边搓麻的声音渐渐停住了。

"不就是私下签约嘛，还需要查的？"

解临把话说得模棱两可："只能说目前有这个可能性。"

不论结果如何，需不需要给安家那边补偿，单可能会被查这件事就很麻烦，掰扯这玩意儿费时间，也影响心情。

房东刚才回的那句就是随口一说，根本没细想，她这才从麻将桌旁站起来，带着手机拉开阳台的门："你等会儿，我想一下。"

她说："确实没人直接告诉我，但我好像是听人说了那么一嘴……"

一个月前，她把房源信息挂在安家上，并且把门禁卡、密码锁钥匙这些材料也一并交了上去，由安家暂时保管。

任琴来看完房之后，房东对这个小姑娘挺满意的，觉得人有意向要租房，图方便就加了这姑娘微聊账号，但当时她确实没想过绕过中介自己和她签约。中间是听谁无意间提了那么一嘴呢？

房东想了又想，想起一个极为模糊的身影，一拍脑袋说："我想起来了，是这小姑娘看完房，临走那天我正好也要去安家交东西，之前那门禁卡满两年自动消磁了，然后我出来之前在电梯口遇到一个人正在打电话，他说'现在越过中介直接签约的客户很多，他们很无奈但也能理解，毕竟大家出来工作都不容易，都想省点钱’。”

由于这句话不是直接对着她说的，所以她一直没有太在意，但这句话的的确确像暗示般勾起了她某个念头：是啊，她为什么不和这小姑娘私下签呢？这小姑娘不就是嫌价格高了点嘛，省下中介费的话她还能给这姑娘便宜点。

“你还记得他长什么样吗？”

“不记得啦——就很普通的一个人，我都没仔细看他脸。”

“身形呢？高矮胖瘦总该记得吧。”季鸣锐插嘴问。

“真不记得，反正一眼看过去没什么特征，就很普通。”

听起来是不高不矮不胖不瘦的那种普通。

季鸣锐作为被监控荼毒过一整天的人，对这个特征实在太熟悉，他当初就坐在监控室里反复筛选这种符合“普通”特征的人：“那不是和薛梅男朋友一样？！”

一旦将思路拐到曾经被他们排除在外的“安家”中介上，很多事情就变得顺理成章起来。

解临捏着指间那枚戒指边转边说：“只要房源在安家上挂过，中介就可以直接接触任何一套房源的钥匙。所以他才能够做到对案发小区了如指掌，并且不留痕迹地进入受害人家中，让所有人都以为是近亲犯案。同时也可以解释凶手犯案的区域性和流动性，更加可以用来锁定嫌疑人——他身形普通，目前在负责这一块儿的租售房源，并且以前在邻市工作过。”

中介有很多，但同时满足这三点的中介应该不多。

季鸣锐刚刚跟上解临的运转速度，又听池青在边上补充道：“如果是中介的话，差了一双的拖鞋也就很容易解释了。”

季鸣锐：“……怎么说？”

他都把那双神秘消失的拖鞋给忘了，拖鞋还能解释？

“他今天很可能带客户来看过房，”池青冷静地提出一个假设，“看房的时候业主往往会要求中介戴鞋套，不会允许别人穿着鞋进去参观，但是他没带，或者少带了一双。”

深夜，楼栋内某一间刚把房源挂上安家的闲置房里漆黑一片。

由于业主另外购置了一套新房，这套房子里的所有用品已经搬空，只剩下几样基础设施，一张棕色皮质旧沙发靠墙，客厅右侧摆着一套陈旧的红色实木餐桌，房间空空荡荡，玄关处孤零零地摆着一双被使用过的一次性拖鞋。

池青又想起那条避开所有监控后拐进去的长街，长街上琳琅满目的店铺里也就有一家极其不显眼的连锁房屋中介店，店门标着：安家。

还有吃饭时任琴随口说的那句：

——“我在安家 App 找的合租人，但是现在还没有消息。”

至此，所有细节像一张网一样逐渐收拢。

池青忽然对任琴说：“你找的合租人是真的没有消息，还是中介故意没有通知你？”

而任琴在他们对面坐着，早已经头皮发麻，说不出话：“……”

她刚才在电梯里只是听这位季警官说他们俩是顾问，但是刑侦总队顾问这个头衔对普通人来说太遥远，直到这一刻才真真切切感受到他们的身份。

一旁的季鸣锐坐不住：“我现在马上按照条件去查负责这一片区域、之前在邻市工作过，并且今天带人来这里看过房的中介。”

解临却说：“你现在去可能来不及了。”

季鸣锐掏车钥匙的手停住。

“因为今天是 29 号，”解临看向墙上的时钟，时针不疾不徐地指在“11”上，说出和池青在夜里推过的推论，他用一种听上去略带轻松的语调说出最可怕的话，“如果杨珍珍和薛梅之间存在的某种规律是真实可信的，那么他极有可能一个月杀一个人，而现在距离这个月的最后一天，还剩下一个小时。”

第 10 章

这几天阴雨连绵的天气压得人喘不过气，一直陆陆续续下着小雨，季鸣锐拉起帽子充当雨帽遮雨，手里拿着一沓资料从安家总店往外走，边下台阶边打电话说：“我按照你说的嫌犯特征，对安家所有区域的中介进行了全方位排查，放心，没提到命案，要是说和两起案子有关肯定会打草惊蛇。

“我找了其他借口，说是因为接到租客举报，租客反映带她看房的中介和房东联手哄抬房价，导致她多花了一笔钱，现在又联系不上那名中介，所以报了案，我们就过来查查。”

至于中介特征，就往解临他们给的条件上靠。

刚才在安家人事办公室里，人事部经理看到季鸣锐的证件就乖得不行，让干啥干啥，对他说的话完全没有多想：“好的好的，我们一定全力配合，警察同志，我们安家一直秉承着以人为本的经营准则，他这样做也违反了我们的规章制度，我们对这种行为深恶痛绝！如果情况属实，一定好好严惩！”

季鸣锐快步走到车边，拉开车门上车，抖抖衣服上的雨水：“全华南市安家中介有数千人，我挨个查了资料，御庭目前在售的房源也不少，所以昨天带看过的中介有很多，最后筛选下来符合你们要求的只有三名，其中两名今天正好调休，我把人物详细信息和地址发给你们。”

他说完，电话那头的人“嗯”了一声。

现在正是中午，外头下着雨，街上行人不多，长街被一层雾蒙蒙的青灰色所笼罩，原本热热闹闹的商业街看起来略显冷清。

“嗯”的那个人此刻坐在咖啡厅里。

解临身穿一袭黑色大衣，看起来和平日没什么不同，仿佛接的只是一通再普通不过的电话，他往咖啡里加了两块糖，然后把咖啡杯往另一侧推：“你的拿铁。”

季鸣锐满脑子都是案子，他从昨晚深夜忙到现在，毕竟凶手很有可能选择在今天杀人，所以他精神高度紧张，冷不丁听到一句“拿铁”，震惊道：“……你们还有闲心喝咖啡？！”

解临没有否认，多解释了一句：“因为某个有洁癖的坐在旁边坐得快睡着了，给他叫杯咖啡提提神。”

季鸣锐无言以对，五体投地：“……”

真不愧是他兄弟。

这么危急的时刻，还能无聊到睡着。

池青坐在解临边上，看起来的确像快要睡着的样子，不过主要的情绪还是不耐烦。

他们所在的咖啡厅正对着任琴上班的甜品店，透过玻璃窗往对面看，能清楚地看到任琴现在在做什么。他们现在划分成三组行动，任琴还得跟往常一样，就像毫不知情一样继续上班、下班；解临和池青在附近盯梢，以免她发生点什么意外；而季鸣锐则连夜赶回警局从警局调动人手彻查安家。

池青不是很乐意坐在人来人往的咖啡厅里，而且看这个情况，他可能还得坐到任琴结束工作。

如果进任琴家的真的是凶手，那么按照凶手的习惯，任琴白天大概率不会有什么意外，他都是等到入了夜，等对方沉睡过去才会进门。

只是不怕一万就怕万一。

万一他们的推测有误，万一凶手因为什么事儿改变作案习惯，这都说不准。

池青喝了几口拿铁，他今天依旧戴着手套，坐在咖啡厅里非常引人注目，从透明玻璃窗边经过的人第一眼注意到他的脸，第二眼就是手。

咖啡店里服务生端着盘子在客人周围穿梭，服务生弯下腰给他们上第二杯咖啡的时候池青刚好抿完一口，正要把咖啡杯放下，服务员急着送下一桌，没有注意到他的动作，胳膊肘无意间碰到池青那杯咖啡——

池青看着被打湿的手套：“……”

“不好意思，”服务生慌乱地放下餐盘，从边上抽过纸巾作势要帮他擦，“我刚才没注意，我帮您擦擦吧。”

对洁癖来说，你帮他擦只会让事态变得更严重。

“……放下，”池青看着他说，“纸巾留下，人离我远点。”

服务生没听懂意思：“？”

最后解临接过他手里那包纸巾，打圆场道：“没事儿，我来就行，你别靠他太近，他不适应。”

服务生只能在心里暗戳戳地想，这人戴着手套喝咖啡就够奇怪的了，没想到还真是个奇怪的人。

池青摘掉一只手套，擦干净手之后，不太适应地把手晾在空气里，因为有这种不太适应的情绪在，连带着刚才那点疲乏的困意都跑没了。

唯一能让他感到稍微自在一些的，就是身边坐着的这个人还算熟悉。

“擦一擦，”解临看了几眼他的手说，“不够的话我再去问他们要几张湿纸巾。”

池青擦完手，边上一直空着的位置上坐了一个人，那个陌生女人端着餐盘、将餐盘放下，餐盘摆放的位置离他很近。

池青擦手的动作微顿，手指不自知地变僵。

他下意识想把手往上衣口袋里插，中途发现他今天穿的这件衣服压根儿就没有口袋：“……”

人倒霉起来，喝杯咖啡都塞牙。

池青最后没办法，打算把手往袖子里缩——这实在是一个很微小的细节，解临却注意到了，他忽然抬手，掌心搭在他试图缩回去的手上，拉着他的手一路往餐桌下面放。

池青：“你干什么？”

解临把他的手妥妥帖帖塞进自己那件看起来就售价不菲的大衣口袋里，说：“我衣服有口袋，借你用。”

“……”

池青愣了愣，忘了把手抽回来。他的手指触在略沾上体温的布料上，整只手被藏得严严实实，就连手腕都没露出来。

与此同时，任琴还在店里工作。

她刚招待完几名客人，眼看着分针一轮一轮地转过去，心里越来越慌，她害怕下班，更害怕的是假设这次她没有遇上楼上两名顾问，像先前两位受害人一样毫不知情地下了班回家洗澡睡觉的话……

她就真的像池青在电梯里警告过她的那样，这一觉睡下去，就再也醒不过来了。

任琴经过昨晚的历练，今天心理素质明显比昨天好很多。

人在真正的危机面前，往往能展现出意想不到的强韧，她一上午都没出什么岔子，对每一位前来的客人微笑，就连同事也没发现她其实很紧张，夸赞道："你今天状态恢复了啊，挺好的，可别再像昨天那样魂不守舍了。"

任琴笑了笑，只有她自己知道她的余光时不时地就偷偷往街对面的咖啡店瞥。

咖啡店内。

季鸣锐很快把三名符合条件特征的中介档案发了过来。

季鸣锐："那两名休息的，目前电话打不通，要联系上他们恐怕还需要一些时间，档案我发过来了，你们先看看，看看有没有可疑的。"

池青不方便划拉手机，解临便将页面放大之后摆在中间。

三个档案，三张扔进人群里下一秒就很难捞出来的普通的脸。

池青粗略扫过这三张职业照，目光在第三张照片上停留了一会儿，准确地说，是在男人嘴角的痣上停留了一会儿。

解临仔仔细细看完前两张，前两名中介分别叫"张志远""易兴国"……

档案上花里胡哨的什么信息都有，什么月历史最高成交套数为 ×× 套，曾荣获当月售房冠军，对 ×× 地区了如指掌，只有你想不到的，没有他找不到的房。

"……这人事档案有必要写得那么辉煌吗？"解临说着，注意到池青一直在看第三张，"怎么？"

池青说："这个人我见过。"

第三个人的档案上写着：安家中介，工号 11963085，周志义。

男人嘴角上扬，微笑着，这张照片平平无奇。

男人的脸看起来稳重靠谱。

"我找房的时候，在安家 App 上自动匹配到的区域中介就是他，所以有些印象，他说过对这附近很熟，"池青又道，"但是看房的时候他并没有来，找他同事带我看的房。"

几分钟后，两人粗略看过所有人的资料："今天调休的是哪两个？"

季鸣锐答："姓张的和那个姓周的，两个人目前都联系不上。"

"就他俩这样还当月售房冠军呢，一休息就关机，没有事业心，"季鸣锐因进展不顺导致心情不佳，吐槽道，"万一有客人要买房呢，岂不是错过一笔生意？"

池青："……你少说几句废话。"

下午的时间过得很快，任琴从来没有哪一天觉得上班的时间那么短暂过，平时总是盼着一天快过去，快下班，回到家就可以舒舒服服躺在床上休息，今天却感觉从上班到下班好像只有一眨眼的工夫。

“下班了，你不走吗？”同事收拾完东西，多看了任琴一眼。

“我……”任琴说，“我不急，你先走吧，我留下来收拾一下东西，收拾完就走。”

同事之前的确不太亲近这位新来的店长，但是这几天相处下来发现她性格挺好说话的，又主动留下来收拾，语气也软了下来：“你带伞了吧，外头好像还在下雨。别收拾太晚，这一片不安全。”

任琴：“……”她可太知道这一片不安全了。

同事见她这样以为她刚来，不知道这片出过什么事：“你不会还不知道吧？这附近两个小区连着死了两个人，听说死得特别惨，其中一个被塞进冰箱里塞了一个月。”

“……”任琴艰难地笑笑，“我知道了，谢谢，你先走吧。”

等同事走后，她掏出手机给街对面的人打了一通电话，她一边听着电话里的声音一边瞥咖啡店那扇大玻璃窗，电话顺利接通之后她又移开眼，尽量维持自然：“我……我现在到下班的点了，我该怎么办？”

“以前怎么做现在还是怎么做，关店，”解临轻声说，“照常回家。”

回家？

任琴可一点都不觉得那套房子还算“家”。

既然任琴下班了，他俩也不需要继续在咖啡店里待着，解临打算开车回去，想起来车钥匙还放在口袋里，他摸了空的那一侧，没摸到，于是去摸另一侧。

车钥匙没摸到，倒是隔着大衣布料碰到了池青藏在他口袋里的手。

解临：“我找车钥匙……你动动手，翻翻我口袋里有没有。”

由于天气情况，这天晚上九点的天色比以往都要暗沉许多，夜色如浓墨般，从商业街到小区这段路上寂静无声。

任琴家里除了她以外还坐着三个人，季鸣锐从派出所赶过来支援，为今天晚上做准备，他悄悄上楼之后说：“那边行动开展得不是很顺利，人目前还是没找着。”

警方行动困难的原因一方面是目前这些结论都只是推测，并没有查找到实质性证据；另一方面也怕惊动嫌疑人，如果贸贸然大张旗鼓地上去找人惊动对方，只会增加后续的追查成本。

解临说：“正常，他如果今天打算行凶，自然不会暴露自己的行踪。前几起案子他都没留下任何破绽，说明他很会掩藏行动痕迹，他很可能提前几天就开始为今天做准备了。”

解临说到这里又转向池青：“你白天不是喝了好几杯咖啡吗，怎么还困？”

池青站在边上，没什么精神，一副不太想掺和的样子。

在这种是个人都能被吓到的情况下，他冷漠地说：“不是困，是有点无聊。”

“……”

他们几个人正说着，任琴在边上含泪吃外卖：“我随便吃两口行吗？实在是没胃口。”

她会点外卖还是因为解临说：“对方心思缜密，你平时都点外卖，今天不点的话容易让人起疑。”

任琴煎熬地吃完外卖，解临又问：“你平时几点睡？”

任琴想了想：“第二天要上班的话，十点多吧，周末会睡得晚一些。”

“睡觉的时候习惯关灯吗？”

“关的，”任琴说，“亮着灯的话我睡不着。”

“凶手如果会出现的话，他很可能早就在某个地方看着你什么时候熄灯睡觉，然后他会掐着你差不多已经熟睡的时间上来。你要做的就是和平常一样，到点就熄灯睡觉。”

于是十点刚过，任琴按照他们说的换上睡衣，糕糕趴在窗台上看着他们，任琴安抚它“没事，你乖乖的，等会儿发生什么都不要叫，我没事”，之后像平时那样关灯上床，其他人则找地方藏起来。池青平时在家里也不开灯，任琴关不关灯睡对他没影响，只是还没等他挑好符合心意的地方，就被解临一把拉进了立式衣柜里。

解临说：“别看了，这儿没有能藏人还能跟他人保持零接触的地方，也就我这儿还能再塞一个人，你只能选择跟我挤挤。”

“……”

卧室衣柜再大，也很难轻松容纳下两名成年男性，两个人几乎紧挨着，解临关上衣柜门之后唯一的一点光线也没了，衣柜里黑得伸手不见五指。

池青屈着腿尽量把自己缩起来，他虽然瘦，但是腿长，这个动作做起来还是很有难度的。

而且只要一动就会碰到边上那个人，一动就碰，还不知道碰到对方哪儿，池青根据直觉和触感后知后觉反应过来刚刚碰到的应该是解临的腰。

“你不觉得挤吗？”池青忍了忍，拨开悬在头顶的羊绒外套说。

“什么？”

解临刚才在尝试能不能通过衣柜缝隙看到外面，注意力全在缝隙上，真没听清。

池青重复一遍：“我说……”

解临在他开口说出第一个字音的时候就顺着他发声的方向俯身向前微倾：“嗯？”这是一个下意识认真聆听别人说话的动作，然而放在漆黑狭窄的衣柜里成了另一种含义。

他稍往前靠一靠，碎发就从池青颈侧扫过去。

解临：“你继续说。”

池青一下忘了自己要说什么，嘴边的话转折成：“别靠过来。”

解临：“这儿就这么点地方，你不如直接叫我出去得了。”

池青：“也可以。”

“……”

“这计划恐怕不行，”衣柜外一道声音打断他们，还没找到哪儿可以藏人的季鸣锐压低声音说，“她一直在抖。”

任琴关灯上床之后根本做不到像往常那样睡觉——这件事情是个人都做不到。屋内关着灯，闭上眼，那种不知道下一刻会发生什么的恐惧感瞬间将她包裹，在季鸣锐说话之前，她甚至根本没有察觉到自己此时此刻正在发抖。

“对不起，”任琴披着被子坐起身，“除非你们把我打晕，不然我真的做不到。”

季鸣锐：“你别看我，我下不了手，而且故意伤人是违反法律的。”

最后解临推开衣柜门，他点亮手机屏幕，拿手机屏幕那点微弱的光源照明用，叹口气道：“换人吧。”

换人的话换成谁，这也是一个问题。

苏晓兰现在赶不过来，季鸣锐长得人高马大的，还是寸头，往床上一躺一看就是个猛男兄弟。解临个子也高，标准的模特身材，穿着衣服显瘦，撩起来能有八块腹肌的那种。

最后几人将目光投向池青。

池青：“……看我干什么？”

“如果说我们这里哪个看起来勉强比较像女的，”季鸣锐不怕死地说，“兄弟，那估计就是你了。”

解临手机屏幕上那点微弱的光源刚好打在池青身上，他仍屈着腿坐在衣柜里。任琴家开了空调，他进屋之后脱下外套，身上就只剩下一件毛衣，由于瘦所以毛衣穿在他身上显得空落落的。

男人头发长，手指细，腿也长。

如果忽略掉那份颓废的感觉，他五官其实也漂亮得有些中性。

池青漂亮的嘴里吐出最冷血的话：“在你说出那句话之后，你就没有兄弟了。”

季鸣锐：“别啊，帮个忙。”

任琴倒是很有同理心，她知道躺在床上的感觉：“要不我再努努力吧，不要为难池先生了，这种情况，谁躺上去都会害怕的……”

池青还没说话，解临倒像是有读心术的那个：“他应该是嫌弃这床你躺过，而且他也不太愿意穿你的睡衣，至于害怕，应该是没有的。”他看了池青一眼，充分认可之前池青给他发消息时说过的那句话，“……就算凶手现在就站在床头，他也睡得着。”

池青是真不害怕，他就不知道害怕是一种什么感觉。

“虽然我不是很想帮这个忙，”池青不得不承认解临很了解自己，“但如果能把床单换了，拿一套新睡衣的话，这件事也不是不能商量。”

任琴：“……”

季鸣锐：“……”

他兄弟，一个哪怕凶手近在眼前也没有洁癖发作重要的男人。

换上新床单之后，任琴又找出一套没穿过的衣服，她本身个子也不矮，但跟池青的身高肯定没法比，比画一下过后直接作罢，想着盖上被子黑灯瞎火的也看不见什么，睡衣不睡衣的并不是很重要。

池青躺上床之后，拉起被子盖住了脸，他额前头发长，乍一看还真挺像那么回事儿。

凶手再警惕，也很难一进门就发现床上的人早就换了一位。

被换下来的任琴和季鸣锐两个人躲进衣柜里，季鸣锐占了别人的位置，问：“解顾问，那你躲哪儿？要不然我还是出来吧。”他刚才也在房间里转悠了很久，没找到除衣柜以外的藏身之处。

解临很自然地指向床底：“没事，我刚刚看了一下，床底高度正好，我藏这儿就行。”

季鸣锐：“？”

不怪他多想，现在黑灯瞎火的，很容易徒增恐怖气氛，而“床下有人”又是一个在无数恐怖电影和小说里出现过的经典桥段。

就真要藏这么阴暗的地方吗？

任琴身上披着件外套，心说她本来还挺害怕的，但现在她觉得“衣柜里有人”“床下也有人”“床上躺着的人不是原来那个”这样的阵容安排，指不定是谁吓谁。

任琴躲在衣柜，看着男人钻进床底下消失不见的身影，又看了一眼床上那位淡定无比，仿佛真在睡觉的，悄声对季鸣锐说：“有解先生和池先生在，还挺让人安心的。”

季鸣锐十分认同，跟着感慨一声：“是啊，他俩有时候比犯人恐怖多了。”

十一点过半，接近十二点的时候，雨渐渐停了。

小区里已经没有任何行人。

只要有人站在楼栋附近，很容易看得到某户人家晾衣服的阳台，也很容易观察到她家此刻是开着灯还是熄了灯。任琴家熄灯后一个多小时，楼栋附近的某个垃圾桶旁多了一截抽剩下的烟头。

烟头上猩红色的光亮在接触到潮湿的地面后很快熄灭。

任琴和季鸣锐两人躲藏的衣柜上半截部分是百叶门设计，将层层叠叠的木片轻轻往上抬，露出一道缝，能勉强看到卧室里的景象。

任琴越等心越慌，害怕他来，更怕他不来，如果他今天晚上不来，之后不是更危险。同时她心里也期盼这是一场误会，期盼着压根儿没有人在深夜进过她房间。

然而就在时针即将指向“12”的时候，在静谧又封闭的衣柜里，她清楚地听到一声从客厅传来的细微又熟悉的声音。

这是钥匙插进门锁里的声音。

真的有人在开门！

听到这声音连季鸣锐都没忍住心里惊了一下。

橘猫浑身一颤，眼睛冲着卧室门方向，但这次不知道是不是任琴的安抚起了作用，它没怎么叫，只是肉眼可见的紧张。

任琴躲在衣柜里的身体瞬间僵住，她死死捂住嘴，屏住呼吸，生怕被对方发现自己的呼吸声。

然后钥匙不疾不徐地转了转，门锁发出“咔嗒”一声。

门开了。

他们在卧室看不到客厅的情形，只能听声音，凭借声音辨别出开门进来的人在客厅停留了一会儿。

他似乎在换鞋，开了鞋柜。

然后“砰”的一下，又把鞋柜关上了。

接着就是一阵走路声，听起来对方很是熟悉这里，脚步声暂停之后任琴又听到倒水声，反应过来他甚至拐去厨房给自己倒了一杯水！

他用什么喝的水？用的是她的杯子吗？

很快，厨房响起一阵“哗哗”的水流声，他仔仔细细清理完水杯，这才从厨房出来，拖鞋踩在地上的脚步声离卧室越来越近，越来越近。

——卧室门被人拧开了。

任琴此刻藏在衣柜里，阴错阳差地以第三视角近距离感受到了在这一个月里、在她每天晚上熟睡之后，对方是如何进入她家的，进入她家之后又做了些什么。

想象远不及现实，她听声音听得头皮发麻。

任琴不敢看，但季鸣锐必须透过衣柜缝隙时时刻刻注意卧室里的情况，他眯着眼睛，尽量适应这片漆黑的环境，他隐约看到一个黑色人影出现在卧室门口。

那个人进卧室之后，走到了任琴的床边。

男人静默地立在那里看了“她”许久。

从床底看过去这场面更为直观。

解临藏在床底，那人的脚离他只有半步距离，并且在他边上停了很长时间。

衣柜里，季鸣锐手指搭在木片上，将百叶门其中的两块木片往下压，瞪大眼睛试图通过那道缝看得更清楚一些，他看到男人手上拿着一样会反光的东西——那是刀!

半夜。陌生男人拿着刀进你房间，站床头看着你。

季鸣锐心跳停了半拍。

而床上的“任琴”整个人蒙在被子里，别说发抖了，连呼吸频率都不带变的，如果季鸣锐不是事先知道躺在里头的是池青，估计他真以为对方睡着了。

季鸣锐心说：他这兄弟的心理素质是真的强。

还有床底下那位……也很强。

“琴琴。”男人突然开了口。

他的声音带着一点哑，低低缓缓地低语着。

或许是因为在今晚的计划里，“她”反正活不过第二天，所以会不会被发现已经无所谓了，男人并没有刻意放轻各种动作，也没有用迷药让她彻底昏睡，甚至不怕自己的说话声将“她”吵醒。

解临边上的黑色脚影往前走了几步，然后黑色影子一晃，他上了床。

池青躺在右半边，左半边空出一大半的位置，他整张脸都埋在被子里，虽然在床上躺得很无聊，但是如果再多给他一点时间，他没准儿真能睡着，但此时此刻他还算清醒。

他睁着眼，很明显地感觉到右侧床铺陷了下去，并努力忍耐住想把人从床上踹下去的想法。

他身侧的声音离得很近：“琴琴，昨天没来找你，我很想你。

“你想我吗?

“你怎么会想我呢？你或许都不认识我，可我在深夜找过你很多次，你的一切我都知道。”

那人低哑的嗓音说话断断续续，他最后说：“尽管你可能永远都不会认识我，但你永远都属于我。这是我最后一次来找你了，琴琴。”

那人说话时抬手轻轻地隔着被子抚在身侧的人脸上：“我找到了另一个女孩子，

她和你一样漂亮，也住在你们小区，就是你前面那栋楼，你们没准儿还见过面。”

他说完，一点点将被子从“任琴”脸上拉下来。

下一秒，他发现蒙在被子里的“任琴”根本没睡着……不，那不是任琴！

他毫无防备地对上了一双陌生的、比夜色更深的瞳孔，那对令人发怵的瞳孔正直勾勾盯着他看。

“等你半天了，”池青看着他说，“你废话还挺多。”池青说完语调微顿，念出了他的名字，“……周志义。”

池青其实没有看清面前这个人长什么样，毕竟黑灯瞎火的，只能看到对方的眼珠子和隐约的面部轮廓线。

他之所以能准确地叫出对方的名字，是因为在刚才那一刻，他想起了一个细节——一个很微小的，当时没有注意到的细节。

“你可能在想我是谁，我们见过，不，准确来说，是你单方面见过我。

“一个月前，我在安家 App 上找房子，看的是天瑞 135 栋 7 楼那套，那天你临时有事让你同事带看，说到这里你应该想起来了。”池青坐起来，趁着对方受惊怔愣的片刻间隙准确接过他手里那把刀，他拿着泛银光的管制刀具，一瞬间两个人仿佛角色调换一样。要是警方这一刻破门而入，都要怀疑谁才是想行凶的那个。

池青冷静地继续说：“你那天其实来了，只是你正准备走过来的时候看到了我身边站着的人。”

季鸣锐在衣柜里一边感慨“他兄弟是真的强，刀都敢抢”，一边想“站在他身边的人是谁”。

他想着想着发现池青说的情形好像很熟悉……

“嗯？那不是我吗？！”

当时池青身边站着的人是季鸣锐。

时间回溯到那一天，季鸣锐来查杨园的案子，一抬眼看到街对面正在等中介的池青。

季鸣锐那一身警察制服就是在八百米开外都特别显眼，警徽在阳光下闪着光，周志义急急忙忙从附近那家“安家”门店赶过来，隔着半条街就看到那身警服。

“喂？是这样的，我这边有一个带看客户，但我临时有点事儿，你能不能……”

街道上行人行迹匆匆，他只站着遥遥看了两眼，打完电话后转身淹没在人群里。

“那天你应该就在那条街上远远地看过我们，为了避免跟警方有过多的接触，”池青推出他那天的心理活动，“所以你没有出现。”

与此同时，警方那边的行动也有进展。

消失一整天的张姓中介电话终于开了机，据他所说自己是回了一趟乡下老家，地方偏远，手机一直没信号，排除姓张的之后，符合条件但没能联系上的中介就只剩下一个。

“电话还是打不通，”姜宇说，“我刚刚去他住的地方走访，发现他这个人很奇怪，和邻居之间关系并不好，他们那个小区是个老小区，隔音非常差，邻居又是老人家，睡眠质量不好，那位老人家说常常听见他半夜出门。”

苏晓兰觉得他们不能再拖下去了：“这个姓周的不大对劲，我们直接去他家看看。”

周志义的家在六楼，他和陌生人合租，合租对象是一名早出晚归的公司小职员，两个人关系没熟到那个地步，也不知道发生了什么事儿，小职员开了门就让他们进来了：“他现在人不在家。”

苏晓兰问：“他经常这个点出门吗？”

小职员想了想：“好像是，但我也不确定，我平时睡得比较早。”

苏晓兰走到周志义房门前。

小职员：“没钥匙，他出去习惯锁门，你们如果有事找他要不明天再——”

“砰——！”

苏晓兰一个踢腿，笔直的长腿扫出去，硬生生把门踹开了。

……再来吧。

小职员把最后几个字默默咽了下去。

周志义的房间里没几样东西，他看起来有强迫症，喜欢把东西摆放得井井有条，书桌收拾得很干净，上面摆着几本书，床也铺得很是平整。光看房间，只会觉得普通。

这就是一个普通男人的房间。

苏晓兰目光从这些东西上掠过去，想去开衣柜看看，发现衣柜也上了锁，铜黄色的锁挂在把手上，将两个开关把手锁在一起。

可是谁没事会给衣柜上锁?

是往衣柜里藏黄金还是怎么的?

苏晓兰这次“发功”之前提前打了声招呼：“你们让让。”

她抄起手边比较耐砸的物件，砸在锁上，没几下，锁被砸开了。

小职员心说这位女警可真是勇猛……

然而拉开衣柜门，所有人都没想到出现在眼前的会是一面钥匙墙，半面墙的衣柜板上钉了一排排钉子，每个钉子都只钉进去一半，露出来的另一半可以用来挂东西——琳琅满目的钥匙串就挂在上头。

这些钥匙都很新，很明显是新复刻的钥匙。

每一串钥匙都象征着一个人的家，一个人最私密的地方。

苏晓兰面对这一整面钥匙墙背后发凉地想：杨珍珍和薛梅家的钥匙，是不是也在这里？

另一边，任琴卧室里情况变得复杂起来，周志义见事态败露，顾不上惊愕，他猛地扑过去想夺回那把刀，池青躲开他之后单手将刀柄反了反，刀尖朝后，避免刀尖对着人。

周志义猛地扑了空，他双手紧抓着床单，一把将床单掀起，试图用床单来制造阻力，但池青还是抢先一步在他之前下了床——周志义眼睛死死地盯着他，明显起了杀意。

他不知道这个人为什么会出现在这里。

又为什么看穿了他。

事已至此，杀一个也是杀，他不介意多解决一个。

周志义这样想着，见池青已经走到卧室门口，他以疾如雷电的速度跳下床，然而就在脚掌堪堪接触地面的时候，一只手犹如鬼影般从床下伸了出来，他感觉到从床下伸出什么东西掐住了他的脚踝！

解临在床底等了那么久为的就是这一刻，床底高度有限，他将手腕撑在地面上，五指收拢，限制住对方行动之余还把人往回拉。

床下这是什么东西！

周志义大惊。

由于他刚才跳下床的速度太快，所以现在踉跄着往下摔的速度也很快，他摔下去的那一刻脸冲床底紧贴地面，这才看清床底下居然悄无声息地趴着一个人！

他看不清这个人长什么样，但是看见那人没收回去的手，手上戴了一枚银色戒指，那人说话时带着几分友好的笑意，像打招呼似的说：“不好意思，希望没吓到你，我也等你很久了。”

周志义：“……”

床下还藏着一个人，这是周志义完完全全没想过的。

他双手撑在地面上，试图以最快的速度重新爬起来，但床底下的人岂会让他如愿。解临拽着他的脚踝不放，将他整个人往床底下拖。周志义只能胡乱蹬脚，摆脱束缚后他双手双脚并用爬了起来，起来的同时想抓住点什么东西好稳定住自己的身体，手往前一摸，还真让他摸到一样东西。

那是一扇衣柜门。

衣柜和卧室那张大床间隔的距离只有不到两步远，他抓着衣柜门，动作间意外将其拉开——于是他猝不及防地对上了衣柜里两个蜷缩的黑色人影。

季鸣锐头上顶着任琴挂在衣柜里的大衣，由于衣柜环境是封闭空间，又有衣服遮挡，他和任琴的影子显得更黑，活像半夜躲在衣柜里的鬼。

周志义瞳孔不受控制地瞪大。

季鸣锐想着刚才两位都跟他打过招呼，自己可能也得打一个，于是出声道：“想不到吧，我们在衣柜里瞅你半天了。”

周志义：“……”

深夜一点半，市局。

这个时间点本该是下班时间，就是平时在市局里熬夜加班的人也正打算趴在办公桌上小憩一会儿，忽然一通紧急电话让全局的人为之一振。

“怎么回事？”有刑警问。

“武警官说人抓着了，”接电话的那名刑警说，“正往市局押，嫌犯姓周，是安家的中介，我们民警晚上在走访搜查的过程中也找到了可疑线索，他家的衣柜里有一整面墙都挂满了钥匙。”

市局恢复忙碌，所有人打起十二万分的精神。

本来已经回了家的袁局也匆匆忙忙赶回来，他一边穿外套一边推开市局大门往里走，走到审讯室的时候刚好整理完衣领。

半晌，他在审讯室门口沉默了好一会儿，看着室内的景象问：“谁能告诉我发生了什么？”

“嫌犯是抓到了，可他为什么是这个精神状态？”

“……”

“他疯了吗？”

周志义在任琴家被床上的人，床底下忽然伸出来的手，还有衣柜里的人吓得不轻。此刻坐在审讯室里，整个人只能低头喝水，管刑警要了一杯又一杯的水。

刑警没忍住问他：“你喝那么多水干什么？”

周志义沉默着说：“我有点害怕。”

刑警纳闷：你一个嫌犯，你是奔着入室杀人去的，你害怕什么？！

季鸣锐作为当事人之一，在袁局边上站着。

面对袁局的问题，季鸣锐：“……”

这一时间不太好说。

袁局又问一遍："问你呢，他怎么了？回答。"

季鸣锐摸摸脑袋说："就，抓捕的时候用了一些……比较特别的手段，可能吓到他了。"

共同参与抓捕的另外两位这会儿正在休息室里坐着。

池青发现解临一直在盯着自己看。

已经这个点，他又累又困，没工夫理他，于是缩在休息室里的沙发上打算合眼睡一觉，然而就算闭上眼睛，某道目光依旧令人难以忽视。

池青睁开眼："你在看什么？"

解临毫不避讳，视线仍旧落在他身上，从衣领看到他裸露在外面的一小截手腕，全都扫过一遍之后才说："看你有没有哪里受伤。"

"你刚才不是抢了刀嘛，"解临说，"这回还算懂事，看你把刀反着拿，还知道要尽量避免误伤对方。"

池青知道他是在说之前雨里自己用伞尖指他的那次。

池青重新合上眼之前明确告诉他是他想多了："我不是为了避免误伤他。"

"刀跟伞不一样，我怕打起来误伤到我自己，至于周志义会不会被伤到，这不在我的考量范围里，"池青理智分析问题，"刀是他带的，我也不是故意伤人，如果不小心划到他，那算正当防卫。"

"……"

他俩之所以坐在休息室里，是因为只要他俩一出现在周姓中介面前，姓周的就会瞬间崩溃，给的信息乱七八糟，开始胡言乱语，最后周志义提要求道："能不能让他们出去？"

他进审讯室之后就提过两个要求。

一个是：能不能换一个房间。

"只有 13 号房空着，"关押他的刑警说，"没别的房间，真够奇怪的，比起房间号，你还是考虑考虑自己最后会被怎么判刑吧。"

虽然不能面对面审周志义，但解临完全可以去观察室监听他们的对话。

池青闭眼不过两分钟，那句"怕你受伤"莫名在耳边盘旋，跟着了魔似的转了好几圈，他想着一定是因为边上这个人太吵了，坐在旁边哪怕不说话也很影响他的睡眠质量，于是他再度睁开眼："你不用过去？"

"过去干什么？"解临问。

"听他们审人，"池青说，"比如说为什么杀她们。"

"那个啊……不用听，"哪料解临不以为然地喝了一口茶，手里翻着刚调出来的关于周志义的个人资料说，“作案手法相当老套，差不多能猜出来。”

“？”

“你想知道的话，我可以简单跟你讲讲。”

池青对案件以及案情细节有一定的感知度，但是对“人”没有，周志义在想什么，周志义是怎么想的，他经历过什么，这些在池青的概念里都是空白，且不在意也不重要。

和他截然相反的是，解临似乎很容易看穿他们。

池青没说话，解临就当他默认了：“资料显示他从小父母离异，跟着父亲生活，谈过几场恋爱，但都无疾而终。所以女人对他来说有强吸引力的同时也有很强的不确定性，他觉得身边的每一个女人最终都会离开他，她们从来没有真正属于过他。这一点导致他选择每晚侵入她们的私人领地，他很享受这种入侵他人领域所带来的掌控感。奸杀也是掌控感的来源之一，除了这些遗留因素以外，他的生活应该不太顺利。”

解临将周志义的个人资料翻过去一页，说：“果然，一个名校毕业生，毕业后碌碌无为多年，心里难免有落差。通常选择奸杀的人，往往都会试图在受害人身上找到一种‘自己能够掌控他人’的感觉来达到自我满足。

“但是他知道他不可能一直这样继续下去，死亡是他能最终得到这些人的唯一方式。尽管这些女人不认识他，甚至不知道他的存在，但是最后一刻‘属于’他。”

“……”

池青连正常人都理解不了，更难理解一个变态。

但是他看解临倒是挺熟练的。

“是不是挺无聊的？一点新意也没有，”解临合上那本资料，最后说了一句，“通过掌控弱者来达到满足的人，本身就是‘弱者’。”

池青不太信他光看两页资料就能知道周志义杀人的时候都在想些什么：“你说这么一堆，谁知道真的假的。”

这时，站在休息室门口听到这段的季鸣锐出声道：“我去。”

季鸣锐是过来汇报的，顺便给他们捎点东西吃，大半夜的还劳烦他们在市局候着，总得接待一下：“你在我们审讯室里装监控了吗？”

池青扫了季鸣锐一眼：“所以真被他猜中了？”

季鸣锐不知道该不该用“恐怖”这一词形容解顾问：“八九不离十，这都不叫猜，这应该叫精准复述。”

季鸣锐秉着“不耻下问”的学习精神，又道：“你光看资料就能看出来吗？”

是不是他平时资料看得不够仔细？

解临接过他递来的面包，道了一声谢，沉吟着说："不看资料也行，看凶案现场也能看出来，一个人行凶的那一刻，往往是最暴露内心想法的时候。"

季鸣锐："……"

问恐怕没用，学不会。

凶案现场他都已经看八百遍了。

周志义的确因为这些原因选择杀人。

杀第一名女租客的时候，是他刚结束最后一段恋情的时候。

"你看看你！三年了，你什么都给不了我，"女人嫌他没车没房，面对他的哀求无动于衷，"我要走了。"

女人拉着行李箱说的这句话和数年前记忆深处的那句"小义，妈妈要走了"混淆在一起。

走。

……你们都要走。

周志义在心里愤恨地想：都要走！

周志义日复一日地工作，继续当一名普通得不能再普通的安家中介，直到有一名女孩出现，她笑容很暖："您好，我来找房子，我们在 App 上沟通过，你姓周对吧？好巧啊，我们同姓。"

当时他工作的地址还不是华南市，那是他杀的第一个人。

带她看完房之后，他带着钥匙鬼使神差地进了一家钥匙店，钥匙店老板抬头问："来复制钥匙？"

他攥紧口袋里的钥匙，沉默着走出了店，或许从那一刻他就开始谋划接下去即将发生的一切：他不能留下痕迹，他得买材料自己弄。

第二天，他把钥匙交还给房东之前暗示："明天咱们能正常签约吧？"

房东："为什么这么问？"

"哦，没什么，"周志义微微笑着说，"最近发生很多看完房越过我们中介直接和租客签约的事儿，偏偏我们还没法管，毕竟我们带看都是免费的，人家想私下签，也没违反什么规定。"

房东急急忙忙接过钥匙："……我怎么会干这种事儿呢？你放心好了啊，我不是这种人。"

签约那天他等了又等，果然没等到房东出现，他象征性地给房东发消息询问，也没得到回复，下班之后他走到衣柜前，把一串钥匙挂了进去——那串钥匙和他两天前交还给房东的一模一样。

休息室里，池青吃东西之前习惯洗手，他起身道："我去趟洗手间。"

穿过长廊，他发现自己对市局每一层的构造都已经了如指掌，这几个月以来，他来市局的次数意外地多，好像总是阴错阳差就进了这里。

长廊两边是一排排科室，池青走到长廊尽头，水流冲刷指腹的时候才真切地感受到：这场凶案结束了。

不会再有下一个杨珍珍。

那名被盯上的和任琴住在同小区的女生明天晚上回家之后，不会有人进出她的房间，她可以安然睡去。

季鸣锐从高中起就闹着要当警察，池青当时并不太懂他的这些英雄情怀。他之前只对案件感兴趣，但是此刻，他莫名有了一种难以言喻的感觉，那种感觉像早上起床拉开窗帘的感觉一样，新的第一天还会继续，明天任琴还会出现在他楼下的那套房里，而不是躺进冰冷的停尸房。

这种感觉并不令人讨厌。

或许是最近接触的人太多了吧……

池青低头看着自己的手想。

尤其遇到某位姓解的之后，他和别人产生不必要的触碰次数比过去十年加起来还多。甚至下楼和任琴吃的那顿饭，都十分不符合他往日的作风。

池青擦干手往回走，在长廊拐角处听见一句：“周志义没什么好提的，铁证如山，他对罪行供认不讳。”

声音有点耳熟，是刚才碰过面把周志义从他们手里接过去的刑警。

“……但是比起凶手，袁局这边更担心解顾问，哦，还有这位顾问带过来的‘助理’，也不知道他们怎么抓的人，让凶手那么害怕。”

耳熟的声音说到这里，另一个较为年老的声音响起：“说实话，恢复解临的顾问身份这件事，直到现在局里都没有统一好意见，如果不是袁局拍板，估计还得吵一阵。”

池青不是有意想听他们说话，但路就只有这么一条，他脚步微顿，在犹豫是不是继续往前走的时候，又听年老的声音说：“如果，我是说如果……也不知道谁能控制得住他，他站在我们这边还好，如果站在对立面，那真的不堪设想。”

原本以为过去十年，心理评估的参考性有待评估，但是看着周志义，所有人陷入深思，让他继续深入参与案子真的好吗？

那两名刑警没有多说，很快离开了。

他们并没有透露出什么关键信息，也算不上机密，池青早在之前就知道解临的顾问头衔上曾经一直挂着一个“前”字，但是一直不知道缘由。

市局里的人对解临的态度……比起称赞他的破案能力，好像畏惧更多一些。

这实在是一个很奇怪的现象。

池青边走边戴上手套，不清楚他读不到解临这一点，和这些有没有关联。

饶是池青这种对人感知度很是低下的人也察觉到解临不正常，这个不正常区别于两个人第一次见面他像个神经病一样过分热情地跟他胡扯，而且他似乎什么情况下都笑着，哪怕趴在床底跟周志义打招呼的时候也是。

休息室里，虽然案件告一段落，但是池青身上依旧有很多解释不清的东西。

比如他这么一个不在意别人的人，为什么会无缘无故跑去和任琴说那些话，好像……好像认定了她是下一个受害人一样。

这从所有公开的已知案件信息上来说，并不合理。

解临问季鸣锐："你和他认识很多年了吗？"

季鸣锐说："那可太多年了，我们高中就是同学。"

解临"哦"了一声，又问："他从高中的时候就这样？"

季鸣锐想了想："比现在更严重。"

"那他一定没有什么朋友吧……"

"除了我，确实没有了。"

"他很聪明。"

"高考全校第一名。"

季鸣锐回答到这里，觉得不太对劲。

……这个人为什么对我兄弟那么感兴趣？！

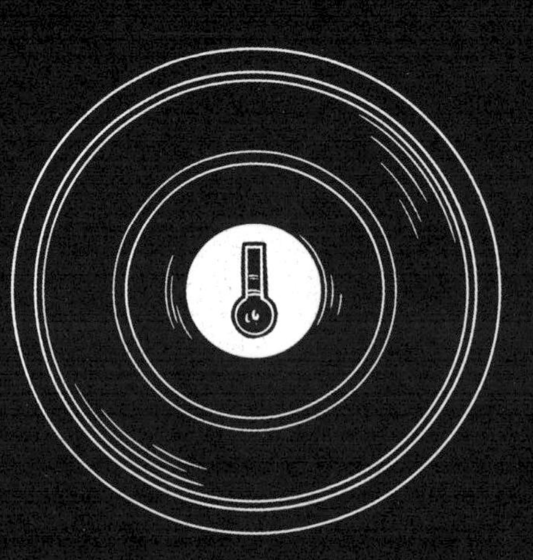

皮囊

卷三 / Volume III

第 1 章

时间很晚，池青回去之后就被告知他可以先回去休息，他也没客气，转身直接就走。季鸣锐带上车钥匙在他身后喊：“等会儿，我也要回去一趟，我正好送送你。”

季鸣锐先把池青送回去，路上一路畅通无阻，天边亮起鱼肚白，他刚想说“你对门刚刚问我好多关于你的问题”，就听坐在后座那位大爷忽然也问了一句：“你知道姓解的之前为什么没继续当顾问吗？”

池青又问了一句：“你之前说他当顾问是什么时候，十年前？”

“？”

季鸣锐手里的方向盘差点打滑。

池青从来没对谁感兴趣过，季鸣锐认识他这么多年，就连同班同学的名字都没从他嘴里蹦出来过，现在居然主动问起解临。

季鸣锐起初没怎么听过解临这个名字，对他知之甚少，但是架不住身边有个解临迷弟，而且斌哥和他的关系也特别好，所以一来二去的，他对解临这个人的信息掌握度还算丰富：“对，十年前，他上初中的时候。听说他那会儿上学的时候就天天收情书，学校表白墙全是他的名字，现在去还能看到。

“他哥和学校领导整天担心他带着学校里的姑娘们早恋。”

“谈没谈过恋爱我就不清楚了，看他长那样，不像没谈过恋爱，”季鸣锐吐槽道，“不是还成天戴着枚戒指嘛，看起来在外头的桃花账应该不少。”

池青：“……”

他不是想知道这个。而且戒指也不是他想的那样。

但池青还是从季鸣锐的回答里捕捉到了关键词：“他哥？”

季鸣锐瞥了一眼后视镜看看后方有没有车，边拐弯边说：“他哥解风，十年前过世了……为什么变成‘前’顾问我还真不知道，但是我听人提到过他当年心理评估结果似乎有点问题。”

季鸣锐还有一句话没能说出口：你们那么想了解对方，不如面对面坐下来谈一谈。

结案后凶手落网的消息很快传开，接连一个月笼罩在天瑞和杨园两所小区上空的阴霾终于散去，任琴做完笔录天亮才回到家，她站在家门口打开灯，糕糕从卧室里跑出来迎接她，她蹲下身，将橘猫紧紧搂进怀里。

季鸣锐小组在这次案件里协助调查，表现出色，得到表彰，之后继续投入派出所调解工作，那个扬言要跳楼的女朋友终于分手了，季鸣锐在电话里安慰她道："姑娘，没什么大不了的，两条腿的男人还不好找吗，好好活着，何必为了一个不爱你的男人寻死觅活，人生就是一段旅程，你就当是他先下车了。"

季鸣锐十分熟练地说到这儿，想起一个月前，杨珍珍坐在酒吧里哭。

他以前调解都是随口说点鸡汤，但这一次不一样，他很有感触地说："姑娘，你的人生还在继续，所以别哭了。"

而案件结束之后池青得了空，把之前中断的心理咨询又捡起来，和吴医生约好时间之后就戴上手套出了门。

"池先生您好，很长时间没见您了，"前台笑着说，"还是老房间，进去直走就行，吴医生应该就在咨询室里。"

距离池青第一次推开这间咨询室的门已经过去两个多月，这两个多月的时间里他意外经历了两起案子，同时也遇到了一个神经病，这一切改变似乎都从他第一次推开这扇咨询室门开始。

池青屈指敲了敲门。

门里传来一声熟悉的声音："进。"

解临坐在吴医生的座位上，这回手里翻着的书换了一本，换成一本《精神病学》，见池青推门进来，他一点也不觉得意外："坐。"

"……"

这个场景似曾相识。

池青说："怎么又是你。"

解临把书合上，他昨晚在市局待到很晚，今天出现在咨询室还不忘换一套衣服，头发也仔细打理过，精致程度像一只随时开屏的孔雀："别误会，这回是吴医生找我来的。"

解临看他的表情似乎不相信："我来之前并不知道你也在，你约的也是十点？"

池青："不然我十点出现在这里是为了什么，散步吗？"

谈话间，吴医生这才姗姗来迟："不好意思，刚才去了一趟茶水间，哎，我这人一上年纪，保温杯就不能离身，你们等多久了？”

“你们”这个称呼词一出，证明解临没有在撒谎。

今天这个局确实是吴医生组的。

至于用意，恐怕只有吴医生自己知道了。

“这次找你们来呢，也是有些话想跟你们说。”

吴医生拧开保温杯，敞开杯子让里面的热水凉一凉，坐在解临让出来的位置上正式开启谈话，他诚实地感慨道：“你们两个，可以说是我职业生涯里遇到的为数不多的瓶颈。”

池青：“……”

解临：“……”

“所以我变换了一下治疗思路，”吴医生说，“我打算把你们两个人安排在一起，组合性地进行治疗，这在我过去的治疗经历里是绝无仅有的一件事，一加一没准儿能大于二，我希望你们能够齐头并进。”

吴医生最后一段话是对着池青说的：“之前解临跟我反映你们之间的配合治疗暂时中断了，我不知道是什么原因，但我认为你不能放弃一线希望，治疗的态度得积极起来。”

因为失控状态结束了。

池青在心里默默回答。

解临照顾到吴医生的心情，为了不让他尴尬，附和道：“吴医生说得对，治疗的态度得积极。”

池青不在乎别人尴不尴尬，反正尴尬了他也看不出来，他十分冷静地拒绝道：“如果你觉得你的水平没有办法胜任这份工作的话，我可以离开贵诊所去找更有能力的人。”

吴医生：“……”

解临依旧笑着打圆场：“没事，他说话就这样，您直接开始就行。”

吴医生起初不太明白解临是哪里来的自信，他心说这位池先生看着也不像是会卖他一个面子的人啊，他说要走那是真的会走，而且连头都不带回的，然后下一秒，他就看到解临很不怕死地抓住了池青垂在身侧的手腕。

这是让人想走都走不了啊。

池青：“松开。”

解临：“给个面子，试试。”

池青：“没必要试。”

“怎么没必要？”

“浪费时间。”

“试都没试，”解临最后说，“你怎么知道没用，我看上次在任琴家吃的那顿饭就挺有用的，总比你扭头回家然后继续一个人待着看情感节目强。”

情感节目这个细节还是昨天从季鸣锐嘴里打探到的。

——“他平时在家都干些什么，打游戏？”

——“游戏没见他打，他不喜欢那些，觉得幼稚。平时的话喜欢坐在客厅看电视。”

——“看电视？”

——“尤其是情感节目，乱糟糟的，成天哭爹喊娘，也不知道他研究这个干什么。”

池青不想承认他说得有几分道理，嘴上说的还是“松开”，态度却有一些变化，解临这才松开手。

吴医生的心理互动游戏很简单，只是发给他们两个人一人一张白纸，让他们写下对对方的印象：“可以是优点，可以是缺点，也可以是一些性格特点。”

这是很常用的手法，作为两人简单接触的开场，让他们面对面往往说不出什么，但有时候笔落在纸上却会有意想不到的效果。

池青写下第一笔的时候，发现自己脑子里出现很多字眼，比如“有破案天赋”“很了解人也很擅长和人沟通”“很烦但是勉强还能忍受”这些。

他没想过自己居然对解临有了这么多认知。

但是让他真的写下这些，他还是做不到，最后综合考量，他在纸上写了三个字：神经病。

“就不能写点好的，”解临说，“我的优点应该还挺明显的吧，不至于那么难找。”

两个人现在并排坐着，像学生时代的同桌一样，只要一侧头就能看到边上的人在写什么。

池青笔尖一顿：“转回去。”

解临：“你写点好的我就转回去。”

池青以前哪有过这种经历，他上学的时候同桌从来不敢吱声，严格遵守空气中那道无形的三八线，不小心传阅试卷的时候碰到他的课桌都会害怕得哭出来：我不是有意的，对不起池青同学，你能不能不要打我。

尽管池青表明过自己不会打人，但是他这个怪癖加上那张常年阴郁的脸，说出去根本没人相信。

边上那位姓解的还在叨叨：“有那么难想吗，首先‘长得好看’这四个字就不用我说了吧。”

池青：“……”吵死了。

于是池青难得干了一件特别幼稚的事情，他在“神经病”三个字前加了两个字，“很烦”。

连起来就成了很烦的神经病，之后解临闭嘴了。

吴医生又跟他们聊了很多心理学相关话题，最后咨询结束前说：“刚才字条上的内容你们要是感兴趣，可以和对方交换看看。”

解临早就看到了，所以他把自己手里那张折得方方正正的纸片塞进池青手里，然后和吴医生继续聊刚才的心理学理论，他不像来治病的，倒像是来进修的。

池青没有兴趣偷看别人写东西，所以刚才解临在边上写的时候他一眼也没看，只记得余光瞥见他停笔的速度挺快，应该没写太多字。

池青想着，没有急着翻开纸片，他更在意另一件事：“对了，有件事跟你说。”

解临侧头看他：“什么？”

“助理的事……”

池青之前就打算提一下助理的事。他现在不需要治疗，案件也结束了，助理这个职位本来就是临时担任……

池青话没来得及说完，吴医生打断道：“瞧我这记性，有样东西忘记给你们了。”

吴医生拉开办公桌抽屉，从里面拿出一袋包着金色包装纸的东西出来，一小颗一小颗圆球形状的东西包裹在金色包装纸里头：“我老婆自己做的巧克力，做太多了，就让我拿点过来，你们尝尝，都是不同口味的。”

池青想说不用了，但是吴医生过分热情，直接把巧克力塞进他手里。

解临拿了一个：“榛果味儿的？这不说的话还真尝不出是自己做的，手艺确实不错。”解临又看向池青，“不吃吗？”

池青拆开包装纸，黑色的巧克力看上去平平无奇，和市面上卖的普通巧克力差不多。池青想着应付一下，但直到他放进嘴里咬开的那一瞬间，这颗普通的巧克力终于展现了它不普通的一面，一股浓浓的白兰地酒味儿冲破外衣从巧克力里蹿了出来。

“……”

吴医生说得没错，这袋巧克力口味各不相同，而他忘了全世界巧克力品种里有一样叫作酒心巧克力。

【解先生真的好帅，好长时间没见到他了，不知道他有没有女朋友。】

池青耳边忽然出现很多声音，说话者的范围涵盖整间诊所，有员工的说话声，也有来自隔壁咨询室的顾客的声音，而那些员工声里十句话八句不离解临。

【虽然很喜欢解先生，但是我和他之间的距离太远了……】

【解先生……】

“……”

其中也有掺杂一些其他话题：【昨天来咱们诊所的那个戴墨镜的大美女，我说她怎么那么眼熟，刚才刷微博才想起来，她不是当红明星殷宛茹吗？现在艺人可真是高危职业啊，她平时综艺里看起来阳光开朗，没想到也有心理问题，说起来咱们诊所咨询过的就有好几位明星……】

随着声音逐渐变多，池青很难听清楚他们到底在说什么，这些声音都交杂在了一起，嘈杂程度惊人。

解临见池青吃完巧克力之后就没再说话，男人额前过长的碎发垂着，眼底神色越发阴沉，身边像笼着一片散不开的雾：“怎么了，不喜欢吃？”

池青还是没说话。

这情况解临之前见识过一次，那一次是在酒吧里，两人拿错酒杯。

解临伸手在他眼前挥了挥，随口威胁说：“不说话我就碰你了啊。”

他本以为这句话能让池青这个万年洁癖有所动容，池青的确是动了，但是事情的进展跟他想的完全不一样，池青摘下一只手套，然后直接去碰解临的手——解临的手没收回去，五指张开，就摆在他眼前。

“我头晕，”池青这次碰得很自然，也没什么心理负担，找借口说，“站不稳。”

跟第一次别别扭扭发条消息都犹豫半天不同，池青发现自己意外地坦然。

反正也不差这一次。

池青说话的时候解临隐约闻到一股很甜的酒味儿，愣了愣，扭头问吴医生：“你给他吃的什么？”

吴医生：“巧克力啊。”

解临说：“我知道是巧克力，我是问你这巧克力里都有哪些种类。”

“……这里面什么口味都有，我也不知道他吃到的是哪一个。”

解临直接问：“有酒心的吗？”

“有，”提到这个，吴医生点点头说，“精选上好的白兰地，口感细腻分明，他吃到了吗，是不是还挺好吃的？”

解临：“……”

池青吃到的估计就是这玩意儿了。

解临后悔刚才催着让池青拿一个，谁也想不到这一堆巧克力里还能有酒心的，还恰好被他挑中，真是越怕什么越来什么。

最后解临牵着“站不稳”的池青往外走之前，难得敛起笑对吴医生格外认真地说了一句：“他酒精过敏，不能碰酒。”

两人走出去的时候，几位前台正凑在一块儿聊天。

池青刚才听到她们的话题全是解临，但是在他碰到解临之后耳边一下安静了，这会儿除了正常的攀谈声听不见其他声音，所以他不知道她们在想什么，也读不懂她们此刻震惊的表情。

为什么，他们俩，是拉着，出去的？！

解临今天是自己开的车，两人走到车库，池青只有在上车间隙短暂地松开过解临的手，等解临弯腰坐进去之后很快又恢复原状。

“……”解临沉默了一会儿说，“你坐在车里还晕吗？”

池青：“和刚才的晕不一样，我现在晕的是车。”

解临提醒道：“车还没开。”

池青根本不和他讲逻辑：“可能喝了酒，一坐进来我就晕，你有什么意见。”

“意见不敢有，”解临最后无奈地说，“你这样我没法系安全带。”

他这句话说完，就见池青俯身凑向他，这可能是池青第一次主动靠别人那么近，距离近到解临甚至能透过发丝清楚地看到池青低垂着的睫毛，长长的鸦羽似的睫毛在眼下投出一片阴影。

然后解临听见“咔嗒”一声。

池青另一只手一把拽过安全带，一下把安全带扣上了。

这真的是酒精过敏吗……

解临在心里说，这怎么跟喝醉了似的。

解临试图继续劝他：“听话，你现在坐在车上了，应该不晕，你这样我也不方便开车。”

池青听到“不方便开车”之后又沉默了，几秒之后他摘下另一只手套，然后从衣服口袋里掏出手机。

“你拿手机干什么？”解临没看懂这个操作。

池青惨白的手指在屏幕上点了两下，他打开一个叫车软件，一边操作一边说：“找代驾。”

解临：“……”

这是真喝醉了吧。

但是不得不说还挺有逻辑。

是个可行的解决方法。

“算了，”解临任由池青的手搭在他右手上，踩下油门之前说，“你手别乱动，出事概不负责。”

路上池青倒是没再说话，手也没乱动。

他满脑子都在想今天晚上怎么办。

家里安眠药还有吗？

楼栋里应该没有哪户人家最近发生矛盾喜欢在半夜吵架。

……

他自认在吃这一块一直很小心，买东西都得再三确认配料表，生怕配料表里有什么跟“酒”这个字搭边的东西，没想到人算不如天算。

车驶进御庭之前，解临忽然想起来刚才在心理诊所被吴医生临时打断的话题：“你之前要说什么？”

“什么？”池青问。

“不是有件事要跟我说？”解临缓缓将车拐进地下车库，“就听到你说助理什么的，后面就没说下去了……你原来想说什么？”

池青想起来了，他当时是想和他断绝助理关系。

但是计划赶不上变化。

“没什么，”池青最后面无表情一字一顿地说，“我挺喜欢当助理的。”他又补充，“我们的治疗可以继续，你和吴医生说得对，我之前的治疗态度不积极。”

“你就想说这个？”

“嗯。”

解临：“但是从你脸上一点都看不出哪里喜欢，看起来倒像是……”

池青很没有自知之明地追问：“倒像什么？”

“像被绑架了，”解临最后解开安全带说，“到了，下车吧助理先生。”

尽管池青很想在解临那儿继续蹭一会儿，残存的理智告诉他不能做得太明显，解临对他的怀疑还没有打消，那些随口胡扯的解释别人或许会信，但他不一定会。

上电梯之后，解临看了一眼他：“你不会连电梯也晕吧？”

池青适可而止道：“好点了。”

电梯很快到达第 9 层。

在松开解临手的一瞬间，楼栋里的声音像无数只无形的野鬼从缓缓打开的电梯门门缝间挤进来。

【糕糕，你怎么又偷吃猫粮，我藏哪儿都能被你翻出来。】

【老爷子死了，遗产凭什么都给小儿子，大儿子就不是儿子啊？偏心偏成这

样，住院的时候没见你那个宝贝小儿子来过几趟，真是晦气，早知道什么都捞不着，谁愿意累死累活上医院照顾个把月。】

【……】

池青依旧没有办法确认这一次失控的情况会维持多少天，他进门之后从日历边的笔筒里拿出一支笔，把二月第一天用黑色记号笔圈了起来。

他对着这一页崭新的日历看了一会儿，等耳边那个关于遗产的声音消散，然后才转身去厨房倒水。

池青倒完水，又去药箱里找安眠药。

按照往常的经验，起初几天剂量不能太大，不然之后吃再多都很难有效果。

池青吃完药之后就坐在沙发上看被季鸣锐和解临联手唾弃的情感节目，试图理解电视里的人为什么吵闹、为什么哭，又为了什么笑，看了两个小时都没等到药效发作。

"……"

还是抗药性在作祟，距离上一次失控时间间隔太近了，他上个月也一直在吃药，药效越来越不明显。

池青滑开手机想看眼时间，看到解临一个小时前发来的消息。

——酒精过敏好点没有。

池青回：还行吧。

那边回得很快。

——要不要去医院看看。

他根本就不是酒精过敏，去医院能看出什么。

——不用。

池青回完之后把手机搁在茶几上，打算去洗澡，提前躺上床酝酿睡意，然而就在他准备脱下上衣之前，从上衣口袋里摸到一片方形的东西。

他动作微顿，把那片方形的东西掏出来才想起那是咨询结束之前解临塞给他的纸片。

——"对方是个什么样的人？你对对方的印象。"

池青并不知道答案，也猜测不出答案。

但是他还算有自知之明，纸片上的词应该和"难相处""洁癖""怪人"这些词语相差无几，毕竟季鸣锐经常在心里这样吐槽他。

池青这样想着，随手翻开纸片。

纸片上确实没几个字，他翻开一半都还是空白的，直到他将那张纸片完全打开，这才看到上面写的字。

这张纸片上只写了五个字。

——很特别的人。

池青愣了愣。

解临没有用“异常”，也没有用“奇怪”或是“古怪”这一类的字眼，用的是“特别”。

时针缓缓旋转，很快绕过小半圈，外头天色渐渐暗下去了。

池青合着眼一直在床上躺到深夜，快要睡着之际楼里闹遗产那户人家旧事重提。

失真的女人声音隐忍，她可能正看着身旁呼呼大睡的丈夫，咬牙切齿地在内心低喊：【你倒是睡得香，敢情这事跟你没关系是吧，就我一个人在这儿瞎操心。】

“……”

池青睁开眼，很想提刀上门跟她打一声招呼：既然睡不着，不如出来聊聊。

这个时间已经是凌晨三点整。

在一墙之隔的另一边，解临正坐在书房里，书房只点了一盏微黄的阅读灯，但这个颜色照在书房里并没有让书房看起变得温暖起来，因为他面前那台电脑上正显示着几张令人心惊肉跳的照片。

这些照片是上次带回来的那沓碎尸照片的电子版，当初无意中被任琴看到，还把人吓得不轻。

然而就是这样几张能把人吓到夺门而出的照片，这会儿呈放大状出现在电脑屏幕上，细节被数倍放大，放大后，被砍碎的皮肤组织远比照片上看起来更加清晰。

一旁的免提电话里，武志斌的声音传出来：“这袋尸体被抛尸在生鲜市场后门的垃圾桶里，附近一名流浪汉以为是摊主不要的生肉，正要捡回去吃，塑料袋不小心漏了，一截人手从袋子底下钻出来，流浪汉吓了一跳，这才报案。”

解临看着这些照片，只有一个问题：“他的脸呢？”

正常碎尸案里，即使尸体已经被锯得面目全非，但是凭借那颗头颅，还是能还原出死者的样貌，但是这起碎尸案不知道是拍摄角度有问题，还是犯人把尸体的脸故意剁烂让人难以辨认出尸体的真实身份，以至于尸体脸部连一丝一毫的人皮组织都找不到。

“目前死者的身份还不能确认，我们和报案失踪的人员名单比对过 DNA，暂时还没有找到符合的，还有另一个原因就是你说的这个问题，”武志斌在电话那头停顿两秒，才继续说，“……很诡异的是，这具尸体没有脸。”

武志斌也被这起案子的残忍程度所震惊：“法医鉴定结果显示，怀疑有人在受害者死前，活生生将他的脸皮剥了下来。”

这无疑又是一起棘手的案件。

难以确认的死者身份，出乎意料的杀人手法。

之前解临主要投身在租客案里，租客案给所有人带去很大压力，实在刻不容缓，所以此案只给解临看了现场照片，这个案子目前还是由专案组负责。

武志斌把大致情况跟解临讲了讲，一看时间已经是深夜：“都这个点了，不说了，你早点休息吧……别总这么晚睡。”

武志斌之所以会有解临睡觉很晚这个印象，主要源于每次半夜找解临，这个人总会第一时间接电话，池青每次找他“治疗”的时候也是。

武志斌说着又觉得奇怪：“你每天这个点不睡都在干什么，别说工作，你家里那些生意不都交给别人打理了吗？”

“哪有每天，”解临笑笑说，“行了，你赶紧去睡吧，你这年纪一天天大了，身体肯定不如我。少熬夜，多养生。”

武志斌：“臭小子……”

解临挂断电话后目光仍停留在案件现场照片上。

他对着照片看了很久，一张张仔仔细细看过去，每一个细节都不落下。然后他往后靠，仰头闭上眼，在心里想：你为什么杀他？杀他的时候，你在想些什么……

他这样想着，仿佛跟着这几个问题走进罪案现场，半梦半醒间他推开一扇门，缓步走进一间漆黑的、带着很浓血腥味儿的小房间。

小房间里有张铁板床——照片上尸体背部沾着些许铁锈，尸体的四肢都被人用铁链绑得紧紧的——照片中四肢有明显勒痕，他甚至能听到铁链和锯子摩擦滑动的声音。

这个梦境异常逼真，以至于解临走近之后看着凶手穿着黑色大衣的背影说了一声：“住手！”

然而黑色身影动作微顿，之后缓缓转过身来，一个看不清长相的男人从阴影里走出来，原本就所剩无几的光源此刻被他完全遮挡，等男人走近后，这才露出一张和他一模一样的脸。

……

“你应该知道凶手第一刀会从哪里开始下吧，”站在黑暗中的那个“解临”拎着锯子冲他微笑，“你甚至知道凶手为什么用锯子，没人比你更清楚了。”

那个“解临”走到他跟前，那抹微笑像是画在脸上似的，也僵硬无比，像他又不像他，“他”说：“你这么看着我做什么，我就是你啊。”

漆黑的地下室里，摆设凌乱，随意竖在墙角的几样铁器斑驳生锈，地面上干涸的血迹在这片黑暗里显出比黑更深的颜色，唯一的一点光源，来自地下室中央的那盏白炽灯泡。

那点光极其微弱。

灯源接触不良，电线直接裸露在空气里，那点光忽明忽灭。

解临面对着“他”，没有说话。

他站在原地努力去回想解风的声音，以及解风那句：“我永远相信你。”

但是这个梦境古怪得让他迟迟想不起解风的声音，或许十年的距离实在太久，或许是这个梦里根本就没有关于解风的设定，只有“他”站在对面，继续用毛骨悚然的微笑看着自己。

直到他耳边响起一阵自现实世界而来的敲门声——“笃”。

……

“笃笃笃。”

轻微的敲门声并不响，门外的人似乎有些犹豫，只是想来试探试探他睡下没有。

解临却听到了，他猛地睁开了眼。

“我酒没醒。

“虽然听起来很难以置信，但我的酒量就是这么差。”

池青敲完门后倚在电梯口自言自语演练说辞。

他低着头，对着走廊地面上的瓷砖，面无表情地评价自己刚才找的烂借口：“这个说法的可信度为零，如果有人拿这套说辞凌晨三点敲我门……”他很认真地想了想，最后说，“我会让他去厨房选一把最喜欢的刀，然后让他竖着进来横着出去。”

“……”

池青躺到深夜实在躺不下去了，他不清楚解临睡了没有，这个点一般正常人早就睡了。但是解临本来也不是一般人，如果门真被他敲开了，总得有个说法。

他继续盯着那块瓷砖说：“我头晕，你有药吗？”

池青很快又否决了这个借口，自己毒舌自己：“附近药店 24 小时营业，如果晕得实在走不动道，可以在手机软件上喊个跑腿的。”

“……”

路都被他自己堵死了。

池青抬手拨弄了一下额前过长的头发，一时也没理清楚自己是怎么想的，要是按照他以往的习惯，最起码能自己窝在家里熬个一周多，除非实在熬不住，不然不会轻易过来敲门。

可能是上一个疗程的“治疗”起了效果。

感受过清净之后，很难再去忍受嘈杂与喧嚣。

就在他以为解临睡着了没听到应该不会开门了，正准备往回走，面前那扇门忽然就开了。

解临站在门口看他，问：“不舒服？”

池青没时间反应，在所有借口里选了一个最糟糕的：“睡不着，闲着无聊。”

“……”好在解临没多说什么，他笑了一下就让池青进来，“巧了，刚好我也睡不着。”

在解临开门的时候池青就感觉他似乎不对劲，但是要让他具体说出哪里不对劲实在太过难为一个患有情感障碍的人，而解临又是一个平时连读都读不到的人，那一瞬间的不对劲很快从他身上消散无影，在他开口那一刻，又恢复成平时的样子，一句话化解尴尬。

这回解临给他倒的不是矿泉水，而是一杯热牛奶：“拿着，热牛奶助眠，还能解酒。虽然很少有人因为一块酒心巧克力就需要解酒，但是你的酒量……可能还是得解一下。”

解临甚至还十分贴心地解释：“新杯子，从买回来到现在就只有你用过。”

池青捧着那杯牛奶，看着解临垂在身侧的手，还没组织好语言，解临像是知道他要做什么一样：“反正我们都闲着无聊，再治疗试试？”

面前这个人的手和刚才那杯热牛奶都比药片管用多了，池青靠在沙发上，就在快要睡着的时候余光瞥见了解临的手，于是他想到解临拿着笔在纸片上写字时的样子，接着，又无端端地又想起那张纸片上的字。

他人生中第一次反思自己，白天写的评价是不是太过了。

这个人也没有那么不好。

于是就在解临以为池青已经睡着了的时候，蓦地察觉到掌心里的手指似是很不自在地动了动，然后耳边响起池青那一向没什么感情的声音：“白天那张纸……”

池青睁开眼，但是没有看他，继续说：“我没认真写。”

听他主动说这个，解临显然很意外。

池青继续艰难地说：“其实你勉强还是有一些优点的。”

解临忽然笑了：“谢谢，如果你的用词能再肯定一点的话我会更高兴。”

池青用沉默表示自己做不到。

解临没有轻易放弃：“比如呢，说几个听听？半夜帮你治疗，总得收点报酬。”

池青干脆把眼睛再度闭上了。

“……”够无情的。

“话说一半就跑，”解临说，“没良心。”

池青担心解临成为自己清净世界里唯一的噪声制造源，还是说了几个：“长得还行，智商也还可以。”他最后说，“很擅长破案。”

池青不知道为什么他说到最后一点的时候，解临的掌心收紧了一些。

然后他又听到解临莫名其妙地反问：“很擅长破案算优点吗？”

“？”

池青没听懂：“说人话。”

“可你难道不觉得，”解临敛起笑，理智告诉他不必去问这种问题，但或许是夜太深了，他第一次问出了口，“了解凶手是一个很危险的特点。”

“……不觉得。”

“为什么？”

池青其实快睡着了，所以这时候回答解临，完全是凭借潜意识加上直觉。

他不经思考地说：“因为你永远不会选择和凶手做一样的事情。”

池青说完之后就睡了过去。

由于他全程都在专心致志准备入睡，所以他不知道在他看不到的地方，解临眼底的神色和往日不太一样，那双时常含着笑的眼睛敛起笑之后显得很淡，连上挑的弧度都变得危险起来，如果有人在此刻对上这么一双眼睛，很难在那对褐色的瞳孔里找到平日的轻佻。

那也是池青进门时，某一瞬间令他感觉今天解临似乎有些奇怪的眼神。

解临对着大落地窗，一直在看窗外墨黑的夜色。

直到听不到池青的回应，眼底那抹神情才动了动，他收回视线，定定地看着缩在沙发上睡着的那个人。

男人个子不算矮，因为瘦，所以在沙发上缩得还算轻易，他另一只手枕在耳边，手指蜷在毛衣袖口里，睡着了也不忘尽量减少和身边物体的交集。

半张脸被头发盖着，附近那盏微黄的客厅灯照在他身上。

解临眼底也跟着染上一点暖黄色的光。

“睡吧，”解临笑了一下，刚才出现过的危险神情如幻觉般消散，他轻声说，“晚安。”

池青以为自己最多就在解临家睡上两三个小时。

他在陌生的环境下，尤其在别人家里，很难保持长时间睡眠状态，之前几次

“治疗”也都是过两三个小时——可能都不到两个小时他就醒了。

结果这一次……

池青被从窗外洒进来的大片阳光晃醒。

高层阳光充沛，阳台面积又宽，最重要的是窗帘只拉了一半，池青睡着睡着眼前逐渐出现一大片白色光晕，然后感觉整个人被晒得很热，今天依旧是一个他不太喜欢的大晴天。

池青睁开眼，缓了会儿才缓过来，对自己为什么在解临家睡到天亮这件事感到困惑，自己也找不到答案。

他想抬起手理一理额前散乱的头发，结果发现自己现在行动受限。

他的手还在另一个人的掌心里。

只是两人此刻的位置和他睡着前完全不一样，他这才反应过来为什么会觉得热，一个是太阳太大，另一个主要原因就是他身侧还有一个人。

这张售价不菲的皮质沙发就是再宽，要容纳两名成年男性也是一项极具挑战性的任务。

……

池青不知道在他睡着之后都发生了些什么。

就算是“治疗”，有必要挨得那么近吗……

“我给你三秒钟时间，”池青闭上眼，又缓缓睁开，说出今天的第一句话，“醒过来，然后从沙发上下去，否则我不介意送你下去。”

解临不光昨晚睡得晚，前一天晚上留在市局几乎没怎么睡，耳边听见一点声音，但是实在没精力理会：“别闹。”

“……”

几秒后解临躺在地上揉了揉侧腰，彻底清醒了。

“……这一大清早，”解临无奈地说，“你打招呼的方式够特别的。”

池青对一觉睡醒发现自己在别人家这件事仍然感觉在意且别扭。

“你怎么不叫我。”

解临说：“因为昨天有人拉着我手不肯放，还说梦话说自己不想回去，因为家里很吵……我倒还想问问你，你家里怎么会吵？”

他昨天确实想叫醒池青，但是池青睡得太沉，叫了一声之后发觉掌心被人握得更紧了，之后他就没再继续叫下去，倒是他在睡梦中迷迷糊糊说了一句不想回去。

“不想回去？”解临不确定自己听到的是不是这几个字，俯下身问他。

池青把脸往毛衣袖口边上埋。

“为什么？”解临又问。

直到过去很久，他才听到两个梦话般的字：“很吵。”

“什么？”

“家里很吵。”

池青光听解临说前半句话的时候还以为他在瞎扯，听到后半句不得不承认，这确实是他说的。

否则解临不会知道他家里很吵。

……

池青垂着眼，总不能说自己碰到酒就会失控，一旦失控就能听到很多人的声音，他最后隔了几秒说：“梦话而已。”

解临已经撑着手从地毯上坐了起来，没有表示相信，也没表示不信：“是吗？”

池青：“傻子才会选择相信梦话。”

解临说：“分情况，我昨天看的那本心理学教本里提到过这一类型，心理学认为有时候人在无意识的情况下说出来的话更具有说服力。”

“……”

你是去看心理医生的。

不是让你去进修心理学。

这个人不好糊弄的程度，让池青后悔自己昨天过来敲门这个选择，他忽然觉得在家里被吵死也没什么大不了的：“我不记得了，随你怎么说。”

好在这时一阵电话铃声适时响起。

解临伸手去够茶几上不停振动的手机：“喂？”

池青不知道电话对面的人是谁，只见解临瞥了他一眼，下一句说的是：“哦，他在我这儿。”

电话对面的人沉默了。

池青猜到是谁：“季鸣锐？”

“嗯，”解临说，“不过他那儿信号好像不太好。”

电话另一头的季鸣锐：“……”

他那儿不是信号不好，是震惊得不知道说什么好。

季鸣锐一早上给池青打电话没打通，这才给解临打的电话。

他大脑死机了很长时间，才继续说明来意：“既然你们两个都在……”他还是忍不住，又中断话题问，“不是，你们为什么这个点会在一起？”

解临随口说：“他昨天晚上睡在我这儿。”

“他……”他为什么会睡在你那儿？

季鸣锐害怕自己承受不住答案："算了，那麻烦你等会儿转告他一声，姜宇明天生日……"

季鸣锐这回又没能说完，听到一句很熟悉的声音冷淡地响起："姜宇，你那个同事？"

"他生日跟我有什么关系。"

另一个语调含笑的声音凑上来在边上解释一句："我开了免提，你直接说。"

"……他生日虽然是跟你没关系，但是他想请你们一起出来吃个饭，"季鸣锐这通电话打得心很累，"也顺便庆祝租客案顺利告破。"

外面人太多。

所有餐馆、商场、人行街道，在失控状态下对池青来说都是高危地带。

吃饭是不可能吃的，除非某个"人形隔音器"也去。

池青在"出去人很多，但如果解临在的话还算安静"和"在家虽然碰不到人但是会被楼栋里的人吵死"这两个选项里做抉择，发现自己更偏向前者。

于是池青没有立刻回答季鸣锐的邀约，而是看向解临："你……去吗？"

通话开的是免提，解临起身去厨房拿了一瓶矿泉水，拧开瓶盖后倚在厨房门口回看他："去啊，人家生日，刚好那天也没什么事。"

电话那头，季鸣锐重复："你去不去啊到底……"

池青："去。"

季鸣锐根本没那个自信，丝毫不认为这个"去"字是池青给自己的答复，只当他是在转达解临的话："啊，解顾问说去我听见了，我问的是你。"

池青："我说的就是我。"

"？"

"不是，你不是应该骂骂我吗，"季鸣锐没听到意想中的拒绝，反倒浑身难受，"比如说像刚才那句一样的'他生日关我屁事'，或者是'不去，人太多'，再或者'我不习惯和其他人共享同一个包间里的空气'。"

池青皱眉："你有病？"

……

可你平时就是这么"有病"的，怎么还双标呢……

季鸣锐敢怒不敢言。

总之，这生日会算是敲定了，时间定在后天，也是新人小组难得可以休息的一天。

池青挂断电话之后就打算起身回去，随着上班时间临近，楼栋里的人都准备起床工作，他耳边的声音也逐渐多起来。

有人在消极地喊：【不想上班……】

【人为什么要上班，不想看到主任那张阴阳怪气的脸。】

也有人在做大梦：【什么时候才能暴富，等会儿上班路上买张彩票吧，也许我的命运就在下一刻会发生惊人的改变！起床！】

然而他听得最清晰的还是解临的声音，解临送他到门口的时候说："刚才你问我去不去的意思如果我没理解错的话，是我去的话你就去？你这样我会以为……"解临每次都能把试探用戏谑的语气说出来："……以为你可能很依赖我。"

"……"

解临说话间，池青已经开了门锁，进门前扔给他最后一句话："你可能没睡醒，你现在应该回去睡觉而不是站在这里说这些。"

解临刚才没说的是——他发现池青依赖他，都有一个限定条件：喝过酒以后。

喝过酒以后，这位洁癖先生会缠着他，会主动握他的手，会半夜睡不着来敲门……对池青而言，喝"酒"似乎不只是过敏那么简单，他的过敏反应和其他人也并不一样，大部分酒精过敏的患者会在饮酒后引发红肿或瘙痒的酒精不耐受反应。

而且他两次喝酒之后都提到过"吵"这个字眼。

吵。

解临直觉这是一个很关键的字眼。

上一次还可以解释成楼栋里那点微弱的装修声，但这次显然找不到任何解释。

他家里又为什么会吵？

解临站在门口，若有所思地对着对面那扇"砰"的一声毫不留情关上的门看了许久。

第2章

姜宇生日当天下起了雨，南方天气总是喜怒无常，这让池青出门前的心情难得变好了一点，他在玄关处摆放雨伞架的地方认认真真挑选了一把雨伞——尽管这一整排雨伞看起来没有什么不同，都是透明伞，银色伞柄，看着又冷又干净。

姜宇借此机会把解姓偶像和其他几人拉进一个群里，他平时不好意思单独戳解临，但是在群里就方便很多，也不用担心发这些消息会不会打扰到他。

姜宇：外面下雨啦。

——来的时候注意安全噢。

池青挑完伞准备出门，一个新建立的群聊"嘀嘀"声不断。

——等你们噢！

季鸣锐第一个回复：

——姜宇，你平时说话挺正常的，网上冲浪怎么这样了。

解临倒是不觉得打扰，只有池青觉得。

他抬手就把群设置成勿扰模式，退出去之前瞥见解临的名字出现在群消息界面里。

解临：知道了，你也注意安全。

解临：我马上出门了，估计到那儿时间刚好，你们可以先点菜。

池青一只手拎着伞，伞尖点地，另一只空着的手里拿着一双黑色手套，最后他没有把手套戴上，而是将它们整整齐齐叠好放回玄关柜上。

几分钟后，解临推开门，首先映入眼帘的就是一把熟悉的透明雨伞。

雨伞靠墙而立，一只惨白的手搭在伞柄上。

解临眉尖微挑，望向他的时候眼底含笑："在等我？"

池青明明就是在特意等他，却偏要说："我在等电梯。"

解临："等电梯怎么不按电梯键？"

电梯上那个向下的标志分明没有亮。

池青打算装到底："刚到，没来得及按。"

"……"

解临没有继续往下追问，他按下电梯按键，又在电梯到达之后摁下负一层，电梯载着两个人往地下车库去："既然这么碰巧，又都是去同一个地方……这回应该肯上我的车吧。"

池青用实际行动表现出一脸不愿意，但勉强可以接受的样子。

"这回没当场拒绝我，"解临笑了笑，"进步挺大。"

他这么一说，池青也想起来两个人刚开始认识那会儿，解临死活要送他回家，而他说什么也不上车。

池青问："你那个顺风车副业还在做吗？"

电梯门开了，解临拎着车钥匙走出去，他的车就停在电梯口旁，一边拉开车门，一边说："什么顺风车副业，除去斌哥和吴志他们两个人以外，这辆车就载过你一个人，真当我那么闲，是个人都载？"

他那个顺风车车主订单里，也就只接过这位爷的单。

"对了，你手套呢。"上车之后，解临问出这个注意了很久的问题。

池青双手缩在袖口里，说："忘戴了……你看我干什么。"

解临："因为你看上去是那种宁愿把自己忘记也不会把手套忘掉的人。"

池青："……"

以前池青戴着手套能隔绝触碰、隔绝声音，但是现在失控着，戴不戴都没什么两样，虽然不戴手套很不习惯，但是戴着的话他很难找到借口去碰身边这个人。

即使池青不太愿意承认，但他确实是为了这个原因把手套放了回去。

车缓缓从地下车库行驶出去，池青一路上听到的声音还在他承受的范围内，除了有两次遇到红灯，车辆拥堵，停滞的时间较长以外，那段停滞的时间里十几辆车堵在一起，乱糟糟的什么声音都有。

池青合上眼，打算等那阵声音自己过去，解临在等红灯之际偏过头看了他眼："不舒服？"

他问完发现池青像是没听见一样。

直到红灯过去，他行驶出去一段路，又喊了他第二遍，池青才掀了掀眼皮："本来没有哪里不舒服，但是你再喊下去的话会被你吵得不舒服。"

解临："你刚刚睡着了？"

原先聚集在一起的车辆已经散开，池青最后说："算是吧。"

解临没有把车开进商场地下车库，而是绕去商场对面的露天停车场停了车，细小的雨滴稀稀疏疏打在玻璃车窗上，他解释说："附近有家钢笔店，里头东西还行，适合送礼，车就直接停这儿了，你在这儿等着还是跟我一块儿进去？"

池青没什么意见，撑着伞下了车。

下雨天店里没多少人，仅有的几名员工都在解临踏进店的一瞬间像被磁铁吸引一样争先拥了过来，池青耳边又被无数句语气激动的【解先生】刷了屏，他退后两步，尽量离这个人远一点，同时在想该找什么理由去碰解临的手。

由于解临被那群女柜员……哦，也不全是女的，总之，这人被那些柜员层层围着，他一直没找到合适的机会。

直到买完东西出去之后，池青退无可退，他对着通往商场的那条马路停住了脚步。

马路上人很多。

进入商场的人流和从商场出来的人流交杂在一起，导致满大街都是伞，街道潮湿，行人撑着伞匆匆来去。

街道对面一名步伐大步向前的男人说：【打折的东西居然都是过期的，真晦气，这家商场下次再也不会来了。】

一对共撑一把伞的情侣从池青身侧擦肩而过：【刚才那件大衣其实我很喜欢，但是负担实在太大了，我不希望他为了给我买件衣服省吃俭用……】

也有人高高兴兴撑着伞过马路：【今天发了工资，犒劳自己吃顿好的。】

【……】

可能是出入商场的缘故，大家心底的想法变得十分家常且琐碎。

解临发觉池青站在原地不动了，正要问他怎么不走，就见到身侧那人撑着伞，伞微微倾斜罩住那张刻着“离我远点”这四个字的脸，然后那把伞往边后偏了偏，露出半截瘦削的下巴，颜色过浓的唇紧抿着。

接着他见池青张口说：“你觉不觉得这条路上车挺多的。”

解临：“？”

路上车是多，通往商场地下车库的通道和公交站都在这条路上，但是他忽然来这么一句做什么。

池青尽量使自己此刻的语气听上去自然一点：“……手给我。路上车多，怕你被车撞死。”

解临：“……”

池青正为自己找半天借口最后居然找出一个这么烂的感到后悔，好在解临将视线落在他裸露在潮湿空气里的手上，只当他是不想去人太多的地方，又拉不下脸示弱。

半晌，解临背对着喧嚣的人群对他伸了手。

池青手指冰凉，耳边那些如魑魅魍魉的失真声音顷刻消失，声音被隔绝的同时，他感受到一点温热的体温，他泛凉的指尖逐渐沾染上那片温度。

解临撑着的那把伞是黑色的，和他身上那件长大衣是一个颜色，在人流中显得突兀又显眼。

池青看着他，耳边的声音一点点恢复正常。

池青被解临牵着往前走，面前这个人走的时候显然小心翼翼避开人流，中途他听到雨滴打在雨伞上的声音，身边经过的人鞋底踩进水洼的声音……还有交警短促的哨声，以及四起的车笛声。

听得最清楚的还是解临说的一句话。

“你是小孩吗，”解临拉着他说，“没戴手套连马路都不敢过。”

请人吃饭总不能比客人晚到，新人小组三个人到得都很早。

商场三楼某家本帮菜包间内，季鸣锐是新人小组里最后一个到的，他进门脱下外套说：“我以为我到得够早了，没想到你俩比我还早。”

苏晓兰坐着正在喝茶，她吹了吹手里的茶水，说：“我就比你早到两三分钟。”她瞥一眼边上的姜宇，“你知道他提前多久来的吗？”

季鸣锐：“半个小时？”

苏晓兰摇摇头，比了一个“八”的手势：“整整80分钟。”

“……”

季鸣锐看了看一边正襟危坐的姜宇，发出一声感慨：“所以说……没事不要追星。”

苏晓兰放下水杯：“说到追星，今天商场电影院里好像有电影首映，听说主演会过来宣传，就最近很红的一个女明星，叫殷什么……”

苏晓兰一时间想不起那个女明星的名字，毕竟他们平时鲜少有机会看电视节目，每天忙都要忙死。

季鸣锐就更不知道什么女明星了，他一拍脑袋，想起来另一件事，对姜宇说：“等会儿我兄弟可能会说一番别出心裁的生日祝贺语，你听到的话不要觉得奇怪，以平和的心态去对待就好。”

姜宇：“你是说池助理吗？”

而且就在姜宇问完这句话的下一秒，包间门开了。

解临进门便说：“看来是我们来迟了。”

苏晓兰连连摆手：“没有没有，是我们来太早了。”

“让女士坐着等，”解临微微笑道，“那就是来迟了。”

饶是苏晓兰这种内心阳刚的女汉子也被他看得有点脸热，但是她很快注意到解临不是一个人进门的，他手里头还拉着一个：“？”

季鸣锐很快也看到他兄弟那张标志性的阴郁脸：“？？”

姜宇更加蒙：“？？？”

解临把礼物递过去：“生日快乐，不知道你喜欢什么，就挑了一样实用的，平时填文件的时候应该用得着。”

姜宇一脸蒙地看着两人说：“……谢谢，我很喜欢。”

被解临握着手的人也冷冷淡淡地对他说了一句：“祝贺你。”

姜宇：“啊，谢谢。”

姜宇正想着季鸣锐提醒他说池助理的祝贺语会非常奇怪，听起来不是很正常，就听池青继续道：“如果我送了礼物，等到我生日的时候你也要回礼，这样彼此都很麻烦，所以为了减少不必要的社交步骤，我没有给你带礼物。”

姜宇：“……”

他知道季鸣锐为什么要特意给他打预防针了。

这确实挺出人意料的。

“有道理，”姜宇点点头，努力搜集形容词说，“……送来送去的确很麻烦，你这个做法，呃，十分高效。”

人到齐后几人落座点菜。

解临看了一眼餐桌底下池青一直没松开的手，低声提醒他：“现在人不多了。”

“……”池青面无表情地说，“有服务员。”

包间和大堂隔着一些距离，服务员端着餐盘穿过长廊，包间门时不时被服务员推开，餐桌上先上了几道凉菜。

菜上齐之后，池青还是没松手，他半只手缩在袖子里，只用两根手指的指尖勾着解临的无名指，这回没等问，他率先搬出想好的借口，冷冰冰地说：“服务员还会进来收盘子。”

解临：“……行。”

虽然桌下发生了什么其他三个人看不见，但是不妨碍他们先前在两人进门的时候瞥见过一眼。

姜宇不动声色地和苏晓兰互看。

苏晓兰挑眉：我也不知道什么情况，你问问鸣锐。

季鸣锐低头专心吃饭，表示不想参与讨论，也不想回忆之前在市局观察室里见过的那幕，他横了苏晓兰一眼：吃饭的时候少说话。

姜宇一个大老爷们儿，不喜欢吃蛋糕也不注重仪式感，这顿饭简单吃完就算过生日了。

不过聚餐地点特意选在商场里而不选路边餐馆，很显然今天的行程安排不只有吃顿饭那么简单。商场吃喝玩一条龙，吃完饭随便逛就能找到一个消遣时间放松娱乐的地方。

用姜宇的话说，这叫合理延长和偶像见面的时间。

“那什么，反正下午也没什么事，吃完饭不如在商场里逛逛？刚刚听晓兰说今天商场电影院里好像有电影首映，”姜宇说，“我看了一下最近的一场就在 20 分钟后，你们要是都想看的话我就订票了？”

难得休假，新人小队其他两个人都没意见。

解临就更别说了，他向来就特别好说话，披着一张善解人意的皮，眉眼上挑，笑了笑说：“行啊，我没意见。”

只有池青听到“电影院”三个字时皱了眉。

他不能理解这些过生日喜欢庆祝的人，吃顿饭就差不多得了。

为什么还要去看电影。

他这十年间，几乎没有踏入过电影院。

……

电影院人多，密集，光是这一点就足够让他退避三舍。

姜宇提及的那部电影是近期的大热门，未播先红，光预售票房就有好几个亿，主演都是当红艺人，导演也拿过两次金像奖。这部电影根据一部极有口碑的小说改编而成，几重因素加持在一起，才打出这般好成绩。

影城在楼上，几人刚走到影城门口就看到一幅巨型的宣传海报，黑色的四个大字竖着悬在左侧：《鬼影谜城》。

海报上几名主演被黑色浓雾遮掩，每个人都只露出一部分脸，女主演露出的是眼睛，边上两名男主演露出半张侧脸，浓雾像一双无形的手抓着他们，似乎在咆哮着。

“惊悚片啊。”苏晓兰着实没想到。

姜宇取完票，小跑着过来说：“不好意思，这部电影买票的人太多了，没买到连着的号，买的前后排……谁想坐后排那两个位置？”

出乎他意料的是，全程没说话，并且一副半步都不想踏入电影院样子的池青从他手里接过了那两张票。

池青指指自己和解临：“我跟他去后排。”

季鸣锐认识池青那么久，还从来没和他一块儿进过电影院，用一种被抛弃的口吻说：“……那我呢？”

池青看了他一眼：“剩下的三个位置，你爱坐哪儿坐哪儿。”

季鸣锐：“……”

电影很快开场，四周所有的灯霎时间熄灭，只余下面前屏幕上还散发着一点儿光，这电影和海报风格几乎一致，片头就黑漆漆的，等配着惊悚音效的片头过去之后，电影院里才亮堂那么一点。

但也亮不到哪儿去，因为开场是一群人拿着 VCR 在探险，镜头四处乱晃，什么也看不清。

一个脆生生的声音激动地喊：“你们快点，快来看，这前面好像有个村子！”

就开篇而言，这部电影是非常典型的探险逃杀类电影。

池青没有仔细看大屏幕上的画面，他和解临坐在后排角落里，注意力全在解临被荧幕光照得忽明忽暗的手上，这双手手背瘦削，骨节分明，细圈戒指套在指根处。

解临看着荧幕，看了会儿觉得没什么意思，偏过头去，刚好对上池青的眼睛：“不看电影看我干什么。”

池青不肯承认：“是你在看我。”

“我是在看你，你长得比电影好看，”解临笑着承认，“人也比电影有意思。”

“……”

池青刚才一直在心里组织语言，不知道这回该找点什么借口，心说电影院里太黑了这个借口听上去会不会太扯。

对上解临的眼睛之后他想……算了。

他这一天找借口的次数太多，已经多到自己都觉得自己有病的程度。

这种事情做一两次还行，要是再让他对着解临继续说些乱七八糟的胡话，他宁愿选择回去待着，大不了闭门不出半个月，吵归吵，但一时半会儿还死不了。

池青打定主意决定起身离开电影院。

然而就在他打算起身的前一秒钟，他感觉到有什么东西很轻地覆在了他的手背上。

“看你在边上坐立难安的，”解临抓着他的手说，“看个电影都嫌人多。”

周围太黑，很难看清边上人的动作，也正是因为这样，池青在解临突然伸手覆上来之后愣了愣。

原本烦躁的心情在那一刻莫名被抚平。

电影剧情步入正轨，开局拿着 VCR 探险的那帮人一个都没活下来，但是他们拍摄的几段视频却在网络上流行起来，大家称呼视频里那个神秘的村落为“鬼城”，这个地方吸引着不少探险爱好者。

季鸣锐虽然是民警，长得五大三粗，其实胆子很小，小时候他妈拿“再不怎么样就要被 ××× 抓走了”这种句式造句，一唬一个准。

在岗位上工作的时候还能靠着一身正气硬熬，现在下了班，本性暴露无遗。

“晓兰，”在主角一队进入鬼城之后，季鸣锐哆嗦着说，“你的胳膊能不能借我靠一靠？”

苏晓兰虽然也被恐怖氛围感染，但表现得还算镇定，她说：“……你靠吧。”

也正是这时，他们才发现这部电影居然是一部妥妥的情侣电影。

这个时间档就这么一部惊悚题材的，在一众喜剧电影和商业片中十分醒目，属于约会时增进感情的必备项目之一。

而且不得不说，这部戏的导演确实有实力，拍得让那些本来想展现展现男性气概的人也开始发抖。

坐在池青边上的女生说：“亲爱的，我好害怕，刚才那段好血腥。”

她男朋友回答：“我也害怕，还好刚才吃饭的时候吃得不多。”

解临捏了捏池青的某根手指关节，示意他分出一点精力听自己说话，捏完侧过头问他：“你觉得这电影怎么样？”

池青如实回答：“开场过去六十多分钟，这六十多分钟里我不止一次在思考它的标签为什么是惊悚。”

照理来说，这点东西根本不配称为惊悚片。

解临对他的观点表示赞同。

于是两个能在凶手作案现场淡定躺床上和趴床底的人因为影片剧情过于无聊而开始闲聊，话题仍然围绕着电影。

池青边上的女生其实从一入场就注意到边上坐着两个长得很好看的男人，好看到她就算此时此刻被电影剧情吓得魂飞魄散，也不忘分出一点精力去注意边上的人在说什么，偶尔还会故作不经意地瞥他们一眼。

于是女生听到其中那位好看归好看但是给人感觉阴阴沉沉的男人说："这一刀偏了，心脏的位置不在那里。"

另一位眉眼含笑的男人说："嗯，肠子的位置也不太对。"

笑着的那位又继续道："导演可能不太懂解剖学，而且如果要想让一个人以最痛苦却最清醒的状态死去，其实可以选别的手段，用不着那么麻烦。"

女生："……"

她都听到了什么。

这是帅哥之间应该聊的话题吗？

她越听越害怕，那位笑着的甚至当场列举出了几种，她本来就被电影剧情吓得冷汗直冒，这下更加坐不住了，她扯扯男朋友的衣袖说："我们别看了，先走吧。"她用嘴型无声地说，"边上那两个人好像不正常。"

根本不知道自己成功把人吓跑的池青，后半场直接睡了过去。

另一位堪称全场最淡定的人百无聊赖地刷了会儿手机。

很长时间没联系的吴志十分钟前给他发了消息：在吗？

吴志这段时间因为信用卡被家里停了，所以人也消停了一段时间。

他还没来得及说明来意，解临又是一句：没工夫，回头再联系。

——我都还没说我找你干什么呢。

解临回：说了没空。

——所以你现在在忙什么？

——看电影。

吴志心说看电影而已，又不耽误：你不会又要拿什么手借出去了不方便打字这种借口糊弄我吧，好歹也是朋友一场，不必这样。

结果他这句话刚发出去没多久，收到一张解临发来的黑漆漆的照片。

他一开始还不知道他发这张照片是什么意思，等他调亮手机屏幕，并且放大照片之后隐隐约约看到两只手。

解临标志性的戒指很醒目，另一只手虽然模模糊糊地看不太真切，但是依旧在这种黑漆漆的场景里白得晃眼睛。

吴志：……

解临最后发给他一句：没糊弄你，是真借出去了。

“你们这一排上座率那么低？”电影结束，季鸣锐一回头，看到买票时显示满座的位置上人都没了。

尤其是紧挨着解临和池青的几个位置全都空着。

池青睡醒之后起身往外走：“不知道。”

解临也没注意边上，友好地猜测道：“可能觉得电影没什么意思，就早退了吧。”

季鸣锐：“……”

这么刺激的电影，还没什么意思？

电影散场，乘电梯下去的时候人比上来那会儿多，池青几人等前面两批人先下去，同样在边上等电梯的还有一个女人和一个小孩儿。

小孩在说：“妈妈，刚刚还在的呢，回去找一找嘛。”

小孩不依不饶起来音量很高，池青被她吵得额角跳了跳，听得一清二楚：【我的蝴蝶发夹，那是我最喜欢的蝴蝶发夹！】

“蝴蝶发夹”四个字有如魔音贯耳。

小女孩一直在喊发夹，池青便多看了她一眼，看到她身后那个红色的小帽子里露出的一小截紫色塑料翅膀。

解临倒是耐心很好，蹲下身去跟魔音闲聊：“怎么了，小朋友？”

小女孩眼底闪着泪花说：“东西丢了。”

解临正想问“什么东西”，就见一只缩在衣袖里的手拿衣服布料充当遮挡物，隔着布料从女孩帽子里拿出一个紫色的小物件——那只手全程没有直接触碰到那个物体。

“老师应该教过你，”那只手的主人说：“不要在公共场合吵闹。”

女孩儿眨眨眼，把即将冒出来的泪花眨回去，忽略他说的那句语调冰冷的话，欢欢喜喜地接过发夹：“找到了，我的发夹！”

池青松开手。

心想总算消停了。

刚刚下去的电梯很快再度升上来，在电梯门即将合上之前，一只手从电梯缝里挤了进来，匆忙间挤进来一个穿红黑色冲锋衣的男人，男人戴着鸭舌帽，胸前挂着一架相机，他进来之后电梯里刚好被挤得满满当当。

由于拥挤，池青手背很轻地贴在解临尾指边缘。

这份安静没能维持太久，出商场后解临撑着伞像来时那样带着他去车库，上了车后解临却没有急着开车，男人手搭在方向盘上，很突然地说："你酒精过敏的方式很特别。"

解临说这句话的时候仍然笑着，好像只是在和他谈论今天的天气一样自然，这个人有时候看着像个神经病一样，但不能否认他更多的时候给人一种优雅的感觉："你每次喝过酒以后似乎都会做一些反常的行为。"

"比如说……恰好散步到楼下，恰好发现那户人家丈夫长期家暴妻子，"解临说，"再比如说找杨珍珍男朋友那天，季鸣锐出现在浴场门口可以有很多种解释，你却不觉得是有人报了案所以他才会过来，反而认定他来抓人。还要我说更多吗，任琴的事暂且不提，刚才那个小女孩可没说自己掉的是发夹。"

池青盯着车窗外边川流不息的街道："我……"

解临像是猜到他要说什么一样堵住了他的话："你就算刚好看到，可也没向她确认过她是不是在找这个。"

池青从来不认为自己可以在精神状态差、周围声音太多的情况下完全掩藏住读心术的事情，不留下一点痕迹，更何况有些时候声音太多，他并不能第一时间分辨出哪些声音源于现实，哪些声音源自别人心底。

"还有，"解临忽然抬手，掌心贴上去，"你的秘密里似乎有我。"

窗外雨势变大，池青想过解临不好糊弄，但是没想过他桩桩件件都记在心里。

沉默间，面前街上的人忽然四下散开，不知是谁爆发出第一声尖叫，在那声短促且尖锐的叫声里，一抹黑色的影子像一只笔直下落的鸟一般从顶楼急速坠下。

往来车辆被这阵猛然作鸟兽散的人群逼停。

"砰——！"

那抹黑色影子坠地之后不动了，猩红色的血液在地面缓缓溢出，不多时便染红了大片身影下那条街道。那是一个穿红黑色冲锋衣的男人。

男人瞪着眼，整个呈"大"字形，头偏侧着着地，雨滴砸在他脸上，将血迹稀释，晕得男人整张脸都是，他脖子上挂着的那个相机砸在地上支离破碎。

"怎么回事？"

"有人跳楼了！"

"死人了——啊——"

人群尖叫着。

突然坠楼的男人打破了车内的沉默，手机铃响，池青接起电话。

季鸣锐："我刚到地下车库，还没绕出去，外边怎么回事，听说有人坠楼？"

池青对着那件刚在电梯里见过的冲锋衣，想起就在十分钟前，这个男人还活生生站在电梯里。

"死者是一名男性，名叫张峰，今年三十一岁，未婚，阳安人。他从顶楼摔下来，当场死亡，目前正在联系家属，"一个小时后，季鸣锐边翻资料边和解临一起往太平间走，"哦，还有，他毕业于阳安传媒学院，职业是——"

通往太平间的长廊冰凉得看起来很不真实。

尤其是推开门走进去之后，一个个方形的柜口直直地冲着门，四四方方地摆了一整面墙。

解临在其中一排面前停下，边戴上橡胶手套边说："职业是娱乐记者，又或者说，狗仔。"

季鸣锐嘴里的"狗仔"两个字瞬间卡住了。

他怀疑解顾问刚才是不是偷偷看过资料。

"姜宇偏心也不是这么偏的吧，"季鸣锐嘀咕着说，"让他回局里找档案资料，找到之后居然连资料都先发给你。"

解临目光扫过那一排排停尸柜上的编号："他没发给我。"

季鸣锐："啊？"

"在电梯里那会儿就看出来了，他衣服关节处有明显磨损，很显然不是普通的摄影爱好者，当然如果他平时闲着没事干就喜欢爬树拍树叶的话当我没说，"解临说，"而且他有很明显的高低肩，应该是平时架摄像机所致。"

"哗——"

解临拉开第三排第二个停尸柜。

一具盖着白布的尸体出现在所有人的视线里。

解临动作堪称温柔地掀开白布，说："还有他身上穿的这件衣服。"

季鸣锐："衣服怎么了？"

解临偏过头喊："助理。"

池青中途去了趟洗手间，回来之后双手环胸，倚靠着那排柜子，也不嫌柜子里躺着好几具死因不明的尸体，他脸色比停尸房还冷："自己拉。"

助理当得那么嚣张除了他也没谁了。

解临见使唤不动，低头低得很快："……当然是我自己拉，我就叫一叫你。"

池青不知道他是怎么做到在车上说完那些话以后还若无其事的。

解临："站着累吗，要不要搬张凳子坐会儿？"

池青："站着不累，但跟你说话挺累的。"

"……"

池青刚进来，季鸣锐还沉浸在"狗仔"两字带来的冲击力上，他指指面前的尸体问："你看得出他是做什么职业的吗？"

池青赏了尸体一眼："狗仔。"

季鸣锐遭到二次重创："……你们都能看出来？！"

池青只说："刚刚在门口听见了。"

其实他是在洗手间听见的，太平间很安静，以至于几分钟前季鸣锐内心那句撕心裂肺的哀号显得异常清晰：【他为什么能一眼看出来死者的身份是狗仔啊啊啊？！！】

【这种人的存在就是为了蔑视我们这些麻瓜吗？！！】

【呜呜呜嘤！】

当时池青洗着手，很想把他的嘴堵上。

话题回到那件衣服上，在解临拉开衣服之后季鸣锐深吸一口气然后凑上前去，面对那张摔碎半边脑壳的尸体他第一时间没能成功集中注意力，第二眼才定睛看清楚："这衣服……就普通的冲锋衣啊，普通的防风面料，某宝上 200 来块钱那种，大街上给我五分钟我能给你找出一件同款来。"

"衣服是很正常，但是正常人不会在衣服内侧缝那么多口袋，"解临将那件冲锋衣彻底拉开，露出衣服里面的一个个方形内兜，"这些口袋应该是他平时塞迷你望远镜和其他物件的地方。"

季鸣锐灵光一现："说起来，今天电影院首映，主演似乎会出现，他是来蹲守跟拍的吧。"虽然他们看电影的时候压根儿没看到主演的影子。

解临："法医在现场验过尸，怎么说？"

季鸣锐："初步鉴定为意外失足坠楼，顶楼防护栏松动，有人上报过这一情况，但是一直没有人来维修，现场没有打斗痕迹，也没有第二个人出现，大概率是不小心掉下去的。"

季鸣锐说完，解临点点头表示知道了，继而去看边上袋子里那堆照相机遗骸，支离破碎的照相机很难再完全拼回去，他仔仔细细看了许久后问："东西都在这儿了吗？"

季鸣锐："尽可能地'凑'了个全尸，反正整条街都扫荡过，落在街上的都在这儿。"

【应该就是意外坠楼没跑了，不知道解顾问还在看什么。】

池青也在看那堆残骸，扫了几眼之后在心里回答他：他在找 SD 卡。

这名狗仔带着摄像机出门，SD 卡卡槽却是空的。

然后他又听见季鸣锐在心里吐槽说：【姓池的和姓解的这两个人，可以称为瘟神，走哪儿哪儿死人。不是凶手，胜似凶手。】

池青："……"

第3章

物件袋静静地躺在解临手上，里面细碎的黑色残骸装了满袋子。

SD 卡可能是丢了吧。

街上那么多行人，还有往来车辆，随便一辆车碾过去，SD 卡就不知道去哪儿了。

"没什么疑点，而且从他站的那个位置，往下看刚好能对上电影院私人后台，他是去那里蹲拍明星的，不过他运道不太好，今天主演们都没来，不仅蹲了个寂寞，人还蹲没了，"季鸣锐在休息日这一天加班加点，在太平间晃半圈，晃得浑身发寒，打电话回派出所跟人汇报说，"可想而知，狗仔也是高危职业啊，通知他家属赶紧来吧，把尸体带回去。"

解临放下物件袋，慢条斯理地把手上那双橡胶手套摘了，他扭头看到池青靠着太平间柜子，似乎靠得还挺开心——当然这份开心从表面上看不太出来，甚至除了解临，似乎没人发现他这会儿神情其实很放松。

解临："身为助理，在边上监工，监得心情挺不错？"

池青这张无论何时都阴沉沉的脸还是第一次被人说心情好，这让他自己也十分好奇："哪儿看出来我心情好？"

解临还真回答了这个问题，他先是凑近了看他，近到池青能感觉到他落在自己眼角的视线似乎带着某种温度："你心情不好的时候喜欢耷拉着眼，还喜欢抿嘴角，会把手插衣兜里。现在就没有，只是单纯的没表情。"

池青："……"

这些细节他自己都不一定清楚。

解临又感慨似的说："……以前我要是凑你那么近，你早就皱眉了。"

池青："皱眉你就会滚远点吗。"

解临："很遗憾，应该不会。"

解临也学着他的样子，倚在边上，身后的停尸柜温度冰凉："太平间让你那么开心吗？"

半晌，时间久到他以为池青不会回答他的时候，边上的人忽然说："你不觉得这里很安静吗？"

解临："……"

这回长时间沉默的人成了解临，他隔了会儿才说："都是死人，确实安静。"

池青对这番话表示赞同："我以前没什么机会来这里，没想到还有这种安静的地方。"这话说得，听起来像很想来停尸房躺上一躺。

季鸣锐跟派出所汇报完情况，挂断电话后，猝不及防地就听到这段话："……"

【大哥。】

【你们在聊什么？】

【能不能说点阳间话。】

【……而且什么叫没机会，你活着当然没机会来太平间了！】

【以及正常人都不会觉得这种躺满死尸的地方很安静吧！】

池青是真的觉得安静。

几乎没有任何声音，除了他的多年好友季姓警官，他是真的很想把他从这里扔出去。

季鸣锐在内心吐槽完，便迫不及待离开这里："走吧……这天都已经黑了。"

池青到家后天刚好黑透，从面前坠下一个人这件事没有给他带去任何影响，他照常洗完澡后，从冰箱里拿了块牛排出来，拿着刀仔仔细细对着血红色的牛排比画。

银色小刀刀尖没入猩红的肉里。

他忽然想起一个多小时前，解临在太平间里向他靠近的那一瞬间。

然后他耳边又回旋着解临说的那句话：

——你的秘密里似乎有我。

那场被忽然的坠楼事件中断的秘密谈话，两人谁都没有再主动提起。池青并不知道他猜到了多少，解临猜到的可能不止他今天在车上说的这些，毕竟这个人直觉敏锐得可怕。

次日一早，池青睁开眼就收到解临的短信：早，今天我要去趟永安派出所，帮我问一下我助理他是想在家休息还是跟我一起去。

"……"

池青毫不犹豫敲下"不去"两个字，安静一宿的楼栋里忽然爆发出一声失真的尖叫：【啊啊啊点开热搜发现我塌房了！】

虽然池青在演艺圈混得没什么水花，但是他很了解一件事：没有人能够在一个"塌房"的女孩边上睡着。

她一个人，就能敌得过全世界。

池青动了动手指，把“不”字删除。

永安派出所。

季鸣锐一大早就接到报警电话，电话那头的人声称自己想自杀。

于是池青跟在解临身后进门的时候，他在一大堆声音里勉强听见了季鸣锐的一句：“你的人生才刚刚开始，二十四岁，小兄弟，正是花一样的年纪。”

季鸣锐歪着头把电话搁在脖间，用耳朵紧贴着，飞速打开网页，搜索：大器晚成的人有哪些。

季鸣锐：“我给你讲讲姜子牙的故事，你先别冲动啊，千万不能因为一点挫折就想不开，还有那个谁……”

池青：“……”

池青被季鸣锐奇特的工作状态震慑，一时间忘了周围那些嘈杂的声音，等他回过神来，满派出所的声音源源不断往他耳朵里灌。

他刚不耐烦地垂下眼，手就被身边的人摁着手腕从上衣口袋里拽了出来。

解临一点点扯下他手上的那只手套，然后将掌心覆了上去。

池青：“？”

解临拿出之前池青说过的借口，说：“人多，怕你被人挤死。”

“……”

解临像是知道他嫌吵一样，替他避开了派出所那些拥挤的人群，也避开了所有繁杂的声音。

他今天来是找武志斌谈点事的，结果斌哥恰好有事不在，于是只能带着池助理坐在永安派出所里喝茶。

季鸣锐口干舌燥地挂断电话，猛喝一口水：“你们怎么来了？”

解临说：“来巡视你工作，自杀那个不自杀了？”

季鸣锐：“算……是吧，他最后说楼太高摔下去不太好看。”

池青：“……”

解临倒是很感兴趣，他对很多事情都很容易产生兴趣：“你们每天经常能接到这类电话？”

“也有其他类的，”季鸣锐说，“失恋啦，劈腿啊，前两天还有报警说强奸的。”

苏晓兰刚好抱着文件夹经过，接过话道：“结果赶去现场，报警那位女主人哭着说邻居的狗强奸他们家的狗。”

话说到这里时，电话又“丁零零”地响了。

季鸣锐惊觉自己刚才没上厕所，于是接起电话后顺势将电话塞给池青，并做嘴型道“帮我接一下，马上回来”。

池青冷着脸将电话贴近耳边，对面一个急促的男声说：“喂？警察吗？”

那个急促的男声说完之后喘了两口粗气，鼻息喷洒在听筒上。

池青张口就是三个字：“说重点。”

对面：“……”

“哪有你这样的，”解临听不下去，只得替助理干活，他拉着池青的手，连手带话筒拉到自己耳边，使听筒中途变道，有模有样地说：“喂，您好，这里是永安派出所。”

台词确实是没什么问题，但是语调一听就不是正经人。

解临说话时的强调哪怕刻意让自己听上去字正腔圆一点，也还是带着一股散漫味儿：“您先别急，慢慢说。”

男声现在极度慌乱，没心思管那些，他压低声音说：“……我怀疑有人要杀我。”

“我怀疑我家有鬼”“我怀疑我已故的小学同学其实没死”“我怀疑”……

这类报案派出所民警平时也接到过不少，甚至半夜去“闹鬼”的老大爷家给他更换灯泡螺丝，试图用物理科学的方法告诉他：灯泡之所以会闪，是因为螺丝松了。

这种以“我怀疑”为句式开头的，十个里有九个都是想太多。

然而电话对面的男人声音发着抖：“真的，这位警察同志，有人要杀我。”

季鸣锐回来之后通话已经结束了：“怎么回事？”

解临：“他说怀疑有人要杀他，他现在正往派出所赶，估计还有十几分钟就到了。”

二十分钟后，一个浑身上下裹得严严实实的矮个子男人走进派出所，男人裹得仿佛是因为整形失败而来派出所维权的，直到他坐下，这才一层一层地把包裹在头上的围巾拿下来。

“你裹成这样干什么？”季鸣锐坐在他对面问。

“有安全感。”

“……行吧，坐，喝水吗？”

“热水就行，谢谢。”

男人长了一张很普通的脸，五官扁平，身上也穿着一件冲锋衣，因为来的路上过于惊慌，以至于他进警局之后便开始四下张望，他在等季鸣锐倒热水的中途看到边上还坐着两个男的。

而且这两人还……靠得很近。

男人不敢多看。

心说这派出所真是让人看不懂。

在他头转回去之后，两个人交握的手动了动——具体来说，这个动是单方面的。

解临动手去勾池青的尾指："有点意思，猜得出他身份吗？"

池青抬眼看过去。

季鸣锐刚好端着热水回来："你怀疑有人要杀你，有证据吗？"

"有证据能叫怀疑吗？"

"发生了什么让你认为有人要杀你？"

"昨天夜里，我在我家楼下发现我家门口的楼道感应灯亮了一下。我们家对门没有住人，而且凌晨三点，也不会有人出没吧，我就多留了一个心眼，结果刚上楼就被人在安全通道里勒住了脖子。"

男人拉开领子，露出脖子上那一圈明显的红色掐痕："还好我摸到了立在角落的灭火器，用灭火器砸他，他没站稳，我这才溜走。"

池青看到这里，猜得差不多了："跟昨天那个是同行。"

衣服一样，且凌晨三点下班，职业范围有限，而且他摆在手边那台手机主打的功能就是摄像。

季鸣锐："那你觉得是谁要杀你？"

"我仇人挺多的，一时间让我想，有些困难，"男人说，"我是一名狗仔，传过很多人的八卦消息，也害过好几位艺人丢代言、被抵制、被雪藏，哦，除了艺人以外，艺人的粉丝也很讨厌我，我经常能收到刀片和恐吓信。"

季鸣锐脑海里冒出一句"又是狗仔"。

"……你这仇人还真的有点多。"

"狗仔"这个身份并不难猜，况且池青也算是半只脚踩进过圈里的圈内人，对狗仔的认知比一般人深一些，了解他们的工作模式——当然也仅限于此。

一个十八线外专演反派的艺人就算大摇大摆走在街上都不会有狗仔多看一眼。

这位仇家众多、业绩似乎还不错、在圈内人人喊打的狗仔根本没有认出他来，继续道："本来我昨晚就想报警的，但是我想想还是算了，觉得他可能只是想警告一下我，事情闹大对谁都不好，但是早上我出门的时候，经过小区商铺时，一个花盆从楼上摔了下来。"

"还好我命大。我没看到，但是那会儿我鞋带正好开了，我就往边上退了半步蹲下来系鞋带。"

结果一抬头，花瓶砸在他脚边，如果他鞋带没有开，没有突然蹲下来系鞋带的话，那个花盆会砸在他头上。

季鸣锐："……《死神来了》真人版啊这是。"

没被狗仔认出来的池青被他刚才那一眼看得莫名不自在，他把手往袖子里缩了一点，只露出来一点指尖，然后猝不及防地，缩在袖子里的手掌掌心被人塞过来一样东西。

像塑料纸，有点扎手，很小的一粒。

池青低头去看，发现那是透明的玻璃纸，纸里裹着一颗糖："塞给我干什么。"

解临："奖励。"

池青："……？"

解临："奖励你答对题，小同学。"

池青还有一个问题："这糖哪儿来的？"

解临没有随时带糖的习惯，这颗忽然冒出来的糖来路不明。

解临今天穿了件长大衣，坐在休息区的沙发椅里，军靴蹬地，衬得腿格外长，因为今天只是来找武志斌谈事情，并不是参加什么正式会议，所以头发只是简单用手抓了抓，显得随性很多。

他用另一只手轻飘飘地指了指办公室门口那儿："刚才停完车进来的时候碰到一个来办业务的女生，她找不到窗口，跟她聊了两句，她走之前给的。"

池青没想到这长着一张花孔雀脸的男人停个车也能开屏成功："你买一枚戒指可能没什么用，建议多买几枚。"

解临："……"

解临摸了摸鼻子，不知道自己送颗糖而已，哪里踩雷了。

解临换了个坐姿，微微后仰，对着那名狗仔二号看了会儿，最后眯起眼把话题拉回"狗仔"身上："不仅是同行，他和昨天那个人，应该认识。"

在休息区附近的工位上，季鸣锐还在盘问细节："有注意到花瓶原来应该摆在什么位置上吗？"

狗仔："顶楼天台边吧？这我倒没有注意，但是商铺楼上也有几家阳台上摆花盆的。"

季鸣锐："今天天气情况多云，风还大，昨天也下了一天雨……有没有可能会是意外坠落？"

季明锐自己说完"意外坠落"这四个字之后，自己都皱眉。

最近意外坠落出现的频率有些高了。

昨天是人，今天是花盆。

季鸣锐随口吐槽道："你们做狗仔的还真是高危职业，昨天刚坠楼摔死一个，今天又来一个被仇人报复的……"

坐在季鸣锐对面的矮个子男人一愣："坠楼？"

"啊，"季鸣锐说，"没准儿你还认识，姓张，叫张峰。"

矮个子男人猛地从座位上站了起来："——你说什么？！张峰？！"

季鸣锐："弓长张，'山峰'的'峰'，怎么了，你们认识？"

同行间认识也很正常。

而且昨天中午坠楼这件事发生得太突然，新闻报道时并没有提到死者的真实名字，跟之前那起不知道凶手如何自由出入的租客案比起来，意外坠楼显然没有什么讨论度，所以目前知道死讯的人不多。

果不其然，矮个子男人瞳孔放大，难以置信地说："他是我师父，我们是同一个公司的，我刚入行那会儿他带过我，昨天我们打过电话……他怎么死了？"

两个人的关系被解临猜中。

池青看了一眼解临。

解临另一只手手肘撑在沙发扶手上，掌心托着下巴，漫不经心地解释说："第一，圈子小。第二，还是衣服，我起初以为他们身上这件冲锋衣是同品牌，刚才搜了一下，并没有这个牌子，那么胸前的 LOGO 应该是公司图标之类的东西。第三，直觉……这个很难讲，总之，他们认识的概率超过 80%。"

池青低头看了一眼解临的手，心说他的直觉不管在哪个方面都准得可怕。

根据矮个子男人的说辞，季鸣锐很是为难，由于没有确切的证据，警方很难因为这样一份口供派出警力对他进行保护。

矮个子男人显然十分不安，他声音上扬道："那我要是出事了怎么办？我要是死了呢？你们只负责给我收尸是吧？"

季鸣锐："警方会在你遇到危险的第一时间赶过来，你冷静一下……"

"你在这里说再多也没什么用，"解临忽然出声，"你是打车过来的吧？我送你回去，有什么话可以路上说。"

矮个子男人就是觉得离开派出所之后很不安全，也心知自己不能在这里多待，这时有人提出送他回去，他多少安心一些："他们是？"

季鸣锐隆重向他介绍："警局顾问，有他们在你放心。"

"他们很能打？"

"也可以这么说。"

季鸣锐在心里默默补上一句：一般杀人犯可比不过他们。

十分钟后，车上。

矮个子男人坐在后座，先是看了一圈车内状况，然后盯着副驾驶那位看了许久——男人头发略长，嘴唇很红，冷冷淡淡的样子。刚才他实在太紧张，这会儿才觉得有那么一点点眼熟。

照理说长了这么一张脸，如果是圈内人不该叫不出名字。

解临在等红灯的途中问："忘了问你怎么称呼？"

矮个子仍盯着池青说："我姓王。"

"王先生，"红灯闪过去，解临一边踩油门一边说，"我这助理比较害羞，别老盯着他看。"

矮个子："不好意思，我就是觉得他……有点眼熟。"

矮个子忍不住问："冒昧地问一下，你拍过戏吗？"

池青："拍过。"

车内有两个人，矮个子松了半口气："我就说我不会记错，肯定在哪里见过你，但刚刚听季警官说，你也是顾问？"

池青语调没什么起伏地说："转行了。"

"……"

这行业跨度着实有些大了。

池青："如果没有什么重要的问题想问，麻烦闭嘴。"

就在两人"友好"谈话间，路况突变，解临本来想顺着车流拐进下一条街道，街道一侧是商业街，另一侧是一片湖泊，然而刚拐进去余光就通过后视镜瞥见从街边十字路口突然冲出来一辆黑色面包车，面包车一起步就开始猛地加速，几乎是直直地冲着他们这辆车"撞"过来！

"安全带都系了吧。"

一般情况下，人遇到这种事都会惊慌，但是矮个子听见的声音不疾不徐，他发现解临只是打方向盘的速度加快了而已。

矮个子："系了——"

右侧就是湖，现在这个情况也没法往后退。黑色面包车显然有备而来，卡的位置把所有退路都堵得死死的，被撞进湖成为唯一选项。然而解临说完之后便猛一甩尾改变车身角度，柏油路上留下两道清晰的印迹，甩尾后两辆车的位置发生了改变，车头斜对着，几欲相撞。

紧接着，解临提速提得让人毫无准备："坐稳了。"

矮个子那句"系了"还没喊完声音就开始抖，最后在快到令人产生某种不真实失重感的车速下，要说的话全都转成了"啊啊啊啊——！"

他“啊”着发现车里就只有他一个人在叫。

副驾驶上那位转行的前艺人甚至连眼睛都没眨一下，池青只说：“能别喊了吗？吵到我耳朵了。”

矮个子：“……”

【这要怎么冷静，他这是要生生迎着撞上去啊！】

解临的确是要往上撞。

矮个子叫得实在太大声，池青在现在这种情况下也不能去碰解临的手，一个原声尖叫，一个失真版尖叫一道冲击着他的耳膜，他不得已解释道：“正常人看到车不要命地撞向自己，会下意识踩下刹车，这是人的本能反应，对方肯定也不想被撞到之后脱不了身。”

说白了这就是在打心理战，赌对面敢不敢跟自己撞。

【你也知道正常人都会刹车啊！你们为什么要选择撞上去啊！】

矮个子虽然平时也经常跟在明星车后玩跟车游戏，但哪里经历过这种生死时速，他整个人被刚才那个甩尾甩得猛贴上车门：“你也说的是可能！万一呢！啊啊啊！”

池青抓着边上的扶手尽量稳定自己，说：“准确来说是二分之一的概率，百分之五十，比万分之一大多了。”

“啊啊啊——”

【为什么这辆车里只有我一个人在尖叫，他们都不会害怕的吗……】

【也对，他们都不正常啊啊啊！】

【早知道不去派出所了，谁能想到去完之后更危险，都不用对方动手，直接就能交待在这里。】

的确没有体会过害怕是什么感觉的池青：“……”

面包车里只有一个人，驾驶员为了不暴露身份所以戴着头罩，他清楚地透过车窗看到那辆黑色轿车里的状况，驾驶位上那人手搭在方向盘上，男人看向他的时候眉尾微挑，似乎在问他“敢不敢撞”。

面包车压根儿想不到他会直冲自己而来，这让他下意识放缓车速，一时间忘了谁才是那个来撞车的，于是他不仅减了速，还猛打方向盘试图和对面那辆黑色轿车车头错开。

两辆车几乎紧贴着，错开角度时面包车车头在黑色轿车车身上划拉出一长条痕迹。

池青听到一个和矮个子声线截然不同的失真的声音，他透过车窗和近在咫尺的头罩男对上眼，沙哑的声音说：【碰上疯子了！】

然而逼停对面还不是解临的最终目的，他想截住对面的车，防止他驾车逃离现场。

对面显然很了解这片街区，提前做过功课，反应也相当快，在解临拉下手刹的一瞬间，面包车疾速倒车，掉头后将车拐进前面那条车道，不多时淹没在前面那条道路的车流中。

“记一下车牌，”解临抬手解开一颗衣扣，无论是行为举止还是说话语气都丝毫瞧不出他刚才一手创造出那么危险的场面，他望着面前那片车流说，“算了，车牌没用，估计不会用能被警方追查到的车牌行凶……你没受伤吧？”

他最后这句话是对着池青说的，刚才甩尾的时候太紧急，保不准会有什么剐蹭。

池青：“没有。”就是耳朵有些受伤。

解临说着又转向惊魂未定的矮个子：“王先生，你等会儿再报案的时候可以把‘怀疑’两个字去了，确实有人想杀你。而且我怀疑你的同事张峰的死可能也没那么简单。”

然而矮个子此刻什么话也听不进去，他已经被解临刚才的一通操作吓疯了。

矮个子家住在一个破旧的老小区里，解临在小区找了半天停车位，把车停下之后送他上楼。

楼栋陈旧，外立面重新刷过，但是里面的楼梯依旧跟毛坯房似的。昨天下过雨，楼道里被搁置在住户门口的伞弄得很是潮湿，地上一摊摊深色污渍。

解临站在矮个子家门口狭窄的走廊上：“既然把你送到了，那我们就先回去了，我这位助理有洁癖，在这儿再多站几分钟，我怕他发脾气。”

矮个子闻言看向边上那位转行的前艺人，发现他小心翼翼地站在一块还算干净的地面上，手插在口袋里，然后从口袋里掏出一个口罩来，冷着脸把口罩给戴上了：“……”

【这洁癖还挺严重。】

池青戴完口罩，整个人看起来更显阴沉，唯一有些血色的唇被遮住，额前黑色的碎发长长地挡下来：“你还有事吗？”

“我……”

矮个子不知道自己该不该留他们进屋陪他多待一会儿。

一方面，他害怕。

换了谁在短时间内几次遭到暗杀，都不敢一个人在家里待着。

但是面前这两个人的危险系数丝毫不亚于那个行凶的人。

矮个子犹豫了一会儿，最后还是说：“今天谢谢你们，要不，进来喝杯茶再走吧？”

解临进门前冲池青伸了伸手。

池青以为他也想戴口罩："没口罩了。"

"谁问你要口罩了，"解临说，"……手。"

池青愣了愣。

他发现自上次那番谈话之后，只要去往人多的地方，解临总是会在第一时间去拉他。

矮个子租的房子是一室一厅，由于工作性质，他平时都在外面过夜，家里还算整洁，东西不多，客厅那面墙上贴满了照片，拍摄角度都很刁钻，都是偷拍照。

大部分照片里的人影看起来都模糊不清，有的在拉开一半的窗帘边上意外露出半张脸，有的穿戴严实在地下车库行迹匆匆，还有两个人牵着手的背影照。

"工作展示嘛，"矮个子解释，"这些都是蹲守很久才拍到的。"

解临站在客厅看了一圈，矮个子实在忍不住发出疑问："你们……为什么要互相拉着？"

刚才在派出所里这两人好像就拉着。

"他对别人过敏，"解临说，"怕他不小心碰到人。"

池青："……"

矮个子："……"

矮个子家里，除了那面照片墙以外，客厅里还摆着一排书架，其中最显眼的是一套《日常追踪教程》。

解临："你还挺好学。"

矮个子："我们这个行业竞争也是很大的，大家都想挖一手消息，明星就那么些，被别人提前挖走你就没有新闻可以报道了。"

解临在书柜面前停下，点点头表示赞同："所以一手消息对你们来说很重要？"

矮个子说："那当然了。"

解临忽然提起死去的那位狗仔："张峰死前和你见过面吧？"

矮个子正在给他们倒水，拿着一次性水杯，弯腰接水的时候差点忘了松开："你怎么会这么问？

"我们是认识，刚开始入行的时候他带过我，但是后来我们跟各自的项目之后，联系就少了很多。"

"王先生，你还是没有正面回答我，你们前几天见没见过？"

"……"

解临俯下身微微向他逼近，矮个子发现凑近了之后男人褐色的瞳孔里笑意其实并不明显，他在解临瞳孔里看到的自己像一片投在平静湖泊上的倒影："就像你说的，你们并没有跟同一个项目，那么你们两位前后遇害遇险，会是因为什么？凶手为什么偏偏在张峰死后立刻就锁定了你？"

池青一下反应过来解临想说什么。

解临的推测是今天那个蒙面人可能不是为杀某个特定的人而来，因为在张峰和矮个子身上并没有找到重叠的信息点，既然不在人身上，那么很可能在物件上。

对方或许在找某样东西。

这个人是谁或许不那么重要，重要的是东西在谁手上。

矮个子刚才倒的全是热水，他直起身，丝毫不觉得热水烫手，他张了张嘴："我……没有。"

他说完又重复一遍，不知是想说服别人还是想说服自己："我没有见过他。"

池青站在解临身侧，不动声色地动了动手指，把被解临握住的几根手指从他手里抽出来，抽离的那一瞬间很多声音涌进耳朵里。

【老伴啊，你走得太早了，】一个苍老的声音说，【这些年我很想你……】

另一个尖细的女声尖叫着喊：【别人都能考满分，你为什么只能考九十分？！】

【……】

他尽力略过那些纷杂的声音，去辨认矮个子的声音。

片刻后他总算把注意力集中在那个离得较近的声音上，那个失真的声音正在心底喃喃地低语，那声音越说越低：【反正他都死了，没有人会知道那东西在我手上。我手上已经很久没有大新闻了，再这样下去我很有可能会失业，老板前段时间刚找我谈话……】

池青听到这里心说，还真是某样东西。

他时常怀疑他和解临两个人之间有读心术的应该是解临。

他没办法通过表情、神色，甚至是说话语气来判辨对方的真实意图，但解临做这些总是轻而易举。

"你如实告诉我，你有没有拿过张峰的东西，比如说……SD 卡。"

解临继续说："如果你还想活命的话最好别撒谎，东西在谁手上，'他'的目标就是谁。你可以认为这件事和张峰没有关系，把这一切粉饰成巧合，但是命只有一条。"

矮个子沉默很久之后放下烫手的一次性纸杯说："两天前，我和他在咖啡厅见过一面。

"我并不清楚他最近都在干什么，听说在跟一个明星，好像跟到了什么很重要的消息。那天他兴冲冲地约我见面，他说如果这个消息发出去，整个娱乐圈都会轰动，绝对是一个史无前例的大新闻。”

两天前。

咖啡厅里，张峰激动地和他说这件事。

矮个子已经很长时间没有挖到有价值的新闻，他捧着咖啡杯坐在张峰对面赔笑，内心并不好受，实在不能真心实意地替这位曾经的“师父”感到高兴。

“我明天再跟一天，看看能不能再拍到点什么照片，”张峰手舞足蹈地说，话说到一半解下挂在脖间的相机，把相机放在桌边起身说，“……等会儿，我去趟洗手间。”

“哎，好。”

矮个子随口应了一句，眼睛一眨不眨地看着桌上那架相机。

心里似乎有一个魔鬼在悄悄地说：拿出来看看，拿出来它就是你的了。

矮个子搓了搓手，没忍住把SD卡从相机里拿了出来，他看着那张很小的黑色卡片，用最快的速度将自己相机里那张空白的SD卡换了进去。

“就算他打开相机之后SD卡是空的，”矮个子回忆到这里说，“也很难证明是被我替换的。”

矮个子运气很好，张峰没有发现SD卡被人更换过，他连着好几天没合眼，回去倒头就睡，第二天中午起来，又扛着相机赶往商场——他可能直到坠楼前都没有发现卡被人换过。

但是显然——有人知道。

时间回到坠楼当天，张峰的尸体躺在血泊里，猩红色的血静静地流淌，在周围一片尖叫和混乱的人群中，一双黑色雨靴站立在张峰尸体不远处。

雨靴主人在人群中站了会儿，他拨开相机残骸，弯腰拾起一片极不显眼的黑色卡片，转身没入人群。

至此，事件逐渐明朗起来：为了所谓的“大新闻”，偷了别人的SD卡却惹祸上身。

与此同时。

黑色面包车避开监控探头，缓缓驶入一间偏僻的工厂附近，最后靠着杂草丛生的荒地停下。

驾驶位上的男人一把掀开头罩，他刚才被逼出一身冷汗，抬手解开大衣外套，一边推开车门下车一边接电话。

电话对面传过来一句：“事情办妥了吗？”

声音很明显开了变声器，听起来透着一股尖锐的古怪味儿。

男人说："没有……让他给跑了。"

"跑了？！"对面爆发出一声惊叫。

"出了点意外，"男人摸了一把汗，他脸上自眼角开始往下有一道很深的伤疤，像一条盘在脸上的蜿蜒崎岖的蛇，"碰到两个疯子。"

那边显然很不满："东西确定在他身上吗？"

男人说："不在姓张的身上也不在他家里，肯定就在这个人身上，我查过他，姓张的死前约他见过面。"

"反正人怎么样我不管，我只要拿到我要的东西。"对面说。

"你放心，"男人重新坐回车里，他打开副驾驶位置上的电脑，"拿了钱，这事我肯定给你办妥。"

电脑屏幕是黑白色监控画面，昨天晚上他在等那名狗仔之前也没闲着，在他家门口安装了微型监控摄像头。因为藏监控的地方离门有一段距离，所以屏幕画面不算特别清晰，镜头对着灰扑扑的楼道、堆积的纸箱、陈旧的门牌号，黑白画面像静止了一样。

他等了又等，等到隔壁那户人家开了门出来，隔壁邻居下了楼之后屏幕画面又恢复到静止状态。

男人眼睛一眨不眨地盯着监控画面看，他咬牙切齿地暗骂一句：今天非得弄死你不可。

直到十多分钟之后，监控画面终于动了。

男人一直盯着的那扇门被人推开，率先走出来一位穿黑色长大衣的高个子男人——这是刚才那个开车的疯子。

疯子的穿着打扮和这栋楼格格不入，往那儿一站仿佛他所处的地方是什么豪华会所，疯子身边跟着的那个人虽然戴着口罩，但男人还是一眼就认出来这是刚才坐副驾驶的那个……另一个疯子。

"……"

但这些都不是重点，重点是疯子手里还拿着一样东西。

男人猛地坐直。

他凑近看过去，SD 卡明晃晃地夹在他指间。

男人看着那张 SD 卡，顺着 SD 卡往上看，看到疯子手指上那枚细环戒指。

紧接着他看到解临似乎有意无意地抬了一下头，下巴微微扬起，眼睛和监控镜头隔空对视了一秒，巧得让人怀疑他是不是故意的。

第 4 章

“车牌号我们查过了，是伪造的，没有查到车主。他这辆车的型号也很老，好像是一辆境外车，总之，近几年新车的售卖记录里都没有这款车……”

池青回去之后，刚洗过澡，季鸣锐就打电话找他和解临汇报追查情况。

池青坐在解临家客厅里忍着不耐烦努力听着，听到一半，耳边忽然出现一阵嗡鸣声。

他抬手按了按耳朵，再松开的时候，耳边的声音逐渐消退——

失真的声音缓缓消失，最后只剩下季鸣锐在电话对面叨叨。

季鸣锐：“而且车主，我感觉看着不像本地人，可能是从西南边境那边来的……”

这中间还夹杂着解临的回应声。

“我也觉得他不像本地人，他蒙着脸，在车里那一眼看到的信息有限。”

季鸣锐：“那可太有限了，我看了监控，你们当时可真是生死一线——”

能记着他蒙着脸就不错了。

换了别人，肯定直接蒙过去。

然而他刚说完，就听见解临有条不紊地说：“按照他坐在驾驶位的高度，目测身高在 178cm 左右，打方向盘的时候用的是左手，他大概率是个左撇子。”

季鸣锐：“……”

这信息也能叫有限？！

他们看了半天监控模模糊糊地只看到一辆查不出来历的黑色面包车，一个查不到车主的假牌照，以及从监控上看过去啥也看不出来的黑色头套……相比之下，他们这才是信息有限吧！

季鸣锐此刻很想挂电话。

他没想到出社会之后居然还要体会上学时候的那种心情：学霸和学渣同时说自己这次考试没考好，但是出来的成绩依旧天壤之别。

池青没注意听他们在电话里谈论什么，他发现这次距离上一次在日历上圈起来的日期只过去不到一周。

看来酒心巧克力里的酒精成分和传统意义上的酒还是不一样的。

酒心巧克力里的糖酒液对他的影响没有真正的酒那么严重，而且巧克力就那么点大，巧克力里面酒精的占比和在酒吧里喝到的那一口没有办法比较。

“你怎么了？”池青不过走神两三分钟，解临就偏过头问。

季鸣锐以为这句话是对他说的，回答道：“没什么，我没有受到伤害，我会调整好自己的心情面对这一切，去接受人和人的参差——”

“……等等，”解临说，“不好意思，我没问你。”

“？”

“我在问我助理。”

“……”

“你要是没事的话，可以挂了。”

解临说着又看了池青一眼，抬手在池青额前碰了一下，试探他的体温：“他看起来不太舒服，跟你打电话很影响我给我助理倒水。”

季鸣锐：“……”

等解临挂断电话之后池青才回神，他连下意识往后躲都没有，他没有意识到第二次失控让他对解临的触碰不仅仅是习惯，甚至有些习以为常：“我没发烧。”

解临确认他体温没问题之后才收回手。

池青避开这个话题，回到正题上：“你没把 SD 卡的事情告诉他们？”

“说到那张卡，你来之前我看过了，需要密码，破译出密码可能需要一段时间。”

解临把那张卡从大衣口袋里拿出来，黑色卡片静静地躺在他掌心：“至于为什么不告诉他们……我要是把卡交给他们，凶手还怎么找我？”

池青刚才在矮个子家走廊里站着的时候就觉得不太对劲。

现在总算回过味儿来。

解临明晃晃地带着卡从矮个子家里出来，分明是做给对方看的，无形中在给对方下诱饵：东西现在在我这儿。

这句话的后半句是：有本事来杀我。

其实解临的做法是所有选择里最有可能找到凶手的一种，当然与之相应的，也是危险性最高的一种。

解临这次“复职”，顾问身份并不对外公开，蒙面人查不到解临和警局的联系，他更加不会想到解临已经知道他的具体任务，他只能看到 SD 卡现在转移到了另一个人手上。

那么他就一定会来找他。

SD 卡只是一个猜测，而且如果把 SD 卡交给警方，蒙面人还会冒这个险吗？答案显而易见，他肯定会放弃。

池青以为失控结束之后他今天晚上会睡得比前几天都来得安稳。

然而他回去之后在床上躺了半天，在静谧的夜色中睁开眼。

壁钟指向“12”。

夜里十二点，池青起床去厨房倒水，他捧着玻璃杯，开始换位思考：如果他是那个蒙面人，他会怎么杀解临。

但是想要不留痕迹地杀一个人，方法实在太多。

……

于是池青又去想自己今晚为什么会失眠，他发现自己找不到答案。

于是十二点半，季鸣锐在睡梦中被池青一通电话吵醒，听到池青说自己失眠还不知道为什么：“大哥，我怎么知道你为什么失眠，你应该是今天受到惊吓了吧，毕竟这车撞得那么惊心动魄。”

季鸣锐听见池青认认真真地说：“没有。”

池青重复：“没有惊吓。”

“……”季鸣锐翻个身，“那你在想什么，为什么失眠自己不知道吗？”

半晌，季鸣锐都快睡着了才隐隐听见池青回答：“在想怎么杀人。”

“……你说什么？”

“没什么，”池青反应再迟钝也知道自己这句话听起来很是惊悚，他换了一个说辞，“就是在想，某个人可能会遇到什么危险。”

季鸣锐困得失去思考能力，根本没有过脑子，也没有细想那个“某个人”是谁，直言道：“那你不就是担心他嘛。”

“担心？”

“就是担心啊……哎，我困死了，你要是不懂的话去查查字典吧。”

“……”

池青平时能感受到的情绪少之又少，“担心”这两个字在他的字典里几乎没有出现过。

所以他现在是在担心对门那个姓解的神经病？

这个结论实在令人意想不到。

池青捧着杯子，在厨房里站了许久。

次日早上，解临换上衣服准备出门，出门前给吴志打电话：“昨晚让你帮忙查的事查了吗？”

吴志：“大哥，虽然我家是搞电商的，但是你要我大半夜给你找个会破译的程序员出来，你也太难为我了。”

解临：“你这吴氏集团太子爷怎么当的。”

“还太子爷呢，我从来没去过公司，”吴志接着说，“往公司一站别人都不认识我……”他听到车钥匙晃动的声音，“你要出门？”

“嗯。”

“一个人？”吴志问，“怎么不叫你那助理了？”

解临想说太危险，话到嘴边成了：“他……不方便。”

吴志抱怨：“自从你多了一个助理之后，想找你都找不着了，我说你俩怎么总在一块儿啊，咱俩多久没见了都？等这事办完你得请我喝酒。”

解临现在一听到“酒”这个字就想到某个喝不了酒的人，笑了一下才说：“行。”

然后解临挂断电话，拉开门出去，在电梯门口就对上了刚才提及的喝不了酒的助理：“……”

池青戴着黑色手套，今天天气降温，天气预报显示可能有雨，他在毛衣外面又套了一件外套，但是由于身形清瘦，两件衣服穿在他身上看不出厚度，戴着黑色手套的手里拎着一把伞，见他开门出来微微掀了掀眼皮，罕见地向他问好，出现的时机巧得像是预谋已久。

池青嘴唇微张，吐出一个字：“早。”

解临特意早点出门，没想到还是撞到了池青：“……早，这么巧。”

电梯里。

两个人谁都没有先按电梯楼层键。

解临：“你……”

池青：“你先。”

解临摸不准他想干什么，按下负一层。

池青看着他按下电梯键之后没再动。

解临：“你也去地下车库？”

池青看了他一眼：“小区有规定我不能去吗？”

能去……但是你又没车，大早上去地下车库闲逛嘛。

这话解临没说出口。

“叮”。

电梯门打开。

池青拎着伞跟在解临身后走了一路，解临指腹摁在车钥匙按钮上，摁下解锁键之后，池青拉开后排车门，极其自然地像是约好了一样收起伞坐进去，只留下“司机”一人站在车外。

解临：“……”

解临并不想让池青过多参与进这件事里，谁也说不准对方会使出什么样的手段，甚至可以说——在他们踏出门的那一刻，未知的危险就已经在暗中等着他们。

没有人能够预知到接下去会发生什么样的危险情形，解临敢拿自己冒险，但他不能拉上池青跟他一块儿涉险。

池青昨晚因为那份自己都没弄明白的“担心”一宿没睡好，他坐进车里本来打算补个觉，然而还没合上眼，后排车门被人一把拉开，解临跻身进去，他半俯下身，一只手撑在车门上，两人之间的距离一下缩短了。

男人大衣外套里只穿了件黑色衬衫，但是没有系领带，俯身时本就松散的衬衫领口散开，解临平时不管说什么都是笑着，然而此刻看着他，眼里半点笑意都没有，褐色瞳孔直直地看着他，语气里甚至带着几分罕见的压迫感：“你知不知道自己在做什么？”

知不知道很危险。

知不知道对面是一个亡命之徒。

知不知道……

解临正要说“下车”，池青却平静地对上他的眼睛：“知道。”

解临想说的那两个字停在嘴边。

池青别开眼，手指搭在伞布上：“算我倒霉，上辈子杀人放火这辈子才会给你当助理。”

解临坐上车，把车钥匙插进去，手搭在方向盘上问：“你想好了？”

池青没回话。

“别闹，”解临叹口气说，“现在才刚六点，你下车回去还能睡个回笼觉。”

池青：“你烦不烦。”

池青压根儿不好好听人说话，他把手里那把伞搁在边上，黑色手套交握，合上眼等了又等，也没等到解临松离合起步。

他正要说你一个人大男人怎么磨磨叽叽的，我都不怕死你怕什么，就听解临开口道：“下车。”

池青睁开眼。

“……没赶你，这回是真的开不了，”解临解释，“刹车被人动过。”

在尽可能伪造成意外的杀人手段里，切断刹车线是最常用的一种，那人肯定不想自己招惹上过多的麻烦事，能暗地里制造意外，就不会选择直接面对上解临。

再加上昨天撞车的经历——他更加不会轻易选择硬碰硬的方式。

同一时间，小区监控室里。

门卫躺在椅子上，他今天上早班，但明显没睡醒，躺在椅子里一边伸懒腰一边说："你站这儿看半天了，看什么呢你，扫完就赶紧走。"

在门卫边上有一位清洁工打扮的男人，男人佝偻着腰，余光时不时往监控屏幕上瞥。

他看着车库里那辆车依旧停在原地，不多时车里的两个人下了车："……"见了鬼。

这两个人怎么像是知道他要做什么一样，这都上了车了，为什么不开？！

男人把清洁工具收起来："扫完了，马上就走。"

声音被刻意压低，听起来像是上了年纪，门卫只觉得他似乎很面生，口音也很特别："你等会儿？新来的？"

"我这周刚入职。"男人说。

"行了，"门卫看他时对方一直低着头，门卫也烦了，懒得花时间在一名清洁工身上，挥挥手道，"走吧。"

池青今天一天都过得非常谨慎。

为了引蛇出洞，两个人还不能不在外头乱晃悠，但是乱晃悠又容易遇险，这其中的分寸实在很难拿捏。

为保险起见，就连在路边打个车都需要检验一下出租车司机的资质，评估一下风险。

出租车司机还没把"空车"那块提示牌按下去，就被坐上车的两位男人一左一右围住。

"师傅，冒昧地问一下，您哪儿人？"

"我？厦京市的——"

"哦，没什么，看您面熟，长得像我一个远房亲戚。对了，我看您这车是新的，刚挂牌没多久，今年刚来华南吗？"

"刚来没几个月，这你都能看出来。"

"接过几单了？"

"算上你们的话两百多单吧……"

"能出示一下身份证件吗？"

"啊？"

池青不像解临话那么多，他冷冷淡淡地吐出三个字："拿出来。"

两分钟后，两人被赶下车，站在路边吹冷风。

出租车司机踩下油门，打算驶离这个地方："有毛病……逗我玩呢，谁坐个车还要看身份证。"

解临：“……”

池青：“……”

池青嫌弃人多的地方，总是哪里人少就走哪里，然而刚因为想避开人群从解临身侧走开，就被他一把拉了回来：“走下面容易被广告牌砸到。”

“……”

还真是任何可能遭到暗算的细节都不放过。

解临拉完他之后没松手。

池青挣了挣手腕。

“人多，”解临说，“在我边上待着，等会儿不小心撞到人别又拉着张脸找洗手间在哪儿。”

池青几次失控之后因为需要解临这个“隔音器”所以常常被迫出门，走在街上恍然发现自己面对往来行人已经渐渐成了习惯，这份“习惯”非要深究的话可能源于他知道解临就在他边上。

他知道如果人多，他不用自己面对汹涌的人群。

也知道他嫌吵的时候，可以去抓身边这个人。

这份感觉比昨天晚上令人难眠的“担心”更古怪。

走过那条长街，解临忽然在十字路口停下，忽然问：“你早上是在担心我？”

“……”

他会担心他这件事已经够奇怪的了，摊开摆在台面上谈论更奇怪。

“不是。”

池青别过头，冷冰冰地说：“你别想太多。我就是好奇，生活太无聊，想看看你会怎么死。”

解临：“……”

解临今天没有提前约好的活动，只能自己随机安排，为了照顾那位蒙面先生，还不能往人太多的地方去，不然对方不好下手，于是他和池青像两个没事人一样去了一趟心理诊所。

诊所附近环境清幽。

悄然停在两人附近的一辆普通私家车的车窗缓缓摇下，车里的人对着“心理诊所”四个字看了良久，喃喃自语：“这两个人还真的有病啊。”

诊所内，吴医生见到他们十分惊讶。

“你们今天怎么突然过来了……”

吴医生看看解临又看看池青，没想到这两个人居然一起找他，虽然机会难得，但是他今天上午的时间已经提前排出去了，他为难道：“……我十分钟后有个咨询。”

解临很自然地绕开这个问题：“没有，我俩今天刚好在这附近办点事，过来看看您，顺便借用一下洗手间。”

这话说得吴医生一点心理负担都没有了。

解临去洗手间之后，只剩下吴医生和池青面对面坐着。

吴医生问：“最近感觉怎么样？”

池青垂眸，过了一会儿回答：“最近变得很奇怪。”

池青没有想详细说下去的意思，吴医生也没有这个时间，他看着解临消失在转角处的背影，忽然说：“你是不是想过为什么我会把你和解临放在一块儿治疗？

“我作为解临的心理咨询师……其实我也不知道他到底在想什么。

“这么多年了，他的心理档案在我这里一直是空白。”

“心理学知识学得比我都专业，”吴医生收回目光，将视线落在池青身上，“如果把每个人的内心比喻成一样东西，他……他像一扇门，没人能够走进那扇门里，我也很难想象他的权限会为谁而开。”

吴医生没说的是：但是你们两个在一起的时候，我总觉得他有点不一样。

解临那个人虽然对谁都亲切，但亲切背后是一种距离感，这还是吴医生头一次见解临跟谁走那么近过。

不管这份“近”是因为什么，可能起初只是好奇。

这是吴医生第一次和别人说解临的事，吴医生跟客人约好的咨询时间很快到了，池青仍在想“权限”这个词：这会是读不到解临的原因吗？

池青正想着，解临从身后拍了一下他的肩：“走吧。”

解临收回手，颇感无聊地说：“我在洗手间隔间里等半天也没等来人，他车就在外面，好像不打算进来。”

刚才一路上他都在观察四周的情况，通过街角广角镜看到一辆私家车不远不近地一直跟在他们身后，在他们走进诊所之后开走了。

诊所人少，洗手间更是一个作案的好场所，他特意一个人去洗手间里等着，倚着隔间门板抽完了半根烟，但是不知道出于什么原因，对方没有选择下手。

池青早就看到那辆车了：“他不是就在外面嘛。”

“可能有别的计划，”解临感觉自己在拍改编版《死神来了》，“不过经过这次测试，结合按照他之前的作案手法，他显然更偏向制造意外。”

坠楼，花盆，刹车。

这三种方法都是想制造意外。

解临：“制造意外不难，但是他不知道我今天出门会去哪里，所以很难提前设计好某场意外……他会在我一定会经过的地方动手脚，除了车以外，还有哪里符合这个条件？”

车。一样只要他出门，一定会使用的工具。

生活中还有什么像车一样的必需品？

解临一时间没有想到，但是他通过这次外出确认了一件事。

这样东西一定不在外面。

挖好陷阱等着他们跳的地方，大概率就在小区里。

两人往回赶的时候已经接近饭点，小区走动的人很少，要不就是出门上班了，要不就是在家做饭，解临推开单元门之后很自然地去按电梯按钮，就在电梯门合上的一瞬间，他忽然想到了什么。

池青拎着伞，看向闪烁的电梯按键，同时想到：如果说生活中还有什么像车一样的必需品的话——

那可能只剩下电梯了。

仿佛为了印证他和解临的猜测似的，电梯通过黝黑深邃的井道一层一层升上去，运行至 8 层的时候忽然猛地停顿住。

下一秒，电梯按钮灯猝然熄灭。

不光电梯按钮，顶上围着电梯四周的几根灯管全部“啪”的一下暗了。

电梯被人切断电源，停止运行。

八楼是中间层，往上还有几层楼，电梯悬停在中间。

“怪我，刚才没有注意，不该让你跟着我一块儿进来，”解临在漆黑的电梯间里慢条斯理地脱下外套，将外套披在池青身上，又说，“他应该就在这里，把伞借我。”

话音刚落，解临单手抓着电梯上方的吊顶斜杠，整个人凌空而起。

借着那柄伞砸开了电梯上方那块板。

“轰——”的一下，算不上坚固的塑料板从正中间裂开，一片一片往下落，粉尘飞洒。

池青被从上方落下来的粉尘糊了一脸，算是知道解临给自己披外套的用意了。

井道里本来就黑，此刻停了电，更是什么都看不出来，只能看到上面隐约有一抹黑影。解临这一下让原本蹲在电梯顶上的那抹黑影一下失去落脚点，黑影在顶上左右摇晃，抓着手里的那根钢缆稳定住身形。

在黑影堪堪稳住之际，解临扔下伞借力翻身而上。

黑影：“你怎么知——”

正常人会在电梯停电之后直接踹开电梯顶吗？

不都是在电梯里乖乖等着，同时按紧急按键想办法和外界联络。

“我知道的远比你想象的多，”解临说，“想造成意外身亡的假象，电梯意外坠落的确是一个不错的想法，要破坏电梯制动器有些困难，但是可以利用停电悬停状态剪断钢缆，所以我猜测你一早就在电梯里。”

在他和池青进电梯之前，黑影就趴在电梯顶上静静地看着他们，等待合适的时机下手。

他手里拿着一个液压剪，手边拽着的钢缆已经被剪断一半，仅凭剩下几根吊着，看起来就像命不久矣的样子，由于钢缆断裂，很明显感觉到整个电梯震了一下，并且开始轻微摇晃。

黑影暗骂一声，他看起来接受过专业训练，踩着四周的架子，朝着解临扑过去，然而解临反应比他更快，反手格挡回去。

下一刻，解临防守住任何可能被袭击的地方，同时拳风直直地往黑影脸上挥去！

黑影只得后仰避开这一击，后仰时脚下不稳，于是干脆往下跳，试图放弃这片地方，跳进电梯里——然而就在跳下去的瞬间，脚还未落地，脖颈被人自上空用腿锁住。

脖子上力道不断收紧，电梯里还有一个拎着伞的，在池青那把伞的伞尖刺上来之前，黑影咬咬牙，必须得从解临这里脱身，于是他从衣服暗袋里摸出一把折叠小刀。

他握着小刀狠狠地将刀扎了进去，后者居然一声都没吭。

如果不是闻到了血腥味，他几乎怀疑扎的是自己。

一敌二，且不说有没有胜算。

电梯钢缆断了一半，剩下的一半不知道能撑到什么时候。

只要另一半挂不住跟着断裂，整个电梯会急速向下坠落。

池青在黑影落地的同时，手腕微动，伞尖直直地冲他袭去，黑影瞬时往边上一滚，脸颊擦过伞尖。

池青打斗技巧不如他，但是黑影很快发现这个人在黑暗中的视力比他好上太多，全黑的电梯间丝毫没有影响他的视力。

“……见了鬼了。”

黑影暗骂一声。

眼看那把在黑暗中发着冷色银光的伞尖又要向自己袭来，黑影整个人向上猛力跃起，抓着顶上那根横梁，脚下发力，错开伞尖的同时狠力踹向池青手中那把伞。

池青收伞的速度慢了一秒，伞柄应声折断！

没有伞作为暗器，黑影行动变得敏捷许多，两个人立刻扭打起来。

黑影挥着手里那把小刀扑向池青，池青侧过身体，后退一步，然而黑影穷追不舍，池青后背狠狠地撞上电梯门，在黑影落刀的瞬间池青精准地借着那把刀锢住了他的手腕——

刀尖挑破池青手上那只黑色手套，隐隐划出一道很浅的血印。

池青故意伸手去接，他没有时间自己摘手套，只能用这种方式强行让刀尖划开手套："谁派你来的？"

"现在问这个没有意义，有这工夫还是担心担心自己吧，"黑影飞速瞥了一眼电梯上方，厉声道，"就算知道是谁，恐怕也没命活着出去。"

黑影在心中粗略计算钢缆断裂的时间，他必须在钢缆断裂之前顺利脱身，按照原计划，他只要等电梯下坠之后在上面拽着剩下的缆绳攀上去，就可以成功脱身。

黑影暂时制服住池青，又在想钢缆的事，没有留意到那只被划开一道口子的黑色手套，黑色手套下那只手白得过分，在黑暗中会发光似的，裸露出来的那一小寸肌肤静静地贴在黑影拿着刀的手上。

【找我的那个人是个明星。】

失真的声音响起。

【忘了叫什么了，要是让我知道会碰上俩疯子，这活说什么我也不会……】

就在这一瞬间，解临从电梯顶上一跃而下，狠狠地撞在黑影身上，电梯猛地一晃！

人在受到重击的情况下，大脑会处于一瞬间停机的状态，池青耳边失真的声音刹那间中止。

这段话听不听都没差别，是明星这一点很明显，狗仔总不会去跟一个普通人，问题是哪个明星，那个人叫什么。

池青皱着眉，感觉自己头一次忍着洁癖去读一个人读了个寂寞。

解临刚才被他用刀扎了一下，跳下来之后没能在第一时间站起身，池青蹲下去扶他，以为他可能是磕到了。

黑影借此机会再度翻身上去：没时间了，电梯随时可能坠落，保命要紧。

解临说："电梯可能会有紧急电源装置，把所有按钮都按一遍试试。"

池青按照他说的按了一遍，在按下最后一个按钮的时候，电梯里的灯"啪嗒"一下，重新亮起，电梯恢复运行。

但池青没来得及去摁开门键，电梯忽然动了，载着他们急速上行！

"有人按了13楼。"解临说。

电梯停了那么久，肯定有人需要使用电梯。

与此同时，13 楼。

一名住户见电梯迟迟不上来，不断按电梯键“催促”。

对面那户人家听到动静，推开门问：“电梯是坏了吗？”

急用电梯那人回：“好像是吧，按了半天都没反应。”

变故就发生在转瞬之间。

失去电梯顶的电梯在上行过程中，仰头便能看到黝黑的井道，电梯正沿着井道飞速上升。刚爬到电梯顶上的黑影没来得及得意，就被急速上行的电梯往顶楼带，他眼睛越瞪越大，嘴里喊出一句：“不……”

“13 楼是顶楼，”池青捡起刚才那把被折断的伞说，“他会被电梯活活压死。”

电梯就像一片压板，黑影站在那个位置，等电梯完全升到顶楼，电梯层和顶楼层之间根本没有多少空隙，他会被活活绞进机器里。

池青现在只能做一件事情——把手边的伞撑开。

在伞撑开的同时，不到三秒的时间，刚才还和他们殊死搏斗的人成了一摊血肉四溅的泥，连黑影最后一声痛苦的“啊”都没有持续多久，电梯间像下过一场猩红色的雨。

整个电梯里只有他和解临两个人所处的位置还算干净，池青手指搭在伞柄上，那把透明雨伞上斑驳不堪。

解临看着头顶上的那把伞：“……你还特意打伞。”

池青看了他一眼：“不用谢。”

“……”

洁癖在这种时候总能展现出异于常人的操作。

虽然黑影死了很麻烦，但是眼下顾不上那么多，因为经过一次急速上行后的电梯摇晃得越来越厉害——刚才短短几秒间的上升无疑加剧了钢缆断裂的速度。

电梯门是开了——但是和他们并没有什么关系，因为电梯压到那人之后彻底故障，向下滑落半截，卡在 13 和 12 楼之间悬停。

先前摁电梯的人估计发现电梯迟迟不开，失去耐心，已经从安全通道走下去了，现在 13 层电梯门开着，门口没有人。

“趁电梯门没关之前从上面走，”解临冷静分析现在的情况，他看着那根沾满鲜血的钢缆说，“快！”

他现在行动不便，让池青先上去是风险最小的选择。

谁也没办法预料那半根钢缆还能支撑多久，钢缆断裂很可能就在下一秒，13

层的电梯门开了一会儿，在电梯门即将闭合之前，一只沾着血的惨白的手从电梯门仅剩的那一点缝隙里插了进去。

池青扒着电梯门，感觉到解临在后面推了他一把。

他上去之后没有起身，趴在电梯门边上冲解临伸出了手：“——拉着我。”

平时好像总是解临向他伸手。

这是他第一次没有任何犹豫，也没有任何考虑地向解临伸手。

“洁癖”“触碰”这些词一律被抛之脑后。

解临脚下是十多层楼高的井道，井道像一口不见底的深渊。

他站在像是下过一场血雨的电梯间里，池青那把伞遮挡的范围不够大，零星的血液还是四溅在他身上。

就在解临翻上去，刚碰到池青手的同时，“啪”的一声，吊着电梯的钢缆终于支撑不住，最后一根缆绳彻底断裂，电梯笔直地向下坠落。

——“啪。”

钢缆断裂。

——“哐！”

电梯砸落。

电梯坠落的情景从监控画面内再现。

这两声声响结束后，随后响起一声清脆的“嗒”声。

这是按下鼠标左键使画面暂停的声音。

“可以啊，”医院里，武志斌操作着笔记本电脑反复播放这一段画面，他皮笑肉不笑地说，“再晚一秒，或者你那位姓池的助理没抓住，我就看不到你了。”

病床上，解临腿上除了包扎被黑影捅出来的刀伤，还打上了厚厚的石膏，从电梯顶上往下跳的冲击还是太大，诊断出轻微骨折。

但从他脸上完全看不出哪儿像个病患，他甚至不忘冲护士微笑：“谢谢，你泡的咖啡很好喝。”

武志斌真想挥着拐杖往他刚打好石膏的腿上砸！

从门卫室里调出来的监控画面他光是看着都胆战心惊，那可是 13 楼，电梯从 13 楼带着人坠下去是个什么概念？！生还的概率可以说是几乎为零。

解临又问：“他怎么样？”

武志斌立马反应过来这个“他”指谁：“你那位在危机时刻还不忘撑伞的助理没什么大问题，就是手腕有点脱臼，现在应该在过来的路上了。”

解临笑笑：“火气这么大，我这不是没事嘛，再说了那个人确实挺危险的，

SD 卡我要是不拿走，那名狗仔遇害的可能性很大。”

“你还知道他危险？！”武志斌说，“我看你和你助理才比较危险。”

另一边，池青被季鸣锐摁着做完检查，擦伤的地方上了点药，然后还跟着季鸣锐去解临那儿做笔录。

池青起身之前，季鸣锐对医药站的护士说：“哎，等会儿，有没有什么清心丸之类的，安抚情绪的，来一瓶。”

池青换了套衣服，洗了三遍澡，手都快搓破皮了，戴着黑色手套坐在那儿说：“我没有情绪需要安抚。”

季鸣锐：“我需要！”

“你知道多吓人吗，”季鸣锐喊，“你们俩不要命了？”

他继续道：“这药等会儿给你们俩做笔录的时候肯定用得上，还有我很好奇，你们两个数过自己做了多少次笔录吗？派出所里关于你俩的笔录一个档案袋都不够塞的了，怎么哪儿都有你们，走哪儿案件就发生到哪儿……条件不够还要自己创造出条件，哪个正常人会等着对方来杀自己？嫌命不够长？”

池青：“……”

两人说着已经走到解临病房门口。

季鸣锐例行公事，翻开笔录本。电梯里死了个人，一条人命，池青和解临两个作为在电梯里和死者有过“密切接触”的人，该走的流程还是得走。

季鸣锐心很累地在本子上并排写下两位当事人的姓名：解临，池青。

这两个人的笔录他真的已经做累了。

第 5 章

季鸣锐写下第一行字：“你们白天在外边晃悠了一天，还去了一趟心理诊所。”

“给他制造下手的机会。”解临回答。

“他从一早就开始跟踪你们了？应该是的，看到了他的车。”

季鸣锐转向池青：

“他死的时候，你为什么撑伞？”

池青：“会被溅到。”

“……”

这理由就算再离谱也得往上填。

季鸣锐记得他和另一名新同事一块儿去小区门卫室里调监控的时候，新同事张着嘴，季鸣锐只得给他介绍："他俩虽然看起来不太正常的样子，但绝对没有作案嫌疑，不是嫌疑人，重申一遍，不是嫌疑人，把你那充满怀疑的眼神从这两个人身上挪开。"

季鸣锐把一些基本信息盘问一遍之后，又问了一个很关键的问题："SD 卡现在在哪儿？"

"我家，"解临说，"书房保险柜里，密码和出入门密码一样。"

季鸣锐觉得他这话说得简直莫名其妙："谁知道你家出入门密码多少啊。"

解临指指池青："他知道。"

季鸣锐："……"

武志斌从季鸣锐身后拍了拍他的肩，示意他现在就和他一起过去拿东西。

武志斌和季鸣锐两人走后，病房里就只剩下不久前在电梯里"并肩作战"过的两名案发现场当事人。

池青没由来地觉得尴尬，他很少踏进医院，虽然医院在他的记忆里算不上什么美好回忆，但是那么多年过去了，说排斥倒也不至于，他只是单纯不适应这种探病的身份。

刚才来时经过其他病房，病房里的人都对病患嘘寒问暖，手里还拿着水果刀在给病人削水果。

半晌，池青站在解临病床边上，想着嘘寒问暖，最后半天挤出来一句："还活着就好。"

"……"

"水果就不给你切了，"池青继续地说，"我没洗手，不卫生，而且这里也没有一次性手套。你要想吃的话，自己点果切外卖。"

解临身上换了一件病号服，袖口很仔细地挽上去两折，病号服领口精打细算地开到锁骨处，没有条件也要创造出条件，愣是整出一点别样的"制服"感。

池青说话的时候解临一直看着他的眼睛，看着看着，解临忽然笑了。

池青没弄懂自己说的话到底哪里好笑，又听解临说："……谢谢。"

解临说完又笑着补充一句："如果说这话的人不是你，我现在估计就要请他出去了。"

他笑正是因为池青说这些话没有别的意思，甚至可以称得上认真，说这话的人要是换成吴志，他肯定会认为这人绝对是来拆台的。

但是池青却不一样，看他绞尽脑汁说这些"拆台"的话很有意思。

解临笑了会儿，一只手撑着身下的床，忽然说："手伸过来。"

池青不知道他要做什么，还是把手伸了过去。

解临是想看看他的伤势，仔细查看之后发现除了腕骨周围有些泛红以外没有太大问题，他看完之后五指张开，丈量池青手腕的宽度：“你手腕太细了。”

池青收回手，他皮肤白，那片红看起来格外明显，像被人掐过一样。

“劝你不要说一些让我后悔把你拉上来的话。”

池青提到这个，解临回想起监控摄像里没能拍到的画面。

监控随着电梯的坠落而中断，监控室调出来的画面只到电梯坠落那一瞬间便结束了。

然而电梯坠落之后他和池青的状况也不容乐观，他腿上的伤远比想象中严重，黑影扎下去的时候用了十成力道，他能撑着跳下去和黑影继续搏斗，之后再度翻上电梯顶已经实属不易，根本没有余力借着池青的手爬出电梯门。

解临某一瞬间设想到了最坏的结果：“不用死撑，你很可能会和我一起掉下去。”

然而池青只是挤出两个字：“……闭嘴。”

解临整个人悬空，身处漆黑一片的井道里，在这种时候感官消退，唯一清楚的只有那只抓着他的手，还有传到耳边的话：“我不会放手。”

解临现在还能清晰地记起那句话。

另一边，武志斌顺利拿到SD卡之后立刻交给技术部门进行破译，张峰作为职业狗仔，深谙信息保护的重要性，他们这些职业狗仔人拍到重大八卦之后除了发布出去，有时候还会联系艺人或者该艺人的对家进行信息交易，一般都能捞到不少封口费。

“SD卡我们已经破译出来了，”次日，几人再聚首，武志斌拿着一沓资料说，“里面存有不少照片，拍摄角度都非常暗，不好辨认，目前还在继续分析，我先把照片都打印出来给你们看看。”

张峰拍了不少照片，大部分都是偷拍，秉着能拍到就算不错的原则，不太会去考虑角度和光影，而且这些艺人私下素颜的样子和平时光鲜靓丽出现在电视里的样子很不一样，除非是资深粉丝，否则很难一眼辨认出对方的身份。

他们这些常年奔波在命案现场的刑警就更别提了，不关注娱乐信息，连现在娱乐行业里谁正当红都不知道，刚拿到那堆模糊不清的照片时每个人都是一头雾水。

……这拍的都是些什么。

乌漆抹黑，模模糊糊，还有一堆背影照。

真是隔行如隔山。

池青今天正好过来复诊，虽然他只是睡一晚之后手腕肿起来看着比较吓人，总体上来说没什么大碍，还是被催着来了一趟。

池青不过出现两次，医生对这名脱臼的患者印象深刻，只因这名患者第一次来的时候，在他说完“我帮你接回去”之后就对他说：“你有橡胶手套吗？”

医生：“我们骨科门诊，不拿刀的，面诊的时候一般不需要戴。”

池青垂下眼想了会儿，最后说：“要不你就告诉我怎么接，我自己给自己接。”

医生：“……”

从SD卡里打印出来的照片有厚厚一沓，足足二三十张，大部分都是夜景，少有白天拍摄的照片出现，好在照片右下角有标注拍摄日期。

池青扫过这些照片：“主要看看拍摄时间靠后的照片。”

解临表示认同：“张峰在被人更换SD卡之后没多久就死了，不排除他同时跟进多个新闻的可能性，但是一般情况下在挖到一个让人那么激动的新闻之后，选择继续跟进看看能不能有新一步进展的可能性显然更大。而且他那天蹲守的人是几名电影主演，嫌疑范围初步可以锁定在这几个人里。”

“但是……”武志斌说，“最后一张是一张乔装过的背影照。”

拍摄日期最为靠后的那张照片上，那人刚从一辆车上下来，只能看出是个女人，那天晚上大概是风大，她裹紧身上的衣服，低着头往前走，前面不远处是华南市一家颇为出名的私立医院：华南天海医院。

解临：“这家医院我去过。”

池青：“没听说过，这医院有什么特别的吗？”

解临说：“价格过高算不算特别？”

“体检费近万，”解临说，“有钱人闲着没事就喜欢去，比如吴志他爸，一季度体检一次。”

池青认同道：“你看起来确实很闲。”

解临：“……”

但是提到有钱人，解临忽然想起来一件事：“把我手机拿过来。”

“？”

“有个人，他没准儿能一眼认出来照片里的人是谁。”

吴志正在豪车俱乐部里，准备开着他的宝贝“媳妇儿”去盘山路上转几圈，他们这种人的日常生活枯燥得很，冷不防接到解临的电话：“喂？”

吴志听着解临在对面来了一句：“你孝敬我的时候到了。”

吴志：“啊？”

解临：“给你发张照片，五分钟以内告诉我照片上的人是谁。”

池青一开始没懂为什么这种事解临要去找那个酒吧里见过一面的吴先生。

吴志在电话那头喊："等会儿，什么五分钟，我都不知道是什么。"

解临："女明星。"

吴志的呐喊在听到这三个字之后中断。

"五分钟时间太久了，"直到池青听见吴志立刻改口说，"两分钟就行，只要是我知道名字的，她就是乔装成男人我都能一眼认出来，我虽然干别的都不行，但这个我真行，这是我们纨绔子弟最后的尊严。"

池青："……"

武志斌："……"

一旁的季鸣锐："……"

吴志说到做到，不出两分钟电话便回了过来："殷宛茹，绝对是她，身高168，体重46kg，目测三围也符合，而且头发长度到胸口，脖子左侧有颗痣。"

"……"

这是什么人间显微镜。

解临："殷宛茹，你确定吗？"

"不可能错，这就跟你随便发一张酒吧内部照片过来我就能知道是哪家一样，哪怕你就是拍厕所里的一块瓷砖，我都能认得出，"吴志十分自信地说，"我之前追过她，上次给你打电话想说我找到新的爱情了你没理我，就是想跟你说她，就是没追上而已——不过她怎么了？"

解临："没怎么，就是有件案子可能和她有点关系，你孝敬完了，可以挂了。"

吴志："哎——"

解临挂断电话后，武志斌立刻说："鸣锐，你带上姜宇他们，现在就去找人！"

池青却觉得"殷宛茹"这三个字听上去特别耳熟，不光是看电影那次在演员表上见过，也不只是听苏晓兰吃饭的时候提及——似乎更早。

他排除这些可能性之后，很快把思路转到另一边：他失控的时候听到过。

【现在艺人可真是高危职业啊，她平时综艺里看起来阳光开朗，没想到也有心理问题，说起来咱们诊所咨询过的……】

是心理诊所。

那天他吃了吴医生给的酒心巧克力。

池青正想着，解临伸手在他面前挥了挥。

池青回过神。

解临说："扶我去一下洗手间。"

池青："？"

“我，”池青重复他的话，“扶你？”

池青就差把“你在说什么梦话”这一行字挂脸上了。

解临腿上打着石膏，腿虽然动不了，但是手仍然灵活自如，他没给池青回应的机会，抬手搭在他肩膀上：“严格地说，我这伤跟你还有不小的关系。”

池青阴郁地看着他：“你难道想说这一下是我捅的？”

“虽然不是你捅的，但是当时他从上面跳下来，我担心他会伤到你，所以才被他捅了那么一下——至于骨折，也还是为了救你，”解临说，“当时你被他按着，危在旦夕。”

池青：“……”

解临看着他，最后总结：“所以你自己说，是不是得对我负责。”

解临说这话的时候离他特别近，眼睛里像盛着一汪水，尽管他本人可能完全没有想过这些，奈何长得实在过于得天独厚。

半晌，池青把他扶起来：“那天怎么没摔死你。”

解临笑了笑，另一条能动的腿落地之后把一半的力道压在池青身上，但也不敢太过分，毕竟池青这身板看着就瘦：“命大。”

池青希望他能够重新定位自己：“祸害遗千年。”

解临这病不算严重，住单间浪费公共资源，所以要去洗手间得穿过走廊去共用的：“我祸害谁了我，小女生给我塞情书，我回的都是让她们好好学习不要早恋。”

“……哦。”

“我还教育过她们，她们还年轻，以后会遇到更多的人，虽然很难遇到比我好的，但也不是没那个可能，毕竟世界上有个词叫‘奇迹’。”

池青这回连“哦”都不想回了。

都说人生病了之后容易变得和实际年龄不符，池青算是见识到了。

不过他发现解临以前说话显然没有现在那么丝滑，带着一丝少年人特有的幼稚。

病患有任性的资格，解临在病房里待得太闷，而且怎么说两个人也算是有了过命的交情，解临继续追问：“你那是什么表情？”

池青扶着他走在走廊里，医院走廊上人多，他不太自在：“嫌你话很多的表情。”

解临开玩笑说：“你就这么不想和我说话？”

“你自己知道就好。”池青回。

等两人又往前走了一段之后，人倒是少了，但是池青发现自己那份不自在的感觉依然没消失。

池青一路上尽量减少跟他触碰的面积。

他之前碰过很多次解临的手。

但也仅限于这一范围内的接触，除了手以外，他很少碰解临。

然而现在解临半个身子都压在他身上，池青瞥了一眼，发现他原本就松垮的领口开得更大了，之前在电梯里打斗间被划到几下，身上有几处擦伤，其中一处刚好落在锁骨边上。

池青很快又联想到电梯里那件外套。

当时情况紧急，他根本没时间反应，直到现在才回过味儿来，解临把他那件外套往他身上披的时候似乎还带着体温。

解临一路跟池青聊天，虽然聊到后面成了他单方面输出，但他并不介意，不料临近洗手间，池青忽然毫不留情地扒开了他的手，冲着洗手间的门口一扬下巴："到了，剩下的事情自己想办法。"

解临："……"好端端的，怎么还翻脸。

好在解临一条腿打着石膏，另一条腿还能用，扶着墙进去洗把脸并不算高难度动作。

两人刚回到病房，护士便通知他们："两位先生，出院手续已经办好了。"

解临石膏打完，观察期一过，没有理由继续在医院里住着，也没有什么需要收拾的东西，池青又扶着他上了车，等回到御庭小区之后池青丝毫没有意识到灾难才刚刚开始。

池青到家之后洗过澡，把衣服扔洗衣机里，还没按下开关键，搁在厨房的手机开始不断振动。

池青头发还湿着，接起电话："说。"

解临："我想洗澡。"

池青忘记他腿上还打着石膏这件事，一时没转过来："你想洗澡关我什么事。"

解临慢慢悠悠地说："脱衣服不方便。"

池青："……别洗了。"

解临："帮个忙。"

见对面没声音，解临旧事重提："我又想起来，我这腿可是因为某个人才……"

池青深吸一口气，挂了电话。

解临听着电话那头的声音转变成忙音也不生气，和池青的通话中断后吴志的电话很快打了过来："刚刚打你电话占线，听说你摔残了。"

解临随口说："残倒不至于。"

吴志继续问："你白天说那案子，是啥案子啊？"

"现在还不方便透露，"解临说，"等结案了跟你说，你这次确实帮上大忙了，回头等我伤好了请你吃饭。"

吴志长这么大，还是头一回干点有助于社会发展、维系世界安定的事情，他美滋滋地道："没事，我知道你们这些案子都是机密，以后要是还有什么认不出的女明星，尽管找我。"

"对了，你这伤，"吴志又说，"要我给你找个护工不？"

"不用。"解临说话时顿了两秒。

两秒后，门口传来一阵不太耐烦的门铃声。

解临听到那阵门铃声之后，笑了笑说："有人照顾。"

吴志："……"

解临特意补上一句，刻意让他知道按门铃来"照顾"他的人是谁："你认识的，我助理。"

吴志实在想不到那位冷面且油盐不进的池助理能照顾他什么，吴志的印象还停留在酒吧第一面上，心说那位姓池的助理看着就让人犯怵，他不把他腿卸下来就算不错。

而且……

解临什么时候和他关系那么近了？

吴志认识解临多年，比谁都清楚解临这个人看起来热情，实际交友界限划得比谁都分明。有时候他态度完美得有点像个假人，很客套，且鲜少麻烦别人。

深谙成年人社交定理，可以熟得快，绝不走得近。

可现在解临对这位池助理的态度好像过分亲近了。

解临挂断电话后拄着拐杖给池青开门，见池青顶着一头微湿的头发站在门外，黑色碎发被浸湿之后颜色看起来更深，他手上没戴手套，苍白的指节缩了半截在衣袖里。

池青皱起眉，说出来的话很是尖锐："你没朋友吗？"

解临从善如流："有句俗话说得好，远亲不如近邻。"

池青："……"

解临又道："没戴手套？"

池青也是进门之后才发现自己没戴手套。

之前失控的时候为了能多睡一会儿，常常找借口上解临家睡觉，"治疗"多次，不知不觉竟成了习惯。

池青扶着他进了浴室，两套房户型相同，池青对浴室里的构造相当熟悉，连脚下踩着的灰色瓷砖都长一个样。

解临说了句“谢谢”，之后便倚在洗手池边上解衬衫扣子，只是这人连手指都生得风流，忽略地点是浴室的话，看着一点也不像是要去洗澡的样子。他边上应该放张床。

池青没眼看：“你平常都这么脱衣服吗？”

解临搭在第四颗纽扣上的手指微顿：“‘这么’指什么？”

“……”池青说，“拖拉。”

解临干脆松开衬衫纽扣，手往后搭，反手撑在洗手池边上，上半身微微往前倾。“干什么？”

浴室里能下脚的活动区域总共就那么一块地方，挤了两个人，池青根本没办法往后退，偏偏解临还故意逗他：“不是嫌我慢吗，你来。”

“你再往前一点，”池青冷声说，“今天这澡不光洗不成，还得给120打个电话，让他们给你预留一张床位。”

解临衣冠不整地笑了一声。

池青：“我没跟你开玩笑。”

解临今天这澡确实差点没洗成，他被池青留在浴室里自生自灭，直到威逼利诱半天才回来：“你不管我了？

“——真走了？”

“我这澡要是洗不成，晚上恐怕很难睡着，我睡不着就想找人说说话，”解临在浴室里说，“这小区里我不认识别人，你又离我最近……”

正往外走的池青：“……”

池青开始怀念13楼电梯口，如果他当时松开手，今天就不用遭这份罪了。

池青越想越觉得13楼电梯口是一个不可多得的好机会，当时电梯坠下去之后唯一的监控摄像头也没了，没有人能够辨别出姓解的烦人精是被蓄意谋杀还是意外坠楼。

虽然可能做不到完美犯罪，但也能做到即使知道他是凶手也无法指认他。

浴室里，如愿洗上澡、把打着石膏的那条腿搁在浴缸边上的解临打了个喷嚏：奇怪，是水温太低了吗……

之前解临称池青为助理只是随便喊喊，自从负伤之后，助理这个名号坐实了。

池青每天都能接到很多任务，从睁开眼的第一秒开始，解临的消息就响个不停。

——你吃过早餐了吗？

池青回复：没有。

对面回得很快：你怎么不问我我吃过没有。

——……

尽管池青没问，对面自己给自己找台阶下的速度奇快：我还没吃，你买早餐的时候帮我带一份。

“我没问你，”池青洗完脸，随手打字回复，“还有，想吃什么自己叫外卖。”

——那家不送外卖，也不接受预订。

池青一个字一个字地敲：那你就等着饿死。

熬过饭点之后，事情更多。

“书拿不着，不方便弯腰”“书看完了，需要放回去”“天气不错，去楼下散散步”……

池青忍无可忍。

时光无法倒流，13 楼电梯口错过了就是错过了，人得向前看。

池青强行压下“怎样才能制造类似电梯口坠楼事故”的念头，选择走一条不犯法同时也能解决问题的道路。

他这个念头刚冒出来，身侧的手机屏幕又亮了一下。

这回解临发的信息上内容严肃，正经很多，只有寥寥一句：联系上殷宛茹了，现在得去趟市局。

池青套了件外套，出门前又仔仔细细从玄关处那一排黑色手套里抽出来一双戴上，然后扶着解临一路从电梯走到小区门口，在等车的过程里，察觉到两个人挨得实在太近，解临身上的温度仿佛都通过布料传到了他身上，池青别过头尽量和他拉开距离说：“离远点。”

“不靠着你容易摔，”解临说，“你这个要求我实在很难做到。”

路边车流不息，气温回暖，正午的太阳晒得人发热。

解临看了一眼池青，觉得他就像被迫走在阳光下的吸血鬼，阳光勾勒之下皮肤白得诡异，嘴唇又红得很。

然而那张嘴说出来的话和触觉总是截然相反，池青一边注意着面前的行人，以免有那种走路不长眼的撞上来，一边忍无可忍地说：“你买个轮椅吧。”

“买什么？”

“轮椅，”池青说，“你下次要是还想散步，坐轮椅上自己就能从这条路散步到隔壁街区。”

“……”

说话间，约的车停靠在路边。

“手机尾号 6× ×9，是去警察局吗？”司机看了一眼订单上的目的地，问。

“不好意思师傅，改一下地址，”解临坐进车里之后说，“先去另一个地方。”

“殷宛茹？”一个小时后，审讯室里，武志斌坐在一名女人斜对面问，“昨天一整天都联系不上你，工作挺忙的吧。”

女人即使坐在狭小的单间里，也仍戴着一副大墨镜，身为艺人，她对自己的身材把控极为严格，大冬天的，身上那件貂毛外套里只穿着一件酒红色吊带裙，头发卷着大波浪，往那儿一坐像在拍杂志封面，纤细的腿交叠坐着，脚上穿着一双满是银色闪片的高跟鞋。

“忙啊，当然忙了，通告那么多，”她涂着红色指甲油的手抬起，手指勾住墨镜边缘，把墨镜从脸上摘下来，露出那张精致漂亮的脸，“最近都在山里拍戏，没有信号，接不到电话。”

她这番说辞让人挑不出毛病。

女人常年在演艺圈里混，聪明得很，她注意到武志斌身侧还有两个空位置，其中一个位置还是主位，心知今天审她的人不止这一个。

她刚看了那两个空位置几眼，审讯室那扇玻璃门就被人一把推开，一句拖着尾调的声音响起，那声音说话时带着几分笑意，无缝对接上她刚才说的那句话：“在山里拍戏是挺辛苦的，你应该刚下飞机吧？”

紧接着，一张即便是扔在娱乐圈里也丝毫不逊色的脸出现在她面前。

男人眉眼微挑，身上那件衬衫领口也没怎么好好系，通过衣领往里看还能窥见一点红色印记，无论是从长相还是从穿着来看，无疑和一路上遇到的警察相差甚远，就是手里拄着根东西，似乎受了伤。

解临像是误入这里一样。

“我今天一大早接到消息就赶来了。”女人别开眼说。

“今天上午华南市的航班有三个，这三个航班里经过大山的只有两个，其中大明山因为出现山体滑坡所以严令禁止继续在山里从事任何活动，那么你只有可能从北面的秦山回来，”解临微笑着说，“秦山有一个很明显的特点就是缺水，殷小姐，你在山里拍戏，出来还是这么光彩照人。”

殷宛茹面上的表情僵住了。

找的借口被人一下戳破，难免觉得尴尬，但她怎么说也是经过大风大浪的人，想在这个圈子里混，什么场面没见过。

她把手搁在交叠的腿上，也笑了，顺水推舟道：“是的呀，我经纪人想办法买了很多桶水，条件是艰苦些，但是不管在什么环境里，我都希望保持最好的状态。”

她的态度很明显了。

随你说，反正老娘就是不缺水，没人规定不能用矿泉水洗澡。

她说着，注意到解临身侧还跟着一个人，这两个人都没穿警服。

……另一个看起来就更像圈里人了，虽然她印象里查无此人。

她一个女人，看他第一眼浮上来的第一个词居然是“漂亮”，但是这份漂亮让人不敢多看第二眼，漂亮里透着几分黑雾似的阴沉，那双眼睛看过来的时候，只觉得心惊。

解临指指殷宛茹：“说起来你们也算半个同行，以前见过吗？”

池青：“不认识。”

因为解临太吵，池青一路上都没怎么理他。

进审讯室之后，解临收拐杖之前总算找到机会，他用拐杖隔空点了点武志斌边上那把椅子：“我坐下来不方便，扶一下我。”

“……”

池青沉默了不到两秒，解临又开始了：“我这腿也不知道是因为谁才……”

池青拉开椅子，不想大庭广众丢人，面无表情地把他摁了下去。

这会儿到了审讯室里也不消停。

“帮我拿一下纸笔。”解临坐下去之后说。

池青提醒：“你伤的是腿不是手。”

解临抬了抬手腕，低声说：“本来伤的只是腿，但是昨晚洗澡被某个没良心的扔在浴室里……起身的时候不小心扭到手了，你对我负责的具体内容的范围恐怕得扩大。”

池青低声回敬：“我看你脑子也伤得不轻。”

武志斌听着这两个人话题走向越来越不对，重重地“咯”了一下。

解临和池青这两名“误入成员”才消停。

“今天找你来是希望你能够配合调查，既然你是个大忙人，我也不想浪费时间，就直接开门见山了。”

武志斌拿出那张照片，抵在桌上问：“上周深夜两点多，你去医院做什么？”

殷宛茹瞟了那张照片一眼，满不在意地说：“我想想啊，记不太清了，每天行程安排太多，你问我这么一件小事我得想想。”半晌，她忽然“啊”了一声，拍了拍脑袋说，“想起来了，瞧我这记性，那天我去探病，我经纪人生病了。”

他们提前调查过，殷宛茹在这家私人医院没有就诊记录。

像殷宛茹说的那样，她经纪人在那天晚上确实住了院，住院表上写的是急性阑尾炎。

但是张峰显然不会为了这样一个无聊的事件摁下相机快门键，而且还丢了性命。

殷宛茹凌晨去医院的原因肯定不像她说的那么简单。

“你和经纪人关系很好？好到她生病你还刻意半夜乔装打扮去医院探望她？”

“你要知道像我们这种艺人是没有私生活的，也没有朋友，圈里这些人，今天是朋友，明天就能撕破脸，身边只有经纪人长期陪着，所以比起经纪人和艺人的关系，我们更像并肩作战的战友吧，”殷宛茹说，“我们感情一直都很不错。”

殷宛茹常年面对媒体采访，真的能说成假的，假的也能说成真的，面不改色心不跳的专业程度恐怕连测谎仪都测不出来。从她身上看不出一丝一毫的紧张和失措。

哪怕面前这张照片里的内容很可能藏着一个和她本人有关的秘密。

殷宛茹又说：“你难道就为了这张照片找我？对了，我倒要问问，这照片是谁拍的，为什么我们身为艺人，肖像权却总是得不到保护？”

她说到这里声音微微上扬，仿佛真想为艺人群体讨个公道。

但是话题没有像她想的那样如愿被引开。

解临看着她说：“殷小姐，你的谎话编得很精彩，表演情绪也很到位，但是你经纪人那天应该没有得阑尾炎吧？”

解临说着，调出手机，手机里传出一个男人的声音，那是一段录音：

——“她来医院是做手术的，但是医院有医院的规章制度，我不可能凭空变出一台手术出来，所以借用她经纪人的名义，实际上帮她做手术。”

——“你是主刀医生？”

——“对，那天我值班，我也是一时鬼迷心窍，她给了我五十万，我最近要结婚，首付一直凑不上，眼看房价又要涨，我对象那儿因为迟迟不买房对我也有点意见，我实在是没办法——”

“……”

殷宛茹听到这段录音，脸色才终于“唰”的一下变了。

她来之前有十足的把握，因为那位医生收了她的钱，因为他们安排好了一切，没有留下证据，也不可能有问题，更因为这件事情医生不可能承认，他如果承认，等于搬石头砸自己的脚，他会失去工作，甚至以后不会有医院录用他。

然而她没料到，解临一个小时前临时改变目的地，去了一趟医院。

殷宛茹张着嘴：“你怎么会……”

录音还在继续播放。

——“你给她做的是什么手术？”

——“是……”

男人的话说到这里有些迟疑。

——“是堕胎手术。”

录音到这里终止。

如果是堕胎手术的话一切就都很合理了，经纪人和艺人是一体的，当红女星爆出怀孕堕胎的消息对谁都不好，经纪人辛辛苦苦打造出一位流量艺人，自然不会希望她在这个时候出岔子。

解临这才回答她刚才那句话：“钱能办到的事情，自然也能用钱来解决，利益的天平倾斜向哪一边的时候，哪一边就是朋友。”

“若要人不知，除非己莫为，”解临继续道，“但凡做了点什么事，就必然会留下痕迹。”

殷宛茹再没有像刚进来时那种傲人的气焰，那双明艳的大眼睛一点点黯下去，她紧紧攥着墨镜，很长时间都没有说话。

“是，我是怀孕了。”

殷宛茹抬起手，将手指插进瀑布般的发丝里，承认道：“我现在正在事业上升期，我不可能生孩子，一旦生育，耗费大半年的时间不说，我复出之后很难再接到那么多女主戏，这本来就是一碗青春饭，生孩子这不是砸自己饭碗嘛。

“我能走到今天很不容易，受过苦吃过亏上过当，我刚毕业那会儿在地下室里住了一年多，跑龙套，当群演……这孩子是个意外，我不可能让他毁了我的人生。”

于是上周深夜两点，她换上衣服，趁着晚上没什么人，偷偷驾车前往医院。

她不能被任何人发现，也不能留下任何医疗记录，买通了医生，以经纪人的名义躺上手术台。

“孩子的父亲是谁？”

“我们公司的一个练习生。”殷宛茹回答。

“你们是男女朋友？”

“谈不上，”殷宛茹苦笑了一下，“玩玩而已。”

“他叫什么名字？”

“罗煜。”

“你知道张峰拍到了你的照片？”

“是，他联系过我，开价五千万，我没有那么多钱。”

“所以你就想买凶杀他。”

问答到这句话之前殷宛茹态度都还算配合，事已至此，没什么好隐瞒的，但是听到“买凶”这两个字出现，殷宛茹忽然坐直了，她说：“我是希望把东西拿回来，但是我怎么可能买凶杀他？！”

从审讯室里退出来之后，武志斌看向池青和解临两人：“你们怎么看？”

解临说话时手搭在池青肩上，借此稳定住自己：“殷宛茹学过多年表演，说话是真还是假一时间不容易辨别，目前没有确切的证据指认她，但也没办法排除嫌疑，她有充分的杀人动机。”

武志斌：“和我想的基本一样，那你呢？”

武志斌说完转向正不动声色试图把解临搭在他肩膀上那条手臂拿下来的池姓顾问。

池青却说：“我觉得可能不是她。”

“你觉得不是她？”

因为他听到过蒙面人死前说的话，那句话乍一听并没有什么特别之处，甚至让他一度后悔费这劲儿割手套干什么。

但是刚才坐在殷宛茹边上，看着对面女人精致的妆发，他忽然闪过一个念头：“殷宛茹”三个字，大街小巷随处可见，她那么出名，为什么蒙面人会说他忘记了雇主的名字？

【找我的那个人是个明星。】

【忘了叫什么了……】

半晌，池青只道：“直觉。”

池青说完又看向解临：“……你能不能靠着墙站。”

第 6 章

殷宛茹作为嫌疑人，也仅仅是有嫌疑而已，在没有确凿证据的情况下，他们没有理由把人扣着。

在另一间审讯室里，经纪人显然是有备而来：“你们不能这样扣着我们，我们该说的都已经说完了，你们没有证据——”

“张峰的事情是没有证据，”对面那名刑警把虚张声势的经纪人按回去，“但你们偷换身份做手术的事儿有证据，真亏你们想得出来，你们一时半会儿怕是走不了。”

经纪人：“……”

而在隔壁。

殷宛茹一个人坐在审讯室里，她手指交握，红色指甲紧紧地陷进肉里去。

她知道虽然房间内没有人，但是他们能听见她说话："虽然我不知道张峰为什么会失足坠楼，但是我可以配合你们调查，怀孕的事情能不能不要透露出去，求求你们了，这件事真的不能透露出去。"

武志斌听着她的话，一阵唏嘘，对这个圈子十分不理解："何必呢，怎么说也是自己的亲骨肉。"

审讯结束后，殷宛茹的事情交给其他刑警接手，武志斌又转向解临："你怎么搞定那医生的？这种违反规定的事儿，给钱他居然能承认？这都不是钱的问题了，他是要坐牢的他知道吗？"

解临："别太惊讶，这种犯法的事儿殷宛茹给他钱他不也做了嘛。"

"……"这倒是很有道理。

"而且他不知道我的身份，"解临又说，"你觉得我和我助理这样，过去像是办案的吗？"

武志斌看一眼解临，又看一眼池青。

心说那必然不像。

就是说自己是来查案的估计都不会有人信。

有钱能使鬼推磨，对方能出那么大一笔钱，看着又像冲着殷宛茹去的，扭头把殷宛茹卖了也很正常。

而且他对上的人是解临。

池青想起一个多小时前他和解临坐在那名医生对面聊天时的情形，只能说这神经病那么多心理学方面的书没有白看。

解临今天的任务完成，后续内容交给武志斌继续跟进，他们还得查询殷宛茹的手机号、通话记录，还有那名经纪人的，以及她身边有没有什么相关涉案人员存在。

武志斌看了一眼手表说："快到饭点了，今天辛苦你们，你们出去找个地方撮一顿，算我的。"

解临也不跟他客气："行，我正好还欠吴志一顿饭。"

武志斌出去之后观察室里只剩下池青和解临两个。

话题忽然转回到刚才池青说的"直觉"上。

解临："你刚刚说的什么？"

这人既然耳朵不好使，池青不介意再多说一遍："手拿开。"

"不是这句。"

“除了这句以外其他话都不重要，”池青说，“我再说一遍，拿开，自己扶着拐杖走。”

解临已经练就一手左耳进右耳出的技术，拿准了池青不会真的翻脸走人：“是上一句。”

池青扶着他走出去，在走廊上沉默了一会儿：“上一句，直觉？”

这句话真不重要。

“随口说的，”池青以为解临又察觉到了什么，只想快点糊弄过去，“没什么根据，听听就行。”

解临冲走廊上忍不住向他投来目光的人回以微笑，然后一路走一路说：“那不行，你说的话我从来不随便听。”

“而且我也有直觉。”解临又说。

“哦。”

池青敷衍了一句，只希望他的直觉不是怀疑他的那种直觉就行。

他扶着解临穿过走廊，走到门口之际，却忽然听见解临在他头顶上方说：“相信你算不算一种直觉？”

什么叫相信他算不算直觉。

池青怔愣了一瞬。

这个时间日头更盛，阳光直射在门口那扇玻璃门上，当初在酒吧里不小心喝完酒失控，满世界的声音一齐钻进来的时候他似乎都没有这么蒙过。

这时，刚才在楼上提前叫的车刚好在市局门口停下，池青一时间没有留意。

“车到了，”解临自己走不方便，只能依赖于池青带着他走，他抬起那根搭在池青肩上的胳膊，手指屈起，很轻地在池青额前弹了一下，“扶我上去。”

他指尖弹在池青额前过长的碎发上。

解临上了车之后似乎还在回想刚才的触觉：“你头发还挺软。”

“……”

软个头。

池青就当边上这个人不存在。

解临选了一家餐厅，餐厅位置靠近市区，从市局开车过去大约十几分钟，吴志跟着服务生上楼的时候刚好开始上凉菜。

“嗐，客气了，”吴志落座时说，“依我俩的关系，还请什么饭啊。”

吴志说完扭头对上菜的服务生道：“你们这儿最贵的菜，每样来一道。”

解临用公筷给池青夹了一筷子菜：“我是无所谓，你要是吃得完你就点。”

“我开玩笑的，整天下馆子，吃腻味了都，”吴志摊开餐布，看着圆桌对面这两人的举止，打趣道，“你俩到底谁是谁助理？”

当然这话他不敢对着池青说，一来不熟，二来这个人看着就阴郁，不敢惹，怕有生命危险。

解临说：“你觉得呢，我哪使唤得动他。”

池青这一上午用手套碰过很多东西，黑色手套上沾满粉尘和细菌，他思考几秒，想着反正包间里人也不多，于是决定摘下手套吃饭。他一边摘手套一边起身说：“我去趟洗手间。”

他话音刚落，手套也正好摘下来。

池青把手套放在边上，手指指节完全暴露在空气里。

吴志总共没见过池青几面，头一回见面还是在酒吧里，酒吧光线不好，能照到人脸就算不错。

他视线不由自主落在池青那双手上。

平时这位看着让人感到发怵的池先生不管走到哪儿都戴着手套，鲜少见到他不戴手套的样子，他正想多看几眼，解临扔了一盒餐巾纸过来，不偏不倚刚好冲着他脸。

吴志接过那盒纸巾：“……这么久不见，你就这么招待兄弟？”

解临跟吴志认识多年，在他面前说话并不客气，但也更真实：“没事别乱看。”

吴志莫名：“我看什么了我。”

他第一时间没能反应过来，说完这句才紧接着不可思议地说：“……你助理的手？”

解临给自己倒了杯茶水，没回复表示默认。

吴志：“大哥，你不是吧，我就是瞥了两眼，瞥两眼也不行？而且他手那么白，跟个灯泡似的，很难——”

“再白跟你有关系吗？”

“……没关系。”

“别说两眼，”解临说，“一眼也不行，他不喜欢别人盯着他手看。”

吴志哑然。

吴志心说：他兄弟是真的有问题。

在洗手间仔仔细细洗手的池青并不知道包间里发生了一段关于他的手能不能随便看的对话，他还在想刚才殷宛茹说的话，以及当时从蒙面人那里听来的那两句话。

如果不是殷宛茹，那么张峰又是为什么而死？

在背后指使蒙面人的人是谁？

张峰 SD 卡里藏着的真正秘密是什么？是殷宛茹做人流，又或是存在某张被他们忽略的照片？

……

池青想着这些，从边上抽了一张纸，擦干净手。

找不到答案。或者说，目前凶手的指向性并不明确，也无从窥探事情的全貌。

然而就在这顿饭吃到一半的时候，案件忽然有了一个奇妙的突破口。

解临正以“那道菜太远，起身不方便”为借口跟池青斗了几个回合，池青以“让你朋友给你夹菜”为理由拒绝，看得吴志在边上叹为观止：他以前追女孩子的时候怎么就没想到这一招，他现在去摔个腿还来得及吗？

从几楼跳下去可以摔得刚刚好？

解临刚吃上池青心不甘情不愿给他夹的一筷子芦笋，边上的手机响起，武志斌在电话那头声音急切：“喂？你现在在哪儿，案件有了新进展，有一件很重要的事情，电话里说不清楚，我现在带上资料过来找你。”

十五分钟的车程，被武志斌缩短到十分钟以内。

电话刚挂断没多久，包间门就被人一把推开，从他开车过来的速度可以看出事态的紧急程度。

“什么事儿那么着急？”解临问。

武志斌把夹在臂弯下的米色档案袋拍在桌上：“你还记得之前那起碎尸案吗？”

“记得，”那份碎尸案照片当初把任琴吓得不轻，解临记得池青没怎么参与这起案子，于是向他简单介绍，“那是上个月月末发生的案子，尸体被锯成二十八块，连肠子都是碎的，而且这个案子最古怪的一点是受害人没有脸。”

“没有脸？”

“对，他的脸被人活活扒了下来。”

好端端吃着饭，听到“碎尸”两个字吴志嘴里一口饭差点喷出来，他拍拍胸脯，忍住反胃的欲望，又听见一句“扒人脸”：“……”

解临觉得自己光说还不够直观，于是把档案袋里的照片抽了出来。

池青此刻吃完饭正在喝汤，他手搭在瓷白的碗上，一时间分辨不出他的手和碗哪个更白。

他看了一眼这沓照片，然后又面不改色地喝了一口汤，还有闲情逸致问解临：“人脸是哪张？”

解临从里面挑出来一张，将那张最血腥的摆在最显眼的位置：“这张。”

池青顺着看过去。

吴志已经受不了了，他不知道池青和解临两个人是怎么做到一边吃饭一边谈论这些照片的，他喉咙里发出“呕”的一声，发出声音之后立刻捂着嘴说：“你们聊，我……我去趟洗手间。”

之前因为尸体没有脸，所以在确认受害人身份这一环节上进展缓慢。

解临猜测武志斌急急忙忙过来找他的原因：“人找到了？”

“找到了。”

“前几天有人报案说自己的朋友失踪，很多天没有看见他，电话也打不通，我们通过 DNA 比对，确认了死者的身份，”武志斌说到这里一顿，“——死者的身份是一名娱乐公司练习生，他叫罗煜。”

池青喝汤的动作停住了。

罗煜。

这两个字不久前刚从殷宛茹嘴里听见过。

解临眉尖微挑，也是一惊：“你是说殷宛茹孩子的父亲，罗煜？”

餐馆里一片寂静，除了被恶心到吐了一次的吴志从洗手间回来，听见他们三人还在探讨人脸。

武志斌：“为什么凶手单单把人脸剥下来？”

解临：“不知道，可能性太多，不想死者身份被发现是一种可能，还有其他可能性，比如很多罪犯在犯罪之后都要留一些‘战利品’，这些‘战利品’大多源于尸体的某个部位。”

池青用筷子指向餐桌边缘的一道小菜，说：“说不定像这根腊肠一样，风干之后制作成人皮挂在家里欣赏。”

吴志：“……”

吴志选择再次缓缓退出这个包间，他把刚踏进去的一只脚缩回去：“那什么，我再去趟洗手间，不对，我刚才上厕所的时候其实接到我朋友的一通电话，我该走了，我朋友还在等我。”

解临冲他摆了摆手，作为东道主，客气地问：“吃饱了吗，没吃饱的话再来几口肠？”

吴志：“饱了，胃在翻腾，都快溢出来了。”

吴志走后，武志斌才道：“……所以这事，看来真不是殷宛茹干的。”

他们给殷宛茹做过调查，像她这种热度的大明星每天的安排都很满，大部分时间都在公众眼皮底下，案发当天她并不在本市，而是飞往一千多公里外的临安市进行某项公益组织活动，网络上有她当天的登机视频，还有公益现场照片。

她总不可能会分身术，能够做到瞬间在一千多公里范围内来回穿梭。

而且她没有理由冒着那么大的风险去杀自己的床伴，这可比私自打胎严重多了。

解临问："罗煜的资料信息查过了吗？"

武志斌："殷宛茹提到他之后我们就去查了，他比殷宛茹小六岁，两年前进公司，殷宛茹见他长得好看，主动提出发展关系，两个人私下进行过资源交换，公司本来打算把他包装成偶像出道，目前还在练习阶段，结果就出了事。"

结合那张被撕下来的人脸，解临捕捉到这串信息里和脸有关的关键词："长得很好看？"

武志斌找出刚调出来的照片。

照片上一名年轻的男人……与其用"男人"这个词形容，不如说是男孩，照片上这人十八九岁的样子，帅气清新，眉眼明亮，如果他还在正常上学的话，无疑是那种班级里极受欢迎的类型。

"还凑合。"解临说。

武志斌觉得小伙子干干净净的确很帅："长这样都只是还凑合？"

解临："这得怪他。"

解临指了指池青。

池青放下汤勺，桌上那沓照片丝毫没有影响他吃饭的心情，他回以一个"关我屁事"的眼神。

"每天对着我助理这张脸，"解临说，"拔高了我的审美上限，很难觉得这位姓罗的练习生长得有多好看。"

武志斌："……"

罗煜身份确定后，张峰的死就变得扑朔迷离了起来，偷偷去打胎的女明星，被剥下来的人脸，SD 卡，坠楼的狗仔……这些关键词之间到底存在着怎样的联系？

解临最后说："或许所有的答案都在那张消失的人脸上。"

可是那张消失的人脸要上哪儿去找？

"眼下只能先排查罗煜和殷宛茹身边的人，"解临道，"还有那名医生，我在医院里和他聊的内容不多，或许还有遗漏的细节。"

那名医生也不蠢，他既然敢把殷宛茹的事爆出去，早就做好了准备，由于在这家医院工作多年，发展受限，他原先就有出国的打算，解临走后他就开始订机票并收拾东西，最后被民警在国际机场抓获。

武志斌一马当先，拄着拐杖在国际机场里追了那名医生十多分钟，速度奇快，堪称医学奇迹。

由于体谅到他们市局顾问摔断了腿，武志斌十分贴心地给他发消息：

——人抓回来了，审讯录像我发给你，你腿脚不方便，就不用特地来一趟了。

解临回：五十步别笑百步。

——别把我和你混为一谈。我虽然腿脚不方便，但我可不像你似的，整天挂在你那位助理身上……丢人。

解临不但不觉得丢人，还感到可惜。

他这几日恢复得好了一些，自己一个人也能僵直着那条石膏腿走路，就是速度慢点，他刚洗完澡，坐在书房里指间夹着根钢笔给武志斌回消息：你倒是提醒我了。

武志斌：提醒你什么？

这小子没头没脑地说什么。

——提醒他这回不用去市局，就找不到理由挂在他那位助理身上了。

这话解临没说。

解临手指在屏幕上敲下一行字：没事，视频我已经收到了，回聊。

解临面前的电脑屏幕桌面多了一份视频文件。

这会儿已经是晚上，他不确定池青有没有睡下，退出和武志斌的聊天框，他点开池青的，池青头像和他这个人一样黑乎乎的什么都看不清，放大了看才依稀看见那似乎是一片很模糊的雨景。

拍摄角度从屋里拍到屋外，但是屋里显然没开灯，所以那片雨被拍得模糊不清。

解临琢磨着要用什么理由把池青叫过来。

他最后看向电脑旁边那个台式音响，他松开笔，拿着那台音响看了会儿。

池青在非失控状态下生物钟都很准时，他合上眼，在即将入睡之际，一声在静谧的室内听起来显得格外明显的“叮”声在他耳边响起。

“……”

池青睁开眼的一瞬间心想：但愿给他发消息的这个人是真的有事而不是闲着没事干。

——睡了吗。

——有样东西要看，但是电脑音响在柜子最上面一层，不方便拿。

池青毫不犹豫地在键盘上敲下三个字母（GUN），然而他对着这两行字看了一会儿，最后面无表情把那三个字母删了，起身下床。

解临总是能介于“有事”和“闲着没事干”这两者之间，导致别人想骂他的时候还得多费点劲。

他最后只能回过去一句：

——你有没有想过别人也挺不方便的。

解临很快回复。

——别人？

——你在我这儿不算别人。

——……

拉黑算了。

池青现在进解临家就象征性敲一下门，之后就自己输密码进去，进屋后他看着书柜上方那台黑色的音响，沉默了一会儿忽然问：“你觉得我看上去像傻子吗？”

解临书房里那排大书架从上往下数有八排，上面琳琅满目的什么书都有，从侦查学到金融专业课本，其中还混杂着两本不知道从哪儿来的哲学史，足以看出该书柜主人博览群书的程度，但此刻这些都不是重点，池青清楚记得前两天过来帮他拿那本“够不着”的书时，音响还不在上面。

解临刚才只顾着制造借口，忘了池青过目不忘的能力，也忘了他对细节的敏感程度：“我可以解释。”

池青把音响搁在桌上，碰了碰它说：“你想说它自己长了脚？”

“……”

解临鲜少干这种降智的事儿，今天估计是中了邪，这逻辑链自己都圆不上：“阿姨白天来过。”

“哦，”池青说，“阿姨特意把放在电脑边上的音响往书架上放。”

知道池青不喜欢房间里太亮，解临只开了一盏射灯，他说话时背对着那盏灯的光线，逆着光的角度让他看起来整个人更暗，解临捏着指间那枚细环戒指，说：“没长脚也没有阿姨，就是想找你过来。”

房间里氛围很奇怪。

池青说不出为什么奇怪，他本来还有很多刻薄的话想说，但是此刻却一句也说不出。

而且他没有去看解临的眼睛。

这氛围持续不到一分钟，解临适时地打破平静，不动声色地化解池青此刻的“不适应”，他把音响插在电脑上之后，食指敲下空格键，键盘清脆地响了一声，然后电脑屏幕里的视频由暂停转为播放。

“找你加班，”解临说，“……看录像。”

“……”

书房里有一张沙发椅，虽然比不上客厅那把那么宽，但是坐下两个人还是绰绰有余。

灰蓝色的录像荧光幽幽地打在两人身上。

屏幕里，医生正在讲述他给殷宛茹做手术的经过："她来的时候正好是第六周，她人瘦，所以不怎么显肚子，第六周也是最佳打胎时间，她早就考虑好了，就是为了不出任何岔子……"

"……手术做得很顺利。"

"打下来的孩子呢？你是怎么处理的？"

"正常来说是应该统一交由医院进行火化，但是我这台手术不是按照医院流程做的手术，所以没有办法交给医院，殷女士就让我帮她处理掉。

"我就把胎儿装在塑料袋里，找个地方埋了。"

"埋在哪儿？"

"就……埋在医院后面的树林里。"

"可是我们并没有在你所说的地方找到胎儿的尸体。"

监视器画质并不好，距离隔得又远，池青眯起眼睛也只能看见医生模糊的面部轮廓，以及猛然坐直的样子。

医生怕他们不信他的说辞，急忙道："真的，我没有骗你们，而且前些天下过雨……也很有可能被树林里的流浪猫、狗翻出来了。"

"这里倒回去放一遍。"

在池青说出这句话的同时，解临和他想法一样，先一步按下了空格键。

——"我们并没有在你所说的地方找到胎儿的尸体。"

——"前些天下过雨……也很有可能被树林里的流浪猫、狗翻出来了。"

"如果下过雨，"解临慢条斯理地说，"或者被流浪猫、狗翻出来的话……"

池青接过话："……应该更容易被找到才对。"

雨一直是暴露凶手犯罪行径的媒介，很多起埋尸案，都是因为下过暴雨、雨水冲刷泥堆，尸体才终于得以重见天日，所以在短时间内，就算发生他所说的这两种情况，在现场也不可能完全找不到胎儿的踪迹：比如说，大概率会在周围发现沾着血的破旧塑料袋。

当晚，医院后边那片荒弃已久的树林里聚集了一排人，刑警们举着探照灯一寸一寸在树林里翻查，探照灯光线直直地照射出去，穿过密集的树木，照在杂草丛生的灌木丛里。

这里人迹罕至，无人打理，连树木都长得一副无精打采的瘦弱模样。

此刻已是深夜两点。

解临那句“留下来加班”一语成谶。

池青虽然喜欢漆黑的环境，也喜欢这种荒僻无人的地方，但是不代表他愿意深夜两点不睡觉站在埋尸现场扶着某个断了腿的人。

很快，为了加快搜查速度，池青手里也被塞进一个手电筒：“池助理，你和解顾问去那边搜搜。”

“……”池青看着手电筒说，“你管这叫加班？”

“？”

“这明明叫压榨。”

解临一条胳膊横着伸过去搭在他肩上，池青身上那件外套宽松，他有时候会触到池青的后颈，解临动了动手指说：“维护社会秩序的事儿怎么能说是压榨，人民群众会感谢你，我也会感谢你，明天请你吃饭。”

池青拨开面前的草丛，弯腰钻进去：“你能不打扰我就算是对我的感谢。”

最终他们在这片树林里什么也没找到。

坑挖了好几处，能挖的地方都挖了，连死老鼠的尸体都挖出来三两具，就是没有看到医生说的黑色塑料袋和胎儿的残肢。

——“没找到。”有人扬声喊。

——“这里也没有。”第二个人说。

——“我这儿也是，塑料袋倒是有一个，但是是用来装垃圾的。”第三只射灯光线晃了晃。

“……”

医院负责人站在树林口等他们，他又冷又瘆得慌，搓搓胳膊，时不时地看眼时间。

解临：“走吧，这里发现不了什么，过去找那位大爷唠两句。”

守门大爷见他们过来，知道自己马上可以下班了，语气不太耐烦：“找完了？”

“早跟你们说了——这里什么都没有，你们不信，还来找一遍。”

“可不是嘛，早跟他们说了，还劳烦您在这儿陪着站了那么久，确实不像话。”解临十分自然地把自己从“他们”队列里排除，仿佛两个小时前提出再去现场仔细确认一遍的人不是他一样。

闻言，大爷面色有所缓和。

解临又适时道：“大爷，您在这儿工作多长时间了？”

“快二十年啦，从医院刚开那天我就来了。”

“晚上值班的时候会听见猫叫吗？”解临追问。

“没有过，”大爷说，“附近也没有小区，没有人喂养，流浪猫一般不会在我们医院后面扎堆。”

几人搜寻一阵之后回到车上。

有刑警说：“也真是奇怪，找遍了都没有。”

池青坐在后座，看向贴着黑色防窥膜的车窗，在车辆起步之前透过车窗看到窗外那条长街。

医院对面商业街上没几家店，这个时间早已经关门歇业，池青看着看着发现面前的场景格外眼熟——也许是巧合，他们这辆车停的位置正好和SD卡里那张照片的拍摄位置重叠。

当时的张峰正是在这个位置按下快门，那时候的他也并不知道，这是自己离死亡最近的一次。

次日，市局会议室。

人脸案作为一个单独的案件，因为死者的身份和张峰案有牵扯，所以两起案件的现场照片同时在屏幕上放映，左边照片上一颗血淋淋的缺失脸皮的头颅，没有脸皮覆盖的鼻孔像两个黑黝黝的血洞，右边照片上则是张峰坠楼的现场图片。

这两起案件因为特殊的身份牵扯，并在了一起。

“排除一切可能，剩下一种就算不可能也会变成可能，”解临坐在底下，他毫不避讳地直视那两张照片说，“殷宛茹打下来的死胎很可能被人拿走了，张峰身亡的秘密也跟它有关。”说完，他微微侧头，问身边的人，“——很困吗？”

比起屏幕上那两张照片，全会议室的目光都集中在解临身边那人身上。

或者更确切地说，是那人的后脑勺上。

池青正趴在会议室桌上补觉，他和解临两个人坐在会议室里本来就格格不入，他一趴下，不知道的还以为他们市局是什么教学小课堂，有“学生”公然当堂睡觉。

昨天晚上他和解临回去已经是凌晨三点多，由于洁癖，池青睡前洗过澡，出去一趟回来还得洗一遍澡，等他收拾完躺上床天都亮了。

偏偏市局会议还开在大早上。

池青没有回答他，会议室里太吵，他趴着半天没睡着。

他也在想，谁会拿？

对方要死胎干什么？

胎盘治病？

……

然而解临却误以为他现在烦得很，于是池青才刚开始琢磨，解临的手就像当初池青刚搬到这人家对门时那样很轻地覆了上来，捂住了他的耳朵。

会议室里其实并不吵。

这种严肃的环境下，没有人交头接耳，说的都是正事，窗门紧闭，外头走廊上的声音都传不进来。

他也并没有像上次那样失控。

池青忽地睁开眼。

他发现同一个人做同一个动作，效果还能截然不同。

上一次解临做这个动作的时候他觉得安静。

这一次却觉得耳边更吵了，耳边仿佛伴着不知道从哪儿来的嗡鸣声，将他此刻的思绪搅得一团乱。

两起案件并案之后刑警的任务变得繁重起来，要调查两人身边的关系网，还要找出这其中的关联。

“下午都要审谁？”解临没松手，声音放低了问。

刚才在台上负责汇报的刑警翻开手上的工作手册，像报菜名一样说：“殷宛茹的圈外闺密，她是唯一知道殷宛茹怀孕的人，还有死者的室友、经纪人、七大姑八大姨……”

“行，你们先审着吧。”

“啊？”那名刑警一愣，“你不一起吗？”

解临说：“我？我也得去审人。”

刑警摸不着头脑：“什么人？”

他审什么人？

而且要审不应该在局里审吗……

被解临那只手搅得“不得安宁”的池青坐起身，像极了那种上课不听课却什么问题都回答得上来的同学，冷不丁回给他两个字：“张峰。”

“问张峰？”

——张峰都死了还怎么问。

半个小时后，一只戴着黑色手套的手推开商贸大厦顶楼那扇紧闭的天台门。

而解临还站在通往天台的台阶上。

电梯只能到商场开放的楼层，天台平时并不对外开放，如果要上天台，到达顶层之后还要走安全通道才能上去，刚才走到一半，因为解临话太多，池青拒绝继续搀扶。

“真不扶我？”解临在他身后问。

“自己扶着墙。”

“……”

死人是不会说话。

但是死亡会。

一个人不会莫名其妙在一个毫不相关的地方坠楼身亡。

殷宛茹显然只是他所谓的“惊天大料”中的一环，如果他那天不是因为殷宛茹而来，那么他站在这么高的大厦上，是想拍什么？

两人站在天台上，天台这栋商业大厦很高，凛冽的寒风从衣领灌进去，仿佛要卷着人飞走。

站在高处视野开阔，能看到的东西很多，他们面前有数幢高楼，好几条商业街，从上往下看，还有十分密集的车流和行人，喇叭声不绝于耳。

他到底想拍什么？

池青看着这些建筑物，垂下眼去看张峰坠楼的那条街道，街道上血迹早已被冲刷干净。

等等。

坠楼。

“他是从哪里摔下去的？”池青忽然问。

解临指向他身侧，原先松动的栏杆已经被人更换过：“从这里，从左往右数第三节……天台没有安装监控，但是据工作人员所说，案发前一天栏杆还是——”

解临话没说完，因为他说到一半看见池青走到第三节栏杆边上，食指和拇指张开呈“L”形，将两个“L”合上，戴着黑色手套的双手比出一个框来。

然后池青将上半身以一种不要命的姿势完全探了出去。

如果他倚着的栏杆像案发那天一样产生松动，他立刻就会像张峰那样掉下去，尤其他现在两只手根本没有一只手在扶着栏杆以稳住身体。

“你——”

解临想说你是不是找死。

但是“你”这个字刚说出口，他便反应过来池青在做什么。

“哪怕他将意外坠楼处理得再怎么像一次意外，也还是离完美犯罪差太远，”池青目光穿过手指比画出的那个框，这个框就像张峰的摄像机镜框一样，“凶手为什么会知道他一定会在这个位置做出一些危险的举动？”

“因为只有这样他才能拍到他想拍的东西。”

这样东西，正常站在天台边上就拍不到。

池青透过这两个“L”组成的框，看到眼前的景色在缓慢变化着，楼下那条人流密集的长街被移出框外，取而代之的是从长街拐出去之后的另一条街。

那条街藏在一片最冷清的地方，街上只开了几家店，有不少商铺还在待售状态。

虽然栏杆被更换过，但是池青整个人往外探的动作还是太危险，在他想继续往外探的时候，解临抓住了他身后的帽子，把他往回拉。

池青说：“看到了。”

解临：“下次要干什么之前能不能通知一声，刚才心跳都差点停了，故意玩儿我呢。”

“……”

“就你会玩反向思维，是不是还觉得刚才那动作特帅？”解临的重点压根儿不在他看到了什么上面，“不要命了，万一出事怎么办？”

池青还是第一次被人劈头盖脸一顿数落：“你就不能问问我看到什么了。”

解临缓过劲之后说：“行，那你说说，看到什么了。”

池青：“一家店。”

需要把身体完全探出去才能拍到的只有那条街最尽头的一家店。

这家店店门口那扇玻璃门上用红色油漆画了很多符号，弯弯曲曲的像蛇，又像扭来扭去的虫子，颜色鲜亮，店内装潢以姜黄色、红色为主，这是一家极具特色的佛牌店，店名叫“泰阁”。

第7章

推开这家开在街角的佛牌店，玻璃门上挂着的一串铃铛和门框相撞。

“丁零——”

店里正中央摆着一个供台，供台上是一尊古铜色佛像，泰国铜雕佛像和国内传统佛像有很大区别，头顶像一座塔尖，直直地刺出去，身上斜挂着一块姜黄色的布，佛像一只手做托东西的姿势，另一只手竖起，眼睛和嘴巴雕刻得相当诡异，黝黑深邃的双眼，唇角似笑非笑。

佛像手里拖着一个小瓶子，造型和头顶那座塔尖一个样，看着像一座宝塔，底肚呈圆状。

店主穿着一身异国服饰，肤色黝黑，剃了光头，看长相不是本国人，说话时翘着舌头发音：“yindeetonrub（欢迎光临）——”

解临在店里走了半圈，柜台上除了悬挂着的一圈佛牌，还有琳琅满目的装饰摆件，店里的风格和店外完全不同，像一脚踏出了国门：“会说中文吗？”

店主点点头道：“会一点。”

解临随手拿起一块佛牌摆件：“你们家就卖这些佛牌和摆件？”

“对的，我们这是佛牌店，”店主说，“你看看有没有什么喜欢的？”

这些佛牌种类很多，应有尽有，解临手里拿着的那枚佛牌四周雕刻着奇异花纹，从佛背后伸出来好几只手，不知道寓意着什么，由于雕工并不专业，导致那张脸看着怪瘆人的。

但是解临并不在意，他甚至还随口夸了一句：“你们店里这些东西……挺好看的。”

店里熏香味浓郁，池青站了会儿受不住这股味道，便退到门口等他。

况且他也干不了这种和店长聊天的活。

解临装普通客户倒是装得很像，话题从“佛牌怎么卖？”很快转变成为“我以前在泰国生活过两年，看到你倍觉亲切”，他边聊天边四下观察。

隔了一会儿又问人家洗手间在哪儿。

“洗手间帘子里面左转。”店长说。

里里外外都简单考察了一遍，除了这家店看起来很可疑以外，目前没有发现具体可疑的地方。他们没有搜查证，不能强行翻店。

最后解临把刚才看了半天的那块佛牌买了下来，手指勾着佛牌上那根吊线：“就这块吧，结账。”

解临买完之后把佛牌扔给池青：“给。”

池青手里被强行塞进去一块佛牌，还没来得及皱眉，解临电话响了。

武志斌穿过市局长廊，边走边打电话说：“罗煜经纪人有问题，我们等会儿正要审，你们回来一趟？”

“有问题？”解临问。

武志斌不知道该怎么形容，他顿了顿才说：“一般经纪人都是负责手底下艺人的行程安排以及活动对接是吧……但是你见过自己跑去拍戏的经纪人吗？”

解临：“……？”

这还叫经纪人？

“恐怕得回市局一趟，”解临挂了电话之后说，“这里暂时放着，让市局那边再派人过来查查。”

两人走出去一段路，解临见池青不说话，以为他是今天陪着自己跑来跑去不耐烦了，看到边上有冰淇淋机，又说：“吃不吃冰淇淋？”

池青却盯着摊开的掌心看了很久，然后颇为嫌弃地将那块佛牌塞回解临手里：“……这上面是什么？”

解临看到池青那只黑色手套上多了一小摊污渍，也不知道是什么，黑色布料上多了一摊比黑色更深的痕迹。

“别动。”

解临伸手，用指腹按了按那摊痕迹。

……是油。

市局审讯室里。

罗煜的经纪人坐在武志斌和季鸣锐对面。

人是季鸣锐从片场带回来的，很普通的长相，脸形瘦长，脸上贴着八字胡，身上穿着一身戏服。季鸣锐还记得他刚下车的时候，手里拿着资料，挨个在休息区对比现场哪个人是经纪人何森。

结果压根儿没在休息区看到他。

“你找何森啊？”有人见季鸣锐在附近不停转悠，给他指了条路，“他应该在拍戏吧。”

季鸣锐回首，向热心群众指的方向看去，片场架着四五架摄像机，里头围着一群人，正咿咿呀呀地念台词，其中一个八字胡高高举起手中的地雷，怒目而视：“你们再过来一步试试？！”

“喏，”热心群众说，“那个就是你要找的何森。”

“……”

季鸣锐摇摇头把那个场景从脑海里晃出去：“你不是经纪人吗？怎么在拍戏？”

何森抓抓头发，摸不着头脑，完全想象不出自己此时此刻为什么坐在这里，半天才憋出一句：“……原来经纪人拍戏犯法吗？”

“……”

“犯法当然不可能犯法，”季鸣锐说，“只是你的行为很可疑。”

“——你为什么会去拍戏？”

一名经纪人，放着好好的艺人不运营，跑去拍什么戏。

何森面露苦色：“为了吃饭啊警察同志。

“我在公司资源不好，原先手底下带了五六个艺人，都是新人，想在圈子里出头太难了，不过两三年工夫解约的解约、绕过我另谋出路的另谋出路去了。”

他手底下这些艺人一个比一个不争气，这些年解约的解约，退圈的退圈，他这个经纪人两只脚也快踏出圈了。

何森叹口气：“我手底下的艺人就剩不下几个了，到最后我手里只剩下一个我们公司上上下下都很看好的男艺人，他刚进公司的时候毫不夸张地说，全公司的人都跑出来看他，他在我们公司初步评级是三个 S，我也曾经在他身上押注过我所有的希望，我在圈子里能不能站稳脚跟就看他了。

“但是天不遂人愿哪——！”

一众刑警没想到一个小小经纪人的心路历程都如此崎岖坎坷：“发生了什么？”

何森现在想起来仍觉得悲痛，痛不欲生：“他演技实在太差了！

“长得再好看都没用的那种差啊，我请了很多表演老师，老师们都摇摇头跟我说教不了。他自己也不努力，有时候，我真的想不明白他进圈是为了什么。”

季鸣锐：“等等，你说的这些和你自己去演戏有什么关系？”

何森像是找到了宣泄口，把这段时间经历的艰辛悉数诉说出来：“这关系可大了去了，找不到老师，也没那钱去请老师，最后实在不行我就干脆自己上去教他。那时我刚从公司得到消息，某知名导演下部戏正在筹备中，试镜时间就在下个月，这个机会肯定得去搏一搏。”

“然后呢？”

“然后因为我把全剧台词倒背如流，所以我选上了。”

“……”

季鸣锐心说这一个演戏不太好的艺人，一个不务正业的经纪人，两个人都挺离谱的。

“你说的这位艺人，是不是姓罗？”

“不是啊，”何森说，“他姓池。”

季鸣锐：“姓……池？”

武志斌也蒙了，万万没想到这次审讯又审成了一个圈：“全名叫什么？”

“池青。”

“……”

何森说完又小心翼翼地问：“你们这次找我来，是因为他吗？他犯事儿了？”

何森说到这儿，审讯室里又进来一个人。

男人即使腿上打着石膏也依旧走得风度翩翩，身高腿长，头发很明显打理过，笑着往他对面一坐，五官好看得令人挪不开眼。

何森虽然现在在拍戏，毕竟以前也是正儿八经的经纪人，他职业病复发：“这位是？”

刑警说：“这位是我们这儿的顾问，我们这儿有两位顾问，另一位……”另一位话题中心人物池顾问呢？

“他去洗手了，”解临一进来就听到“池青”两个字，没有戳破，想听听他还会说点什么，挺感兴趣地说，“何先生是吧？你继续，那位姓池的艺人怎么了……”

何森这思路一直被往这位池姓艺人身上引，他忽然懂了自己此刻为什么坐在这里。

他沉吟道：“他这个人是不怎么正常。”

何森自觉回想：“我上一回见他大概是半年多以前的事儿了……”

正如他所说，当时他得知一部很重要的戏在筹备状态，想让手底下艺人去试试戏，但当时他手底下艺人已经所剩无几，他思来想去，觉得虽然也很糊但好歹没跟他提解约的池青是他最后的希望。

“这次是个千载难逢的好机会，”何森在池青家客厅里大谈特谈，说到这部戏，语调上扬，“工作没有可以去争取，同样的，我们演技不行可以多练，失败是成功之母，我们失败了那么多次，总该有点收获了……我们不能放弃啊！”

何森从手提包里掏出两本厚厚的书：“我把原著剧本带来了，今天我们就好好琢磨琢磨角色，我带着你练。”

池青刚才睡了一会儿，此刻垂着眼，额前碎发遮在眼前，坐在沙发上像是和昏暗的光线融为一体。最近天热，他却像是怕冷一样，身上穿了件深色长袖上衣。

他无疑是漂亮的，在行业内几乎找不到对手的那种漂亮，就连气质也是独一份，独一份的“丧”。

池青看着茶几上素色的封皮和书名，倒是没拒绝，他目光从书上移开：“怎么练？”

“我最近请教了一位在华影教授表演课的朋友，我们今天先从台词开始入手，”何森发觉屋内光线不好，不便阅读，起身往窗户边走，一把拉开窗帘，“你屋里怎么那么暗？”

窗外的阳光随着这“哗啦”一声，争先恐后地照进来。

池青被这片光线惊扰，正在翻书的手顿了顿。

随着书页翻动，薄纸边侧划过指腹。

何森这下才总算看清楚他这位许久未见的艺人。

此时坐在他对面的男人，和之前看到的他相比，几乎没有什么差别。只是皮肤似乎更白了，在阳光照射下，有一种几乎快要消失的透明感。

池青对被割到的手一点反应也没有，他将指腹抵在唇边，很轻地吮了一下。

何森怔住。

他下意识想去抓池青的手：“怎么还切到手了，我看看伤口，你家创口贴在哪儿？”

池青说："没事，血已经止住了，不用折腾。"

何森这才想起来，池青很讨厌别人碰他，尤其是手。

以前带他出去参加活动，除非是拍戏途中导演实在不允许，不然其他时候池青都会戴上黑色手套杜绝与人接触，洁癖得过分。

"咳，那我们就直接开始吧，"何森坐在他对面，翻开书，"——就从这个第一幕开始。"

原著讲的是一对青梅竹马的成长故事，第一幕就是女主角考试没考好，晚上偷溜进男主家里，男主柔声安慰她。

何森带的艺人虽然都糊了，但怎么说他也是长年驻扎片场的人，虽没吃过猪肉但看的猪太多了，很快进入角色，掐着嗓子道："呜呜呜源哥哥，你在家吗……"

何森十分投入角色，他感觉自己现在就是那位十六岁的怀春少女。

池青冷淡地看着第一页上的文字，然后冷淡地说："怎么了。"

何森无法再沉浸在怀春少女的角色中，一秒出戏："……"

空气忽然安静下来。

池青抬眼："不对吗？"

何森："这，感觉不对吧。"

台词还是那个台词，味儿怎么就差别那么大呢？

何森试图引导他，于是问他："你觉得，呃，女主这样半夜翻墙出现，男主角此刻是什么心情？"

池青手指屈起，在书页上轻叩了一下，回答道："已经过了深夜一点，本该是他的休息时间，原文中有描写男主角正处于高三阶段，学业繁忙，女主角这会儿来打扰他……"

何森捕捉到了关键词："等等，你觉得是打扰？"

池青回他一个"你在说什么废话"的眼神。

"这怎么会是打扰呢？！"何森张着嘴，脑回路差点被池青带偏，"她是你从小一起长大的邻居妹妹，你们俩关系很好，你应该关心她啊。"

第二幕。

女主早上在楼下等男主一起上学，把早饭递给男主的时候，男主笑着在女主头上揉了一把。

何森羞怯地把刚才池青削了一半的苹果当道具递过去："给你带的，就知道你今天又起晚了。"

何森说完台词，又很主动地俯身把脑袋凑到池青面前方便他摸。

轮到池青表演了——

何森眼睁睁看着池青毫无感情地勾了勾嘴角。

接着池青抬手的动作和刚才视频里，池青去掐女人颈动脉的动作相差无几，明明只是一只手，那只手还因为有洁癖只是虚虚地搁置在空气里，并没有真的摸上来，何森却感觉自己打了个寒战，猛地把脑袋缩了回去。

池青有些不耐烦："又有问题？"

何森心说问题大了。

"首先你这个笑就不行。"

"？"

"没有感情。"

何森觉得池青这演技三言两语说不清楚："你家哪儿有镜子？"

洗手间里。

对着硕大的镜了，镜了里映出两张脸。

一张脸虽样貌平平，但笑得很有亲和力。

何森指指自己的嘴角："你跟着我笑，嘴角幅度上扬到这儿。"

镜子里另一张脸没什么表情。

何森催促："快点。"

半晌，池青按照他的要求笑了。

何森这辈子总算见识到什么叫标准的皮笑肉不笑。

池青长得好，笑起来自然不难看，只是他的笑挂在脸上怎么看怎么奇怪，就好像戴了一副不合时宜的面具，眼底又毫无波澜。

何森脑海里回想起之前导演说过的话来："但凡他能演得正常点……"

何森终于绝望地认识到，他带的艺人好像不正常。

"最后还是去试镜了，"何森回想到这里，只想感慨命运是如此的阴错阳差，"我们排最后，找不到搭戏的，导演随手指了指我，让我站他对面演女一，我就上了。"

经纪人带着艺人去试戏，最后导演却向经纪人抛出橄榄枝："你对我们的剧本熟悉度很高，可以说是倒背如流啊，感情也很充沛，平时一定没有少练习，我们这儿正好还缺一个很重要的配角没有定下来，你的形象也很符合，你有意向吗？"

何森蒙了："……导演，其实我……我……我也不是不行！"

"——事情就是这样。主要我当时想了想，我也要吃饭，既然指望不上手里的艺人，那我就靠自己。"

何森说完这些，觉得审讯室里氛围似乎不太对。

对面那位长着一张让他很想签约培养的脸的解顾问手抵着额角，似乎一直在笑。

季鸣锐也没忍住，他没想到自己兄弟去演艺圈沉沦了一圈，愣是把自己经纪人拉拔成了一代青年演员，但是这是一个严肃的地方，他得端正态度："咯，撇开这个姓池的，你仔细想想，手里有没有姓——"姓罗的艺人。

季鸣锐话没说完，因为手套上沾上不明油渍之后洁癖发作，在洗手间足足待了有十来分钟的池青总算推门进来。

直到这位昔日的同事往他对面一坐，何森才重新找回声音："你怎么在这儿？"

池青："怎么是你？"

何森："……"

而且池青既然能坐在对面，身份自然不言而喻："你这是……转行了？"

比起转行，他宁愿相信池青是犯事儿了才会出现在这里。

池青懒得解释："差不多吧。"

解临倒是替他说得比较完整："不好意思何先生，他是我搭档，刚才主要是出于私心，想了解一下他之前的工作经历，我们回到正题，罗煜你还记得吗？"

何森深受池青转行带来的震撼，大脑艰难运转，隔了很长时间才说："……记得。"

"但是他的行程安排其实跟我并没有太大关系，练习生每天的任务就是在公司练习，都还没出道呢……所以我们并没有太多往来。"

何森很配合，从他这边也的确没有找到什么突破口。

倒是何森临走前，夸了一句解临手边的佛牌："你这佛牌做工挺不错的。"

解临把那串佛牌拎起来，挑眉问："你懂这个？"

何森"嗐"一声："圈子里很多人都信这个，求运势的太多了，不管是没名没姓的小艺人，还是圈里数得上号的大人物，很多都会信这个。"

解临捕捉到关键词："求运势？"

何森："这圈子有个特点，就是谁也说不准你下一秒什么样，有过气的，有爆红的，也有翻红的，之前某知名女星就去请大师算过自己能红多久、要怎么样才能继续红下去之类的。我刚入行的时候也觉得玄乎，不过时间久了也会去烧烧香，你还真别说，有时候这玩意儿真的古怪得很。"

池青像一个圈外人在听八卦似的："还有这种事？"

"……"何森现在还是不知道自己该以什么心情面对他，说，"你当然不知道了！"何森还想说，你平时关心过这个圈子吗？！你关心过自己的事业吗？！

但他没说出口。

"佛牌在制作的时候会用什么东西浸泡吗？"池青忽然又问，"比如说，一些

油状的液体。”

听到这个问题，何森支支吾吾左看右看：“我在这里说这些封建迷信不会被抓吧？要没事的话我就说了啊，我发誓我只是听说，可从来没干过那种违法乱纪的事儿。很多人会特意去购买……那什么油浸泡过的佛牌，据说效力比较强一些。”

池青：“那什么油是什么油，说人话。”

何森继续支吾：“就那什么油，那个，哎呀，就是尸油。”

池青一愣。

除了感觉案子走向在眼前一点点明朗起来以外，还觉得手痒。

何森补充道：“把尸体挖出来用热蜡烤，从皮肤里渗出来的玩意儿就是尸油，你这块应该也有吧，我看它看起来还挺油亮的。”

池青：“……”

刚才只洗了十几分钟的手，还是太草率。

池青看着自己刚才被浸透布料的油沾染过的掌心，起身说：“我再去趟洗手间。”

洗手间里。

池青一边听着水流声一边想刚才何森的话。

——“就是尸油！”

……

池青正想着，要洗第三遍手，结果还没去摁洗手液，一只手从侧面伸过来把水龙头拧上了。

池青也正好要找他：“那张被剥下来的人脸可能和尸油有关。”

解临“嗯”了一声，然后从边上抽了几张干纸巾，捏着池青的洗到泛红的手腕，沿着湿漉漉的指节一根一根擦过去，从指根处仔仔细细擦到指节。

男人说话时眉眼低垂着，这个细微的动作让他平时四处放送的“风流”神色老老实实汇聚在一块儿，悉数撒在池青手上，没有立刻回答关于人脸的话题：“都洗几遍了，有你这么洗手的吗？”

池青那双被弄脏的手套早就扔了，擦干净手之后，解临又帮他把衣袖拉下来，过长的毛衣袖口刚好遮住他的手。

池青感觉那天趴在会议室里那种忽然耳边多出很多嗡鸣声的感觉又回来了。

周围变得更安静，但也更吵。

就连从水龙头上坠下来的一滴水，“滴答”声都比平时更明显，他脑子里乱糟糟的，视线落在解临分明的骨节上，千言万语最后都化成一句：“……你洗过手没有。”

解临："……"

"洗过了，"解临掌心摊开给他看，之前碰到过佛牌的地方干干净净，"就知道你会问这个，刚刚在他们办公室里洗的。"

池青其实本来不是想说这个。

他张了张嘴想解释，但是自己也不清楚不说这句的话，他是想说些什么。

……总之，去诊所找吴医生这件事看来是刻不容缓。

解临没有多在这个话题上停留，他的要求很低，对他来说，池青刚才没有甩开他的手让他滚出八百米远就算不错了："你刚才说，人脸可能和尸油有关？"

池青手指微蜷，离开冷水之后，手指温度逐渐回升，似乎还沾着刚才解临手上的温度："不止，跟那个消失的死胎可能也有关联。"

他继而又说："你听说过古曼童吗？"

次日，天气转阴，乌云笼罩在城市上空，看样子即将迎来一场大雨。

"泰阁"一如既往地冷清，店里放着一首听不懂的异国歌谣，配上窗外昏暗的天气，让店里看起来更加阴森古怪，那尊佛像依旧似笑非笑地对着店门口。

池青和解临再次踏入这家店，这回在店里转悠了一会儿之后，解临冲店主勾了勾手指，等人凑近，他压低声音问："你们这儿有没有卖其他东西的，能够转运势的那种，比如说……用死胎做的。"

"——那玩意儿我们这儿可没得卖！"店主操着他那口奇怪的口音说，语气听起来有些激动。

太想反驳，有时候往往在告诉对方事实刚好和他说的相反。

"你可以开价。"

店主连连摆手："真的没有，没有，有的东西店里都摆出来了，要不您换家店吧。"

池青站在解临边上，没这个耐心听他俩唠嗑，低声问："你行不行？"

他偏过头看一眼外面的街道，这次行动和市局里报备过，季鸣锐他们正在来的路上，等会儿就会蹲守在街边实时监听他们这边的情况："现在街上没什么人，他们也还没到，要动手的话得尽快。"

解临实在佩服池青这种简单粗暴的想法。

解临没有正面回应池青的话，只说："你把手伸出来。"

"？"

池青没懂他的意思。

解临从大衣口袋里掏出一颗糖，把糖放进他手里："池助理，摆正一下你的想法，你这样不光问不出来，还得去市局接受批评教育。我们是遵纪守法的好公民，怎么能违法扰乱社会秩序呢。去边上坐一会儿，在你这颗糖吃完之前我就能搞定。”

池青拿着那颗糖退到门口去了。

糖衣还没拨开，就看见遵纪守法、不违法扰乱社会秩序的好公民正在向店主“行贿”。

解临知道这种灰色产业链不可能进来一个人问，就都明明白白地告诉对方，那这家店估计都开不到现在，他装作趁人不注意的样子，单手把手腕上那块一看就售价不菲的表摘下来，再以极不经意的动作塞进店主手里：“哥们儿，不瞒你说，我是做生意的。”

于是池青又看着店主一边做着拒绝的手势，一边把那块手表放进了自己的兜里。

“做生意的？”店主问。

“生意场上风云莫测，前段时间我投了一个项目，亏了八千万，”解临说得像模像样，“现在公司资金链都断了，发不出工资，员工都在闹，我实在是没有其他办法了，听一个合作过的老总说你这儿有能改运势的方法，我就过来看看，上回我在你这儿买过一个佛牌，记得吗？”

“哦，对，我有印象，”店主说，“你买过我家的佛牌。”

做生意这种事情，有一就有二，上回解临买完佛牌之后无事发生，店主自然会把和他交易的安全系数往上调高。

“他是？”店主又看向池青。

解临：“公司合伙人。”

这合伙人看起来心情不太好的样子，看来破产的概率很大。

店主又在脑内检索自己平时合作过的生意人都有哪些：“介绍你来的人，是小王总？”

“……”

池青听到这里额角一抽。

没想到这都能让解临瞎猫碰上死耗子，还真有这么个老总。

解临哪管人家是姓王还是姓李：“对，是他。”

店主看解临的眼神变了，解临和池青两个人这副样子，说自己是经商的、家境不错，不会让人起疑，于是刚才店主还一口咬定自己这没有的东西，现在却说：“你等等。”

店主把店门上挂着的“营业中”的牌子翻过去，又走到那尊佛像面前，转动了一下佛像手里托着的那个瓶子，佛像边上很快出现一扇暗门，门后连接着一条黑黝黝的长廊:“你们跟我进来吧。”

池青看了一眼那道门，又看了一眼解临:“你瞎扯还真扯出个人来。”

不过解临也并不是随口胡诌:“生意圈里讲究风水，和殷宛茹所在的演艺圈并没有什么两样，都是为了利益，熙熙攘攘皆为利来利往，如果张峰拍的就是这家店，那这家店肯定不简单。”

这家店能做到制造这样一道暗门，也得益于这条街过于清冷，周边的店铺都在待售状态，谁也不会想到其中一家店被人暗地里打通，做了一间“隔间”出来。

长廊墙壁坑坑洼洼，没有装修过，仍是毛坯的模样，墙上安了几处设计成红色蜡烛模样的灯，烛影绰绰，虚假的灯焰看起来极为逼真。

从长廊尽头传出一阵悠长诡异的佛乐。

由于长廊设计并不利于声音传播，所以那声音听起来似乎离得非常遥远，等几人走近了才逐渐变得清晰起来。

池青仔细听了几句。

……语言不通，也不知道它在唱些什么。

与此同时，在街道边某辆面包车里实时监听的季鸣锐等人戴着监听耳机，也听到这段音乐:“这唱的什么，阴乐？”

苏晓兰通过车窗看向那家奇奇怪怪的店:“这任务换成是我去，还真不一定能面不改色进展下来。”

这种带有诡异色彩的东西，总是容易让人浮想联翩。

姜宇:“他们就不害怕吗？”

“解顾问我是不知道，”季鸣锐说，“但是那位姓池的绝对不可能怕，就是这店主卖死胎，死胎复活在他面前对着他眨眼睛、龇牙咧嘴说话，他恐怕眼睛都不会眨一下。”

“……你说得对。”

监听耳机里佛乐越来越大声，之后窸窸窣窣的一阵过去，池青、解临他们似乎是坐了下来，然后里面传来店主的一句话:

“那玩意儿我们这儿确实没有，这里把控很严，我也找不到渠道，这里不像在我们那儿，我还能给你弄到，但你要是有门路，可以自己去找。”

长廊尽头是一间很小的隔间，里面并没有像他们想象的那样摆满血腥恐怖的东西，隔间里只有一张暗黑色实木桌子，几把椅子，还有几排深色瓷罐。

瓷罐很小，大概一个拳头那么大。

“但你要能找来，我可以教你怎么制作，”店主指了指那些瓷罐说，“这些都是尸油，你们要的东西我真不卖，但是我卖这些。”

那些瓷罐像酒瓶一样用木塞封存着，一排一排摆在那里，很难想象这是用多少具尸体烤出来的油。

池青虽然不怕这些东西，但是他看到这瓷罐就想到昨天手上沾到的东西。

坐在这里是一件对洁癖充满考验的事。

池青刚缩了缩手，解临像是知道他在想什么一样，很轻地碰了他一下：“没事，等会儿我拿，碰不到你。”

解临说完那句只有他和池青两个人才能听见的话之后，又问：“门路我应该是有，那要怎么做？还有那东西有没有什么要求？如果不是随便找一个就行的话，恐怕得费点力。”

“当然有要求，”店主的声音由于口音特殊，听起来像是漏风一样，又低又沉，“这件事情不像你想的那么简单，不费点力做不到。”

他身后空白墙面上挂着一幅画，画上还是一尊佛像，只是这尊佛长着一张孩童的脸，色调幽暗，给人感觉很不舒服。

店主停顿了一下说：“是不是画吓到你们了？”

他正要说每个来的客人都会被这幅画吓到，就听见坐在对面的两个男人异口同声说：

“没有。”

“挺好看的。”

“这笔触一看就是大师级别，画得惟妙惟肖，别有风格，”解临又说，“不谈画了，您继续，我公司破产在即，比较着急。”

店主：“……”

池青：“……”

“你应该有竞争对手吧，或者说，你身边发展比较好的朋友……”店主重回正题说。

池青算是听明白了：“这就是‘转运势’的方法？”

店主微微一笑：“没错，它被认为是一种媒介，可以做到那些你想做的事。”

池青又问：“那油呢，从你这里买就行？”

店主：“可以从我这里买，但我这里的油并不是上选，都是从别的地方运来的，多的我就不能再说了。”

池青和解临不约而同想到罗煜的惨状。

那么上选就是……

店主诧异地看了他们一眼。

解临："来之前做过功课，毕竟运势再转不过来，我就要去跳楼了。"

店主："跳楼不至于吧。"

"至于的，"解临说，"行业常态，我连跳哪栋楼都已经挑好了。"

店主目光缓缓转向池青："你也要跳？"

"……"

店外。面包车内。

"我去，太变态了。"季鸣锐搓搓胳膊上的鸡皮疙瘩。

苏晓兰也被恶心到："我以前只在书上看到过这种说法，没想到居然是真的。"

姜宇身为学霸，则第一时间开始埋头搜相关资料，一副要把这东西研究透彻，回头给它写出一篇论文的架势，直到一只手拉开面包车车门。

解临想打探的东西都问得差不多了，他和池青两个人交了一笔"定金"，交定金的时候还表演了一番自己现在真的很穷："我微聊账户里还有一点钱，剩下的我过两天给你。"

解临被池青扶上车之后隔着车窗指着那家店说："先别抓他，这家店要是出了什么事儿很容易打草惊蛇，尽量让他配合调查，仔细盘问都有哪些人在案发时间前后光顾过他的生意。"

解临继续道："凶手和殷宛茹或者罗煜有竞争关系，并且知道殷宛茹怀孕，也知道她打下来的孩子会被扔在哪里，这个人应该离我们很近——你之前说，罗煜失踪是他同公司的人来报的案？"

"报案人是他同为练习生的室友，叫卢卡斯。"季鸣锐边给市局打电话边回忆道。

解临："外国人？"

季鸣锐："……只是艺名。"

季鸣锐简单给市局汇报完情况，市局那边很快给他反馈："他今天上午来过一趟，把殷宛茹带走了，目前电话打不通。"

季鸣锐傻眼："带走了？！不是，殷宛茹收买医生的事情结束了吗就带走？谁放的人啊……"

解临接过他的手机，按下免提，电话那头的声音从听筒里扩散出来："她经纪人把事情全揽自己身上了，说都是自己干的，和殷宛茹没关系，她完全是被胁迫的。"

解临说："这理由你们也信？"

“不信也没办法啊，”那头儿道，“确实是她经纪人去联系的医生，找不到殷宛茹的联络记录，她现在要是说自己其实不知情，在没有确切证据之前也只能把她放了。”

与此同时，华南市某条高速路上，一辆深蓝色雪佛兰不疾不徐地行驶着。

驾驶位上黑头发黑眼睛的男人看起来年纪不大，五官轮廓有一种介于男人和少年之间的青涩，笑起来还有两颗虎牙，很容易让人心生好感，他很会打扮，用大众的评价来说，身上有一种“星味儿”：“宛茹姐，要不要喝点水？我车后座有水。”

殷宛茹这几天经历起起伏伏，精神状态并不好，她素颜比妆后看起来肤色暗沉许多，索性大墨镜遮住她半张脸：“不用了，快点开车吧。”

她手肘撑着车窗，看了会儿车窗外的景色，心说她进警局的事情外面恐怕都已经闹开了。

殷宛茹越想越烦躁，她收回目光，看向驾驶位上的人：“以前没怎么见过你，你也是咱们公司的？”

卢卡斯笑笑：“我就是一公司练习生，没出道，也没什么名气，您不认识我很正常。”

殷宛茹多看他了几眼：“不过看你有点眼熟。”

前面遇到红灯，卢卡斯缓缓将车停下，说：“我是罗煜的室友，你来看过我们训练。”

殷宛茹现在听到“罗煜”两个字就头疼。

她也是刚得知罗煜死了，她和罗煜谈不上有多深的感情，甚至嫌他不听话，意外有了孩子，害得她落到现在这番境地，但是不知怎么的，罗熠离奇死亡的消息搅得她心神不宁。

红灯过去，车辆离开车流，拐进一条车辆较少的道路上。

殷宛茹看着车窗外渐行渐陌生的景色，犹疑地坐起身说：“这不是回我家的路吧？”

“李姐（经纪人）说让我带你去个安全的地方，家里和公司可能会有狗仔蹲守。”

这个解释合情合理，殷宛茹又坐了回去：“也是，指不定在我家门口守多久了，就想看我笑话……对了，我手机呢？”

卢卡斯将一个精致的晚宴包递过去给她。

另一边。

季鸣锐："给殷宛茹打电话，她电话也打不通吗？"

姜宇："我试试。"

"让晓兰打，"解临说，"女孩子之间比较好说话。"

苏晓兰电话拨出去以后听着电话那头传来的声音，不确定殷宛茹会不会接电话，"嘟"了几声之后总算被人接起："喂？"

"殷小姐，是我，我们在市局见过面，"苏晓兰照着解临打在手机屏幕上的话说，"打扰你了，刚才得知你已经走了，因为工作人员的疏忽这边漏了个手续，得找你补签一下，你看你如果没走远的话方便折回来签一下吗？"

殷宛茹那边噪声很多，盖过了她的声音，她在一片嘀嘀呜呜的噪声中说："不方便，漏了手续是你们自己的问题。"

说完她便挂断了电话。

"……也太不配合调查了。"季鸣锐吐槽。

他吐槽完，看到池青在边上摆弄手机，黑色手套摘了一只："你在看什么呢？"

"查资料。"池青头都没抬。

"？"

"华南市码头分布图，"池青说，"刚才电话里有船笛声。"

刚才他们只顾着听殷宛茹说话，根本没有注意到那头的噪声是什么，池青一提，这才恍然大悟：那是码头！是船只！

季鸣锐虎躯一震："我查查。"

"不用了，我查到了。"

池青将手机屏幕上那张市内地图放大："12 公里外的郊区，沿江有一个码头，那边集卡很多，所以除了船笛声以外还有很多集卡车聚集产生的噪声，他们再往前开就会经过进岛的隧道，现在通知下去，从隧道口拦截往来车辆或许还来得及。"

"……"

季鸣锐感觉池青时常刷新他的认知，在短短一分钟不到的通话时间里，他居然能够凭借这么微小的细节大概估算出对方现在在什么位置，并且连抓人这步都省了。

车厢内一片寂静。

池青看着他们，觉得匪夷所思，正想说为什么不开车。

就听解临抢先一步："开车啊，愣着干什么。"

他们现在的位置安排，他和池青两个人分别坐在季鸣锐两侧，季鸣锐硬生生卡在两个人之间。

解临拍拍季鸣锐的肩："我等你下车等很久了，你还要在我和我助理之间挤多久？"

"……"

"去前面开车，"解临说，"人民需要你。"

面包车后面有两排座位，季鸣锐和姜宇去前面之后，最后一排就只剩下池青和解临两个人。

解临想拿边上的水，然而腿脚一时间不方便动，池青很自然地把解临想拿的那瓶水递了过去。

他递完才发现自己什么时候这么习惯帮身边这人拿东西了。

解临也意外，准备好的说辞都没来得及用上："今天这么自觉？"

池青不想放大拿水这个行为："拿瓶水而已。"

"嗯，"解临回忆起前些天，"我都做好你对我说'渴死算了'的准备了。"

"……"

半个小时后，隧道口。

殷宛茹发觉车已经在隧道口停了很久了："前面怎么回事？"

卢卡斯说："好像在抽查。"

他手指搭在方向盘上，微微垂下眼，隔了一会儿又抬起眼笑着说："这条路看起来走不通，要不我们换条路走吧。"

殷宛茹现在只想早点回去休息，哪顾得上他说什么："行，或者在附近找家酒店放我下来，我累了。"

殷宛茹手垂下去，打算在车上睡会儿，刚闭上眼，垂下去的手摸到座椅底下的一个黑色塑料袋，这个塑料袋和照片里装罗煜的塑料袋一样。

耳边忽然传来一句话，罗煜的室友搭着方向盘问她："眼熟吗？"

姜宇坐在副驾驶观望面前那条隧道，隧道上车辆大排长龙："前面有辆车退出来了，跟上去。"

季鸣锐于是踩了一脚油门。

两辆车之间的距离拉近之后，他们才看清那辆车内的情形，殷宛茹鼻梁上那副大墨镜实在招摇，想让人认不出都难。

池青："你怎么绕开了。"

季鸣锐："我从那条道上往前开比较快，等绕到他们前面就能让他们停车了。"

池青想不通为什么把对方逼停而已，要这么麻烦："直接撞上去不是更快。"

“……？！”季鸣锐差点猛踩一脚刹车，把全车人都颠出去。

大哥，这样快是快。

死得也更快啊！

正常人哪里会有这种思路！

在如何“把别人的车逼停”这一方面，正常人的反应都是季鸣锐这种，平和地绕到前面，对方也就自然而然停下来了，哪有一上来就撞的。

解临也嫌弃季鸣锐开车磨叽：“要不是我腿受伤，现在早就追上了。”

“还好你俩一个腿受伤一个不会开车，”季鸣锐一边绕路包抄一边说，“不然我、晓兰、姜宇，我们三个怕是会尸骨无存。”

季鸣锐的方法虽然慢了一些，但也成功将车横停在卢卡斯车前，他走到那辆蓝色雪佛兰车前，拍着玻璃车窗喊：“下车！”

卢卡斯艺名起得虽然洋气，但是本名相当普通，叫刘强强，他一开始坚持重复“我不知道你们在说什么”。

“不知道，不知道你车上放什么塑料袋？”季鸣锐问。

“防止晕车，放塑料袋不是很正常吗？”

“塑料袋里这些榔头、钳子的工具也正常？”

他抬起头：“车有损坏的时候可以修，也很正常吧？”

“……”

直到负责去卢卡斯家里查看的刑警带着一坛被塑封袋小心封存起来的证物回来：“在他家里发现的，他家有一间房上着锁，进去之后发现里面是个佛堂，供台上就供着这玩意儿。”

瓷坛和他们在店主那儿看到的装尸油的坛子很像，但是比那些装尸油的坛子大得多，足足有一个手掌那么大。

一扯开塑封袋，这个看起来像酸菜坛子一样的玩意儿立刻飘出一种难言的气味，盖在瓷坛上的红布染着不知名的污渍，从艳红色变成很深的脏红色。

殷宛茹脸色煞白：“……”

全场所有人脸色都不太好看。

说所有人不太确切，有两位不同寻常的人物存在——他们市局两位顾问面不改色。

“中午没吃饭，你应该饿了吧？”其中那位姓解的顾问说。

“还行。”池顾问答。

于是两个人就等会儿吃什么展开了一段谈话。

“市局外面有家日料店，评分还不错，等会儿去试试？”

“生冷，不想吃。”

“火锅呢？”

“味道太重，不去。”

“……”

季鸣锐忽略边上这两位，继续严词厉色拷问道：“你解释解释，这个东西难道是自己长了翅膀飞到你家里的？”

卢卡斯看着那个瓷罐，忽然笑了，他长得好看，笑起来却倍显阴森：“我和罗煜是同期生，他来的时候什么都没有学过，唱歌不会跳舞也不会，凭什么第一部戏就当男主演？”

卢卡斯说到这儿，又转向殷宛茹：“或许这个问题应该问问你吧，殷姐，你应该很清楚才对。

“我从八岁就开始学舞蹈，从那时起所有的付出都是为了实现梦想，可是没人告诉过我这个圈子里根本没有梦想。”

卢卡斯自嘲地一笑：“什么梦想啊，根本没有人在意，他们只在意能从谁身上得利而已。”

卢卡斯的人生经历很简单，从很小的时候就为了出道而努力，从年幼不谙世事起就认为舞台是闪闪发光的，是他最向往的地方，然而随着越长越大，随着和这个圈子深入接触，他发现所有美好都在他面前破灭。

他在圈里一直寂寂无名，成功入选当上练习生之后也不知道到底什么时候能够出道。

在这份迷茫与压力之下，他和罗煜被公司分配进同一间宿舍。

罗煜长得好看，会来事。没什么实力，但和公司管理层关系不错，常常毛遂自荐陪着去应酬，还因此认识了殷宛茹。

这些都是卢卡斯不具备的，他只知道怎么把舞跳得更好，怎么把音练得更准。

“因为不红，所以公司里很多人都瞧不上我，”卢卡斯说，“好不容易有演出，给我的衣服裤子是破的，没有造型师，让你候场，一候场就是一天，结果因为时间太久来一句‘他那个表演就撤下去吧，反正也不是很重要，又没人认识他’，从那个时候起，我就在心里告诉自己我一定要红。”

“说得通，”解临在和池青探讨“吃什么”之余，分出一点精力点评这段人生经历，“反社会倾向形成的一种标准模型之一。”

“罗煜呢？”季鸣锐问出关键。

卢卡斯盯着瓷罐说："从某种角度上来说，他就在这个罐子里。"

"……"

更详细的细节，比如从哪儿得知那家店有所谓的扭转运势的方法，再比如怎么和蒙面人联系上的，这些深入细节还有待后续调查，但是这个案子初步得出了结论，也抓到了凶手。

卢卡斯被两名刑警押着往外走，和池青擦肩的时候，卢卡斯一时间没站稳——由于他先前被逮捕时想跑，腿上挨过一下，这会儿又被人强押着，没走几步踉跄了一下，手只能抓上离他最近的一样物体——池青坐着的那张椅子扶手。

池青的手刚好正搭在扶手上。

池青原本百无聊赖地坐着，在八大菜系里做选择，耳边忽然传来半句话：【……别担心，我会保护你。】

"……"

池青微微抬眼，只看到卢卡斯擦肩而过的侧影。

他希望这个案子早点结束，这样就不用每天被某个腿脚不利索的人缠着去这儿去那儿了。

但是就在所有人以为案件结束凶手落网的时候，只有他听见了这么一句没头没尾的话。

……我会保护你。

那个"你"是谁？

保护谁？

卢卡斯被押走后，忙碌半天的新人小组集体呼出一口气，季鸣锐很不顾形象地四仰八叉跌坐进办公椅里："这案子总算结束了……"

池青心说，不，这个案子似乎还没结束。

简单吃过饭后，几人前往找到瓷罐的房间现场。

卢卡斯除了在宿舍居住之外，还在离公司不远的地方租了一间套间，他们去的时候单元楼走廊上已经贴上了封条。

他宿舍收拾得很乱，外面那间单独租的套间倒是很整洁，套间是两室一厅，其中那间较小的房间先前被刑警踹开，门板歪斜——这是一间诡异的屋子。

墙壁上贴满了奇怪的字符画帖，黄底红字，看不懂的字符弯弯曲曲地趴在上头，这些字符画帖密密麻麻地贴了一整面墙，房间正中有一个红木台，装着死胎和尸油的瓷坛之前就摆在木台正中间。

两面墙壁之间以不同角度连接着好几条挂着铃铛的红线。

整个房间看着令人汗毛直立，奇怪的气味，密集的字符，还有念佛机里奇奇怪怪的哼唱。

如果这个案子没有结束，那就一定还存在某些细节。

池青在这间房间里转了很久，没有发现什么异常，他趁着其他人不注意转身出去，途经洗手间，他脚步顿了顿，然后用戴着黑色手套的手推开门走了进去。

池青刚进去，门又被人推开，然后不大的洗手间挤了两个人。

池青："你进来干什么？"

"这话应该我问你，"解临说："你很反常啊池助理，刚才吃完饭明明可以早点回去却非要跟过来勘查现场，不符合你的作风。"

池青不动声色地打量这间洗手间，随口道："我吃饱了太闲。"

解临"哦"了一声，又提出一点："那刚才那个洋文名碰了你的手，你都没动静。"

池青："……"

解临这番话听起来已经不像在怀疑他，倒像在埋怨，埋怨他让别人碰了手都没反应，而且这件事情发生的时间是一个多小时以前，很明显他记挂很久，就等着找个契机把这件事拎出来说。

池青不知道怎么回答："不记得了。"

池青说完发现解临仍看着他。

他忙着找东西，解临戳在这里挡着真的很碍事，于是他深吸一口气："你还有什么话？"

解临没有放过这个话题，他自己站着不方便，倚靠在门边叹了口气，虽然他这张脸即使说出类似这种好像被人伤害过的话并没有什么信服力："……你以前从来不让我以外的人碰手。"

"……"

"没别的事就出去。"

"有，"解临本来装弱的时候垂着眼，此刻将眼睛抬起，瞳孔直直地看向他，"你在找什么？"

如果是之前，池青会想着找个借口糊弄过去。

但是解临不是傻子，他在这人面前暴露过几次，以解临的智商，没准儿早已经暗地里猜得八九不离十了。

池青索性就没有遮掩，只说："我表现得很明显？"

解临："挺明显的，起码我一眼就能看出来。你戴着手套没有摘过，也没碰到什么东西，所以进来不可能是因为你需要洗手，如果不是为了洗手，平时就是求爷爷告奶奶让你进别人家洗手间你也不会进去……所以你在找什么？”

池青的想法都被他说中，他避开解临的眼睛，然而这一侧头，正好对上浴室角落里一枚发光的物体，那东西很小，闪着精巧且圆润的光，那是一枚珍珠耳环：“这个案子可能没有结束。”

十分钟后，解临披上风衣外套，走之前拍了拍季鸣锐的肩：“你们先查着，我们回总部一趟。”

回总部的路上。

解临腿受伤之后请了代驾司机，他和池青并排坐在后座上：“仔细想想，逮捕他的时候确实有点过于顺利了。”

“他没有没收殷宛茹的手机，甚至让她接了电话，而且当时那通电话里殷宛茹的声音听起来不像受到威胁的样子，如果一个人决定杀另一个人——比如说我，”解临淡淡地说，“假如我想杀殷宛茹，她都已经上车了，我不可能让她接那通电话。”

池青：“我也不可能，她上车之后五分钟内就会被迷晕。”

但事实却是，殷宛茹不仅接到了电话，并且没有受到任何实质性的伤害。

殷宛茹透露过手机是对方给她的——他没有理由做这种随时可能会有纰漏的事儿。

很多先前没有细思的事情一桩一桩浮出水面：“而且他一个不受公司欢迎的签约艺人，和殷宛茹也并不熟，公司为什么会选择派他过来接人？”

这里面有太多说不通的地方了。

这个时间不是通勤时间，车辆很快从高速路上拐出去，前面不远就是市局门口。

“还有这个珍珠耳环，”解临捏着耳环上头银色的耳针，“会是谁落下的？”

市局里人员忙碌，自从解临恢复顾问身份，以及自己辖区内接连发生多起性质恶劣的刑事案件，武志斌又在市局住下了，他草草扒拉完“午饭”，刚放下饭盒就听人喊：“斌哥，解顾问他们又回来了，一回来就把卢卡斯提出来复审。”

“回来干吗……”武志斌一抹嘴巴说，“案子不都结束了吗？”

“这……我们也不知道。”

“人现在在哪儿？”

“3号房。”

武志斌：“这臭小子……行了，我知道了。”

武志斌去观察室的时候，推开观察室那扇门，刚好听到解临问话的声音，这位与他相识多年的“后辈”此刻正笑脸盈盈地问对面的人：“你犯罪的时候是什么感觉？”

武志斌：“……”

跟在武志斌身后的另一名刑警：“……”

第8章

卢卡斯坐在对面，没想过自己会被叫回来，而且对方一上来就问这么刁钻的问题，他细不可觉地皱了皱眉：“你问这个干什么？”

解临弯起眉眼，相当随和地说：“做我们这行的，需要了解罪犯的心理，这样才能在下一次遇到同类型犯罪的时候更了解行凶者的意图，所以特意找你交流一下。”

卢卡斯显然没有想过这一层，他讷讷地望着解临。

坐在他面前的到底是顾问，还是从其他审讯室里押过来的犯人？！

半晌，卢卡斯才摇头说：“不，我没有什么特别的感觉，第一次做这种事，脑袋一片空白，等我回过神已经做完了。”

解临看着他，良久才道：“什么感觉都没有吗？”

卢卡斯发现对面这位顾问眼睛生得很漂亮，狭长的一道，瞳孔颜色很浅，但是此刻被他这样盯着好像逐渐被吸进一阵深不可测的旋涡里去。

他双手不由自主地交握，手指掐着虎口说：“没有，解先生，你的想象力未免过于丰富了。”

观察室里。

武志斌原先还不懂解临到底是想干什么，听到这里才有了些眉目。

武志斌俯下身，凑近那扇玻璃，使得自己将对面房间里的情况看得更清楚一些，他喃喃道：“不对劲。”

“我也觉得不对劲，”武志斌边上那位刑警点点头说，“解顾问的确不对劲，要不是他有相当充分的不在场证明——”

“……”

武志斌在那名刑警头上敲了一下，怒斥道：“我是说这嫌疑人不太对劲！”

一扇玻璃之隔的另一间房间里。

解临忽然笑了一声，他嘴里说着再怎么骇人的词句，语调都轻松随意得像在谈论天气：“你那么憎恶他，甚至还把他的尸体切成了这么多块，在做这些事的时候却一直都没有什么感觉——人真的是你杀的吗？”

“……”

审讯室里陷入一阵短暂的寂静。

几分钟后池青打破寂静，微微颔首，冲着解临点评道：“听下来比较像你杀的。”

解临：“……”

很显然，这些杀人时的心理活动卢卡斯压根儿答不上来。

一句“我大脑一片空白”难免有逃避话题的嫌疑。

这种仇杀，一般伴随着激动、兴奋……

所以事情不一定是他干的。

这个认知让所有人头疼万分，他们好不容易抓到的落网嫌犯似乎不是始作俑者，他在帮谁顶罪？他身上又藏着什么秘密，当初说的那个嫉妒罗煜的故事又有几分真几分假？

刚刚拨开没多久的迷雾再次聚拢，事况变得扑朔迷离起来。

接到市局电话的时候季鸣锐还在卢卡斯租的房子里继续搜证，在柜子里翻翻找找，猛然听到市局那边传来消息：“什么？人可能不是他杀的？！”

季鸣锐对着面前阴森森的屋子，无数张符纸陷入沉默：“都这样了，现在说不是他杀的，那还能是谁？”

但是对此，池青却持不同看法：“没那么麻烦，罗煜身上很难解释的东西是很多，但他还是那个离真相最近的人，不如把问题倒回去想，他为什么忽然来报案说罗煜失踪？”

几人一边往外走一边讨论案情。

池青已经习惯市局这里的环境，人虽然多但是井然有序、不算吵：“一个人做任何事情，都有他的行为动机，这件事情和他没有任何关系，他来报案的目的是什么？”

一个和案件没有直接关系的人，他原本可以不掺和进来，却选择在这个时间点报案，又把证据送到他们手里顶下这一切，他要保护的人是谁？

长廊上人来人往，武志斌冲路过熟识的人点点头，然后说：“他们圈子里人际关系实在复杂，很多事情不是说查就能查出来的，需要一些时间。”

这个圈子里的人，平时为了应付神通广大的狗仔，早已经练就一身反侦察技能，他们经过包装之后连最真实的自己都隐藏起来了，更别提一些可能会让他们丢掉饭碗的复杂人际关系。

走路时解临的胳膊依旧挂在池青肩上，他腿折得没那么严重，加上休养多日，自己走路没什么问题，所以其实并没有压上去多少力道。

池青面无表情地走着，嘴上总是说让他自己走，但真走路的时候还是会放慢脚步。

可能是看这两个人看多了，边上同行的刑警生出一种池青可以和人正常接触的错觉，一下忘了这位爷刚来那会儿谁都不让碰的样子。

那名刑警本来要将案件档案递过去，手还没碰到池青的肩，池青就像背后长了眼睛一样，避开了他的手：“……”

池青避开之后问：“干什么？”

与此同时，解临也斜他一眼。

解临：“你拍他干吗？”

刑警没想到自己一个小小的动作，却引来两个人的警告：“……呃，资料。”

解临虽然一只手拄着拐，另一只手搭在池青肩上，还是费劲地腾出手：“谢谢，别碰他，资料给我就行。”

刑警：“不好意思，我看你们这样，以为池助理病好了。”

解临拎着档案袋说：“他病没好，不过只有我能碰他，你们还是得注意点。”

“……”

虽然这话是事实，但是听起来真的特别像在显摆。

池青别过头：“你少说几句没人当你是哑巴。”

解临：“我说的是事实。”

他们原本计划去会议室里仔细理一遍这个案件，中途池青去了一趟洗手间。

他没有碰到什么东西，只是手心略微出了一些汗，可能是解临刚才靠太近并且乱说话，也可能市局空调温度调得太高了吧，他洗完手将手伸向口袋里准备将手套重新戴上的时候，隔着布料摸到了从卢卡斯家里带出来的那枚珍珠耳环。

池青手指勾着它，把它拿了出来。

他暂时抛开“应该是解临靠太近他才会觉得热，这是人的自然反应”这个念头，仔细端详这枚耳环。

式样很普通，他记得殷宛茹第一次来的时候戴着一颗很大的钻石耳钉，一看就是高端珠宝线。这些女明星身上背着很多品牌代言，平时不可能随便戴东西，这耳钉看起来不像有特定的牌子，更像手作店里买来的普通商品。

所以初步推测，这个女人可能不是什么明星。

池青看着这枚耳环，又想起蒙面人死前那句：

【……是个明星，不记得叫什么了。】

池青眼前浮现出一幅不怎么红的圈内女星范围的特征画像，戴上手套之后，将耳环攥在手心里，刚出去便在走廊上碰见另一队人。

由于卢卡斯重审的原因，殷宛茹经纪人也被人押了过来，进行二次问话。

池青扫过一眼殷宛茹经纪人的背影，注意到她体态其实很好，身材也刻意保持过，她似乎很注意形象，被关押几天从头到脚打理得却很整洁。

池青随口问了一句："殷宛茹呢？"

走在队伍最后面那名刑警回答道："她录完口供就回去了。"

池青点点头表示知道了，正想回会议室，余光瞥见前面那队人拐了个弯，原本背对着他的殷宛茹经纪人变换角度后侧对着他，他和那女人之间的距离并不算远，池青看到她胸前戴着一条项链，于是停下脚步，眯起了眼睛。

池青正看着，肩膀上忽然被人压上熟悉的重量，解临出来拿水，手里还拎着瓶矿泉水，说话时低着头凑在他耳边："看什么呢？"

池青说："上回没注意到她，仔细一看殷宛茹经纪人长得还算可以，而且很注重打扮，她在做经纪人之前是做什么的？"

解临回忆了一下刚才在会议室里翻阅的那一沓厚资料："她啊，她进公司很早，一开始签的也是艺人约，但一直没什么起色，公司领导层认为她有其他能力，所以栽培她当经纪人，很早的事情了，她当艺人那段时间几乎可以忽略不计，也没什么人知道……你怀疑是她？"

池青确实是怀疑她。

仔细想想卢卡斯出现的时间正好是他们查到殷宛茹和她经纪人头上之后，她很可能害怕他们继续往下查，想引开他们的注意力，一旦姓卢的伏法，没有人会怀疑到她头上——整件事情里，她是最不容易引发联想的那一个。

她替殷宛茹担下了医院的事儿，人早就在市局里住下了，正所谓最危险的地方就是最安全的地方。

要不是今天洗手中途经过走廊看见她，池青根本不会想到这个人，她的存在感实在太弱了，人又在市局里，已经是被"逮捕"状态。

……如果真的是她的话，那这个人下棋的功夫也太有耐心了点。

池青捏着手里那枚珍珠耳环说："是不是她，试一下就知道了。"

殷宛茹经纪人坐在审讯室里，对面问一句她就答一句。

她很配合。

池青隔着百叶窗看她，留意到她双手始终交叠着，这是一种较为放松的姿态。

复审时长十几分钟，双方交谈的过程里也没有发生任何碰撞。

最后坐在女人对面的刑警放下笔、合上记录册，示意她可以跟着旁边那名刑警起身离开了。

女人走之前微微弯腰，看嘴型似乎说了一句：辛苦了。

她从事这份工作，就连面对自己现在这样的境况都能做到游刃有余，或者说正是因为她现在的表现过于游刃有余了，反倒显得诡异。

女人推开门走出去，她按照来时的路往回走，途经拐角处忽然被人叫了一声：“你好。”

她停住脚步，回过头看到一只黑色手套，掌心里静静躺着一枚珍珠耳环。

黑色手套的主人很随意地说：“你的东西掉了，刚刚在地上捡到。”

池青这话说得很自然，没什么感情，正因为没什么感情所以不带有丝毫试探。

人在刹那间的反应骗不了人，而且他出现得猝不及防，没有给她反应的时间。

女人明显见过这枚耳环，她先是说了一句“谢谢”，然后手在半空中愣住，后知后觉反应过来自己这次出门压根儿就没戴耳环。

……

为了确认，她捏了捏自己的耳垂。

耳垂上什么也没有。

半晌，池青看着她说：“果然是你啊。”

他们所站的长廊呈“L”形，长廊过道自池青身后延伸出去，周围刑警行迹匆匆，只有他们这边安静得地上掉根针都能听见。

女人手上本来就戴着手铐，身上那件市局分发的衣服很是素净，原本她只要走过这条长廊，就能以另一个相比之下无足轻重的罪名从买凶杀人和罗煜死亡这两件重大案件中安然离场。

但是就差了那么几步。

在她和池青擦肩的那一秒，她被拦了下来。

她下意识看着自己平时常戴的那枚耳环，说了一句谢谢。

另一边，留在“泰阁”的那一队人按着店主查他的销售记录，在一本压根儿看不懂上面写了哪些字的账本上密密麻麻写了好几页人名。

“这些都是从你这儿‘求过运势’的人？”

店主点点头：“都在这里了。”

刑警一行行往下看，没有在这些人名里找到和案情相关联的人：“你确定？等会儿要是被我们查出来你隐瞒信息，你知道会有什么后果吗？”

店主苦着脸，在心里将之前那两位装成客户说自己公司破产在即的男人问候了好几遍，嘴上却说：“……哎哟，都这样了，我哪儿敢藏啊。”

刑警随手将“运势”那一页翻过去，随意瞥过一眼，倒是在这页上意外看到了一个熟悉的名字。

“这不是那谁吗，”另一位刑警也注意到了，他对着纸张上那几个歪歪扭扭的字说，“那个女明星的经纪人？”

刑警将纸张一推：“你不是说都在这里了吗，那这页是什么？！”

店主为难地说：“这……可这页上的人都不是求运势的啊。”

刑警心说养鬼胎剥人皮，不是为了求运势还能是为了什么。

除了人名写的是中文，还是奇丑无比的中文以外，这页纸上其他字都是泰文，压根儿看不懂。

刑警瞪大眼：“不求运势？求的是什么？”

“你们应该知道，罗煜长得很好看，殷宛茹也很美，她能够积累出今天的名气，和她这张脸分不开，”殷宛茹经纪人素着脸坐在椅子上，什么妆都没化，仔细看过去，她五官虽然好看，但是眉骨看起来似乎有些怪，她说，“其实和你们想的不一样，我想求的并不是运势。”

她微微地笑了。

平日里她总是以厉色示人，笑起来嘴角牵扯出不自然且僵硬的弧度。

她说：“我求的——是容貌。”

池青对整容并不了解，加上殷宛茹经纪人整得还算自然，并不是传统意义上的蛇精脸，之前没怎么正眼看过这位平凡且不具备嫌疑的经纪人，这会儿越看越觉得五官奇怪。

她脸上每个地方都太标准了，从鼻子的高度到鼻头大小仿佛都经过精密测量，但即使这样也还是算不上惊艳，尤其在她做表情的时候，反而有种说不出的僵硬。

女人指指自己的脸庞，她抬起手的时候手铐和铁链碰撞作响，她用很轻的声音说出最毛骨悚然的话来：“我这张脸五年来动过千百刀，做过几十次手术，我的双眼皮割过，下颌角也磨过，鼻子是取耳骨垫的，鼻头缩小过，也开过眼角，打磨过颧骨，注射过玻尿酸……但凡你们能想到的项目，我都做过。”

她戴着手铐的手一寸一寸摸过自己脸的每一个部位。

每一个部位都代表着几场手术。

最后她放下手，目光沉静，事已至此，她也不再逃避这件事，很冷静地说：“你们应该都调查出来了吧，我以前也是一名艺人。

“十年前我刚入行的时候，这个行业还不像现在这么光鲜，明星还不叫明星，叫戏子，我签下公司之后发展得并不顺利，他们觉得我不够好看。”

整成这样都算不上第一眼美女，整容之前的她应该确实长了一张普通的脸。

“公司建议我去整容，可是整容之后依然没有好的发展，因为整容过度，我曾经毁过容，我的鼻子很长一段时间都是歪的。”

她苦笑道：“之后如你们所见，我转行成了经纪人。”

解临听到这里基本上能够猜出她的行凶动机和整个事件的来龙去脉了：“你从接手殷宛茹——不，应该说你对你接手的所有长得好看的艺人都心怀愤恨。你表面上接受他们，但是看他们凭着那张脸越来越红，你其实并不开心。”

“我妒忌他们，”女人说，“我做梦都想把他们的脸换下来，换到我自己脸上。”

时间回到她成为殷宛茹经纪人的那一天。

她当明星没有天赋，但是当经纪人却很有手段，退居幕后在公司步步晋升，有天公司领着一名未施粉黛却漂亮得惊人的女孩子到她面前：“你带带她，这姑娘模样好，肯定能发展起来。”

那时候殷宛茹正如她当初所说，家境并不好，哪怕长得漂亮，穿着却很土气。

“对殷宛茹，我很矛盾，我不得不运营她，我想她红，又不希望她红。她前期资源并不好，刚入行什么也不懂，后来有了一点小成绩又得意忘形，得罪了一个圈内老板，之后被打压了好一阵子。

“但是她命好，这几年捡漏捡到一部戏，一炮而红，全世界都知道了她殷宛茹的名字。”

扭曲复杂的内心无时无刻不在啃噬她。

“哪怕成为经纪人之后，我也一直在整容，除了修补以前整过的地方以外，随着年龄增长，面部逐渐变得没有那么饱满了。于是我尝试了脂肪填充，医生说自体脂肪出来的效果最好，但是他没有跟我说过自体脂肪有一部分吸收不掉，手术之后不久，我脸上注射过的部位布满了密密麻麻的硬块。

“我只能再次进行手术，把硬块从我的下巴和脸上取出来，术后我第一次去佛牌店。”

圈子里人大多迷信，她整容失败之后精神状态不好，经常半夜起身对着镜子照，然后崩溃大哭，于是有人推荐她去买块佛牌戴戴：“那家店挺灵的。”

起初是佛牌，之后她听店家说尸油养颜。

于是半夜起身照镜子成了半夜起身往脸上抹尸油。

她觉得自己变得越来越病态。

“还有什么比这些更强的吗？”她疯了一样地打字询问。

对面回过来三个字。

“养死胎。”

“我的计划从得知殷宛茹怀孕那一刻开始了。”

殷宛茹得知怀孕后手足无措，她身边最信任的人就是经纪人，除了经纪人没有谁可以帮她：“怎么办，我、我明明做了措施的，我不能要这个孩子啊，我要怎么联系医院？不知道是第几周……现在能打吗？”

她原先没有想到用殷宛茹的孩子，正愁没办法弄到死胎，殷宛茹就意外怀了孕，她感觉这简直是冥冥之中，上天在帮她。

“你不要担心，”接电话那天，她整过的嘴角僵硬地动着，一边笑一边说，“我帮你联系医院。”

孩子的生父，医院，打下来的死胎……

她一步步有条不紊地做着自己的计划。

她先是把罗煜叫了出来：“殷宛茹怀孕了，我们得谈谈。”

罗煜模样好，随便套了件外套就往目的地赶，发现约谈地点在一间废弃仓库里，他四下环顾道：“怎么选在这种地方？”

“你难道还想在公共场所谈孩子的事儿？”

“也是，这里连个鬼影都没有，确实安全。”

罗煜笑了笑，还想再说点什么，却看到面前的女人伸手抽出了一把刀，他很快被女人用刀勒得说不出话，嘴一张，那把刀就往自己脖子里多砍进去一分：“……姐……你……”

他死前听到的最后一句话是：“你放心，你和殷宛茹的孩子，我会好好替你们养的。”

殷宛茹的孩子一定长得很漂亮吧。

手术结束后，她深夜披着雨衣，将被医生埋在后边小树林里的黑色塑料袋挖出来。

尽管从那团血肉模糊的“肉球”上，根本看不出什么。

但她仍然对着那团“肉球”看了很久。

她的孩子一定很漂亮……

但是狗仔却是一个意外。

后面发生的事情解临猜得八九不离十：“张峰拍到了殷宛茹去医院的照片，他如果想查殷宛茹半夜为什么会去医院，就一定会在医院附近继续蹲守。”

狗仔蹲点的能力数一数二。

光是一张殷宛茹出现的医院的照片并不能说明什么，他也不可能神通广大到一下就发现殷宛茹怀孕的事情，他一定会选择继续蹲，这一蹲守不难发现医生偷偷扔死胎，以及殷宛茹经纪人半夜偷偷溜进医院后的小树林里。

张峰过人的业务能力让他一下知道了事情的一半真相：当红女星怀孕堕胎，并且疑似想养自己的死胎。

所以他坠楼那天才会上商场天台，他是打算在天台扎营密切监视“泰阁”的一举一动。

“怪他自己不走运，知道得太多。”提及张峰，殷宛茹经纪人说，“他以为是殷宛茹在干这事儿，打电话联系过我，张口就想要千万，我不能让他把这件事爆出去，不然你们很快就会查到我头上。”

所以之后买凶也就说得通了，张峰死了，但是 SD 卡不在他身上，殷宛茹不知道他卡里那些照片是什么程度的，所以她要求对方继续找，找到拥有那张 SD 卡的人，然后杀了他。

但是人生总是充满种种意外。

她这些计划里最大的 BUG 就是计划里横冲直撞进来两个“疯子”。

两个明知道拿着 SD 卡的人就是下一个目标，还把卡攥在手里等人来杀的疯子。

池青还在琢磨面前这女人和卢卡斯之间的关系，卢卡斯为什么会出来帮她顶罪，就听解临又说：“你和卢卡斯……是情侣吗？他很爱你。”

“卢卡斯？”女人笑了一下，“他是个白痴。

“我们很早就认识，上学那会儿他是我同学的弟弟，他说喜欢我，说他第一次见我，我在学校侧门那儿蹲着，把手里的早餐分给了一只路过的流浪狗，所以他一直觉得我特别漂亮……这算什么漂亮？我没当回事，没想到他最后真的签来我们公司了。

“他外面那套房是我以他的名义租的，有天晚上他突然来我那儿找我……”

卢卡斯闻到房间里的味道：“怎么一股烧焦的味道，你在做饭？”

女人上下打量他：“你有什么事儿？”

有事只是借口，他就是想找机会见她一面，羞涩挠头道：“我想找你借把剪刀。”

最后女人侧身：“进来吧，家里太乱没时间收拾，你就站在客厅等着别乱动，我去拿给你。”

卢卡斯一进去就闻到一阵更浓的气味，形容不出那是什么，像什么东西烧焦了，又隐隐闻到一丝油味儿。

他不记得女人会下厨，担心她烧掉厨房，于是没有按照她说的在客厅等，径直去了厨房，掀开锅……

女人拿着剪刀站在身后，像鬼一样呢喃："不是叫你别乱动吗？"

"这……是什么？"卢卡斯喊。

"……"

"你杀人了？！"卢卡斯浑身上下都像是有无数根针在扎着他，扎得他汗毛直立，"这是犯法的，你知不知道？！"

女人拿着剪刀，歪头询问："所以你是打算去告发我，还是打算帮我？"

殷宛茹经纪人："后来你们开始查到照片上了，我不能让你们继续往后查。"

解临："你就让他来报案？"

"没错，"她说，"我以为这样可以吸引走你们的注意力，他收拾了出租房，就等着你们查到他头上。而我，我把自己关在市局里，最危险的地方就是最安全的地方，我身上已经有了一项罪名，在你们眼里我就是一个'已经调查结束'的人。"

"你这一招很聪明，在你替殷宛茹顶罪之后我们的注意力确实没有停在你身上，只可惜，你在出租房里落了一样东西。"

每个人都有秘密。

池青这次虽然没有摘手套碰过殷宛茹经纪人的手，却也知道了她的秘密就是想要更美的容貌。

她病态且偏执地追求着一副"漂亮"的皮囊。

番外
Side Story

番外1：旅游

华南市最近还算太平，除了一些普通的、一问就能猜得到凶手的仇杀案之外，鲜少出现重案要案，于是解临这个市局顾问的名号就只在那儿挂着，他也乐得清闲，把更多的时间投入到池青身上。

“今天出不出门?

“你看天气不错，暴雨，是不是很适合出去转转?

“附近新开了一家牛排馆，要不要一起去尝尝？”

“……”

最近和这人待在一起的时间太多，几乎天天见面。

就是关系再好，和他相处得再如何和睦，当一个人在你的生活里做到无孔不入的时候，难免，有时候，会想要一些个人空间。

池青看了一眼窗外倾盆而下的暴雨，头一次产生一种“雨天似乎也没那么让人心情愉悦”的念头，他实在是不想出门：“不想吃牛排。”

仿佛能猜到解临接下来会说什么似的，他又补上两句：“也不想做别的事儿，只要是需要出门的活动，我都不想做。”

解临只是微微顿了一秒，立刻说：“不去也行。”

池青压根儿不知道自己这缺口补上了，但又没完全补上。

下一秒，他又听见解临说：“有这么一件事，在家里就可以做，你要是觉得累也可以不动弹——”

“……”

解临一边说一边抬手解开了一颗扣子，他坐在沙发里，长腿恣意舒展着，身上那件衬衫半敞开。

池青不愿意出门，两个人就这样在家里待着，结果在家待着就和这人的距离更近了——以至于池青一看到解临就觉得头疼，最后他选择让解临坐在他边上，他一边拨弄头发，一边看电视的时候忽然问：“是不是我不管说什么，你都一定要这样在我这儿待着？”

"你很了解我。"

"你连反驳都不想反驳？"

"……"解临看了池青一眼，"事实，不用反驳。"

最后池青眼一闭心一横："我们，还是，出去转转吧。"

解临动作一顿，说实话他现在已经觉得在家里待着比出门有意思多了。

但是池青意外地坚持。

于是解临掏出手机查了查附近的娱乐活动，发现牛排馆今天不营业，又往下滑了半天，其他活动也没看到特别有意思的，倒是被最下面的旅游套餐吸引了注意力。

——"云市三日游"。

"小洁癖，"解临指尖在那行字上点了点，然后偏过头问他，"你是不是……自从发生那件事之后，还没出去旅游过？"

这个问题根本就不需要多问。

如果不是解临缠得太紧，他根本连门都不想出。

更别说去旅游了。

解临忽然道："我们去旅游吧。"

"？"

池青对出去转转这个提议感到震惊，他原先的想法只是想花费不超过三个小时的时间，出门透口气而已。

"几年前我去过一趟云市，现在季节刚好，云市有片海，我们可以住在海边，而且整座城市都种满了花，要不要一起去看看。"

池青想象不出那片海会是什么样子。

他这十年从来没出去旅游过，"旅游"两个字对他来说很遥远。在遇到解临之前他的生活极其单调，窗帘紧闭，连灯都不开，每天像幽灵一样窝在家里。

解临以为他担心人太多："别怕，有我呢。"

池青缓慢地侧过头仰起头，通过这个角度去看男人瘦削的下巴，张口否认了他这个想法："不是。"

解临愣了愣。

池青深黑的瞳孔直直地看着他："我在想那里会是什么样子。"

"如果是跟你去的话，"池青说到这儿，停顿一下，又说，"我可能不会怕。

"有时候我站在汹涌而至的人群里，在有很多声音的地方，在每一个想逃离的瞬间……

“哪怕你不在身边，我也还是能够继续往前走。”

因为解临，所以他也开始渐渐拥有触碰世界的勇气了。

而且解临也说过，想带着他，去看看这个世界。

两人商定要去旅游之后，不知道是哪个环节出了问题，去云市旅游的计划不胫而走。

最先得知这件事的人是季鸣锐。

某天，当他被季母塞了一堆东西，让他转交给干儿子池青的时候，他一进门就注意到了行李箱。

季鸣锐已经不再是当初那个好糊弄的愣头青，他细细打量客厅，并且在挂在客厅墙壁上的日历上发现了端倪——三天后的日子被池青用黑色记号笔圈了起来。

“你这是……要出门？”季鸣锐大为震惊。

池青默认。

于是当天派出所里气氛一下变得十分紧张。

所有人正襟危坐：“什么？！他俩要去云市？”

“消息准确吗？”

“来源可靠吗？”

“具体的出发时间你了解吗，同行的人还有谁？”

“……”

这一句句，铿锵有力，跟查犯人似的。

这也不怪他们反应太激烈，实在是这两个人带来的心理阴影太深，就他俩这走到哪儿哪儿就有命案的架势，他们很难不为云市人民群众的安全感到深深地担忧。

而消息在公安各分局之间传开后，云市公安局听说这俩神仙要来他们城市旅游，立即表态道：“他俩的旅游行程是什么？发给我，我们局会密切关注，随时跟进！”

总之，旅游能旅成他们这样的，也实属罕见。

对此毫不知情的两人收拾好东西，按照原出行计划去了云市。

池青在飞机上睡了一觉，在飞机快抵达云市机场前才转醒，机舱内有孩子激动地喊了声“妈妈快看”，池青眨了眨眼睛，透过窗户和层层消散般的云层看到了一大片蓝色的海。

云层没有完全散开，蓝色的海像被打上了一层柔雾滤镜，在云层间隙才能窥见那海水的波光，在阳光照射下折出绚烂光彩。

云市真的是个很美的地方。

解临的注意力不在海，全程都在身边这个人身上，看到他喜欢，他也觉得高兴。

两人订了一间海边的民宿，不用出门都能看海。

民宿外面有一个小院子，院子用木桩围起来，里面种满了花，花间竖了块黑色牌子，上面写着民宿的名字，看上去很是温馨。

房间干净整洁，收拾好之后两人计划着出门吃饭，解临查找周围餐馆的时候，瞥见手机屏幕右下角那个“相机”框。

“我的洁癖朋友，”解临忽然说，“我们相处那么久了，虽然一直以来关系也很好，但你觉不觉得我们之间始终少了点什么吗？”

池青根本猜不到他这句话的用意：“说重点。”

解临晃晃手机：“照片。”

“我们还没拍过合照。”

池青愣了愣。

然后他后知后觉想到，好像确实是这样。

他和解临在一起这么长的时间里，几乎没怎么拍过照。他没什么亲近的人，不知道朋友之间都要做些什么事，而解临则是因为过分体谅，他总觉得这位冷冰冰的洁癖，可能也不是很喜欢拍照片——之前季鸣锐他们说给他办葬礼的时候选遗照都只能在证件照里选。

池青抿了抿唇，问：“怎么拍？”

“你就坐这儿，”解临指挥池青坐在靠近落地窗的位置，从这个角度刚好能顺带拍到窗外的海，“这个角度可以，光线也不错。”

池青身上穿了件松垮的白色衬衫，一改平时一身黑的风格，在阳光下显出几分难得的清爽，那股逼人的阴郁感被驱散几分。

解临在他身边屈腿坐下，一只手举着相机，另一只手搭在池青肩上。

咔嚓。

画面定格。

解临这一突如其来的举动打破了原本僵硬的画面，画面多了几分动态感，背景还糊。照片上，池青整个人愣住，因为本身不习惯拍照，所以看起来甚至有些乖。

镜头抓拍到解临的半张侧脸，鼻梁高挺，下颌线条锋冷又流畅，总是笑吟吟的眼里被其他神色填满。

两人身后的落地窗外，是一路蔓延至天际的湛蓝色海水。

解临看了看照片，觉得拍得不错，他很帅，这位小洁癖也很好看。

“应该不用修图吧，那玩意儿我不会。”

池青："别看我，我更不会。"

"不是，我看你不是想让你修图，"解临顿了顿，"我是想说既然照片都拍了，那也不能白拍吧？"

解临用一种蛊惑般的语气继续说："照片拍出来就是给人看的，所以是不是应该，发个朋友圈什么的？"

"没别的意思。"

解临又说："我就是，还挺想出现在你朋友圈的。"

"……"

于是季鸣锐在工作间隙，随手一刷朋友圈动态，罕见地在最新动态里看见了"池青"两个字，一时间，他嘴里的面包差点没顺利咽下去："……咯！"

这什么啊。

一张照片？？？

这条朋友圈没配字，但已经足够震撼。

解临更加夸张，他在所有社交平台上都大张旗鼓地放了两人的合照，包括微博、企业账号……连少年时代用过的企鹅账号都没有放过。

吴志发来消息：这年头已经没有人用企鹅了吧哥。

解临：万一有人闲着没事上去看看，不就正好能看到了嘛。

解临又补上一句：比如你。

吴志：全世界都知道你和那位小洁癖一起去旅游了，不至于，真不至于。

解临：你不懂，我跟你没法聊。

吴志：……

云市紫外线较强，往来行人都被晒得黑黝黝的。这里阳光都比其他地方更为热烈。悠长的巷弄，青石台阶，街边一扇扇木门，池青像一团走在阳光下的冰，被晒得眯起了眼睛，然后他忽然听见身后响起一声："给。"

他转过身，看到一把纯黑色的遮阳伞。

解临的手搭在伞柄上，维持着把伞递给他的姿势。

池青犹豫了一下才接过那把伞。

伞撑开的一瞬间，炙热的阳光被伞布挡住，一片阴影轻轻罩下来。

不像以前那样，没有雨滴砸落下来的声音。

眼前也不再是一片大雨滂沱。

阳光安静地洒在路面上，亮得晃眼睛。

伞很大，罩住了池青大半张脸，只能看到半截尖尖的下巴，然后解临牵着他，怕他不小心蹭到往来的行人，说："走吧。"

街市上卖什么的都有，池青在卖多肉的摊位上停下，他难得对这些看起来像花但又不是花的东西感兴趣，解临多看了几眼，才发现他视线落下的地方是一片土壤的角落。

掉下来的一片叶子根部，长出了一小圈新的多肉苗，苗没长大，很小很小的一个，根须一大半露在外面。

"这盆多少？"解临问老板。

"20。"

"要不要？"解临扭头问池青，"钱都在我这儿，你要的话……"

解临没有说"要的话他就付钱"。

"要的话你得求求我。"

"以前虽然知道你有时候不要脸，"池青伞柄倾斜了点，说，"但你总能在这上面进行一些突破。"

解临还是笑吟吟的："这是不打算求我了？"

池青一副"从不求人"的样子，但是嘴一张，说出来的话却截然相反："求你。"

几分钟后，池青拎着那盆多肉，撑着伞顺着人群继续往前走，人群尽头是一片海，有人称这片海为许愿海，传说只要来的人一起走到这里就能完成心愿。

不信传说的两个人此刻面对这片海却有些敬畏。

人潮人海。

远处，海面波光粼粼。

两人每走一步，就离那片海越来越近。

解临忽然把自己的愿望说了出来："以后可以共度更多美好的时光。"

池青回他："这个愿望不难实现，只要某个人别再把自杀现场弄成他杀现场就行。"

想起当初解临不告而别，池青找他的那段往事，解临没忍住笑了。

"看来这个愿望算是白许了。"

所以他们俩之间，永远不存在有人会离开。

因为不管去哪里。

他们总能找到对方。

解临最后说："以后我们多出来旅游吧？我们可以一起去很多很多地方。"

去很多地方，看更多的人，听更多真正的声音。

池青在海浪声里轻轻地应了一声"嗯"。

番外 2：小池

“喵……”

某天池青和解临从外面回来，刚打开车门下车就听到一声很微弱的猫叫声。

照理来说，地下车库里是不会有猫的，池青顺着猫叫声往前走了几步，最后在消防通道角落里看到一只刚出生不久、眼睛都睁不太开的狸花猫。

看见了就没法当没看见。

“先带回去，”解临蹲下身，摸了摸小猫的脑袋说，“回头再问问有没有人想领养？吴志最近整天在庙里，应该挺想积德行善的。”

车库温度低，小猫被妥善安置进猫窝里之后，它很快缓过来，睁开眼睛，叫声也大了起来。解临简单给它喂了点吃的后，小猫居然迷迷糊糊地抱着解临没来得及抽回去的手睡着了。

解临愣在原地。

他一直都被猫嫌弃，还是头一次碰到这种待遇。

解临忍不住炫耀：“它抱着我的手。”

池青：“有眼睛的人都看见了。”

解临考虑到池青的洁癖，问他：“我能养吗？”

事实证明，池青的洁癖，在看对象是谁的情况下……是可以商量的。

“你喜欢的话就养。”池青最后说。

而另一边，刚收到照片的吴志果真释放出了积德行善的信号：猫？

吴志：要送给我吗？

吴志：看图片挺可爱的。

原本应该说“是”的解临回复他：不是。

解临：就只是给你看一眼。

解临：我的猫，可爱吧。

吴志：……

有病吧！

解临好不容易晋升为养猫人士——虽然之前整天给小星星喂粮铲屎，但是从来没有受过任何优待。这只小狸花猫就完全不一样了，每次见到他就过来蹭蹭，给了他极大的满足感。

养了几天，解临打算给它取个名字："叫它小池怎么样？"

池青："我拒绝。"

解临："小青青呢？"

池青："……也不行。"

然而无论池青怎么拒绝，解临就是跟他的名字杠上了："小池，小池，小池……"

小星星蹲在一边，打量新来的住户，它没什么争宠意识，眼神里都是好奇。

"喵？"

"喵……"小狸猫梦呓般地回应它。

于是小星星小心翼翼地一步步走上前去，低头在小狸猫脑袋上嗅了嗅。

家里多了一只猫后更热闹了。

两人在屋子里走的时候，脚边各自跟着一只猫，尤其是小狸猫，走路一颠一颠的。

毛孩子越添越多，池青有时候洁癖发作，烦躁得很，解临看着池青缩在沙发上赶猫的样子笑了半天，阳光从窗户外洋洋洒洒照进来，把这一幕照得像幅画。

"笑什么？"

"没什么，"解临看着说，"就是忽然觉得，那片许愿海挺灵验的。"

图书在版编目（CIP）数据

特殊人格 / 木瓜黄著 . -- 成都 : 四川文艺出版社，2022.12（2022.12 重印）

ISBN 978-7-5411-6515-3

Ⅰ . ①特… Ⅱ . ①木… Ⅲ . ①长篇小说—中国—当代 Ⅳ . ① I247.5

中国版本图书馆 CIP 数据核字 (2022) 第 221394 号

TESHU RENGE

特殊人格

木瓜黄 著

出品人 张庆宁
特约监制 王传先 沐 浔
责任编辑 王思鈜 王梓画
责任校对 段 敏

出版发行 四川文艺出版社（成都市锦江区三色路 238 号）
网 址 www.scwys.com
电 话 028-86361781（编辑部）

印 刷 北京盛通印刷股份有限公司
成品尺寸 160mm × 230mm 开 本 16 开
印 张 23.75 字 数 477 千
版 次 2022 年 12 月第一版 印 次 2022 年 12 月第二次印刷
书 号 ISBN 978-7-5411-6515-3
定 价 55.00 元

版权所有 · 侵权必究。如有质量问题，请与本公司图书销售中心联系调换。电话：010-82069336